江西师范大学

校 史

1940—2020

《江西师范大学校史》编写组

江西人民出版社
Jiangxi People's Publishing House
全国百佳出版社

图书在版编目（CIP）数据

江西师范大学校史：1940—2020 /《江西师范大学校史》
编写组编 . -- 南昌：江西人民出版社，2020.10
ISBN 978-7-210-12462-7

Ⅰ . ①江… Ⅱ . ①江… Ⅲ . ①江西师范大学—校史—
1940-2020 Ⅳ . ① G649.285.61

中国版本图书馆 CIP 数据核字（2020）第 188343 号

江西师范大学校史：1940—2020
Jiangxi Shifan Daxue Xiaoshi : 1940—2020

《江西师范大学校史》编写组 编

组稿编辑：王一木
责任编辑：张志刚
封面设计：同昇文化传媒
出版发行：江西人民出版社
经　　销：各地新华书店
地　　址：江西省南昌市三经路 47 号附 1 号
编辑部电话：0791-86898873
发行部电话：0791-86898815
邮　　编：330006
网　　址：www.jxpph.com
E-mail：jxpph@tom.com　web@jxpph.com
2020 年 10 月第 1 版　2020 年 10 月第 1 次印刷
开　　本：787 毫米 ×1092 毫米　1/16
印　　张：33.5
字　　数：563 千
ISBN 978-7-210-12462-7
定　　价：120.00 元
赣版权登字—01—2020—380
承　印　厂：南昌市红星印刷有限公司
赣人版图书凡属印刷、装订错误，请随时向承印厂调换

胡先骕，国立中正大学首任校长（1940年10月至1944年5月任职）

萧蘧，国立中正大学校长（1944年5月至1947年5月任职）

林一民，国立中正大学校长（1947年8月至1949年4月任职）

魏东明，南昌大学党组书记（1950年2月至1953年10月任职）

刘乾才，南昌大学校务委员会主任委员
（1950 年 2 月至 1953 年 10 月任职）

吕良，江西师范学院筹委会主任（1953
年 7 月任职）

张慈瑞，江西师范学院党支部书记（1953
年 10 月至 1954 年春任职）

石少培，江西师范学院党委书记（1957
年至 1958 年 9 月任职）

刘瑞霖，江西师范学院党委书记（1956年12月至1957年秋任职）；院长（1957年下半年至1958年2月任职，1964年1月再任）

李志民，江西师范学院党委书记（1958年10月至1961年任职）；院长（1958年2月至1963年10月任职）

王纪明，江西师范学院党委书记（1960年至1966年任职）

王怀臣，江西井冈山大学党委书记兼革委会主任（1969年10月至1972年12月任职）

胡廷棠，江西师范学院党委书记（1980年4月至1983年11月任职）

郭庆棻，江西师范学院院长（1979年9月至1983年11月任职）

郑光荣，江西师范大学党委书记（1983年11月至1988年10月任职）

李树源，江西师范大学校长（1984年1月至1988年10月任职）

张传贤，江西师范大学党委副书记（主持工作）（1988 年 10 月至 1992 年 7 月任职）；校长（1988 年 10 月至 1992 年 7 月任职）

钟世德，江西师范大学党委书记（1992 年 7 月至 1997 年 11 月任职）

李佛铨，江西师范大学校长（1992 年 7 月至 1997 年 11 月任职）

熊大成，江西师范大学党委书记（1997 年 11 月至 2002 年 12 月任职）

李贤瑜，江西师范大学校长（1997年11月至2002年12月任职）

游海，江西师范大学党委书记（2002年12月至2009年4月任职）；校长（2003年6月至2007年6月任职）

眭依凡，江西师范大学校长（2007年8月至2009年4月任职）

傅修延，江西师范大学党委书记（2009年5月至2011年8月任职）、校长（2009年5月至2011年2月任职）

陈绵水，江西师范大学党委书记（2011年2月至2013年4月任职）

田延光，江西师范大学党委书记（2013年6月至2020年4月任职）

黄恩华，江西师范大学党委书记（2020年4月起任职）

梅国平，江西师范大学校长（2011年2月起任职）

国立中正大学校门

国立中正大学校门（1945年）

南昌大学校门

江西师范学院校门（1956年）

江西师范学院校门（1963 年）

江西井冈山大学校门（1970 年）

江西师范学院校门（1983 年）

江西师范大学大门（1999 年）

江西师范大学校门（2009 年）

申报博士学位授权单位成功

2004 级新生开学典礼

2005 年在教育部本科教学工作水平评估中获得优秀

2012 年 10 月，教育部、江西省人民政府共建江西师范大学协议签字仪式

2017 年 11 月，江西师范大学本科教学工作审核评估专家意见反馈会

目 录
contents

序一 ………………………………………………………… 雷洁琼 001

序二 巍巍大学立西江 ………………………………………… 傅修延 003

再序 追梦前行 …………………………………… 黄恩华 梅国平 005

第一章 肇基之艰——国立中正大学的创办与成就 ………………… 001

 第一节 开创江西高教新纪元 / 003

 第二节 办学宗旨和精神传承 / 009

 第三节 办学格局与育人成就 / 015

 第四节 学生运动的兴起勃发 / 023

第二章 和合求新——南昌大学的建立及调整 ……………………… 027

 第一节 曙光初照望城岗 / 029

 第二节 开启办学新篇章 / 031

 第三节 改革教学与管理 / 039

 第四节 办学条件与师资 / 042

 第五节 院系调整及影响 / 046

第三章 青蓝更始——从综合性大学到师范院校 …………………… 049

 第一节 办学体制的重大转变 / 051

 第二节 教育教学体制的更新 / 058

 第三节 开辟人才培养新途径 / 067

 第四节 科学研究的艰难进步 / 073

 第五节 政治运动的此起彼伏 / 078

第四章　动荡年代——"文革"中的重灾区……………………… 083

　　第一节　动乱岁月 / 085

　　第二节　拿山行返 / 093

　　第三节　恢复重建 / 098

　　第四节　艰难整顿 / 102

第五章　柳暗花明——重新走上发展正轨……………………… 113

　　第一节　拨乱反正 / 115

　　第二节　落实政策 / 117

　　第三节　整顿前行 / 120

　　第四节　酝酿新局 / 129

第六章　宏图再展——更名江西师范大学……………………… 135

　　第一节　学校更名 / 137

　　第二节　教学改革 / 138

　　第三节　革故鼎新 / 149

　　第四节　求真务实 / 159

　　第五节　学术研究 / 181

　　第六节　校园建设 / 195

第七章　瑶湖弦歌——抢抓机遇加速发展……………………… 215

　　第一节　民主治校　科学谋划 / 217

　　第二节　质量立校　迎评创优 / 226

　　第三节　人才兴校　学科发展 / 252

　　第四节　创新强校　科研提升 / 259

　　第五节　基建拓校　旧貌新颜 / 270

　　第六节　和谐荣校　党建保障 / 292

　　第七节　文化铸校　精神传承 / 310

第八章　追梦前行——省部共建成效凸显 …………………………………… 327

　　　第一节　规划先行　项目推动 / 329

　　　第二节　管理改革　治理提升 / 343

　　　第三节　人才培养　质量立校 / 362

　　　第四节　学科龙头　学术铸校 / 391

　　　第五节　优化师资　人才强校 / 413

　　　第六节　广泛合作　服务地方 / 425

　　　第七节　党建引领　思政育人 / 442

　　　第八节　文化传承　以文化人 / 468

附录 ……………………………………………………………………………… 479

　　　I　1953—2020 年学校党组织领导人一览表 / 481

　　　II　1940—2020 年学校行政领导人一览表 / 483

　　　III　1940—2019 年毕业生和在校生统计表 / 486

　　　IV　江西师范大学 1983—1988 年多种形式办学情况一览表 / 490

　　　V　江西师范大学 1989—2019 年函授、夜大生员情况一览表 / 491

　　　VI　江西金融职工大学（江西银行学校）简史 / 492

原版后记 ………………………………………………………………………… 518

再版后记 ………………………………………………………………………… 520

重修后记 ………………………………………………………………………… 522

续修后记 ………………………………………………………………………… 524

序一

　　江西师范大学的前身国立中正大学创办于 1940 年。至今已是半个世纪。在学校 50 周年大庆之际，编辑出版了《江西师范大学校史》。温故知新，继往开来，这是值得祝贺的。

　　国立中正大学是抗日战争时期创建的。1940 年夏，国立中正大学筹备委员会于江西省泰和县杏岭正式成立。筹备会委员有邱椿、马博厂、蔡方荫、许德珩、罗隆基、王造时、王有兰、肖纯锦、朱有骞先生等，我是筹委会委员之一。我曾在该校政治系任教。1941 年我就离校了。1988 年，我因公赴南昌，与江西师范大学领导同志会晤，听了几位同志介绍师范大学建设、改革的情况和成就，十分欣慰。是年秋，"中正大学南昌大学校友会"成立，我被推选为校友会名誉会长。自 1940 年我担任国立中正大学筹委会委员，至今任校友会名誉会长，已是 50 个春秋。正是"别时青丝满，相逢白发生"。从国立中正大学到江西师范大学，半个世纪的发展过程中，经历了两个历史时代（半封建半殖民地时代、社会主义时代）和四个发展时期（国立中正大学时期、南昌大学时期、江西师范学院时期、江西师范大学时期）。

　　今天，在全国深化改革大潮的推动下，江西师范大学在办学思想、师资队伍、教学水平、科研水平及校风建设等各个方面都有了显著的进展，为我国培育师范人才作出了贡献。江西师范大学进入了一个历史发展的新阶段。

　　实现四化，振兴中华，是我国亿万人民的奋斗目标。建设有中国特色的社会主义需要人才，人才需要教育。"百年大计，教育为本"。师范教育是整个教育事业的"工作母机"。作为培育师范人才的摇篮和教育科研阵地的江西师范大学，任重而道远。

《江西师范大学校史》全面而系统地记述了江西师范大学建校以来近半个世纪发展的历程和成就，科学地总结办学的经验教训，探索高师教育规律，使江西师范大学逐步建成全省师范教育中心和教育科学研究中心。《江西师范大学校史》将发挥多种功能。

祝贺《江西师范大学校史》问世。祝贺江西师范大学建校50周年：春华秋实，桃李芬芳；任重道远，鹏程无量。

雷洁琼

1990年5月

序二 巍巍大学立西江

赣山苍苍，鄱水泱泱，大学巍巍，屹立西江。

江西师范大学创办于1940年，是一所历史悠久、闻名遐迩的高等学府，具有优良的学风与深厚的学术传统。迄今为止，学校经历了国立中正大学、南昌大学、江西师范学院、江西师范大学等四个历史时期，校址亦有杏岭、龙岭、长胜、望城岗、青山湖、拿山、瑶湖等处之变迁。七十年来，学校历尽坎坷，备尝艰辛，然终在赣鄱大地日益壮大，蔚为大观。

自杏岭肇基以来，学校以救国救世为己任，注重术德兼修，知行合一，坚持育人为本的办学宗旨，一时俊彦云集，嘉树满园。穿过历史的烟云，今日之师大，历经一代又一代学人的薪火相传，恪守"静思笃行，持中秉正"的校训，完成了瑶湖校区的建设，博士学位授予权单位的获批等历史使命。不久的将来，学校还将振翮共青，在耀邦陵下兴建又一座国际化的现代校园。抚今追昔，感慨万千。无论是在颠沛流离的抗战时期，还是在辗转腾挪的院系调整之中；无论是在十年浩劫年代，还是在沉重的债务危机面前，学校都能以一往无前、百折不挠的精神和勇气，从容不迫，沉着应对，取得一个又一个胜利。事实证明，没有什么困难学校不能克服，没有什么危机师大人不能化解。七十年来，学校的传统与文脉，精神和底蕴，一脉相承，代代延续，显示极其坚韧而又旺盛的生命力。

以史为镜，可以知兴替，在1990年、2000年两次编史的基础上，2010年我们再次编修校史。正是在这种回望历史的过程之中，师大人不断加深自己的集体记忆，这种记忆正在内化为驱动师大人不断前行的精神DNA。温故而知新，继往以开来，爱我师大必先知我师大，知我师大当思兴我师大。歌德说过："历史给我们的最好的东西就是它所激起的热情。"我相信新版《江西师范大学校史》将在"振奋精神、凝聚人心、光大传统、再创辉煌"中发挥积极作用。让我们在师大精神鼓舞下，共同开创学校更加美好的明天。

傅修延

2010 年 10 月

再序　追梦前行

"吾省不办大学则已，欲办则必须办一所模范大学"，这是首任校长胡先骕先生曾立下的教育报国之宏愿。音尤在耳，远志未泯。从1940年国立中正大学在泰和杏岭肇基之日起，学校虽然七易其址、几经更名，但始终坚守办"模范大学"的初心。一代又一代师大人艰苦创业、砥砺前行、接续奋斗，办学实力、育人水平、社会影响不断提升。

迈入新时代以来，世界面临百年未有之大变局，在实现中华民族伟大复兴"中国梦"的强大感召下，江西师范大学在追梦的道路上走得更加坚实。我们扎实推进"十二五"和"十三五"发展规划的落地落实，不断开拓创新，锐意改革进取，克服重重困难，办成了许多几代师大人期盼的大事，取得了获批教育部和江西省人民政府共建高校、中西部高校基础能力建设工程高校、6个一级学科博士点、"书香瑶庭"教师产权房建设等一系列重大突破，教育教学、人才队伍、学科科研、社会服务等工作硕果累累，各方面事业显现勃勃生机。2017年，教育部本科教学工作审核评估专家组盛赞学校：是一所有历史底蕴、文化情怀、名校气质的"模范大学"。

修史明志，烛照未来。在前三次编史的基础上，2020年我们再次对校史进行续修。翻阅这本沉甸甸的校史，我们深刻感受到，江西师范大学能够发展成今天这样的水平，是一代又一代师大人用勤劳、智慧、勇气干出来的。80年办学历程中，孕育和积淀了许多优良传统和精神文化，这是我们的宝贵财富。校史，写的是历史，叙的是奋斗，启示的是当下，烛照的是未来。实现"模范大学"的夙愿，更是一场接力跑，需要每一代师大人一棒接着一棒跑下去。

当前，我们正朝着"在省内高校一流学科建设上作示范，在全国同类高校中勇争先，实现高质量跨越式建设一流师范大学"的目标奋进。站在新的起点，迈上新的征程，只要每个师大人不忘初心，牢记使命，以坚如磐石的信心、坚韧不拔的毅力、实干圆梦的行动，弘扬师大精神，从瑶湖再出发，江西师范大学的明天定将更加灿烂辉煌！

借此机会，向所有关心支持江西师范大学建设与发展的各级领导、各界朋友表示衷心感谢！

黄恩华　梅国平

2020 年 9 月

第一章

肇基之艰

——国立中正大学的创办与成就

（1940.10—1949.8）

20世纪40年代初，一所条件简陋的现代大学——国立中正大学，诞生在战时江西省会泰和县。其后，学校几经迁徙，定址南昌。这是江西历史上第一所国立综合性大学，也是江西师范大学的前身。国立中正大学的创办，开创了江西现代高等教育的新纪元，是江西现代教育史上具有划时代意义的飞跃，在江西历史进程中产生了重要影响。1949年8月，它被改称为南昌大学，后又在院系调整的基础上组建了江西师范学院（江西师范大学）。国立中正大学建立的办学基础，在江西现代化进程中发挥了巨大作用，也为后来的江西师范大学奠定了坚实的办学基础和育人传统。

第一节 开创江西高教新纪元

白鹿开先：国立中正大学的缘起

江西自古崇文重教，官学、私塾代代兴起，庠序众多，尤以集藏书、教学与研究为一体的书院格外兴盛。史载，江西古代书院有 1000 余所。而在宋、元、明时期，大小书院的数量更是位居海内之冠。尤以庐山白鹿洞书院（原南唐庐山国学）最为著名。书院的发达，显示了江西古代教育的繁荣。

入清后，由于封建文化专制政策的禁锢，江西传统的书院教育日益式微。开埠之后，全国经济、交通格局发生剧烈变迁。特别是平汉、粤汉铁路的开通，使得原来南北重要的交通枢纽赣江航道地位丧失，江西经济发展呈边缘化趋势。19 世纪中叶的太平天国战争波及江西 8 府 50 余县，江西成为太平军和清军激烈交战的重要地区。全省大部饱受洗劫，斯文扫地，政治落后，经济萧条，战争摧残，江西旧式教育陷于穷途末路。门户开放以后，经世致用和维新变法思潮伴随着清末新政，呼唤着江西新式教育的觉醒。

光绪二十七年（1901），清廷下诏兴学，"着各省所有书院，于省城均改设大学堂，各府及直隶州均改设中学堂，各州县均改设小学堂，并多设蒙养学堂"。二十八年（1902）又颁布《钦定学堂章程》。江西巡抚李兴锐根据清廷的诏令，以省城南昌进贤门内书院街豫章书院为基础，另租赁部分民房扩充讲舍，于是年四月十一日开办江西大学堂。次年，清廷再颁布《奏定学堂章程》，积极效仿西方国家尤其是日本的教育制度，开办新学堂。江西布政使柯逢时又在省城西面购地一区，于十一月二十一日兴工另建高等学堂，并于光绪三十年（1904）与江西大学堂合并，称江西高等学堂，这是江西近代高等教育的滥觞。此后，全省陆续有各类高等学堂 10 所，但这些学堂多相继停办。直至民国初年，除了仅有几所专门学校和少数私立大学之外，江西高等教育并无太大起色。到 1937 年时，全省不但没有一所像样的大学，连专科学校也寥寥无几，仅剩工专和医专等，常年在校学生仅百余人。与邻省相比，江西高等教育长期处于落后状态。大批学子在本省升学无望，而赴省外求学，则困难重重。

早在 20 世纪 20 年代，江西各界就不断呼吁在本省兴办大学，并作了积极努力。1926年冬，国民党在江西建立政权之始，曾想组建中山大学，惜未办成。1929年，江西省教育厅筹办省立江西大学，9月便遭教育部下令停止筹办。种种努力均无果。1934年夏，国民党在庐山海会寺（白鹿洞书院附近）举办了三期庐山军官训练团。蒋介石曾到庐山军官训练团训示学员。期间，与江西省政府主席熊式辉在秀峰（原名开先寺）谈话，喟然有在庐山兴办大学的感慨。熊式辉趁机建议由江西来办这所大学，得到蒋的赞许。有关部门几经考察，遂定以海会寺、白鹿洞书院一带1000亩地为大学永久校址，蒋介石专门下拨100万元作为建校基金。熊式辉则多次向蒋介石和国民党中央建议，在江西设立以蒋介石的名字命名的大学，但一直没有落实。

1936年，教育部决定筹建一所适应推行公医制度需要的医学院。医学院筹备会主任委员王子开是江西人。他认为蒋介石长期在赣指挥军事，这所学院应设于江西，得到当局首肯，并决定学院以蒋介石的名字命名。熊式辉对此"热心赞助"，在南昌划拨土地办学。1937年9月，中正医学院开学。但因战局影响，次年11月即西迁昆明。全面抗战开始以后，国内大学因战事关系，大多西迁。江西省政府机关、团体等，也陆续撤退至吉安泰和。1939年3月，南昌沦陷。沦陷区扩大，青年学生纷纷涌入赣西、赣南和福建等后方。这又陡然增加了后方地区的升学压力。青年学子日益迫切的生活压力和学习要求，成为一个严重的社会问题。在江西办大学，是江西对高等教育需求日益迫切，也是省内外有识之士的积极主张。熊式辉顺应形势和民意，大力推动，几经坎坷，使这一夙愿终成现实。

熊式辉（1893—1974），字天翼，江西安义人，毕业于江西陆军小学，后入南京陆军第四中学。曾赴日本留学，辛亥革命时加入同盟会。1931年12月，就任江西省政府主席，之后独揽江西军政十年。熊式辉出任江西省政府主席后，为推动本省的工业化进程，采取了一系列措施，在东南各省中引人注目。他尤其注重教育事业，是最早积极主张在赣创办大学的官员之一。尽管熊式辉提议创立国立中正大学有向蒋介石献媚之嫌，但无可否认的是，其办学初衷是为江西乃至全国培养当时急需的政治、经济和其他各方面的专门人才。他为实现这一主张积极努力，奔走呼号，在推动和促进江西高等教育事业发展方面功不可没。

杏岭肇基：国立中正大学的诞生

1939年，熊式辉再次向中央政府提议在江西创办大学。是年春，熊式辉以急需"培植抗战建国之基本人才"为由，在重庆邀请川中名流研究江西兴办省立大学事宜，得到蒋介石的支持。蒋介石遂再次拨给办学基金100万元。熊式辉返赣后，于8月在遂川文庙约集省内外学者会议，讨论大学筹备事宜。会议决定创办"省立中正大学"，组织筹备委员会，并将会议结果报呈教育部和蒋介石批准。会后，江西省政府在泰和先后聘任晏阳初、邱椿、马博厂、萧纯锦、程时煃、高柳桥、吴华宝、雷洁琼、王次甫、文群、杨绰庵、朱有骞、何棣先、刘中藩、蔡方荫15人为筹备委员，设立校舍设备、图书仪器和教育计划3个委员会，分别以省政府委员程时煃、邱椿和筹委会代主任马博厂为主席，着手经办具体事项。

为择定校址，筹委会委员们翻山越岭，花费大半年时间，细致地勘察了泰和县杏岭村、宁都县青塘坪、赣县梅林和万安的萧家大屋与罗塘湾，最终于1940年3月10日将学校定址为泰和县杏岭村。杏岭村地处泰和县城郊，距县城约5华里，地势平缓、民风淳朴。在熊式辉的严格督促和当地人民的支持下，校区建设迅即铺开。杏岭至黄岗的公路以高效率完工通车。学校没有高大的楼宇校舍，除了当地士绅刘厚生捐借的两栋新建的楼房作为办公厅和图书馆外，其余的礼堂、教室、宿舍、膳厅、实验室、绘图室、诊疗室均为木屋架、木门窗，灰土地面，竹筋泥墙壁，桐油绵纸窗，青瓦小屋顶的简易平房。建筑材料都是就地取材，连同静生生物调查所人员住宿区（李村）在一起，共有81栋校舍，鳞次栉比。10余万元仪器和图节资料陆续购置到位。杏岭的老百姓们平生第一次见到了电灯、电话、篮球场。之后，茶馆、小吃店、杂货店纷纷出现，一个简单实用、充满活力的"杏岭大学区"初具规模。后来到校的首任校长胡先骕曾经赞扬："本校现有校舍，比之于历史悠久与过去有宏伟校舍之中央大学与西南联大之临时校舍，仍有过之而无不及。"

同时，受战争的影响，北方高校的一批教授迁来赣西南，还有6所国立中学等教育文化机构也相继搬至江西境内，为国立中正大学的成立准备了人才。

1940年5月，教育部发出部令，指示"中正大学定为国立，筹备事务，仍托由江西省政府主持并聘定熊式辉、程时煃、邱椿、萧纯锦、马博厂、蔡方荫、朱有骞、罗廷光为筹备委员会委员，熊委员式辉为主任委员"。6月1日，省政府在选定的校址杏岭举行了筹委会正式成立仪式。

熊式辉主持筹办国立中正大学过程中，将国立中正大学筹办列为其政务的头等大事，雷厉风行地推进。同时，他也十分注重遵循教育规律办学，明确提出

"大学一切应力求标准化",强调"大学始创,应建立新的风气,并应力求取得各大学之长,而避免各大学之短",对规范办学要求甚严。因此,国立中正大学在开学前几个月就已经拟订了一系列主要的规章制度,作为办学依据。

校长选聘工作也同时进行。经过反复斟酌,1940年7月9日,熊式辉向蒋介石举荐了校长人选7人,即陈布雷、蒋廷黻、王世杰、何廉、甘乃光、胡先骕、吴有训。前5人不能或不愿来赣出任校长,事实上只能在后两位江西籍著名学者中选任。胡先骕时任中央研究院评议员、中国植物学会会长;吴有训时任中央研究院评议员、中国物理学会会长、西南联大理学院院长。而吴有训无意离开昆明,乃力荐胡先骕出任,得到各方首肯。

胡先骕(1894—1968),江西新建人,字步曾,号忏庵。中国植物分类学的奠基人,享有世界声誉的植物学家。曾创办中国科学社生物研究所、静生生物调查所,还创办了庐山森林植物园、云南农林植物研究所,组建中国植物学会,为首任会长。首次鉴定并与郑万钧联合命名"水杉"和建立"水杉科"。胡先骕从小就树立了以天下为己任的爱国强国大志向,主张科学救国,实业兴国。他曾在致胡适的书札中说:"别无旋乾转坤之力,则以有从事实业,以求国家富强之方。"1916年,他获得美国加利福尼亚大学伯克利分校学士学位,1924年和1925年又分别获得美国哈佛大学硕士、博士学位。1940年9月,国民政府行政院正式任命胡先骕为国立中正大学校长。

1940年10月1日,胡先骕到校就职。1940年10月31日上午,国立中正大学举行奠基典礼和开学典礼。省党政军机关负责人、各界嘉宾与国立中正大学全体师生共同出席。国民党总裁蒋介石致电,对办学宗旨和学生学习都提出了要求。教育部长陈立夫发来贺信。熊式辉则亲笔撰写了奠基碑文,并作《中正大学之创立及今后之希望》的长篇演讲。

胡先骕校长发表讲话,宣布国立中正大学正式成立。为庆祝国立中正大学的成立,下午5时,熊式辉专设酒席,宴请省党部、省政府委员及学校教职员工等140余人。夜幕降临之后,还举行了游龙灯活动及平剧演出。次日,学校即正式上课。

国立中正大学,在距抗日前线约200公里的杏岭村,创立了它最初的基业。10月31日,成为国立中正大学的生日,也被确定为后来江西师范大学的校庆日。

一所国立大学"能于战时创立于战地的江西",从筹备到开学,仅仅一年的时间，可谓神速，在当时产生了较大的影响。全国重要报刊都报道了国立中正大学创立的消息。在沦陷区上海的《申报》，也连续 3 天刊出报道，称学校的创立"意义至为重大"。国立中正大学不仅填补了民国时期江西境内综合性大学的空白，缓解了战时后方学生的升学困难，提升了江西高等教育的品质。而且，在抗战最为艰苦的时刻，国立中正大学以最高国防委员会委员长蒋介石的名字作为校名，以著名学者胡先骕作为校长，对于坚定全民抗战的必胜信念，振奋知识学人顽强拼搏的勇气和精神，具有强烈的民族革命和科学救国的象征意义。而按照胡先骕设计的办学目标，是希冀将国立中正大学办成与中山大学、中央大学齐名，成为"三中"之一的国内名牌大学。由此，国立中正大学在筹建、肇基及草创和发展中，不断彰显其办学宗旨和精神传统，为世人所瞩目。

1941 年 5 月 10 日，校长公布国立中正大学关防启用。

筚路蓝缕：草创时期的办学业绩

学校草创时期，虽条件相对简陋，但由于筹建准备充分，办学迅速走上正轨。

国立中正大学开始分设 3 处 3 院 1 部：教务处、训导处、总务处；文法学院、工学院、农学院和研究部。学校设校务委员会，由校长、教务长、训导长、总务长、三院院长、各系主任及教授代表若干人组成，是学校最高决策机构。校务委员会设常务会议，由校长、教务长、训导长、总务长和 3 位院长组成，每星期至少开会一次。根据具体工作的需要，学校还设有招生、出版、图书、校舍设计、基金、卫生等专门委员会。

在倡议设校和学校筹建时期，国民政府 1936 年和 1939 年下拨的两笔资金共 200 万元一直存入银行，分文未动。1941 年，国民政府拨给经常费 70.5 万元，临时费 60 万元，另拨给美金 2 万元用于在国外购买图书仪器。同时，江西省政府每年拨款 20 万元。因此，在短短几年时间内，国立中正大学用拨款购置了大量图书仪器。仅 1940、1941 两年间，国立中正大学就用 30 万元购置图书、仪器。因日伪围困，交通阻塞，最后只采购到一部分。到 1943 年，学校图书馆藏书达 2 万余册，报刊 500 余种。当年，学校又购置了 10 余万元的仪器设备。这对于只有数百学生的战时大学来说，能有如此数量的教学资源亦谓可观。更值得称道的是，工学院很快建起了初具规模的物理、机电、化工、水工、动力等实验室，拥有经纬仪、水平仪、平板仪、罗盘仪、求积仪、车床、万能刨床、大小钻床等设备。机电工程系还拥有锻、模、铸、金 4 个工厂；农学院建起了昆虫、植物病理、果树作物、农作物、造林、森林利用、寄生虫等研究室或实验室；拥有高倍蔡司显微镜 20 多架，搜集了珍贵标本与切片数千种，广西植物蜡叶标本万余种。这在当时也实属不易。

国立中正大学在 1940 年开学时，招收第一届学生为 391 名，分别来自赣、粤、浙、皖、苏、湘、闽、桂等省，还有部分南洋的侨生。他们来到杏岭，告别颠沛流离的生活，入室聆教，安心求学。而此时全校专任教师为 40 人，其中有教授 21 人，副教授 19 人，生师比几近 10∶1。而为拓宽学生视野，学校不但经常邀请著名学者来校讲学，还不间断地邀请社会各界知名人士为学生演讲。如江西省政府主席熊式辉、著名爱国华侨陈嘉庚、中央资源委员会副主任钱昌照、国民党要员张治中等，都曾到校开讲座，几乎每周一讲。胡先骕在繁忙的公务中，也经常抽出时间为学生开讲座。据不完全统计，在短短的 7 个月时间内，胡先骕就为学生至少作了 6 场讲座。他的讲座内容广博，思想深刻，给学生们留下了极深印象。校园里的学习风气因此十分浓郁，在不少讲座举行的时候，出现了"四世同堂"（教授、讲师、助教和学生）一起来听课的情景，甚至窗外也围着几层观众。

学校在学生操行管理方面十分严格，强调要"严厉执行严格主义"的考试和"切实取缔缺课旷课"。新生入学开始，也就是考试开始。新生入校后，要接受严格的"甄别试验"，成绩不满 50 分者，一律重修高中有关课程。为了防止学生"作伪取巧、猎取学分"，学校规定每学程的成绩由平时成绩（临时试验及平日积分，占 2/3）和学期试验（占 1/3）两部分组成。临时试验由教师随时进行，促使学生高度关注平时学习。同学们相互提醒"教授们的'马克'（mark，分数）是不肯轻易送人的"，并有学生戏曰："从此天下学子心，不重黄金重马克！"与此同时，学校对考场纪律作了规定，学生考试舞弊者，一经发现即开除学籍，并广泛实行无人监考的制度。对学生缺课旷课的处理也是严格的。学生在一学期内旷课满 25 小时的，限令休学一年。学生请假缺课，每 2 小时扣本学程学期总成绩 1 分，无故旷课 1 小时以缺课 2 小时论。同时厉行点名制，教师负责填写缺课通知单交注册组备案，注册组将学生缺课情况汇总，逐周公布。

国立中正大学办学伊始，就形成了良好的校风，获得了良好的社会声誉。1943 年 2 月，中正大学美术名誉教授胡献雅创造国画《鹰》、《格》，分赠美国总统罗斯福、英国首相丘吉尔。这一方面是政府高度重视，学校办学正规严谨，管理严格规范；另一方面，是有以胡先骕为代表的一大批优秀师资，潜心教学，为人师表，为办学宗旨的落实和优良校风的形成与传承，起到了有力的保障作用。

第二节　办学宗旨和精神传承

"术德兼修"与"知行合一"

对于国立中正大学的办学宗旨，从蒋介石、熊式辉到胡先骕都有不同程度的表述。蒋介石致开学典礼上的"训词"中，要求该校"所研究传习之道，必为救国救世、三民主义之达道，所授予诸生之课业，必为担当革命建国事业之实际"。他对学生的要求是："诸生所修习者，虽有文、法、工、农、商、医诸系别之分，而均不可不于入学之始，立定为国家效忠、为同胞服务之志向"，成就"非仅博通学术之专才，实为革命建国之干部"。明确提出要将"育人"放在首要位置。为此，他还多次提到办学要"文武合一"、"政教合一"，要"术德兼修"，培养符合抗战建国实际需要的人才。尽管蒋介石的"德育"和"育人"目标具有其特定历史烙印，对于被统治被压迫人民而言，应予以否定，但是，他所主张的办学方针和培养目标，还是具有一定的历史合理性。"文武合一"、"政教合一"则是"知行合一"教育原则在战时教育体制下的具体办学方针。蒋介石希望他这一理念在以他的名字命名的大学得到实践，并将国立中正大学办成全国各大学的"楷模"，以期推广这一办学理念。

熊式辉也表示要在此试验"政教合一"的"理想"，为国民党培养政治干部和专才干部。学校开办的一段时期内，学生必须"实行军事化集团生活"，接受"精神训话"，"三民主义"和"军事训练"为必修课并计算学分。

1942年熊式辉离赣后，学校较少受江西地方政府干预。自此，胡先骕和进步学者们从中西文化中总结出的先进教育理念，引导国立中正大学迅速发展。

胡先骕虽然是科学家，但是一直对教育问题非常关注，积极倡导"科学救国、学以致用；独立创建、不仰外人"的教育思想。早在1922年，作为学衡派的核心人物，胡先骕发表了《说今日教育之危机》，提出要把养成健全人格当作教育的主要目的。1925年，他在《留学问题与吾国高等教育之方针》、《师范大学制平议》等文章中，对留学政策、高等教育、师范教育提出了独到的见解。1926 年，他又公开发表《致熊纯如先生论改革赣省教育书》，表示关注江西教育，提出要解决宽筹经费、广延人才、免收学费、改进学风、提倡德育等 5 个问题，并说："吾省不办大学则已，欲办则必须办一模范大学。"就任国立中正大学校长后，胡先骕一心要办"名人名校"，在不到 4 年的治校实践中，他倡导教育独立和通才教育，坚持"'教'与'育'并重，希望造就多数专家"，并提出"不竞务新奇，亦不拘守陈说"的教育方法。在他的具体实践下，国立中正大学办学特色日渐彰显，快速起步。胡先骕在任期间，国立中正大学在教学、学术研究以及物质建设等方面，都得到了较快的发展，成绩斐然。尤为重要的是，在胡先骕的感召下，许多知名的教授尤其是江西籍的学者，放弃了已有的较好待遇及优惠条件，冲破日寇的封锁线，历经千辛万苦来到了泰和从教，也为江西带来了先进的教育理念和教学方法。在他们的共同努力下，国立中正大学办学强调理论与实践相结合，注重德才兼备培育人，在草创时期就显现出其朝气蓬勃、蒸蒸日上的强大生命力。

书生报国此其时：国立中正大学师生战地服务团英烈

根据国立中正大学办学宗旨，抗战建国人才须在抗战中磨炼坚定的意志，增进抗敌的实际才干。国立中正大学师生不但刻苦学习，为报国积蓄能量，而在祖国需要的关头，他们也毅然投笔从戎，抛洒热血，积极投身于伟大的反侵略战争之中。1942 年 7 月，著名学者、国立中正大学教授姚名达及学生吴昌达赴前线抗日的死难事件震惊全国。

姚名达（1905—1942），字达人，号显微，江西兴国县人。1925 年 7 月考入清华大学国学研究院，师从梁启超。曾任复旦大学历史研究法教授，年轻有为，著作等身，从 1926 年至 1937 年已出版著作达 16 种，为我国史学和现代目录学研究作出了卓越的贡献。姚名达具有强烈的爱国主义思想，他在上海高校任教时，恰逢抗日战争爆发，为支援抗战，他和妻子毫不犹豫地捐出订婚用的金戒指，并向全社会发出捐赠号召。有一次在路上看见一名伤兵，姚名达不仅拿出身上所有的钱送给他，还不顾污秽为他喂饭。姚名达不仅爱国，而且爱校爱生。1941 年，其母徐才琳、其父姚舜生先后辞世。姚名达于正大内设立"舜生、才琳史理学奖金"，除以父亲所遗房产捐作基金外，自 1942 年 2 月起，还按月捐赠他自己薪金的百分之十为奖金，以奖掖后进。

国立中正大学在江西创办后，胡先骕聘请姚名达为研究部研究教授。1942年5月，日军为打通浙赣线进犯赣东，临时省会泰和风声鹤唳，达官贵人竞相逃谁。而国立中正大学师生则迅速掀起了"书生报国，此其时也"的热潮。6月13日，国立中正大学师生战地服务团成立，推选胡先骕为名誉团长，姚名达为团长，王伦为副团长。服务团设宣传、组训、慰劳、救护、通讯、赈济等股。6月24日，学校举行了授旗及团员宣誓典礼。团员们表示："为了我们共同的大母亲——祖国，让我们这些孩子们善尽我们的责任"。6月25日晨，大雨滂沱。全体团员一个个戎装草履，精神抖擞，高唱团歌从杏岭出发，向樟树前线开进。途经吉安，在各界召开的欢迎会上，姚名达激昂陈词，号召青年们"到前线去！到战壕去！做一个中华民族的好儿女！"战地服务团沿途采取街头讲演、绘制标语漫画、表演歌咏剧等形式宣传抗日，并出版了《战地通讯》。同时服务团还到战地医院进行慰问，向每位伤病员发1元至3元的慰问金和一两食盐，代写书信300余封，为难民免费施诊施药，先后在新余、峡江、新淦3县发动青年学生，分别组成了3个青年战地服务团。7月4日，姚名达率领团员30余人由樟树前往最前线桥东，姚名达向前来欢迎的58军军官们说："我们全体团员是抱有牺牲决心而来的。"这时，日军已调集五六路人马，从3个方向对这一带作迂回包围，战局迅速恶化。服务团没有随军部撤退，而是赶往前线野战医院为伤员换药包扎，然后随野战医院转移。7月6日，服务团被日军骑兵队冲散。剩下的11个人在姚名达带领下，趁夜冒雨前往新淦。7月7日晚上，姚名达等12人到达新淦县石口村，借宿在两间祠堂里，当晚即被日军包围。他们临危不惧，赤手空拳与日军搏斗，并毙敌1人，终因寡不敌众，郑唯龙5名学生被俘，37岁的姚名达和24岁的学生吴昌达壮烈殉国。他们用自己的宝贵生命，进一步弘扬了国立中正大学办学的精神传统，受到全国人民的景仰。

7月8日，两烈士壮烈殉国的消息传到学校，全校师生痛哭失声。教授殉国的消息，也迅速传遍全国，仅《新华日报》就先后4次作了报道。7月28日，两烈士的灵柩从水路护送回泰和，沿路码头皆进行公祭，临时省会各界800余人隆重地举行了迎灵祭。8月5日，在杏岭校园举行公葬。10月，学校出版了《姚吴二烈士殉国纪念特刊》。次年，在姚名达殉国一周年时，胡先骕高度赞扬姚名达"绝学有遗著，千秋有定评"，"英风传石口，大节振西江"。国立中正大学在姚名达牺牲地隆重集会，并立碑纪念。纪念碑今存江西师范大学校史馆。1987年，中华人民共和国民政部正式追认姚名达为革命烈士。1990年，学校把西湖边的亭子命名为显微亭，以此纪念姚名达（显微）烈士。全国人大常委会原副委员长、中正大学校友会名誉会长，年近百岁的雷洁琼为姚名达烈士亲笔题词："抗战捐躯，教授第一人。"

南赣励志：设立分校和南迁

国立中正大学成立后，时任赣南行署专员的蒋经国，出于发展赣南地区文化教育事业的考虑，不断要求学校整体迁往赣州。而一贯奉行自由主义的胡先骕不愿意受制于蒋经国，以迁校困难为由婉加拒绝。此后，在国民政府和蒋经国的一再催促之下，1942年8月，学校不得已在赣县西门外龙岭赣南新村设立分校，名为"国立中正大学龙岭分校"，亦称"赣县分校"。对于国立中正大学来赣南设立分校，当地各界普遍予以欢迎，各级政府亦大力协助，给分校开办予以便利。

龙岭分校租借当地房屋47幢作为校舍，于10月迁入办公。11月25日，学生开学报到注册，12月1日正式上课。1943年1月，又新建宿舍及食堂。这时，学校规定，除农学院外，国立中正大学各学院新生（包括师范专修科新生）均应在龙岭分校报到注册上课。本科生在分校完成一年级课程后，才可转入杏岭校本部学习。

龙岭分校设校务主任一人，由校长聘请罗容梓教授兼任；设校务委员会，由校务主任和文法、工、农三学院及师范专修科代表各一人组成。至此，国立中正大学形成了一校二地三学院（文法学院、工学院与农学院）和四个专修科（三年制师范专修科、两年制行政管理、税务与土木工程专修科）的办学格局。此外，学校还创办了附属实验学校和附属中学。

1943年5月，泰和发生"《江西民国日报》事件"（见本章第四节"学生运动的兴起勃发"），因保护学生正当权益，拒绝处分学生的胡先骕，于1944年春天被迫辞职。胡先骕离校时，全校师生专门举行了欢送会，胡在会上作了题为《离别的艺术》的讲话。

1944年5月2日，著名经济学家萧蘧正式接任校长一职。萧蘧（1893—1948）江西泰和人，经济学家，早年留学美国，获密苏里大学学士学位、康乃尔大学硕士学位，后入哈佛大学经济研究所从事研究工作。回国后，先后担任南开大学经济系主任、法学院院长、清华大学教授、云南大学法学院院长、西南联大教授。

此时，日寇为稳定中国战区局势，打通大陆交通线，以便将主要精力对付太平洋战场，在中国腹地再次发动猖狂进攻，战局又趋紧张。学校处在极端危险的境地。6月，衡阳被困。学校提前放假，首届学生有316人毕业。学校将贵重图书仪器运往赣县龙岭分校，准备南迁。后因日寇南下，江西中部战局趋于稳定，学校仍在杏岭本部开学，运往分校的图书仪器又悉数运回。

1944年底，日寇打通了平汉、粤汉大陆南北交通线，并以少数兵力对赣西赣南作战术进攻。1945年1月底，在泰和的省政府等各机关团体匆忙撤往宁都县，国立中正大学师生亦随之撤离。师生们从泰和出发，经老营盘抵达兴国，之后，又迁至宁都长胜。龙岭分校顺势撤销，也迁至长胜与校本部合二为一。学校这次撤离时，各种重型机器全部忍痛舍弃。时值寒冬，雨雪交加，道路泥泞，师生徒步进发，颠沛流离，历尽千辛万苦。撤退期间，发生了学生魏百寿在宁都赖村遭土匪杀害的不幸事件；而家在老营盘的税务专修科学生赖维枢与家人一道，每天备房备餐，先后接待了国立中正大学教师20多人、学生近200人，在校内传为佳话。搬迁途中，日军突袭泰和小塘洲，学校存放该处的仪器、标本和2000余册图书全部被毁，致使后来的全部实习、实验一度停开。4月，学校借用阳都中学校舍和部分民房在长胜复课。此时，学习、生活条件极差，一间房甚至要住三四十人。晚自修时，大家只能围坐在昏黄的煤油灯下苦读。6月，国立中正大学第二届学生有392人在长胜毕业。为弥补搬迁时的缺课，学校是年未放暑假，学生坚持在校刻苦学习。

国立中正大学迁往宁都长胜，虽因战争而撤退，损失惨重。但也磨炼了意志，为抗战胜利复员，学校中兴，保存了实力。

望城凯旋：复员后的国立中正大学

1945年8月15日，日本天皇宣布无条件投降。艰苦的十四年抗战终于取得了胜利。国立中正大学师生欢欣鼓舞。随着省政府复员南昌。为了学校的发展，国立中正大学不可能长期偏居赣南或赣西南山区一隅，学校的搬迁迫在眉睫。

新的办学地点有两处可供选择：一是原定永久校址在庐山白鹿洞书院一带，

二是光复了的省会南昌。10 月，学校派柳藩国、王修案、张明善等人随省政府接收人员赴南昌勘察校址。又派罗容梓、潘慎明、周拾禄等赴庐山勘察永久校址。经过深入讨论，并经第九战区司令长官薛岳及江西省政府主席曹浩森同意，学校决定先行迁往南昌，以西郊的望城岗原国民党军政部营房为校址。同时，教育部又拨给学校复员修建费 8.1 亿元。

1945 年 11 月，学校搬迁开始。当时交通工具极度缺乏，师生分两路北上：一路从宁都经南城、临川抵昌，另一路则由长胜经兴国、泰和前往省城。学校重要文件及贵重图书、仪器等，先用汽车从长胜运至泰和，再经赣江船运南昌。而笨重的器械、教具、普通图书及行李等，则用木筏经于都水运南昌。原在杏岭修建的校舍建筑全部拆卸，连同原存泰和的器物，一并经水路运抵南昌，12 月底，搬迁工作基本结束。1946 年 1 月 7 日，学校在望城岗新址复课。6 月底，国立中正大学第三届学生有 314 人在南昌毕业。

望城岗（今南昌陆军学院）位于南昌市西南一片红褐色丘陵之中，距市区约 12 公里。当时此地交通不便，只有土路可以通行，赣江上一座木结构的中正桥是师生进入南昌的必经之路。学校刚迁来时，往来于城郊的交通工具只有大板车、独轮车。教职工大部分住在望城岗，师生进城极为不便。后全国公路总局赠送学校两部卡车，于是学校开通了往返城区至学校的校车。后陆续购置并接受馈赠，使学校校车增加到 9 辆，进一步改善了师生的交通条件。

望城岗营房曾经被日本侵略军占据，房屋被毁约四分之一。所余 62 栋房屋也破败不堪。学校迁来之后，先是对破旧房屋加以维修，但仍不能满足需要。于是花费教育部所拨建筑费 3 亿元（旧币），加上杏岭拆卸运来的旧材料，陆续动工建起了大礼堂、图书馆、实习工厂、学生宿舍、家属宿舍和子弟小学等。同时，补充了一批实验仪器设备。工学院恢复了原在杏岭设有的各种实验室和实习工厂，并新设了普通化学、分析化学、有机化学、热力、无线电、电磁等实验室。农学院也重建了实习基地，只是规模不如在杏岭之时。

学校迁至望城岗之初，条件仍非常艰苦。因为实行学分制，学生每天须在不同的教室上课。当时没有课桌，只能坐着形似火腿的"火腿椅"听课记笔记。更严重的是经费不足，图书仪器缺乏，教师外流严重。全校教师只剩 147 人，其中教授、副教授 71 人，严重影响教学。为谋求国立中正大学的稳定发展，学校确定寻找永久校址。萧蘧校长于 1946 年暑期到庐山面谒蒋介石，并随教育部长亲自勘察，经蒋介石同意确定了校址。学校组织了一批教授到庐山勘察校址，夜宿海会寺。经过彻夜讨论，倾向以白鹿洞书院附近空地为校址。学校因此拟定了12个学院、学生万余人的庞大的发展规划，并对院系进行了调整，扩大了招生规模。此后，因形势巨变未果。

在此期间，由于蒋介石发动全面内战，国民党统治区内掀起了反内战、反独裁、反饥饿的学生运动。国立中正大学也于1947年2月爆发了反内战的学潮，一直持续到6月上旬。在学潮中，萧蘧受到部分对他有误会的学生冲击，不久辞职。6月下旬，第四届学生有270人毕业。8月15日，教育部委任的新校长林一民到职。

林一民来校后的两年间，由于物价暴涨，师生生活每况愈下，学潮不断，学校一直处于动荡之中。1949年4月，解放大军跨越长江，迅即南下。林一民于4月23日"自行离校"，后去了台湾。5月22日南昌获得解放。由于中正桥被破坏，两岸展开炮战，学校处于国民党桂系夏威部的包围和威胁之下，师生组织的应变会成功开展了护校活动。5月26日上午，十余名解放军通过正大师生抢修好的蔡家桥，在秧歌队的欢迎中进入学校，校园一片沸腾。当天晚上，解放军文工团在南昌市内中山纪念堂演出歌剧《白毛女》，慰问正大师生。此时校本部仍有教职员201人，工人239人，学生1081人。

第三节　办学格局与育人成就

院系设置

1940年学校成立时，设有3院9系：文法学院，下设政治系、经济系、教育系；工学院，下设土木工程系、化学工程系、机电工程系；农学院，下设农艺系、畜牧兽医系、森林系。1941年8月，文法学院增设文史系，农学院增设生物系。

1942年8月，受江西省政府委托，开办了三年制师范专修科，分史地和理化两组；受国民政府委托，开办了两年制行政管理专修科。1943年8月，受江西省税务局委托，开办了两年制税务专修科。1944年8月，根据教育部指示，开办两年制土木工程专修科。专修科的学生来源较复杂，有的是机关保送上学的，有的是参加统一招生考试录取的。学生年龄相差较大，甚至出现"岳母与女婿同班"的现象——在第一届行政管理专修科，一位年长的女生把女儿许配给了同班同学。

抗日战争胜利后，学校几度院系调整。1946年8月，增设理学院，设数学、物理、化学3个学系，全属新办，又并入农学院生物系，计4学系。将文法学院的文史系分为中国文学、外国文学、历史3个学系，逐步停办了师范、行政管理、税务、土木工程4个专修科，以加强本科教学。1947年6月，文法学院分为文学院和法学院，将生物系分为植物系和动物系，增设了法律系。

到1948年8月，经过调整，学校有5个学院18个学系。全校教师181人，其中教授65人，副教授46人。其中，文学院院长由王易担任，法学院院长先后由林希谦、蔡枢衡担任，理学院院长由熊正理担任，工学院院长由李绍崽担任，农学院院长由周拾禄担任。

培养体制

国立中正大学新生入学要经过专业基础考试，还要接受国文和英语考试。学校根据考试成绩将新生编成不同的班级，分别授课。

1941年修订的《国立中正大学组织大纲》规定，本科学制采用学分制。学生可跨院、系进行选课。选修学分占总学分的20%左右。所习课程按学分计算，每学期每周讲授1小时或实验2、3小时为1学分。所修必修课程满30学分者，编入二年级；修满72学分者，编入三年级；修满102学分者，编入四年级。各学院学生修业期限至少为4年。文法、农两学院各系学生，须按规定学程最少修满132学分，工学院各系学生须按规定学程，最少修满142学分。《大纲》规定，一年级学生在校学习一年后，可根据自己的兴趣转院转系；学生毕业后，还可转入其他院系学习，获双学士学位。

在课程设置上，一年级着重通才教育，除"三民主义"和"军事训练"、体育课为必修课外，国文和外文是各院系学生的必修课。抗战时期，开设了共同必修课"卫生学"和"音乐"两门课程，文科学生开设"读书指导"必修课，传授学生读书的方法。大学二年级始设本专业必修课、指定选修和任意选修课。

学校倡导必修与选修相结合，鼓励学生多选本专业以外的课程，以拓宽知识面，开阔视野，"规定学生舍专业课程外，必须选习相当数量之政治经济社会历史哲学科学美术等课程"。许多课程特别是工科课程采用英文原版教材，老师用英语授课，学生做作业和考试也用英文，英文水平得到很大的提高。学生毕业走上工作岗位后，厚实的英文基础发挥了重要作用。

学校同样关注师生的体育锻炼。由于杏岭地处丘陵，定址之后，学校组织力量，开山填沟，开辟了篮球场、足球场、排球场、网球场、田径场，为学生锻炼身体创造了条件。还组建了学生篮球、排球、足球队，在业余时间开展训练。学校积极组队参加省里组织的各项体育比赛，男女篮球队曾分别获得省会篮球比赛的冠亚军，排球队也获得了冠军，还获得全省运动会团体总分第一名，在省会享誉一时。教工也自行组建篮球队，"联络感情，锻炼体格"。学校成立了歌咏戏剧队，分为歌咏、平剧、话剧等组，"使学生多一陶冶身心之机会，并可用以教育民众"。歌咏戏剧队平时定期演练，提高技艺，还参加了省会各界庆祝全国音乐节联合歌咏戏剧大会。

学校主动承担社会责任，认为国立中正大学地处江西，理所当然要为江西地方经济、社会建设发展及提高江西的教育水平出力，尤其重视有地方特色项目的研究。1940年12月，农学院教授冯言安赴南丰、南康、赣州等地考察柑橘品种及繁殖状况等，采回数十个品种，回校后举办了展览。1940年12月，文法学院经济系教授方铭竹赴赣江沿岸吉水、峡江、新干等县，考察县级财政。农学院派技术员到泰和县各地调查螟虫越冬状况，并将害虫带回饲养，研究其生活习性。1941年1月，杏岭国民学校开办成人教育培训，吸收本校工友及附近失学成人，按照部颁标准，讲授国语、算术、公民常识、音乐四科，培训3个月，期满结业。为救济失学青年，帮助公务员进修，学校还核准了30名旁听生到校旁听。学校还组织杏岭大学区社会服务委员会，宣布"本校临时校址在泰和杏岭村，故对于该处附近一带社会事业之改进，本校实负有重大之责任"。1940年12月7日，开办杏岭小学，开办费及第一年半数经费由学校补助，除学校教员子弟外，还接受附近一带儿童入学。1947年5月初，国立中正大学学生在学校所在地望城岗附近，为失学的村童开办了村童野读班。没有固定的教室，在野外上课，教语文、算术、唱游课，吸引了大量的失学儿童。从开办时的数人，不到半个月，增至近200人。村童野读班的开办，在校内和附近农村产生了很大的影响，教育了村童，提高了农民的思想觉悟，也锻炼了学生。

师资队伍

国立中正大学拥有教师最多的年份是 1944 年，达到 203 人，当时学生 1386 人，师生比例 1∶6。职工最多的年份是 1948 年，全校有职员 153 人，与学生的比例为 1∶7.4；工人 239 人，与学生的比例为 1∶5。

教职员都有等级，各分为四等，每等七级，共二十八级。教师等级有教授、副教授、讲师、助教四等；职员等级有主任、佐理、助理、雇员四等。工人有技工和勤杂工之分。技工一般指实习工厂、汽车队、电厂的技术工人，勤杂工一般指清洁工、食堂工人、校警等。

教授月薪 320 元（第七级）到 600 元（第一级），副教授 240 元（七级）到 360 元（一级），讲师 140 元（七级）到 260 元（一级），助教 90 元（七级）到 160 元（一级）。1943 年 2 月，教师待遇改为四等三十六级，一级教授月薪仍为 600 元。职员待遇比教师略低。主任月薪与讲师相同，佐理月薪与助教相同。而工人待遇极低，如勤杂工月薪 12 元到 20 元，不到一级教授月薪的 1/20。

来校的教师，其资格审查和等级确定报教育部审定，以后晋升，则由学校直接审批。专任教授、副教授、讲师每服务连续满一年，著有成绩或有专门著作者，薪俸晋一级，由校长核准：如有特殊成绩可晋数级，但须呈教育部核准。助教每服务满一年，著有成绩者晋一级薪俸，由院长批准：如有特殊成绩、有专门著作或发明者可晋两级，由院长商呈校长批准。

学校非常重视教师管理，通过对严格的工作量规定来规范。教授、副教授每周上课时间为 9 小时至 12 小时，如完成工作量，可以在外兼课，但应报教务处批准，每周 4 小时为限。讲师、助教不可以在外兼课，如有违反，立即解聘。由于工作量定额较高，教师难有余力在外兼课。

职员的聘任与教员略有不同，主任职员的聘约每次均为一年，其他职员的聘约不载明年限，不称职时可随时解聘或辞退。为了鼓励职员忠于职守，努力服务，主任职员每满两年晋级一次，其他职员每满两年或一年晋级一次，对有特殊成绩的职员，每次可晋两级，但要由最高主管人商呈校长核准。

在特殊的时代背景下，国立中正大学师资力量达到一时之盛。

早在筹备期间，对于教授的选聘，筹委会就坚持"极端审慎，务期品学兼优，经验丰富，如不得其才，则宁缺而不滥"。在创办者们求才若渴、礼贤敬士精神的大力感召下，学校凝聚了一批硕学宏才、知名之士。各院系和研究部教授大多来自清华大学、中央大学、交通大学、西南联大等著名大学。

理学院院长是郭庆棻，知名教授有植物学家张肇骞、数学家王福春以及严楚江、熊正理、陈封怀等。

工学院院长蔡方荫是国内著名的结构力学权威，留学于美国麻省理工学院，获得硕士学位，曾任清华大学工学院教授，在学术界享有较高的知名度，在20世纪40年代著有《普通结构学》，作为高校通用教材，产生了广泛的影响。在1948年中央研究院首届院士选举中，成为候选人之一。工学院还聚集了一批留学归来的才俊，如张闻骏、王宗和、袁行健、刘乾才、吴诗铭、俞调梅、王修寀等。他们认真教学，培养了一大批突出人才。国立中正大学毕业的仅有的中国科学院院士黄克智、中国工程院院士曾庆元都出自于国立中正大学工学院。

农学院院长周拾禄是稻作专家，在水稻育种领域作出了突出的贡献。此外，在农学院任教的教授张明善、卢润孚、李静涵、严楚江、戴立生、冯言安、马大浦、黄野萝、何琦等都是海外留学人员，严楚江、冯言安、黄野萝还获得了美、德、法等国博士学位。生物系主任张肇骞、畜牧兽医系盛彤笙教授分别是我国著名的植物学家、兽医学家，在学界享有盛誉，后当选中国科学院学部委员。

文法学院实力也很强，先后在该院任教的教授有唐庆增、萧蘧、陈清华、余精一、陈戚鹏、欧阳祖经、姚名达、雷洁琼、邱椿、任启珊、罗廷光、罗容梓、蔡枢衡、王易、陈鹤琴、程懋筠、方铭竹等，其中多人留学海外，获得博士、硕士学位。罗廷光著述甚多，在当时的教育界，知名度很高。程懋筠是著名的作曲家，留学日本东洋音乐学院，擅长作曲，曾创作中华民国国歌，产生了广泛的影响。陈鹤琴是我国著名的教育家，在美国哥伦比亚大学留学，获得硕士学位。他自己创办了幼儿园，实施幼儿教育。

据统计，在国立中正大学教职员中，在美国哈佛、芝加哥、法国巴黎大学获得博士学位的有11人，在美国哥伦比亚、密歇根、麻省理工学院等知名大学获得硕士学位的达18人，师资力量很强，教授占37%，一些专业的师资水平完全不亚于当时的全国知名大学。据1949年教育部有关资料统计，国立中正大学在全国25所国立综合性大学中，有教授78人，排第13位；副教授45人，排第3位。其中多人为国内外著名学者。

学校非常重视开展科学研究，为给教师发表成果创造条件，学校创办了《正大土木》、《文史季刊》、《正大农学季刊》、《南洋季刊》等10多种出版物。教师在艰苦的战争年代，既要教书，还要克服资金缺乏、资料短缺、与外界交流不便等重重困难，开展科学研究，即便如此，仍取得了一批有影响的研究成果。如罗廷光的《教育行政之科学的研究》、王易的《岁差考实后序》、欧阳祖经的《日本儒学师承记》、姚名达的《日本国名探源》等；工科的有蔡方荫的《变梁恒数新表及其用法》、俞调梅的《多层纵钢筋混凝土之切应力》等，数学系王福春发表了多篇研究傅立叶级数及黎曼假设问题的论文；有影响的农科论文有周拾禄的《江西水稻改良及棉麦育种研究》、冯言安的《江西柑橘类果树改良之研究》、周绍模的《水稻螟害率与螟害损失之界说及其应用》等。学校还出版了本大学丛书，文科有严学窘的《中国音韵沿革》、罗廷光的《教育行政》（上下册）、《最近欧美教育综览》、方铭竹的译著《货币银行原理》、吴华宝的《经济学概论》等，理科有蔡方荫的《普通结构学》（上中下册）、吴诗铭的《普通化学精义》、奚元龄的译著《遗传学原理》等。有些著作具有很高的水平，这从当时教师获得的学术奖励可见一斑。

民国时期实行过科学奖励制度，从1941年到1947年，国民政府对自然科学、人文社会科学研究成果给予奖励，一共颁发了六次奖。从1943年第三届起，国立中正大学教师连续获得了4届奖励，他们是罗廷光的《教育行政》（第三届社会科学类二等奖）、王易的《岁差考实》（第四届自然科学类三等奖）、王志鹄的《荆峪沟土壤之性状与水土保持》（第五届应用科学类三等奖）、王福春的《三角级数之收敛理论》（第六届自然科学类一等奖）、王志鹄的《土壤微生物学研究上之新径》（第六届应用科学类二等奖）、蔡方荫的《用求面积法计算变梁之弯曲恒数》（第六届应用科学类二等奖）。

鉴于国立中正大学人才济济，《江西民国日报》委托国立中正大学教授主办政治、经济、教育副刊；除此以外，不少教师参与了政府和有关机构组织的政治经济社会调查活动。政治系教师雷洁琼等被派至上饶、贵溪等处考察民、财、教、建等方面现状；农学院派员到泰和附近调查螟虫越冬状况。中央农业实验所与农学院合办江西省水稻小麦改进实验；财政部贸易委员会桐油实验总场委托农学院调查及采集油桐品种，农学院教师随即赴莲花、安福、崇义等县，共采集了品种50多个。农学院还与江西省农业院密切合作，参与江西省粮食增产研究；工学院教授为水利局计划赣江水利工程。学校还承担了江西省中学教师的培训工作，派出教授担任授课教师。为便利研究江西果树，农学院还接办了省建设厅创办的赣南果树园。

育人成就

国立中正大学的创立与熊式辉"急需培植抗战建国之基本人才"的办学初衷密不可分，其宗旨是为江西乃至全国培养当时急需的政治、经济和其他各方面的专门人才。时任行政院政务处处长的蒋廷黻1940年视察江西时就说，熊式辉"正创办一所大学（指中正大学），该校预计训练一批较有效率的公务员和领导人"。因此，中正大学的办学宗旨其实就是蒋介石所寻求的"非仅博通学术之专才，实为革命建国之干部"。但客观上说，中正大学培养了一大批国家急需的各方面人才，其育人成绩是斐然的。

1943年以后，国立中正大在校学生数保持在1000到1400人之间。1946年，在校学生增至1414人（其中女生110人），是学生最多的一年。

学校开办的1940年，学生是由教育部统一招考分发来的。这些学生程度参差不齐，学校不得不对他们一一甄别，要求不合格者补习高中课程。1941年以后，学校自行招考，学生质量大有提高。全校学生平均年龄21岁左右（1947年以后有所降低）。各院系学生人数很不平衡，为求毕业后有出路，学生纷纷拥入政治系和经济系，如1946年度，政治系有学生153人（其中女生2人），经济系有学生200人（其中女生15人），两系学生总数占全校1/4。受战争和生存压力影响，学生的流动性很大。学校还大量收容了不属于本校的借读生、旁听生千余人。

学生在校的学习和生活条件比较艰苦。他们住的是泥屋竹棚，夏不挡热、冬不避寒；睡的是上下木架床，一间宿舍要住十余人，臭虫、老鼠常使人难以安眠。杏岭还是著名的疟蚊区，发生过师生员工因疟疾病故的惨痛之事。在龙岭上课的学生，有的没有教材，老师讲课全靠学生用笔记录。

国立中正大学学生刻苦上进，常常可以看到学校图书馆拥挤争座位的现象。有的学生坚持默读默写《英汉四用词典》，有的学生四年没有像样的衣服、没有去过一次餐馆。许多学生则因学校迁址，一年左右时间里4次徒步2000多公里去求学。在杏岭校区，每天清晨，在大操场、农场、牧场、鱼塘边、山坡上和田间小路上，到处是读书、锻炼、吊嗓子的学生。在胡先骕等学者关于"日本侵华战争必败"、"未来社会必然是美好社会"的有效教育下，这些尝尽苦难的青年安心读书，得以迅速成长。

科研方面，学生成立了经济学会、农学会、社会教育学会等，在教师的指导下，开展了初步的学术研究，并取得了一些成果。如土木工程系学生郭善洵动手能力较强，作为在校生，他为学校设计的青年馆新颖别致，得到了校方的褒奖；文史系学生熊振湜，才华横溢，精通英文和法文，常以法文作诗，当年以全校第一名的成绩进入国立中正大学，他撰写的《党锢论》、《中国译事考略》，受到教授们的称赞，可惜在校期间被疟疾夺去生命，胡先骕为此曾顿足号啕；值得一提的是，机电工程系学生许实章在读二年级时，撰写了一篇论文《以二次及三次力矩求梁之变位》，在 1943 年于桂林举行的全国工程师年会上宣读，引起工程界的"震惊"。该文后转寄美国工程学会，由于时处战时，寄到美国时已是 1946 年底，虽然已经过去了 3 年，但仍不失它的学术价值，得到美国工程界人士的高度评价，被认为"材料力学中的一大发现"。在 ASCE（美国工程学会）的"Proceedings"上发表，以后又被"Transactions"（学术会议录）所转载。当时在这种权威性的专业刊物上发表过论文的中国学者仅有 5 人，中央大学校长吴有训评价为"这是我们中国学术界的光荣"。为此，学校特意向教育部上报，请求给予许实章奖励。

1940 年至 1945 年，教育部共举行了六届学业竞试，以衡量各高校学生的水平高下。国立中正大学积极参加，并取得了较好的成绩。第一、二届竞试时，国立中正大学刚创办，没有参加；在第三届竞试中，工学院学生解沛基荣获甲类数学科第三名，农学院学生王秋圃也进入了乙类决赛。解沛基及王秋圃分别获得了 300 元和 400 元的书券和奖状；第四届只进行了丙类竞试，即毕业论文类，那时，国立中正大学还没有毕业生，没有参加。第五、第六届竞试材料由于在抗战胜利后的复员途中浸水，名单未公布。此外，国立中正大学学生还在参加全省三民主义论文竞赛中，包揽了前 18 名。

国立中正大学学生综合素质也较好。无论是京剧、话剧、武术、歌舞和昆曲，行行有众多尖子。其中经济系一届张仁福的鼻琴、宁庸的锯琴被同学们评价为两大绝技。各院系球类比赛不断，决赛时则多半要由校长开球。

甚至在经商获利方面，国立中正大学的学生也显示出"创业"的才能。经济系二届一位学生得知遂川有美国 14 航空队驻扎的机场后，出资在机场附近租了一大片菜地，雇人种菜出售给航空队，结果获利颇丰。

国立中正大学的毕业生前后共六届。解放前五届，共 1622 人，其中本科生共 1310 人，计文学院 85 人、法学院 422 人、理学院 19 人、工学院 262 人、农学院 192 人；毕业的专科生共 312 人，包括师范专修科史地组 75 人、师范专修科理化组 43 人、土木工程专修科 37 人、行政管理专修科 75 人、税务管理专修科 82 人。第六届于解放后（1949 年 6 月）毕业，本科毕业生 260 人。

国立中正大学期间，除专修科和教育系本科毕业生由有关单位介绍就业外，其他毕业生均为自谋出路。学校在每届学生毕业的半年前，成立由教务长、训导长、各院院长组成的毕业学生就业指导委员会，主动向用人单位推荐毕业生。毕业生也自发成立全校性的就业指导组织，为毕业同学服务，如协助各系科成立级会，调查毕业同学志愿工作性质及地点，汇总给学校参考，并通过校友总会请遍及全国各地的校友会介绍服务。由于工作做得比较及时，大多数同学毕业后能在较短的时间内找到一份工作。

数十年来，国立中正大学学子遍布海内外，仅在中国港台、东南亚及欧美等地就有 400 余人。在大陆工作的主要集中在赣、湘、鄂、粤、京、沪、津、苏、浙、皖等省市，东北三省也有相当数量的校友。他们在各条战线上都作出了贡献。其中知名的有生物系毕业生尹长民，她在蛛形学研究中贡献突出，曾担任中共中央委员、湖南省政协党组书记、湖南师院院长；土木工程系毕业生黄克智在断裂力学研究中，解决了国际上多年来悬而未决的难题，提供了新的结构缺陷评定方法，先后多次获得国家自然科学奖，并于 1991 年当选中国科学院学部委员（院士）；学术造诣深厚的江作昭、陈嘉翔，后来都担任了国务院学位委员会学科评议组成员；中文系 1948 级学生沈鹏，系我国著名书法家，并担任过中国书法家协会主席等职；此外，还有曾任清华大学常务副校长的解沛基、著名诗人公刘（刘仁勇）、著名出版家徐柏容、湖南大学副校长贝效良、歌曲《有一个美丽的地方》的作者杨非、国际知名金融专家、向母校捐赠 100 万元人民币设立奖学奖教金的熊智明等。

第四节　学生运动的兴起勃发

抗日爱国运动

国立中正大学的师生大多数来自沦陷区，他们对日本帝国主义怀有强烈的民族仇恨，对国民党抗日不力和在战场上的溃败深表愤慨。学校创办伊始，学校中便存在以进步学生为主体的进步力量，并相继成立了戏剧、音乐、体育、美术等新团体。国立中正大学学生运动分为两个阶段，第一阶段完全是自发的。到40年代后期，国立中正大学有了中共党组织后，则由地下党领导。

1941年10月，"皖南事变"的真相为学生所知。国民党消极抗日、积极反共的政策激起了学生的不满。政治系二年级学生郑鸣鄂组织一批同学，创办了《北斗》壁报，揭露了"皖南事变"的真相。1942年1月，训导处以"共党嫌疑罪"宣布开除郑鸣鄂的学籍，学生们非常愤怒，广东籍学生发起游行，要求训导处收回成命。2月初，校方被迫全面接受学生的要求，斗争取得胜利。

1943年5月，因广东水灾，大批难民涌入泰和，学校戏剧团体青年剧社义演话剧《野玫瑰》以赈济灾民。《江西民国日报》一项姓记者携朋友无票入场并强坐前排，被学生强制出场后恼羞成怒，撰写并登出歪曲报道。新闻见报后，引起学生强烈不满，在多次交涉无效之后，全校近千名学生打砸了《江西民国日报》。重庆最高当局为此要求胡先骕"惩办为首学生"。胡先骕回校了解到实情后，召开全校学生大会，对参与学生只是各记过一次，并表示"吾教育无方，责任在我"。1944年春天胡先骕被迫辞职后，校方以其他理由开除了事件主要参与者吴墩等的学籍，另有郑唯龙等3人也被迫离校。

他们返回广东后，参加了共产党领导的抗日武装——东江纵队。不久，吴墩在战斗中牺牲。

1944年1月，学生自治会戏剧歌咏队决定公演抗日话剧《杏花春雨江南》，全部票房收入作为冬季劳军费用，慰劳前方战士。从1月18日起，《杏》剧在泰和公演三天，临时省会为之轰动。以此为契机，学校的各种文艺团体纷纷推出新剧目，到处公演。中原剧社团演出《北京人》、《原野》，中正青年剧社团演出《家》、《阿Q正传》，正大剧社演出《寄生草》，女同学励进会演出《女子公寓》，等等。戏剧活动的开展，促进了学校爱国民主气氛的高涨，校园里常常可以听见学生们自由高唱《伏尔加之歌》、《黄河大合唱》、《我们是熔铁匠》等歌曲。

民主进步运动

1945年底，学校北迁南昌望城岗。各地的民主进步书刊传入学校，一批进步社团相继产生，为国立中正大学学生运动的形成和发展准备了必要的思想基础和一批骨干力量。

1946年春，南昌市生活必需品价格暴涨，虽经政府提高公教人员津贴，但实际收入微薄反过于前，以致"日食难支，侯苏无望"，国立中正大学全体教职员致电南京政府行政院长宋子文，要求速予救济。

1946年12月25日，北京发生美国兵污辱北京大学女生沈崇事件。消息传到学校，抗议的大字报接踵而至。29日清晨，一百多名女生首先在校内游行，高呼抗议美军暴行的口号。进步学生陈潘旭等挺身而出，带人到学生寝室征集签名，要求举行游行示威，声援北大和本校的抗暴运动。12月31日清晨，近千名学生打着校旗，高举"抗议美军暴行大示威"的横幅，在南昌市区进行了声势浩大的游行，受到南昌市民的广泛支持。

1947年初，进步学生成立了各系级代表联合护校委员会，开展了以抢救教育为目标的经济斗争，由陈潘旭、贝效良、林炳生、张天佑、蒋桢等人组成主席团。2月19日，护校会决定全校学生"请假待命"，开始了总罢课。5月，在全国学潮高涨期间，学校再度进入总罢课，进入了自治状态。5月19日，江西省政府颁布了所谓"处理正大学潮办法"，勒令护校会解散，冻结学生公费。5月20日，省政府扣押护校会派出的谈判代表，消息传来，激起公愤。翌日晨，近千名学生分乘校车前往省政府，之后又列队跟随指挥车向南昌进发。在距中正桥（今八一大桥）半里路的地方，遭到2000余名军警宪特的阻拦，发生了流血冲突，致使多名学生受伤。后经欧阳武等社会名流调停，国民党政府接受学生提出的有关要求，事态平息。这就是"五二一"血案。事后，中正医学院、江西医专、江西体专、江西兽专等院校学生立即组织了"五二一事件后援会"，一致罢课，冒雨示威。全省各地纷纷来信慰问受伤同学。南京、北平、上海等地学生也来电声援，各地通讯社纷纷报道这一事件的经过。新华社在5月23日发表了评论员文章，高度评价了这次国立中正大学的学生运动，指出这所"以蒋介石自己得名"的大学，在这次全国反内战的学生运动中"站在斗争的最前线"。

1947年7月，国民党颁布《戡乱时期危害国家紧急治罪条例》，学校里的局势迅速恶化。暑假期间，军警秘密逮捕了进步同学袁崇祜、韩殿才、蓝英等，又拟定了一批黑名单，扬言要开始新的逮捕行动。大批同学被迫离校，陈潘旭等数十人安全转移，投奔到解放区（陈潘旭于1949年上海解放前夕被国民党秘密逮捕，遇害于龙华，时年26岁）。

为了加强对学校局势的控制，1947年8月15日，教育部任命林一民为校长。林一民宣布解散全部社团，重新进行登记，白色恐怖笼罩全校。经过一段沉寂，到1947年11月中旬，又爆发了争夺学生自治会领导权的斗争。经过斗争，进步学生张英荃被推选为学生自治会主席。选举结果显示了广大学生的人心向背。

地下党领导的护校斗争

中国共产党"七大"以后，中共闽浙赣省委派出一批干部陆续进入江西开展工作，在南昌市成立城市工作部，城市工作部决定把青年工作的重点放在国立中正大学。1948年初，国立中正大学学生李绳祖等人加入地下党组织，他们在学生自治会中发挥了积极作用。

1948年7月31日，教育部要求各国立大学"肃清"进步力量。校方借机大规模迫害进步学生，制造大批黑名单，开除学生运动骨干一百余人，警告处分数十人，取缔了学生自治会和进步社团。

中共地下党组织南昌城工部保护学生。9月，南昌地下党成立学委，地下党员李绳祖等人参加学委工作。10月，国立中正大学成立了以李绳祖为组长的党小组，承担重新组织领导全校学生运动的艰巨任务。党小组秘密串联，组织秘密的读书会，在此基础上重建核心社团。这个时期重建和恢复的社团有工学院的"工业建设研究会"、农学院的"农业建设研究会"、文学院和法学院的"社会科学研究会"、"蓝星英语学会"、理学院的"真理学社"等。党组织也逐步加强力量，吸收了新的党员，建立了临时支部。

1949年初，党组织通过学生服务部，组织召开了前校长萧蘧追悼会。萧蘧在1947年5月护校运动中辞职，不久去纽约，担任中国代表团驻联合国的经济顾问。1948年底，因哮喘病突发，逝世于纽约。萧蘧任校长期间，对校务颇有推进。1949年1月14日，追悼会隆重举行。会上一边悼念萧蘧，一边批时任校长林一民，这是进步学生的一次巧妙斗争。

1949年2月，国立中正大学党小组扩充为支部，由李绳祖任书记。3月，又建立了第二支部，李龙启任书记。各学院成立了党小组。

第二章

和合求新

——南昌大学的建立及调整

（1949.8—1953.10）

1949 年 6 月 9 日，中国人民解放军顺利接管国立中正大学。新生的国立中正大学，顺应历史潮流和人民的意愿，于 1949 年 8 月改名为『南昌大学』。南昌大学在中国共产党和人民政府的领导之下，迅速发展成为一所学科齐全、实力雄厚的综合性大学，直属中南军政委员会教育部，成为中南地区高校翘楚。

新中国的建立与发展，急需培养新型的政治、科学、文化等方面的优秀人才。南昌大学认真贯彻全国高等教育会议精神，对各院系进行了适当调整，使学校发展更上一层楼。1953 年 8 月，奉中南区高等学校院系调整委员会指示，南昌大学先后向湖北、湖南、广东、贵州等中南区省市高校调出大部分院系、图书资料及仪器设备，向中南区高校输送了大批优秀人才，为中南区乃至全国高等教育的发展作出了历史性的贡献。

第一节　曙光初照望城岗

迎接曙光

1949 年 5 月 22 日南昌市区解放。由于国民党军队炸毁了中正桥（即后来的"八一大桥"），桂系军阀夏威残部仍旧围困望城岗，炮口直指国立中正大学校区。夜晚时有枪声，形势严峻。

南昌市各大、中学校早在 3、4 月份纷纷成立应变会。应变会是国民党政府为应对中国人民解放军横渡长江，全国面临解放而作垂死抵抗的一个组织。中共地下党及时地策略性地利用应变会在当时的"合法"地位，展开稳定人心，保护国家人才、财产、设备等工作。中共国立中正大学地下党组建了学生应变会，同时敦促校务委员会临时变通为教职工应变会，推举吴士栋教授为应变会召集人。教职工应变会出面向南昌商界募集现洋和大米，及时发给全校教职工渡过难关，从而留住人才，为迎接解放作好准备。

5 月 26 日凌晨，解放军成功抢渡赣江，夏威部仓皇西窜湖南。是日上午，学生应变会与教职工应变会一起组织广大同学和教职工，抢修好被国民党军队炸毁的蔡家桥，载歌载舞欢天喜地迎来第一支解放军部队。

5 月 30 日，校务委员会召开第 82 次会议。决定派委员刘纯炎代表学校向解放军办理登记，并改组原校务委员会，推举刘乾才、刘纯炎、郭庆棻、戴鸣钟等 7 人为委员。设主任委员 1 人，副主任委员 2 人，分别驻南昌市内令公庙和望城岗办公，为人民政府的接管工作做准备。

此时，地下党组织按上级指示，组织在校党员和少数进步同学赶写各种材料。材料包括学校概况，师生员工中比较"冒尖"的"左、中、右"人员平时的政治表现，以及在护校斗争中保护下来的财产、设备清单等，还绘制了校区分布图。这些材料对于军事接管小组掌握学校情况、领导和部署各项接管事宜，起了重要的作用。

军事接管

1949 年 6 月 6 日，南昌市军事管制委员会宣告成立，陈正人任主任，陈奇涵、邵式平任副主任。6月9日，南昌市军管会文教部部长李凡夫带领军管小组接管国立中正大学。后改派农康为军代表，军管小组成员有阎善福、石田、沈永福、迟泽浸。

军事接管小组进校后第一件事便是成立接管委员会。接管委员会主任委员由农康担任。委员由文、法、理、工、农5个学院推荐的被公认为公道正派、有民主倾向的教授担任，如杨惟义、黄野萝（农学院）、刘乾才（工学院）、谷霁光（文学院）、郭庆棻（理学院）等，学生有朱炯开、邵荷春、胡江、吴翼鉴等，还有职工代表和工警代表数人。

6月23日接管委员会成立。农康在全校师生员工大会上郑重宣布："从现在开始，前中正大学，由反动统治下的大学，变为人民的大学。"

军事接管小组抓的第二件事是组建以党小组成员和进步同学为骨干的学生会。中共地下党员邵荷春同学以较高票数当选为南昌大学第一届学生会主席，尔后他以这个身份当选为江西省学生联合会第一任主席。学生会组成人员有杨小春（学习部长）、朱炯开（秘书长）、陈离文（康乐部长）、卓祥枨（生活部长）、童淑贞（交际部长）等人。几天后，朱炯开奉命参加组训班，由晏政继任秘书长。这些同学后来陆续成为新政权和新社会建设和发展的骨干力量。

在军代表领导下，依靠地下党组织和进步师生员工，接管工作从理、工、农3个学院开始，而后为文学院、法学院、校办公室、校图书馆、保管室、档案室、会计室等。在清点所有财产物品账目，一一造册登记后，初步弄清了学校的家底，并指出了过去管理方面和规章制度上的种种弊端，为今后的改进和加强管理提供了有益的经验。由于地下党领导的应变会已经组织同学并依靠思想进步的教职工封存、保护了学校的多个重要部门的财产、档案及各项设备，故接管工作很顺利。全部接管工作进行了7天，于6月30日结束。

恢复常规教学

接管委员会完成接管工作后，学校成立了"研究学习委员会"，行使学校的行政事务职权。研究学习委员会主任为刘乾才，副主任吴士栋、郭庆棻，其他委员由正副主任自行聘请。学校有教职员工201人，工警239人，学生1081人。

研究学习委员会决定，学校照常上课，学生照常毕业。1949年6月底，原国立中正大学第六届毕业生260人如期毕业。其中一部分人参加了江西八一革命大学第一期学习，一部分人参军南下。学生方面的工作，如学习讨论、生活保障、安全保卫等，由新成立的校学生会负责开展。

第二节 开启办学新篇章

更名与整合

南昌解放以后，国立中正大学喜获新生。由于蒋介石发动内战、实行独裁，成为阻碍中国历史发展势力的代表人物。新生的学校，使用蒋介石名字"中正"命名的校名，显然不再适合新形势的发展，势在必改。这是历史的需要，也是人民的意愿，更是广大师生员工的迫切希望。

1949 年 7 月 24 日，南昌市军管会发出通令："根据中正大学及中正医学院大多数教职员、同学、工友提议，并经上级批准，中正大学改为南昌大学，中正医学院改为南昌医学院，自 8 月 1 日起改称上述新名称。"

新成立的省人民政府十分重视全省教育改革，学校更名以后，为了进一步整合全省高校实力，1949 年 8 月 27 日，江西省人民政府发出教字第一号通令，公布《江西省教育改革方案》。方案决定以南昌大学、江西八一革命大学为基础，与原省立江西工业专科学校、江西农业专科学校、江西体育师范专科学校，合并为南昌大学。

1949 年 9 月 11 日，经江西省教育厅呈报中南军政委员会教育部批准，"国立中正大学"正式更名为"南昌大学"。

改革委员会

党和人民政府在接管国立中正大学时，采取了积极而谨慎的态度，军管小组反复向师生员工宣传党的方针和知识分子政策。安定人心，尽量争取团结原有的教职员工，让他们继续安心任教任职，学生尽量留校学习。虽然学校处于分散的过渡时期办学，但是对于旧大学的改造和新大学的建设，都是在比较稳定的秩序中进行的。

根据《江西省教育改革方案》决定，1949 年 9 月 6 日，南昌大学成立改革委员会。艾寒松、农康、魏东明、郭庆荣、蔡方荫、张杰、杨惟义、章瑞麟、宋克定、黄纪曾、吴仁钰、傅铭弟、赵亚平、曾旭果、万泉生、陈仲德、梁耀鑫、杨曾盛、邵荷春19人为委员，艾寒松、农康分别任正、副主任。10月10日，改革委员会向教职员工颁发了任用书，并通知凡任用者，应于10月16日前向改革委员会秘书处报到，暂在原岗位工作，听候调整派定职务。至此，学校各方面工作开始正常运转。

1949年11月8日，改革委员会决定成立南昌大学教职工代表大会，在拟定的组织规程中规定：代表大会原则上为咨询、建议、协助传达会议机构。大会代表应具备四个条件：思想进步，为人公正，学习、工作积极，群众拥护；并规定改革委员会委员不得当选。

同日，南昌大学改革委员会决定在各院实行院务会议制，并通过了院务会议暂行规程。遵照改革委员会决议，各院、系分别以院、系负责人、教职员代表及学生代表组成各院、系务会议。

1949年11月22日，校改革委员会第二次会议决议，成立校舍建筑委员会。校建委由艾寒松、农康、蔡方荫、黄野萝、郭庆棻、杨惟义、章瑞麟、魏东明、陈宗德、黄学诗、王修案、殷之澜、邵荷春13人组成。艾寒松为主任委员，农康、蔡方荫、黄野萝为副主任委员。

校建委下设设计组与工程组。聘黄学诗、徐德莙为设计组正、副主任；聘陈宗德、王修案为工程组正、副主任。

成立宿舍管理委员会，负责交涉租赁事项，经手缴纳房租，分配房屋，兼顾环境卫生、管理工友等事项。

校务委员会

1950年2月，经中南军政委员会教育部批准，南昌大学组织成立临时校务委员会，负责领导学校全面工作。

1949年11月19日，省政府决定指出：南昌大学与八一革命大学合并是不适当的，因为前者系正规性的大学，后者系短期训练性的大学，二者各有特点，不宜勉强合并。因此决定：两大学仍然分开办理，两大学名称亦不改变。

1950年3月3日，《江西日报》分别刊登了南昌大学和江西八一革命大学公告，公告称："奉南昌市军事管制委员会命令，为了教学工作便利，八一革命大学与南昌大学分开办理。"南昌大学公告还指出："本大学改革委员会已于2月

26 日遵令结束，由临时校务委员会接替主持校务。"

1950 年 9 月经中南教育部核准，并报中央备案，临时校务委员会改称校务委员会。校务委员会主任委员刘乾才，副主任委员蔡方荫兼工学院院长，副主任委员杨惟义兼农学院院长，副主任委员郭庆棻兼理学院院长，副主任委员魏东明兼秘书长和文法学院院长，黄野萝委员兼教务长，戴鸣钟委员兼总务长。其他委员有万泉生、林希谦、杨克毅、李如沆、张天才、张安国、吴士栋、章瑞麟、张杰。

校务委员会为全校最高权力机构，并由教务长、总务长、各院院长及教授会、讲师和助教会、职工会、学生会、工警会等团体的代表组成。除了正、副主任、教务长、总务长、各院院长由江西省人民政府任命外，各院系主任和各院、处的职员均由校务委员会聘任。实行任命与聘任结合是当时人事制度的一个特点。

行政部门设立秘书处，下设人事室、文书组；教务处下设生活指导组、体育组、出版组、注册组、图书组；总务处下设庶务组、交通组（包括车队）、保管组、会计室、出纳组、医院以及南昌办事处；校务委员会下设办公室、福利委员会、经济委员会（负责审核经费与生产）以及其他委员会。

初期建制与扩招

新生的南昌大学继续沿用校、院、系三级建制。1949 年 8 月 28 日江西省人民政府发布教字第二号命令，南昌大学内分五院，即政治学院、工学院、农学院、理学院、文学艺术学院。

政治学院以八一革命大学研究部、民运部、教育行政部及南昌大学法学院调整合并而成，下设 3 个系：政治学系、经济学系、法律学系。

工学院下设 4 个系和 6 个专科：电机工程学系（附设电厂）、机械工程学系（附设机械工厂）、土木工程学系、化学工程学系和土木工程科、机械工程科、化学工程科、采冶工程科、农业工程科、水利专修科。

农学院下设 5 个系和 1 个专科：农艺学系（附设农场）、森林学系、病虫害学系、畜牧学系（附设牧场）、兽医学系和农艺科。农学院迁往莲塘伍农岗。

理学院下设 5 个系：数学系、物理系、化学系、动物学系、植物学系。

文学艺术学院以江西八一革命大学文艺部、南昌大学文学院调整合并。下设 5 个系：中国文学系、外国文学系、教育系（附设实验小学）、历史学系、地理学系。

体育专修科设二、三、五年制。

1949 年 9 月 26 日，学校首次以南昌大学名义招生。招生人数较前大为增加，招生范围也由高中毕业生扩大至部分社会青年。扩招为新中国培养了大批急需的干部和专业人才。其中：

理学院招收 80 名学生，其中数学系 20 名，物理系 15 名，化学系 15 名，动物学系 15 名，植物学系 15 名。

工学院招收 150 名学生，其中土木工程学系 40 名，机械工程学系 30 名，电机工程学系 30 名，化学工程学系 20 名，采冶工程学系 30 名。

农学院招收 110 名学生，其中农艺学系 30 名，森林学系 20 名，畜牧兽医学系 20 名，农产制造学系 20 名，农业工程学系 20 名。

文学艺术学院招收外国语文系（俄文、英文）30 名。

以上各院系均招收高中、师范或职业学校毕业者，或一年前修满高中和高职二年级课程经考查成绩合格者，修业年限均为四年。另外，体育专修科招收了二年制（另加实习一年）学生 30 名。同年 11 月 4 日，各院系分别正式开课。11 月 26 日，南昌大学工农业余学校举行开学典礼。学员 103 人，教员 6 人，学员全部为在职的干部和职工。

南昌大学这次招生规模超过了历史。政治学院是这次扩招的主要教学单位，共招收 2000 名学生。按照当时的教学安排，政治学院分三部。第一部招收初、高中、大学以及各级同等学校或同等学力的从业者，年龄 20 岁至 28 岁，主要从事专业培养。第二部和第三部则各招收已经从事教育工作的中、小学教员和大学的助教、讲师，年龄 20 岁至 45 岁，学习期限为三个月。第二、三部的办学体制，显然是为适应革命形势的发展，满足有关学校和单位配备教师和干部需求。它延续了八一革命大学的办学传统，具有速成、培训的性质。所以，这次政治学院的招生受到中共江西省委和省政府的高度重视。政治学院开学时，省委书记陈正人、省政府主席邵式平莅临讲话。

校内建制的调整

1950 年 6 月 1 日至 9 日，中央在北京召开第一次全国高等教育会议。会议讨论了改造高等教育的方针和新中国高等教育的建设方向。会议指出，"新中国的高等教育应以理论与实际相一致的方法，培育具有高度水平文化的、掌握现代科学技术成就的、全心全意为人民服务的、高级的国家建设人才；准备和开始吸收工农干部和工农青年进高等学校，以培养工农出生的新型知识分子"。会议通过了《高等学校规程》《关于实施高等学校课程改革的决定》《关于高等学校领导关系的决定》《专科学校暂行规程》《私立高等学校管理暂行办法》五项草案。

为了认真贯彻第一次全国高等教育会议精神，学校对原来的院系做了适当调整。首先是将具有培训革命干部性质的原江西八一革命大学建制从南昌大学中分离，使学校恢复到专业培养的性质。这样，政治学院和文学艺术学院撤销，原文学院、法学院（文法学院于国立中正大学成立时设立，曾于1947年6月分开）再次合并为文法学院，中国文学系与历史系（文史系曾于1946年8月细分为中国文学系、历史系、外国文学系3系）合并为文史系，停办政治系和法律系，理学院将动物系与植物系合并为生物系（1941年8月，农学院增设生物系，1946年8月并入理学院）。工学院增设水利工程系，农学院畜牧系和兽医系合并为畜牧兽医系，病虫害学系并入农艺系。增设师范部等。南昌大学与八一革命大学分开后，由中南教育部直接领导，经费也由中南教育部直接划拨。

经过适当调整后，南昌大学初期，院系设置完整，师资力量雄厚，行政管理系统也比较完善。

文法学院院长魏东明、副院长杨克毅。文法学院下设4个系：文史学系，主任谷霁光；外国语文系，主任蔡文显；教育系，代主任方辰；经济系，主任戴鸣钟。

理学院院长郭庆棻。理学院下设4个系：数学系，主任彭先荫；物理系，主任彭旭虎；化学系，主任邹尧方；生物系（原动物系和植物系合并组成），主任吴功贤。

工学院院长蔡方荫，副院长王修寀。工学院下设5个系、6个专业：土木工程系，主任殷之澜；机械工程系，主任万泉生；电机工程系，代主任万贯发；化学工程系，主任王宗和；水利工程系，主任何正森；土木工程科，主任殷之澜（兼任）；机械工程科，主任万泉生（兼任）；化学工程科，主任王宗和（兼任）；采冶工程科，主任汪占辛；水利工程科，主任何正森（兼任）；农业工程科，主任何正森（兼任）。

农学院院长杨惟义，副院长周长信。农学院下设 3 个系，1 个专科：农艺学系，主任周长信（兼任）；森林学系，主任牛瑞延；畜牧兽医学系，主任彭文和；农艺科，主任周长信（兼任）。

体育专修科，主任章瑞麟。

附设业余中学，主任徐先兆。附设实验学校，主任李久宁。

为了培养国家急需的师资，1951 年 5 月 28 日，中央教育部批准南昌大学设立师范部，任言任师范部主任。7 月，师范部正式组建，设立中国语文、史地、数学、物理、化学、生物、艺术（含音乐，美术）、教育、体育 9 个专科，学制三年。这 9 个专科除艺术科独立设置外，其余 8 个科均挂靠在文法学院、理学院和体专各有关系科，系主任兼科主任。学生全部公费，参加统一招生。

师范部成立后，南昌大学正式建立了党组，党组书记是魏东明，成员有任言、张慈瑞。党支部书记张慈瑞。

魏东明（1915—1982），浙江绍兴人。在清华大学读书时投身"一二·九"学生运动，后参加中华民族解放先锋队，1937 年 3 月加入中国共产党。1940 年 9 月到延安，先在中共中央宣传部国民教育科编写教材，后任中央研究院研究员和中央党校教员，1942 年春参加了延安文艺座谈会。抗战胜利后到东北工作，曾任《长春新报》记者与党支部书记。并曾在国、共、美军调三人小组担任翻译工作。1946 年 5 月任吉林省延吉第一中学首任校长，1947 年冬调任吉林联合高中校长。1949 年南昌解放之初任江西八一革命大学副教育长。魏东明担任南昌大学党组书记、校务委员会副主任（是副主任中唯一的党员）兼秘书长后，成为当时学校的实际主要负责人。他坚持党的原则立场，了解和尊重知识分子，认真执行党的方针政策，团结大批党外知识分子一道工作。他孜孜不倦地工作、学习，能熟练运用英语和俄语，还亲自讲课，不仅讲授政治课，还讲授专业课，是党在教育战线的忠诚战士。

1952 年 9 月 9 日，南昌大学公开中共党组织。全校共有 10 名正式党员，17 名候补党员公开。当天，候补党员举行了入党宣誓典礼。

南昌大学团的活动一开始就是公开的，学校设有团委，由团省委直接领导。团委书记魏东明，副书记张慈瑞。各学院设有团支部，团省委曾派工作组在南昌大学工学院开展青年工作。

迁校南昌市区

由于南昌市刚刚解放，一切都处在百废待兴之际，新生的南昌大学也处在过渡时期。根据 1949 年 8 月 27 日公布的《江西省教育改革方案》，原国立中正大学望城岗校址撤销，校舍交给人民解放军，学校迁入南昌市。

1949 年 10 月 11 日，南昌大学改革委员会主任艾寒松、副主任农康发表公告：政治学院设在原心远中学和剑声中学（后来实际在令公庙女职原址）；文学艺术学院设在原葆灵女中和豫章中学；工学院设在原省立工专，即南昌市书院街 33 号；农学院设在莲塘；理学院设在原高级工业职业学校；体专地址不变，即南昌市人民体育场 2 号。校部设原南昌师范学校。10 月 23 日，校部迁往松柏巷原省盐务局（今省委党校校址）。11 月，省立江西水利专科学校并入南昌大学。

为了新生的南昌大学办学、发展的需要，校务委员会副主任、农学院院长杨惟义代表南昌大学向江西省人民政府提案，请政府明令划定南昌市东郊老飞机场一带公地拨给南昌大学为永久校址。提案称：南昌大学自奉令与江西八一革命大学分开办理，迁入南昌市东郊前中意飞机制造厂旧址后，因地区狭小（仅有 431 市亩）校舍不敷，仅勉强容纳校部及文法、理、农三个学院，工学院及体育专修科均无法迁入，而农学院必需的农场林场牧场，亦因空地缺少，无法布置，亟待扩充校址面积，以利展布。请政府明令划定南昌市东郊老飞机场及前中意飞机制造厂一带公地计 2260.5 亩全部拨给南昌大学为永久校址，订立界碑，确定产权。

1950 年 2 月 14 日，江西省人民政府批准南昌市军事管制委员会申报意见，将南昌市城东青山湖畔的老飞机修造厂东部约千亩土地面积及其附属建筑物拨给南昌大学作永久校址。并决定恢复江西八一革命大学、南昌大学独立设置。南昌大学校部首先迁入，尔后文学院、理学院等陆续迁入，工学院仍在书院街。

1950 年 7 月，南昌大学及江西所有高等学校均由中南教育部直接领导，经费也由中南教育部直拨。

1950 年 11 月，中南教育部潘梓年部长到南昌大学视察，并同教职工座谈，讨论有关南昌大学改革和今后建设问题。

解放初期的政治运动

解放初期，全国范围内进行的轰轰烈烈的土地改革、抗美援朝以及知识分子思想改造等一系列政治运动，南昌大学师生积极参与其中。

土改运动从 1950 年夏开始，根据省人民政府的指示，学校在暑假期间组织了部分文法学院师生到南昌县参加土改试点。1951 年春，土改在全省 1/3 的地区展开，团省委和省学联联合发出《关于寒假学生工作的通知》，动员广大青年学生拥护土改，为土改服务。11 月 14 日，校务委员会决定：自即日起，文法学院中的文史、教育、经济三系，外语系的英语组，银行专修科，师范部的教育、中文、史地、体育、艺术各科及体育专修科一律停课编组参加土改。16 日，南昌大学土改工作团成立，由杨克毅任团长，设委员 17 人负责工作。南昌大学师生分别参加了黎川、新余两县的土地改革运动，历时近三个月。

南昌大学成立了由 130 余人组成的文工团，开展文艺宣传活动。1950 年夏在南昌县土改试点乡，演出了《白毛女》片段等歌舞剧。1951 年夏分赴有色金属江西分局所属西华山钨矿、大吉山钨矿、乐平锰矿、萍乡煤矿和天河煤矿，参加矿区的民主改革。团员们深入矿井，演出了《江西是个好地方》等歌舞剧。刘天浪教授在下乡、下矿时，创作了一些优秀歌曲，如"地主地主，赛过老虎"等。文工团在南昌市内演出了大型话剧，如《思想问题》《美国之音》等，演出受到省、市党政领导和社会各界人士的热烈欢迎和高度评价。

1950 年 6 月，抗美援朝运动中，广大师生踊跃报名参军，有 59 名学生被批准入军事院校。7 月 17 日，南昌大学教职员工举行座谈会，发表宣言，写决心书，支持参加军事干校的学生，募捐慰劳朝鲜人民军和中国人民志愿军部队。为了加强海军建设，中国人民海军学校聘请了南昌大学一批教授、讲师、助教前往帮助教学。教师们纷纷报名，仅工学院报名者就有 40 余人。1951 年 7 月，学校派蔡文显教授、徐先兆副参加中国人民抗美援朝慰问团亲赴朝鲜慰问，回校后向全校师生报告了志愿军的英雄事迹。

1951—1952 年秋，全国开展了知识分子思想改造运动。1952 年 4 月 7 日，学校成立了"南昌大学思想改造学习委员会"，由任言主持。7 月 17 日，江西省人民政府举行行政会议，着重讨论通过了在知识分子中开展思想改造运动计划，由省委书记陈正人亲自担任"江西省知识分子思想改造学习委员会"主任委员。7 月 20 日，全省中等以上学校教师思想改造学习会在南昌剧场举行开学典礼。南昌大学全体教师出席了这次大会，听取了省人民政府主席邵式平等的动员报告。学习分四个阶段进行：一是明确目的，端正态度；二是学习文件，提高认识；三是开展思想检查与批评；四是组织清理与整治。在全省统一部署下，南昌大学的思想改造运动历时 50 天，教师们接受了一次深刻的思想政治教育，为迎接祖国伟大经济建设和教育改革高潮，奠定了初步的思想基础。

学习期间，省委领导陈正人、邵式平等亲自向师生作形势报告、讲政治课。省委还分别指派党员负责人到各学院讲政治课，每周一次。工学院是艾寒松、文法学院是魏东明、理学院是张慈瑞、农学院是赵亚平。各级领导对政治思想教育的高度重视，是顺利完成改造旧大学、建设新大学的重要保证。但是对知识分子的思想认识问题，采取运动的形式来解决，这种方法并不十分合适。

为了帮助教师在政治思想上的进步，党和政府还组织南昌大学教师参加学习和参观访问。1950 年 4 月，中央教育部电令南昌大学选派谷霁光、彭先荫、胡寿秋 3 位教授赴京，参加华北革命大学学习。一年后学习结束，均回校继续任教。1951 年 8 月，派曾钦英、熊化奇、李昌永、张越瑞参加省人民政府赴苏区老革命根据地访问团访问，使他们深受教育。

在党组织领导下，学校青年团组织团结广大青年学生进行思想政治教育，成立了学习辅导委员会，选派 28 位思想进步的青年教师担任辅导员，对学生全面负责，既管思想，又管学习和生活，配合学校各项政治任务做了大量工作，取得了显著成绩。

第三节　改革教学与管理

课程改革与教材建设

为了贯彻落实《关于实施高等学校课程改革的决定》，南昌大学先后派出秘书长魏东明、教务长黄野萝，教授郭庆棻、彭先荫、胡正谒等外出参观学习。1952 年 10 月，师范部主任任言、院系科负责人谷霁光、彭先荫、熊化奇以及各科教师 18 人参加了中南地区教学计划、课程设置和教材讨论会。

通过学习研讨，学校根据形势需要，对课程和教材采取了"删、增、编、借"等措施。"删"是对当时政治上认为"明显反动"的课程予以废除。"增"是增设新的课程，全校开设了共同必修课，如辩证唯物主义与历史唯物主义、政治经济学、中国近代革命运动史、俄语等。各院系为了适应社会需求，普遍增设了专业基础课和专业课。"编"是自编教材和讲义。如物理系自编了热学、电子学；生物系编印了动物学、生物实验的讲义。"借"是借用翻译的苏联教材和国内新编教材，主要是自然科学，凡符合科学规律的，也大都采用。在教材建设上，各系都有侧重。并力求联系江西的实际，如化学系讲矿物分析时重点分析江西的矿产；化工系讲造纸时，根据江西毛竹丰富的特点，偏重讲竹浆造纸；农艺系根据江西农业以粮、棉为主的特点重点讲稻作学和棉作学。

在教学方法上，学校也做了不少改进。如有的理论课程将学生编成若干小组，在听完课后分组进行讨论。讨论时教师到各小组巡回指导，讨论结束后，由教师做总结和解答问题。这种新的教学方法，调动了师生的积极性，密切了师生关系，教学效果较好。为了帮助和指导学生学习，学校还建立了教师下班辅导制度。

教学和科研管理

南大行政系统仍采取校、院、系三级建制，解放前教师教学是"各自为政"的，学校只确定教师开什么课程，至于课程内容讲什么，怎么讲都由教师决定，没有教学组织。1950年南昌大学按照《高等学校暂行规程》在各系成立了"教学研究指导组"（简称"教研组"），由任教同一种科目或性质相近的几种科目的全体教师组成。教研组是高等院校直接承担计划、组织、检查教学工作、科学研究工作、师资培养工作的基层组织。因此，教研组对教师讲课的提纲、内容、进度都要进行讨论，统一认识，集中大家智慧，从而有效地保证教学质量。

1950年9月，学校为了加强对学生的思想政治教育和管理，决定成立"学习辅导委员会"，由校务委员会正、副主任、人事科长、学习辅导员及学生代表组成。办事机构设教务处，有专职学习辅导员28人，他们对学生全面负责，既管思想，又管学习生活。学生的学业成绩，主要通过期末考试来评定。学校规定：学生学期课程成绩有1/3不及格，或1/2成绩不满50分者，一律不准补考；学生学科成绩有1/2不及格者，不准介绍转学。

学校对政治课教学十分重视，根据中南教育部指示成立了"政治课教学委员会"。当时主要是学习毛主席的《新民主主义论》，成立了"新民主主义论教研组"，胡正谒任主任。

1951年3月，学校根据省教育厅"贯彻爱国主义教育，改善学生健康状况"

的精神，决定成立"南昌大学健康指导委员会"，由教师 9 人、学生 6 人组成。他们积极指导全校学生开展文体活动，搞好环境卫生，减轻学生负担，加强健康教育，注意疾病预防，取得了显著成效。

为及时交流教学、科研和学生学习活动情况，1950 年 12 月，南昌大学校务委员会决定出版《南大校刊》，成立南昌大学"校刊编辑委员会"，设委员 9 人，并于该月发行创刊号 391 份。文法学院学生还办了大型壁报"在爱国主义旗帜下"，在校内具有一定影响。

实验和实习

第一次全国高等教育会议特别指出"新中国的高等教育应注重理论与实际相一致"，因此南昌大学期间对学生的培养特别注重理论联系实际。在教学活动中，南昌大学比较重视理论联系实际，加强实验教学和实习指导。11 月 14 日，为配合轰轰烈烈的土改运动，校务委员会决定，文法学院的文史、教育、经济三系和师范部的教育、中文等科学生停课编组参加土改。

理、工、农三院都有比较完备的实验室、实习工厂和农、林、牧场。当时农学院的农、林、牧场的规模在全国高校中也是比较大的。工学院的土木、电机、机械，化工系省的仪器设备都接近当时中央教育部颁发的设备标准。各系教师和学生还自己动手制作教具和各种模型标本。如数学系自制了数学模型和挂图。物理系学生能磨制比较精密的透镜、三棱镜、光学平面反射镜等仪器。生物系学生在实验中制作了 100 余种鸟兽标本。化学系修复了真空过滤机。电机系修好电报传真仪、变压器等。这些实验和实际操作训练增加了学生的感性知识和实践经验，提高了学生的动手能力和解决实际问题的能力。

学生实习也取得了可喜成绩。化学系学生到上海一心制药厂实习，厂方特地赠锦旗、康乐球给学生，以表彰他们可贵的创造精神。土木系学生到京汉铁路实习，超额完成了路局分配的任务，路局赠送了四面锦旗以资鼓励。该系参加治淮测量的学生也超额完成了任务，受到治淮指挥部的通报表扬。森林系的学生在白鹿洞林场实习时，还为该场修了一条很好的林场道路。各系科在联系实际、结合生产、为地区服务的原则下，都积极接受省政府所属机构委托办理的调查研究、科技推广、设计、化验和测量等任务。森林系学生参加了江西省农林厅主办的赣南森林调查工作，取得了丰硕成果。农艺系学生帮助江西省种子公司到各地选种，帮助病虫害防治所到各地治虫，和农民一道劳动。既得到实际锻炼，和农民建立了感情，又为农民解决了不少农业技术问题。水利系在暑假中为省人民政府整理了有关赣江水利开发的资料，为南昌市建设局测绘了大堤侧面图。土木系和化工系为省工业厅设计了造纸厂厂房和给水系统蓝图。采冶科接受新余花果山煤矿的邀请，进行了矿区测量工作。

师范部的学生也分别在南昌市中学实习、见习，取得了较好的成绩。

科学研究和科研成果

南昌大学人才荟萃，设备较好，有相当的科学研究能力，不仅结合教学进行科学研究，还承担了不少当时生产单位和科研单位提出的课题。如农艺系昆虫教研组研究的刺蛾防治，对松毛虫、金龟子的考察，在当时达到了国内先进水平。有些教师还写出了较有分量的科研论文和专著。如《淡水母形态之观察》(邓宗觉)、《政治经济学大纲》(方铭竹)、《直线电路网络的图解法与机械解法》(许实章)、《马列主义的政治学》(王维显)等。

文法学院张相先生的《诗词曲语词汇释》、朱衣先生的《六十家词》有较大影响。学生邓庆佑毕业后，研究《红楼梦》有所创见，曾任《红楼梦》研究所副所长。彭印冲毕业后任教于上海市卢湾中学，成为上海市有名的特级教师。

各系还面向社会，带领学生研究在生产实际中提出的课题，取得了一批科研成果，并转化为生产力。农艺系学生20余人，在教师指导下研究了20多种昆虫的生活史，试制治杀蚜虫的粉糊乳剂，在九江、彭泽各产棉区进行推广并获得成功。畜牧兽医系与江西农业研究所合作，研究出治猪瘟的结晶紫疫苗，也取得了成效。

第四节　办学条件与师资

教学设施与校内实习基地

学校更名之后，中南教育部对南昌大学予以重点扶持，到1951年上半年，先后拨给修建费100亿元（旧币），使学校基建工作顺利开展。1953年上半年完成的工程项目有理学院的实验室、音乐教室、膳厅、厨房、学生宿舍、教工宿舍等，基建面积共计4725.50平方米。期间，还先后拨给学校24亿元（旧币）专款购置图书仪器设备。为此，学校曾先后6次派教师和干部到上海进行采购，使学校仪器设备和外国进口图书有大幅增长。因而南昌大学的教学设备和藏书基础较为扎实，办学条件有了进一步改善。

学校图书馆是1949年9月随校部由望城岗迁入市内的，先以解放前盐务局的开明亭为总馆馆址，另有文艺学院、工学院、农学院、体专等分馆。1950年，总馆迁校部，除工学院、体专保留分馆外，其他均并入总馆。总馆有普通阅览室、期刊阅览室、特种阅览室、阅报室、书库、办公室、储藏室、装印室等。馆内藏书计中文45701册，西文7713册，共53414册；期刊计中文7129册，西文10224册，共17353册。报纸计中文33种、西文3种，共36种。工学院有图书9763册，期刊2151册。农学院在莲塘时有图书2535册，体专有图书1491册。

工学院有7个工厂：机器厂、装配厂各2个，木工厂、铸工厂、锻工厂各1个，由机械教授1人兼主任，有技术员2人，技工12人；有工作母机（车床、刨床、钻床、铣床）37部、木工机13部及其他工具等设备，供工学院学生实习用。

农学院解放初期在莲塘，有水田45亩，旱地15南，附设豆腐坊1所，养猪10余头，由助教一人主持场务，有工人12人，除供学生实习外，兼做品种观察、嫁接等实验工作。1950年农学院迁入本部后，又在彭家桥附近征购农田100亩作实习基地用。牧场在莲塘新建牛舍1栋、猪舍1栋、隔离病室1栋，养猪10余头、乳牛约40头、羊约10头以及鸡、鸭等，由畜牧兽医学系主任兼任牧场主任，设管理员2人，工人10人。1951年3月，学校接收了庐山林场的白鹿洞实习林场，面积达400余亩，森林系在里面开辟了苗圃，栽苗木3万余株。

教师队伍与特色专业

南大师资力量比较雄厚。据1950年12月教职员工名册，全校有教职员工534人，其中教师240人，职员118人，工友185人（包括校警20人）。教师中有教授64人，副教授57人，讲师36人，助教83人。教授占教师总数的26.7%，副教授占23.8%，二者合计占50.5%。教授平均年龄44.9岁，副教授平均年龄42.1岁。教授中，国外留学归来的占70.3%；副教授中，国外归来的占11.4%。教授中在国外获博士学位的4人，获硕士学位的21人。其中有不少知名专家与教授，如农学院院长杨惟义、工学院院长蔡方荫均于 1955 年 6 月被聘任为中国科学院首批自然科学方面的学部委员（1994 年改称院士）。南昌大学还聘有兼职教师 3 人，其中兼职教授 1 人（国外留学归来），副教授 1 人，讲师 1 人。

对教师的晋升，南昌大学规定凡教课成绩良好，有专门著作，在原等级服务满 4 年以上的教师均可以正常晋升。1951 年 3 月 27 日，学校批准 4 位讲师升为副教授，9 位助教升为讲师。

1950 年南昌大学教师队伍结构情况

职称机构			学历结构							年龄结构			
职称	人数	比例	国外博士	国外硕士	国外研究	国外留学	国内硕士	大学毕业	专科毕业	最高年龄	最低年龄	平均年龄	其他说明
教授	64	26.7	4	20	14	10	2	14		61	34	44.9	≤ 40 岁 21 人，占 18.8%
副教授	57	23.8				8		46	3	60	31	42.1	≤ 35 岁 6 人，占 10.5%
讲师	36	15				1		33	2	5	27	35.6	≤ 30 岁 2 人，占 19.4%
助教	83	34.5						74	9	50	21	28.1	≤ 25 岁 30 人，占 36.1%
合计	240	100	4	20	4	9	2	167	14				

注：（1）国外研究是指在国内大学毕业后到国外研究机构从事研究一年以上者。
（2）另有兼任教授 1 人（国外留学）、兼任副教授 1 人（大学毕业）、兼任讲师 1 人（大学毕业）。

南昌大学办学较有特色的是外文系。原中正大学外文系只有一个英文专业，1949 年学校更名后，在"向苏联学习"之际，将原来主要学习英文的外文系，变成主要学习俄文。校方聘请了詹实之、李重恒、刘德荣、苏娜等俄文教师，1951 年 8 月，又聘请了哈尔滨苏联侨民伊林、萨福诺娃夫妇来校任教，1952 年 1 月，还聘请苏联专家布利亚津夫妇来南昌大学兼课。当时学校的俄语教学力量在中南区的一些高校中属较强的，广大学生学习俄语的热情也非常高涨。由于南昌各高校及中学的俄语师资奇缺，所以那时俄文系二、三年级的同学，都在本市一些大学、中学及中苏友协等机构兼教俄语，但一般一人以教一个班为原则。1952 年学校受中南区教育部的委托，为中南区各高校部分教师举办了为期一个月的俄文速成班，这项任务主要就由俄文系的师生承担。俄文速成班的教学，基本上是利用循环记忆法帮助学员突击记忆单词，以俄文语法为纲，使学员尽快掌握最基本的规则。并精选一些短文配合，使学员在教师的指导和担任辅导员的学生帮助下，取得了较好的学习效果，较快地具有俄文的阅读和翻译能力。此后，学校还陆续举办了几期这样的俄文速成班。

这时期较有代表性新学科是音乐专业。该专业创立于南昌大学师范部艺术科音乐组。创始人是艺术科主任刘天浪。在1951年8月艺术科音乐组创办伊始，困难重重，师资、场地、设备短缺，只有"一个刘天浪，一架破钢琴"。刘天浪在短短2个月内，团结同仁，齐心协力，克服困难，白手起家，从全国各地聘请教师购置设备、确定课程设置、制订教学计划和组织招生考试，将旧校舍改建成琴房、教室，终于使新生在新学年如期开课。当时音乐组的专业教师有刘天浪（歌曲写作、和声学、音乐欣赏、民族管弦乐法）、王家琼（钢琴）、邱亚君（声乐）、陶端棐（乐理、视唱练耳）杨朴轩（小提琴、二胡）、栗仲侃（合唱与指挥）、陈怀菊（钢琴）。1951年音乐组首届招收18名学生，男女各半。大部分是从中南区6省（豫、鄂、湘、粤、桂、赣）招来，也有是各地保送来学习的。另外，学生还兼学美术素描。由于场地狭窄，学生们有的只能在楼梯过道中背靠背地挤在一起练琴。缺少钢琴，学生们有时为等一个琴点，许多人顾不上吃饭和休息，有的甚至用纸片画好琴键在桌子上练指法。尽管条件有限，但师生教学相长，热情高涨。

工资改革和公费医疗

刚解放时，教职员的工资是以解放前3个月（即1949年2—4月）平均实际所得为标准照发的。从1949年9月起，实行工薪以二机大米计算，标准如下：工友，150—200斤；一般事务员240—320斤；助教380—450斤；讲师440—500斤；副教授500—600斤；教授600—850斤；院长700—900斤；校长900—1000斤。按南昌市贸公司发布的价格折合成现金，每月一次于25号前发放。1949年12月，工薪又由米价改成"分"，即将米的斤数折成分计算，每斤折合2.5分。如某人工薪320斤米为（320x2.5）/8斤米=100分。

在解放初期，党和政府对部分参加革命的工作人员实行的免费供给生活必需品。当时留给南昌大学的供给制干部有魏东明、张慈瑞、金晶等9人。

1952年7月，教育部决定全国各级各类教职员工自本月起调整工资，施行新的工资标准，高等学校分为33个等级。南昌大学于8月25日成立了工资评议委员会，并根据中央工资标准开展了工资评议工作。工资调整后，全校教职员工的待遇都得到了一定程度的改善。

根据政务院《关于全国各级人民政府、党派、团体及所属事业单位的国家工作人员实习公费医疗预防的指示》，中央教育部决定从 1952 年秋开始，全国各级学校教职员工实行公费医疗制度。1953 年春季开始，高等学校的学生也享受公费医疗预防的待遇。1951 年，南昌大学对师生员工进行全面体格检查，对发现有肺病的教职员工及学生予以照顾，对有传染病的学生进行隔离诊治。

第五节　院系调整及影响

为了改变旧中国高等教育布局不均衡、专业设置庞杂分散的现象，满足新中国经济建设对于高层次人才的迫切需要，加速工程技术和科技人才的培养，1950 年 6 月召开的第一次全国高等教育会议，正式提出全国高校大规模院系调整的设想。但因其时种种原因未能立即施行。翌年 11 月 3 日至 9 日，教育部在北京召开全国工学院院长会议，拉开了在全国范围内大规模集中进行院系调整的序幕。1952 年秋季，全国高校院系调整工作全面铺开。根据中央"以培养工业建设人才和师资为重点，发展专门学院，整顿和加强综合性大学"的指导方针，调整以大行政区为单位，取消大学中的学院，调整出工、农、医、师范、政法、财经等科，或建立专门学院，或合并到已有的同类学院中去。到 1952 年底，全国 3/4 的高校完成了院系调整工作，其中以华北、东北、华东三大区的调整较为彻底。经过调整，全国所有私立高校全部公立化。各院校的性质与任务均较前明确，打下了发展专门学院、巩固和加强综合性大学的基础。特别是扩大了高等工业学校规模，新设了钢铁、地质、矿冶、水利等 12 个工业专门学院，初步形成了 20 世纪后半叶中国高等教育系统的基本格局。

在此形势下，南昌大学于 1952 年 10 月将其所属农学院调出，迁往莲塘，单独成立江西农学院，同时合并了江西兽医专科学校和江西南昌农业专科学校（即原信江农专）；将南昌大学工学院的采冶工程系和专科并入位于长沙的中南矿冶学院；将工学院的农业工程科并入华中农学院，水利专修科并入武汉水利电力学院。

1953年的院系调整以中南区为重点，在继续遵照既有调整原则的基础上，侧重加强与增设工业高等学校，适当增设师范学校，对政治、财经各院系采取适当集中、大力整顿及加强培养与改造师资的办法。是年7月20日，根据中央教育部关于调整高等师范学校教育、英语、体育、政治等科的决定，南昌大学体育专科移交国家体委，作为设立中南体育学院的基础。（此时的中南体育学院虽然已经成立，校址却仍暂设于南昌大学原址内，直至1955年才迁往武汉。）

1953年8月27日，根据上级指示，中南区高等院校院系调整委员会南昌分会成立。委员会设办公室，下辖人事、图书、仪器、房屋、家具和财物6组。吕良、刘乾才、魏东明等14人为委员，并召开第一次会议。会议宣读了中南区高等院校调整方案的基本原则、教职员工搬迁的初步意见和设备调配方案等内容。

9月18日，南昌大学在校部礼堂召开全校师生员工及家属动员大会，由吕良主任、刘乾才、魏东明副主任等作动员报告。会后分小组进行讨论，贯彻中南区第二次院系调整会议的总体精神，使广大群众明确院系调整工作的重大意义，解决思想问题，做好搬迁前的思想和总务方面的准备。江西省委和省人民政府还宴请南昌大学讲师以上全体教师。搬迁工作从10月3日开始，至10月12日顺利结束。

在这次院系调整中，南昌大学共调出学生1233人，教师159人，职工257人。主要包括：

（1）文法学院的文史系、俄文系和专科并入武汉大学，经济系并入中南财经学院，教育系并入湖南师范学院。

（2）理学院的物理系、化学系并入武汉大学，数学系、生物系并入中山大学。

（3）工学院的机械工程系和专科、电机工程系和专科并入华中工学院，土木工程系和专科并入中南土木建筑学院，化工系和专科并入华南工学院。

（4）师范部的俄文科并入华中师范学院，史地科地理组并入华南师范学院，其余中文、历史、数学、物理、化学、生物、艺术7科均留给新成立的江西师范学院。

伴随院系合并与师生搬迁的，是教职员工的人员调整和图书资料、仪器设备的重新调配。其时继续留在江西师范学院工作的教师有75人，职工184人（其中职员80人，工人104人）。其中教授10人，副教授19人，讲师21人，助教

25 人。教授、副教授占教师总数的 38.7%。教授有：郭庆棻、谷霁光、彭先荫、吴士栋、郭宣霖、胡守仁、涂维、邓宗觉、刘天浪、胡正谒。图书资料调配的基本原则是：凡系科所专有的资料设备随系科同时搬迁转移，对师院有用的则一般留在师院。新成立的江西师范学院拥有藏书 92888 册，占原南昌大学图书总量的 68.6%。这些未曾搬迁的图书资料与仪器设备，以及原南昌大学的全部校舍（含市内校舍），成为后来江西师范学院极为重要的办学基础。

1953 年 10 月南昌大学撤销，成立江西师范学院。

南昌大学时期虽历时 4 年，但它是江西高等教育发展的一个重要历史阶段。新中国成立之初，国家急需各类专门人才。1950 年至 1953 年，南昌大学共培养毕业生 1870 人，其中本科生 976 人，专科生 894 人。他们都属全国分配，仅 1950 年毕业生 428 人，分配至中央机关单位工作的有 225 人，解放军四野 20 名，中南人事局 92 名，民政部 9 名，本省留 82 名。南昌大学毕业生大都成长为国家建设的重要骨干力量，不少人还在党政部门、科研、文教单位担任了重要领导职务，在学术界崭露头角的更是不乏其人。南昌大学土木工程系毕业生曾庆元，长期从事桥梁结构振动和稳定研究，做出了突出贡献，1999 年 11 月，当选为中国工程院院士。曾在南昌大学就读的蒋建平，分配到河南后，对泡桐树研究造诣很深，担任过国务院学位委员会学科评议组成员。

高等学校院系调整就全国范围来说是有其必要性的，它集中力量为国家培养了各方面急需的专门人才，为此南昌大学作出了贡献。但从局部来看，江西省高等教育因此元气大伤，除农业、畜牧兽医学科实力保存较强外，其他科类都受到严重影响。南昌大学调出到省外的教授有 54 人，副教授有 32 人，分别占南昌大学教授、副教授总数的 70.3% 和 56.1%；而且当时从南昌大学调出省的讲师、助教后来不少都成为了知名学者和知名大学校长。如曾任中共中央委员、湖南师院院长的尹长民，曾任华南理工大学校长的刘振群，曾任湖南师大校长的林增平，等等。这使得江西教育和科研水平在很长一段时间远远滞后于其他省份。

第三章

青蓝更始

——从综合性大学到师范院校

（1953.11—1966.4）

1953年12月，中共中央明确提出了过渡时期的总路线，要求在较长时期内，逐步实现国家对农业、对手工业和对资本主义工商业的社会主义改造。至1956年社会主义改造任务基本完成，社会主义基本制度得以初步建立。自此，中国进入了全面建设社会主义的崭新时期。江西师范学院的建立及其成长发展，始终与这一历史阶段的时代风云紧密相关。其中既有全国高校院系调整对学校办学性质造成的变化，也有因缺乏经验，全面学习苏联，在办学模式方面造成的失误，以及『整风』、『反右』等一系列政治运动对正常办学秩序的影响与冲击。但是，学校始终没有停止前进的步伐，而是在艰难曲折中逐渐发展壮大起来。特别是在贯彻党的『调整、巩固、充实、提高』八字方针和《高教工作六十条》以后，学校总结了过去工作中的经验教训，抵制了许多『左』的错误，在提高教学质量、开展科学研究和师资队伍建设等方面，做了大量的工作，取得了一定的成绩，积累了许多可资借鉴的经验。

第一节　办学体制的重大转变

江西师范学院的诞生

与南昌大学院系调整工作同步进行的，是江西师范学院紧锣密鼓的筹备。

此前，早在 1951 年 6 月 1 日，南昌大学就曾请示拟设办师范学院，以培养师资及教育行政人员，并拟于暑期招生 400 人。不久，中南军政委员会教育部批复：同意暂时在南昌大学办师范专修科。

1953 年 7 月 17 日，根据中南行政委员会的指示，南昌大学首先成立了江西师范专科学校筹备委员会。筹委会主任为吕良，副主任为张慈瑞、郭庆棻。

9 月 11 日，上级决定将筹备中的江西师范专科学校更名为江西师范学院。10 月 29 日，经中央批准，江西师范专科学校筹委会更名为江西师范学院筹委会，原江西师专筹委会委员改称江西师院筹委会委员。11 月 5 日，筹委会设立常务委员会，由党支部书记张慈瑞主持日常工作。学校的重大决策由筹委会常委会或全体委员会讨论决定。

1953 年 11 月 9 日，江西师范学院举行了建院以来的首次开学典礼，师生员工 1000 余人出席了大会。中央教育部副部长韦悫、江西省委副书记刘俊秀、江西省人民政府副主席刘一峰等到会讲话。省人民政府副主席饶思诚、省文教委员会主任吕良、省教育厅厅长许德珩、中南体育学院代表等出席了典礼。自此，江西师范学院正式成立。江西师范学院继承了南昌大学的全部校舍以及部分图书、仪器设备，部分教职工和学生也留在了学校，学校的发展进入了一个新的历史阶段。

学院党政机构建设

1953 年至 1956 年，江西师范学院处于筹备阶段，行政工作统归筹备委员会负责。1956 年 3 月 20 日，郭庆棻、刘瑞霖被任命为江西师范学院副院长。同年 10 月，经江西省人民委员会批复同意，建立了在院长领导下的集体领导机构——院务委员会，筹委会至此完成其历史使命。

江西师范学院成立后，学校成立了党支部，第一任支部书记为张慈瑞，原南昌大学党组书记魏东明调湖南长沙中南土木建筑学院任职。1954 年春，张慈瑞调职省委组织部，由刘渭波接任支部书记。1955 年春，江西师范学院成立党总支，总支书记为刘瑞霖，专职副书记为纪治中。1956 年 6 月 3 日，中共江西师范学院第一次党员大会召开。同时，成立中共江西师范学院党委，刘瑞霖任党委书记，韩志青任副书记，选举刘瑞霖等 7 人为党委委员。1957 年，石少培任院党委第一书记，韩志青任第二书记，刘瑞霖任院长，郭庆棻任副院长。1958 年 2 月，李志民到任江西师范学院院长。1958 年 2 月 27 日，召开了中共江西师范学院第二次党员大会。1958 年 8 月，李志民任学院党委第一书记，信修任副院长。刘瑞霖、石少培先后调离学校。

李志民（1914—1966），河北省唐县人。先后在晋察冀边区担任军政职务，并担任过华东军政委员会教育局副局长中华人民共和国外交部人事司副司长、我国驻越南大使馆政务参赞。李志民院长工作作风扎实、大胆泼辣，认真负责、雷厉风行。他在任期间，学校各项事业得到了较快的发展，先后兴建了第二教学大楼、图书馆，第五、第六、第七栋学生宿舍；学校的规模发展壮大了，在校生人数由 2302 人迅速增长到 2842 人，增长了 23%。他重视学校教学科研工作，有计划地安排教师外出进修提高，学校不定期举办学术报告，教学科研水平得到提高。

1959 年庐山会议后，全国开展批判右倾机会主义和修正主义的斗争。1960 年，李志民因某些言论遭人上纲上线式攻击，韩志青则对此持异议，二人被打成"李韩联盟"而责令停职反省。江西省委任命教育厅厅长王纪明兼任党委第一书记，信修为代理院长，调刘玉瑞任党委第二书记，主持党委工作。

1959 年 5 月 2 日，中共江西师范学院第三次党员大会开幕。

1961 年，黄木兰被任命为学院党委副书记，主持党委日常工作，罗廷柱任党委常委、副院长。1963 年张慈瑞调来学院，任学院党委第一副书记。1963 年 10 月 24 日，江西省人民委员会第 31 次会议通过，免去李志民江西师范学院院长职务。1964 年刘瑞霖调任学院院长。张慈瑞、刘瑞霖两人皆为第二次来江西师范学院任职。

1965 年 11 月 6—7 日，江西师范学院举行了第四次党员大会，选举王纪明、张慈瑞、刘瑞霖、罗廷柱、张运昌、谭启民、林亚琴、杨连广为第四届党委常委，院党委书记由王纪明兼任，张慈瑞为院党委副书记，郭庆棻、罗廷柱任副院长。

此外，为了加强江西师范学院的中层干部队伍，从 1954 年起，江西省委先后调孔源、朱景钰、舟子、张会村、郑光荣、李方陆、陈心平等来校负责党团工作，从而大大加强了江西师范学院党的领导力量。1953 年 11 月 28 日，江西师范学院首届团员大会召开，出席会议的团员有 358 人。大会总结了院系调整以来，团组织在安定同学情绪、开展专业思想教育等方面的工作经验，并着重讨论了如何组织动员全院团员、青年学习党在过渡时期的总结路线和提高学习质量问题。大会选举了师院第一届团委，金晶为团委书记。

12 月 5 日，第一次工会会员代表大会开幕，正式成立了江西师范学院工会，有 11 人当选为首届工会委员会委员，彭沛民为工会主席（彭沛民是院系调整时由湖南调入学校的）。

行政机构的设置

1953 年 9 月 21 日，江西师范学院筹委会确定了学院的行政机构，主要包括：

办公室。下设人事科、青年科、文书科，由张慈瑞兼任办公室主任。

教务处。下设注册科（1954 年改为教学行政科并增设教学研究科）、图书馆、讲义室。教务长：谷霁光，副教务长：彭先荫。图书馆馆长：吴士栋，副馆长：张谨之。

总务处。下设财务科、总务科、卫生科、工程室。总务长：熊化奇，副总务长：张杰。

1957 年，学校的行政体制实行院长、总务长、教务长系科三级负责制。

1958 年，学院对机构设置进行了调整，不再设教务长、总务长，原则上实行院、系两级制，增设院勤工俭学指导委员会办公室；把校医室改为保健室，从总务处划分出来，单列为学院的直属单位之一；成立函授部，把函授工作从教务处划分出来。1959 年，成立生产劳动处。

1961 年，遵照中央和省委关于精简机构、紧缩编制和下放干部的指示，学院对机构设置又进行了一次调整，撤销了一些单位。院办公室与院党委办公室合署办公，两块牌子，一套人马。调整后，院务委员会下设办公室、教务处、人事处、总务处。

教学机构的设置

经过全国高校院系调整之后，作为以培养师资为主要目标的高等师范院校，学校的专业设置明显表现出与学校性质相适应的特点。

1956 年，学院提出的办学目标是：根据国家过渡时期总路线的精神。以培养具有马克思主义基本知识与观点，共产主义的道德品质，高度文化科学水平与教育的专门知识及技能的全心全意为人民教育事业服务的中等学校师资。

江西师范学院成立时，共设有中语、历史、数学、物理、化学、生物、艺术 7 个专科和一个高中数学师资短训班。各科负责人分别是：中语科主任郭宣霖、历史科主任欧阳琛、数学科主任谢葆祥、物理科主任熊启藩、化学科主任涂维、生物科主任邓宗觉、艺术科主任刘天浪。数学师资短训班由彭先荫、谢葆祥兼任正、副主任。各科有两年制的一、二年级各一班，艺术科有三年制三年级一个班。

自 1954 年起，各科先后发展为系，增办四年制本科。1954 年招本科生的有化学、生物、历史 3 个系。

至 1956 年，学院设有中国语言文学、历史、数学、化学、生物 5 个系和中国语言文学、艺术、数学、物理、化学、生物 6 个专科。是年暑期后，增招物理系及历史、政治教育两个专科。当时，学生以江西、广东两省的同学最多，二者分别占 38% 和 32%。其次为桂、湘、鄂等省籍。

至 1957 年，除艺术科仍为专科外，其余学科均为本科。学院附设附小、幼儿园各一所。

1958 年 9 月，在南昌师专一个地理班的基础上，学院增设地理系，任命马巨贤为代理系主任。俄语课教研组为适应各学科学习俄语的需要，扩大为公共外语课教研组。次年，学院增设政治教育系，同时在原俄语教研组的基础上增设外语系，招收俄语专科学生。1963 年，外语系增设英语专业。

1962 年，江西省根据中央"调整、巩固、充实、提高"的八字方针，对省属部分高校及相关专业进行调整。此时江西体育学院被撤销，全部师生并入江西师范学院，成立体育系。江西师范学院生物系划归 1958 年成立的江西大学。政治教育系、地理系停办。政治教育系为两年制专科，二年级学生于暑假毕业，一年级 40 名学生大部分转入中文系学习。地理系除毕业班外，尚有二、三年级共 89 名学生，二年级 41 人转入数学、物理、化学系学习，三年级 48 人全部转入化学系。政治教育系教师继续在马列主义教研室任教。地理系部分教师改行。这两个系的停办以及生物系的划出，后来影响到省内中学有关课程的开设，中学政治教师和生物课教师多是改行兼课，地理课长期停开。

到 1966 年，学院设有中文、外语、历史、艺术、数学、物理、化学、体育 8 个系 10 个专业。

靖安分院：两种教育制度的实验

1964 年 8 月，刘少奇发表了关于实行"两种劳动制度、两种教育制度"的讲话，提出了"半工半读的学校教育制度和半工半读的劳动制度"的设想。根据讲话精神，学院开展了教育大改革，在坚持面向农村、为农村教育大发展服务的办学方向的同时，有步骤、有准备地向半工（农）半读的教育制度过渡。在部分系科试办半工（农）半读和社来社去试点班的基础上，积极筹建靖安半农半读分院，就是其时培养农业中学教师，摸索实现半工（农）半读教育革命的重大举措。

1964 年 11 月 10 日至 12 月 28 日，学院成立以院长刘瑞霖为组长，由教务处、中文、历史、化学系等 10 个单位的 18 位同志组成的教育调查小组，赴东乡县进行教育情况调查。

调查组对东乡县在逐步普及小学教育基础上各类中学的发展规模及所需师资的数量和质量的情况进行调查，重点是东乡县小璜农业中学（半耕半读）的办学情况。调查结束后，调查组写出了《东乡县小璜农业中学调查报告》。《报告》对小璜农业中学的办学方向、办学成绩给予了充分的肯定，认为半工半读是贯彻党的教育方针的一种理想的教育制度，有利于培养具有社会主义觉悟、有文化的劳动者；学校的教育改革必须面向农村，逐步向半工半读过渡，为农村三大革命服务，培养半工（耕）半读学校所需师资。

1965 年年初，经江西省人民委员会批准，学院决定建立一所半农半读的分院，经反复考察比较，最终选址江西省靖安县。靖安县委将原靖安县中学的校舍及用地拨给江西师范学院，同时将邻近的 3 个生产队划归分院管理。江西省教育厅调拨开办经费 26 万元。

4 月，学院成立由生产劳动处处长陈心平负责的靖安分院筹备工作组，带领部分干部、教师、学生先行抵达靖安，一面参加生产劳动，一面开展分院的筹建工作。9月，筹建工作结束。学院党委从校本部、中文、历史、化学、物理、马列主义教研室及教务处等单位抽调 77 名教职工赴分院工作。其中教师 52 人，内有副教授 2 人、讲师 7 人、助教 43 人。

靖安分院正式开办后，成立了由教务处长谭启民任书记，陈心平任副书记的党总支。行政方面设办公室统管分院行政事务。办公室正、副主任由谭启民、陈心平分别兼任。办公室下设行政和生产教务两个科。系一级的行政机构均称为行政领导小组，负责处理教学事务和日常工作。

靖安分院新生于 1965 年 9 月入学。1966 年 7 月底，"文化大革命"运动如火如荼进行。分院师生除留少数干部驻守靖安外，其余全部返回江西师范学院本部参加运动。是年底，留守靖安的干部亦全部撤离，分院全部财产暂交下迁靖安县的原师院附中代管。

靖安分院设有中文、历史和农业技术三个专业。农业技术专业分农基和理化两个专业班。农基班主要学习农业技术与作物栽培。理化班主要学习与农业机械化有关的知识。农业技术专业的培养目标是为农业中学培养师资。学员由农村人民公社保送推荐，毕业后仍回原推荐公社安排工作。

1965 年 9 月，203 名新生正式入学。中文、历史两系新生全在靖安分院就读，除实行半农半读外，培养目标，招生办法与院本部相同。农业技术专业则实行内部招生，由江西省教育厅分配招生名额，各公社、农业中学推荐，县文教局审查，分专区进行考试，然后择优录取。招生对象为年龄在 30 岁以下，具有高中毕业或相当高中毕业文化程度，参加过一年以上农业生产劳动的知识青年或复员军人；高中毕业，或相当于高中毕业文化程度的在职农业中学、全日制中学的教师及小学教师（包括民办中小学教师）；半农半读中学高中毕业生。

农技专业为适应农村三大革命运动（即生产斗争、阶级斗争和科学实验）和半农半读中学迅速发展的要求而开设，实行的是半农半读制度。学院在 1965 年度的招生简章中明确规定，该专业的培养目标是：经过三年的学习和社会实践以及生产劳动的锻炼，学生应具有无产阶级立场，社会主义觉悟，熟悉并掌握本专业的基础理论与知识技能，毕业时既能从事脑力劳动，又能从事体力劳动，成为能文能武、又红又专、志在农村、胸怀世界的半农半读中学的农业基础课教师和理化教师。

靖安分院半农半读的办学方针，体现在学习与劳动时间的分配上。其时学生参加劳动的时间，略低于总学时的一半。以 1965—1966 学年第一学期为例，全学期学习时间为 19.5 周，其中劳动时间为 8 周，教学时间为 11.5 周。靖安分院的教学形式以专题讲座和现场教学为主，对系统的理论讲授不够重视。特别是农基，理化班，强调专业与农场合一，强调大力试验和研究农业先进技术，用研究成果不断革新教学内容，为促进生产、发展生产服务。因此，靖安分院当时虽然强调教学、生产劳动、科学研究三结合，但实际上却有片面强调生产劳动，忽视专业课教学的倾向。靖安分院所使用的教材以教师自编讲义为主，也有一些采用统编教材或兄弟院校编写出版的教材。由于受"左"的思想的影响，在讲授过程中，强调以阶级斗争为纲，突出思想性、战斗性和实践性，弱化了理论的系统性，影响了实际的教学质量。

靖安分院的教学与生活条件均相当艰苦，但师生们的热情很高。创办初期，师生的住所是当地的民房和原靖安中学的教室。教师住集体宿舍，晚上几乎没有一个安静的备课环境，白天还要坚持边上课边与学生同劳动。师生一起平整地基，开挖基建工地，担砖挑瓦，建起宿舍、教室。到了冬天，师生一起担肥，翻山越岭去耕种学校的耕地。

靖安分院校舍一部分为原靖安中学校舍，另一部分由学生和教师、干部一边上课一边劳动建设而来。靖安分院建筑总面积合计 6291 平方米，其中教学用房 2466 平方米，生活用房 3402 平方米，办公用房 423 平方米。1964 年 11 月 6—7 日，江西师范学院第四次党员代表大会召开。大会提出了"集中力量，将靖安分院的农副业生产基地建设起来"的要求。1965 年 11 月，靖安分院建立了两处劳动基地，拥有土地 90 余亩，水田 30 余亩，荒地 500 余亩。

靖安分院的图书资料由学院图书馆陆续调拨，计有中文图书 9499 册，其中社会科学方面的有 6093 册，自然科学方面的有 3243 册，综合类的有 163 册。其时靖安分院没有实验室，教学仪器设备较少，只有测量仪、选种设备、气象仪等比较简单的仪器设备。

靖安分院的专业课程设置分公共课、必修课、选修课三种。公共课各系（班）均须开设，主要是政治和军事体育两门课程。政治课以毛泽东著作为基本教材，并进行形势、任务以及党的方针政策教育。军事体育课以民兵训练与体育运动相结合的形式进行，学习军事和体育的基本知识。选修课只开设外语一门，仅供中文、历史两系学生选修。在必修课方面，中文、历史系的课程开设大致与学院本部相同；农技专业的课程设置强调切合农村实际，要求从农村公社半农半读中学和学生的实际出发，加强适合农村需要的基础理论、基本知识的教学和基本技能的训练。根据这一原则，农基班开设作物栽培、植物与造林、农田水利与测绘、农业气象、土壤与化肥、农业机械与农具、动物学与家畜饲养、公社经济等课程；理化班开设农业基础、数学、普通物理、普通化学、农业化学、农业机械及农具、电工无线电技术等课程。

第二节　教育教学体制的更新

高师教育的培养目标

社会主义制度在中国的确立，必然要求革除旧的教育体制，建立新的、与之相适应的教育体制。

1953 年 9 月 28 日至 10 月 13 日，中央教育部召开高等师范教育会议，提出高等师范学校的任务是培养中等学校师资，要求"以马克思主义的立场、观点和方法，逐步改革旧的教学内容、教学组织和教学方法"，"认真地、系统地从本质上去学习苏联先进教育理论和经验，密切结合中国实际，特别要注意联系师范学校的特征和中学的实际。"1954 年 4 月颁布的《师范学院暂行教学计划》也对师范院校的培养目标作了明确的规定："师范学院的任务是根据国家过渡时期总路线的精神，以理论与实际相一致的方法，培养具有马克思列宁主义的基本知识与观点，共产主义的道德品质，高度的文化与科学水平及教育的专门知识与技能的全心全意为人民教育事业服务的中等学校师资。"这为学校的人才培养工作规定了全面的质量标准，也为教学改革指明了总的方向。

1957 年，毛泽东指出："我们的教育方针，应该使受教育者在德育、智育、体育几方面都得到发展，成为有社会主义觉悟的、有文化的劳动者。"根据该指示，学院把培养又红又专的中等学校的师资作为人才培养目标。但是由于受"左"倾思想的影响，学院的教学工作不时受到政治运动的干扰，其表现之一就是关于人才培养目标在表述上的摇摆与反复。

1958 年，"大跃进"开始。当时关于教育工作方针的提法是"教育为无产阶级政治服务，教育与生产劳动相结合"。方针要求破除迷信，解放思想，大搞群众运动，大批"白专道路"。为适应此政治形势，学院将培养目标调整为培养"亦工、亦农、亦兵的中学教师"、"能上能下、能文能武，既能做中学教师又能做工人农民的多面手"。1959年"庐山会议"后，随着"反右倾"运动的开展，学院又将培养目标修改为"培养具有共产主义世界观，高尚的共产主义道德品质，系统掌握马克思列宁主义毛泽东思想的理论知识，具有较高的现代科学文化水平和较高的生产劳动技能，具备健全的体魄，能胜任教学工作，理论宣传，科学研究工作和技术工作，具有独立解决实际问题的能力的又红又专的人民教师。"同时还提出，要"以办党校的精神办文科，不论文科或理科，都必须把世界观的改造放在首要地位"，"把彻底批判资产阶级思想和修正主义观点放在特别重要的地位"，强调坚持知识分子劳动化，通过劳动更好地改造思想。

1961年以后，根据中央"调整、巩固、充实、提高"的指示精神，以及教育部《高教六十条》的有关规定，学院实行党委领导下以院长为首的院务委员会负责制，强调学校工作必须以教学为主，把教学、科研、劳动三者结合起来。学校党委在《1962—1963学年工作计划要点》中提出："以提高教学质量为中心，加强思想政治教育"，强调文科应通过教学内容的内在联系，自然而有效地进行四个主义（国际主义、爱国主义、集体主义、社会主义）、四大观点（阶级观点、群众观点、劳动观点、辩证唯物主义观点）的教育；要求体现师范性的特点，以培养更多更好的中等学校教师。同时在德、智、体诸方面提出了较为切合实际的要求；克服了1958年教育大革命所造成的混乱，各项工作重新走上了健康发展的道路。

教学计划的调整与修订

江西师范学院建院初期，各科（系）教学计划均比照苏联模式，严格遵照部颁教学计划执行。由解放前旧大学的学分制改为学年制，即以学年排定的课程和时数进行教学，以学生每学年应达到的成绩作为确定升留级直至毕业的标准，是此阶段教学计划的突出特点之一。

1958年，学院掀起了教育革命的运动高潮。在运动后期，各系采取干部、教师、学生"三结合"的方式，在短期内突击制订了一套新的教学计划。其主要内容为：（1）取消教育实习，以办业余学校的方式取而代之。在这一时期内，全院共办了大、中、小各类业余学校24所和一个工人哲学班；（2）规定学生每学年的劳动时间不能少于 3 个月；（3）削减教育学科的教学时数，取消部分基础理论课。

1959 年，学院根据"巩固和发展教育革命，为深入贯彻党的教育方针，大力提高教学质量而奋斗"的办学要求，结合教育部在武汉召开的综合性大学和高等师范院校教育计划座谈会的精神，对此前的教育计划作了比较细致的修订：（1）将生产劳动正式纳入教学计划，根据不同年级的特点对生产劳动分别作出安排，适当减少生产劳动的时间。规定理科本科各系平均每学年劳动 9 周，文科本科各系平均每学年劳动 12 周，外语、艺术两系的专科每学年劳动 7 周。（2）大量增加教育学科的教学时数，如历史系将原来的 72 学时增加至 212 学时；物理系由原来的 96 学时增加到 228 学时。（3）恢复教育实习，规定各系在第 7 学期集中 6 周时间进行教育实习。（4）合理调整教学安排和课程设置，增加教学总时数与部分基础理论课程，注意各门课程的循序渐进和相互配合。

本次教学计划的修订，对纠正教育大革命中出现的错误倾向起到了积极作用，同时仍然存在一些不尽如人意之处。譬如，在处理政治与业务、生产劳动与专业学习的关系上，计划过于强调政治理论的学习。政治理论课的教学时数共计 500 个学时，占总教学时的 20% 左右，超过部颁教学计划的 6%~9%；其次是参加生产劳动的时间仍然过多；此外，选修课与必修课的比例失调，存在重必修课轻选修课的倾向，选修课仅占教学课时的 10%。

1960 年，学院对教学计划再次进行调整与修改。修改后的教学计划将许多基础课程合并，取消了心理学科，将教育学改为专题讲授。1961 年《高教六十条》颁布后，学院在教学计划中增加了总教学时和周教学时，强调以课堂教学为主，加强基础理论、基本知识和基本技能的教学，适当扩大学生的知识面。学院在《关于 1961—1962 学年全院工作任务和基本要求的指示》中，特别强调教学计划的严肃性，"学校的教学计划一经拟定，并经党委、院行政讨论通过，上级教育行政部门审查批准，就应当成为学校的法规，必须切实遵守，认真执行。如果需要修订变动，应当经过同样的审批手续，学校的任何单位和个人，不得擅自修改或变动"。

1962 年的教学计划减少了生产劳动时间（由原来每学年 9—11 周减少到 5 周半），增加了教学时间（学年教学周由 24—28 周增加到 35 周），对各类课程的比例也作了一定调整，适当减少了政治理论课在总学时中的比例，提升了专业基础课在专业课中的比重。文科的政治理论课由原来的 30% 改为 18%~20% 左右，理科由原来的 16% 改为 11% 左右；专业基础课由原来的 80% 增加到 92%~95%，专业选修课则由原来的 20% 减为 5%~8%。教育学、心理学、教学法与教育实习等体现师范教育特点的课程得到了恢复和加强。

1963 年，学院对教学计划又一次进行全面修订。针对因教学周时增加而导致学生课业加重的情况，新修订的计划强调"少而精"的原则。"所谓'少而精'并不是越少越好，而是说在一定的时间内，将主要的基础理论、基本知识教给学生，并使之具有独立的运用能力。这就必须抓住基础理论、基本知识的主要内容讲深讲透，使学生便于当堂接受。这就要求教师付出更艰苦的劳动，预防和克服不顾学生接受能力不管学生能否学到手的情况产生，也要防止不恰当的从略和压缩"。

教学计划修订后，四年制文科总学时控制在 2350 学时左右，周学时低年级不超过 22 学时，高年级略低于此数；理科四年制本科总学时 2600 学时左右，周学时低年级不超过 24 学时，高年级略低于此数；适当减少了必修课，增加了选修课，削减了非主要课程的教学时数，增加了习题课、实验课的基本训练时间；削减了劳动时间，总劳动时间由 22 周减少为 18~20 周。

课程设置与教学改革

其时的课程按内容可分为政治理论科目、教育科目、专业科目与教育实习，按性质则可分为公共必修课、专业必修课和专业选修课。公共必修课为各系科必须开设的课程，包括政治理论、教育学科（教育学、心理学）、体育、外语、生产劳动、教育实习等。政治理论科目主要学习中国革命史、社会主义过渡时期总路线和时事政策等。教育科目包括心理学、教育学、各科教学法（本科还要学教育史、学校卫生）。外语课只能学习俄语，不学其他语种。

在这些课程中，政治理论课由于受政治形势的影响，所以变动很快很频繁。1957 年到 1958 年之间，政治课主要开设社会主义思想教育课。学院党委在《关于改进我院教学工作的几个问题》中明文规定：专科一、二年级以及本科各年级均须开设社会主义思想教育课，每周 6 学时，本科三年级再增设政治经济学，四年级增设辩证唯物主义和历史唯物主义课，每周 3 学时。反右派斗争后，为了加强学生的政治理论教育，学院把政治课教师下放到各系科担任社会主义、共产主义教育的教学辅导员，兼任班主任。学院的班主任工作制度从此开始建立。1958年下半年，除马列主义教研室外，学院还在各系科建立了由马列主义教师、党团干部、专职班主任及学生代表组成的马列主义教研组，进一步充实政治课的教学队伍。

1959年，学院对政治理论课进行改革，将系统的马列主义理论教育和经常的时事政策教育结合起来，开设有中国革命史、政治经济学、哲学、时事政策4门课程。1960年，学院为进一步强化政治理论课的教学，不但增加了教学时数，而且在中文、历史等系增设"毛泽东著作研究"为选修课。1961年贯彻"八字"方针和《高教六十条》以后，学院适当调整了政治理论课教学，减少了教学时数，将课程总数保持在4门左右。

1957年至1958年，其时由于强调专业课程同生产实际的结合，一定程度上导致了对基础理论课程的忽视，甚至还出现了忽视学科相对独立性、打乱学科内在联系性，肢解理论体系完整性的现象。

1959年，学院对课程设置进行了调整，增设了不少新课程。如历史系增设"马列主义经典著作选读"、"毛泽东著作选读"；中文系增设"毛泽东文艺思想"、"民间文学"；生物系增设"动物饲养"；化学系增设"农业化学"、"生物化学"；物理系增设"天文学"、"气象学"；地理系增设"江西地理"，等等。

1960年，学校开始进行教学改革，改革的中心任务是"大破资产阶级教学体系，大立无产阶级教学体系，克服教学上少慢差费的现象"。此时的课程设置突出"教育为无产阶级政治服务"，要求"教育与生产劳动相结合"，充分反映现代最新科学技术成就。遵照这些原则，中文系增设"外国资产阶级文学批判"，历史系增设"资产阶级史学批判"等课程；数学系增设"统计数学"、"计算数学"、"泛函分析"；物理系增设"现代物理学"、"边缘物理"；化学系增设"高分子化学"、"原子能化学"等。同时，把一些面向中学的基础课程作了不恰当的合并或削减，心理学课程再一次被取消，教育学课程改为专题开设。

1961—1962年，为贯彻《高教六十条》指示精神，学院恢复了"教育学"、"心理学"以及中学教学所需的某些课程，1960年教改时开设的新兴学科课程得到适当保留，同时还增设了部分新课程以充实教学内容。比如中文系新开"语言学概论"、"语文教学法"；历史系增开"中华人民共和国史"；数学系增开"高等数学"、"概率论与数理统计"、"数理逻辑初步"、"数学物理方程"、"线性规划"、

"计算方法"；物理系新增"固体物理"、"核子物理"；化学系增开"物质结构"、"放射性化学"、"有机结构理论"、"高分子化学"、"有机合成"、"稀有元素"、"仪器分析"；生物系增开"生物物理学"、"胚胎学基础"、"农业昆虫学"、"植物病理学"、"鱼类学"、"遗传学"；地理系新开设"地貌学"、"气象气候学"、"地质学"、"水文学基础"与"水文地理"，等等。

江西师范学院创建初期，学校把教材建设作为提高教学质量的重点来抓。当时的教材主要通过三种方式获得：其一是选择苏联教材直接翻译过来；其二是选用兄弟院校的交流教材；其三是自己动手，以苏联教材为参考，采取分工编写、集体讨论、总结经验的方法，编写讲义或讲授提纲。

学校更为重视的是自编教材，认为编写教材也是一项重要的科研活动，明确规定："编写一门课程的教材，只要不是东抄西袭，而是理论联系实际，融会贯通地用自己的语言系统地编写出来，符合高师培养目的要求，尽管这教材内容上并没有学术上的新的见解和理论，也应当称是科学研究。"同时还强调教材的编写质量，要求教材内容应该具有思想性、科学性、系统性和实践性。以1954—1955学年度第一学期为例。这一学期全校共66门专业课程，采用苏联教材的9门，采用兄弟院校交流教材7门，自编教材30门，自编讲义并印发学生的20门。自编教材、讲义占教材总数的75.8%。

"教育大革命"时期，对学生大力进行马列主义、国际主义、爱国主义和社会主义教育，使其牢固树立起阶级观点，劳动观点、群众观点、辩证唯物主义和历史唯物主义观点，成为学校当时的工作重心。在此形势下，学校突击制订了新的教育计划，编写大批新的教材。当时，江西省教育厅牵头组织、抽调部分师生在校内成立教材编写办公室，日夜苦战，突击编写中小学教材，各系也积极组织教师大量编写大学教材。

1957—1966年，学院组织编写了许多专门著作和教材，影响较大的有：中文系文艺理论教研组编写的《毛泽东文艺思想讲义》，该教材曾在全国高师院校中文系进行交流；中文系苏区文学史编写组编写的《江西苏区文学史稿》，第一次对我国第二次国内革命战争时期兴起的江西苏区文学进行了较全面的评述和探讨。该书1959年开始编写，到1962年修改定稿，并由江西人民出版社出版，填补了我国现代文学史上的一项研究空白。

江西师范学院创立之初的一段时间里，课堂讲授是最主要的教学方式，习题课、课堂讨论、答疑和辅导、实验、教育实习和见习、生产劳动、毕业论文等是教学环节有机组成部分，各占一定比例。为了取得良好的教学效果，各系科进行了不懈的努力，探索出了一些富有成效的教学经验。如物理系重视单元小结；政治课教研组、历史系采用答疑卡片的形式征求学生的意见；生物系采用了指导学生课前预习的方法；数学系自制模型和挂图加强直观教学；艺术科通过举办音乐演奏会和国画展来提高实践水平，等等。这些教学方法的摸索，有助于提高学生的学习兴趣和实际能力。

1958年，学院院务委员会在《关于改进我院教学工作几个问题》中提出了打破常规，提倡独立思考，克服注入式的教改原则，各系科据此在教学方法和教学形式上进行了许多探索性的改革，试图打破以课堂讲授为中心，由教师灌注知识的局面，充分调动学生的学习主动性。在教学形式方面主要采取下工厂、农场进行现场教学，到人民公社参观或请人来校作报告，以及教研组与学生自学小组相结合，集体阅读，共同备课，能者为师等措施。在教学方法上，普遍推广"启、读、鸣、辩、结"五字诀的方法。启，即教师扼要讲授，启发学生思考问题；读，即师生共同阅读教材；鸣，即各自发表意见；辩，即围绕提出的问题展开辩论；结，即教师最后进行总结。教学形式和教学方法的采用，较为有效地克服了课堂教学满堂灌的缺点，提高了学生学习的自觉性和主动性，但在实践中也出现了忽视教师在教学中的主导作用的偏向。

1959年至1960年，学院关于教学方法的调整根据形势的变化而变化。比如，1959年学院重新强调课堂讲授是教学的基本形式，提出要以课堂讲授为中心，同时结合现场教学、科学实验等教学形式；明确教师在整个教学环节中的主导作用。1960年，由于当时强调要革除旧的教学体系，建立无产阶级的教学体系，因此在教学形式和教学方法上，学院倡导学生参加实际锻炼，采取学习与整风相结合、与学术批判相结合、与科学研究相结合等形式，组织学生直接参加当时学术领域中的斗争，并结合社会实践、劳动锻炼进行调查研究，编写书籍。

1961年9月，教育部颁布了《高教六十条》。学院各项工作逐步走上健康发展的轨道。在尊重教学大纲、充分发挥教师主导作用的前提下，在教学方法上强调体现师范性，是这一时期关于教学方法调整的突出特征。学院要求：从培养中学教师的教学目的出发，精讲多练，充分调动学生的求知欲望，培养学生的基本技能；教师尽量在教学语言、教态、板书、直观表演、实验技能技巧等方面以身示范，在教学中体现出师范性；基础理论的教学尽可能做到使学生有足够的作业练习和实验印证。

各系在教学方法上进行有益的探索，取得了一些成果。如中文系古汉语课改变了过去脱离作品光讲规律的套路，采取结合作品讲规律的方法，先讲规律，接着讲作品，讲授的规律很快得到印证。数学系的代数与初等函数课，根据学生已学过初等数学但不透彻的情况，采取重点讲授的方法，狠抓基础，着重解决学生今后在中学教学中容易出现的错误问题。有些技术性较强的课还重视演示的作用。艺术系在绘画教学中分段示范，从如何打稿、如何依据物体的结构运用不同的线条加以表现到课堂练习的完成，全部进行示范性教学；声乐、弦乐、键乐课教师亦分别采用正误对比的范唱、范奏，使学生较好地掌握正确的演唱（奏）技巧。外语系则实行电化教学，如课内外录音教学、课外广播、幻灯教学、电影教学等，为外语课教学开辟了新的途径。理科各系则在教学过程中改变了过去理论讲授多、实验时间少的做法，采取理论讲授与实验相结合的方法，及时验证理论知识，又将验证的结果用于充实教学内容，将抽象知识变得更为鲜活更加具体。

1962 年 11 月，学院召开会议着重总结各系教师备课方面的经验。历史系教师提出的以调整、充实为重点，结合概括、深入、争鸣、释疑、省略的教改经验，对大家很有启发。所谓调整，就是对教材中安排不当、分量不当的部分进行整合。所谓充实，对教材中的薄弱欠缺部分和重点、难点进行适当充实。所谓概括，对教材中叙述较充分、简明易懂、学生较熟悉以及次要部分，只作概括地讲授。所谓深入，对基本概念，关键问题讲深讲透。所谓争鸣，对目前尚在争论的学术问题作介绍，并抒发己见。所谓释疑，解释学生可能遇到的疑难问题。所谓省略，对学生阅读教材可以自己了解的问题省略不讲。这样，教师的授课既没有脱离教科书（教材）自成系统，又在教科书的基础上着重解决那些学生需要解决的问题。

1964 年春，毛泽东在《春节座谈会上谈话要点》和《关于学校课程和讲授、考试方法问题的批示》中指出："现在课程太多，对学生压力太大。讲授又不甚得法。考试方法以学生为敌人，举行突然袭击。这三项都是不利于培养青年们在德智体诸方面生动活泼地主动地得到发展的。"毛泽东春节谈话发表后，教育部提出全面贯彻课堂教学"少而精"原则，并在南京召开了理工科院校贯彻"少而精"的讨论会，学校派教务处长谭启民参会。谭启民回校传达会议精神后，党委决定成立理科和文科两个工作组，分别到化学系和中文系"蹲点"，任务是贯彻毛泽东春节座谈会精神，落实"少而精"教学原则。当时采取的措施主要有：精简课程，讲授内容少而精，推行启发式教学，鼓励自学，创造灵活多样的教学形式，允许学生自由支配课余时间等。

函授教育的开设

江西师范学院的函授教育始于 1956 年，当时只有中文、数学两个专业招生，学制 3 年，对象主要为中学教师，毕业后发给大专毕业证书。当年共有函授学员 994 人。

1957 年招收函授生 544 人。其时学校强调函授教育的正规化和系统化，保证了函授教育的质量。

1958 年以后，学院逐年增加了招生数量，到 1961 年止，函授生已达 9000 余人，遍及全省各县、市。函授科目除中语、数学两科外，于 1958 年还增设历史专科班（1959 年停办），这一时期，招生对象仍然主要是中学教师。招生方法是统一考试，择优录取。函授生的管理由各地、市函授站负责，学院只负责教学业务。1958 年起，在各地、市、县先后建立了 53 个函授站，在县（市）文教局的直接领导下开展工作。

函授学员以自学为主，每年集中若干个月的时间进行面授。集中面授分地区进行，教学形式有课堂讲授、讨论、练习、辅导、总结和专题报告等，集中面授的方法很受函授学员的欢迎。

由于没有建立专门的函授师资队伍，各地区集中面授，主要依靠兼职教师和辅导员协助教学。兼职教师和辅导员根据各地区的条件进行选聘。他们不仅负责面授期间的学习辅导，平时还有辅导任务，辅导形式是书面或口头回答对学员进行答疑。

1960 年，为了提高函授教育质量，学院改进了函授教育的教学和辅导方式，曾与江西人民广播电台合作，开始采用广播进行远程教学、辅导。

3 年内所学的主要课程，中文科计有"中国现代文学"、"中国古典文学"、"现代汉语"、"毛泽东文艺思想"、"苏联文学"等：数学科计有"几何三角"、"初等代数"、"解析几何"、"高等数学基础"等。

这一时期，由于强调"学习中政治挂帅"，函授教育也不时受政治运动冲击，出现了某种重政治、轻业务的倾向，对正常的函授教学造成影响。1962 年，学院函授部连同所有在读的函授学员一并转入江西教育学院，函授工作遂告中止。

第三节　开辟人才培养新途径

苏联培养模式的转变

1953—1956 年，学院的人才培养主要采用苏联模式，其特点是教学管理严格，计划性和组织性强，重视基础理论、基本知识教学和基本技能训练，而且学生经过政治运动的锻炼，思想觉悟较高，组织观念较强，业务水平也比较扎实。1956 年，全院采用苏联教材的课程有 5 门。

当时学院规定，学生每年以至每个学期均须接受一次学业总考核。专业课的考核一般采取课堂答卷方式进行评定，政治课和劳动课主要通过鉴定的方式加以评定。评分分为"优秀"、"良好"、"及格"、"不及格"四级。这两类课程在学生的评价体系中相当重要，不论其他学科的成绩如何，政治、劳动课评语很差的，一律按三种办法进行处理：（1）留级劳动补课；（2）留校察看，劳动考查一年；（3）情节严重的勒令退学或开除学籍。只有修完本专业的全部课程并经考核成绩合格者方予毕业。

教育实习也是培养计划中的一项重要内容。按教学计划规定，教育实习作为一门独立课程计算成绩，内容包括教学实习和班主任工作实习两个方面。实习的目的，主要是锻炼学生的独立工作能力，为今后参加实际工作积累经验。对教育实习，学院制定了严格的鉴定办法，对实习生的备课、课堂教学、实验、辅导、批改作业的能力和实际效果以及班主任工作的工作量、工作态度、思想作风、工作方法等，进行全面考核。实习结束后，每个实习生写出教育实习专题总结。

勤工俭学与生产劳动

1958 年，学院为贯彻落实教育与生产劳动相结合的方针，在全院掀起了勤工俭学的高潮。这一年，全院学生成立了 64 个勤工俭学小组，参加活动的学生达 700 余人，占学生总数的 35% 以上。勤工俭学的内容有种地、饲养、理发、补鞋、刻钢板、做粉笔、制墨水、制浆糊、缝补、编织、洗相照相、做零工、搬运、装订讲义、洗衣服等等。后来，学院提出勤工俭学的目的是"为了劳动锻炼、改造思想"，改变了勤工俭学以业余时间开展服务性工作的性质，转为以参加农业生产为主要内容，除将学院原有农场的 61 亩土地按系科划分耕作区以外，还在院外开垦了 50 亩荒地，总共种植了 110 多亩蔬菜。不久，又在当时全民大跃进和全民大办工厂的形势的影响下，学校提出了"学校工厂化"的口号，勤工俭学的内容改为以大办工厂，创制新产品为主。在一周之内，全院办起了大小工厂 31 个，主要有钢厂、耐火器材厂、炼焦厂、翻砂厂、机械制造厂、机械修配厂、电机厂、化学试剂厂、生物切片厂、红砖厂等。学生每天上午集中上课，下午参加劳动。实际上，这一时期的勤工俭学活动变成学生参加生产劳动的一种替代形式。

勤工俭学增加了劳动收入。到 1958 年底，收入已达 43000 余元。学院为此制订了"勤工俭学收入分配方案"，改变了开始时收入归个人的做法，将所得的收入分为公积金、公益金、奖励基金、困难补助等类别。公益金用于改善学生伙食及订阅报纸杂志；困难补助金上交助学金评委会；公积金与奖励基金上交生产劳动办公室，用于添置设备和劳动奖励。

1959 年夏，学院为便于安排劳动课程，决定创办劳动基地。生产劳动处处长刘建华受命带人到南昌市郊县勘察基地地址，最后定址新建县生米区东城公社璜溪大队和西山区石埠公社岗背大队交界处的白马山，命名为白马山农牧场。更名为白马山农场。是年 10 月，农牧场开始创办，经省农业厅批准，征用璜溪大队水田 200 余亩，岗背大队水田近 500 亩，荒山约 600 亩，总面积 1250 余亩，并与两个大队分别签订了征用土地协议：水田视质量每亩一次性付给征用费 8—40 元不等；荒山按成材树木折价一次性付给征用费，每棵成材树木付给 0.5—1元不等。

创办初期，由刘建华负责带领生产劳动处干部和中文系部分师生共 400 余人前往。此后，各系轮流派师生前往，常年人数保持在 200 人左右。1959 年冬，农牧场开始兴建了面积为 200 平方米的场部办公楼，搭建了一些茅棚，作为宿舍和膳厅等。

同时，农场成立党支部，学院任命卢兆珍为支部书记兼场长，赵存良、赖作舟为农牧场副场长。1960年夏，赖作舟、赵存良相继调回校本部，詹武美继任副场长。此时白马山农牧场已初具规模，下设农业队、园艺队与畜牧队。农业队主要从事农田耕作；园艺队主要负责果树、蔬菜栽种；畜牧队主要负责喂养鸡、鸭、鹅、牛、羊等。此后还增设了副业队，主要负责加工米粉等。1982年，白马山农村转让给新建县畜牧水产局。

学院的学生除了完成正常的劳动任务外，还经常参加一些社会性的劳动。1958年7月，学院响应江西省委的号召，组织了1000余学生参加修建南昌钢铁厂铁路专用线，劳动25天，完成土方近4万立方米，修筑铁路路基2000余米。1960年切，学院又一次组织2000余人参加铁路专用线的建筑，历时17天，完成土方2万余立方米，筑成320米铁路路基及路旁辅助道路。同年7月，学院还组织2100余名学生到南昌市郊向塘公社所属的6个生产大队帮助农民抢收抢种。

国家助学体制

1957年到1958年，学院实行人民助学金制。人民助学金主要用于补助家庭经济收入较少、坚持学习有困难的学生。人民助学金分定期补助和临时补助两种。定期补助包括伙食补助、学习用品与生活补助。伙食补助根据学生实际困难情况，采取缺多少补多少的原则予以补助，但最多不能超过最高伙食标准（每月9元）。伙食补助费不发给学生本人，由财务科按月拨给学生食堂。学习用品及生活补助费标准分为三等：甲等3元；乙等2元；丙等1元，只限于补助少数确无经济来源的学生。上述补助在休学期间停发，寒暑假回家的学生亦停发。学生在学习期间，因本人临时发生经济困难，确属无力负担时，可申请临时补助费。补助数目由本人根据实际需要提出，有关部门审批。定期补助于每学年第一学期申请评定一次，第二学期进行重点复查，临时补助则可随时申请，随时审批。

1959年以后，学生的伙食费全部由国家承担，财务科按月统一拨款至学生食堂。人民助学金虽然仍分为定期补助和临时补助两种，但定期补助只用于补助生活困难的学生购买学习、生活的必需品。人民助学金分为甲、乙、丙三等，金额较前略有提高：甲等为4元；乙等为3元；丙等为2元。

学生文体活动与素质提高

学校相当重视学生的体育活动，规定体育考试成绩不及格者不予毕业。课堂体育课教学重视各项运动的基本动作训练，课外则大力提倡和组织学生开展各种形式的竞赛活动。学院每年秋季都组织一次全院性的运动会，以检阅全院的体育运动水平。此外，各系科、各年级、班级之间的体育比赛，以及学生自由组合的各种比赛亦经常举行。

1954年5月4日，国家体委、高教部、卫生部、团中央等联合发出指示，在全国中等以上学校有准备、有计划地推行"准备劳动与卫国"体育制度（简称"劳卫制"）预备级的锻炼活动，并选择其中条件较好的学校重点试行劳卫制。江西师范学院在体育教研组指导下，组织了14个锻炼小组，共140多人。1954年下半年，全院正式开展"劳卫制"一级体育锻炼，掀起了体育锻炼的热潮。学校对申请参加一级锻炼的学生进行了体格检查和技术测验，于11月26日批准531名同学参加，并编成锻炼小组，制定了锻炼公约和计划，到1956年，学校有90个锻炼小组。"劳卫制"锻炼取得了显著成绩，1956年4月，学校49名运动员参加南昌市第三届人民体育运动大会，江西师范学院代表队获男子组总分第一名，女子组总分第二名。

同年5月底，江西师范学院体育代表队55人参加江西省大学生运动会，取得团体总分第一名的佳绩。在全部33个项中，江西师范学院队获22个第一名，12个第二名，以及13个第三名，打破2项省纪录；1959年，在南昌市第四届运动会上，陈译钵同学的百米短跑成绩平了江西省女子短跑的最高纪录；200米短跑成绩破南昌市女子最高纪录。射击队在南昌市高校射击对抗赛中获团体总分第一名和立、卧、跪三种姿势射击总分第一名。在其他场合的体育竞赛中，学院代表队也屡获好成绩。1959年，学校选送7名优运动员参加我国第一届全国运动会。

这一时期，学生中的业余文艺活动也非常活跃，每逢节日或举行重大的活动，都有文艺演出。中文系学生排演的大型话剧《雷雨》《兵临城下》，曾在省艺术剧院售票公演，受到社会的称赞。

在此13年间，学生的学习风气比较浓厚，专业思想也比较稳固。尽管政治运动频繁，但绝大多数学生仍然能认真钻研业务，努力学习专业知识。不少毕业生走上工作岗位后，成为所在行业（单位）的业务中坚与骨干力量，有的还担任了党政部门的重要领导职务。中文系学生王太华毕业后曾先后担任中共江西省委常委、省委宣传部长，中共安徽省委常委、合肥市委书记和安徽省省长、省委书记，中宣部副部长兼广电总局局长等领导职务。中文系学生陈良运、徐万明、周绍馨、肖士太、吴海等人，在校学习期间就积极进行文艺创作或文学评论活动，并在《人民文学》等刊物上发表作品。另外，中文系学生潘凤湘，毕业后分配在南昌二中工作，在中学语文教学改革中取得了显著成绩，被评为特级教师。政教系学生李传梽毕业后在中央苏区的兴国县古龙岗中学辛勤工作20多年，为改变山区落后的教育面貌作出了重要贡献，1982年被评为全国模范班主任。数学系毕业生刘大椿在科学哲学等方面造诣颇深，担任了国务院学位委员会学科评议组成员，中国人民大学哲学系主任，博士生导师。数学系毕业生邱菀华在管理学领域建树精深，任国务院学位委员会管理学科评议组成员，北京航空航天大学教授、博士生导师，作为国家中长期科学和技术发展规划重大专项论证专家，参与了多项国家重大项目的论证工作。

师资队伍的培养与建设

1953年院系调整时，南昌大学共往外调出教师159人，留在新成立的江西师范学院工作的75人，仅占原教师总数的32%。在此后的阶段里，学校主要从本院毕业生中选留优秀人员充实教师队伍，以满足各项事业不断发展的需要。1956年，江西师范学院共有教工368人，其中教师173人（教授副教授35人，讲师51人）。1961年，教师总数达386人（其中教授9人，副教授16人），成为此阶段教师人数最多的年份。因此师资培养成为其时学院的重要工作。

这个时期对青年助教的培养主要是立足本校，在校进修与外出进修相结合，以在校进修为主。1957年，学校制定《助教培养试行办法》，明确规定校内进修的青年教师，争取在2—3年内能独立担任一门课程的讲授（当时称为"站稳讲台"），同时应争取掌握一门外国语。培养的方法是由各系科、教研组制订培养青年教师的计划，确定他们的培养方向、期限、内容、步骤和方法，并指定指导教师负责培养，或者组织进修小组，用读书报告会、专题讨论会等形式，互相帮助，共同提高。当时，青年教师一般短期内不担任课程讲授任务，以进修学习为主，同时担任辅导、批改作业、指导实验、实习等。助教讲课要先试教，试教教案要经过指导教师审阅。试教时，系领导和教研组教师都要听课，课后要进行评议，认为有发展前途才逐步增加其讲授时数，最后达到站稳讲台，能系统独立地开设一门课程的要求。

譬如历史系的进修办法规定：本科毕业的青年助教在校进修须贯彻政治与业务相结合，进修与教学工作相结合，打好基础与进行专门研究相结合，读与写相结合的原则，分两个阶段进行：一是培养阶段，主要任务是基本上独立开出进修课程，时间一般为三年；二是提高阶段，主要任务是独立开出全部进修课程，独立进行科学研究，时间一般为两年。在进修的五六年期间，必须在 6 个方面基本上达到要求。专业方面：掌握课程系统重点和每单元的教学目的要求，根据进修大纲规定，读完有关的主要理论著作，看完有关重要史料。社会实践知识方面：了解国内外基本形势，认真学习方针政策，特别是有关文教方面的方针政策，具有社会调查的知识和能力。教育与教学技能方面：掌握教育学一般原理与教学理论，熟练运用各种教学形式与教学方法，指导教育实习。科学研究方面：具备目录学知识、具备独立选题，搜集整理与分析研究资料能力，五年内写出四篇辅导专题和一至两篇有一定质量的科学论文。相关专业课程方面：系统掌握哲学、政治经济学的基本知识，根据进修大纲要求，听课或自学一两门相关专业课。语文工具方面：中国史教师必须掌握古汉语和一门外国语。世界史教师除通晓古汉语外，还须掌握一至两门外语。

讲师以上教师的进修提高主要通过总结教学经验、科学研究、写教材等活动，继续提高学术水平和教学水平。

中老年教师的进修主要是通过课堂讲授质量的提高，开设新课、编写讲义、教科书和参考资料、写作科学论著等工作进行。一般要求每年完成科学论文一至两篇；三年内学完规定要学的一些马列理论著作，对所任的课程已连续讲授两年以上的教师，应准备开出一门相关课或选修课，争取在三五年内学好一门外语并根据上述要求制定出三至五年个人进修规划和每年执行计划。

学校根据需要与可能，选派青年教师到兄弟院校进修。1954—1955 学年度，全院助教 71 人，外出进修的达 15 人。1957 年秋天，生物系副教授林英被教育部选派到苏联国立莫斯科大学生物土壤系和地理系进修，并在苏联科学院森林研究所从事科学研究。在该所所长苏卡乔夫院士领导下，对苏联南高加索亚热带森林进行深入研究，撰写了《苏联南高加索亚热带森林植被的研究》论文，得到很高的评价。他于 1959 年回国返校，为学院第一位派出国外进修的教师。1961 年以后，学校派出一批青年教师如李树源、李希成、谢其龙等赴中国人民大学、北京师范大学参加研究班、进修班学习，学习回来后，他们在思想上和业务上都有显著提高，并逐步成长为学校的教学骨干。

这一时期，学院师资水平逐步提高，拥有了一批学术造诣较深的教师。其中在省内外有影响的有：谷霁光、郭庆棻、邓宗觉、熊启藩、彭沛民、胡守仁、林英、彭先荫、熊化奇、刘天浪、郭宣霖、谢康、欧阳琛、刘象天、涂维、端木正康、彭友善等。

1958 年 10 月，学院聘请江西省省长邵式平为兼职教授。12 月，邵式平先后四次来院向全体师生讲授《关于社会主义教育学的若干问题》，主要内容有：（一）教育是社会的产物；（二）教育是社会所必需；（三）教育随着社会的发展而发展；（四）什么样的社会只能产生什么样的教育；（五）社会主义、共产主义教育及其发展；（六）对一些错误观点的评析；（七）当前怎样贯彻教育方针，提高教育质量。

1960 年，学院进行过一次职称评定，全院有一批青年助教晋升为讲师，有一批讲师晋升为副教授。1963 年又进行了一次职称评定，7 名讲师晋升为副教授，21 名助教晋升为讲师。

第四节 科学研究的艰难进步

科研管理机构的建立与沿革

江西师范学院创立初期，将主要精力集中在建立新的教学秩序，组织新的教学活动和开展政治运动上，科学研究处于少数教师的自发自为状态。1956 年年底前，科研工作一直归教务处负责，学院没有独立的科研管理机构。1957 年 2 月，学院院务委员会决定，成立科学研究工作处，作为学院的一个直属行政部门从教务部门单列出来。同年 12 月，因干部下放运动和机构调整，经学院集体办公会议决定，该处旋遭裁撤。科研工作仍由教务处统管。

1958 年，学院成立基础科学综合研究组，由院长李志民担任组长，并在各系科成立了科学研究领导小组。为了适应科研工作的发展，学院开始加强科学情报的宣传工作，密切内外联系。

1959 年 6 月，基础科学综合研究组被撤销，成立科学研究工作委员会，由郭庆菜副院长任主任委员，负责组织、领导全院的科研工作。1960 年初，学院建立了 4 个研究室：计算数学研究室、无线电电子学研究室、高分子化学研究室、植物地理研究室。研究室不设专职人员，研究人员由教学人员兼任。1961年，因为机构精简，学院撤销科学工作委员会，4 个研究室也相继被撤销。

密切联系实际的科研方针

对于科学研究，学校提出"以理论联系实际的方法，围绕着教学工作进行研究，来提高教学质量和师资水平"的方针，把开展科学研究视为提高教学质量和师资水平的一项重要措施。《江西师范学院 1955—1956 学年教学工作计划指导要点》中明确指出："科学研究必须密切结合当前的教学工作，应根据教师个人的具体情况，本着从小到大，从低到高的精神，实事求是地选择研究题目，既要防止脱离教学，脱离实际，好高骛远的偏向，又要防止保守不前消极懈怠情绪。"

学校除了强调科学研究要密切结合教学实践，还强调要面向中学，认真研究中学的现状，研究中学各科教学的特点和规律，体现师范院校的特点。1957年，院务委员会在《关于我院科研工作的几个问题》中明确指出："我院的科学研究工作应体现高等师范学校的特点，如高等师范教育的教材和大纲的研究，有关教材中关键性的专题研究，教学法的研究，面向中学的研究等等。"1959 年召开的全院科学研究工作会议进一步确定：科研选题应以教育科学理论的研究为主，其次是基础理论的研究，有条件时，对国家经济建设方面尖端科学技术的研究可结合进行。

在整个科研过程中，学院坚持贯彻的是党委领导下，教师与学生相结合，以教师为主的原则。学院要求，教师在完成教学任务的前提下，要积极参加科学研究。科研工作时间在总的工作时间中应占一定比例；学生在教师指导下，适当参加科研活动并承担一定的科研任务。参加科研活动的以三、四年级学生为主，每年的科研时间为 6 周。科研活动的组织形式主要有以下四种：（1）在系领导下，组织教师和学生成立专题研究组；（2）以教研组为主进行研究，组织有关班级的学生参加，给学生分配一定的研究任务；（3）由教研组按确定的研究项目组织教师指导学生进行研究；（4）教师独立进行某一方面的研究。

学校每年都要编制科研计划，除了年度计划外，还订立有七年、十年等长远规划。有些规划规模庞大，超出了其时学院的实际研究能力。科研课题的类别主要是本院的计划课题，此外还有少数与外单位合作的研究课题。合作研究的形式主要有两种：一是有关单位提出任务或材料，交给学院进行研究，由学院提交研究结果；二是学院的某一研究项目成为科研单位的一个试验点，双方合作，共同研究。

这一时期的科研经费很少。1957—1959 年，学院的科研经费由教育部按每年 25000 元的标准数列入国家预算拨付。此后的科研经费在国家拨给学院的业务费中开支，由于业务费包括教学实验费、讲义资料费、生产实习费与科学研究费等项目，实际用于科学研究的经费数额较之以前就变得更少了。

主要科研成果

当时，教师的学术研究主要集中在钻研教材、深化教学内容上面。学院要求教师重视点点滴滴的积累，鼓励有余力、有专长的教师开展专题研究，教研室（组）要对科研成果进行讨论。在这 13 年的时间里，学院的科研工作取得了一批研究成果。

1955 年上半年，生物系的植物教学小组根据初中植物教学上所列举的植物名称，到本省各地做了大量的采集工作，完成了 50 套蜡叶标本。每套标本包括 100 种植物，并且都经过了定名，分别记载了每一种植物的生物学性状及其用途，最后整理出版，供中学生物学教师及大学生物系师生作教学参考。该系的林英老师根据自己从 1946 年到 1955 年在南昌附近所采集的木本植物标本，编写了《南昌树木名称》一书，每种树木除了普通名、别名、土名和学名外，并附有分布区域的说明。该著被作为大学农学院和生物系教师及农业机关干部研究南昌树木的主要参考资料。他的"新建西山泥炭沼泽的初步研究"，发现了西山分水岭上第四纪冰穹冰川（冰斗冰川）地形是泥炭沼泽的主要成因，并初步估计了泥炭的蕴藏量，对于今后调查研究和发现我国南部地区泥炭沼泽的分布规律，有重要的价值。该系的余名仑老师与他人一道，合译了苏联植物期刊《物种与物种形式问题讨论的若干结论及其今后的任务》一文，登载在《科学通报》1954 年 12 月号上。生物系完成的论著还有：《南昌经济植物志》（林英、黄新和）、《江西新建西山植物群落研究》（林英）、《南昌附近常见无脊椎动物的初步调查》（邓宗觉主持）。1958 年，生物系完成了 500 多种经济植物的分析整理，以及鄱阳湖鱼类调查分析，为我国植物资源的开发利用与水产资源的分布利用提供了科学的依据

1960年生物系完成了《南昌树木志》一书的编写工作。该书共20余万字，配有370多幅图片，对于利用植物资源、丰富教学内容，以及进一步开展江西的植物学和林业科学研究具有重要价值。同时，该系还完成了显微扩影器的试制工作。用试制出来的显微扩影器观察组织切片和活动标本，显像清楚完整，放大倍数为50—70倍，可供30—40人同时观察。

物理系于1958年完成了电子模拟计算机的试制工作，试制出来的电子模拟计算机能解出二阶微分方程，为进一步开展计算机原理和计算技术的研究创造了条件。1960年，物理系在1958年的基础上对电子模拟计算机进行了改装、调整，运算性能已提高到能解6阶微分方程，将研究水平推进到一个新的阶段；成功试制一台能解两个偏微分方程组、两个常微分方程组及能解代方程的专用电子计算机。在无线电研究方面，该系试制成功印刷电路插入式交流五灯收音机和450伏8微法电能式电容器，为各种无线电机的小型化、轻便化创造了条件；在超声波的应用研究方面，试制成功了电磁式超声波器、机械型超声波发生器和磁改伸缩型超声波发生器。这些研究成果当时在国内较为领先；物理系发表的《微粒加速器报告》（熊启藩）、《热力学基本定律》（刘俶麟）、《原子核报告》（彭以齐）、《江西农谚分析》（朱宏富）等论文有一定的学术分量。该系的科普教育工作也颇有成效。朱宏富从1953年秋起，先后作了30多次科普报告，在北京和江西两地出版7本科普读物，受到广大读者的欢迎。朱宏富也被推选出席全国第一届职工科普工作积极分子大会，受到中央领导接见。

此外，数学系的《进行施行口试的研究》（代数小组）、化学系的《"有机化学"研究报告》（郭仲熙）、《"波尔学说"研究报告》（丁岩）等，也是这一时期自然科学领域涌现的代表性成果。

在此期间，文科各专业在科研方面也取得了较为可喜的成绩，涌现了一批论文论著与教材讲义。其中代表性成果有：

历史系发表的论著：《关于中国古代度量衡制度的研究》（谢康）、《关于诸葛亮的研究》（谷霁光、左行培、周銮书、贾圣恩）、《关于王安石变法的研究》（谢康、刘耕南、李毅杰）、《实践论学习笔记》（欧阳琛）、《关于邹容的思想》（杜德凤）、《对实用主义"认识论"的批判》（吴士栋）、《如何运用斯大林关于资本主义总危机的理论来进行世界现代史的教学》（杨兴华）等。

中文系发表的论著：《曹植研究》（胡守仁）、《试谈唐代的变文》（邓钟伯）、

《元明词曲史》（徐先兆）、《怎样划分汉语的词汇》（汉语教学小组）、《怎样分析文学作品》（现代文选及习作小组）、《儿童文学概述》、《如何贯彻作品的思想性和艺术性结合分析的原则》（外国文学教学小组）等。

政治课教研组论著：《哲学唯物论的基本意义》（胡正谒）、《中国现代史》讲义（教研组编写）。

教育学科教研组论文：《我院学生学习倾向的心理分析》（心理学小组）、《道德教育》（汪莲如）、《批判杜威反动的教育思想》（肖治渭）等。

在教材讲义方面，比较重要的有中文系文艺理论教研组编写的《毛泽东文艺思想讲义》，曾在全国高师院校中文系进行交流；苏区文学史编写组编写的《江西苏区文学史稿》，第一次对我国第二次国内革命战争时期的江西苏区文学进行了比较全面的评述和探讨。该书1959年编写，1962年修改定稿，由江西人民出版社出版。该书的出版，填补了我国现代文学史上的一项研究空白；历史系教师欧阳琛编辑的《景德镇制瓷业历史调查资料选录》，对研究景德镇制瓷业的发展史有重要参考价值。

此外，在这一时期内，还由数学、生物、物理、历史等6个系70余名师生组成"关于人民公社问题综合研究"调查组，先后赴南昌市新建县的有关生产大队进行调查研究，完成了"水稻稀密植调查"等6项调查报告和"早中稻合理布局"等3项试验，为农业生产的发展提供了有价值的参考资料。

学校期刊的出版与停刊

1954年4月10日，学院成立院刊委员会，创办报纸型院刊《江西师院》，以半月刊的形式综合反映学院各方面的情况。6月1日出版创刊号。1957年3月院刊副刊《共青团员》创刊。同年5月第29期起，《江西师院》由半月刊改为旬刊。1958年1月由旬刊改为周刊。1965年因"文化大革命"前政治形势而停刊。

1957年4月3日，江西师范学院学术委员会召开第一次会议，决定成立《科学与教学》编辑委员会，创办综合性学术季刊《科学与教学》，推选彭先荫等9人为编辑委员。是年7月，《科学与教学》创刊号由江西人民出版社出版。1959年初，刊物改为双月刊。1960年，改由学院自行出版。同年10月停刊，直至1963年3月复刊。《科学与教学》出版16期后，于1964年10月改称《江西师范学院学报》，系内部刊物。分社会科学、自然科学版。年度期次依次排列，学报总期次仍与《科学与教学》相衔接。后因 1966 年"文革"开始而自动休刊。《科学与教学》及《江西师范学院学报》是当时江西学术界一份比较有分量的学术刊物，后于 1976 年复刊，改为季刊，是《江西师范大学学报》的前身。

这一时期，有些系还办了油印刊物，比较有影响的是中文系学生编辑的《报春花》月刊，创刊于 1959 年 1 月，主要发表本系师生的论文、短评和创作，共出 12 期，1959 年底停刊。

第五节　政治运动的此起彼伏

政治文化批判运动

江西师范学院创立之初，学校成立了由吕良为主任、郭庆棻、张慈瑞为副主任的学习委员会，负责教职员工的政治理论和时事政策学习。理论学习和思想政治的强调，对于进一步提高学校教职员工的理论素养，改变学校的精神面貌，是十分有必要的，但是由于当时"左"倾思想的干扰，在政治学习中出现了乱贴标签与形而上学的倾向，特别是后来在全国开展的一系列政治文化批判运动，导致了学校正常的教学科研和管理工作受到政治挂帅的冲击，部分教师教学科研积极性受到伤害。

1954 年底，学校开展了对"红楼梦研究"中"错误思想"的讨论。1955 年 3 月 1 日，中共中央发出《关于宣传唯物主义思想批判资产阶级唯心主义思想的指示》。指示提出，在各个学术和文化领域中对资产阶级唯心主义思想的代表人物进行批判，是在学术界、党内外知识分子中宣传唯物主义、推动科学文化进步的有效方法。江西省委宣传部长莫循随后在省市直属机关干部和知识分子大会上作了动员报告。学校积极响应上级指示精神，在全校范围为掀起学习唯物主义思想的高潮。教师们有的在报刊上发表长篇论文，有的根据省委安排，到机关、工厂宣讲唯物主义，批判资产阶级唯心主义。1955 年 5 月转入批判所谓《胡风反革命集团的材料》(1980 年中央为胡风案平反)。

这些批判运动，有着深刻的政治背景和社会历史根源。它对于占领和巩固党在意识形态等上层建筑领域的领导地位，有着重要的作用。但是，这些运动，将学术问题政治化，将思想教育运动化，对知识分子的思想的转变要求过高、过急，采取的方法简单粗暴，所以，不同程度地伤害了一些知识分子的感情和尊严。

紧接着开展了肃清反革命运动。1955 年暑期，学校集中全院教职员学习肃反文件，对若干有政治历史问题的人进行审查。

整风与"反右"运动

1957 年 4 月 27 日，中共中央发出《关于整风运动的指示》，决定在全党进行一次以正确处理人民内部矛盾为主题，以反对官僚主义、宗派主义和主观主义为内容的整风运动，号召广大干部群众提出批评意见，切实改变党的工作作风。自此全国的党内整风运动全面展开。

5 月 22 日，江西师范学院党委第二书记韩志青向全院师生员工作整风动员报告。报告阐明了整风工作的目的、主题和指导思想，宣布了学院党委制定的整风计划，规定了学习的文件和运动的方式方法等具体步骤，号召全体师生员工破除一切顾虑，大鸣大放，揭露矛盾，提出各方面的意见，帮助整党整风。一些党外知识分子也响应学院党委的号召，对党委的工作提出意见和建议。学校工会、民盟、教师团总支、机关团支部联合组成"鸣放"编辑委员会，出版不定期刊物——《鸣放》。院刊《江西师院》为适应整风运动的需要，亦由此前的半月刊改为旬刊。

鸣放期间的一个重要事件，是部分学生围绕"九月风波"以墙报、大字报与公开信的形式，对事件的调查报告表示质疑，要求学院党委对参与事件的学生作出结论，提出查看人事处学生档案等。所谓"九月风波"，是指 1956 年 9 月 13 日到 16 日，部分学生以反对学校领导官僚主义为由而形成的全校性学潮。其时由于学校发展较快，师生员工人数迅速增多，生活设施无法及时跟上，令学生在生活中遇到不少困难，加之个别干部的工作作风引发了部分学生的不满，最终导致了学潮的发生。17 日，学院召开系科组主任会议，刘瑞霖院长在会上报告了风波的经过，代表学校党政领导表明立场：对学生提出的正确意见要采纳，对不正确的意见要开导和教育；目前应恢复正常的教学秩序，等待上级调查处理。

风波发生后，中共江西省委非常重视，于 9 月 18 日派出以江西省监察厅为主，联合有关单位共 17 名同志组成的检查组来校调查处理。检查组经过一个多月的深入调查，指出了学校客观存在的困难和工作中的缺点，对学生的行为提出了严肃批评。江西省委宣传部副部长李林事后就"九月风波"向全院作了报告。风波得到比较妥善的处理。

至 1957 年 5 月底，整风鸣放期间师生员工提出意见共 617 条，其中关于工作作风方面的 262 条，教学科研方面 110 条，增产节约方面 119 条，党的建设方面 49 条，生活福利方面 47 条，人事工作方面 30 条。

1957 年 6 月初，全国开展大规模的反右斗争。江西师范学院的反右斗争也于 6 月中旬全面展开。从 6 月 12 日开始，全院师生针对校园内的"右派"言论，进行了揭发批判。7 月 1 日，院党委作出了自即日起停止考试、全面进行反右斗争的决定。院团委、学生会、民盟江西师院支部，各系都积极开展了"反击""反党反社会主义言行"的活动，对部分学生和教师进行批斗。江西省委副秘书长袁立中、学院院长刘瑞荏先后向全院师生员工作了关于反右派斗争的报告。10 月 5 日，全院师生举行了反右派斗争胜利大会。至此，学院大规模的反右斗争基本结束。

在反右斗争中，全校有 151 人被划为"右派"分子，其中教职员工 37 人，学生 114 人。开除学籍（公职）处以劳动教养者 22 人；勒令退学者 1 人；判处徒刑者 8 人；监督劳动或劳动察看者 24 人；留校察看，开除党、团籍，撤职或降薪、降级者 82 人；7 人免予处分。

反右斗争存在严重扩大化的错误倾向。斗争混淆了政治立场与思想认识的界限、学术问题与思想意识的界限，错误地把学术问题、思想意识问题、认识问题都当作政治问题一概加以批判，又把政治问题当成敌我问题看待，致使一些帮助党整风的知识分子受到不应有的打击。反右斗争的严重扩大化，影响了党和知识分子的关系，给学院的教学、科研等工作造成了很大的损失。

"教育大革命"与"拔白旗"运动

1958 年 5 月，中共八大二次会议正式通过了"鼓足干劲、力争上游、多快好省地建设社会主义"的总路线。总路线提出后，党发动了以生产发展高速度、高指标为目标的"大跃进"运动。同年 9 月 19 日，中共中央、国务院发出了《关于教育工作的指示》，明确了教育为无产阶级的政治服务，必须同生产劳动相结合的方针。学院认真贯彻中央精神，迅速在全院掀起了"教育大革命"的高潮。

"教育大革命"的主要内容和措施有：大力进行马列主义理论教育、形势教育、国际主义教育、爱国主义教育和社会主义教育，使学生树立起阶级观点、劳动观点、群众观点、辩证唯物主义和历史唯物主义观点；大搞勤工俭学，大炼钢铁，大办工厂。各系办起了30多个小型工厂，学院提出"学校工厂化"的口号；实行半工半读，大量增加劳动时间，学生每天上午集中上课，下午参加劳动，组织学生参加修建南昌钢铁厂铁路专用线；进行教学改革，突击制订出新的教育计划，编写大批新的教材。

在"教育大革命"运动中，学院提出了"要坚决拔掉学校阵地中的资产阶级白旗，插上无产阶级的红旗"的口号，掀起了"拔白旗运动"。部分勤于钻研的学者被作为拔"白旗"的主要对象，有14人受到错误批判。

1962年4—5月，学院党委召开了一系列高级知识分子座谈会，落实1961年周恩来广州讲话及《高教六十条》精神。座谈会鼓励大家敞开心扉，充分发表不同各种意见。一些被划为右派的高级知识分子从所下放的农场调回学校参加座谈会。这些会议的召开，一定程度上改善了党与知识分子的关系。

与此同时，学院开始对"大跃进"以来受到错误批判的师生员工进行甄别。党组织找甄别对象进行个别谈心，在一定范围内澄清问题，消除影响，对他们公开赔礼道歉落实政策。由于历史的原因，其时的甄别工作进行得并不彻底，比如反右派斗争就不属甄别范围。1962年11月，甄别工作基本结束。

参加农村社教运动

1963年5月与9月，根据当时对国内外阶级斗争形势的估计，中共中央先后制定《关于目前农村工作中若干问题的决定（草案）》和《关于农村社会主义教育运动中一些具体政策的规定（草案）》，指导全国开展农村社会主义教育运动。1964年底至1965年1月，毛泽东主持制定了《农村社会主义教育运动中目前提出的一些问题》，明确规定了"四清"的内容，即清政治、清经济、清组织、清思想。根据教育部《关于高等学校文科学生参加农村社教运动问题的通知》精神的要求，江西师范学院先后组织了五批师生投身农村社会主义教育和"四清"运动。

第一批300余人，主要是中文系一、二、三年级的学生和部分教工，于1963年12月赴丰城县桥东公社参加社教运动，为期6周。至1964年元月返校。

第二批580余人，主要是艺术系一、三、四年级，外语系一、二、三年级，中文系、历史系四年级的学生和部分教师、干部于 1964 年元月赴丰城县的井门、洛市、攸洛、南山 4 个公社参加社教运动，2 月返校。

第三批 300 余人，主要是中文、历史、艺术等系的高年级学生及部分教师、干部，分别参加了清江县义成公社、东村公社、临川县桂花公社、三桥公社的"四清"运动，于 1964 年 10 月出发至 1965 年 4 月返校。

第四批 280 余人，主要是外语、物理、体育 3 个系的四年级和三年级学生和部分教师、干部，自 1964 年 12 月至 1965 年 4 月参加了丰城县董家区的"四清"运动。

第五批 380 余人，主要是数学、物理、化学系三年级的学生和外语系俄语专业三年级和英语专业二年级的学生及部分教师、干部。于 1965 年 4 月出发，赴丰城县小港公社参加"四清"运动，9 月返校。

社教工作队下到农村之后，坚持和社员同吃、同住、同劳动、同商量。在参加社教活动和生产劳动的同时，开展政策宣传、忆苦思甜、组织阶级队伍等工作以及进行"家史"、"村史"的调查活动。

第四章

动荡年代

——『文革』中的重灾区

（1966.5—1976.10）

1966 年 5 月至 1976 年 10 月，我国处于由领导者错误发动，被反革命集团利用的『文化大革命』之中。这是一场使党、国家和人民遭到建国以来最严重挫折和损失的大动乱，江西师范学院和国内其他高等学校一样是『文革』的重灾区。一时间，学校党政机构被冲垮，教学陷入停顿，科研无法进行，各种规章制度荡然无存，教师和干部队伍受到极大摧残。根据当时所谓的『教育革命』的要求，1969 年 10 月，江西师范学院被撤并成江西井冈山大学，迁往井冈山下的拿山办学。井冈山大学存续 3 年时间，在往返迁校的过程中，学校教学科研设备几乎损毁殆尽，包括一批善本、珍本和名画在内的图书资料大量流失，给学校造成了不可挽回的重大损失。『文革』后期，学校迁返南昌恢复校园，恢复教学，但学校『元气大伤』各项事业百废待举。这一时期，学校遭受了严重的损失，在动荡中艰难生存。

第一节　动乱岁月

从 1966 年 5 月起，在全国形势的影响下，学校进入了动乱时期。以"文化大革命"发动为标志，学校迅速进入无政府状态，院党委、行政工作陷于瘫痪。省委工作组进驻学校后趁乱夺了学院的领导权，并鼓动学生造反，形势愈加混乱。院革委会成立后，废除了原来的系、处、室的建制，按连、排编队。1968年 8 月，省里开始下放干部，学校先后几批下放教师和干部 360 余人。

动乱前夕的学校

据 1966 年 4 月的统计，全院师生员工共有 2450 人（不含附属中学、附属小学、幼儿园），其中教师、干部职工 667 人，学生 1783 人。

教师 370 人，其中教授、副教授 24 人，讲师 80 人，尚未评定职称的教员23 人，助教 243 人。

干部 161 人，其中院级党政领导 4 人，系处级 18 人，科级 24 人，一般干部115 人；校图书馆，各系室的资料室和实验室共有教学辅助人员 40 人；校医务室 14 人，其中医师 4 人，医士 2 人，护士 6 人，司药 2 人；总务后勤工人 82 人。

1783 名学生中，南昌校本部 1580 人，设在靖安县的靖安分院 203 人。男生1378 人，女生 405 人。

校本部有中文、历史、外文、物理、化学、数学、艺术、体育 8 个系。靖安分院有中文、历史两个系的一年级学生和物理、化学两个专科班。

校本部占地面积 360874 平方米，校舍面积 66057 平方米，其中教学用房18608 平方米，生活用房 38117 平方米，办公用房 3939 平方米，礼堂 2057 平方米。

白马山农场土地面积 650 亩，水田与旱地各占一半，山地 300 亩。1965 年，收获水稻 8 万多斤，小麦 2500 多斤，籽棉近 2000 斤，红薯 1.8 万斤，花生 1.5万斤，水果 700 斤。农场收益用于改善教职工的生活。

全校拥有仪器设备总值 130 万元（按当时价格计算），其中有贵重仪器 503件，价值约 78 万元。全校共收藏 452209 册图书（中文书 386486 册，外文书65723 册），其中社会科学类图书 283714 册，自然科学类图书 109698 册，综合类图书 58797 册。各类杂志 157149 册。藏书之多，门类之全，在省内仅次于江西省图书馆。馆内藏有不少善本、珍本图书。

院党政领导班子成员有党委第一副书记张慈瑞（主持日常工作，院党委书记由省教育厅长王纪明兼任），院长刘瑞霖、副院长郭庆菜、罗廷柱。院设党委常委会，成员有：张慈瑞、刘瑞霖、罗廷柱和政治部主任张运昌、宣传部部长杨连广、教务处处长谭启民、图书馆馆长林亚琴。

中文系和历史系设党总支，其他各系设党支部。全校有中共党员 263 名，其中干部党员 103 名，教师党员 108 名，学生党员 37 名，工人党员 7 名，教辅党员 6 名。全校团员 1426 名，占全校师生员工的 63%。

民主党派组织有中国民主同盟支部，盟员 40 名，为江西省最大的民盟基层组织。该组织建于 1953 年，是省内最早的民盟支部之一。

总的说来，"文革"前夕，学校机构比较健全，有一套行之有效的规章制度，管理和教学秩序等各方面运转正常。

动乱伊始

1966 年 5 月 10 日，《解放日报》发表《评"三家村"》一文，为发动"文化大革命"大造舆论，编造了所谓"文艺黑线专政"的谬论。北京首先发难，邓拓、吴晗、廖沫沙被冠以"三家村"总店老板受到批判，一时间在全国掀起了一场声势浩大的围攻声讨"三家村"的浪潮。时任江西大学副校长，曾在国立中正大学、南昌大学、江西师范学院任历史系主任、副教务长的谷霁光是吴晗的同学和朋友，被打成"三家村"江西分店老板进行公开批判。历史系讲师周銮书曾是谷霁光的学生和助手，被打成"三家村"江西分店少老板，历史系教师姚公骞被打成江西分店小伙计，在院内遭到批判。批判的大字报贴遍校园，搅乱了校园的平静。

1966 年 5 月，中共中央发布了《关于无产阶级文化大革命的通知》（即五一六通知），提出"彻底批判学术界、教育界、新闻界、文艺界、出版界的资产阶级反动思想，夺回在这些文化领域中的领导权"，号召向"资产阶级代表人物"猛烈开火，"文化大革命"开始。按照中央文件精神，学院党委在 5 月 28 日发出通知："到本学期将结束的一个多月的时间内，为了把运动扎扎实实地开展下去，大家要批判毒草，文科停用老的教材，学习毛主席著作。外语、艺术的专业课可以继续上课。理科每周 10 个小时，干部每周二、四、五下午学习和搞运动，在党委领导下，以战斗小组、写作小组的形式组织起来。"通知发出后，院内出现了名目繁多的大批判写作组，由批判"三家村"到批判所谓"反动学术权威"。大字报贴满第一、二教学大楼和办公大楼的走廊和墙壁，覆盖校园南北和东西的主干道。大字报贴了不到两天又被新的大字报覆盖，一层又一层。

6 月 1 日，《人民日报》发表了题为《横扫一切牛鬼蛇神》的社论，这场大动乱迅速殃及全国。江西师范学院在教学和科研上有成绩、特别是有点知名度的教师大多作为"反动学术权威"被大字报点名批判，政治、文史课教师更是人人自危。不久，批判的矛头由学术思想界迅速转向政治领域，即由批判"资产阶级反动学术权威"转向批判"党内走资本主义道路的当权派"。所有当权的领导都置于被批判之列，先是各系、室的党政负责干部，后是院党委和行政领导。党委原先在通知中提出的"在党委领导下"有序地开展批判运动已无法实现，院党委已失去了领导权威。学校从此完全进入一种无领导无秩序的动乱之中。

省委派驻工作组

1966 年 6 月 4 日，中央决定派工作组进驻高等学校，要求有领导有秩序地开展"文化大革命"。6 月 26 日，省委派南昌陆军步兵学校 18 名干部组成的工作组进驻江西师院。工作组进校后鼓动学生"造反"，否定一切权威，打乱一切常规，并趁乱宣布夺了江西师院的领导权。学校由工作瘫痪到组织和机构瘫痪，从此，党、团、工会、民主党派各类组织停止活动达数年。

工作组掌权后，号召"大揭阶级斗争的盖子"，一时间，校内墙壁上、马路边上、饭厅内，大字报铺天盖地。

学校在"造反"中陷入一片混乱。那些被狂热造反情绪煽动起来的学生，或群体或个别人冲进办公室、教师家中，抓人、抄家、审问、谩骂。在这种不正常政治气氛的强大压力下，有些受冲击的人难以承受。7 月中旬，图书馆工作人员吴均，因被点名为"漏网右派"，不堪受侮，含恨自缢身亡。吴均是学院在"文革"中非正常死亡的第一人。

7 月底，靖安分院 240 多名师生来南昌校本部参加"文化大革命"。从此，这个耗资百万元、只开办 10 个月的半工半读的靖安分院被画上了句号。

8 月 1 日，北京大学和清华大学的工作组撤出学校的消息传来，江西也准备撤销派往各大学的省委工作组。驻江西师范学院的省委工作组随即匆匆忙忙组建了一个院文革筹委会。8月7日，工作组在规定8月8日停止行使职权的前一天晚上，又组织成立了各系、处、室文革筹委会分会，"选出"出席院文革筹委会的代表。8月9日，院文革筹委会正式开展工作，工作组宣布学校领导权转交给院文革筹委会。

两派组织的对立斗争

1966年6月9日，中文系几个学生的大字报矛头指向院系领导。而该系不少师生则对其中的不实之词予以驳斥。6月26日工作组进校后，支持、纵容"造反"的错误做法，又遭到许多师生的抵制和公开批评。

1966年8月18日，毛泽东在天安门第一次接见了全国各地来京的"红卫兵"。"红卫兵"运动在全国迅猛兴起，运动迅速影响江西。一些学生和极少数的教职工，于8月31日率先成立了江西师范学院红卫兵"井冈山兵团"。另一派学生和教职工，于10月20日组成了江西师范学院红卫兵"东方红公社"。两派红卫兵组织都是以学生为主体。"东方红公社"红卫兵中主要是原学生干部和党团员，他们还自发地成立了以物理系学生孟业超为书记、中文系学生陈长青为副书记的中共临时党支部。相比之下，"井冈山兵团"红卫兵中党团员和干部较少，参加的教师干部也少。

红卫兵冲向社会

在北京召开的中共八届十一中全会，通过了《关于无产阶级文化大革命的决定》（即"十六条"），"文化大革命"全面发动。1966年8月25日，北京师范大学37名红卫兵到江西师范学院串连，贴出毛泽东"炮打司令部"的大字报。江西师范学院红卫兵和部分教师也纷纷走出校门，外出串连。

大串连期间，江西师范学院内两派红卫兵的争论暂时停战。"东方红公社"的红卫兵却为即将到来的斗争作充分准备，并撰写了调查材料。10月，他们前往南昌陆军步兵学校，将调查材料交给原江西师范学院工作组组长赵清河，并与他进行面对面的访谈交涉。在大量事实面前，赵清河承认自己和工作组在江西师范学院50天的工作中犯了"打击一大片"的错误，并且在这个访谈记录上签字，以示他的表态是严肃的、认真的、负责任的。

工作组上述表态的消息立刻传遍全校,由工作组一手导演并扶上台的院文革筹委会及其下属的系处室的文革筹委会分会失去了行使权力的合法性,处境困难,于 10 月 26 日宣布自行解散。一直主张工作组"好得很"的"井冈山兵团"也受到沉重打击。这时期,两派红卫兵都忙于冲向社会,批判所谓"资产阶级反动路线",各自争当"造反派"。首先,两派红卫兵都积极建立广泛的社会联系网,筹备建立自己的跨学校跨行业的社会组织。然后,两派红卫兵组织都积极参与了封闭《江西日报》的"造反"活动。期间,"井冈山兵团"又展开了攻击"东方红公社"的活动,说他们是"老保"。"东方红公社"对"井冈山兵团"也针锋相对予以还击,江西师范学院内部两派群众的斗争逐渐就扩散到社会上来。

1966 年 11 月,中央发出暂缓外出串连的通知,外出串连的师生于年底前陆续回校。回到南昌的大中学校学生开始造江西省委、南昌市委的反。"井冈山兵团"在工作组承认执行极"左"路线的错误、院文革筹委会已经自动解散的情况下,一度处境十分困难。"炮打司令部、火烧省市委"的造反活动,使它们"绝处逢生","杀"向省市委的劲头倍增。

1966 年 11 月 12 日,"井冈山兵团"和江西大学、江西工学院、江西医学院以及一些中等学校的红卫兵,组成"江西省大中学校红卫兵司令部"(简称"大中红司"),"井冈山兵团"是其核心成员之一。12 月上旬,"东方红公社"也和其他大学、中等学校中的另一派红卫兵组成"江西省大中学校红卫兵造反司令部","东方红公社"是这个群众组织的核心成员之一。在南昌市的大街上乃至江西省一些县市,都可以看到江西师范学院这两派组织相互指责、相互攻击的大字报。

夺权斗争

1967 年 1 月,上海发生了"一月风暴"夺权运动。一时间全国所谓"夺权"高潮迭起。1 月 26 日,"井冈山兵团"宣布自己夺了江西师范学院的领导权,组成了"江西师范学院造反派革命委员会"(简称"造革会"),强行占领院系办公室,抢印章,夺广播,占汽车,砸"东方红公社"的办公用具。"东方红公社"红卫兵随即宣布,夺权无效,并提出"踢开'造革会',彻底闹革命"的口号。

1967 年 4、5 月间,在南昌先后出现了两个全省性的群众组织:一个是"江西省无产阶级造反派大联合筹备委员会"(简称"大联筹"),"井冈山兵团"红卫兵是其核心成员;另一个是"江西省无产阶级革命派联络总站"(简称"联络总站"），"东方红公社"红卫兵是其核心成员之一。"大联筹"和"联络总站"成了江西省两大对立的全省性群众组织，江西师范学院成了江西省两派斗争的热点和缩影。

两派群众组织都是"文化大革命"的产物，都想当"造反派"，都参与了夺权。即便是被宣布为"偏保组织"的"东方红公社"，也没有意识到"文化大革命"本身就是错误的。他们只是在拥护"文化大革命"的前提下，在一些具体问题上有分歧。两派在总体上都是应该否定的。然而，历史也已证明，被称为"老保"的"东方红公社"的主张和行为，在那狂热的而非理智的特殊时代，是较为温和的，它保护了部分干部教师，一定程度上抵制了更为疯狂的胡作妄为。

院革委会的领导

1967年11月26日，江西师范学院革命委员会（简称革委会）宣布成立，组成了革命领导干部、军队干部和造反派代表的"三结合"领导班子。院党委委员、图书馆馆长林亚琴任主任，院武装部长康炳坦、"井冈山红卫兵团"头头张家振（体育系学生）、肖平鑫（化学系学生）、陈全生（物理系学生）、孙永长（院党委宣传部干事）任副主任。各系、处、室成立了革委会分会。

在学习解放军的口号下，院革委会宣布废除原来的系、处、室的建制，按连、排编队。全校编成10个连。中文、历史、外语、艺术、数学、物理、化学、体育8个系为8个连，院机关和马列主义教研室为一个连，后勤和图书馆为一个连。

1967年年底，中央文革提出"复课闹革命"，要求学生回到原来学校搞运动。院革委会按照"复课闹革命"的要求，组织师生学习毛主席著作，搞"斗、批、改"。所谓"斗、批、改"，就是斗"牛鬼蛇神"，批资产阶级和修正主义，批判"封、资、修"的教育思想、教育制度、教学内容和教学方法，改革旧的教育制度。所谓的"复课闹革命"就是搞大批判。然而，在经历了大动乱之后，教师心有余悸，不敢上讲台讲课，也没有哪位教师去上课。所有教材都作为要批判的旧的教学内容而废止，也没有课可讲。学生经过社会上冲冲杀杀的大动荡之后，不愿上课，也无心上课。实际上当时的"复课闹革命"，是既无课可复，也无课可讲。

"文革"开始后，高考制度被中止，毕业生也中断了正常的培养过程而推迟毕业。1962年入学本应在1966年7月毕业的66届532名学生，至1967年12月才分配工作离校。而"东方红公社"的领导者,因仍在监管劳改之中未参加分配。

1968 年 3 月,江西省开展了"清查阶级队伍",即所谓查叛徒、特务,查反革命分子,查死不改悔走资派的"三查"运动。在院革委会主持下,学院再次揪斗教师、干部和少数学生。他们中有人被打成"叛徒"、"特务",有人被打成"反革命分子",有人被打成"死不改悔的走资派",有人被说成是"地主阶级的孝子贤孙",还有"黑模范"、"小爬虫"之类,全院一共 130 名列入审查批斗之列,制造出一大批冤假错案。

1968 年春夏之交,江西师范学院大搞"献忠"活动,搞"献忠"展览,按连队早请示、晚汇报,唱"忠"字歌,跳"忠"字舞。

1968 年 3 月下旬,1250 名师生(不含"三查"对象)到永修县和德安县农村参加栽插早稻的"支农"劳动,与社员同吃同住同劳动,历时 2 个月,5 月上旬回校。7 月初,暴雨袭击,洪水猛涨,400 多名师生赴新建县樵舍参加抢修赣江大堤。7 月底,600 多名师生参加新建县鄱阳湖畔窑头公社等地收割早稻、栽插晚稻的"双抢"劳动。当年没有放暑假,革委会要求暑假期间办学习班。

教职员工"脱钩"下放

1968 年 8 月 26 日《人民日报》发表姚文元《工人阶级必须领导一切》的文章,提出教育革命必须由工人阶级领导。不久,江西造纸厂工人毛泽东思想宣传队进驻江西师范学院,领导学院搞"斗、批、改"和整党。在整党中,一些长期贯彻党的教育方针忠诚于党的教育事业的同志都受到了错误的批判。那些不肯认错的"老保",被暂缓恢复组织生活,或被劝退党或被开除党籍。

1968 年 8 月,省里以"精兵简政"为名下放干部。江西师范学院的"臭老九"(即教师),在"政治上接受再教育,业务上进行再学习"的名义下,不分男女老弱,分批"脱钩"(户口行政关系一起转)下放农村安家落户。8 月,有 40 名教师干部先行下放宜黄县农村。10 月中旬,江西师范学院下放第二批教师 83 人到铅山县。10 月下旬,第三批 229 人下放到玉山、弋阳、贵溪、波阳(今鄱阳)四县。少教教师干部因照顾夫妻关系而分散下放到省内其他县农村。下放人员陆续在当年 12 月中旬以前离开学校,到农村安家劳动。所有下放人员由所在公社的"五七大军办公室"(下放者统称"五七大军")领导管理,与江西师范学院不再发生关系了。在 1968 年秋冬下放高潮过后,江西师范学院改名江西井冈山大学迁往拿山后，又有一批所谓"解放了的三查对象"下放农村。几年来，全校下放教师干部共 360 多名，占教师干部的 90% 左右。

1968 年 12 月，有 125 名仍在受审查的"三查对象"没有"资格"下放。他们仍属专政对象被看管者，被押到白马山农场劳动。这些教师、干部白天干重体力活，夜里实行"五人联保"，一人夜间去厕所，需有同伴随行。如一人逃走，其他四人遭株连。到了 1968 年 11 月，这批"三查对象"由白马山农场迁到南昌西北 40 多里梅岭山下的共产主义劳动大学附近。1968 年 12 月，再迁回江西师范学院院内监管。

学生离校

在干部、教师下放不久，全国范围掀起知识青年上山下乡热潮。江西师范学院 1962 年 9 月以后入学的本科生和专科生，由于"文化大革命"没能按期毕业离校。1968 年 11 月，68 届、69 届、70 届（66 届学生延长两年，其他各延长一年，即 67 届改称 68 届，68 届改称 69 届，69 届改称 70 届），在校一、二、三年级学生共 1100 多人，离开学校到解放军军垦农场劳动锻炼。到军垦农场不按系科或年级编队，与省外来的大学生混合编队，按连排建制，每连 150 名大学生，共混合编成 49 个连，约 7400 多名。江西师范学院 1100 多名学生分布在赣中山区和鄱阳湖畔的 8 个建设兵团（军垦农场），由解放军领导，从事劳动，开展军训。各校也派出干部协助解放军，担任副连长和副指导员。他们在军垦农场锻炼几年后，陆续分配走上其他工作岗位。

1965 年招收的靖安分院的农业基础和农业理化两个专业的 60 多名学生，属于"社来社去"，即由公社推荐入学，毕业后返回公社，由公社安排工作或劳动。这批学生于 1968 年冬离校返回原公社。

1968 年 5 月，附属中学被南昌市接管，7 月 5 日，江西师范学院革委会对此予以正式认定。1968 年 10 月 19 日，300 多名附中应届高中和初中的毕业生分配到赣北武宁县山区插队落户。当年 12 月，附中迁往靖安县城，与共产主义劳动大学靖安分校和靖安中学合并。

第二节 拿山行返

1968 年 6 月，根据江西省革委会主任程世清提出的所谓"教育革命"的设想，省里决定建立井冈山大学，以培养政工干部和中等学校教师为主，招生不需要入学考试，采用在工农兵中推荐选送办法，贯彻突出政治和以阶级斗争为纲的办学思想。

迁校拿山

1969 年元月，江西省革委会下达通知，撤销江西师范学院，以江西师院为主体，把江西大学的政教、中文、生物三个系和江西教育学院并进来，成立江西井冈山大学，规定井冈山大学为文理兼备的大学，实际上学校的性质仍是一所高等师范学校。

省革委会派军代表马继平任井冈山大学革委会副主任，主持迁校工作。当时的院革委会主任林亚琴不愿离开南昌，省革委会派王怀臣取代林亚琴任井冈山大学革委会主任。

1968 年 8 月，江西省革委会具体部署高等学校的合并和迁校工作。同月，井大派出先遣队赴井冈山着手联系搬迁工作，选定井冈山山脚下的拿山共产主义劳动大学分校为井冈山大学校址。9 月 17 日，井大第一批人员到达拿山，其余人员也分批相继到达。拿山共大分校是全省半农（工、林）半读共产主义大学系统的中等专业学校。该校大部分教职工已经下放，留下的 40 多名水电工和全部农工由井大接收，全部房地产也划归井大。当时井大接收的全部资产就是一幢教学楼、两栋两层楼宿舍和一个简陋的饭厅。

拿山位于井冈山东麓，往西数里就是峻岭崇山，离井冈山革命根据地中心地茨坪有近百里。只有一条简易的山区公路，逶迤崎岖连接着吉安市由拿山通往茨坪的公路。这里人烟稀少，离拿山近十华里才有一个小集镇。

九月的天气依然暑气炎炎，而省里规定搬迁任务要在 20 天内完成。为减轻运输压力，井冈山大学革委会要求轻装上山，能扔的就扔，能丢的则丢，运输的东西尽量少，只带少量急需的物资、设备，连图书馆和各系、室的多年积累下来的图书报刊资料，也只准带 3 年内用得上的。革委会提出 3 年内用不上的书刊和报纸可以不带甚至就地销毁，可以运往造纸厂当废纸处理掉。这种极端的破坏文化遗产和现代文化的行为，遭到大多教职工的反对，没有执行。后来改为馆藏图书暂不销毁，就地封存。

搬迁中，由于时间紧，包装不善，装卸不周，教学仪器设备、图书资料、实验药品试剂、办公用品和生活设施遭到破坏，损失巨大。据当时粗略估计，仅教学仪器损失即达百万元（按当时价格计算）。有的用汽车经吉安市、泰和县运到拿山，有的由南昌装船逆水而上到达泰和再转运到校，水陆并进，日夜兼程，耗运费人民币 4 万元，历时一个月。10 月 5 日，正式迁校于井冈山。

井冈山大学概貌

井冈山大学成立了办事组、政工组、教革组、后勤组、生产组共 5 个办事机构。有教职工 442 人，由原江西师范学院 300 多人、原江西教育学院 40 多人、原江西大学 35 人以及并进来的拿山共大分校的 40 人组成。从人员结构看，工人最多，391 人，占 89%；干部次之，27 人，教师 24 人，占 5.3%。后来，所谓"24人办大学"竟然成了井冈山大学实行教育革命的成功经验和样板到处宣传。

那时，有 134 名未解放但尚未安置和少数已解放的所谓清理阶级队伍时清出来的"三查对象"（绝大多数是老教授、教师、老干部），也随井大迁校迁来拿山，被迫在井大的农场、林场进行劳动改造。这些人员系编外人员，不入学校人员"正册"。

原共大分校两栋小的宿舍远远不能满足井冈山大学的需要，工人干部住进了教室，又包赁了附近公社的银行和商店的房屋作临时宿舍，生活相当艰苦，附近买不到食品和蔬菜，全靠学校派车到百里以外的泰和县城去采购。后来，一部分人自己动手开荒种菜，以解生活所需。

刚搬上山，学校里没有学生，因而也没有教学活动，更谈不上科研活动。学校的活动就是办农场、畜牧场、园艺场、木工厂、机械厂、种田、栽果树、养猪养鸡、竹木加工生产农用的机械产品。行当五花八门，产品多种多样，名为大学，实际上是一个低水平的农工生产的联合体。

招生与培训

1970 年 4 月，井冈山大学招收了第一批学员 546 名，分为学员班和干部轮训班。其中学员班招收下放和回乡知识青年 218 名，分为数学、化学两个专业，学制一年，1971 年结业离校。干部轮训班招收中学在职的行政干部以及进驻学校的工宣队、贫下中农宣传队成员共 328 名，学制半年，1970 年 10 月结业离校。

1970 年 6 月，中共中央批转《北京大学、清华大学关于招生（试点）的请示报告》，随后全国部分高等学校试点招收工农兵大学生。1971 年 4 月，井冈山大学招收工农兵学员 982 名，这也是井大招收的第二批学员。这些学员分为中文、外文、政史、数学、物理、化学 6 个专业，学制两年，学习过程中，又增加了文化补习课一年。1973 年 12 月毕业离校，实际在校学习为两年零八个月。同时还招收干部轮训班 178 名学员，学制一年，1972 年结业离校。1972 年，井冈山大学搬回南昌，学校忙于搬迁，只招收工农兵学员 123 名，其中政教专业 63 名，艺术系的音乐专业 36 名，美术专业 24 名。搬回南昌后，政教专业学员随 1968 年由江西大学政教、中文系并入井冈山大学的教职员一起进入恢复了的江西大学。

工农兵学员的招生办法是"自愿报名、群众推荐、领导批准、学校复查"。干部轮训班学员招生办法，由省里下达指标到县，由县里选送。所有入学的学员一律不举行入学考试，文化程度参差不齐。招收学员的条件是，有两年以上劳动实践，年龄在 25 周岁以下的未婚青年。起先，对学员文化水平没有规定，后来才规定要有初中以上文化程度。据对 1971 年招收的新生调查统计，初中文化水平占 60%，小学文化水平占 25%，具有高中学历的占 15%。

学员入学后，国家发给每人每月 16 元标准的生活费。在职干部来校轮训由原单位发给工资，伙食自理。

办学思想

井冈山大学想办成大学的样板，实行了一条极"左"的办学方针，即"五个为主，四个大破"。所谓"五个为主"，即以社会为主要课堂，以毛泽东著作为主要教材，以阶级斗争为主要课程，以工农兵为主要教员，以自学为主要学习方法。所谓"四个大破"，即大破教学中心论、大破书本中心论、大破课堂中心论、大破教师中心论。教学活动不要教材、教师、不上课，主要是参加生产劳动，走出去"开门办学"。学生入学后的首要任务为学习政治、改造思想、反修防修，学习期间不举行考试，无成绩考核，学籍也无正常的管理。

井冈山大学别出心裁，办所谓"走"字班。就是让学生走出学校，边走边学。在大学解放军的名义下，采取连队建制，每连设正、副连长，正、副指导员，正职由干部担任，副职由学员担任。每100名学员配备教师1名，教师均不得称教师而是称为服务员。生活、学习、劳动都由连部安排，食堂也由各连自己办。

1970年招收的两年制学生，只开3门课：无产阶级专政下继续革命理论、毛泽东教育革命思想、解放军连队工作经验，文化科学知识课被排除在外。1971年招收的两年制学生，情况有所改善，政治课占20%，劳动和军训课占30%，专业知识课占50%。新生到校后，第一堂课就是到井冈山革命纪念馆学习井冈山革命斗争史，接受革命传统教育。

按照"以工农兵为主要教员"的要求，井冈山大学聘请了不少工农兵教员。1970年，来上课的工农兵教员27人，各连又自己聘了一些，如数学连请了30人，物理连请了11人。这些工人、农民和士兵中的模范先进人物，他们讲授内容多为忆苦思甜，回忆旧社会的苦难生活和新社会生活的改善，或者讲述本地本单位的"阶级斗争形势"，或者讲讲自己工作中的体会。

学校这种办学模式，难以保证教学质量。学校在1971年年底对即将结业的学生进行了一次知识测评。其中物理系有个班35人，出了四道物理基础知识的题目，0分的2个，5分的2个，10分的7个，不及格共有27人，只有8人勉强及格。另一小班15人，全在45分以下。数学系成绩更糟。中文系是比较好的，有1/4可去教高中，1/2可去教初中，1/4不能胜任教师。外文系也有1/4教不了书。

"以学为主"

1971年"九一三"事件后，周恩来在毛泽东支持下主持中央日常工作。在这一背景下，创造了一些抓教育的较为宽松的气氛。为此，学校按照毛泽东"五七"指示，着重强调"以学为主"，学生专业知识的学习稍有加强。井大当时规定，一年期间，学专业课程6个月，政治运动和政治学习2个月，生产劳动和军事训练3个月，假期1个月。"文革"开始后，专业课程的系统性和科学性不能提，也不准提，现在逐步重新受到重视。同时，恢复布置课后作业，学期结束时开始考核学习成绩。

1972 年 2 月，井大恢复系的建制。将连改为系，成立化学、物理、中文、外文、政史、艺术 6 个系，各系设立正、副系主任。各系开始制定教学规章制度，实行了学籍管理，恢复和整顿了教学秩序。规定每天 7 节课，其中一节为课外活动，另外规定晚上为政工工作和文体活动。政治课安排在每周二下午。有的系制订了教学计划、编写教学大纲。中文系和外文系制订了《尊师公约》，"文革"以来备受歧视和摧残的教师开始有了受尊重的感觉。学校对教师由"改造好了再用"改变为在"使用中改造"，教师由靠边站又开始站上了讲台。有些下放到农村劳动改造的教授、讲师被"复钩"抽调回校，走进了课堂。这一年陆续调回两批教师，包括彭先萌、傅超寰、饶孝旭、郭仲熙等教授和副教授 130 人。

根据教学需要，井大着手编写实用教材。由于对"文革"前教育模式的全面否定，"文革"前的教材已经不能再使用，但迁校拿山之后又没有编新的教材，教师们只有自行编写教材。之前按照"学生回去干什么就学什么"的原则，急功近利地按其所需讲些片面知识和技能，既无系统性，也缺乏理论性。1972 年 2 月，学校提出对原有教材"分析、批判、改造、推陈出新"编写出一些教材。当时教材的编写是按照教育与生产相结合的指导思想进行的，因此，在教材编写前教师们都先到生产一线进行参观学习，明确编写的重点和思路之后再进行整理。当时化学系为编写一本有机化学的教材，花了 20 多天时间先后到南昌、九江、新余等地的 10 余家化工生产企业参观、参考和学习。这一时期编写的教材虽与"文革"之后使用的正规教材相比存在差距，但仍具有重要的积极意义。首先，在当时的历史环境和艰苦条件下，教师们能够编出一本满足当时教学需要的教材实属不易。其次，那时的教材，是在理论与实践相结合的前提下编写出来的，教师们都有感性认识，在课堂讲授上也都是紧密联系生产实际，调动了学生的积极性。

1970 年井冈山大学有原拿山共大分校的旧教学楼一栋，学员宿舍两栋（供830 名学生住）。1970 年搞了基本建设，投资 58 万多元，建实验室 1100 平方米，学生宿舍五栋共 5810 平方米，教工宿舍（单身）1162 平方米，教工家属宿舍3040 平方米，教室 1500 平方米，共计 15862 平方米。1972 年，基本建设项目14 个，面积 4058 平方米，投资 214 万元（另一材料记载为兴建 15 个项目，面积共计 25448 平方米，投资 181 万元）。

1971 年 12 月 25 日至 27 日，中共江西井冈山大学第一次代表大会召开。会议正式代表 81 名。会议听取了工作报告，选举了党委会委员。在党委会第一次委员会上，王怀臣等 8 人当选为校党委常委。王怀臣任党委书记，马继平、赵明德为副书记。

1972 年，省里拨给井冈山大学的事业经费 110 万元。

1972 年，有 130 多名教职工增加了一级工资。

第三节　恢复重建

随着全国"批林整风"运动的深入开展，在清查和批判林彪集团的斗争中，江西省革委会主任程世清等人受到审查。他们在教育战线上执行的极"左"错误政策也受到批判。南昌一些被撤并和搬迁的大学开始酝酿恢复重建工作。1972 年 11 月 6 日，省革委会正式下达文件，撤销江西井冈山大学，恢复江西师范学院。

迁校回南昌

在井冈山大学正式撤销前，井冈山大学就在酝酿由拿山迁回南昌的事宜。1972 年 8 月，井冈山大学向南昌江西师范学院原址派出先遣队，了解学校被各单位瓜分占用的情况，并开始与有关单位联系。

学校迁往井冈山后，在南昌江西师范学院校舍包括学生教工宿舍、教学楼和实验室等被大大小小 66 个单位瓜分占用，最大的也是占用最多的是南昌卷烟厂、南昌塑料二厂。大礼堂成了南昌卷烟厂的烟叶仓库，其内部结构遭到严重破坏，屋顶漏雨并有倒塌危险；老美楼、化学馆被塑料二厂改为车间，几乎所有设备设施被拆坏；第一、第二教学大楼的教室、物理馆及其实验室变成了生产车间；图书馆变成了物资仓库；学生宿舍和教工宿舍都住进各单位职工和一些无业市民；运动场变成了水田种上了水稻，每当大雨降临，一片汪洋，蛙声阵阵，颇似田园风光；南昌柴油机厂占用了附中。

1972 年 9 月，学校专门抽调十几个干部成立一个"落实二八文件"办公室，简称"二八办"。"二八文件"指中央 1972 年下发的 28 号文件，主要内容是要求占用大中小学校舍的单位必须退出学校。校"二八办"的任务是上与省"二八办"联系，争取支持；下与各占用校舍单位联系，催促他们落实文件精神搬离学校。由于有中央精神做"尚方宝剑",又借助当时"批林整风"和批判极"左"思潮的东风,收回被占校舍工作比较顺利,几个月时间大部分被占用校舍,"二八办"也随之撤销,个别遗留工作移交后勤部门。但由于实际原因,有的收回工作经历了长期的艰难的协调过程,直到恢复高考后,化学馆的实验室里还堆满了塑料二厂的产品。

1972年9月,迁校工作开始,计划动用全校运力,20天搬迁完毕。9月1日到15日,家具、图书搬回南昌;中文、数学、化学三个系在9月20日陆续回南昌;10月,政史、艺术、外文各系搬迁。原为江西大学后并入井冈山大学的教职工暂不搬往江西师范学院,之后直接搬迁回江大。由于江西教育学院没有恢复,江西教育学院的教职员工仍留在江西师范学院,他们在1980年相继离校回到教育学院。10月18日,江西师范学院的牌子在原址重新挂起来,并正式办公。从1969年10月建立起,井冈山大学存续了3年。

巨大损失

3年间学校迁往井冈山再搬回南昌,反复折腾,财产损失严重。在井冈山拿山的3年间,国家给井冈山大学拨款达498.56万元,其中行政经费225.8万元,基本建设费272.76万元。1972年计划兴建的15个项目,总面积达25448平方米,大部分已动工兴建,因搬迁回南昌半途而废。江西师范学院迁回南昌弃置的井冈山大学校址,后由地方政府另作他用。

据不完全统计,1969年10月搬上山和1972年10月搬下山,这往返折腾,仅搬迁费就耗费180万元,大量教学仪器和实验设备毁坏损失约200万元,两项合计共耗费380万元。

3年间,学院图书丢失损坏相当严重。江西师范学院图书馆是在原国立中正大学和南昌大学图书馆基础上建立起来的,在江西省高校图书馆中馆藏书最为丰富,善本、孤本图书在省内也是首屈一指。学校迁往井冈山后,馆藏图书虽然在广大教师干部要求下没有被送往造纸厂销毁而被闭馆封存,但由于长期无人管理,雨漏侵蚀,鼠虫为患,盗贼光顾,江西师范学院图书馆遭受了重大损失。期间,图书馆多次被偷盗,被盗走小说5万余册,包括中外古典名著339种。中国古典名著《三国演义》《水浒传》《聊斋志异》已全被盗光,《红楼梦》仅留下残缺不全的几部。民国时期的书刊封存在四楼,也被盗窃分子光顾,不仅大量图书被盗走，连一些馆藏机密地图和机密的边疆资料也遭到洗劫。166 种名贵画和画册荡然无存。一时间，南昌市的旧书摊点，到处都有江西师范学院的馆藏图书廉价出售。

校舍紧张

1600 多名师生在短短一个月时间迁回南昌，占用江西师范学院校舍的那些单位又因种种原因迟迟没有将房屋交回，学校住房一时拥挤不堪。近 1000 名学生没有宿舍，全部住进第一、二教学大楼，大多是 40—50 人同住一间教室。600 多名教职工迁入极少的住房。房间没了，就住进走廊和楼梯间。在两层楼梯上边下边隔进来，就变成了居室。在上下连接拐弯的地方铺上一张可以睡人的床，其他什物用具只好放到台阶上。第一栋学生宿舍是栋只有两层的旧式砖瓦楼房，挤进了大批有家属的教职工，走廊变成了厨房、仓库。

由井冈山运回的教学仪器、仪表、器材、药品、试剂无处安放，被堆放在走道上、楼梯下，秋冬之交，阴雨连绵，这些仪器等大都发生霉蚀。

教室住上学生，只有少数几间可用作教学。课程只好在上午、下午、晚上全天排用。至于教研组或教研室的教学研讨活动，就根本没有场所了。图书馆没有阅览室，不能开展馆务活动。学校因没有体育运动场地、使体育课教学、课余运动训练和竞赛均无法进行。

教师"复钩"

学校在 1972 年搬离拿山回到南昌时，已调回 130 名教师，面对 7 个系 1000 多名学生的教学任务，师资力量显然捉襟见肘，难以正常开展教学活动。因此，调回下放的教师是当务之急。

1968 年冬，根据省里的要求，江西师范学院教职员工陆续"脱钩"下放。下放的教师、干部和职工，他们一开始就住在生产队里，单身的相对集中吃住。他们的户口粮油关系已转到公社，与社员一起参加生产队的农业劳动。他们与社员区别在于吃商品粮、按月领工资。一年后，省里对下放干部政策由不得录用改为可以使用。于是，有的人被调入机关任职，有的在中学任教或从事行政工作。

据 1971 年 8 月统计，下放教师（包括下放时并入的省教育学院和江西大学的教师）共 534 人（原江西师范学院的 368 名，江西大学和教育学院 166 名），其中有教授 11 人（含 9 名正副系主任）、副教授 23 人、讲师 123 人、教员 36 人、助教 341 人；下放干部 183 人，其中院级干部 6 人、系正副主任 10 人、系总支正副书记 10 人、处级干部 22 人（不包括系正副主任和正副书记）、科级干部 6 人、一般干部职工 139 人。二者共计有 717 人。他们分布在省内 51 个县市，较集中的县有：玉山县 39 人、弋阳县 32 人、波阳县（今鄱阳县）32 人、铅山县 45 人、永修县（属江西大学教师）42 人、贵溪县 41 人。除在地、县、公社机关或学校工作外，调到省直机关和南昌市机关工作的有 37 人。

学校恢复重建后，师资紧缺，学院开始了艰难而复杂的"复钩"工作。所谓"复钩"，即收回行政关系，重新划属江西师范学院编内人员。学校确定了"复钩"的原则：教师全部"复钩"，不管在何地何单位任何职，一律先将本人档案、工资关系转回江西师范学院，由江西师范学院负责发放已"收编"人员的工资。暂时不能回校的教师，也要先收编。下放干部也被要求回校安排工作。对于已在某单位任职，该单位工作需要而本人也愿意留下来的，以及本人确有实际困难不便返校的，可以作正常调动，办理调动手续允许其留在该单位。

1972 年 9 月至 10 月间，江西师范学院组织一批人员陆续前往各地市县，与下放教师见面，向他们表示慰问，同时传达学校关于"复钩"的决定，了解他们的情况和要求，并与下放教师所在单位取得联系。这期间，学校调回教师 390 人。

"复钩"回校的教师，因住房十分困难，只得分期分批返校。1972 年年底到 1973 年年初，下放教师才基本回校。下放干部除一二十位分别留在省直机关、地、县、市工作外，也都陆续调回师院。

初步反思

1972 年 7 月，周恩来对北京大学负责人、著名物理学家周培源的来信作出批示，要求加强基础科学研究。1972 年 10 月，《光明日报》发表周培源《对综合大学理科教育革命的看法》的文章，在教育界和知识分子中引起强烈反响，为教育战线批极"左"思潮注入推动力。

1972 年 12 月，江西省委任命胡廷棠为江西师范学院党委副书记兼革委会副主任（位列王怀臣之后），楚冰任革委会副主任。胡廷棠、楚冰到职以后，深入基层，召开教师干部座谈会，了解江西师范学院这个"文革"重灾户以往的情况，特别对井冈山大学时期学校情况作了翔实调查和认真分析。

1973 年 2 月到 4 月初，江西师范学院召开党委、革委联席扩大会议，系、处中层干部均参加了会议。会议认真讨论总结井冈山大学 3 年的办学思想和工作。通过前后长达 3 个月的讨论，多数人对井冈山大学那套违反教育规律的极"左"做法有所认识，批判了所谓"五个为主"、"四个大破"的指导思想，否定了所谓"24 名教师办大学"的经验和"群众练兵式"的教学方法以及办"走"字班等错误。胡廷棠在会上作了总结发言，明确指出井冈山大学办学不符合实际，并从一些具体问题上否定了井冈山大学的做法，为这次总结井冈山大学办学的教训起到了促进作用。

在总结会上，与会干部、教师着重分析批评了井冈山大学领导人的错误，明确了今后办学的方向。会议指出：学校必须认真贯彻执行"以学为主"的方针，各项工作都要服从和服务于教学工作，要有稳定的教学计划，安定的教学秩序。这些教学秩序不能受政治运动或者突击的劳动任务的冲击。对知识分子、对教师要尊重他们的劳动，发挥他们在教学中的主导作用。这些意见为而后的整顿做了思想上的准备。

然而，在当时历史条件下，这次会议仍按当时对教育战线的"两个基本估计"——十七年来教育战线基本上是黑线统治，广大知识分子基本上是资产阶级的——来总结工作。对井冈山大学的错误本质认识不清，认为今后仍要坚持"以社会为课堂"、"开门办学"、"厂（社）校挂钩"，坚持工农兵学员在"上大学、管大学、用毛泽东思想改造大学"的"上、管、改"中发挥作用。

第四节　艰难整顿

从 1973 年 3 月邓小平恢复党的组织生活并恢复国务院副总理职务到 1976 年 10 月粉碎江青反革命集团 3 年多的时间里，江西师范学院经历了极其曲折的发展过程，也是艰难的整顿。

学校概况

1973 年初，校领导班子和系处干部都进行了调整。校革委会主任、党委书记王怀臣调离江西师范学院，由校革委会副主任、党委副书记胡廷棠主持全面工作，季林调任校革委会副主任、党委副书记，主管政治思想工作和人事工作。副主任赵明德负责全院教学工作。

对于如何看待当时的形势，学校领导班子内部争论不断，有时达到相当激烈的程度。胡廷棠在这种艰难情况下，着手整顿学校工作。这一年，学校的教学工作逐步转入正轨，其他方面的工作也有可喜的变化。学校一方面参与清查林彪反革命活动造成的恶果；另一方面着手复查"文化大革命"中受冲击和审查的教师、干部和学生的案件。

1973 年初，学校有中文、外文、历史、数学、物理、化学、艺术、体育 8 个系，在校师生员工 1692 人。其中学生 947 人，教师 745 人。

1973 年招收 3 年制工农兵学员 359 名（其中有体育系招的学制两年的新生，到了 1974 年又改为 3 年制）。824 名毕业生在秋天相继离校。

1973 年年底，在校学生 422 人。

1973 年春，原附中划归江西师范学院管辖，仍作为高等师范学院教学的实习基地。

调整机构和干部队伍

"文化大革命"初期，院、系、处的负责干部大多数被下放劳动了。学校的部、处撤并后均改为组。1972 年有了些变化，院级机构仍称"革命委员会"，各职能部门由组改为处、室、部，分别为办公室、教务处、后勤处、生产劳动处、人民防空办公室。党委下设政治部、审干办公室、武装部。

1973 年 8 月，学院制定了"系处同级，正职正处，副职副处"的调整原则，调整一些同志的工作岗位。9 月，"文化大革命"前的一些在岗的系处级干部走上了工作岗位：米玉柱任院长办公室主任，谭启民任教务处处长，郑光荣任中文系主任兼总支书记，刘方元任中文系副主任，郭仲熙任化学系主任，陈安平任化学系党总支书记，熊启藩任物理系主任，王振春任物理系党总支书记，傅超寰、谢其龙任数学系副主任，张谨之任外文系主任，王良栋任艺术系党总支书记。历史系组成筹备领导小组，成员为罗一河（任组长）、周銮书、徐炽庆。这批中层干部的任命，对稳定和整顿学校秩序，推动教学工作，提高教学质量起了重要作用。

教师状况

1973 年初，全院教职工 743 人。其中教师 235 人、行政干部 207 人、教辅人员 6 人、工勤人员 144 人、校办工厂职工 151 人。人员结构极不合理，工人人数大大高于教师人数。随着教学工作逐步正常化，教学急需教师，尽快将下放教师调回学校迫在眉睫。在住房奇缺的情况下，学校优先安排住房，把仍在下边的教授、副教授、讲师调回来。到了这年 11 月下旬，"复钩"回校教师增加 189 人，教师总数到了 424 人，下放教师基本上都回校了，下放干部也基本上调回。年底，干部由年初的 207 人降为 196 人，工勤人员由 144 人降为 120 人，校办工厂、农场和其他附属机构职工为 223 人。全校教职工由年初的 743 人增加到 963 人。增加的人员中主要是调回的教师。年底，教职工人数为在校学生的两倍多。

经过"文革"初期的冲击和几年下放农村劳动，教师们很少接触自己的专业，岁月蹉跎，业务荒疏，情绪不够安定。调动教师教学的积极性成了学院当务之急。学院领导提出对教师"政治上信任，教学上尊重，生活上照顾"。对原来担任主要课程教学工作的骨干教师，优先照顾住房，任命一些教师担任行政和教学的领导工作，抓紧落实政策。尽管当时客观上困难重重，但大多数教师能够体谅学校的困难，把主要精力投入钻研业务，搞好教学，积极工作。各系实行定岗位、定任务、定方向的"三定"工作，使教师把精力集中在结合教学实际需要发挥自己的专业特长上。

稳定教学秩序和教材建设

江西师范学院在明确了学校工作要"以学为主"的办学方针的基础上，首先稳定教学秩序、教学计划、教学内容。1973 年修订了教学计划。新计划中增加了专业课课时。专业课教学时间占一半以上（理科占 56%，文科为 60%），政治理论课时间占 20%，军事体育课文理各系科占 5%。各系均开设专业课 5—7门，数学系还开设专业选修课。公共课有马克思主义政治理论课（含形势任务教育）、教育学、体育课、教育实习以及学工、学农、学军、劳动等课。理科普遍开设自然辩证法，文科各系安排入学教育和毕业教育。

3 年制理科各系教学总课时 2300 学时，文科为 1900 学时。2 年制文理科均为 1900 学时。周学时（含每周 3 个晚自习）为 45 节。每周授课时间理科不少于24 节课，文科不少于 22 节课，3 年制的每周上课时间适当减少。课时非经教务处同意不得随意变动。恢复期末考试．每学期结束时要有两门主科进行考试，成绩按优秀、良好、及格、不及格四级评定。

由于教学有计划、课堂有纪律、成绩有考核，这样就稳定了教学秩序，有效地克服了长期存在的教学工作的随意性和混乱现象。

教育实习是培养师范生教学实践能力的重要课程，但 1968 年以来因受"文革"冲击而停止了。1973 年 5 月至 6 月，823 名应届毕业生分赴九江、抚州、上饶、宜春 4 个地区和南昌、萍乡两市的 8 所中学进行教育实习。

学校在制定教学计划的同时着手抓好教材建设。面对工农兵大学生文化水平参差不齐的现实，加上当时教育革命提出一些新的要求，沿用"文革"以前教材是不可能了。教材编写注重基础理论的科学性和系统性，由浅入深，循序渐进，同时注重教材的实践性，基本技能的培训要占相当比重。各系组织教师编写教学大纲和教材，也选用了兄弟院校的教材。历史系编写了《中国古代史》、《中国近代史》、《中国共产党党史》、《世界古代史》、《世界近代史》等。中文系编写了《鲁迅专题》、《中国古典文学》、《中国古代文学作品选》等教材。理科各系也自编了一些教材。为此，教学内容较前更为充实和贴近实际，从而促进了教学质量的提高，也为按教学规律施教提供了有利的条件。

学生情况

在校工农兵大学生是在"文革"中度过中学阶段的，有的虽然在高中上过学，实际没有学到什么东西，有些人则没读过高中。他们绝大多数是初中文化水平，不少人只有小学文化水平，有些人没接触过代数、几何、化学、物理等课程，基础薄弱，现在进入大学学习专业课程难免力不从心。

1973 年 4 月，教务处制定《工农兵学员的思想、学习情况和对我院教育革命的意见》，决定对工农兵学员进行一年的中学课程补课，但遭到很多学生的反对。这些学生年龄普遍偏大，入学时已经 24—26 岁了。他们认为延长学制不符合"学制要缩短"的精神，补课一年又不算学历。为此，学校采取了折中办法，补习中学文化课程与大学专科课程同时进行。当时学生学习劲头较大，校园内早晚到处可见认真读书的学生。但学生普遍感到学习负担过重，理科学生做完作业，几乎没有时间复习。据物理系一年级二组 10 个人的统计，除 1 人能在当天自修时间完成作业外，9 人都要加班加点，一般都加班到晚上 11 时，有 1 人从来没有午休过。由于中学课程和大学课程齐头并进，数学系每周有 4 个晚上排了课。超量学习带来了"消化不良"，教学质量仍然在短期内得不到保证。尽管如此，这一年学生们确实投入了实实在在的学习，全校开始形成了努力学习发奋求知的风气。

教育部 1973 年对高等学校招生工作作了一些改变，学校可以出题考试后再录取学生。教育部规定在继续坚持"自愿报名、群众推荐、领导批准、学校复审"的同时，学校在复审时可以对选拔出来的考生进行文化考查。江西师范学院以县为单位组织了对考生的文化复试。这次文化考查标准不高，考查也不严，但却对把好进入大学的文化水平关起了促进作用。

局势逆转

经过一番整顿，学校面貌特别是在教学上确实发生了可喜的变化。1973 年 7 月，江青利用辽宁省大学入学考试中出现的交白卷的"英雄"张铁生，大反所谓教育战线的"修正主义路线回潮"、"复辟"，掀起"批林批孔"运动。年底，江西师范学院刮起了一股"反复辟回潮"风，一些曾靠造反起家的人摇身一变，成了"反潮流英雄"，乘机发难，江西师范学院刚刚好转的势头再次逆转。

江西师范学院开始是批判林彪的罪行和孔子的"克己复礼"，后来变成批判"复辟倒退"，出现了一些"反潮流"战士。1974 年 2 月，江西省召开了省委、省革委、省军区党委的"三全会"。会议的主要议题就是批判所谓"否定和推翻文化大革命的成果"。与此同时，江西师范学院也召开了党委、革委的"两委扩大会"。参加会议有 130 多人。"反潮流战士"在"两委扩大会"与省里的"三全会"上下串通、两相呼应。"两委扩大会"以"批林批孔"的名义，批判江西师范学院的所谓"修正主义教育路线"的"回潮复辟"。他们列举江西师范学院"复辟"的"罪状"，为其夺权大造舆论准备。

在"反潮流战士"的威逼下，江西师范学院成立了"教育革命"领导小组，由党委副书记赵明德任组长，一方面批判"回潮复辟"的"罪行"，另一方面拟定新的"教育革命"方案，并负责教学、招生和毕业生分配工作。

"两委扩大会"从 2 月开幕，时断时续地直开到 1974 年 4 月初，前后开了一个半月，创下江西师范学院开会时间最长的历史纪录。期间，"反潮流战士"打着"反击右倾复辟势力"、"反击修正主义回潮"的旗号，上揪"资产阶级复辟势力代表人物"，下扫"复辟势力的社会基础"，要"层层揪，揪一层"。从各系、处、室负责人"顺藤摸瓜"揪到学校领导，由院领导揪到省委，揪出大大小小的现代"孔老二"，清算他们扼杀当代"少正卯"（造反派）的罪行。江西师范学院党的工作系统和行政工作机构无法工作，全院陷入瘫痪状态。

3月6日，一些"反潮流战士"以"部分机关干部"的名义，封存了院审干办公室、组织部、档案室和学校主要领导人胡廷棠、季林的办公室。胡廷棠在会上发言时，他们起哄、抢夺话筒，强行索要胡廷棠、季林、楚冰的工作日记。3月14日，成立了由"反潮流战士"为主的"清查小组"，以搜查"黑材料"为名，清查被他们强制封存的档案，包括审干人事材料。

1974年春，江西电机厂工宣队进驻江西师范学院。工宣队队长任革委会副主任兼党委副书记。

"开门办学"

"批林批孔"、"反复辟回潮"使全校再次陷入大批判、大字报、大辩论的混乱中。教师上课不再布置作业，学生学习成绩没有了考核。教务处迫于形势，于6月提出"学员自定考题评分，以学员小组为主，由教师复审、记分"，实则取消了考试。"以学为主"被说成"关门办学"，受到批判。刚刚调动起来的教师的积极性再次受到摧残，变成了与教学、科研关系不大的"逍遥派"，不少人围绕"三子"转，即"早晨提篮子、下班生炉子、晚上抱孩子"。一些教师面对再次动乱担惊受怕，心灰意懒，打算离开教师岗位，去工厂从工。

1974年4月到6月，江西师范学院组织261名教师到30个工厂、8个人民公社和农村中学举办各类学习班和短训班，名曰"走出课堂"、"厂校挂钩"，打破以课堂为中心的旧的教学模式，向当地的群众、教师、干部讲授"儒法斗争史"，也讲农机、电工、作物栽培、气象和写作等实用课。9月，师院召开"开门办学"经验交流会，制订"教育革命"、"教学计划"新方案。会议再次强调"两个基本估计"，继续坚持工农兵学员"上大学、管大学、改造大学"的"上、管、改"，规定每学年增加学军78个学时，每个教师一年劳动一个半月，干部一年劳动两个月，分别下工矿、农村去劳动或到白马山农场从事农业生产，有的则参加了修建校内人防地下工程的劳动。

批判派性

1974年10月，邓小平实际上主持中央日常工作。1975年，开展批派性（资产阶级派性）和全面整顿工作。

江西师范学院于1975年春夏开展了"一学四批五大讲"的反对资产阶级派性的斗争。那些以"头上长角、身上长刺"号称的"反潮流战士"，这次受到了严厉的批判。在大势所趋之下，有些人作了检讨。学校的面貌在不断地向稳定和好的方面变化，教学秩序和各方面的工作出现了好的兆头。

招生和分配

1973年实行在推荐后由学校按县为单位进行文化考查的办法。这种较之不考试就上大学的办法要合理些。但这种比较合理的招生办法后来因受到批判而被废除了。1974年改为依靠群众，通过调查、访问、座谈等形式以了解考生的文化水平，但在实践中难以操作。文化考查流于形式，实则取消了。新生文化水平参差不齐，而且普遍偏低。

1973年学校招收新生359名。1974年招收482名，因学校住房紧张，推迟半年报到，直到1975年2月才入学。1975年招收新生498名。1976年招新生499名。1973年入学的学生因补习文化课，毕业时间又比原计划延长了半年，致使1970年新生宿舍不足无法全部同时入学,1976年新生499名中只有146名入学，另外353名延期到1977年春待1973级学生毕业后才入学。1976年招收的新生是学院最后一批工农兵大学生。

从1973年到1976年，江西师范学院共毕业了工农兵大学生1239名。1973年毕业824名，其中外文系的190名，因县以下中学未开设外文课，全改教其他课程。1974年，毕业60名。1975年，毕业40名。1976年，毕业315名。中文系毕业生张梅生自愿报名回乡当农民，吴雨初、邱信芳、郭敬喜、邹国爱4位同学自愿赴西藏工作，建设边疆，受到全校师生赞扬。

恢复函授教育

江西师范学院函授教育起步较早，但为时颇短，1974年学校重新恢复函授招生试点。试点招生的办法由本人申请、单位推荐、公社审查、县文教局按分配给他们的名额审定录取。试点招生专业为中文和数学，其他专业尚未招生。

1974 年试点招收农村中小学教师 4100 名，其中中文专业 2600 名，数学专业 1500 名。试点招收的新生均来自靖安、奉新、安义 3 县。

1975 年，中文、数学两个函授专业共招收 1500 名新生。

1976 年函授计划招生 4000 名，但由于"批邓反右"的干扰，这一计划未能实行。

函授学制为两年，总学时 480 个，每周 6 学时。中文专业开设文选、文艺评论、汉语 3 门专业课。数学专业开设中学数学专题、高等数学 2 门专业课。各县设函授站，负责教学工作。学习以自学和教师定期讲授相结合的方式进行。

科学研究

"文化大革命"以来，科学研究成了人们望而却步的禁区，除了个别教师时断时续地做点积累资料的工作外，学院有领导、有计划的科研活动全被停止了。1973 年的整顿中，江西师范学院制订了"文革"以来的第一个科研计划《1974—1975 年科学技术研究项目计划》，标志着学校科研工作重新起步。

在自然科学技术方面，学院部分教学科研人员与校外有关单位合作开展了 13 个项目，如江西省汛期天气粗值预报、二氧化碳激光器、利用本省含钾矿物和农副产品制取钾肥和钾盐的研究等。这些项目在 1974 年"批林批孔"、"批邓反右"等政治运动中受到很大干扰。有些项目坚持下来了，取得较好的成绩。如数学系讲师刘国钧、江声远与江西省气象台协作完成的《逻辑组合因子的格筛法》(发表在《天气科学》杂志)，他们的理论经受江西省 1973—1976 年连续四年气象预报实践的检验，有效地预报了 1974 年赣东北地区汛期降水和全省多次汛期的连续暴雨，后获 1978 年全国科学技术大会奖励。数学系李焯平讲师与江西电机厂、洛阳拖拉机厂协作，并由他独立完成的 S-195 柴油机平衡轴齿轮具数值计算，后获 1978 年省科学大会奖励。数学系助教张荫楠与南昌搪瓷厂协作，完成搪瓷自动喷花机一台。张荫楠还与江西拖拉机厂协作，完成该厂法兰镀锌自动线，后获 1978 年省科技大会奖励。物理系讲师李佛铨等完成了宜春县温汤地热发电机稳定负荷自动控制研究，后获 1978 年省科技成果二等奖。物理系舒邦华等承担了景德镇青花瓷生产自动线的测试水分与形变两部分科研任务也取得阶段性成果 (后因整个自动线科研课题撤销而未发挥作用)。化学系科研组集体完成了混合二甲苯合成新农药杀菌剂"百菌清"，后获 1978 年省科学技术大会奖。

在应用研究方面。有的教师深入工程现场解决建设中的疑难问题。1973—1975年间，数学系协同江西省水利电力设计院前往柘林水库，对水库导流涵管部分进行了应力分析计算。计算结果表明，该导流涵管不会构成水库大坝的隐患，无须钻孔灌水泥浆填掉涵管，节约投资约20万元。

文科各科的科学研究受到"文化大革命"严重干扰，成果甚微，发表了一些适应当时政治运动需要的文章，如"儒法斗争"类的应景文章。有一些不多的唐宋诗文、太平天国、古代农民起义等方面的研究。这些成果都在后来陆续发表问世。

当时科研工作由教务处组织实施。1975年11月，江西师范学院成立了"科学情报室"，负责与外界的联系，交流信息、互通有无、组织协作。它曾在气象、水文、理化分析、电子、化肥、机械、陶瓷、电机、地热、自动控制等研究方面为科学研究提供服务。

《江西师范学院学报》复刊

1976年3月，《江西师范学院学报》复刊。作为学校科研园地的学报，创刊于1957年，刊名《教学与研究》。"文革"开始时停刊。1973年春，在江西师范学院整顿时着手复刊的筹备工作，是年12月，学报的哲学社会科学版首先试刊并在内部发行，自然科学版复刊的条件尚不具备。哲学社会科学版的办刊方向确定为：宣传马列主义毛泽东思想，为生产斗争、阶级斗争和科学实验"三大革命"实践服务，帮助学院组织、推动理论学习，教育革命，科学研究等工作的开展。鼓励开展对学术界错误思想的批判，促进学术水平提高。同时，学报为本省中学特别是农村中学的教育革命、教学工作的经验交流服务。每年四期。哲学社会科学版为3期，自然科学版1期。每期10万~15万字。

1974年，江西师范学院另一种刊物《语文教学》创刊，由中文系主办，面向中学语文教学。该刊对中学语文教师和教学提供参考和备课资料，着重中学语文课本中作品的诠释、分析和欣赏；介绍作者和文章的背景，刊登中学语文教师的经验和体会，是中学语文教学经验交流的园地和良师益友，发行数万份，订户遍及数省，深受读者欢迎。

基建与后勤

1974 年 5 月，省里拨款 44 万元，建筑 4000 平方米的新化学馆。12 月，坐落在南区家属区的一栋高四层面积为 2500 平方米的教工宿舍落成，造价人民币 22 万元。原居住在第二栋学生宿舍的 49 户教工迁入新居。

1975 年，省里拨给江西师范学院事业费人民币 166 万元。其中人员经费 115.5 万元，包括教职工工资、教学行政经费、助学金等经费。其他教学补助费（含教学设备、开门办学、房屋维修等）51.6 万元。

从 1973 年到 1982 年 12 月，江西师范学院为贯彻落实毛泽东"深挖洞"指示精神，组织人力在校内挖掘人防工程。教师干部排班分批下去挖洞。洞距地面 8 米，在学校主干道西侧，南北向 302 米，东西向 109 米，过道宽 1.5—2 米，总建筑面积为 2192 平方米，有房间 11 个，使用面积为 1826 米。历时 10 年，总投资 21 万元。为贯彻"平战结合"的方针，1985 年起人防洞辟为学生自修场所。洞内冬暖夏凉，有通风设备，空气质量良好。每当酷夏严冬，都有许多学生住这里学习。

从 1975 年年初到 1980 年年底，学校在高安祥符公社祥符大队的金家老办知青队建立知青点，由当地划拨了若干亩田地，先后安排 3 批教职工子女到这里生活劳动，最多时有 43 名知青。国家恢复高考后，教务处还专门派教师到知青点为教职工子女办高考补习班，帮助教职工子女升学。高安知青点停办后，为解决未能升学的教职工子女就业问题，学校在校内成立劳动服务公司，解决教职工的后顾之忧。

1976 年 5 月，江西师范学院从解放军某部收管白马山农场。该农场在 1969 年迁校井冈山时交给解放军某部经营。收回时，300 亩水田旱地尚在，但 10 余栋师生劳动时住的宿舍因疏于维修，已破烂不堪。

第五章

柳暗花明

——重新走上发展正轨

（1976.10—1983.10）

1976年10月，党中央果断决策，一举粉碎了以江青为首的『四人帮』反革命集团，宣告了『十年动乱』的结束，全国上下为之欢呼，江西师范学院和全国一样进入了拨乱反正、正本清源的历史阶段。1978年春，全国科学大会和全国教育工作会议相继召开，为科学和教育战线的拨乱反正指明了方向，与此同时，恢复高考后的第一届大学新生开始步入校园，大学校园里充满了生机和活力。1978年12月，党的十一届三中全会召开，结束了『以阶级斗争为纲』的时代，明确了党和国家的工作中心，实现了伟大的历史性转折。从此，中国历史翻开新的一页，江西师范学院也迎来了春天。这一时期，江西师范学院根据全党工作重点转移的方针，逐步把学校工作重点转移到教学和科研上来，在开展拨乱反正工作的同时，迅速整顿教学，端正办学思想，完善管理制度，成立科研机构，制定发展规划。工作中心的转移促进了学校各项事业的全面启动和发展，学校各项正常的工作被提上了议事日程，学校发展重新走向正轨。

第一节　拨乱反正

江西师范学院是江西"文化大革命"的"重灾区",在学校里"四人帮"的社会基础和帮派体系盘根错节,两派群众组织矛盾十分尖锐,波及全省,甚至一度成为江西省群众斗争的热点和中心,省、市一些重大的具有破坏性的事件有的就发生在这里,有的则与这里有密切关连。学校要走上正常发展的道路,就要彻底清算"四人帮"的帮派体系,明辨是非,弘扬正气,把在"文化大革命"中的错误纠正过来。

"揭、批、查"运动

"揭批、查"运动就是深入揭、批、查与江青反革命集团有牵连的人和事,思想上清除其流毒和影响,组织上进行整顿。只有认真地深入地开展揭发"四人帮"及其帮派活动,批判他们散布的种种谬论,查清与他们篡党夺权阴谋活动有牵连的人和事,学校才可能从困境中解脱出来,开创新的局面,走上以教学和科研为中心的轨道。

1976 年 11 月,江西省文教办公室党委决定,江西师范学院成立学习领导小组,负责全院的学习和清查工作。由主持工作的党委副书记、院革委会副主任胡廷棠任组长,中文系党总支书记兼系主任郑光荣和院工宣队队长任副组长。全院迅速掀起了学习中央文件,揭批"四人帮"篡党夺权的罪行,查清"四人帮"帮派势力阴谋活动的高潮。

为了深入开展"揭、批、查",1977 年 4 月,院学习领导小组撤销,成立院党委领导下的清查办公室,郑光荣任办公室主任。这次清查运动规模大,声势广。师生们运用大字报、大批判专栏、控诉会、追查会等形式,联系江西省、南昌市和江西师范学院在"文化大革命"中发生的事,揭发"四人帮"及其爪牙的一系列篡党夺权、祸国殃民的罪行,批判他们散布的谣言和谬论,清查他们所造成的危害。

在全面清查的基础上,一些帮派头目在江西师范学院"8·11"事件,南昌市"5·3"大游斗,武装攻打抚州及省内其他各地活动中的违法犯罪行为和在江西师范学院党委、革委"两委扩大会"期间，"反复辟回潮"、"批邓反右"等重大事件中的错误行径，都被列为专案，逐个审查，根据问题严重程度进行组织处理。张家振、肖平鑫的院革委会副主任的职务被撤销，并将其开除出党；外文系学生肖忠选、史宣义参与 1968 年 8 月 25 日攻打抚州的罪行被清查，经政法部门收审，依法处决。在处理过程中，坚持实事求是，采取区别对待，做到宽严结合，政策兑现。清查运动在法纪上分清了罪与过，明确了责任，作出了处理；在思想上初步分清了是与非，教育了大多数，团结了更多的人。

"三大讲"活动

为了进一步肃清"四人帮"的流毒和影响，1977 年 6 月，全院开展了"三大讲"活动。"三大讲"的具体内容是：一讲"四人带"及其爪牙肆虐时，国受其害、党受其害、校受其害、身受其害的深仇大恨，控诉"四人带"的罪行；二讲与"四人带"作斗争的经历，鼓舞斗志；三讲与"四人帮"斗争的经验教训，提高革命的自觉性。

院系领导带头讲，他们联系院系的实际，回顾自己在"四人帮"肆虐时的言行，总结经验，吸取教训，提高认识。院主要领导胡廷棠写了两万多字的稿子带头在全院师生大会上讲，全校有 2000 多名师生员工在各种"三大讲"会上发了言。那些犯了错误的人，通过"三大讲"，说清楚了自己的问题，取得了群众的谅解和信任，自己也放下了包袱。大家不仅讲出了问题，讲出了心里话，道出了多年的苦涩，而且能把问题放到政治思想和理论的高度分清是非，从更高水平上进行了拨乱反正。

批判"两个估计"

批判"两个估计"是继"揭、批、查"、"三大讲"之后揭发批判江青一伙阴谋活动罪行的第三个战役。"两个估计"是张春桥等人在 1971 年 4 月至 7 月底在北京召开的全国教育工作会议上炮制的。所谓"两个估计"，就是说"'文化大革命'前 17 年教育战线是资产阶级专了无产阶级的政，是'黑线专政'；知识分子的大多数世界观基本上是资产阶级的，是资产阶级知识分子"。这"两个估计"是捆绑在教育界身上的绳索，是戴在广大知识分子头上的枷锁。

全校师生员工联系教育战线 17 年来的巨大成就和江西师范学院自己的历史

实际，对"两个估计"进行了批判。就江西师范学院来说，从 1953 年 10 月建院到 1976 年的 23 年间，培养的大批毕业生，都已在各条战线上作出贡献，省内县级以上中学的各科教学的骨干教师，大部分是江西师范学院的毕业生。这些毕业生中涌现了一批优秀教师和先进工作者，他们以自己的行动和业绩，为江西师范学院 23 年的历程添了光彩。江西师范学院组织了专门小组对"文化大革命"前办学所取得的成绩，对 1954 年到 1965 年历届毕业生的表现、教师队伍的状况，作了充分调查。调查材料以雄辩的事实，批驳了"两个估计"。全院师生通过对历史和现实状况的摆找，通过立足于事实的分析批判，揭露了"四人带"一伙炮制的"两个估计"的荒谬性、反动性。

第二节　落实政策

平反冤假错案

十年动乱结束之后，中央为发展安定团结的形势，着手解决"文化大革命"遗留的问题。按照中央和省里的部署，江西师范学院开始落实相关政策，平反冤假错案。

教育界是"文化大革命"破坏最严重的领域，作为江西省"文化大革命"重灾区的江西师范学院尤其如此。"文化大革命"中江西师范学院被立案审查的教职工有 168 人，其中有教授 8 人，副教授 13 人，讲师 14 人，教员、助教 39 人。"文化大革命"中被迫害致死的有 14 人，其中教授 1 人，副教授 2 人，讲师 5 人，干部 2 人，学生 3 人，工人 1 人。平反冤假错案的任务是很艰巨的、复杂的。

1977 年下半年，院党委以原审干办公室为基础，成立了落实政策办公室。落实政策的工作从 1977 年下半年到 1981 年下半年，历时 4 年。对原先确定为立案审查的 168 人的案件，复查后全都重新作出结论，绝大多数属冤假错案。凡属此类，一律推倒，予以平反昭雪，并在当事人所在单位召开会议，公开宣布平反，恢复名誉。有个别人的结论偏严偏重，均按党的有关政策重新作了结论。对迫害致死的 14 人，除全部平反昭雪外，有的开了追悼会，给其家属发了抚恤金。这不仅对人、对历史作出了公正的评价，而且使当事人的亲友放下了历史包袱。

"文化大革命"中，抄家之风盛极一时，江西师范学院有不少教师干部被抄家。被查抄的物资，有的已流失，凡由组织上掌握、保管的，都悉数退还给本人，全院共有 61 人退回了被查抄的物资。同时，向在动乱中被扣发工资的同志悉数补发。

1978 年上半年，按中央有关政策，对 1957 年反右派斗争扩大化所牵连的人和事进行复查。江西师范学院党委成立了改正错划右派办公室。在反右派斗争中，江西师范学院共划了 151 名"右派分子"。经复查，全属错划，全部予以改正。

重视知识分子

在 1978 年春召开的全国科学大会上，邓小平明确提出了"科学技术是生产力"和"知识分子是无产阶级的一部分"的著名论断。在之后召开的全国教育工作会议上，邓小平又提出"整个社会都应当尊重教师"。从此，一段时期以来知识分子、人民教师地位低下、待遇不公的现象有了根本的改变。学校按照党的政策，提出对知识分子要在政治上关怀与信任，为他们的工作创造宽松的政治氛围和较好的生活条件，使他们能人尽其才。

政治上信任关怀。党委规定没有担任领导职务的高、中级知识分子，可享受科级政治待遇，看文件、听报告。党员教授、副教授享受正处级干部待遇。非党员高、中级知识分子政治待遇由党委统战部按有关规定安排他们阅读文件。鉴于长期存在的知识分子入党难的状况，党委加强了在知识分子中发展党员的工作。那些长期努力工作，埋头苦干，甚至忍辱负重，有较强的共产主义信念和理想的一批知识分子，其中有些人长期申请入党而未能如愿，相继被吸收到党组织中来。

一些较有名望或有突出贡献的知识分子，被选为全国党代会代表、全国人大代表、全国政协委员以及省党代会代表、人大代表、政协委员，有的被评为劳动模范、被授予先进工作者等荣誉称号。

历史系讲师周銮书，当选第十、第十一届全国党代表；附属中学教师刘运来，1979 年被国务院授予全国劳动模范称号，1980 年和 1982 年两次被省政府授予省劳动模范，1980 年晋升为省特级教师。1983 年，刘运来当选为第六届全国人民代表大会代表。

一批在省内外有名望的非共产党的高级知识分子被委以重任。化学系郭庆菜，艺术系刘天浪，化学系系主任、民盟江西省委员会委员郭仲熙，中文系胡守仁，物理系系主任熊启藩，图书馆副馆长张杰，教师、民盟江西省委员会委员何素梅等 7 人当选为江西省第五届人民代表大会代表。郭庆荣、刘天浪当选为省人大常委。

1978 年 2 月，郭庆荣、熊启藩、欧阳琛、张谨之、彭先荫、刘和理、彭友善、康庄、燕鸣、余心乐、章瑞麟、姚公骞、傅超寰、汤思道共 14 人，当选为江西省第四届政治协商会议委员，熊启藩当选为省政协常委。

1983 年 4 月，刘天浪、张杰、熊启藩、胡守仁、郭仲熙 5 人当选为江西省第六届人民代表大会代表。刘天浪当选为省人大常委。郭庆荣、丁岩、康庄、燕鸣、张谨之、陈经常、欧阳琛、熊启藩、胡克、彭先荫、章瑞麟共 11 人当选为江西省第五届政协委员，胡克、熊启藩当选为省政协常委，郭庆荣当选为省政协副主席。

1981 年 4 月，胡正谒当选为南昌市第八届人民代表大会代表。1982 年 9 月，黄辉邦、周树人当选为南昌市第七届政协委员。

工作上放手使用。1981 年和 1982 年，党委先后选用 14 名高、中级知识分子担任系（室）主任、副主任。除了胡守仁、周銮书、刘天浪、周树人、彭先荫、熊启藩、黄培贵副已在不同岗位任领导职务外，还有赖淮靖任中文系副主任、孙珍方任外语系副主任，欧阳琛任历史系党总支副书记，李久宁任教育系副主任，马巨贤任地理系副主任，谭钜生任地理系副主任，章瑞麟任体育系副主任，张杰任图书馆馆长。

生活上关心照顾。江西师范学院在落实知识分子政策方面注意在生活上解决他们的一些实际困难，解除后顾之忧。当时生活上较突出的问题有住房困难、夫妻长期分居和成年子女就业难等。学校陆续兴建了 6 栋教工宿舍，有 40 户高中级知识分子迁入新居。副教授以上职称的知识分子 90% 都搬进了新盖的三室一厅单元式套房。学院还通过多种途径解决了 44 名教师夫妻长期分居和 67 名待业子女的工作问题。1981 年 6 月，校工会成立了劳动服务公司。该公司开办了书亭、煤球厂、小吃部、商店、幻灯制片厂、综合服务队，安排教职工待业子女86 名。学校新建了理发室、开水房、蒸汽房，购买了液化气设备，为每位有条件使用液化气的教职工配备灶具和液化气瓶。对符合医疗保健条件的教授和副教授，全部实行医疗保健。

归侨、侨卷、港澳台属的知识分子工作

据 1977 年统计，全校有归侨、侨眷、港澳台属知识分子 38 人。他们中有人因有"海外关系"曾受过牵连，对于与国外、与港澳台亲属好友的通信联系仍心有余悸。学校鼓励他们积极做好与这些亲属好友的联系工作，并对那些曾受过不公正待遇的人给予慰藉，纠正一些"左"的做法。通过做工作，许多人积极与国外、境外的亲朋好友通信或恢复通信，介绍国内、家乡和家庭的变化。1979 年和 1982 年在职称评定过程中，有 8 人由讲师晋升为副教授，19 人由助教晋升为讲师，1 人由技术员晋升为工程师。1981 年后，他们中的一些人被选拔担任校、系、处领导职务，一些先进分子加入了中国共产党。

第三节　整顿前行

粉碎"四人帮"反革命集团之后，在抓好"揭、批、查"运动的同时，学院开始把教学工作摆上议事日程。根据中央的有关精神和井冈山大学的办学实践，学院认真思考了政治与业务，理论与实践，主学与兼学，教与学等之间的关系，端正了办学思想，加强了教学管理，注重提升教学质量，重视科学研究。恢复高考招生后，学校进行了组织机构的调整，完善了管理制度，并开始了学位授予工作和研究生培养教育。教学计划几经修订，日臻完善。各专业的课程体系都已定型。教学设备、图书资料数量有较多增加，基本上可满足教学和科研的需要。1981 年，在校学生人数由"文化大革命"前（1966 年）的 1783 人增加到3179 人，增长了 89%。教职工由 1966 年的 667 人增至 1983 年的 1366 人，增长了 104.8%。专业设置、在校的学生、教职员工的人数都是江西师范学院历史上最多的。

端正办学思想

邓小平在全国科学大会和全国教育工作会议上的重要讲话，为在教育战线上拨乱反正提供了巨大动力，为学校建立正常的秩序，提倡尊师重教指明了方向。学校组织师生开展办学思想的学习讨论，大家对井冈山大学时期极"左"的办学方针有了新的认识和反思。师生集中批判了"五个为主"、"四个大破"的实用主义主张和做法。通过端正办学思想的学习讨论，在办学思想上明确了四个关系：

在政治与业务的关系上，坚持又红又专的方向。纠正政治活动过多，冲击业务的倾向，规定教师必须有六分之五的时间从事自己的业务。教师、学生开始从频繁而过多的政治活动中解放出来。教师把主要精力用于钻研业务，搞好教学。学生集中精力，努力学习专业知识。

在理论和实践的关系上，坚持理论联系实际的原则，改变下厂下乡多且乱的现象，强调教学要以课堂教学为主，适当安排学工学农学军的活动。

在主学与兼学的关系上，坚持主学和兼学相结合，以基本知识、基础理论为主，各种实际应用技术不能喧宾夺主，主学兼学不得"平分秋色"；强调必须重视基本知识、基础理论的系统性和科学性。

在教与学关系，坚持教学相长，充分发挥教师在教学中的主导作用。教师对教材选用、讲授、教学计划的执行和教学活动的组织实施负责，根本改变了那种所谓工农、学生、教师"三结合"编写教材的办法以及所谓"兵教兵、兵教官、官教兵"的群众练兵式的教学方法。

在广泛学习讨论的基础上，修订了 76 级、77 级教育方案。

教学与教学管理

1980 年教育部召开了全国师范教育工作会议和全国教育工作座谈会。1981 年上半年，学校在总结执行部颁教学计划经验的基础上，以提高教学质量，培养各类人才为中心，全面修订了各系、专业四年制本科教学计划。新教学计划从 1981 年开始实行，1981 年前在校的老生仍按原教学计划执行。

新教学计划进一步明确了培养中等学校师资的目标和任务。新教学计划要求建立体现本专业基础理论、基本知识和基本技能的完整的课程体系，着眼于学生整体素质的培养和提高，立足于基础知识的教育和能力培养。要求认真抓好教育实习工作，与省内一些中等学校联系，建立教育实习基础。规定学生的教育实习要以课堂教学为主，同时兼任班主任工作。

新教学计划明确规定以教学为主，注意减轻学生学习负担，让学生有更多的自由活动的空间，能主动学习，发挥特长。本科生 4 年学习时间共 208 周，其中教学 152 周、约占 73%；科学研究初步训练（含毕业论文）6 周，约占 3%；

生产劳动和军事训练 8 周，约占 4%；机动时间 6 周，约占 3%；寒暑假为 36 周，约占 17%。学生每周学习时间 54 学时，文科每周上课不超过 22 学时，理科每周不超过 24 学时；学生上课和自习的比例，文科 1∶1.5，理科 1∶1.3；四年上课总学时，文科 2000—2400 学时，理科 2500—2800 学时；每学期同时讲授课程 5—8 门。

新教学计划在教学形式和教学方法上，要求运用启发式教学，克服填鸭式的"满堂灌"。要加强课堂上教师和学生的双向活动，不断启发学生思维，让学生思维活动跟着教师讲授走，达到融会贯通。加强实验课、课堂讨论等实践性和直观性教学环节，强化教学中的直观性和具体性。学校于 1978 年成立了电化教育馆，运用各种电教设备和技术更新教学手段。

教师在向学生传授知识和技能的同时，注意让学生端正学习态度，养成良好的学习方法和掌握实际运用的能力。把教师的指导由课堂延伸到学生的自学，强调学生要善于自学。教师要既教书，又教人，尽量改变教而不导的倾向。

学校加强了学生从事科学研究的指导，组织学生开展科研活动，鼓励学生写论文，安排讲师以上职称教师担任学生毕业论文指导，培养学生独立从事科学研究的能力。

生产劳动和军事训练是大学生必修课程。学校强调学生要在生产劳动和军事训练中，接触工农兵，了解社会，知道国情，既学会劳动和军事方面的技能，更要培养回报社会、献身祖国四化建设的社会责任感和使命感。

学校强调从严治教、严格考试纪律。任课教师应按教学大纲的要求命题，试卷要全面覆盖教材，评卷要客观，宽严要适当。

从 1981 年起，试行允许学生申请免修课程的办法。学生基本掌握所开设课程，可以自修完成学业，经本人申请，系里批准，教务处认可，可以免修，但要参加该门课的考试。

经过教学计划的修订和一系列新的制度、措施的贯彻，学校教学工作有章可循，有章必循，教学质量有了显著提高。

教学质量检查

为切实贯彻落实新教学计划，学校要求教务部门和各系室，采取多种措施提高教学质量，开展对教学质量的检查工作。

1979 年，教务处会同各系室，通过召开师生座谈会、深入课堂听课、个别交谈等方法，对教学质量进行了调查分析。

1981 年下半年，江西师范学院先后召开了文科科研工作座谈会、文科教学工作座谈会和理科教学工作座谈会，检查教学和科研工作情况。

检查中发现文科教学较普遍存在的问题是，理论联系实际不够，重视理论的系统性、逻辑性，运用基本理论说明实际问题能力方面的培养有所偏废，或者教师在讲授中理论和事例"两张皮"。教务处要求文科各院系主管教学的领导要把主要精力用于抓教学，深入课堂，深入师生。要具体摸清问题，有针对性地解决教学中存在的不足。

根据 1980 年全国教育工作座谈会精神，"要积极创造条件，逐步向着文理渗透，理工结合的方向发展"，学校在文科三年级开设了"现代科学技术讲座"课程，分 14 讲，由学术水平较高、富有教学经验的教师主讲，连续开设了 6 年，编印了 3 次讲义，此课程开出后，深受学生欢迎。1986 年以后，改为公选课，由专任教师讲授。

在科研方面，要求文科要面向现实。哲学和社会科学必须为社会主义服务，为人民服务；必须既解放思想，敢于探索新问题，又要坚持四项基本原则，批判当时存在的资产阶级自由化。要坚持马克思主义、毛泽东思想的指导，正确处理政治性和学术性的关系，贯彻"百花齐放、百家争鸣"的方针；正确处理教学和科研的关系，不断用科学研究成果充实教学内容，促进教学质量的提高。

在理科教学方面，检查中发现存在着要求不严，章法较乱的状况，提出理科教学也要坚持以马克思主义、毛泽东思想为指导，用辩证唯物主义和历史唯物主义观点解决和回答教学中的问题，并开发学生的智力。要贯彻理论联系实际的教学原则，传授知识，培养能力。

检查中发现，加强师资队伍建设、提高教师的政治思想和业务能力是搞好教学的重要环节，是教学质量不断提高的关键。因此，学校制定了加强教师队伍建设、加强教学管理的措施。

1982 年，继续贯彻中共十一届六中全会和思想战线问题座谈会精神，从增强教学内容的思想性、科学性、师范性方面，抓好教学质量的提高。同时，继续抓好教学计划、教学大纲、教材衔接配套的检查和落实，健全教学活动的基本章法，使教学管理有计划有秩序地进行。

师资队伍建设

1978 年，江西师范学院制定了《1978—1985 年教师队伍建设的初步规划》，按照《规划》实施有计划地培养和提高教师队伍的工作。

加强青年教师培养。注重发挥中青年教师承上启下的桥梁作用，有计划地将一批有比较扎实业务水平的中年骨干教师培养成学科带头人，并且由他们给青年教师传授业务知识，帮助提高，带青年教师上路，当时称之为"传、帮、带"。1979—1981 年期间，先后派出 39 名青年教师到外校进修，占全院助教和青年教师的 23%。在校内举办进修班、短训班，培训青年教师。让那些学历尚未获本科文凭的年轻教师，补齐大学本科应学习的基础课程。对因工作离不开无法外出进修的或者毕业留校不久的青年教师，规定他们要随班听课，并要听完一轮，参加对即将由其任课的那门课的辅导。每位青年教师正式上堂讲课前，必须通过由系主任组织的各教研室主任和该教研室全体教师参加的试讲，只有试讲合格并通过之后，才能正式上堂讲课。

提高教师的外语水平。先后举办教工英语初级班、理科英语中级班、文科英语中级班、日语班、俄语班、德语班，共 8 期，每期一至两年，参加学习的共有 300 余人。

开展教师职称评审。1978 年 3 月，恢复了教师职称评审工作。1979 年 9 月，提升 126 名助教（绝大部分是 1960 年前后毕业任教的中年教师）为讲师。1980 年 1 月，有 9 名讲师晋升为副教授，分别是余心乐、吴东兴、冯郁、娄溥仁、刘方元、陶端棻、周銮书、姚公骞、杜德凤；有 4 名被确定为副教授，他们是胡克、黄贤汶、杨炎和、刘绍武。从 1978 年 3 月到 1982 年 12 月，教师评定工作先后进行了 4 批。其中，助教职称评定工作进行了两批。一共确定、提升教授 3 名，副教授 28 名，讲师 284 名，助教 89 名，共计 454 名，占 1982 年教师总数的 68.2%。同时，在图书馆和各系室的教学辅助人员中，评定馆员 10 名，助理馆员 5 名，实验技术人员中评定工程师 8 名，助理工程师 1 名。

1983 年 8 月，美籍教师 Patrtcta Curtrighi 来校任教。学校开始有了外籍教师。

科学研究

学校对科学研究在体制机制上进行完善，建章立制，成立机构，学校科学研究工作出现良好势头。

　　1978 年制定了《江西师范学院 1978—1985 年哲学、社会科学研究规划》，1979 年编制了《江西师范学院 1979—1985 年社会科学研究项目》。为适应科研的需要，成立了江西地方史研究室、苏区文学研究室、江西古代文学研究室和教育科学研究室。

　　1980 年 1 月，成立了院学术委员会，负责审批、推荐科研项目申报和学术成果的等级评定工作。理科学术委员会由院长郭庆棻任主任，熊启藩、彭先荫、郭仲熙任副主任，委员有：谢其龙、傅超寰、胡克、倪国熙、娄溥仁、瑞木镇康、冯郁、黄长椿、李希成、丁岩、黄范祖、谭钜生、马巨贤、刘象天、胡绳尧、章瑞麟、吴云龙、陈乔年、谭启民。文科学术委员会由副院长楚冰任主任，刘天浪、胡守仁、胡正谒、欧阳琛任副主任，委员有：刘方元、余心乐、周銮书、吴士栋、徐炽庆、姚公骞、傅荣晖、谢庆绵、张传贤、张谨之、孙珍方、陶端棐、张联璋、宋志皓、康庄、赖准靖、曾泽、李久宁、关键、郑光荣、张杰、李树源。

　　1978 年 12 月，中共十一届三中全会以后，校内从事科研工作的气氛日渐浓厚，学术交流活动渐趋活跃。多年不曾提笔写论文论著的中老年教师拿起了笔，青年教师也都孜孜不倦，笔耕正浓。申报的科研项目和完成的科研成果逐年增多。自然科学方面，基础理论和应用科学的研究都取得了较快发展。1979 年，承担教育部下达项目 1 项 3 个专题，省科委下达的项目 5 项 10 个专题，协作项目 3 项 3 个专题，院自定项目 14 个专题。其中，数学系胡克的比霸巴赫猜想的研究取得重大成果，接近国际水平；吴东兴的筛子理论取得重大进展，写出综合性评论《拓扑结构》；代可可脂的组成分析、陈乔年研究制作的遥测血压传感器达到国内先进水平。参加全国、全省各种学术会议的教师 60 多人次，向会议提交学术论文 30 余篇。

　　1980 年，承担省科委下达项目 9 项 15 个专题，协作项目 2 项，院自定项目 8 项。其中胡克的关于单叶函数的系数问题取得重大突破。

　　1980 年，江西省物理学会、江西省地理学会等 4 个学会挂靠在江西师范学院。

　　1981 年，承担省科委直接管理和省教育厅主管项目 7 项 8 个课题，协作项目 2 项 2 个课题，院定项目 11 项 20 个课题。其中，化学系李先春讲师同省机械科研所合作完成的《钇基稀土球墨铸铁中轻重稀土分组测定》，具有国内先进水平。在 1981 年 12 月上海召开的"稀土元素分组测定新试剂新方法推广应用交流会"上，该成果被采纳并列为推广应用项目。胡克在关于单叶函数的系数问题的研究又有了新的进展。

在哲学、社会科学研究方面也取得明显成绩。首先，出版了一批专著。其中有：谢庆绵著的《范畴史初探》，陶今雁著的《唐诗三百首释注》，周銮书著的《庐山史话》，夏春骅著的《八一南昌起义》，唐元棣、司徒锡钧等人合写的哲学普及读物《使人聪明的学问》，赖余编译的《常用英语谚语》等。其次，发表了一批在国内外有影响的学术论文。主要有：李树源的《关于生产力的几个理论问题》，万萍的《试论傻大姐》，黄今言的《秦代租赋徭役制度初探》，汪木兰的《苏区文艺之真实的文艺》，王初根的《国家垄断资本主义是资本主义发展的第三阶段吗》，陈国钧的《朱熹理学与儒佛道的关系》，周銮书、廖信春的《北伐战争的江西战场》，杨鑫辉的《〈学记〉心理学思想初探》等。此外，还编著了一批质量较高的教材、资料，如廖德文等人合编的哲学教材《辩证唯物主义历史唯物主义》，李时务、王长里等编写的《马克思主义哲学》，薛妮珍等编写的《政治经济学》，周树人等编的《江西苏区教育资料选编》等。1979 年 10 月中国文学艺术工作者第四次代表大会在北京召开，我校教师刘天浪、康庄、邓家琪作为江西省唯一一所高校代表出席。

随着教学和科研的发展，《江西师范学院学报》（哲学社会科学版、自然科学版）的水平有了进一步提高。所刊文章被国内学术界和刊物转载和摘要刊登的日益增多。社会科学版于 1978 年被列入《全国报刊索引》选列刊物，1979 年列为中国人民大学书报资料社复印的全国 55 种学报之一，1981 年开始由内部发行改为全国公开发行。中文系主编的《语文教学》杂志改为《读写月报》，从 1980 年开始全国公开发行。数学系于 1980 年创办了《中学数学研究》，1981 年在国内公开发行。1982 年 10 月，高教研究室创办了《高师教育与管理》杂志，内部印刷发行。

恢复高考统一招生

1977 年 9 月，教育部在北京召开全国高等学校招生工作会议，决定恢复已经停止了 10 年的全国高等院校招生考试，以统一考试、择优录取的方式选拔人才上大学。这个重大决策，是扭转十年"文化大革命"造成的教育领域混乱局面，恢复和建立新的教育秩序的开端；是实行全面拨乱反正，开辟新道路的一个突破口。恢复高考的招生对象是：工人农民、上山下乡和回乡知识青年、复员军人、干部和应届高中毕业生。会议还决定，录取学生时，将优先保证重点院校、医学院校、师范院校和农业院校，学生毕业后由国家统一分配。

江西师范学院在 1977 年冬的招生中，共招收了 578 名学生，其中数学系110 人、物理系 52 人、化学系 59 人、中文系 111 人、外文系 88 人、体育系 58 人、艺术系 55 人、历史系 45 人。这批学生于 1978 年春入学。虽然这批学生在年龄上参差不齐，但是他们都怀着对知识的渴望和追求来到了大学校园，给校园注入了新的生机，他们在艰苦的条件下刻苦学习科学文化知识，为刚刚迎来春天的学校营造了良好的学习氛围。

1977 年冬的这次招生是"文化大革命"后江西师范学院招收的第一批四年制本科生，从此，始于 1971 年的在工农兵中推荐大学生的历史结束了。江西师范学院最后一届工农兵大学生毕业于 1979 年。

1983 年教育部确定江西师范学院为举办函授本科、专科的院校招生纳入国家计划。同年 9 月，教育部又确定江西师范学院为马列主义专业、外语专业高等自学考试的主考单位，有命题和阅卷权，并协助省自学考试办公室管理教务。

研究生教育和学位工作

江西师范学院研究生教育开始于 1978 年，当年中文系中国古代文学专业招收了曾子鲁、王春庭、祝宗武、谢仓霖、张玉奇等 5 名研究生，古代汉语招收了宋易麟、葛根贵、李尚杏、高福生、张志德、康泰、郭晓云等 7 名研究生，化学系有机化学专业招收了薛德钧 1 名研究生。

1979 年中文系比较文学与世界文学专业招收 2 名，历史系中国古代史专业招收 1 名，数学系基础数学专业招收 2 名，物理系理论物理专业招收 1 名。1980年外文系英语语言文学专业招收 4 名，数学系概率论与数理统计专业招收 1 名。1982 年，中文系中国古代文学专业招收 3 名（有硕士授予权），数学系基础数学专业招收 4 名，物理系理论物理专业招收 2 名研究生。

1981 年，江西师范学院被国务院学位委员会确定为学士学位授予学校。1981 年 12 月，教育部、国家计委、国务院科技干部局下达了经过审批的首批博士、硕士学位授予单位通知。在 1978 年招生的中国古代文学、古代汉语和有机化学等 3 个专业中，中文系的中国古代文学专业属首批硕士授予权专业，其他当时招收研究生的专业与有授予权的校外单位合作，由他们审查并进行学位论文答辩，经审核合格后授予硕士学位。

1982 年 1 月，为适应学士学位授予工作需要，江西师范学院成立了学位评审委员会。评审委员会由郭庆棻、楚冰、彭先荫、胡守仁、关键、熊启藩、余心乐、欧阳琛、刘天浪、胡克、郭仲熙、孙珍方、周树人、张传贤、马巨贤、周銮书、章瑞麟、倪国熙、赖准靖 19 人组成，由院长郭庆棻任主任，楚冰副院长、彭先荫、胡守仁任副主任。1982 年 4 月，学院学位评审委员会通过了《江西师范学院学位授予工作细则（试行）》。

1982 年，学校首次开展了学位授予工作，全年分两批（上半年和下半年）授予了 938 人学士学位（1982 年共有 77 级、78 级毕业生 951 人）；首次授予曾子鲁、王春庭、谢仓霖、张玉奇等 4 人文学硕士学位。

调整机构

1977 年 11 月，工宣队撤出江西师范学院，结束了 1968 年以来工宣队领导学校的历史。

1980 年 4 月，省委调整了江西师范学院领导班子，原党委副书记胡廷棠任党委书记，原副院长郭庆棻任院长，楚冰任党委副书记、副院长，左云祥任党委委员、副院长。

1981 年 8 月，增补谭启民、郑光荣、俎洪志、关键、宋树春、周銮书、傅金生 7 人为党委委员。任命谭启民为院纪律检查委员会书记，郑光荣为党办主任，俎洪志为组织部长，宋树春为宣传部长，米玉柱为院办主任，关键为教务处长，郭景春为总务处长，陈心平为财务处长，彭先荫为数学系主任，傅金生为数学系党总支书记，熊启藩为物理系主任，胡守仁为中文系主任，周銮书为历史系主任，吴怀书为历史系党总支书记，刘天浪为艺术系主任，费成信为政治教育系党总书记，周树人为教育系主任，傅荣晖讲师为马列主义教研室主任，黄培贵为公共体育教研室主任。

1982 年 1 月，省委任命郑光荣为院党委副书记，关键为副院长。

1980 年，马列主义教研室与政教系分开。马列主义教研室专门负责全校政治理论课教学。

为了加强高等学校管理和高等教育理论研究，1982年3月，高教研究室成立。

到1983年，系和专业设置有了增加，原有中文、外文、历史、物理、化学、数学、体育、艺术（美术专业和音乐专业）8个系，后来扩大到11个。新增的3个系是1978年恢复的政教系、地理系及教育系。政教系、地理系在1978年开始招收四年制本科生。教育系是1979年在原教育学教研室基础上建立的，1981年招收本科生。

完善管理

1980年1月，学校下发了《对〈高等学校学生管理的暂行规定〉几点具体说明意见》和《关于实行学生奖学金制度的办法》。开始实施教育部颁发的《高等学校关于学籍管理的暂行规定》。1981年9月，制定了《江西师范学院图书馆借书规则》、《图书馆报刊借阅办法》、《图书馆阅览规则》、《图书馆报刊规则》等，使图书馆更好地为教学和科研服务。同时制定的还有《江西师范学院关于学生请假的规定》、《卫生所有关医疗管理的几项规定》、《江西师范学院用膳制度》、《江西师范学院学生宿舍管理办法》等。1982年2月，将这些文件汇编成《江西师范学院学生手册》发给系科室和学生班组，并作为新生入学教育的一个内容。

1981年，师院实行"五定"，即定任务、定专业、定学制、定规模、定编制，使人人有岗，职责分明，克服了那种有人无岗、有岗无人、在岗不尽职、在岗不负责的现象。

1981年实行"五定"时，对在校人员进行了统计：全校教职工1005人，其中党政干部173人，占17%；教学人员596人，占60%；工勤人员236，占23%。教学人员中，教师531人，占教学人员的89.1%。教师中有教授8人，副教授33人，讲师255人，教员63人，助教23人，教学年限和业务水平已够晋升定职称但未定职称的中青年教师149人。

第四节　酝酿新局

经过整顿，学院的面貌有了很大的改观。80年代初期，中央作出了改革开放的伟大决策，开拓了发展思路，开始逐步走向新的"春天"。

加强思想政治工作

"文化大革命"后，政治思想工作面临新的形势。长期以来"左"的路线和接踵而来的"两个凡是"的方针，窒息着国家和民族的生机。十一届三中全会以后，学校结合批判林彪、江青两个反革命集团，认真组织师生学习马克思主义、毛泽东思想，在思想上、政治上、组织上拨乱反正，贯彻党的路线、方针、政策，逐步整顿和恢复学校秩序。

重视和加强思想政治工作。1981年上半年，着重贯彻1980年12月召开的中央工作会议和省委召开的大专院校思想政治工作座谈会精神，进行坚持四项基本原则的教育，引导学生认识中央关于保证安定团结、进行调整的方针的历史必然性，正确认识形势，理解三中全会以来党的解放思想、实事求是的路线、方针，弄清楚坚持四项基本原则为的是实事求是，而只要在工作中贯彻实事求是的思想就能坚持四项基本原则。

加强思想政治工作队伍建设。1981年全校进行组织机构调整时，调整和充实了政工队伍，加强了党组织和思想政治工作部门，恢复了院教育工会，确定由一批思想好、作风正、有威望、有经验的教师做兼职政治辅导员。按照每100名学生配备1个专职政治辅导员，每个系配1名专职团总支书记（兼政治辅导员）的标准配备政治辅导员，保证每系有3名专职政治辅导员和1名团干。

建立思想政治工作制度。在总结经验的基础上，1981年4月召开的全院学生思想政治工作会议决定，逐步建立一套思想政治工作制度。1982年5月，再次召开的学生思想政治工作会议，制定了《关于各系成立德育教研组、加强形势与任务教育和道德修养的意见》《关于试行学生品德操行评定的几点意见》《关于改进"三好学生"评选办法的意见》和《政治辅导员工作条例）四个文件，工作制度由弹性和模糊的评定走向量化管理。加上以往制定的各种制度、守则、公约，形成了一套工作制度，使政工工作日益规范，责任明确并落实到人，使政治思想工作同行政管理工作之间的关系由过去如同油水关系向水乳交融的关系转变。

改进马列主义理论课教学。学校对政治理论课教师提出了很高的要求，要求政治课教师首先自己要信仰马列主义，而不是做"知识贩子"。一是改进了教学内容，马列主义教研室和政治教育系两个单位的教师，以《关于建国以来党的若干历史问题的决议》为指针，认真研究历史，研究世界社会主义的变化和资本主义在战后的巨大变化，从中得出合乎实际的认识。用这些认识修改和充实教材，提高教材和教学内容的现实感和吸引力，锤炼教材的思想性和科学性。二是改进教学方法，废止那种孤立地讲理论的填鸭式教学，切实贯彻理论联系实际的教学原则，政治理论课教师经常深入学生中去，与学生交朋友，讲其所想，释其所惑。

经过两年来的工作，思想政治工作取得了明显成效。学生的思想政治觉悟有了提高。讲文明、讲礼貌、讲卫生、讲道德、讲秩序的人越来越多，涌现了一批文明礼貌学雷锋做好事的先进集体和积极分子。1982 年 12 月，全院评选出 6 个先进班集体，541 名三好学生，141 名优秀学生干部，53 名甲等奖学金和 148 名乙等奖学金获得者。1983 年 4 月，中文系写作教研室、历史系地方史教研室、数学系计算数学与计算机教研室等 31 个单位被评为先进集体，中文系余心乐、政教系薛妮珍、外语系张谨之、艺术系燕鸣、地理系朱宏富、数学系刘绍武等 150 人被评为先进工作者。

基本建设

"文化大革命"之后，江西师范学院的发展较快，学校基本建设的规模和速度都以较大步伐前进。

1981 年在校内大操场东侧建成南北长 110 米的田径房，面积为 2608 平方米。1983 年，又建成游泳池，既为师生员工提供夏日游泳的地方，又改善了体育系的教学条件。

1982 年，建成 3100 平方米的艺术楼。

1982 年竣工的教工宿舍楼有 1500 平方米，又开工兴建 5 号教工宿舍楼 3800 平方米。1983 年省拨款 60 万元，兴建高级知识分子楼 4600 平方米，户均 60 平方米，使所有副教授以上教师都住上符合当时标准的住房。

1981 年，兴建学生宿舍 4000 平方米（省拨款 22 万元）。同时兴建化学工程实验楼一栋。

改革的起步

从 1982 年秋天到 1983 年春天，江西师范学院党委多次召开会议，提出开创新局面的近期工作计划和远期初步设想。"初步设想"分为开创新局面的思想基础、学校规模和发展方向，教学和科研、思想政治工作、行政管理工作、加强和改善党的领导等 6 个方面。

校领导一方面组织动员师生学习中央领导关于"四化"建设和改革问题的指示，另一方面组织有关部门负责人赴上海交通大学、中国科技大学、武汉大学等高校学习和了解他们的改革经验。师生员工关心改革、谈论改革、研究改革。这一时期，改革成了大家关注的中心话题。在集思广益的基础上，江西师范学院党委提出了"两个适应"和"五个有利"的改革设想：改革必须适应江西国民经济建设的需要，适应江西教育事业发展的需要；改革要有利于贯彻党的教育方针，提高教学质量和科研水平，多出人才，出好人才；有利于挖掘潜力，最大限度地调动广大知识分子的积极性和创造性，发挥知识分子的作用；有利于提高多济效益，在同等条件下办更多的事，有利于贯彻按劳分配的原则，克服平均主义，打破吃"大锅饭"的局面；有利于教师队伍的培养和建设，全面规划，重点培养，使有能力有才干的年轻人脱颖而出。根据这些思路，成立了院改革研究小组，负责调查研究，制订方案和实施计划等项工作。

在院改革方案拟定的同时，没有坐等方案出台再干，而是各方面改革逐步开展。不等不靠，看准了就先干，在实践中及时总结，摸索着前进。在教学方面，正确处理学术性、师范性的关系，根据"加强基础，培养能力"的思路，解决教学内容和教学方法中存在的窄、旧、死的问题，向宽、新、活的方向努力，既讲老话（过去讲得正确的东西），更要讲新话、新内容。加强实践性教学环节，让学生把知识学活，能举一反三，触类旁通。严格执行考试、考查和升留级制度。对教师分不同情况提出不同要求，加强对教师的教学、科研工作和业务进修的考查。试行教师工作量制，建立教师业务档案，派青年教师外出进修，包括攻读硕士学位和参加学术会议。

在总务后勤方面，开始冲破"大锅饭"和平均主义，实行"奖金制度"。食堂管理方面，改变那种干与不干、干好干坏都一样的陋习，试行各个食堂按营业额提取奖励基金，学生可以自由选择食堂用餐。这个办法一经试行，各食堂之间有了竞争，饭菜质量、花色品种迅速而明显提高，炊管人员服务态度显著改善。

以前较长时间存在的用膳排长队、很拥挤的"老、大、难"问题得到缓解。这样，国家不增加开支，学生不加重负担，伙食质量就有了明显提高，受到师生的广泛欢迎。

在思想政治工作方面，加强了对教师的"师德"教育，教师要管教管导，教书育人，对教师提出了严格要求。以党的十二大文件，特别是邓小平提出的建设有中国特色的社会主义的理论为指导，修订了马克思主义理论课教材，加强了对学生的接触和了解，努力把科学性、思想性、针对性统一起来，把马克思主义基础理论教学和做学生思想政治工作结合起来。1983年2月，成立了共产主义思想品德教研室，随后各系成立了思想品德教研组，加强形势与任务教育、法制教育，把共产主义思想品德列为学生的必修课；广泛深入地开展了内容丰富、形式多样的"五讲四美三热爱"和第二课堂活动，第二课堂开设音乐、美术、书法、舞蹈等课，让学生受到审美教育，成为有多种技能的人，并融理想、道德、纪律以及爱国主义、共产主义思想品德教育于课堂和课外活动之中。

整党

1983年4月，省委确定江西师范学院为全省6个整党试点单位之一，省委派遣整党试点工作调查组来校帮助江西师范学院党委开展试点工作。试点工作历时3个月，7月20日结束。

"文化大革命"十年动乱，党受其害，思想、组织、作风严重不纯。江西师范学院作为重灾户，整党的任务十分艰巨。虽然通过"揭、批、查"运动，林彪、江青两个反革命集团的流毒得到一定程度的肃清，党组织初步整顿，党的状况有明显好转。但是，对党员的教育不充分、不系统，有些党员对拨乱反正的伟大意义认识不足，"左"的流毒远未清除；有些党员组织观念淡薄，个人主义倾向严重，党性不纯；极少数党员还没有与帮派体系划清界限，帮派思想严重。因此，增强党的战斗力，提高每个党员的思想觉悟、组织观念，全面提高党员的党性，使之真正成为无产阶级的先锋战士，是这次整党的首要任务。

这次整党试点，江西师范学院党委坚持思想整顿为主，重在教育提高，以新党章为准绳，提高党员素质，纯洁党的组织，改进党的作风。整党分四个步骤进行。第一阶段宣传动员，学习文件，武装思想，进行系统教育；第二阶段对照检查，每个党员回顾总结，听取同志们的评议；第三阶段党员重新登记，组织处理；第四阶段整改建设，巩固成果。

在整党过程中，各级党组织学习新党章，系统上党课，对党员进行深入的马克思主义、毛泽东思想和有中国特色的社会主义理论教育，进行党性、党风、党纪教育和全心全意为人民服务的思想教育。各级党组织还认真查找班子中"懒、散、软"的问题，即查找班子里工作懒懒散散，不够团结，协作配合不好，在原则问题上旗帜不够鲜明等问题。党的组织和党员以新党章为尺度，领导成员带头，从政治上、思想上、作风上、组织上找差距，开展批评和自我批评。在党员思想觉悟提高的同时，党员自身存在的问题也都浮现出来。最后，按照党员标准，逐个对党员进行登记。绝大多数党员获得了重新登记，也有极少数党员因有的是造反起家，有的是搞打砸抢严重，有的帮派思想严重，对他们进行了组织纪律处理，其中有些人不予登记。

经过 3 个月的教育整顿，党员的思想觉悟和政治素质有了相当程度的提高，组织纪律性有了增强，党组织的战斗力增强了。

1983 年 7 月 14 日，省委整党试点验收组来校验收，认为江西师范学院整党工作合格。省委第一书记白栋材、省委副书记傅雨田和省委、省政府有关部门负责人先后来校检查验收整党试点工作。白栋材在院教工座谈会上评价说："师范学院的整党，基本上是好的，基本上是成功的。"

第六章

宏图再展

——更名江西师范大学

（1983.10—2002.11）

1983 年学校由江西师范学院更名为江西师范大学，从此进入了一个崭新的发展时期。这一历史时期正是中国进入稳步的经济发展和坚持改革开放的历史时期。1985 年 5 月，中共中央发布了《中共中央关于教育改革的决定》。1993 年 2 月，中国中央制定了《中国教育改革和发展纲要》，确定了到 20 世纪末我国教育改革与发展的基本目标和任务。在 1983 年至 2002 年长达 19 年的时间里，学校在这一历史时期持续地解放思想、更新观念，加快了改革开放的步伐。通过一系列重大改革措施的实施，学校规模不断扩大，基础设施进一步完善，办学效益和学校知名度有了显著的提高，教学、科研、师资队伍、对外交流、校园文化等各项工作均取得了较大成就。至 21 世纪初，学校已形成多学科、多规格、全方位的办学格局。这一时期既是学校取得辉煌成绩的历史时期，也是继往开来的发展时期，通过持续的改革，学校终于再次焕发出勃勃生机，呈现出一派欣欣向荣的景象。

第一节　学校更名

随着恢复整顿教学秩序、落实知识分子政策和干部政策等一系列得当措施的实施，江西师范学院发展突飞猛进。至1983年，学校已经具有相当规模，设有11个系12个专业，在校学生达3111人；教职工1366人．其中专任教师622人（教授10人、副教授84人、讲师282人、教员12人、助教89人、青年教师145人）。自1978年以来，先后有6个系13个专业招收了硕士研究生。

1983年4月28日，国务院批转的教育部、国家计委《关于加速发展高等教育的报告》中提出：为了实现党的十二大确定的奋斗目标，教育必须先行，加速发展高等教育刻不容缓。在高等教育迫切需要发展和教师增量的新诉求下，全国各省学院纷纷要求改为大学。1983年，学校也多次呈文，要求将校名更改为江西师范大学。同年10月17日，省政府正式批准学校改名为江西师范大学。

全校师生闻讯欢欣鼓舞、群情振奋。10月31日下午，学校举行了更换校牌仪式。校牌上"江西师范大学"六个遒劲有力的大字，是由中顾委委员、中国书法家协会主席舒同题写。校领导、部分教职工和数百名身着校服的学生代表在喜庆的鞭炮声、锣鼓声中参加了这一仪式。

11月1日，是江西师范学院建院30周年暨改名江西师范大学这一双喜临门的日子，全校师生员工欢声笑语，喜气洋洋。上午9时，庆祝大会在学校大礼堂隆重举行，大会由校党委书记郑光荣主持。省委书记许勤代表省委、省人大、省政府、省政协向大会表示热烈祝贺，向为党的教育事业呕心沥血辛勤劳动的全校教职工致以亲切的慰问。他在讲话中充分肯定了学校30年的办学成绩，强调了教育在四化建设中的重要地位和作用以及师大在新时期的历史使命。他要求师大全校师生员工奋勇拼搏，积极进取，为把师大办成全省师范教育中心和教育科学研究中心而奋斗。校长李树源在讲话中回顾了学校30年来所走过的历程，并就办好师大提出了主要目标和任务。出席庆祝活动还有省人大常委会副主任张宇晴、副省长柳斌、省政协副主席吕良等。庆祝大会之后，学校连续2天举行了一系列庆祝活动，各系还邀请校友回系座谈，同时举行了一系列的学术交流活动。

江西师范学院改名江西师范大学，是发展江西教育事业和振兴江西经济的需要，是省委和省政府开创江西教育工作新局面所采取的一项重要措施。它标志着江西高等师范教育进入了一个新的发展时期。从学院改为大学，也标志着学校在发展史上向前迈出了重要的一步，跨上了一个新的台阶。在新的契机、新的形势下，学校认真学习贯彻上级有关教育工作的指示，总结办学经验和教训，探索新时期高师教育的特点和规律，励精图治，开拓进取，确定了以教学改革为重点，以管理改革为突破口，有步骤地开展了各项改革。

第二节　教学改革

改革理念

1983年，邓小平同志提出"教育要面向现代化，面向世界，面向未来"，这"三个面向"成为中国教育改革与发展的指导方针，也为江西师范大学教学改革提供了依据。1985年初，学校师生从分析、调研传统教育教学体制的弊端入手，开展了关于高师培养目标、传授知识与培养能力的关系、师范性与学术性的关系等问题的学习讨论，强化了改革的意识，明确了改革的基本方向。同时，通过对在校生学习情况和毕业生工作状况的调查，并吸收了地县教育局等用人单位的意见，确定了"加强基础，培养能力；学科渗透，更新内容；因材施教，鼓励冒尖"的教学改革总原则。在教改总原则的指导下，对学校的专业设置、教学计划、考试方法以及教学管理者诸方面进行了一系列的改革实验。

1992年至1999年，教育部加快了推进高校教学改革的步伐，下发了一系列推进高等学校教育改革的文件，出台了许多重大改革措施，如《关于深化教学改革，培养适应21世纪需要的高质量人才的意见》、《关于积极推进"高等教育面向21世纪教学内容和课程体系改革计划"实施工作的若干意见》、《关于加强大学生文化素质教育的若干意见》、《高等学校教学管理要点》。1999年，开始实施了《中华人民共和国教育法》，国务院颁布了《面向21世纪教育振兴行动计划》，召开了第三次全国教育工作会议，颁布了《中共中央国务院关于深化教育改革全面推进素质教育的决定》，将深化教育教学改革，推进素质教育，放在前所未有的战略高度。这些法规文件的出台，为学校进一步加强教学工作，深化教学改革提供了理论依据和行动指南。

深化教学改革的前提是要求全体教师和干部要转变教育思想，树立新观念。为此，学校在 1996 年 4 月、1998 年 9 月、1999 年 3 月先后 3 次在全校开展了"学理论，转变教育思想，更新教育观念"的学习研讨活动。学校还召开了全校性的学习理论经验交流会，举办了处级干部学习理论研讨班，组织专家、学者分别为各级领导、教师作学习报告和系列讲座，组织专门人员对学校传统的教育思想和人才培养模式中与素质教育相抵触的东西进行清理。2000 年 9 月，在 2000 级新生中开办了素质教育实验班和师范教育改革实验班的尝试，正是学校进行素质教育的改革实践。

2000 年，为贯彻执行中共中央、国务院《关于深化教育改革，全面推进素质教育的决定》，进一步深教育改革，贯彻因材施教原则，促进学生多样化、个性化发展，将我国传统教育的优点和当代世界教育改革的趋势结合起来，更好地体现和优化学校师范特色，学校决定开办素质教育实验班和师范教育改革实验班。素质教育实验班以提高创新精神和实践能力为重点，培养"四有"新人，通过本科阶段的教育，绝大多数毕业生能进入硕士研究生阶段的学习、深造。首届素质教育班、师范教育实验班分别有 241 名和 120 名同学。

在此时期，学校确立了教学工作在学校工作中的中心地位，增加了对教学工作的投入，加大了教学改革的力度。

教学计划

教学计划是培养人才的蓝图，也是学校一切教学活动的基本依据。据教改总原则，1985 年 3 月起，学校各系（室）从各自的实际出发，采取"三增三减（增生选修课，减少必修课；增加自学时间，减少授课时间；增加时间环节，减少理论教学）"等办法，对原教学计划进行了修订。1985 年秋入校新生，按新教学计划实施，其他年级也作了过渡性的调整。据统计，1985 年下学期全校开出的 416 门课程中，选修课有 112 门，占 24%。三、四年级共开出选修课 78 门，比往年有大幅度增长；一、二年级所开选修课 24 门，打破以往年级不开选修课的惯例。同时，在理科普遍开设计算机课程，全校公共外语课取消考查，各学期均实行考试，英语课实行单科升留级、跳级制度。到 1988 年 6 月，全校开出的选修课达 150 余门，参加选修的学生达 6000 余人次。1989 年，全校开出的选修课已达 239 门。

1993 年以后，学校为适应新形势的变化，先后三次对本科教学计划进行了全面修订，使教学计划实现了"四个体现"：体现现代教育思想和教育观念以及教育改革精神，体现创新精神和创新能力的培养以及全面推进素质教育的要求，体现强化实践能力、解决问题和分析问题能力的培养，体现师范特色。1998 年，学校党委通过的《江西师范大学关于修订'98 级教学计划总则》在指导各院、系修订教学计划过程中突出以下四点：一、树立现代教育观念，培养的学生要素质高、能力强、基础厚、知识面宽，有高度的责任心、事业心、热爱教育事业。二、明确改革课程体系和教学内容的迫切性，确定了课程体系设计的四条原则。整体要求是：减少必修课，增加选修课，加强主干课；加强文化修养课程教育，提高人文科学、社会科学、自然科学、艺术和体育在本科教育中的地位，提高此类课程在本科教学中的比例；增强教育类课程的门类和课时数，并提高该类课程的教学质量。三、选修课的开设，要求各专业都应形成两个以上选修方向。其中对师范类专业规定要加强师范性规格要求的方向。四、鉴于原来过多的学时要求与旧的教学思想相适应，直接导致教学过程统得过死，学生自主学习的时间不足。为了深化教学改革，实施 40 分钟课时制，将现在每节课 50 分钟改为 40 分钟，规定文科 4 年总学时不超过 3000，理科不超过 3200。

20 世纪 90 年代，学校为了实现教学改革目标出台了不少有力的改革措施。1993 年，学校决定选拔优秀专科生升入本科学习，对学有余力的优秀学生可自费另修一个专科专业，或者说自费辅修相近第二专业。学校制定的关于优秀专科生升入本科学习的规定（暂定）指出，凡专科学生拟升本科学习者，需是三好学生、优秀团员、学生干部、团干或者前三学期至少获得两次以上三等奖学金者（且不得受过校记处分），人数不超过本年级专科生 10%，经过选拔考试，由系里提出排序名单，由教务处审核并报校长批准，报省教委备案。比外，制定的措施还有：对学习成绩差的学生实行淘汰或试读制；改革师范生奖学金评定等。1999年，为拓宽知识面、加强能力、提高素质，培养具备创新能力的学生，学校全面修订了本科教学计划，突出实践性教学、突出师范特色、突出学生的个性和多样化发展以及自主性学习、突出教学计划修改中的整体优化原则。学校还改学年制为学年学分制，改补考为重修，同时全面实施主辅修制，允许学生在修本科学位的同时辅修一个专科文凭。这些新的改革措施大大提高了教学质量，调动了学生的学习积极性。

课程建设

1986 年 9 月，学校颁发了《关于加强课程建设的几点意见》。同年，学校在高等教育研究室成立了交叉学科教研室，开设文理渗透课程，以优化学生的知识结构和能力结构。同时规定，理科学生在学习期内必须选 1—2 门文科公选课，文科学生也必须选 1—2 门理科公选课，以实现文理渗透。教育学科和教育实习也相应加强，时数已占总学时的 10% 左右，并在学生中开展了"'三字'（钢笔、毛笔、粉笔）、普通话、简单乐理常识、日常英语会话、'三球'（篮球、排球、足球）裁判知识"等 5 项基本技能的训练。每年考核一次，合格者发给证书，记入学籍档案。

1987 年 2 月，学校成立了教育实习委员会，相继制定了《改进加强教育实习和社会实践的意见》和《学生参加生产劳动的暂行规定》。这些规定加强和改善了实践性教学环节，重视对学生能力的培养，把劳动课列入了教学计划，并与13 所中学建立了协作关系，正式挂起了实习学校的牌子，从而使学校在建设稳定的实习基地的道路上前进了一大步。此外，1987 年上半年，教务处与高教研究室共同举办了课程评估学习班。下半年，在全校各系（室）选了 16 门课程作为评估点。在各系（室）自评的基础上，学校课程评估小组组织了评比，并将这 16 门课程的内容分为课程建设有关材料和评估工作情况两部分进行公开展出。

经过几年的改革，至 1988 年年底，课程建设取得了一定的成效。与 1984 年相比，全校增设专业课 283 门、专业选修课 210 门、公共选修课 23 门。1990 年，在必修课中，已有 67 门建立了老、中、青或高、中、初的三级师资梯队，占课程总数的 28.6%，有 80 门课程建立了双层梯队。1988 年 3 月，通过展评，评比人员在展览室按评比指标逐项打分，评出高等数学、中学实验物理、有机化学、外国文学、中国社会主义建设等 5 门课程为较好的课程。这次评估，为学校加强课程建设提供了经验。学校力争三五年内，对全校所有课程全面评估一次，以促进课程建设。到 1991 年底，全校共评出优秀合格课程 87 门，教学评估逐步纳入了正常化渠道，促进了教学质量的稳步提高。

进入 90 年代后，学校为了加强教学改革的理论基础，积极推进面向 21 世纪的教学内容和课程体系的课题研究，至 1999 年全校共承担教育部"高等师范教育面向 21 世纪教学内容和课程体系改革计划"课题 4 项，承担省教学内容和课程体系改革课题 12 项，其中 3 项为省级重点课题；设立校《教学改革研究课题立项基金》，1993 年以来，全校共有 66 项教学研究课题获准立项，累计有 27 项获省级教学成果奖其中一等奖 3 项、二等奖 13 项、三等奖 11 项。学校承担了省内 44 所中学应用现代教育技术促进基础教育从应试教育向素质教育转轨实验基地的指导和评估工作，其中 27 所为国家级素质教育实验基地。

至 90 年代末，为适应素质教育的要求，教务处下发了《本科教学计划公选课模块及课程设置》，公选课设置为"人文素质教育"、"科学精神与科学素质教育"、"师范生职业道德与职业技术教育"和"文艺体育专项技能训练"等四大模块。课程形式上不仅采用课堂教学，还突出了系列专题讲座和实践与训练课程门数近 170 门。在公选课建设中，着力改变教授远离本科生的现象，要求全校所有教授每年至少开一门公选课或做一次专题学术报告，把公选课开成学校的品牌、特色课，并注意把一系列较为稳定、较为规范，坚持得比较好、比较成熟的社团活动、社会实践活动等纳入公选课体系。

课程建设在这一时期取得了较为明显的成效，学校切实贯彻素质教育方针进行课程体系改革的同时，提倡鼓励教师采用现代化教学手段、开发多媒体课堂教学软件，引导教师采用讨论式、启发式、情景式等方法教学，拓宽课堂内涵、扩展课堂外延，进一步改善了学生的知识结构，提高了学生的综合素质和实践能力。

专业设置

1983 年，学校有中文、外文、历史、政治教育、教育、艺术（音乐、美术）、数学、物理、化学、地理、体育等 11 个系 12 个专业（均为本科）。

1985 年 1 月，学校增设了计算机科学系（计算机软件专业）；2 月，艺术系分为音乐系（音乐专业）和美术系（美术专业）；9 月，在政教系增设思想政治教育专业，在物理系增设电化教育专业，在教育系增设教育管理专业。1986 年 5 月，将物理系电化教育专业调出，在国际著名传播学家、香港中文大学传播系主任余也鲁的帮助下，建立了一个新兴系科——教育传播系；6 月，在教育系增设学校管理专业。1988 年 9 月，在教育系增设学前教育专业。

至 1988 年底，学校拥有 14 个系、17 个专业，学制均为 4 年。音乐、美术、地理还设有两年制专科。

1991 年之前，全校除思想政治教育一个非师范专业外，其他专业都是师范专业。为适应国家经济建设和社会发展的需要，增强办学活力，学校逐步增设非师范专业。1992 年设置了统计财会和商品检验两个非师范专科专业，1993 年、1994 年、1995 年设立了一大批非师范专科专业。从 1996 年起，学校开始压缩专科教育，一些非师范的专科专业逐步升格为本科。2000 年，经省教委审核，教育部备案，学校新设 3 个本科专业：应用化学、信息与计算机科学以及旅游管理，并实现了当年招生。

至 2002 年底，全校共设置本科专业 36 个，涵盖了经济学、法学、教育学、文学、历史学、理学、工学、管理学等各个学科，构建了学校专业设置的多元化格局。其中，化学、汉语言文学、数学与应用数学、公事事业管理、思想政治教育、教育技术学、体育教育、英语、艺术设计、计算机科学与技术、音乐学、历史学等为首批全省高等学校本科品牌专业。

师资队伍

1984 年，学校制订了教师培养计划，对不同层次的教师，提出不同的要求。对学术带头人及后备对象，提供条件，定任务、定时间，限期达到副教授水平，并要求他们制定教学、科研和进修计划；在财力所及的条件下，支持他们参加国内外学术会议或出国访问、进修；为学有专长者配备助手。对中年教师，重点抓在职进修，在条件许可时，选派一部分到国内外进修。对青年教师，主要是组织他们在职进修或脱产进修研究生课程，并选派一部分攻读博士、硕士学位或研究生代培。

1986 年，学校专门召开了全校青年教师培养工作会议，并制定了《关于青年教师培养和管理办法》。1988 年，又召开了全校师资工作会议，就师资队伍建设作了具体部署。

1984 年至 1985 年间，学校用于师资培训的费用达 80 余万元。1985 年起，学校用于师资培训的费用逐年增加，同时压缩本科毕业生留校比例，以便引进选留更多的研究生以上学历者充实师资队伍。1987 年与 1985 年相比，在师资队伍中，研究生以上学历者净增 42 人。学校建立了教师的业务档案，并实现了计算机管理。

在商品经济大潮的冲击和高校教师待遇相对较低的情况下，部分中青年骨干教师和"尖子"外流，外语、音乐和美术等特殊专业流失情况尤为严重。同时，随着一大批老年教师的逐渐退休，学校师资队伍断层现象日益明显，远远不能适应教育发展的需要。

为了尽快改变这种状况，1990年学校成立了师资建设规划领导小组，制定了《教师教学工作规程》《关于选拔派遣出国留学人员的办法》和《教师进修管理办法》等一系列教学、师资队伍建设制度。1991年，学校就青年教师工作做了专门研究，下发了《关于进一步重视和加强青年教师工作的通知》通知要求有关部门尽快修改并完善青年教师业务培养办法，挑选和培养青年学术带头人，有条件的系室要为青年教师配备导师；科研部门要设立专项基金，专门扶持青年教师的科研活动；在教师职称职务评聘中，要鼓励公平竞争，克服论资排辈，大胆聘用青年拔尖人才；在新建教工宿舍中，要划出一定的比例优先分配给有突出贡献的青年教师。

1984年以来，学校进一步加强了同国内兄弟院校的联系和协作。1985年12月，学校与北京师范大学签订协议，学校以两校名义在校内举办了物理教学法助教进修班，以北京师大的名义在校内举办了公体进修班。

1989年至1991年间，学校有计划培养青年教师120余人，选拔和推荐了优秀教师十余人作国内访问学者。1990年底，学校有教职工1494人（不含附属单位），其中专任教师724人，比1984年（699人）增长了3.6%。专任教师中教授为22人（1984年为9人），副教授为202人（1984年为79人）。专任教师中获硕士学位的教师有117人，占教师总数的16.2%。

1992年1月学校召开了师资队伍建设规划会议，强化了师资队伍建设的领导和规划。1994年3月成立师资规划领导小组，统筹全校教师普查工作，从教师年龄结构、学历结构、职称结构、学缘结构及教师个人基本情况进行了全面调查分析，各院系在此基础上制定了师资培训3年规划。学校根据教育部要求制订了师资培训3年规划。1999年6月，开展了第二次全校教师情况普查，在作了大量的横向与纵向比较分析的基础上，提出了学校未来5年师资培训规划；加大了师资队伍建设的经费投入。设立了师资培训专项经费，1996年单列10万元，院系筹集5万元专门用于中青年教师的进修、提高。从1997年起，师资培训经费连续以50%的幅度增长，1999年师资培训经费达38万元；加强了师资队伍的管理。逐步完善教师工作、学习、考核制度和业绩评价标准，制定了《青年教师培养办法》《加强专业教师职务聘任管理实施办法》《关于教师从事有偿职业活动的规定》《教师岗位职务设置办法》《教师培训工作办法》等；加大了"内培外引"的力度。学校鼓励教师继续深造，鼓励教师攻读硕士、博士学位。制定并实施了引进人才的优惠政策，引进了一批高学位和高职称的教师来校工作；鼓励青年教师脱颖而出。在每年的职称评聘中都破格评聘了一批中、青年教师任高级专业技术职务。

至 2002 年，学校共有教学人员 967 人，教辅人员 143 人，党政人员 361 人，人员总计达 1817 人。其中正高职称有 139 人，副高职称 479 人，教师中高学位的人越来越多，拥有博士学位的教师 45 人，攻读在职定向博士学位的教师 59 人。在教师队伍中，有人事部授予的"国家级有突出贡献的中青年专家"2 人，江西省中青年学术带头人 36 人、骨干教师 39 人，有享受国务院、省政府特殊津贴的专家、教授 64 人。

教学改革

在教学方法改革方面，克服满堂灌式的教学方法，树立以学生为教育主体的新观念，建立平等、民主、对学术问题充分交流和争论的新型师生关系；广泛采用启发式、讨论式、案例式教学方法。同时，克服课堂教学的单一化教学形式，针对学生心理、思维特点和学科、专业、课程教学的内容要求，积极拓宽课堂教学的空间概念，多场景、多环境组织教学。大力加强校园文化建设，开辟第二课堂，开展丰富多彩、形式多样的校园文化活动和学术研究与交流；开设了"周末学术讲座"，并纳入正常教学计划，计算学分，计入各教学单位工作量和教师编制。

随着现代化教学手段广泛应用，学校开始高度重视现代化设施的装备与普及。通过教学手段现代化水平的提高，促进了教学方法改革的不断深化。1999年在新竣工的综合教学大楼和田家炳教育书院的每间教室都安装了彩色电视机，配置电视教学双向插播系统，新增现代化的多媒体教室 4 间，语音教室 4 间，投资新购用于公共计算机教学的 586 计算机 100 台，同时，继续发挥已有的电化教育优势，在主要教学楼安装了音频天线感应系统，建立了调频发射台，定时播放外语节目。在加强硬件建设的同时，学校也积极促进现代化教学手段的实际应用。2000 年 12 月，学校举办首届多媒体软件制作大赛获奖作品演示会，让师生通过观摩学习更为了解和广泛应用多媒体等现代化教学手段，从而加快学校教育现代化的进程。

在加强实践性教学环节方面，新的教学计划规定理工科类专业实验课学时不低于总学时的 10%，化学类、生物类实验课时不低于总学时的 20%，音体美专业练习、实训学时不低于总学时的 25%。因此，要充分利用教学计划规定的学时以外的时间，调动各职能单位积极性，组织好学生的社会实践活动；切实加强实验课、实习、实训、社会实践（社会调查）、毕业论文（毕业设计）、野外考察（采风）等实践性教学环节的组织、管理和评估，从制度上、组织上、经费上、人员配备上和设备、基地建设上，切实保障各教学环节的教学质量，增加各类有利于学生能力培养和综合素质提高的活动类课程。至 2002 年底，江西师范大学恢复和新建教育实习单位 38 个，专业实习单位 28 个，社会实践单位 3 个。

1998 年 10 月 7 日到 11 月 6 日，学校开展了首届"教学月"活动。活动分五个方面进行：学习理论，更新观念；召开了院系教师、学生座谈会；开展了教学管理和教学工作的大检查；组织观摩教学；举办了学术讲座。

由于首届活动效果明显，1999 年 5 月 17 日至 6 月 11 日，学校又开展了第 2 届"教学月"。这届"教学月"活动的重点是：实现一个"转变"——教育思想观念转变；深化一个"改革"——全面深化教学改革；开好两个"会议"——学习经验交流会、师资建设工作会；制订好"两个文件"——《师资队伍建设五年规划》《教学工作规程》；完善一个"数据库"——师资队伍基本情况数据库；形成一个计划——《本科教学计划》。"教学月"活动的开展，实现了"四个促进"：促进了主要领导抓教学工作与教学改革；促进了各教学单位抓教学量和教学管理；促进了教师的"教"和学生的"学"；促进了机关处室为教学服务。

教材建设

学校于 1997 年成立了教材建设委员会，设立了教材建设基金，制定了优秀教材奖励和重点资助出版教材条例等规章制度，鼓励教师编写具有学校特色的针对性较强的教材，并积极开展优秀教材评选。在教材选用上，要求尽量选用国优、部优、省优教材，提高优秀教材使用率。学校要求，凡自编的教材必须符合"面向世界、面向未来、面向四个现代化"的要求，必须革新内容，充实新理论、新知识、新资料，并在使用过程中不断修改，力争达到同类教材的先进水平；凡使用统编教材或兄弟院校的教材，也应对教材精心研究，妥为增删，还应写出使用说明。2000年8月，江西师范大学教材版本中心如期建成，进一步规范了教材的管理。同时，学校也加大了对教材建设的投入。2001年3月，学校投入10万元，资助教材出版。共有16部教材获得资助。

教学管理改革

1985年，学校决定设立江西师范大学教学优秀奖。同年，首届教学优秀奖评比工作结束。

1987年5月，学校成立了教学改革委员会，切实加强教学改革的领导。同时建立了教师工作量制度，开始试行学分制，着手制定教学质量评价指标体系和考核制度以及教学档案制度，设立教学优秀奖和教学改革成果奖；建立鼓励骨干教师上基础课制度，对教学任务重、教学效果好的基础课、公共课教师，鼓励其上大课，并按规定计算其工作量。对长期从事基础课教学、教学效果优秀的教师，在职称评定上予以适当照顾；改革完善学籍管理，对学习态度认真、学习成绩优秀、自学能力强的学生，除政治理论课、德育课、教育学科课、体育课外，经本人申请、系（室）批准，可以免听一些课程，考试合格者可以免修；改革了助学金管理办法，加大了奖学金的比重；加强了学生第二课堂的指导和管理。改革了图书管理办法，延长了开放时间，增加了流通窗口，扩大了开架借阅范围，开展了咨询辅导工作，加强了系（室）资料室的建设；教学管理向着目标管理、计划管理、质量管理和效益管理的方向发展，有效地调动了教师和学生两方面的积极性。

随着教学改革的深入，学校先后成立了校院（系）两级教学工作委员会、校师资工作领导小组、校教材建设工作委员会、校教学督导组等，由校领导兼任上述机构的负责人；成立学校师范生职业道德与职业技能教育指导委员会、文化素质教育指导委员会、艺术教育指导委员会、健康教育指导委员会、公共计算机教育指导委员会，各委员会以相关学院为依托，院长兼委员会主任。这些机构的建立，为加强教学管理提供了有力的组织保障。学校注重教学管理的制度建设，出台了《关于全面推进素质教育若干问题的决定》、《关于加强教学工作的意见》、《关于加强师范专业教学的若干意见》、《关于修订本科教学计划的实施意见》、《本科生修读辅修专科专业实施办法（试行）》、《学分制方案（试行）》、《学分制学生学籍管理规定（试行）》、《关于开展院（系）教学工作评价的规定》、《教学干事工作职责》、《关于教学差错及事故处理的暂行办法》等。

1999年6月，为了更好地进行教学管理改革和开展教学工作，学校成立了教学工作委员会，李贤瑜任主任委员，傅修延任副主任委员。

随后，学校开始改革教师授课质量评价办法和评估指标体系，将突击性评估改为常规评估，片面评估课堂教学质量改为全面评估各教学环节的教学质量。特别是加强教师在实验、实习、实训、社会实践与社会调查、毕业论文（毕业设计）等实践性教学环节的教学质量评估，增大教学改革的权重系数，鼓励教师进行教学改革和教学研究。要重视学生在教师本科教学质量评价中的作用，明确规定以学生评价作为教师教学质量评估中的基本分和基本依据。为了促进教师授课的积极性，学校也采取了一些激励机制，如2000年2月，学校出台《江西师范大学教师教学津贴发放实施办法》，并决定自2000年起提高教师讲课费，由原来的每节课2.5元提高到10元。

学校开展了对院系教学管理工作的评估工作，并在评估指标体系中突出教学改革和素质教育的内容。在实施过程中力求做到"六个结合"，反映"六个侧重点"，即：目标与过程结合，侧重过程的优化；硬件与软件结合，侧重硬件的高效利用和软件建设的有效性；投入与输出结合，侧重输出所表现的过程效应；现状与导向结合，侧重发展潜力与趋势；规范与创新结合，侧重创新成果与特色；定量与定性结合，侧重专家的综合评价。

2001年9月，在新学期开学之际，学校把开展教学评估工作作为深化教学改革的突破口，认真贯彻执行教育部《关于加强高等学校本科教学工作提高教学质量的若干意见》的文件精神，组建教育教学评估中心，聘请了19位离退休教师担任评估中心成员。至此，学校建立了学校、教育教学评估中心、学生三级评估体系。评估工作首先由教务处直接组织学生对每位任课老师打分，占70%；校教育教学评估中心专家组同时也对每位任课老师打分，占30%，各院系不再参与教师教学的评估。

学校对考试制度也作了相应的改革。1986年，学校规定每门课程都要进行考试。平时的考查，注意考察学生对基础理论、基本知识和基本技能的掌握情况；学年（学期）考试，则以考核学生分析问题和解决问题的能力为主，强化了考场纪律，学生在考试中作弊，根据情节轻重进行严肃处理。

学校进一步规范了考试管理。1988年11月，学校规定每门课程考试必须出好难度相当的 A、B 两套试卷，一套用于考试，一套存教务处用于补考。除因公、因病住院者可持证明申请缓考外，其余情况均算缺考。补考由教务处统一组织。1999 年，学校出台了《江西师大关于加强考试的补充规定》：公共课全部采用题库命题，并在学生离校后全校教师集体流水线阅卷，有效地纠正了试题过易过难及打人情分等不良现象。同时，学校也强调要坚持知识考核与能力素质考核并重，改变单一的闭卷、卷面笔试的方法，制定下发了《关于加强考试管理的补充规定》，课程结束考试实行考场封闭管理；学生进入考场只许带笔，凭学生证、身份证和准考证进入考场，加强阅卷环节的管理，实行密封阅卷，统一拆封登分的管理办法，保证阅卷工作的公正性。

2000 年，为了进一步规范考试管理，教务处再次连续出台了一系列举措和规定，对学校考风和学风建设起了很好的促进作用。首先，学校已建立试卷库课程共计 40 门左右。为了进一步加大教考分离力度，教务处决定在公共课中对《英语》、《哲学》、《毛泽东思想概论》、《邓小平理论》、《法律基础》等 5 门课程建立试题库软件系统，每次考试都可以从中随机抽取试题组成所需要的试卷。其次，着重对考试过程中某些具体环节严格操作、规范管理。教务处对学生成绩登记表、试卷纸、答题纸进行了统一规范，提出了新要求。再次，对所有期末考试理论课程进行统一阅卷，集体登分。另外，教务处仍坚持以往一些好的做法，比如：考试期间对考试用教学大楼进行封闭管理、成立校、系两级考试巡视组，加强对学生和监考人员挂牌上岗、考试违纪情况当天通报，等等。

在对考试制度改革过程中，教务处紧紧抓住考试管理这个教学管理重要环节不放松，以考风促学风，学风带校风，最后在全校真正形成"团结、勤奋、求实、创新"的良好氛围。

第三节　革故鼎新

管理改革

除教学改革外，江西师范大学一系列改革措施的推出始于 1984 年。是年 9 月 11 日，校党委召开全校教职工参加的改革动员大会，号召全体教职工行动起来，"以管理改革作为改革的突破口，以教育改革为中心内容，有计划、有步骤地推进各项改革"。在工作安排上，要求"大体分段，交叉结合；统一原则，创造执行；全面开展，点面结合"。至此，以制定和试行各类人员岗位责任制为中心的学校管理改革全面铺开。

根据教育部的有关规定，经过广泛调查和反复测算，学校首先组织力量拟定出六年（1984—1990年）发展规划，并根据这个规划，对1983年拟定的《关于人员定编的试行办法》进行修改，把"五定"（定任务、定专业、定学制、定规模、定编制）落实了下来，在严格掌握各类人员总的比例并控制全校总编制的前提下，各单位普遍建立和试行岗位责任、考核人员的工作岗位责任制，教师的教学工作量制，附属工厂、职工、教辅人员的工作岗位责任制，教师的教学工作量制，附属工厂和后勤职工的经济承包、计划工资等多种形式的经济责任制，先后制定了70余项规章制度、条例或办法，使各项管理规范有章、运转有序。

责任制建立以后，在校部机关，明确了各部门的职责范围和工作任务及每个人的岗位责任，把职责和奖惩结合起来，做到了各司其职，各尽其责，调动了干部的积极性，提高了工作效率。在教师中，试行教分制和工作规范，把教学工作量同奖惩、提职称挂起钩来，调动了系（院）加强管理和教师从事教学、科研的积极性。在后勤职工和附属工厂中，把职工劳动同职工收入直接挂起钩来，调动了职工劳动的积极性。这样，初步纠正了干与不干一个样，干多干少一个样的局面。

这次学校管理改革至1988年10月告一段落。通过改革，学校简化了烦琐的办事程序，扩大了各部门和各系（室）的办事自主权。通过简政放权，强化系行政机构，初步理顺了管理制度工作中的主要关系，增强了系（室）的活力，为学校进一步改革打下了良好的基础。

进入90年代后，随着改革的深化，学校面临着新的挑战与机遇，改革已成为一种常态。自1992年至21世纪初，学校的改革已经不再是集中式推出，而是不断进行时。在管理体制上，为了理顺学校内部关系，明确各行政职能部门的工作职责强化学校内部管理，建立有效运行机制，1995年4月，学校制定了《行政处室工作职责》，使全校各行政职能部门的工作走上规范、有序、高效的轨道。学校还制定了一系列党政管理、教学、科研、后勤、产业开发工作规章制度，做到有章可循。

进入新世纪后，学校加大了管理改革力度。2000年5月，校务公开制度出台。

校务公开的内容包括 3 个方面：一是学校管理和改革发展方面的内容；二是涉及教职工切身利益方面的内容；三是学校党风廉政建设方面的内容。除了上级规定的保密事项和科学技术秘密外，原则上都按照一定的形式，适时地向教职工公开。其中学校管理和改革发展方面的内容，包括学校办学指导思想、发展规则、重大决策、财务预决算、教育教学改革方案、学校内部管理改革方案、校办产业的经营管理情况、引进入才的条件和办法，以及学校党政认为有必要向教职工公开的其他事项。涉及教职工切身利益方面的内容，主要是指教职工宿舍集资建房方案；教职工住房分配和管理办法，分配数量、过程和结果；提薪晋级、专业职称评聘、评优评先的条件、数量和结果；福利、奖金分配方案和结果等。学校党风廉政建设方面的内容，包括领导干部执行党纪政纪的情况；科以上干部的任免和奖惩情况等。实行校务公开，推进了学校改革与发展。

人事管理制度改革，是学校管理改革的一个重要方面，从 1984 年开始，学校在管理改革中简政放权，下放了一些权利，先后制定了《关于实行系主任负责制的暂行规定》《关于推行教师聘任制的试行办法》《关于考勤管理的暂行规定》《关于人员定编实施办法》《关于下放人员管理权限的实施办法》等文件。在学校规定的人员编制总数内，各单位有权自行选择用人管理模式和管理办法；在符合调配原则的条件下有权决定人员的调配；在核定的专业技术职务岗位数内，有权决定聘任或解聘中级专业技术人员；根据工作需要和干部标准，有权决定任免教研室（组）、实验室（组）的正副主任；根据国家和学校有关规定，有权审批本单位的事假、病假、婚假、产假、丧假（探亲假仍需报人事处审批）等。通过这些措施，简化了原先烦琐的办事程序，初步理顺了管理工作中的各种关系。

随着计划经济向商品经济特别是向市场经济过渡，学校教职工队伍特别是教师队伍受到影响，"人才流失"问题日益突出。在新形势下，1993 年开始，学校先后制订了《关于教职工停薪留职的暂行规定》《关于待分人员的暂行规定》《关于对引进入才实行优惠政策的暂行规定》等文件，促进了人才的合理流动个双向流动，较好地稳定了教职工特别是教师队伍。

1993 年，为了适应新形势的需要，加大人事制度改革的力度，学校出台了《江西师范大学关于提前退休的暂行规定》《江西师范大学关于教职工停薪留职的暂行规定》及《江西师范大学校内津贴发放试行办法》等一系列文件。这些文件对教职工相关的切身利益做出了详细的规定和解释，如对提前退休的条件及退休后应享受的待遇、对校内津贴的发放等作出了详细规定。人事制度改革的新举措既安定了人心、照顾到了教职工实际利益，又达到了提高办学效益，合理调配学校资源的效果。

之后，为了探索人事工作的新路，加快改革的步伐，学校先后制定了《工资包干实施办法》、《校内津贴发放试行办法》、《人员定编实施办法》、《关于对引进人才和在职博士实行优惠政策的暂行规定》等一系列人事规章制度，建立了人员待分制度，完善了考勤制度。对于工作不称职、出工不出力的人员，原单位可将其上交学校人事处，挂靠在校人才交流中心。这些政策的实施，调动了教职工的工作积极性。

同时，学校在财务管理制度上也下放权力。学校在办好全日制本科教学的同时，鼓励和支持各教学单位挖掘潜力，广开学路，并在分配制度上享有较多的自主权。1988 年，学校制定了《基金管理条例》，将各单位分别划分为直接创收单位、回接创收单位、部分创收加固定补助单位、非创收单位等集中类型。这些对调动全校教职工队伍起了很好的作用，取得了较好的社会效益和经济效益。

机构改革

为了适应各项改革，学校党政以及院系处所等机构也随着政策变化与实际需要进行了一些调整。

1983 年至 1991 年间，学校的党的组织机构是校党委和纪律检查委员会。党委下设办公室、组织部、宣传部、统战部、武装部（与保卫处合署办公），各系、室总支或支部；群众团体有工会、团委、学生会。校行政机构是在校长领导下，分设办公室、人事处、教务处、科研处、总务处、财务处、保卫处、各系（室）、教材设备处（1985 年设立）、成人教育处（1988 年设立）、监察审计处（1989 年设立）。进入 90 年代后，学校改革步伐加大，机构调整也尤为必要。

1992 年 11 月，撤销科技教育开发部，成立经济技术开发办公室；成立学生工作处；撤销实验室管理处，成立实验设备物资部。1994 年 4 月，撤销实验设备物资部，恢复实验室管理处，更名为设备物资处。11 月，撤销外事办公室，成立国际交流处；撤销经济技术开发办公室，成立校办产业管理处。1996 年 3 月，撤销研究生办公室，成立研究生处。1996 年 6 月，校园网管理中心成立，隶属于校长办公室。

军事教研部为学校直属教研部，成立于 1991 年 7 月，自 1992 年开始开设军事理论课程和对新生实施军训。1994 年 12 月与体育学院、公体教研部合并为体育学院，1999 年 3 月与体育学院分离，同校武装部合署办公，成为一个独立的教学单位，在主管校长的领导下进行教学。主要负责组织实施每年入学新生军训和全校全日制本（专）科生的军事理论课和公选课教学工作。

为了适应社会主义市场经济对高校人才培养的需要，实行资源共享，学校对原有的系科进行了重新组合。经省教委批准，于 1992 年 12 月，合并音乐系、美术系，成立艺术学院，合并体育系、大学体育教研室、军事教研室，成立体育学院。随着成人教育的发展，还于 1992 年 12 月成立了成人教育学院。1993年 10 月，学校同意马列教研部使用管理系、高教研究室使用对外贸易系的名称。1994 年 10 月，撤销中文系、历史系，组成文学院；撤销数学系、计算机系，合并组成数学与计算机学院；合并外语系、大学外语教研室，组成外国语学院；撤销教育系，成立教育科学学院，这些学院均为系（处）级单位。1995 年 4 月，组建商学院。省委书记吴官正致信时任院长眭依凡，祝贺商学院成立。教育传播系、地理系分别更名为传播系、环境资源科学系。1996 年 5 月，招生办公室成立，挂靠学生工作处。1996 年 7 月，成立江西师范大学师资培训中心，与设在江西师范大学的江西省高师培训中心合署办公。1996 年 6 月，校园网管理中心成立，属二级业务处，归口校长办公室。1997 年 6 月，思想政治教研室更名为思想政治教研部。

由于内部关系没有完全理顺和其他一些原因，少数系科合并成学院后，并没有达到预想的"1+1 > 2"的效果。于是，学校于 1996 年 7 月将数学与计算机学院更名为数学与信息科学学院，计算机科学系划出恢复直属系的机构和职能，计算中心为校直管副处级教学业务单位。12 月，历史系与文学院脱钩，恢复直属系的机构和职能。为把政法系建成江西政法类人才培养的重要基地，经省教委批准，政法系更名为政法学院。

2001 年 2 月，学校按照资源优化配置的原则对一些教学业务单位和行政机构进行了调整：以艺术学院音乐系、美术系为基础，分别成立了音乐学院和美术学院；同时撤销艺术学院；将大体部从体育学院分离，单独设立处级建制的大体部；将电教中心更名为现代教育技术中心与传播学院合并（除所属有线电视台外）成立新的传播学院；成立校新闻中心，副处级建制；成立档案馆，统一管理档案；成立校对外联络中心，处级建制；撤销总务处基建办公室，成立基建管理处；撤销校办产业管理处。

2002 年，为加快软件人才培养，根据省里有关要求，学校开始采取更为灵活的办学方式，试办软件学院；按照做强做大学校基础和优势学科的方针，以化学与生命科学学院生物类学科为基础，组建生命科学学院，化学与生命科学学院更名为化学学院。2002 年 5 月，为加强学生管理和服务工作，学校成立招生就业处，就业指导中心划入该处，学生工作处与校团委合署办公，保留两块牌子与各自职能。

经过一系列的调整，至 2002 年底，学校党的组织机构有校党委和纪律检查委员会。党委下设办公室、组织部、宣传部（下设新闻中心）、统战部、武装部、保卫部、学工部、党校、各院系处室等总支或支部；群众团体有工会、团委、学生会。学校行政机构设置为办公室（对外联络中心）、人事处、研究生处、教务处、学生工作处、成人教育学院（成人教育处、继续教育学院）、科研处、监察审计处、财务处、档案馆、图书馆、保卫处、设备物资处、后勤保障处（代管校医院）、基建管理处、学报杂志社、国际交流处（国际交流学院），各院系（室、中心）、附中、后勤服务集团等。

干部调整

1983 年 3 月，中共中央组织部、国家教育部联合发出《关于高等学校领导班子调整工作的几点意见》，指出高等学校领导班子年龄老化，知识化、专业化程度不高，要求对高等学校领导班子进行调整。学校更名江西师范大学时，担任江西师范大学党政领导职务的为：党委书记郑光荣、校长李树源、副校长李佛铨、舒邦华，1983 年 10 月，省委对学校班子进了增补和调整，增补帅焕文、徐易炎、钟义伟、宋树春、傅金生、张传贤 6 人为党委委员。1986 年 10 月，增补张传贤、左云祥为副校长，傅金生为纪委副书记。经过组织机构和领导班子的调整，一批德才兼备、年富力强的干部走上了领导岗位。

1988 年 10 月，在学校管理改革告一段落，深入开展教学、科研改革时，省委、省政府对学校党政班子进行了调整和充实：校长兼党委副书记张传贤；党委副书记钟义伟；副校长帅焕文、李佛铨、舒邦华、左云祥（1991 年 9 月止）、倪国熙（1991 年 9 月起）。

1992 年 8 月，省委、省政府对学校领导班子进行了新一轮的调整，新的党政委领导班子成员为：党委书记钟世德，校长李佛铨，党委副书记钟义伟，副校长舒邦华（1993 年 4 月止）、倪国熙、李贤瑜、邹道文（1993 年起）。1994 年 1 月，增补李佛铨、王树林为党委副书记。1996 年 1 月，省政府按照干部年轻化、知识化的要求，任命均为硕士研究生毕业的眭依凡、傅修延为副校长，使校级领导的平均年龄下降到 50 岁。

1997 年 11 月，学校领导班子进行换届。学校领导班子成员有：党委书记熊大成，校长兼副书记李贤瑜，党委副书记钟义伟（2000 年 4 月止）、王树林、蔡燊安（2000 年 8 月起），副校长倪国熙（1998 年 4 月止）、邹道文、眭依凡、傅修延、姚电（1998 年 10 月起、2001 年 5 月止），校长助理何小平（1998 年 7 月起）。

学校中层干部的任用直接关系到学校各项工作的开展。1984 年 2 月，校党委召开党委扩大会，决定继续调整好组织机构，完成系、处级干部的配备工作。3 月，按照精简原则和干部"四化"的要求，对组织机构和中层领导班子进行了调整。新任命系、处级新班子成员共 85 人，平均年龄 48 岁，其中中青年干部占84%，有讲师以上职称的占 50.5%。

为了激发干部的开拓进取精神，建立一支精干高效、富有生机与活力的干部队伍，经省委宣传部批准，从 1994 年 10 月开始，学校对行政处室和教学单位的处级干部实行聘任制，通过自荐、群众举荐、组织推荐的方式，共有 113 人次应聘，经过考评、组织考察，共聘任处级正职 26 人，副职 54 人，一批年轻同志走上处级领导岗位，8 名原处级干部落聘。实行聘任制后，全校处级干部平均年龄下降 2.36 岁，干部队伍进一步年轻化，也使在职干部产生了紧迫感，给干部队伍带来了生机与活力。

经过 3 年的实践，校党委认为，实行干部聘任制对优化干部队伍建设工作虽有一定的促进作用，但也存在一些弊端。因此，校党委在总结干部聘任制工作经验教训的基础上，经过研究决定，并报经省委宣传部同意，1998 年 4 月，我校仍实行干部任命制，但是，为了使干部制度充满活力，实行干部换岗交流。1998 年 8 月，学校对一些重要岗位负责人进行轮换。2001 年，确定了一批换岗交流提拔使用的干部。

此外，学校自 1983 年以来，先后制定了有关党政机关建设、干部管理、干部任用方面的规章制度，这对促进干部管理的规范化和制度化，建设一支高素质干部队伍起到了重要作用。

招生与就业

在 1983 年至 2002 年的 19 年间，学生在校人数逐年攀升。1983 年为 3128 人，1994 年为 6128 人，2002 年跃为 24705 人，增长速度加快。因此，学校在进行各项改革的同时，对招生和毕业生分配制度也作了相应的改革。

为了适应学校办学规模不断扩大的需要，学校于 1993 年底成立了党委学生工作部、学生工作处，两块牌子一套人马，将教务处负责的招生、学生行政管理，宣传部负责的学生思想政治教育，人事处负责的毕业生就业划归学工部（处），实行学生工作的归口管理。学工处成立后，加强了学生管理的制度建设，修订了《学生违纪处分条例》、《学生素质综合测评办法》，制定了《院系学生工作评估方案》、《班级工作量化考评及先进班集体评选办法》、《政治辅导员考核与优秀政治辅导员评选办法》等规章，并于 1994 年、1998 年两次编印了《学生管理制度汇编》，促进了学生管理的科学化、规范化。学工处成立了自律委员会，定期和不定期地对学生早操、晚自习、晚归等情况进行检查。

招生情况。 鉴于学校参加全国重点院校（第一批）录取新生行列，江西师范大学新生的录取成绩，绝大部分超过了重点分数线，有力地保证了学生的质量。同时，学校采取多种措施积极鼓励学生报考师大，扩大学校声誉。1985 年 9 月 18 日，学校为鼓励应届生献身教育事业，在开学典礼上，对高考成绩特别优秀、以第一志愿报考入校的 20 名新生颁发了新生奖学金和荣誉证书。同时学校还向获奖学生所在母校、教育局及家长寄发了喜报，在全校学生及社会上引起反响。这一改革深得人心，1986 年录取新生中，以第一志愿报考我校者剧增，录取新生均超过重点分数线。由于受中学教师的地位和实际收入较低的社会影响，1988 年报考为第一志愿的新生又呈滑坡。其后由于师范院校毕业生仍包分配，1990 年以第一志愿报考江西师范大学者急剧增加，以第一志愿录取的新生，理科为 100%，文科为 76%。

从 1985 年始，学校试行中期选拔，从省内各师专学习了两年的学生中，选拔一批成绩优秀者进入学校本科学习。1986 年开始招收专科生，在完成国家指令性计划的前提下，陆续招收了一定数量的委托代培生、干部专修科学生、自费走读生、校外大专班。1987年，学习清华、北大经验，作为省教委招收保送生的试点单位，1990年，在"优秀学生干部"和"三好学生"中试招保送生，免试入学；思想政治教育专业和教育管理专业招收有实践经验的在职人员；音乐系90级试行二、三分段制，录取时本、专科不落实到人，到二年级下学期对其进行综合测评，择优选拔20人入本科，其余29人为两年制专科毕业或结业。

1992年以来，学校招生工作的形式和内涵发生了深刻的变化，实现了从"老四化"向"新四化"的转变：

一是招生数量从少量化向规模化转变。1992年全校招生1571人。为了适应社会进步、经济发展和教育改革对人才的需求，学校不断挖掘办学潜力，逐步扩大招生规模，1999年招生人数达3426人（含各师专本科班及鹰潭、景德镇大专班），是1992年的2.2倍，招生规模在省内仅次于南昌大学。2000年9月，学校招生形势火爆，上线人数7097人，计划录取2325人，实际录取新生3500余人，学校首次跨入"万人大学"的行列。并首次在校内开办招收了英语导游、体育康复、歌舞与节目主持3个专业的高职生300多名，专业设置更具特色。2002年，学校录取本、专科新生8056人，在校人数急升至24705人，逐步形成了办学的规模效应。

二是招生计划从指令化向市场化转变。从1977年恢复高考到1983年，学校招生计划全都是国家任务的指令性计划，1984年至1995年国家在下达指令性计划的同时，下达了指导性计划，允许学校招收自费生、委培生。1996年全省高校招生并轨，停招了自费生、委培生。学校为了适应人才市场的行情和考生的志愿需求，及时调整少数专业的招生计划，缓解了市场和计划之间的矛盾。

三是招生形式从单一化向多样化转变。1983年之前，学校全部招收统招生，招生工作往往在8月份的五六天内即可完成。1984年开始招收委培生，1985年开始试招保送生和省际协作委培生，1986年开始招收自费生，1992年开始招收乡镇企业定向生。1993年思想政治教育专业开始试行单独招生。1993年、1994年面向广东省招收了委培生。1994年开始招收体育特招生和高水平运动员预科班。1999年面向广东省招收了委培生。1994年开始招收体育特招生和高水平运动员预科班。1999年面向广西、新疆、上海招收协作培养生。为了落实第三次全国教育工作会议关于大力发展高等教育，构建我国高等教育立交桥的精神，学校不断挖掘办学潜力，扩大招生计划，招收了扩招生900多名，并按省教委、省财政厅、省物价局的规定，对每名扩招生一次性收取 15000 元至 20000 元的建设费，此举大量增加了学校的办学经费，缓解了学校经费紧张的窘况。根据教育部、国家发展计划委员会的有关文件精神，经省教委、省计委批准，学校于1999 年试办高等职业技术教育，当年招收"三校生"（即中等专业学校、职业学校、职业技校的毕业生）500 人。经与江西省机械职工大学协商，并征得省教委、省机械工业厅同意，学校在江西省机械职工大学内设立江西师范大学职业技术学院（二级学院）。由于招生数量、招生形式和招生层次不断增多，学校的招生工作时间从每年的 3、4 月份持续到 10 月份，历时半年多。为了适应招生改革和发展的需要，学校于 1995 年成立了招生办公室，挂靠在学生工作处。

四是招生手段向微机化转变。1992 年以前，招生工作全部靠手工抄写、统计，从 1993 年起，学校逐步采取了微机辅助录取。提高了统计的准确性，为校领导决策和指挥提供了准确的数据，促进了招生管理的现代化。

1996 年全省高校招生并轨，实行交费上学、自主择业，高校贫困生问题因此越来越突出。学校积极扶助困难学生，向全社会郑重承诺，决不让任何一名学生因经济困难而辍学，为此采取减免学杂费、组织学生开展勤工助学活动、为特困生开设营养餐、提高奖学金标准、设立贷学金、设立校内"爱心基金"、推行校内"希望工程"、举行冬季送温暖活动、多方争取社会资助等措施帮助学生克服困难，全校没有一名学生因经济困难而辍学。

学生就业。在国家制定的"适当集中、加强重点、照顾一般、统筹兼顾"的分配方针指导下，学校在进行事业生分配时，相应采取了想一些改革措施，如1985 年实行了优生优分制。1988 年毕业分配时，原则上允许毕业生自找教育战线、且又能纳入分配计划的接受单位，毕业生到有关主管部门领取报到证，再到用人单位报到。1990 年，原则上面向本地区分配，不需要毕业生自找单位，对毕业生反馈的用人信息，可作为编制计划时参考。

毕业生分配是一项政策性很强的工作。学校在教师社会地位并不很高、分配自主权并不很大的情况下，较好地完成了毕业生的分配任务，基本上未出现退档或要求重分的现象。

1992 年至 1999 年，全校共毕业本专科生 12934 人，除部分自费生外，毕业生都能按时派遣。这期间的毕业生就业实行"在国家就业方针、政策指导下，通过双向选择在一定范围内择业"的办法，1992 年至 1998 年，学校师范生实行"三七"开，即 70% 左右的毕业生回生源地任教，30% 左右的毕业生在中直、省直单位、外省就业。这种办法对于保证各地区的师资的需求，起到了很好的作用。

1999 年后，师范生实行新的就业办法，让毕业生真正进入就业市场，打破"三七"开的框架，地市要多少，回去多少，其余均可进入中直、省直单位或外省就业。学校于 1997 年成立了"毕业生就业指导服务中心"，每年都要下发《关于做好毕业生思想教育和就业指导工作的意见》《关于做好毕业生就业推荐工作的通知》《关于毕业生流向调控的办法》。学校还通过报刊、电视等介绍毕业生信息，举办毕业生供需见面会，向用人单位推荐毕业生。学工处还开设了就业指导课，为毕业生提供就业形势、就业政策、就业技能、择业技巧的咨询和指导。1995 年学校被评为全国毕业生就业工作先进集体，1999 年被评为全省毕业生就业工作先进集体。

第四节　求真务实

1985 年，经过集思广益，学校把校风概括为"团结、勤奋、求实、创新"八个大字。在近 20 年的发展历程，学校走的就是一条求真务实的路。

办学形式

江西师范大学作为江西省教育的母机，除为中等教育培养合格的师资外，随着国家社会和经济的发展，还需积极为国家培养其他方面急需的人才。早在 1984 年，学校就开始招收单位委托培养生。1985 年开始，又陆续招收两年制教学管理、物理实验、历史文博、马列基础理论等专业的干部专修科，思想政治教育本科班。1987 年 9 月，学校又开始招收自费走读生，并开始与新余、鹰潭市合办大专班，每年招收统招生。同年 10 月，学校与美国俄克拉荷马市大学联合举办了两年制教育管理硕士班。在这一时期，学校成人教育、外语培训、自考助学等各类办学形式得到了长足的发展。1999 年 5 月 11 日，为了响应国家大力发展职业教育，整合优良的办学资源，以培养技术应用专门人才，学校成立职业技术学院。2001 年 3 月，学校成立江西师范大学联合办学工作领导小组；在教务处设立联合办学管理科，具体负责学校联合办学工作的日常事务。

成人教育

1983 年 1 月，经教育部批准，学校复办函授教育，于 12 月成立函授部。1984 年 1 月，学校在教务处设立了成人教育科，统一管理来校学生的进修、培训工作。1988 年 3 月，教务处成人教育科撤销，设立了成人教育处（与函授部合署）。同年 10 月，学校成立夜大学。为适应成人教育形势发展的需要，1992 年底，经省教委批准，学校成立成人教育学院，与成人教育处合署办公。成人教育学院下设办公室、函授夜大部负责全校函授教育从录取至毕业的各个环节的过程管理。到 2001 年，全校成人教育共开设专升本专业 14 个、高升本专业 3 个、高升专专业 18 个，在校函授、夜大、成人脱产班学生已达 9086 人，取得了较好的社会效益和经济效益。从 1984 年复办函授教育至 2002 年招收函授、夜大类学生 29152 名。

1992 年，经省自考办报经国家教育部批准，学校承担英语和计算机科学两个长线专业和计算机及其应用、商务英语、幼儿教育、英语、音乐、美术、公共关系、信息管理与服务、体育教育、旅游管理、律师、应用电子、环境分析、工商管理、广告学等 15 个短线专业以及"三沟通"师训各专业的主考任务。据统计，自 1992 年以来，由学校主考的各类大专和本科毕业生达 2 万余人，这些学员分布在全省各行各业，成为全省现代化建设中的一支庞大的生力军，为江西的基础教育和社会发展提供了强有力的人才智力支撑，作出了突出贡献，赢得了社会的赞誉。在学校的成人教育毕业生中，涌现出了原省人大内务司法委员会副主任盛宝璋、九江军分区司令员吕录庭、全国先进工作者陈少平、省"十大杰出青年"苏斌、博士生孙小琉、蔡宝瑞等一大批品学兼优的人物。在函授学习中，有父子同校、夫妻同学的，有孕妇求学、家人相伴的，有母亲求学、婴儿相随的，他们或白发老者，或身有残疾，或风华正茂，涌现了许许多多可歌可泣的感人事迹。1996 年学校接受了省教委评估专家组的检查评估，以函授优良、夜大学合格的总成绩通过验收。

学校着力加强成人教育的管理，先后制定了《成人教育学籍管理暂行办法》等 14 项管理规章，制定了各专业层次的教学大纲，自编教材 110 多种，正式出书 13 种，编教学指导书 120 余种。为配合教学，指导学生自学，学校 1984 年 5

月创办了函授教学辅导性刊物《师大函授》，共出刊 60 期，并在《师大函授》办刊的基础上，于 1995 年 6 月，创办了内刊《成人高教理论与实践》。与此同时，学校十分重视函授教师队伍、各院系函授教育管理队伍、函授站管理队伍等 3 支队伍的建设，实行自学检查制度、作业收交登记批阅制度、面授考勤制度、领导跟班听课制度、教学督导评估制度、学习用书选购选编制度、考场巡视制度等一系列行之有效的做法，就函授教育诸环节，特别是在函授教学的主要环节（自学、面授、辅导答题、作业、实验、实习、考试考查、课程设计、毕业设计或毕业论文等）作出了详尽的规定，确保函授教育的质量规格。

自考助学是学校为了帮助自学者学习而举办的考前辅导班的办学形式。自考助学办学始办于 1984 年。1984 年，经省教委批准，学校成立了高等教育自学考试辅导中心，承担了全省高等教育自学考试的马列主义基础理论、英语和计算机 3 个专业的主考任务。初期由少数院系面向高考、中考落榜生招收了自考助学班学生，发展势头迅猛。至 1990 年，报考由学校主考的考试人数达 95857 人次，共毕业专科生 5563 人。1996 年至 1999 年全校有 19 个单位的 39 个专业招收自考助学班学生共计 9005 名。1999 年 4 月 6 日，学校成立高等教育自学考试办公室。

举办自考助学班充分利用了学校的办学资源，提高了办学效益，取得了较好的社会效益和经济效益。但在办学过程中出现了不少问题，主要有管理不到位、学生违纪现象时有发生、学生住宿条件差等。为了规范对自考助学班的管理，国家和省教育行政部门下发了不少文件，从政策上作了许多原则性的规定。学校根据这些文件先后制定了校发（95）44 号、59 号，校发（96）37 号、56 号文件，从办学指导思想、基本原则、组织机构、申办审批程序、招生广告宣传、学生行政管理、思想政治工作、教学管理、结业发证等各方面都做了明确的规定，有效地规范了学校各办学单位的办学行为。1998 年又根据新形势发展的需要，制定了校发（98）21 号文，作出了补充规定。规定要求对自考助学工作做到"三加强"（加强制度建设、加强管理力度、加强管理力量）、"五统一"（统一招生广告、统一收费标准、统一收费票据、统一安排学生食宿、统一制发有关证件、证书）。同时针对自考学生的特点，制定了"自考助学班学生违纪处分条例"、"自考助学班学生手册"等管理文件，使学校自考助学管理工作进一步科学化、规范化。1999 年，为了满足本科扩招后统招生教学、生活的需要，学校决定在南昌手表厂办路南校区，将 99 级自考助学班学生全部迁入。

由于学校对自学助考工作的重视，加上管理措施的得力和教学工作的实效，学校先后在 1990 年、2001 年获得首届"全国自学考试先进单位"和"全国高等教育自学考试先进集体"光荣称号。

值得一提的是，1988 年 9 月，全省第一个三年制作家班在学校开学，来自全省的 54 名中青年作家开始了他们攻读本科学历的学习，开了我省作家队伍学者化的先河。

外语培训

1988 年 3 月，国家教委发布（88）教考外字 002 号文，增设出国外语考试江西师范大学考点，承担美国 ETS 的 TOEFL、GRE 等标准考试项目；1988 年 4 月据江西省教委（88）赣教外字 040 号文，建立江西省外语培训中心，承担全省各类学校外语师资、出国留学等人员的外语培训及出国外语考试工作；1988 年 6 月，据校政发（1988）59 号文成立"江西师范大学出国外语考试中心"，与江西省外语培训中心合署办公。1990 年 6 月，经省教委批准，学校成立了江西省外语培训中心。1993 年据国家教委考试中心（1993）10 号文，在江西省外语培训中心建立全国外语水平考试南昌考试中心；1996 年 12 月，南昌市人事局设立的南昌市继续教育外语培训基地挂靠在外语培训中心。

外语培训中心已发展成为江西省中学英语师资、出国人员及其他外语人才培训的基地。为适应中学英语教学改革的需要，中心与爱德基金会合作，举办了 20 期中学英语教师进修班，培训中学英语教师 1500 余人。促进了江西省英语教育事业的发展。中心还常年举办英、日、德、法等语种脱产和业余培训班，开设托福强化班、托福预备班、研究生英语班、外贸英语班、英语听说班、许国璋英语班、日语培训班等班级，至 1999 年底共举办 300 余期，培训人员 17000 余人。出国外语考试中心自 1988 年开始主办 TOEFL、GRE 及 WSK 考试以来，考生来自江西、浙江、湖南、湖北、广西、福建、四川等地，至 2000 年，共主办出国外语考试 86 场，参加考试人员 9600 余人。

高师师资培训

1987 年 10 月 31 日，省教委根据原国家教委（86）教师管 096 号文《关于建立高等师范学校师资培训中心和培训点的通知》和全国高等师范师资培训工作会议精神，下发了（87）赣教高字105号文，决定在江西师范大学建立江西省高师师资培训中心，中心主任由校长兼任。十多年来，师培中心务本求实，紧紧抓住师资培训工作这个重点，加强多方合作，开展多种形式的培训活动，采取单独办班、联合办班或培训点等方式，先后举办助教进修班、研究生课程班、高校专科学历教师本科班、岗前培训班、高校管理干部研讨班等各类培训班158期，接收培训人员9078人。师培中心工作的开展与取得成果确定了学校在全省师范教育的中心地位，并为学校成为全省教育科学研究中心奠定了基础。

科技学院

科技学院创办于2001年5月，是国家教育部和江西省人民政府批准设立的全日制普通高校独立学院。是一所融文、法、理、工、商、管、体育和艺术教育于一体的按新机制新模式运行的综合性学院。独立学院成立之初，曾命名为"江西师范大学青蓝学院"。2001年12月，独立学院正式更名为"江西师范大学科学技术学院"。

国际交流与合作

学校的国际交流起步于1982年。为了加强对国际交流工作的领导，学校于1983年成立了外事办公室，先后制定了《涉外人员守则》、《关于出国留学人员管理工作的暂行规定》等。随着我国对外开放步伐的加快，学校的国际交流与合作工作也呈现良好的发展势头，派出攻读学位、进修，参加国外境外学位、进修和参与国外学术会议的教师数量不断增加，学校在境外的影响也不断扩大。

随着国际交流合作事务工作量的增加，原来隶属于校长办公室的外事办公室已经不适应形势的要求。同年11月，经省编委批准，学校成立国际交流1994年9月，江西省教委下文批准学校对外招收留学生。首届招收外国留学生两名——匈牙利籍外国留学生巴尔迪拉斯洛和韩国籍进修生崔雄赫。其后，留学生逐渐增多。1995年日本吉见弘夫妇来校学习中国语言文化，还拜美术系吴子南为师，学习中国画。1998年回国后，为中日文化交流作出了自己的贡献。自1994年至2000年间，学校先后接收来自美国、日本、韩国和澳大利亚等国的学生，分别进入入门班、初级班、中级班，学习汉语、音乐、美术、武术等课程。

2001 年，为了进一步扩大办学规模，学习和借鉴国外高校办学经验，加强与国外高校的交流和合作，学校成立国际文化交流学院（后改为国际教育学院）。该院主要任务是招收来华留学生，招收和培养赴外留学生，联系和实施中外合作办学和境外办学。

为了给学生创造一个良好的学习外语的环境，从 1982 年开始，学校每年都要聘请几位外籍教师来校任教，而且给每个外教配备一名合作教师，负责外籍教师和系里的联系。这些外籍教师对工作大都认真负责，教学方式生动活泼，教学效果较好。聘请外籍教师来校任教后，大大提高了学生的英语水平，在全省大学生英语演讲比赛中，江西师范大学学生多次获得一、二等奖。外籍教师的辛勤劳动得到了社会各界的肯定，1994 年，在校工作的美籍教师内克—怀特因教学成绩突出，荣获国家外专局授予的"友谊奖"，这是我国对外籍专家授予的最高奖励。1995、1996、1999 年，挪威籍教师约斯—葛朗色特、美籍教师韦思—比思里、英国籍教师珍妮—葛朗色特分别荣获"江西友谊奖"。1997 年到 2002 年，在校工作的外籍教师持续保持 6 人或者以上。自 1982 年学校国际交流起步至 2002 年，学校共聘请 114 人次外籍教师来校任教。

学校也不时地邀请国外、境外的知名专家学者和贵宾来校作讲座、参加国际学术会议或参观。1994 年 3 月，英国驻华使馆香港办事处一秘迈克尔—欧沙里文来校，商谈合作研究事宜。同年 12 月，美国驻华使馆三秘克里斯—海格登来校座谈。1995 年 5 月，匈牙利佩奇大学校长卡罗内—巴拉柯尼一行来校，商谈与江西师范大学建立姊妹学校一事。1997 年 10 月，美国威斯康星州立大学校长戴维德—马克等 5 人来校考察访问。1999 年 7 月，以色列驻华大使南月明和参赞柯翰博士来我校参观。2000 年 9 月，日本著名男高音歌唱家、日本中国音乐艺术交流协会会长田中公道来校访学并举行了独唱音乐会。2002 年，共有外籍人员（组织）30 批次来校参观访问。

聘请外教来校任教以及邀请外籍专家来访，既活跃了学校的外语学习氛围，开阔了师生的科研视野，也提高了学校的知名度。

为了学习国外、境外的先进知识和管理经验，提高师资队伍水平，学校采取了多种方式，让教师走出国门。

一是到国外参观考察。1985 年 4 月，李树源校长等 3 人访问了加拿大西安大略大学，并与该大学教育学院结成姊妹关系，建立了校际联系。1987 年 1 月，党委书记郑光荣参加省高教考察代表团访问了美国，并与俄克拉荷马市大学建立校际联系，双方就互派留学生、访问学者，合作研究的交流学术资料，合办研究生班等达成协议。根据协议，1987 年 9 月，中美合办的教育管理硕士研究生班在我校开学，俄市大学沃克校长亲自参加开学典礼。来自 12 个省市自治区的 27 名学生分两阶段先后在中美两国学习 12 门课程。1990 年研究生班 22 名学生完成学业，由俄市大学授予了硕士学位。学校还与南斯拉夫马其顿共和国大学、美国美中教育基金会和加拿大西安大略大学教育学院建立了联系与协作关系。1994 年 9 月，李佛铨校长率团出访匈牙利，参观了佩高大学、德布勒森大学等大中小学，初步了解了该国的教育现状。1995 年 9 月，党委书记钟世德率团访问美国雪南多大学、南加州大学多明格希尔斯分校，对这两所大学的设置、管理体制、办学手段进行了重点考察，参观了现代化教学设施，与两校师生代表进行了座谈。1997 年 5 月，钟世德书记率团到香港考察，访问了香港中文大学、香港大学、岭南学院等香港高等院校。1998 年 10 月，李贤瑜校长率团赴美国访问，考察了俄克拉荷马市大学、弗吉尼亚雪南多大学、威斯康星州立大学普拉特维尔分校、加利福尼亚州阿姆斯壮大学和西北理工大学等学校。2000 年 5 月，党委熊大成、学报主编万萍应美国加州大学伯克力分校的邀请，随团赴美出席"中美高校文科学报比较研讨会"，并访问了斯坦福大学、加州大学伯克利分校、马里兰大学。对国外、境外大学的考察访问，开阔了眼界，学习了他们的先进的管理经验，进一步扩大了我校在外国教育界的影响。

二是派教师到国外留学、进修、担任高级访问学者。

据统计，从 1992 年到 2001 年，全校共派出 100 多人次出国攻读学位、进修、合作研究。他们在国外刻苦钻研、勤奋学习，受到所在国人士的称赞，也提高了学校的声誉。如：外文系青年教师刘书林 1986 年在美国俄市大学获得"学习成绩全 A 校长奖"，我国驻美大使韩叙亲自为他颁奖。计算机科学系薛锦云讲师在美国康乃尔大学学习期间，撰写了 4 篇高质量的论文，发表在欧美学术刊物上，受到好评。外文系女教师张陵馨在美国加州大学学习期间，连续发表 3 篇语言学文章，被接纳为加州英语教学协会会员，并翻译了两本著作，她以工作勤奋、学习刻苦得到当地美中友好协会的赞誉。1987 年底，美国加州参议院通过 1791 号决议，嘉奖她并颁发荣誉证书。1995 年 6 月，计算机科学系薛锦云在美国加利福尼亚州圣塔克拉拉大学工程学院计算机工程系为期 10 个月的学术访问中，由于取得了富有成果的合作研究，该校的同行邀请薛继续与其合作，向美国国家基金委员会等机构申请研究课题。1996 年，根据与澳大利亚塔斯马尼亚大学签订的协议书，学校派出物理系教师梅飞赴该校攻读博士学位，全部费用由该校负担。1999 年，学校又派出外国语学院教师章少泉赴塔斯马尼亚大学攻读博士学位。

这些出国留学、进修、访问的学者，他们之中绝大多数都学成归国，成为学校教学与科研中新的骨干力量。他们丰富的国外阅历与渊博的学术修养为学校文化、科研等工作吹进了新鲜的空气。在加拿大进修近两年的高级访问学者傅修延，回国后在校举办多次介绍国外教育、文化以及国外学习经验等方面的讲座，引起了师生热烈的反响。

随着国际交流工作的日益成熟，2001 年 7 月 22 日至 8 月 21 日，校国际交流处组织 12 名师生赴澳大利亚墨尔本皇家理工学院（RMIT）学习交流，开创了学校组织学生集体到国外学习的模式。

三是派教师赴国外、境外参加国际学术会议，交流学术成果，吸取最新科技知识。

1985 年以来，已有 11 人参加了东京、布拉格、维也纳、京都、新德里、大阪等地召开的国际性学术会议。通过参加国家学术交流，使学校掌握了某些学科的前沿信息和科学技术，同时也提高了学校在国际上的知名度。化学系张瑞华副研究员 1987 年 10 月参加在捷克举行的第九届国际化工学术会议，他是 42 个国家 1000 多名化工专家中唯一的中国人。

1999 年 7 月，文学院陈良运赴韩国参加"东方诗话学会第一次国际学术发表大会"，在会上作了《崔致远诗论》的发言，引用了新、旧《唐书》中新发现的资料，论述新颖，引起与会专家学者的轰动。大会主持人、韩国教授称赞他的发言"使此次国际发表大会形成了一大高潮，是此次大会最重要的收获"。会后，陈良运接受了学者例行的质询、评议。在 2 个小时评议中，韩国学者对陈良运研究崔致远所达到的深度表示钦佩。

进入新世纪，学校出国出境讲学和参加学术会议的人次更上一个台阶，仅 2000 年就达 22 人次。1983 年到 2000 年学校共派出 100 余人次进行交流活动。

为了和外国高校开展合作研究，实现图书资料资源共享，同时及时获取国外境外最新的信息，进一步扩大学校在国外的影响，学校十分重视与国外境外高校建立协作关系。1995 年 5 月，学校与匈牙利佩奇大学、德布勒森大学签订建立姊妹学校协议，互派教师和科研人员，互派留学生，互换图书资料。同年9月，与美国雪南多大学、南加州大学多明格希尔斯分校签订建立姊妹学校意向书，互派留学生和访问学者，相互邀请对方学者作短期讲学，相互交流必要的教材和图书资料。双方学者就合作研究共同感兴趣的学术课题撰写有关学术论著。1996年1月，中国科学院院士陈述彭陪同泰国皇家科学院一行来我校访问并作学术报告。1996年4月，澳大利亚塔斯马尼亚大学教育考察团访问江西师范大学，与江西师范大学签署了建立姊妹学校校际关系的意向书，双方互派留学生。同年10月，美国加州大学多明桂芝分校来访，与江西师范大学签订建立姊妹学校关系协议书。1998年6月，江西师范大学与美国阿姆斯壮大学建立姊妹学校关系，商定互派访问学者，作短期讲学或合作研究，相互交流学报和教学科研资料，互聘教授到对方学校从事研究或讲学，相互邀请学校领导人进行考察访问。2000年6月，江西师范大学与韩国大邱Catholic大学正式建立姊妹学校校际关系。2001年9月，应江西省外事侨务办公室及江西师范大学的邀请，日本冈山商科大学校长井尻昭夫博士等一行4人来我校参观访问。会谈后，两校签订《关于建立两校友好关系协议书》。

至2002年底，江西师范大学已与12所国外院校建立了友好学校关系。

党建工作

1984年5月，学校党委制定了《关于领导班子革命化建设的若干规定》，下发各级党组织遵照执行。6月，党委、宣传部召集马列主义教研室、思想政治教育教研室、团委、工会等部门负责人会议，要求各部门互相配合与协调，目标一致，步调一致地展开工作，实行"综合治理"。11月，为了适应改革形势的发展，校党委召开了实习政治工作会议，强调要重新认识新时期思想政治工作的地位和作用。校党委从各个方面把思想政治工作落到实处，先后制定了《学生干部制度的改革意见》、《教师、干部政治理论学习的改进意见》、《进一步组织学生参加生产劳动的实施意见》、《政治辅导员工作条例》等。围绕"多出人才，出好人才"这个根本宗旨，校党委始终把培养学生成为"四有"人才作为思想政治工作的出发点和归宿，使学校成为社会主义精神文明建设的坚强阵地，先后从思想政治教育专业中选留一部分毕业生做专职工作，从青年教师中挑选一部分做兼职工作，同时要求教职工教书育人、管理育人、服务育人，形成了一个多层次、多渠道、专职政工队伍与师生骨干相结合的思想政治教育网络。

1985年1月，校党委按照中央组织部关于发展党员工作座谈会精神，要求各级党组织对积极要求入党的同志进行热情培养与教育，有针对性地做好思想政治工作和组织发展工作。各级党组织通过吸收建党对象参加党内的一些活动、听党课、举办建党对象学习班等形式，先后发展了一批具备党员条件的教职工和学生加入党组织，壮大了党组织的力量。1985年底，评选出109名优秀共产党员和11个先进党支部，召开大会进行表彰，并将10余名教职工、学生党员的模范事迹在宣传橱窗展出，广为宣传。同时，每年开展一次民主评议党员活动，并形成了制度。

广大党员在学校各项改革中发挥了先锋模范作用。1986年年底，外地一些高校发生的学潮蔓延到省内一些高校，在校党委的领导下，党员在行动上自觉与党中央保持一致，以自己的模范行动影响群众，学校没有出现大的波动，显示出党组织的强大战斗力。

在1989年春夏之交的政治风波中，校党委带领共产党员和积极分子积极主动做好学生思想工作，从而控制了事态的蔓延和发展。

1991年，在校党委的领导下，全校共评选出1990—1991年度取得优异成绩的10个先进党支部和78名优秀共产党员。同年12月，校党委成立了党建学会，制定了《江西师范大学党建学会章程》，以加强党建理论的学习和研讨，进一步推进了党风建设和组织建设。1995年，党委分别制定了《党总支工作条例》、《基层党支部工作条例》，为充分发挥党组织的战斗堡垒作用打下基础。1992年2月，中共江西师范大学党校成立。此后，党校每年都要举办党员、干部、工人、入党积极分子培训班，组织师生系统地学习党的基本理论知识和邓小平建设有中国特色的社会主义理论，不断提高师生的政治理论水平、思想觉悟，教职工和学生申请入党的人数逐步增加。与此同时，学校也加大发展学生党员工作的力度，到1999年7月，在校学生（含研究生和本专科生）党员已占学生总数的6.45%。1998年年底，全校共有教工学生党员1101人。1998年5月，我校建党工作顺利通过省党建评估组的评估。

鉴于从1971年第四次党代会以来，已有23年未正常召开党代会，学校决定于1994年1月18日召开第五次党代会。共有165名代表。代表们认真审议了钟世德作的工作报告和校纪委工作报告。选举产生了新一届校党委委员和校纪委委员。会议提出了学校 90 年代发展战略和主要任务。即立足江西，面向全国，走向世界，实行 3 个并举，即坚持师范教育与非师范教育并举，教学与科研并举，普通教育与非普通教育并举。协调发展，相互促进，要通过实施"8421"工程，即到本世纪末学校规模达到 8000 人，建设一支拥有 400 名正副高级职称的教学、科研、管理队伍，拥有 20 个以上硕士学位授予点，1 个以上博士学位授予点，使学校的整体水平和办学实力上一个新台阶。

会议为学校确定的战略目标后来均得到实现，为学校在新世纪发展、战略转移奠定了坚实的基础。

第五次党代会还提出今后党的工作重点是完善领导体制，加强班子建设，充分发挥共产党员的先锋模范作用。

"三讲"（讲学习、讲政治、讲正气）教育是新形势下加强党建工作的一项重要内容。自 20 世纪 90 年代中期始，"三讲"教育活动在学校全面展开。校党政领导带头学习，围绕"三讲"教育开展了一系列的活动。"三讲"活动先后经过了学习提高、对照检查、征集意见、整改巩固等阶段，整个教育活动进展顺利，发展健康、成效明显。省委副书记钟起煌多次莅校指导"三讲"工作。2000 年 10 月 20 日，中央"三讲"教育检查组来校检查指导"三讲"工作，对学校"三讲"工作进展顺利表示满意。由于校党委的高度重视和省巡视组的严格把关，通过"三讲"教育活动的开展，学校领导班子和领导干部在思想、政治、作风、纪律等方面取得了明显进步。

群团组织

在校风建设上，学校通过团学组织使党的思想政治工作"渗透第一课堂，管好第二课堂，广辟第三课堂"。团委、学生会在配合学校抓校风建设时，提出了抓系风、抓班风，并总结出优良班风的"十六字标准"（团结友爱、勤奋学习、文明守纪、活跃文体），并开展了"尊师一杯茶"、"争做师大人"、"闪耀的团徽"等活动。

学校充分发挥校团委、校学生会的作用，大力开展大学生第二课堂活动（即课外科技、勤工助学、社会实践以及校园活动等工作），引导青年成长。在学校的大力支持下，团委、学生会积极开展第二课堂活动，组织各种社团 20 余个，丰富了师生们的课余生活，对学生的思想产生了积极健康的影响。如 1988 年校园一度出现"经商热",学生会有意识地把学生的兴趣转移到开展智力型的各种勤工俭学活动上来,如成立家庭教师介绍所和咨询服务部等,逐渐形成了"求知热"。

由于学校团委、学生会工作的出色表现,校团委所获殊荣甚多。在1999年12月14日闭幕的共青团十四届三中全会上,团中央首次在全团系统表彰90家"全国红旗团委",校团委作为江西唯一一所高校代表,受到表彰。2000年11月,校团委被中宣部、教育部、团中央评为2000年"暑期社会实践先进单位",这也是校团委连续14年获此光荣称号。

校工会是校党委领导下的代表和维护教职工权益的群众性组织,是党委联系群众的桥梁和纽带。1981年5月31日校工会正式恢复后,在解决教职工子女就业、发放困难补助等涉及教职工生活福利问题上发挥了重要作用。

1984年12月1日,首届教职工代表大会召开,大会正式代表187人,列席代表53人。省、市总工会及全省近30所高校工会负责同志应邀参加了大会。大会听取和审议了学校6年发展规划报告、学校财务工作报告、提案情况报告,并通过了相应的决议,讨论和通过了《江西师范大学教职工代表大会试行条例》。建立教代会制度,是学校实行民主管理,发挥教职工当家作主作用的好形式。1988年1月,学校召开第2届教职工代表大会,大会确定校工会是教代会的办事机构,承担教代会的日常工作,从而进一步健全和完善教代会制度。1992年5月,学校召开第3届教职工代表大会,大会通过了《1991—1995年发展规划》和《教职工住房分配和管理办法》。1996年11月,学校召开第四届教职工代表大会,通过学校"九五"发展规划。1998年12月,学校召开第四届第二次教职工代表大会,讨论《〈教职工住房分配和管理条例〉部分修改意见和补充规定》。2001年6月,第五届职工代表大会和第五届教工代表大会,讨论和审议《江西师范大学"十五"发展规划》及第二校区的发展规划和建设。审议通过《江西师范大学教职工代表大会实施细则》。

在民主管理学校方面,校工会积极宣传民主管理学校的重要性和教代会制度的作用,提高了全校教职工主人翁责任感和大家做主的积极性。1984年以来,学校先后开了五届教职工代表大会。会上,代表们畅所欲言,对学校各项重大改革决策和大政方针进行认真的讨论,并提出建议、批评。经教代会讨论并修改通过的学校重大决策有:校园总体规划、人员定编、教学及管理改革、住房分配及管理、校风建设、学校基金管理等。教代会在民主参与学校大政方针决策的同时，在民主监督方面也发挥了积极作用。

校工会围绕学校"育人"中心任务，先后组织"教书育人，服务育人"的讨论会、报告会、经验交流会，开展了以"四有"教育为中心内容的两个文明建设活动，举办了"法律知识竞赛"和"工会基本知识竞赛"等活动，吸引了广大教职工积极参加。为了提高职工文化素质，校工会积极开展各类培训活动或者参与组织工作。如1984年，校工会举办职工业余夜校，进行文化补课，到1986年这项工作结束，共有职工233人取得合格证书，校工会还先后举办了英语初、中、高级班，俄语、日语中级班，到1988年底，已有210人取得结业证书。

1984年以来，校工会尽心尽力为教职工说话办事，排忧解难，为使工会真正成为"教职工之家"做了大量工作。其主要有：积极开展有益于教职工身心健康的文体活动。校工会克服条件的不足，因陋就简办起了教职工俱乐部和活动室，积极组织各类比赛活动，并有针对性地做好女工工作，活跃了教职工的业余文化生活。1985年，校工会拨出专款，协助街道办建立了师大路南居民委员会；1986年成立女工工作委员会。校工会除抓了幼儿园工作外，还举办了一系列有利于女工同志身心健康的活动，如举办"四自（自尊、自爱、自重、自强）演讲比赛"、推荐女教工参加省妇联组织的"女科技工作者联谊会"等。此外，校工会还对女教职工的身体状况、家庭状况进行调查，协助两个居委会调解家庭矛盾、为大龄女青年前线搭桥，协助职能部门做好女工妇科检查和计划生育工作，慰问住院女工等。1986年，学校成立了老龄问题委员会和离、退休管理工作委员会，办事机构设在校工会。校工会先后建立了离休干部活动室和退休干部活动室，并购置了相应活动器材。还先后举办了符合老年人特点的文体活动。

校工会在校党委的领导和支持下，在为维护教职工的权益方面做了大量工作的同时，自身建设也得到了加强。校工会由17名委员组成，由一名副校长兼任主席；副主席4人中有2人专职。同时，校工会加强对部门工会的领导，并坚持每年一度的总结评比，评选工会先进集体和会员积极分子。1984年以来，校工会连续多年被省、市总工会，省、市教育工会授予"先进职工之家"或"模范职工之家"光荣称号。

统战工作

1981年3月重新设立统战部。统战部成立后，根据党的实事求是和有错必纠的原则及中央有关落实政策的一系列指示精神，继续认真做好落实政策工作。经过几年的努力，到1984年底，落实政策的人数达624人，退还个人财物折款和补发工资11.3万元，协助9户教职工落实私房47间。

在校党委的领导和支持下，民主党派组织的自身建设有了较快的发展。"文革"前，学校只有民盟、九三、民革等3个民主党派组织，成员34人。到1991年，学校有民盟、民进、九三、农工、民革等5个党派组织，成员150余人，其中80%以上是高、中级知识分子。民盟成立了总支，有成员90人，是全省民盟成员最多的基层组织之一，民进、九三也设立了支部（社）。

随着民主党派组织的发展、壮大，学校建立、健全了校、系两级民主协商制度，校、系两级重大事项事先与党外人士协商。校党委建立基层政治协商制度的做法，《人民政协报》1987年6月23日在第二版显著位置作了专题报道。校党委先后推荐了40余位民主党派和党外人士担任了各级人大代表和政协委员；1990年，全校有省、市、区政协委员22人，其中有部分同志担任了省、市、区政协常委以上领导职务。12月，校党委成立了江西师大政协委员联络小组，以更加发挥他们的群体作用，更好地为振兴江西、办好师大作出贡献。校党委选拔了一批非党人士担任系、处领导职务；安排了一些年事已高、退居二线的有影响的民主党派成员和党外积极分子担任名誉职务。积极为民主党派创造了必要的工作条件，配备了专职干部，使民主党派得以顺利开展工作。一批民主人士在民主党派组织中担任了重要的职务。他们当中有：数学系彭先荫和历史系徐炽庆被选为民盟省委顾问，化学系李希成和中文系王春庭被选为民盟省委常委，化学系王牲当选九三学社省委科技开发部副部长，中文系傅平国被选为民进江西省委委员，附中刘运来被选为民进中央常委、省委副主委、南昌市主委。

1988年，学校有归侨、侨眷、台（港）属计84户。随着"三胞"政策的落实，"三胞"工作得到了加强。1987年3月，学校成立了"三胞"联谊会，共有会员近百人。其亲属散居于港、澳、台和北美、南亚大陆。学校鼓励他们同这些亲属保持经常联系。每逢圣诞节和元旦，学校还通过联谊会向这些亲属寄送贺年片。联谊会成立两年来，先后来校探亲的台胞有15人，回来定居的台胞有1人，生校教工去香港会亲的有8人。对来校探亲和出境会亲的，学校都给予热情的接待和大力帮助。探亲的台胞都高兴而来，满意而归。1991 年 9 月，学校成立了归国华侨联合会。

随着改革开放形势的发展和"一国两制"构想的形成，统一战线工作出现了新的特点、新的格局，也出现了不少需要认真探讨、研究的新问题。为了加强这方面的理论研讨工作，校党委在 1985 年 10 月成立了统战理论研究会，会员 50 余人，先后举行近 10 次专题研讨会，这对加强学校统战理论、方针、政策的宣传，进一步推动统战理论研究的开展，发挥了积极的作用。1985 年以来，统战部连年被评为全省对台工作先进单位、全省统战工作先进单位和全省统战理论研究工作先进单位。1989 年 1 月，为展示统战工作的成果，统战部举办了"统战工作十年"展览，并在全校范围内举行"统战基本知识竞赛"，促进了统战工作的开展。

2001 年，党委决定，成立江西师范大学社会主义学院。社会主义学院与党校合署办公，教学工作由党委统战部与党校共同商定。

民主建设

高等学校是知识分子密集的地方，充分发挥广大教职工和民主党派在学校工作中的民主参与、民主监督、参政议政作用，是保证学校各项改革顺利进行的重要条件。学校重视实行民主管理，充分发挥教职工的主人翁作用。根据校教代会章程，每四年定期召开教代会和工代会换届会，每年或两年召开一次届中会。每次教代会前，都要广泛征集教职工提案，发动教职工针对学校存在的问题，提出意见和解决问题的建议，使人人关心学校的事情。事关学校全局的大事，必须经过教代会讨论通过。教代会休会期间，由常务主席团承担日常工作，负责督促有关部门落实解决教职工在提案中提出的问题，使问题得到比较圆满的解决。几年来，教职工在教代会上提出的建议，如维修主干道及下水道、建立教工俱乐部及退休教工活动室、兴建青年教工住房、引进高层次人才等，都得到了学校的重视，并已妥善解决，进一步调动了教职工关心学校的积极性。

1984 年以来，校党委加强了知识分子工作和统一战线工作的领导，积极支持校工会和民主党派的工作和建设。同时，广开言路，大力加强民主建设，把各项改革置于广泛的群众基础之上。由于方向一致，目标一致，从而调动了广大教职工和民主党派的积极性，推动了学校的教学、科研和各项工作的开展，校工会和民主党派的自身建设得到了加强，形成了学校安定、团结、民主、和谐的政治局面。

为了推进学校依法管理、民主治校工作，调动广大师生知校、爱校、建校的积极性，校长办公室于1999年初在公告栏内，设置了"校务信息"、"校政发布"两个专栏，定期或不定期公布学校的重大决策、重大事项和校党政的重要文件，为推行校务公开做了有益的尝试，是全省最早开展此项工作的高校之一。信息发布后，每次都吸引了大量师生观看，受到师生的赞扬，学校也因此受到上级部门表彰。

学位与研究生教育

学校是国务院批准的首批具有硕士学位授予资格的单位之一，从1978年开始招收硕士研究生。经过20多年的改革和发展，学校的研究生教育已具备了一定的规模，形成了一定的特色，建设了一批实力较强的硕士学位点，取得了在职人员以毕业研究生同等学力申请硕士学位工作的开办权和教育硕士专业学位的试办权，已成为省内重要的高层次人才培养基地。但随着时代发展，如何实现"博士点"零的突破成为学校学位发展的重心。学校在这一阶段的后期明确地提出申报博士单位和筹建博士点的奋斗目标，制订了申报方案，重点支持多个重点学科申报博士点。申博工作的准备，既带动学校的科研建设，又奠定了今后成功的基础。

1985年学校在教务处设立研究生科，1992年4月在研究生科的基础上成立了研究生工作办公室，作为隶属于教务处的二级处。研究生工作办公室负责全校研究生的招生、培养、行政管理（研究生的思想教育工作由党委宣传部负责，研究生的毕业分配由人事处负责）。1995年，硕士点及招生专业达14个，在校研究生达101名。为了适应研究生教育发展的需要，强化研究生教育的统筹，加强重点学科建设，学校于1996年3月撤销研究生工作办公室，成立研究生处。研究生处的职责在原研究生工作办公室的基础上，增加了研究生的思想政治教育、毕业生就业、重点学科建设和学位点的申报等工作。为了加强研究生中的党的组织建设、研究生的思想政治工作和管理工作，学校党委于1999年2月决定成立研究生党总支，配备了专职副书记。

学校的研究生招生实行全国统一考试和推荐免试相结合的选拔办法。统一考试分初试和复试两个阶段，初试笔试 5 门课程：政治理论课、外国语和 3 门专业课，其中政治理论课和外国语由教育部统一命题，专业课由学校命题。考生参加复试必须达到的成绩要求由教育部统一划定，符合复试条件的考生由学校发给复试通知。复试按招生专业由各院系主持。学校根据复试成绩，择优确定录取名单，报省教委和教育部批准后，由学校向考生发录取通知书。为了加强研究生招生工作的管理，学校制定了《硕士研究生入学考试命题及保密工作的规定》等文件，对研究生招生工作的关键性环节的规范管理做出了明确的规定。由于管理严格，操作规范，严格执行有关政策，招生工作取得了突出的成绩，1997 年学校被评为全省及全国研究生招生工作先进集体。

为了提高生源质量，鼓励本科生德智体全面发展，在实行统一考试的同时，学校还实行推荐应届本科毕业生免试攻读硕士学位研究生制度。凡坚持四项基本原则，品德良好，在校期间无违纪现象，专业课成绩不低于 75 分，主干课成绩不低于 80 分，无补考，英语通过四级，曾获奖学金的应届本科毕业生可作为推荐对象。其中曾获 2 次以上二等奖学金者或曾获三好学生、优秀学干者或英语通过六级或在省级以上刊物公开发表学术论文者或在全国挑战杯获名次者可优先推荐，被推荐的对象须参加专业及政治、英语选拔考试，学校根据考试成绩确定拟录取名单。

2002 年，学校在校研究生共 604 人。据统计，自 1978 年到 2002 年，学校共招收统招硕士研究生 1326 名。

此外，1994 年有机化学专业分别与杭州大学、南京林业大学联合招收博士生 1 名，1996 年理论物理专业与中国科学院紫金山天文台联合招收博士生 2 名，1997 年、1998 年计算机软件与理论专业与上海交通大学联合招收博士生 5 名。

毕业研究生的就业，实行在国家方针政策指导下，按照有关规定，在一定范围内选择职业，用人单位择优录用的"双向选择"的办法。

培养与管理

为了规范研究生的培养工作，保证研究生的培养质量，学校在 1994 年修订了各专业研究生的培养方案。1997 年，学校又按新的学科、专业目录全面修订了研究生硕士学位授权点的培养方案。根据"立足国内、适度发展、优化结构、相对集中、推进改革、提高质量"的方针，通过修订培养方案，达到优化学科结构，拓宽学科面，突出学科特色，加强创新能力的培养的目标。新方案除在培养目标、研究方向、课程设置、学分分配等方面进行修订外，特别强调了对研究生科研能力和创新能力的培养，要求研究生在校期间，必须至少公开发表与本专业相关的学术论文1篇，否则不授予硕士学位。学校严格按照国家有关学位与研究生教育工作的法规和政策的要求，做好研究生的教育管理工作。在学籍管理、导师遴选、课程建设、教材建设、论文答辩和学位授予、研究生的奖惩等方面，制定了较完善的规章制度，编印了《研究生工作手册》，使研究生教育管理和各项工作都有法可依、有章可循，促进了管理工作科学化、规范化。

研究生思想政治教育与行政管理实行垂直管理的模式，即研究生的教育管理由研究生处和研究生党总支归口领导，成立研究生团总支和研究生会，按年级设立3个班级和3个年级党支部、3个年级团支部，由研究生处派人分别担任3个班级的辅导员和年级党支部书记。为了鼓励研究生立志成才，全面发展，学校每年都在研究生中评选"三好研究生"、"优秀研究生干部"，评定"熊智明奖学金"、"王氏奖学金"、"席殊奖学金"等，举办优秀研究生事迹展览。研究生党总支、研究生处编辑出版了《师大研究生》刊物，该刊的创办，成为反映全校研究生工作和研究生学习、生活各方面情况的重要窗口和阵地，受到研究生指导教师和研究生的好评。

随着研究生培养和教育管理工作的不断强化和研究生思想政治教育和党建工作的不断加强，全校研究生的整体素质有了较大提高，他们有的考上了博士生，仅在2001届90名毕业研究生中，就有16人考取博士研究生。不少研究生在各级学术刊物上发表了学术论文，有的研究生在全国"挑战杯"科技竞赛活动中获得优秀论文奖。

学位授予

根据《中华人民共和国学位条例》的规定，学校成立了以校长为主席，主管副校长为副主席的学位评定委员会。校学位评定委员会负责审查通过授予学士学位、硕士学位，处理学位授予工作的有关事项，修改学位授予工作细则。校学位评定委员会下设办公室，挂靠研究生处，由研究生处处长任办公室主任。校学位评定委员会按院系（部）设学位评定分委员会，协助校学位评定委员会工作。研究生中，学习、工作中表现良好，坚持四项基本原则，品德良好，按培养计划完成全部课程的学习，考核成绩合格，学位论文通过了答辩的，经学位评定分委员会初审，可向校学位评定委员会提出授予硕士学位的建议。经校学位评定委员会三分之二以上的成员通过，可授予硕士学位。毕业研究生中有下列情况之一者不授予学位：有反对四项基本原则言行，经批评教育仍坚持不改者；在校期间受记过以上（含记过）处分或记过以下两次处分或毕业学年受严重警告处分者；未进行学位论文答辩或答辩未通过者；外语未达到规定的水平或在校期间未公开发表学术论文者。1978 年至 2002 年全校毕业研究生 715 人，授予硕士学位 710 人。

1990 年 10 月 6 日，国务院通过了《关于授予具有毕业研究生同等学力的在职人员硕士、博士学位的暂行规定》和实施细则，对在职人员申请学位的有关方面作了明确规定。1995 年、1997 年又对有关规定做了完善和补充，1998 年 7 月 3 日发布了《国务院学位委员会关于授予具有研究生同等学力的在职人员硕士、博士学位的规定》，至此，我国有了较系统合理且可行的同等学力人员申请学位的管理办法。凡已获得学士学位、业务和学术水平已达到硕士研究生同等水平的人员，经所在单位同意，向学校申请硕士学位。符合条件的申请者，经学校审核同意后，到学校参加研究生课程考试。申请者要在学校与在校研究生同时参加同堂同卷考试，其中外语必须参加全国统一考试并取得合格证，计算机专业还须参加学科综合水平全国统一考试并取得合格证。在课程考试通过后一年内，可向学校提出有关学位申请，经过论文写作、论文修改、论文答辩后，按学位授予工作细则授予硕士学位。

学校在 1996 年经国务院学位办批准，成为可以开展以毕业研究生同等学力人员申请硕士学位的高校。为了使同等学力人员学位申请者更好地完成学业，学校自 1998 年开始招收研究生课程班学员，1998 年、1999 年分别招收学员 152 名、135 名，此外，自 1998 年起，学校还招收了以毕业研究生同等学力申请硕士学位高校教师进修班学员。

教育硕士

为加强基础教育师资队伍和管理队伍建设，国务院学位委员会第十四次会议决定在我国设置并示范教育硕士专业学位，1997 年开始招生。教育硕士专业学位系具有特定教育职业背景的专业性学位，主要培养面向基础教育和管理工作需要的高层次人才。教育硕士与教育学硕士在学位上处于同一层次，但规格不同，各有侧重。该学位获得者应具有良好的职业道德，既要掌握某门学科坚实的基础理论和系统的专业知识，又要懂得现代教育基本理论和方法，有解决学科教学或教育管理实践中存在的实际问题的能力，能比较熟练地阅读本专业的外文资料。教育硕士专业学位分设学科教学和教育管理两个培养方向。教育硕士专业学位研究生的招生对象主要为具有大学本科学历，获得学士学位，有 3 年以上第一线教学经历的在职人员，主要是普通中学的专任教师或中、小学教育管理人员。教育硕士专业学位研究生第一学年脱产集中学习公共学位课程和专业学位课程。第二学年每学期集中 30—40 天，学习有关专业课程。其他时间自学。第二学年末或第三学年初举行学位论文的开题报告，第三学年撰写学位论文并答辩。学习期满，课程考核合格和论文答辩通过者，授予教育硕士专业学位。经国务院学位办批准，学校被列为第二批试办教育硕士专业学位研究生教育的学校，1999 年招收教育硕士专业学位研究生共计43 名，其中教育管理20 名、学科教学（数学）12 名、学科教学（物理）11 名。

鼎力冲博

攻博工作是一件关系到学校学科建设的大事，具有非常深远的意义。为了加大冲击博士点的力度，尽快实现全校博士点零的突破的夙愿，学校于 1997 年开始着手筹备申博工作。学校冲博工作得到了省委、省政府的大力支持，省委、省政府的有关领导多次来校考察并指导申博工作，并为江西师范大学优先增列为博士授予单位做了大量的艰苦工作。1997 年 11 月 6 日，省教委行文国务院学位办（赣教高二字［1997］054 号），确定学校为江西省新增博士单位第一推荐学校。学校决定从 1998 年起连续 3 年每年投入 100 万元，作为文艺学、经济史、教育学原理、计算机软件与理论、有机化学等 5 个学科争取成为博士授权点的建设专项经费，进行"重中之重"的扶持，力争博士点有突破。为此，学校制定了严实的工作日程安排。2000 年 11 月，研究生处会同校直职能部门以及相关学院编制《江西师范大学 2000—2002 年争取"博士学位授予权"建设工作方案》并于 12 月提交校党委会议审议通过。

冲博工作离不开重点学科的建设，学校一直重视重点学科建设，将其提高到事关学校全局的战略高度。1994 年 3 月，学校成立了师资规划和学科建设领导小组，1996 年 5 月成立了学科建设领导小组，1997 年 4 月成立了学位点申报办公室，1997年12月成立了学科建设专家咨询委员会。按照"重点扶强、兼顾扶弱、整体推进、全面提高"的思路，举全校之力，加强学位点建设，形成了一批有特色的学科专业，取得了突出的成绩，硕士学位授权点由1992年的7个（外国哲学、中国近现代史、中国古代文学、基础数学、理论物理、有机化学、地方史），1995年的14个（新增了基础心理学、应用数学、经济史、思想政治教育、文艺学、光学、计算机软件与理论等硕士学位授权点），增加到1999年的21个（新增了教育学原理、教育技术学、体育教学训练学、中国现当代文学、美术学、英语语言文学、计算机应用技术等硕士学位授权点）。2001年学校又有12个学科专业增列为硕士学位授权点（伦理学、区域经济学、课程与教学论、高等教育学、应用心理学、运动人体科学、汉语言文字学、比较文学与世界文学、传播学、音乐学、高分子化学与物理、人文地理学等）。至此，全校共有硕士学位授权点33个。江西省人民政府于1996年8月5日确定了一批重点学科和重点建设学科，学校的普通心理学、文艺学、中国地方史、有机化学、基础数学等5个专业被确定为重点学科，中国古代文学、精细化工、思想政治教育、计算机软件、教育科学研究法等5个专业被确定为重点建设学科。省政府每年向学校拨付70万元重点建设学科经费，学校按不少于1∶1的比例投入配套资金。2001年，学校冲博重点学科已初具规模：

1992年以来，文艺学学科出现了"五多"现象：一是承担的国家科研项目多，经费充裕，"八五"期间承担的10项课题中，总经费达68700元；二是获得学术奖励多，级别也高：三是出版发表的专著和论文多，反响也大。陈良运的"诗学五四说"在国内诗学体系构建中自成一家，得到国内一流专家的肯定；四是参与的国际学术会议多，并主办过中国古代文学理论、中国秦汉文学国际学术研讨会；五是学术观点被人引用多，文章转载率比较高。文艺学科有一支过硬的研究队伍。其中陈良运、傅修延享受国务院特殊津贴，陈良运、傅修延、赖大仁为省高校中青年学科带头人，陶水平为省骨干教师。2001年，为响应学校冲击博士点目标号召，文学院很快成立冲博领导小组。冲博小组充分利用文学院人才优势，从中遴选出以傅修延、赖大仁、陶水平等12位老师作为学术梯队冲博带头人，为学院实现冲博目标奠定了坚实的人才基础。文艺学在"八五"期间被省教委确立为"411"工程重点装备专业，是学校五个经省人民政府确认的重要学科之一。

普通心理学学科获得国家与省级课题 28 项，其中包括国家"八五"攻关项目、国务院各部委项目、省自然科学和社会科学基金项目等。1992 年来，该专业教师出版专著或发表论文 70 余篇（部）。在中国心理学史、心理统计测量等方面的研究处于全国先进水平，有的已为国际学术界所瞩目。受中国心理学会委托，全国心理学三大理论刊物之一的《心理学探新》从 1994 年起开始由教科院心理技术应用研究所承办。江西省心理学会和社会心理学会均挂靠在教科院。

有机化学学科 1992 年以来，逐步形成了自己的特色和优势：一是完成了国家级、省级科研项目 28 项，其中"863"项目 1 项，国家自然科学基金项目 4 项，累计科研经费 158 万余元；二是多项研究成果填补国内外空白，处于国内先进水平，并获得国家级、省部级奖项多次；三是取得社会经济效益大，其中高分子单体合成方向的成果工业化前景大，经济效益十分明显，为产学研结合走出了一条路子；四是参与国内外学术交流活跃，自 1990 年来主办国内学术会议 2 次，参加国内外学术会议 40 余人次，并有多人出国进修；五是建成了现代化的有机合成和现代分析测试实验室，并建成产学研一体的中试开发基地；六是培养的一批高级专业人才毕业研究生中有 10 多人考上博士，有的毕业研究生已晋升为副教授、教授。

中国地方史专业取得国家重点科研项目 3 项，出版学术著作 39 部，公开发表学术论文 212 篇，获奖数十次。其中许怀林教授所著的《江西史稿》获省第六届社科优秀成果奖，起到了中国地方史研究的龙头作用。该专业形成了结构合理的学术梯队，有正副教授 11 人，以许怀林、廖信春、教授、温锐、方志远、梁洪生等人组成该学科的研究核心。1998 年学科调整后，中国地方史与中国经济史合并为专门史专业。

基础教学学科完成了"863"项目 2 项，国家自然科学基金课题 11 项，省自然科学基金课题 20 项；发表学术论文 230 篇，其中发表在国内外核心学术刊物的占 30%；出版专著 6 部，教材 2 部，并获得国家级、省部级奖励多项。毕业研究生中有 20 人在美国、加拿大、日本、荷兰和国内的一些著名大学获得博士学位或正在攻读博士学位，有的毕业生已晋升为副教授、教授，成为所在单位科研和教学的骨干。

2001 年 6 月，根据各学科点的实力情况，学校精选出教育学原理、基础心理学、文艺学、专门史、基础数学、光学、计算机软件与理论、有机化学等 8 个学科点进行冲博，并下拨 300 万学科建设专项经费。2002 年下半年，学校召开校学术委员会，听取各学科点学科建设以及在全国所处位置等有关情况的汇报。学校还专门成立负责申博工作的"冲博办"，副校长邹道文总协调，研究生处处长刘三秋具体负责，并抽调了相关人员做冲博的材料填写、整理等具体工作。这一时期，省委领导加大学校申博支持力度，先后为学校申博做了大量工作：1998 年 1 月，省委钟起煌副书记致信陈至立部长，恳请尽快优先增列江西师范大学为博士授予单位；1998 年 2 月，舒圣佑省长、胡振鹏副省长批准行文国务院学位委员会恳请特批江西师范大学为博士授予单位；2001 年 9 月 12 日，孟建柱书记、黄智权省长、漆权厅长拜会陈至立部长，希望优先增列江西师范为博士授予单位；2002 年 12 月 21 日，赵智勇副省长拜会国务院学位办周其凤主任，希望优先增列江西师范大学为博士授予单位。省委领导的大力支持、学校上下的全力以赴以及申博学科实力的提高，这一切都为 2003 年实现了博士点"零"的突破打下了扎实的基础。

第五节　学术研究

科研管理

1978 年以来，学校对科研工作采取了一些措施，学校的科研风气逐渐活跃，科研成果逐年增加，至 1983 年，共取得科研成果 1020 项。但是，在学校取得的成果中，重大科研成果不多，在全国学术界、科技界影响还不大；各系室科研工作发展也不平衡，对科研工作的认识还有待进一步的明确；特别是科研管理机构还只是隶属于教务处的一个科级单位，这对于全校科研工作的开展显得不适应。

为了进一步加强科研工作，学校确定了"以教学为主、教学科研并举，科研为教学服务，为四化建设服务"的科研工作方针，并于 1984 年 4 月成立科学研究处，统一组织管理全校的科研工作。各系（室）都有一位主任或副主任分管科研工作。1986 年 6 月，经省教委批准，学校成立了数学、化学、凝聚态物理、江西地理、古籍整理、教育科学研究所；学校还成立了语言文学研究所。1987 年、1988 年，学校先后成立了经济、中国革命史、人口、高等教育研究所。至此，全校拥有 11 个处级研究所、43 个研究室，形成了校、系（所）、室（组）

三级科研网络。1990 年，学校专职科研人员为 107 人。学校还成立了科技咨询服务中心，把学校的科研与经济建设直接挂起钩来。

1993 年学校增设了国土开发研究所、客家研究所。1994 年成立了中国经济史研究所和当代文学研究所。1995 年成立了健康科学当教育中心、计算机软件研究所、周易研究所。1996 年成立了区域社会资料研究中心。1997 年成立了人事人才研究所、乡村政治研究所、计算机信息工程研究所。1998 年成立了邓小平理论研究中心。1999 年成立了课程与教学研究所、化工研究中心、经济发展研究中心、伦理学与德育研究中心。2000 年成立了文化研究所。2001 年成立了数学研究中心，历史研究中心，当代社会主义研究中心和传播与社会研究中心。

科研工作制度改革

1984 年 9 月开始，学校对科研工作进行了较大的改革。改革的指导思想是"面向经济建设，建立教学、研究、社会应用三结合体制，以科研促进教学、促进经济、促进社会发展，加快学校科研建设步伐，开创新局面"。学校在建立校、系（所）、室（组）三级科研网络的同时，还抓了重点专业、重点学科建设，逐步形成了学术梯队。1984 年底，学校根据"加强应用研究，重视基础理论研究，注意教育科学、教材教法研究"的构想，在教育科学研究方面确定了 6 个研究项目为重点科研项目；作为优先发展领域，在自然科学研究和文史哲及体育基础理论研究方面，确定了 34 个重点科研项目。

为了早出成果、多出成果、出好成果，科研处制定了《科研管理暂行办法》、《科研成果奖励实行方法》、《学术活动管理试行办法》、《科研基金管理试行办法》、《聘请学术顾问暂行规定》、《聘请兼职教师、兼职科研人员试行办法》、《研究所工作条例》等。1986 年和 1991 年，学校举行了两次优秀科研成果评奖，有力地调动了全校教师从事科研的积极性。

1992 年以来，学校又先后制定和修订了《学术委员会组织条例》、《关于促进科研工作发展的若干规定》、《校科研项目管理办法》、《青年科研基金管理办法》、《科研经费管理办法》、《科研工作量确定办法》、《科研机构管理办法》、《科技与产业开发基金管理办法》、《科研编制分配办法》等 10 多项管理制度，使学校在科研经费、科技统计、科研成果管理、成果评奖、课题立项等方面基本上做到了有章可循，有规可依。科研条例和办法的实施，促进了科研工作的开展，调动了广大教师和科技人员从事科研工作的积极性。学校积极探索科研管理的改革，1999 年 10 月，由科研处牵头国土研究所、古籍整理研究所、课程与教学论研究中心、化工研究中心、经济发展研究中心、伦理学与德育研究中心等 6 个校属科研机构实行"项目制"，提出今后的责任目标，实行考评和奖惩。这些新思路、新举措，对学校其他 20 多个科研机构的运作以及今后的工作开展产生了积极影响。

学术活动

各个系科加强了与兄弟院校对口系科的横向联系。如政教系、化学系与华东地区六省一市的师大政教系、化学系系主任的对口联系；中文系通过年会的形式，与全国 13 所师大中文系的汉语言文学专业建立了密切的写作交流关系，并汇编《中国语言文学资料信息》定期出版，语言文学研究所还与上海社科院文学研究所达成协议，合作出版《文学研究丛刊》，每年可在该刊发稿 24 万字。

1984 年以来，学校组织或承办的省级以上学术会议达 90 余次，特别是学校的学术交流中心落成后，各种学术活动更加频繁，仅 1988 年就达 24 次。其中有教育系受国家教委委托承办的"教育测量学术讨论会"，马列教研室承办的"全国高师社会主义初级阶段理论研讨会"，中文系与传播系主办的"安子介、袁晓园学术暨汉语汉字科学性和教学法研讨会"，学报编辑部主办的"全国毛泽东文艺思想研究会"，图书馆承办的"华东地区高校图书馆馆长学术研讨会"，历史系主办的"全国近代中国资产阶级学术研讨会"，地理系主办的"全国中国自然地理教学研讨会"，外语系赖余教授主持的全国第一届"韩素音青年翻译大赛"等。

进入 20 世纪 90 年代后，学校承办了一些具有全国甚至国际影响的学术会议。如 1993 年 9 月，学校主办的中国秦汉史第六届年会暨国际学术讨论会，来自全国各地近百位史学专家学者和研究人员与美国、日本、韩国秦汉史专家学者一起参加为期 3 天的史学盛会。1995 年 9 月，由文学院和中国古代文学理论学会共同主办的"中国古代文学理论国际学术研讨会暨第九届年会"，有来自韩国、日本、中国香港以及内地的 150 多名专家学者会聚学校。至新世纪初，学术活动频仍。仅 2000 年学校就主办或者承办教育部全国体育教学指导委员会组长会议、全国外国文学教研会、全国高分子材料工程应用研讨会、全国模糊数学研讨会、中国高校校报第六届学术年会等多项全国性学术会议。

频繁的学术交流，吸引了一大批学术泰斗、科技界精英纷纷来校，扩大了学校的知名度，活跃了学术气氛，带来了大量的学术信息，促进了学术水平的提高。

学校先后聘请了一批国内外著名专家学者为学术顾问、终身教授、客座教授或兼职教授。其中著名的有安子介、袁晓园、王梓坤、潘菽、高觉敷、刘佛年、邓从豪、肖涤非、郭预衡、杨叔子等。他们通过书面指导、来校考察或讲学等方式，对学校办学、教学和科研诸方面给予了热情关心和帮助。

频繁的学术交流，也使学校成为江西学术活动的中心之一。先后有江西省物理学会、外国文学学会、历史学会、心理学会、教育学研究会、数学学会、地理学会、伦理学会等省级学术团体挂靠学校。此外，还有众多的老师担任国家一级学会理事或顾问。

自 1998 年 12 月 14 日至 1999 年 1 月 15 日，学校开展了第一届"科研与学科建设月"活动。活动期间，召开了"'98 科学研究和学科建设工作大会"，开展了科学研究和学科建设系列活动，举办了"科研成果展览"。

1999 年 12 月 5 日至 2000 年 1 月 6 日，学校举行了第二届"科研与学科建设月"活动。在这一届活动中，学校制定《重点学科建设与研究生教育发展规划》、《博士学位授予单位、博士点、硕士点发展规划》、《校直属科研机构目标责任制》、《科研工作虽化考核管理办法》、《对学科领衔教授、教师科研工作的要求》、《学科建设目标管理责任制的实施意见》、《学科建设与研究生教育评估工作暂行规定》等一系列规章制度。在活动中，分组讨论了"科研与学科建设月"主题报告和校直属科研单位目标责任制、考核办法以及学科建设与研究生教育发展工作。

1999 年 1 月 15 日，学校在科学研究与学科建设工作会议上，确定了将学校建设成教学科研型师范大学的发展目标。

科研成果

1992 年以来，学校共获得国家级项目 71 项，省级项目 262 项，横向科研及开发项目 31 项。在国家级课题中，既有国家高新技术项目（863 项目），又有国家自然科学基金项目，还有国家社会科学基金项目。

学校注重培养科研的新生力量，科研处在进行校管课题的立项时，十分注意向中青年教师倾斜，资助力度也逐渐加大。1993 年有 46 个校管课题立项，科研经费为 2.2 万元；1998 年有 40 个校管课题立项，经费却增至 5.2 万元。科研处还重点资助几个选题新颖、论证可行的项目，为他们下一步申报省和国家课题铺路架桥。科研课题立项的增加，使学校科研经费有了大幅度增长。1992 年，学校科研经费 156 万元。1999 年科研经费 301 万元，比 1992 年增加 145 万元。7 年来，新增科研经费达到 636 万元，R&D（研究与发展）人均经费为 7060 元。除上述外来经费外，校拨 R&D 经费也逐年增加。学校 1993 年下拨经费为 5 万元，1997 年增加到 10 万元，5 年翻了一番；1999 年增加到 50 万元，是 1992 年的 10 倍多。

科研项目数量的增加、科研项目级别的提高以及科研项目经费的增长，是学校科研工作不断进步的标志之一。

"863" 项目

为了跟踪国际高技术前沿，国家自 1986 年实施"国家高新技术研究发展计划"即"863"计划。从 1992 年起，学校有 4 项研究课题获准列入国家"863"计划。

学校第一个列入"863"计划的项目是化学系宋才生、蔡明中两位教授承担的新材料领域的课题——《聚芳醚酮的研制（PEKK）》，其研究成果在航空、宇航工业等高技术领域具有广泛的应用前景。该课题 1991 年立项后，国家科委工业司司长汪宗荣、国家"863"新材料领域专家委员会委员刘其贤、"863"结构材料专家组组长欧阳世翕等来学校听取了 PEKK 研究情况的汇报。该课题于 1996 年结题，研制的主要指标达到美国杜邦公司的水平。这也是江西首个"863"计划项目，《江西日报》曾以《首闯 863》的通讯稿对此作了报道。

继 PEKK 项目之后，1994 年学校又有两项科研项目被国家科委列入"863"计划，它们是数学系应明生教授承担的《情景变幻的逻辑研究》和计算机科学系薛锦云的《探索系统的算法、程序设计与证明方法研究》，两项课题是信息产业的智能工程课题。

应明生教授承担《情景变幻的逻辑研究》课题后，在一年多的时间里，在国内外杂志发表了 8 篇有影响的论文，圆满完成了这一项目，经国家科委组织专家检收合格。1996 年又申报该课题的后续研究，获国家科委批准。这是他第二次承担"863"计划项目，也是江西师范大学承担的第四项"863"项目。

参与"863"项目研究，代表了一个学校的科研实力，学校同时承担多项"863"项目，在江西省高校和科研单位中名列首位。

研究论著

1983 年至 2001 年的 18 年间，全校科研成果颇丰，仅论文与著作分别达11122 篇和 1204 部，是此前江西师范学院建院 30 年（1953—1983 年共 1270 篇、部）成果的近十倍。

	1983—1988 年	1989—1994 年	1995—2002 年	总计
论文	2093	3463	5566	11122
专著	217	434	553	1201

自 1992 年以来，全校有 668 项科研成果获厅局级以上奖励，这充分反映出学校科研实力增长速度在加快，也显示出学校在科研方面具有雄厚的实力和旺盛的生命力。

陆续涌现的一批重大成果中，有的取得突破性进展，有的居国内领先水平，打破了学校长期以来文科重大成果少的局面。比较有代表性的社会科学研究研究成果有：

汪木兰、邓家琪主编的《苏区文艺运动资料》，被著名戏剧家胡可先生评为"一部具有国内先进水平的著作"，他们的苏区文学史研究居国内领先地位，影响远播海外；早在 1984 年，由邓家琪、汪木兰执笔，苏区文学研究室编著的《江西苏区文学史》在全国产生了较大的影响。此外，汪木兰编注的《江西苏区红色戏剧资料集》已有日本东京大学出版了日文版。汪大钧主编的《语文基础知识》和历史系汪锡鹏、曹献国主编的《历史常识》被列为全省党员教育丛书之一。张海仁主编的专著《伦理学问答》和傅希能的专著《开发智力的工具》被全国总工会作为必读书目向全国推荐。

陈良运在中国诗学与古代文论研究领域取得了骄人的成绩，他的专著《新诗艺术论集》、《新诗的哲学与美学》以及国家七五期间社科重点项目《中国诗学体系论》（1994 年获省社会科学优秀成果一等奖）和《诗学诗观诗美》出版后，在国内学术界引起很大反响。由他主持的国家社科规划课题——《中国诗学批评史》是继日本汉学家铃木虎雄《支那诗论史》的第一个汉译本出版 67 年后，第一部填补国内这一学术领域长期留下的空白的学术著作。该书 1996 年获省社会科学优秀成果一等奖。

傅修延主编的《文学批评方法论基础》，在国内引起很大反响，四家报刊发表专文评介；他从事的文学批评方法论研究，在全国居于领先地位，曾被时任文化部长肯定为"有开拓意义的工作"；由他主持的国家七五期间社会科学研究重点项目《文学批评思维学》一经出版，立即引起文学理论界的广泛关注，《文艺报》发表了长篇署名文章对该书进行评论。

黄今言的专著《秦汉赋役制度研究》在国内研究中居领先水平，他主持的国家教委"七五"规划重点课题——《秦汉军制史论》的最终研究成果由江西人民出版社出版。该书出版后，海内外学术界反响强烈，书评、介绍者颇多。该书获 1994 年省社会科学优秀成果一等奖。

温锐主持的国家社科基金项目——《理想·历史·现实——毛泽东与中国农村经济之变革》，首次对毛泽东一生最为关注的中国农村变革史作了整体的、全面而系统的研究，框架自成一体。该书的问世，受到国内外学术界的关注与好评，并于 1998 年获省社会科学优秀成果一等奖。

谢庆绵的专著《西方哲学范畴史》荣获华东地区政治理论书籍一等奖。杜德凤关于太平军在江西的土地政策问题的研究，自成一派之说，为国内学者所瞩目，日本学者在日本刊物上，对其研究成果作了专文介绍。林洪志主编的《英语双解词典》出版后，短短两年就重印了 3 次，1991 年新加坡智力出版社购买了该书版权，并迅速出版，在新加坡、港台及东南亚地区发行。

陈海洋、邱尚仁主持编纂的《中国语言学辞典》，得到了安子介、袁晓园、许嘉璐、朱德熙等 20 余名老一辈专家学者的大力支持，全国 84 所高校 140 余名学者参加了编写工作。由于这部共分 13 卷的鸿篇巨制的出版，陈海洋获得中国语言文化学会首届"汉字文化学术奖"，全国人大常委会副委员长习仲勋等亲自为他颁奖。

由邹道文副校长任组织委员会主任、刘世南先生任首席学术顾问、万萍和段晓华任主编的江西省大型文化工程《豫章丛书》整理点校本之中的第一册——《豫章丛书·史部一》出版。《豫章丛书》是江西地方文献中卷帙最多、内容最丰富的大型丛书。共收著作 129 种，722 卷。是江西省高校古籍整理"九五"至

"十五"期间的唯一重点项目，也是全国高等院校古籍整理研究工作委员会的规划项目。刘世南的代表作《清诗流派史》于1995年在台北文津出版公司出版之后，2004年再由人民文学出版社出版，该著作被誉为"体大思精"之作，影响广泛，颇受学界佳评。

杨鑫辉为副主编的《中国心理学史》一书出版后，在国内外引起较大反响。他的另一部《中国大百科全书·心理学史》和《现代大教育观》也受到好评。由历史系、数学系联合完成的重大科研项目"数学智能水平自适应测试"通过鉴定，这项成果对我国题库理论建设是一个重大突破。教育系漆书青在考试理论方面的研究，居于全国领先地位，并已广泛应用到高考研究、成人自学考试研究、干部制度改革研究中，得到国家教委考试中心的支持和帮助。眭依凡的《教育诊断学》研究课题，获得国家教委青年专项科研基金资助，这是学校获得的第一个国家级青年基金资助项目。

何齐宗教授承担的全国教育科学"八五"规划课题——《教育美学》研究的最终成果由重庆出版社出版。该书于1997年获全国优秀教育图书二等奖，"教育美学研究"于1995年获江西省社会科学成果一等奖。

在自然科学研究成果方面具有代表性的成果有：

在函数论方面，胡克成果累累。1985年他发表在美国权威杂志上的论文又引起数学界的广泛兴趣；其《单叶函数问题》科研成果1990年获国家教委科技进步三等奖。在逼近论研究方面，肖应鹍成绩卓著，其研究成果在理论上和应用上都有创新，达到国内先进水平。在广义拓扑学方面，董荣森开辟了一个崭新的领域，引起了国际数学界的注意：1988年，国际代数学会组委会主席两次来函请他去奥地利维也纳作专门的成果报告。

在非平衡理论研究方面，李湘如主持了国家自然科学基金项目《化学震荡非平衡物理研究》，先后发表的11篇论文中，有2篇被国际著名刊物美国《化学文摘》所收录。该项目于1987年通过鉴定。其中B—R反应的化学基理分析处于国内外先进水平，关于温度场的研究处于国内领先地位。用于研究流动体系中化学震荡行为的连续流动槽的设计与建成，在国内尚不多见。在激光量子理论方面，郁明康和刘正东、彭跃南在国际著名杂志《物理评论》上发表了一系列论文，受到国内外专家的关注。

在数理统计方面。倪国熙的专著《常用的矩阵理论和方法》被不少院校选为研究生和高年级学生的教材。1987 年作为访问学者前往意大利米兰考察研究。被伯格尼大学聘为客座教授。薛锦云在西欧世界性杂志《BBT》等刊物上发表的关于程序生成算法的重要学术论文。专家评论其研究居于世界先进水平。

徐晓泉的《完全分配格、M- 连续格的结构与格上拓扑的若干问题》在连续格理论和格上拓扑学领域属国际前沿性研究。解决了上述两个领域中的多个问题。在国内外权威数学杂志上公开发表论文 24 篇。该成果获 1996 年省科技进步二等奖。

在有机合成方面。化学系王牲、李希成、宋才生、蒋凤池等的研究工作引起国内许多专家的注目。他们不仅在高分子材料、萜类化学研究有一系列科技成果。而且在全国学术会议和杂志上交流或发表许多论文。在催化理论研究方面。毛耀华、王元纪、黄祖遗对甲胺合成新型催化剂的研究属国内首创。在液膜分离技术方面，张瑞华发表论文 20 余篇。他的《膜分离技术》是我国在这方面的第一部专著。1998 年获全国优秀科技图书二等奖。在稀土分析方面。李先春先后发表 20 余篇。有几篇幅论文被著名学术刊物美国《化学文摘》收编摘录。

朱建阳主持的江西省自然科学基金项目——《弯曲时空量子场论与黑洞物理》。在研究动态黑洞的 IIawKing 辐射问题方面。发现了至今无人探讨过的新的性质；在诱导引力论中宇宙波函数的三量子化、带宇宙因子项的真 Brans-Dickes 理论的虫调解等量子宇宙学的研究中。取得了创造性研究成果。该成果获 1998 年省科技进步二等奖。

陈宗煊主持的《微分方程复振荡理论的研究》，连续两次获国家自然科学基金资助。该成果开创了超越整函数系数非齐次线性微分方程复振荡问题的研究，获 1999 年省科技进步二等奖。

学校在应用科学技术方面取得成果也颇为丰硕。

化学系冯春发、彭素萍研制成功的"以乌桕脂为原料研制开发类可可脂系列产品"填补了国内空白，国家专利局于 1987 年授予专利权。该项成果转让 4 省 7 厂。从已试车投产成功的 5 家企业生产情况来看，年产类可可脂可达 1500 吨创产值 1755 万元，获利税 520 万元；产品行销北京第一食品厂等 5 家巧克力厂，轻工部商品开发中心签订了销售合同，缓和了我国可可脂紧缺的状况，为国家节省了大量外汇。该项目已被湖北省列入"七五"星火计划。获国家科技进步三等奖和农牧渔业部科技进步二等奖。

化学系宋才生发明的"新型笛音剂"成果 1987 年被授予省科技成果三等奖。丁岩主持的"从牛羊脂制取类可可脂（小试）"，获 1987 年全国发明铜牌奖；王甡、宋才生承担的省科委一级重点科研项目 AS-70 环氧树脂 1988 年获首届北京国际发明展览会银牌奖，1991 年获国家科技进步三等奖。

廖维林主持的国家教委项目《新一代重油催化裂化钝化剂 mp-5007 的研究》，在国际上首先解决了水溶性锶化合物对催化裂化催化剂酸性中心的破坏的技术难点，同时，也解决了锶、镧固钒剂的液化难点，具有良好的推广前景，经使用证明：累计新增产值 336 万元，新增利税 150 万元，年节支总额 1125 万元，该成果获 1998 年省科技进步二等奖。

物理系周中权创造发明的物理教学仪器"萘溶解器"投入大批量生产，1986 年获国家教委举办的全国优秀成果四等奖，产品被选入国际教具展览会，从而进入国际市场，1987 年被中国专利局授予专利权。冯郁发明的"6-2EF 自然现象演示仪"在 1990 年召开的第二届全国教学仪器评比大会上获三等奖。

计算机系余成承担的省科技一级项目"计算机图案设计系统"，1985 年获全国 IBM-PC 应用软件交流评审会一等奖。1988 年底，该系统正式投入抚州印染厂花布图案的设计，印染设计。该成果荣获江西省科技进步二等奖。

薛锦云完成的"水文资料整理系统"，在全国微机应用成果展览会上获三等奖。成果被国家地质总局和省水文总站所采用。他主持的江西省一级项目——《软件开发方法研究》，1991 年 10 月通过省科委鉴定，结论为"处于国内领先地位，具有国际先进水平"。1993 年获省科技进步一等奖。

由学校和省委组织部共同承担的中央组织部项目"县级党政干部一般知识面自适应考试"，已通过鉴定。该项目 1988 年进京向中组部演示汇报，并得到专家的肯定，《光明日报》头版头条予以报道。该系统属于国内先进水平。已由中央组织部安排在安徽等 7 个省区组织部门的干部考核中使用。在这个项目完成以后，该课题组又开展"党务工作者专业知识自适应考试"研究。并列入中央组织部"七五"期间干部新方法研究重点管理课题，1991 年该项目通过国家科委鉴别。

在国土开发利用方面。以地理系朱宏福为顾问、刘会庆为负责人所承担的国家重点攻关项目《鄱阳湖区综合考察和治理研究》通过了国家级鉴定，并于 1990 年获国家科技进步二等奖。朱宏富还担任省政府决策咨询委员会常委，

1987 年，他提供的决策意见"16 亿—28 亿斤春粮要不要"被省政府采纳，下文各地，在全省抓紧了春粮种植，取得了巨大经济利益，省政府授予他科技咨询一等奖。此外，由他主持的省科技攻关项目——《三峡工程对鄱阳湖区环境影响及对策研究》，首次全面系统论证了三峡工程对鄱阳湖区环境的影响的研究成果。1998 年，该项成果获省科技进步一等奖。

在草山草地学方面，地理系谢帆、王素珍所取得的研究成果引起国内外学者的关注，两人先后分别参加日本京都第 15 届国家草山会议和印度新德里第 3 届国际牧场会议。

周定康承接的《候选关键字求解理论研究》，是国际前沿数据库领域重大理论问题，属世界难题之一，并在该领域中的一系列理论问题上取得了实质性突破，该成果获 1995 年省科技进步二等奖。

邹道文主持的省科技攻关项目——《GT 管型荧光灯用交流电子镇流器》的技术产品，经生产，累计新增产值 320 万元，累计新增利税 96 万元，节电 279 万度、节约电费 139.5 万元，该成果获 1997 年省科技进步二等奖。

章定富、吕桦等承担的省科委软科学项目——《关于京九铁路沿线城市化进程的研究》，具有较强的理论指导意义和可操作性，产生了较好的社会经济效益。该成果获 1999 年省科技进步二等奖。

综观这 18 年的科学研究，有如下几个显著特点：（一）成果数量逐年增长，质量也大有提高，不少科研成果达到国内先进水平或者领先水平。（二）科研实力增强，形成老、中、青三代科研梯队。（三）科研项目来源广泛，立项级别高，获奖成果多，成果影响大。（四）由各自为战的书斋式研究转变为合作研究和集体攻关，发挥了团队优势。（五）加强了应用科学研究，为社会发展和经济建设作出了贡献。

文学艺术创作成果

1984 年以来，中文系熊述隆发表作品 40 余篇（部），部分作品被选入《中国新文学大系》。沈世豪发表作品 11 余篇（部），他写的报告文学《来自大洋彼岸的申诉》，在全国引起巨大反响，全国 10 多种报刊予以转载或摘录，对当时落实政策，平反冤、假、错案起到了很好的推动作用；他还出版了《散文创作艺术》、《军旗升起的地方》、《钢铁的旋律》、《写作的艺术》等专著或作品集 4 部，其中电视片《军旗升起的地方》获中央电视台金牛奖；他应邀到亚运工程实地采访，撰写的长篇报告文学《亚细亚的太阳——中国亚运工程》1990 年出版后，在全国引起极大反响；他因此获得"第十一届亚运会工程逢设纪念"第一枚金质奖章，并以贵宾身份参加了亚运会开幕式、闭幕式及艺术节。受到中宣部副部长、文化部代部长贺敬之的单独接见。2002 年 9 月 6 日的《江西日报》发表了傅修延的长篇报告文学《老树逢春更著花》，该作品歌颂了如诗似画的师大校园，后来荣获"高教杯"征文比赛一等奖。

1985 年建系以来，音乐系在声乐、器乐、作曲、美育研讨和音乐史论研究等方面都有明显的进展。邓伟民 2001 年创作的《轻轻地走近你》获首届中国音乐金钟奖，后在中央电视台播出；蔡德予作词、陈述刘作曲的歌曲《细妹子出山卖余粮》在全国民间音乐、舞蹈比赛中获三等奖。陈述刘创作的低音笛独奏曲《冷月》在全国第 6 届音乐作品评奖中获三等奖；作曲的歌曲《亲切的称呼》在国际性的"华声曲"征歌评奖中获特别奖。音乐系的周友华和校医院的龙祥凤在对声乐、医学边缘学科的研究中获得了可喜的成果，他们设计制作的科教片《艺术嗓音的构成》在全国音乐界反响很大，这项研究成果还引起国际同行的重视，被邀请参加在布拉格举行的第 21 届国际嗓音医学学术会议。凌绍生对苏区音乐史颇有研究，他的论文《中央苏区音乐史话》引起了同行专家的重视。吴翔1999 年创作的《井冈闹春》获教育部主办的首届大学生文化艺术节创作二等奖；2001 年创作的《校园风景线》获中国舞蹈家协会主办的首届全国大学生舞蹈比赛专业组创作三等奖；2001 年，由音乐学院老师指导的节目获国家教育部、文化部主办的全国大学生艺术歌曲比赛专业组二、三等奖。宗华、姜盛创作的《爱睁开了眼睛》、《同一件衣服》、《回归》分别获华东六省一市专业舞蹈比赛一等奖、特等奖和三等奖。

美术系在这一阶段创作成果颇丰，仅 1986 年至 1987 年两年间，就有近 300幅（册）作品参加全国性和国际性展出。其中，国画家彭友善以其深厚的功底创作的花鸟画，获得了美术界的赞誉。先后在北京、武汉、广州、香港等地展出，反映他创作生活的《虎年画虎》专题片被中央新闻纪录电影制片摄入《祖国新貌》在全国放映。国画家燕鸣在上海、广州、深圳等地举办了个人画展，他的山水泼墨艺术多次被海外报刊载文评价。康庄的书法艺术以挺秀遒劲的风格见长，已为全国许多重要纪念地刻碑流芳。邱振中的论文在日本《新书鉴》杂志上连载，主编的《书法艺术》被中国广播电视大学指定为教材，其作品被收入多种书法集。杜玉华创作的漆画多次在东欧、中国香港、中国台湾等地展出，水彩画《丛林之中》和《古道重游》等作品由上海人民美术出版社编辑出版，他创作的《中华猕猴桃栽培技术》系列漆画获全国科普美术佳作奖。陈松茂创作的宣传画《一寸光阴一寸金》获全国宣传画展览三等奖，他的油画《春到井冈》被选送美国展出。吴子南对八大山人的研究论文被维也纳、中国台湾等地学术杂志转载。龚声的漆画作品被送往苏联展出，版画《乡韵》、《新菇》先后被送往南斯拉夫、加拿大、奥地利、日本等国展出。版画《山乡的旋律》被中国美术馆收藏。汪晓曙创作的连环画创作三等奖。万国华创作的漆画《纺线线》被中国美术馆收藏，他的版画《军旗从这里升起》、《森林的女儿》获全国优秀作品奖。范坚的书法作品在国内有一定的影响，有的作品被黄河碑林录用，不少作品在中国香港、日本展出；1988年底，他受日方邀请，赴大阪讲学，带去的70多幅作品，受到日方书法界的好评。1989年，为庆祝建国40周年，文化部、中国美协、中国书协联合举办《全国第七届美术作品展览》和《全国第四届书法篆刻作品展览》，该系入选作品12件，入选作品之多是该系前所未有的。

美术系以其突出的创作成果和频繁的美术活动而越来越受到国内外美术界的重视。1988年，《中国美术年鉴》编委会决定为该系建立艺术档案，并将该系每年的重大活动录入《中国美术年鉴》。

刊物出版

《江西师范大学学报》（分哲学社会科学版和自然科学版）是学校主办的唯一学术性刊物。1985年1月哲社版正式向国外发行，扩大了学校在国外的影响。自然版也于1987年1月向国内公开发行。1988年10月，学报哲社版和自科版双双获准为国际标准连续出版物（ISSN）。由于在国内外都具有较大的影响，1988年，学报编辑部被选为全国高校文科学报研究会理事单位。

学报哲社版刊登的文章，有的被人大复印报刊资料复印，有的被《高校文科学报文摘》摘登，反映率达63%以上。全国高校哲社期刊检测结果，我校哲社版学报排行43位。同时抓好编辑自身业务素质，提高编辑、校对、出版的质量。1999年底，哲学社会科学学报被列入《中国人文社会科核心期刊要览》。

自然科学版自1989年起开始向国外发行。1995年，在全国高校自然科学（包括理、工、农、医）学报评比中，自然科学学报荣获了一等奖。1997 年获中宣部、国家教委、国家新闻出版署授予的全国优秀科技期刊二等奖。1999 年理科获得三项奖励：被教育部评为"全国高校优秀自然科学学报和教育部优秀科技期刊"二等奖；被中共江西省委宣传部、省科委、省新闻出版局评为"江西省首届优秀期刊"奖（江西近 200 种社会科学、自然科学期刊只评 10 种）；被江西省教委授予"江西省高校优秀自然科学学报"一等奖。

文学院编辑出版的《读写月报》（月刊），原名《语文教学》，1973 年创刊。1984 年改为现名，是面向全国中学生的语文类辅助刊物。该杂志以活泼多样的形式、丰富多彩的内容吸引了广大读者，是中学生非常喜爱的课外辅导刊物，也是中学语文教学工作者的备课资料之一。1992 年该杂志被中国青年工作协会评为"优秀期刊"；同年获国家教委授予的"高级作文评分误差控制实验宣传"二等奖；1993 年在华东地区期刊评比中被授予"优秀期刊"称号；1994 年在国家语委、中国语文报刊协会主办的评比活动中获优秀栏目奖。该刊自创办以来一直受到广大读者的青睐，被誉为"写作园地的鲜花"、"文学爱好者的良师益友"。

数学与信息科学学院编辑出版的《中学数学研究》于 1979 年创刊，1987 年改为国内公开发行。刊物以配合中学数学教学、提高中学教学质量为宗旨，是面向全国发行的教学辅导类期刊。该刊发行总量超百万册，刊出论文 3000 余篇，每年都有近 30 篇论文被《中国人民大学文摘》全文转载，100 多篇论文被江西省数学会、江西省中学数学教学专业委员会评为优秀论文，深受全国广大读者的赞誉。

物理系编辑出版的《中学物理报》，创刊于 1985 年。由原来的高中版和初中版扩展为分年级的五种专辑，组稿内容体现出针对性、实用性、及时性和趣味性，受到广大中学生的喜爱，读者人数呈上升趋势，最高年份达 12 万份。1990 年该报获中国物理学会普及委员会优秀期刊奖。

学校创办的报刊还有《江西师大报》、《江西高教研究》、《心理学探新》、《高师论坛》、《研究生信息》、《师大函授》、《江西心理通讯》、《高教自学考试辅导》等。

第六节　校园建设

基础设施建设

江西师范大学建校时间长，校园基础设施陈旧落后，特别是在 90 年代中期以后学校规模剧增扩大，师生人数急剧增加，导致教职工住房紧张，学生宿舍拥挤，教室不敷使用，严重制约了学校的发展，也影响了师资队伍的稳定。1983 至 2001 年期间，学校领导解放思想，拓宽思路，采取多种办法，加快了基础设施建设的步伐，改善了公共基础设施。

1984 年以来，新建高压配电房，增容 620 千伏安，总供量达 1200 千伏安，完成了变压器和外线更新；安装了 400 门自动电话，更新了通信线路；新凿深水机井 3 口，解决高层用水问题；扩建了锅炉房，新安装 4 吨锅炉投入使用；新购进大小汽车 12 部，缓解了坐车难的矛盾；利用人防工事，开辟出能容纳近 500 人的学生自习室；新建、改建简易平房近 100 间，缓解了大龄青年教工成家无房的矛盾；在东区新建了开水、蒸饭间，给东区 340 户住户带来了方便；建立了液化气站，初步解决了生活用气的问题，并在东区安装了管道煤气；为幼儿园新建哺乳室一间，解决青年教工子女入托问题；接通了高校专线，解决了停电、停水的问题等。

学校先后新建了一批大型建筑项目。1985 年 12 月，主楼 6 层，面积 3000 平方米的培训楼竣工，为学校开展多种形式办学提供了条件。同年，面积达 2000 平方米的游泳池及附属建筑落成，并安装了水流自动循环装置和水质净化装置。1986 年 12 月，学术交流中心在环境幽静的东区落成，5 层主楼与附属建筑浑然一体，面积达 3200 平方米，1987 年 12 月，在国内高校屈指可数的学生食堂竣工。新食堂坐落校园西北区，与学生宿舍区紧邻，面积达 5700 平方米，能同时容纳 4000 人就餐。1988 年 9 月，主楼 8 层，面积 10600 平方米的双理楼（物理、地理）竣工。大楼内除办公用房和实验室之外，还有容纳 270 人听课的阶梯教室 1 间，容纳 200 人开会的会议厅 1 间。容纳 100 人听课的大教室 8 间，并安装现代化课桌椅 1500 余个。大楼顶部设有可放映球幕天象影片的天文馆 1 座。1989 年 10 月，坐落在双理楼东侧的逸夫楼（计算机中心）落成。逸夫楼高 5 层，面积 2000 平方米。这些大楼的建成，缓解了教学科研用房紧缺的矛盾。

1991 年，省教委鉴于江西高校教工住房紧张，而国家财政一时又不可能大幅度增加基建投资，参照外省高校的做法，决定开展教职工集资建房工作。文件下发后，学校积极响应，于当年 3 月组织教工报名集资建房，并立即破土动工。1992 年 6 月，江西师范大学历史上第一栋教工集资房竣工。随后，学校又相继开工兴建第二栋、第三栋集资房，并于 1993 年、1994 年竣工投入使用。3 栋集资房共解决了 252 户中青年教工的住房问题，使他们提前住上了套房，大大改善了中青年教工的住房条件。从此以后，江西师范大学的教工住房建设大都采取国家拨一点、学校筹一点、个人集一点即"三个一点"的方式，相继建成了南区 1 栋、3 栋等教工宿舍。1997 年，又采取了教工全额集资的办法，兴建了东区 2 栋、西区 5 栋、南区 9 栋、15 栋，大大加快了教工住房建设的步伐。

在抓紧教工住房建设的同时，学校也兴建了大量教学、科研及学生住宿用房。1992 年 11 月，学校兴建成人教育学院大楼，解决了成人教育教学、办公、学生住宿用房。1995 年，学校投资 600 多万元，开工兴建 8700 平方米的第九栋学生公寓。1996 年全部建成，入住学生 1400 多人。1997 年 3 月，投资 537 万、建筑面积达 5000 多平方米的海外学生楼投入使用。1999 年 7 月，建成面积 4400 平方米的第十栋学生公寓东半部，基本上解决了当年扩招学生的住宿困难。1999 年 4 月，学校建成 9660 平方米的综合教学大楼。1998 年 10 月，由香港爱国实业家田家炳先生捐资 600 万人民币，加上省政府配套 400 万资金兴建的田家炳教育书院大楼奠基，该楼 9800 平方米，1999 年 9 月投入使用。综合教学大楼和田家炳教育书院大楼的建成，使学校教室紧张状况大大地得到了缓解。

至 20 世纪末（1999 年），学校有教学用房 90983 平方米，办公用房 8737 平方米，学生宿舍 33566 平方米，教工宿舍 118895 平方米，接待用房 11230 平方米，其他各类服务用房 23247 平方米。从建筑投资渠道看，1988 年以前投资渠道单一，主要靠省财政拨款。1988 年以后，随着改革开放的深入，投资渠道多元化，除上级拨款外，还有学校自筹、接受爱国人士捐赠、教工自筹等多种投资形式，从而大大加快了校舍的建设速度。从 1992 年到 1999 年，学校共兴建教学科研、生活用房 12 万多平方米，是学校历史上完成基建任务最多的一个时期。

20 世纪 80 年代后期一段时间内，随着师生人数的增加，用电量激增，学校的用电显得非常紧张，师生的生活和教学科研都受到一定的制约，省政府对此非常重视，专门为包括江西师范大学在内的 5 所高校接通了用电专线。学校也分别于 1996 年 10 月和 1999 年 7 月先后进行了电增容，基本上满足了师生生活和教学科研的需要。学校还和南昌市煤气公司合作，在校内铺设了煤气管道，910 户教工用上了管道煤气。

与全国许多单位一样，学校到 90 年代中期，还在使用 400 门纵横制电话总机，这种电话的优点是分机较多，可以多人同时通话。随着国家经济的发展，人民群众的生活水平有了较大的提高，学校教职工要求安装家庭电话的申请陡增，原有的 400 门纵横制电话已远远不敷使用。1995 年 7 月，学校和南昌电信局签订协议，拆掉学校总机，一次性把学校所有的纵横制电话改制为程控直拨电话，至此，教工安装程控电话的要求全部得到满足，全校共安装 1300 多门电话，10 月，程控电话全部开通。1996 年 10 月，校园网管理中心成立。1999 年 9 月，师大网站（www.jxnu.edu.cn）开通，教职工家庭、学校各单位通过校园网联入因特网。程控电话和师大网站的开通极大地改善了学校与外界的通讯联络，促进了学校各项工作的开展。

服务意识

总务工作是保证学校管理改革和教学科研改革顺利进行的基础。兵马未动，粮草先行。根据学校部署，总务改革先行一步。1983 年年初，总务处以食堂作为改革的突破口，在试点初见成效的基础上，总务改革全面展开。

在思想政治工作方面，加强教职工队伍的组织建设和思想建设。在校党委的领导下，总务处设立党总支，各科设党支部，加强对党员的思想教育，将一批政治业务素质好，具备党员基本条件的工作、干部吸收入党。同时，大胆提拔一批政治思想素质好、工作能力强、在工人中具有一定威信的固定工、合同工担任科室副科长、管理员和班长；广造改革舆论，深入细致地做好改革中的思想政治工作，进一步提高职工的改革意识。

在管理制度改革方面，建立充满生机和活力的管理体制是实现改革目标的关键。根据学校管理改革的总体布局，总务处变单一的行政管理模式为思想政治工作、行政手段与经济责任制相结合的新模式，并相应改革了管理办法。先后出台的改革方案有：《膳管科经济承包责任制方案》《汽车队经济承包责任制方案》、《执行所经济责任制方案》、《花卉种植经济责任制方案》等。这些改革方案的实施，较好地克服了"干多干少一个样"的"大锅饭"弊端，调动了干部、职工的积极性，提高了管理服务效能。

与此同时，总务处还制定和试行了一整套管理规章制度。主要有：《积分分配住房办法》、《办公用品费用包干使用办法》、《基建管理条例》、《房屋维修管理规定》、《通用家具管理办法》、《环境绿化管理条例》、《违章用电的处理规定》等，便总务管理各项工作有章可循，照章运行。

1988 年，总务处在巩固改革成果的基础上，进一步深化改革。针对已实行半企业化管理的食堂内部，在劳动态度和效率上仍然存在的"固定工不如合同工、合同工不如临时工"的现象，完善了用工制度，实行择优聘用（分批聘任、分批出榜）、自愿组合（自主选聘、自愿选聘）、亮牌上岗（悬挂照片、便于监督）。经过改革。初步端掉了固定工的大锅饭。针对全校水电费用居高不下，且有继续上升的趋势，在水电科实行经费承包管理，经费节约，给予奖励；经费超支，予以重罚。

1995 年 3 月，总务处进行新一轮的综合改革，取消科级建制，按原科室的工作职责、工作性责、工作范围等特点成立了总务处办公室和基建服务、饮食服务、房产管理、生活、汽车运输五个服务中心。通过系列改革，总务处为学校教学、科研提供更优质的后勤保障，改善了服务态度、提高了服务质量。

校园环境

学校在进行基本建设的同时，十分重视校园环境的美化。学校要求基建办公室在组织基建设计施工时，必须将环境美化的因素考虑进去，使环境美化与基建施工同步进行。根据校园建设总体规划，陆续兴建了花坛 20 余个、凉亭 3 座、喷水池 2 处。三合土道路基本上翻修为水泥路，栽种乔灌木 10000 余株，开辟出面积达 1600 平方米的花园 10 处，全校绿化面积占应被覆面积 98% 以上，覆盖率达 59.5%。通过多年的建设，逐步形成了以校大门广场花坛、南湖、西湖、学术交流中心等为中心的风景点。校园内樟柏常青，杨柳成荫，湖水中天光云影，草地上蜂飞蝶舞，初步为师生的学习、工作和生活提供了一个优美的环境。

1985 年 1 月，坐北朝南、面向北京西路的新校门竣工。新校门庄重质朴、气势宏伟，它与同时竣工的校大门广场和广场中心花园形成一个有机的整体。1986 年 3 月，广场中心花坛的女教师塑像"向往"落成。塑像高 6.4 米，用白水泥钢筋砼浇筑而成，上半部用写实手法，着意刻画女教师的青春健美、奋发向上，下半部用写意手法，通过书本叠置而成的裙子，寓意学校是教师的摇篮，教师是知识的化身之意。根据校园总体规划，还陆续修建了若干道路、花坛、凉亭、喷水池，并种植了相应的树木、草坪，逐步形成了以校大门广场花坛、南湖、新图书馆正门广场，扩建改造后的办公大楼周边为中心的多处景点。

江西多雨，一到雨季，学校积水对师生员工的生活与工作影响甚大。1995年8月和1996年11月，学校相继更新主干道下水管和改造了田径场。彻底解决了多年来主干道和田径场的严重积水问题。

为配合学校60周年校庆，学校按校园建设总体规划的要求，加大新建、改造、翻修的力度。1998年，学校在办公大楼北面建起了花坛。1999年上半年，又在校大门两侧，开辟了两块绿地，安装了石凳，供师生休息。为配合综合教学大楼和田家炳教育书院大楼的建设，在青蓝湖畔铺设了彩色人行道板，美化了周边环境。1999年暑假期间，学校对第二教学大楼和老美术楼进行了内外装修。同年底至2000年初，学校还全面装修了第一教学大楼、大礼堂外国专家楼。2000年暑假，学校拆除了学生宿舍第一、二、三栋和老文科食堂，在此基础上建设了包括篮球场、排球场、跑道在内的第二运动场，并将从大礼堂至北门的道路穿过原三栋改造成第二南北主干道。

经过多年建设，学校校园景观大为改观，初步形成了教学区、运动区、生活区相对分开的良好校园环境。也由于新工程的兴建、改造和翻修都是与周边环境、美化配套进行的，学校在此发展历史时期曾连年被省、市评为"园林化单位"。

图书资料工作

图书馆自1940年成立以来，藏书量居全省第二，是全国高校图书情报工作委员会50个委员馆之一，也是省高校图书情报工作委员会的挂靠馆。

在1984年学校管理改革中，图书馆根据馆舍实际情况，采取了一系列方便读者，服务读者的改革措施，主要有：调整和设立了学生期刊、书报等阅览室，实行开架阅览；扩大读者入库范围，副科级以上的干部、大专以上学历或相当于助教以上的科技人员及毕业班学生，都可以入库；增加读者的借书量，提高了图书流通率；延长开馆时间，每周开放72小时。同时，进行了内部管理改革，主要有：根据各部门的工作性质，试行了相应的岗位责任制或者定额管理条例；在经费不足的情况下，努力争取外援，先后争取到世界银行贷款和国家教委文科专项拨款共计 15 万美元；积极广辟书源，与全国 800 余所高校或单位建立了资料交换关系；打通国际通道，先后同国内 50 余高校、团体和书商建立了书刊信息交流关系，接受来自美国、日本、英国、新加坡等国友好团体或个人赠书 15000余册。

学校老图书馆始建于 50 年代初的江西师范学院时期，建筑面积只有 4200 平方米，能够满足当时教学科研的需要。随着藏书量的不断增加及师生人数的递增，老图书馆已适应不了教学科研工作的要求，兴建一座规模更大的图书馆成为紧迫之事。经省计委批准，1988 年，新图书馆在老馆旁边开工。经过 5 年的建设，1993 年春，投资 800 万元、建筑面积达 10500 平方米的新图书馆竣工，11 月投入使用。新馆藏书达 160 多万册，其中中文图书 140 多万册，外文图书 16 万多册，报刊合订本 10 多万册。新图书馆设有 12 个大中型分科开架阅览室，座位达 1100 个；阅览室实行开架找书，借还图书采用微机管理，极大地提高了工作效率，缓解了师生借书难、看书难的状况。新馆还安装了一批先进的仪器设备。1997 年，清华大学中国学术期刊光盘版编辑部在我校建立了中国学术期刊光盘版检索站一级站，教师可以在微机上方便地检索已编入光盘版的全国各期刊，促进了学校的科研工作。2002 年学校新购图书报刊达 17120 册，至 2002 年底，学校共有馆藏图书报刊共 1649737 册。

校办产业

我校的校办产业起步较晚。1992 年 4 月，学校调整科技教育开发部的职能为拟订全校性社会服务规划和计划，审核各单位须经学校批准的社会服务项目，筹办和管理全校性生产、经营、服务实体。管理其他属于社会服务的各项工作。据此。印刷厂和索尼维修站划归开发部管理。同年 4 月，学校颁发《关于开展社会服务的若干规定》，鼓励各单位和教职工积极开展社会服务。1962 年 6 月，省教委批复江西师范大学成立江西省教育新技术公司，为我校直属校办经济实体。7 月，省勤工俭学办公室批复江西师范大学兴办江西斯达化工厂。8 月，省勤工俭学办公室批复江西师范大学兴办江西计算机教育服务中心。同年 11 月，撤销校科技教育开发部，成立了经济技术开发办公室，服装筹备成立校经济技术开发总公司，管理学校科技开发、校办产业、第三产业、创收等工作，校印刷厂和学术交流中心是校办的两个主要企业，为了提高经济效益，同年12月，学术交流中心和印刷厂首次面向全校教职工招标，实行承包制。

1993年3月，学校召开首次经济工作会议讨论经济工作会议，讨论经济开发管理条例。4月，经校长办公会讨论，为了搞活学校经济，加快开发步伐，学校决定，开发学校东区、南区临街地段，开设店面。这些店面总面积达1150平方米。6月，成立江西师范大学文化教育中心。1994年6月，成立科学技术开发总公司，从事经济技术开发、生产经营各项经济活动，并且受学校委托，负责管理校内其他企业。1994年6月，成立科学技术开发总公司，从事经济技术开发、生产经营等各项经济活动，并且受学校委托，负责管理控内其他企业。1994年11月，撤消经济技术开发办公室。成立校办产业管理处。1997年11月，外专招待所改名为外国专家楼。

兴办校办产业，安置了一部分学校教工子女就业，解除了教工的后顾之忧，稳定了学校形势。同时，也为学校增加了一些收入。

学校部分理科院系还依托人才和技术优势。从事科技开发和技术转让工作1993年来，共转让11个技本项目，科技成果转化率达到了27%，在这方面，化学系取得了突出的成绩。该系廖维林、王牲承担的省计委重点攻关项目"MP-5005金属钝化剂"通过省级鉴定后，以22%的技术股份独家转让给天成化工厂。他们联合研制的"异辛酸系列产品"也以30万元转让给吉安天河精细化工厂，产品进入了市场，产生了良好的经济效益和社会效益。国家计划发展委员会正式批准廖维林的"400吨/年新一代抗钒剂MP-5007产业化推进"项目列为国家高技术产业化重点推进项目，项目总投资2100万元，国家贴息200万元。环资系利用专业优势；结合学生野外综合实习，发动师生为樟树、湖口、金溪等地进行土地资源详查，编制"土地类型图"、"农用土地评价图"，获得了大量的原始数据，为当地合理利用土地，提供了科学依据，受到好评。

2001年学校决定对后勤服务机构进行阵痛式改革，将后勤服务机构从学校行政管理系统中剥离出去，成为独立核算、自主经营、自负盈亏、自我发展的社会化、产业化、集约化经济实体。2001年3月，江西师范大学后勤产业发展有限公司（后勤集团）成立，原校劳动服务总公司、总务处维修中心、饮食中心、水电气经营中心、校园环境中心、运输服务中心、学工处宿管办、产业处印刷厂、教仪厂、学术交流中心等合并组建后勤集团。随后集团施行股份制改造，召开股东大会，通过选举成立了董事会、监事会，注册成立后勤产业发展有限公司。

校园治安

为了加强校园安全保卫工作，校保处在加强校内安全管理和维护校内治安秩序等方面进行了相应的改革。1984年制定了《江西师范大学校内治安秩序管理处罚规定》等4个规定。1985年制定了《关于权内有关治安管理制度的补充规定》和《关于落实安全保卫责任制的几项措施》，从而形成一套比较完整的安全管理制度，强化了管理。1987年，在总结以往经验基础上，保卫处又全面系统地制定了《江西师范大学安全保卫责任制条例》。为了使条例得以落实，1988年对学生的安全管理实行了总体承包。这一改革性探索，《信息日报》《人民公安报》及时作了报道并予以了肯定。严格了门卫制度，加强了夜间巡逻。由于采取了一系列措施，从而使校园的安全保卫工作落到实处，取得了较好的成绩。

1988年，经省人民政府批准，学校成立了公安派出所。派出所和保卫处两块牌子、一套人马合署办公。派出所的成立，对维护校内治安、保卫学校安全起着重要作用。1989年，派出所被公安部授予全国经济文化系统公安保卫组织先进集体，被省公安厅荣记三等功。

20世纪90年代中后期，面临着南昌城市规模急速发展、学校生员人数的急剧增加的现实情况，学校党委行政把安全作为学校的一项常规的中心工作来抓，定期研究，由党委书记和校长亲自负责。学校建立了以党委书记、校长任组长，纪委、党办、校办、保卫处、教务处、学工处等各职能部门主要负责人为成员的安全工作领导小组。校内各单位各院系也成立了以主要负责人为第一责任人的安全机构。在思想上充分重视的同时，不断健全安全保卫工作的规章制度，用制度的约束使安全工作走上正规化有序化，并着力保证制度符合安全保卫工作的客观实际和现实需要。学校先后出台了《校园安全管理细则》《预防和处理突发事件的方案》《危险品管理使用办法》等。由于安全工作扎实到位，成效显著，学校连年被省市区评为综合治理先进单位，受到省教育厅、省公安厅和省安全厅的表彰。

精神文明建设

1984年春，党委把校风建设作为开创学校工作新局面的一项重要措施来抓，向全校发出征集校歌的通知，广大师生纷纷响应，积极投稿，经过征集评审，一首集大家的智慧，既能体现江西师范大学优良传统和作风，又能体现时代精神的校歌问世了。这首校歌歌词由蔡德予原创、集体改编，音乐系学生傅利民作曲，并于10月1日正式公布。征集校歌是校风建设的一项重要措施，"唱校歌，爱师大"活动蓬勃开展，各单位都组织了唱校歌比赛。1986年3月，学校通过广播、报纸、宣传栏、新闻发布会等形式，广泛宣传校风建设的目的、意义。校党委以党风带校风、加强教育和严格管理三个方面采取措施，进行校风建设。

在校风建设中，学校广泛开展了以"四有"为中心的理想、道德、纪律教育，先后邀请了张海迪、朱伯儒、曲啸等先进模范人物和对越自卫反击战英模报告团、解放军"保边疆，献青春"演讲报告团、宜黄县"四有"演讲团来校作报告。曲啸来校作报告时，学校启动电教中心发射系统，现场进行了电视直播。通过开展这些活动，使全校师生受到深刻教育。团结、勤奋、求实、创新的优良校风进一步得到发扬。

1986年12月15日，江西师范大学召开首次教职工代表会，通过了将"团结、勤奋、求实、创新"作为学校校风的决议。《关于整顿校风校纪和治安秩序的意见》、《江西师大学生违纪处分条例》、《学生素质综合测评方法》、《校内舞会录像放映管理条例》等制度相继出台，使学校校风建设日益走上正轨。

1988年4月，校党委召开校风建设经验交流会。党委书记郑光荣代表党委对今后校风建设提出了从严治校、狠抓环节和常抓不懈的三点意见。1989年10月，校党委、校行政联合发出《关于整顿校园秩序建设良好校风的意见》，就校风建设的指导思想、党委对校风建设的具体领导、教学管理和学生学籍管理、校园环境和公共场所管理、学生和教职工宿舍管理治安管理和治安秩序、工作和劳动纪律管理等方面作了具体详尽的规定，促进了校风建设的开展。

1990年1月，为使校风建设常抓不懈，学校成立了校风建设领导小组，并分别成立了"精神文明办公室"和"创优办公室"。通过两年多的校风建设，强化了教学管理和学生管理，教风和学风有了明显进步，特别是考风有了较大程度的好转，校园的治安秩序比较稳定，校园环境有了较大的改善。1992年，学校开展校风建设宣传月，经过全校师生员工齐抓共管，共同努力，卓见成效。1993

年校风校纪检查组、自律委员会、校风建设领导小组等相继成立。校风建设领导小组推出五项制度：《寝室导师工作制条例》、《系级学生工作目标管理评估及学生工作先进系统评选方法》、《班级工作量化考试及先进班集体评比方法》、《政治辅导员考核和优秀政治辅导员评选办法》、《大学生行为规范十不准》，将学校校风建设推上一个新台阶。同年，为抓好学风、班风，学校开展"学准则，做合格大学生"活动，对学生表现行为硬化评价，先后表彰200多名活动积极分子。

1995年，为进一步巩固已有的校风建设成果，迎接十年总结大检查，学校成立了校风建设督查组。要求各单位制定具体方案，在分工的基础上协作，把校风建设推上一个新的高潮。1999年，学校对机关工作进行评估，促进机关各部门认真履行职责，抓好工作落实，加强科学管理，转变工作作风，增强服务意识，提高服务质量和服务水平，推进学校各项工作顺利开展。学校加强校园管理，推出校园身份卡制度。2001年3月下旬，学校"师德师风"教育活动全面铺开。

从20世纪80年代初开始，江西师范大学一直是南昌市东湖区文明单位。为了加强学校精神文明建设，1997年4月，学校成立了精神文明建设指导委员会。此后，该委员会先后召开了两次全体委员会议，研究学校精神文明建设，布置对全校精神文明建设进行宏观指导，组织开展全校性的精神文明创建活动，协调各部门间的关系，调动各方面力量投入精神文明建设，着重抓好师德建设、精神文明建设示范区、宣传阵地的建设和管理、校园文化市场的管理、美化校园环境等工作。90年代以来，学校加大资金投入，全面整治校园环境，使学校面貌焕然一新，收到了良好的效果，通过了南昌市精神文明建设委员会的验收，1998年底，市文明委授予江西师范大学"南昌市文明单位"光荣称号，标志着学校精神文明建设迈上了一个新台阶。1999年，学校又获得"全省高校文明校园"称号。

思想政治工作

学校一贯重视师生的思想政治工作，坚持贯彻中共中央《关于进一步加强高校德育工作的若干意见》和《爱国主义教育实施纲要》精神，确立了德育工作在学校各项工作中的首要地位。学校进一步加大对德育的投入，在办学经费十分困难的情况下，挤出10万元设立德育基金，用于奖励做出成绩的德育教师和在德育教学科研中取得的突出成果。学校还成立了邓小平理论研究会，经常开展学术研讨活动；建立了一支114人的专、兼职政治辅导员队伍；在全校各班开设《邓小平理论》课编写了教材。为建立师生爱校教育基地，1996年5月，学校设立了校史陈列馆，规定从1996年起，每年进行入学教育时，都要组织全体新生参观，使他们了解校史，热爱学校，树立为学校增光添彩的意识。

学生还积极参加各项社会实践活动，在实践活动中认识社会，了解民情社情，增长才干，取得了显著成绩，江西师范大学连续获得中央宣传部、国家教委、团中央授予的"全国社会实践活动先进单位"称号。1999年10月，黄乙玲还被派到北京，担任全国少数民族地区名优产品博览会江西展区解说和翻译工作，中共中央政治局常委全国政协主席李瑞环、国务院副总理吴邦国及国务委员司马义·艾买提参观了展览，并高兴地和她合影留念。黄乙玲因解说及翻译工作表现突出，受到江西省民族宗教事务局的表彰。

近年来，学校在精神文明建设中，涌现出不少先进典型。政教系薛妮珍在"希望工程"、"一助一"行动中，一人援助3名贫困学生，使他们能继续上学。中文系退休老教师张谨之，关心下一代成长，多年来，一直自费大量购买少儿书籍，无偿赠送给少年儿童。图书馆退休老馆长张杰退而不休，坚持到馆里上班，义务抄写报刊封面。美术系学生黄文彪在长途汽车上，奋不顾身保护同车一位乘客的5000元财产，受到有关部门的表彰。1999年5月，化学系学生李艳茶荣获全国三好学生称号，并被团省委授予"五四"青年奖章。

1994年，江西师范大学教工给希望工程捐款5万多元，被评为江西省捐资助学先进单位。学校师生多次参加南昌市全民义务献血活动。1995年4月，总务处与团委共同设立"爱心基金"，资助本校特困学生。6月，首次向10位家庭经济特别困难的学生每人颁发100元资助款。1998年3月江西师范大学开展了百名学子为下岗职工子女义务家教活动，在社会上引起很大的反响。1998年夏季，我国江西、湖南、湖北等省市，先后遭遇百年未遇的特大洪灾，灾民的生活受到极大影响，江西师范大学师生积极响应党和政府的号召，踊跃捐款捐物，捐献的衣物达2万多件，被子1000多床，并在江西省赈灾义演活动上当场认捐10余万元，奉献了一片爱心。1999年9月9日，江西师范大学举办'98江西赈灾义演晚会，现场获捐57万多元，全部用于补助来自灾区的贫困学生。音乐系师生还到九江抗洪前线演出，慰问奋战在抗洪第一线的武警部队指战员，受到上级有关部门的表扬。江西师范大学的青年志愿者经常在校内外开展活动，"为民社"、

"蓝天服务队"等青年志愿者组织受到团省委的表彰。由城市与环境科学学院学生组成的"鸿信青年志愿者"站,3年来义务为全校师生投递了1000多封地址不明的滞留邮件。

为加强对青少年的思想教育工作,1997年6月,学校成立了关心下一代工作委员会。校关工委成立后,开展了许多工作,为青少年学生作革命传统教育讲座,和青少年举行联欢活动,参与学工处、团委组织的特困生受助情况及大学生违纪情况的调查,和江西师范大学附小班级建立联系,指导学生阅读爱国主义书籍。江西师范大学还与省武警总队三支队建立了军民共建关系,经常开展活动。江西师范大学学生到三支队参观部队内务,学习武警战士,搞好寝室卫生,武警三支队指战员帮助江西师范大学开展新生军训。1998年10月,学校在大礼堂举行"抗洪精神赞"专场文艺晚会,慰问刚从九江抗洪前线回到南昌的武警三支队指战员,收到了很好的社会效果。

近年来由于心理压力过大,大学生精神类疾病发病率呈现出明显的增长趋势。江西师范大学历来重视学生的心理健康教育,1999年10月成立了专门的心理咨询机构——心理咨询指导中心。在不足两年的时间里,中心的工作取得了长足的发展,聘任心理学硕士为中心专职老师,率先在全省实现了集"咨询、建档、团体训练教学科研、宣传"六位为一体的高校心理咨询工作模式,共接待来访者达1000多人次,为7000余人组织实施了心理健康普查。及时解决了学生的心理困惑,并成功阻止了数名学生的自杀意念和行为,为学生健康成长提供了有价值的帮助。自成立至今,中心的工作还受到了江西卫视、《江南都市报》等省内外多家媒体的关注。2001年江西师范大学成功举办首届大学生心理咨询活动周。

校园文化建设

为了丰富师生课余生活,学校举办了不少文化活动。1987年12月,学校举行了"首届艺术节",开展了歌咏、舞蹈、健美操、艺术体操、朗诵、戏剧等多种形式的文艺活动,举行美术、书法、篆刻、摄影等艺术作品展览,吸引了全校6000多名师生员工。1988年10月学校又举办了首届电影周。1990年11月,配合校庆50周年,学校隆重举行了第2届艺术节和第2届电影周。1993年5月和1994年11月,学校先后举行了二届学生社团节,开设了讲座,举办了集邮、书画展览及辩论赛等活动。1995年10月，团委、学工处、总务处、学生会联合举办首届学生"寝室文化节"。1997年11月，这4家单位联办了第二届寝室文化节。

学校历来重视校园文化建设，下大力气营造良好的校园文化氛围，通过校报、广播站、校有线电视台等新闻媒体，并且利用学校设有音乐、美术系的优势，经常性地举行音乐会，举办书法美术展览，宣传校园文化。学校在主干道两侧设立了全天候宣传橱窗、校园文化长廊，定期或不定期举办书法绘画摄影展览，还在学生食堂等处设置阅报栏，方便学生看报。

《江西师大报》创刊于1954年6月，出版周期不断缩短，1992年改为旬刊。校报坚持正确的舆论导向，着力提高办报质量，在1994年至200年江西省委宣传部和省教育厅对全省高校校报的3次评估中，均受到好评，并获先进称号。1999年6月，获得全国统一刊号。校报作为校党委机关报，一直关注校园文化建设，在报上开展校园文化建设的讨论，以正确的舆论引导人，经常刊登思想健康、校园生活气息浓厚的校园文学作品，开展"高雅文化进校园"征文活动，为校园文化建设推波助澜。江西师大有线电视台成立于1994年，设有《今日师大》、《音乐红场》、《学子年华》等自办栏目，学校在学生食堂、部分教室安装闭路电视，播出有线台自编节目和转播中央台的节目。

学校和各院系还经常举行各种形式的讲座，如中文系的"乡关何处"系列讲座、商学院的周末论坛、教务处的专家学者谈治学、学工处的周末系列讲座等，定期和不定期地邀请校内外的知名专家开讲座，传播新知识和提供最新的学术信息。1999年，随着副校长傅修延所作《文学与寻根》学术讲座的结束，由教务处牵头举办的"双休日学术讲座"已开展了100讲。学校在安排双休日讲座时注意扩大讲座的知识面，尽量使讲座涉及面广，文理兼顾，雅俗共赏。在举办的100讲里，听众人数就达2万人次。各类讲座对学校大学生文化素质教育起着积极的推进作用；在拓宽学生知识面，激活其创造性思维，提高各方面能力和全面素质等方面都有着举足轻重的作用。

在开展文体活动方面，音乐系、美术系发挥自身的优势，成为学校开展文体活动的生力军。音乐系除了在元旦、教师节等节日举行庆祝演出外，还经常举办专场演出，如1993年支持北京申办奥运会、1997年迎接香港回归以及毕业班学生的个人汇报演出，丰富了师生的业余文化生活。同时，音乐系学生在全国各类比赛上也取得优异的成绩。1992年5月，音乐系学生李丹获第五届"五洲杯"

全国青年歌手电视大奖赛荧屏奖。1996年，江西师范大学参加全国首届大学生文艺汇演，《叙事曲——苏区的故事》获得艺术师范类专业组优秀创作奖、节目三等奖。2001年，学校选送的参赛节目《月亮颂》在全国大学生艺术歌曲演唱比赛（决赛）中获得专业组二等奖；《纳西篝火阿哩哩》获专业组三等奖；《八只小鹅》获业余组三等奖；《团结就是力量》和《茨冈》两首歌组成的大合唱获大合唱优秀奖等多项奖励，并获得优秀学校组织奖。美术系建立了美术馆，经常举办师生书法美术作品展览，并多次承办全省性的书法美术展览。通过观看演出和参观书画展览，既提高了师生的艺术欣赏水平，也浓化了校园文化氛围。

各类师生社团也积极投身校园文化建设。20世纪90年代初，全校成立了演辩协会、时政协会、集邮协会、书法美术协会、读书协会、舞蹈队等10多个学生社团，中文系成立了话剧团，商学院组织了礼仪队。1996年6月，全省高校第一个业余京剧团体——江西师大京剧学社成立，社员包括老中青年京剧爱好者。京剧学社多次在校园内外举行专场京剧演出，还参加了全国性的业余京剧表演，获得了各界好评，1997年，学校又在全省高校中率先成立了大学生管弦乐团、威风锣鼓队，参加省市组织的庆祝活动。1998年和2000年，学校分别成立校国旗护卫队和校女大学生军乐团。两个团体参加了多次省市重大活动并圆满完成，取得了良好的社会效应。1999年师大交响乐团正式成立，成员80—90名。2000年3月6日，江西师范大学女大学生军乐团成立，系江西省首个女子大学生军乐团。2000年2月11日，江西师范大学学生京戏团在综合楼多媒体厅举行成立大会，有100名成员。

众多的社团，让学生有了更多的选择。学生可以根据自己的兴趣，参加其中的一个或数个学生社团，这些社团活动提高了学生的艺术鉴赏能力，培养了人文素质，进而提高了学生品位。

学校组织开展群众性体育活动，制定了《江西师范大学全民健身计划》。全面整修了田径场和排球场，建立了健美馆，为师生锻炼身体提供了良好的运动场所，并积极组织师生参加体育活动。早晨，学校组织全校学生集体做早操。校工会组织教工练太极拳、木兰拳。学校每年都要开展群众性红旗接力赛，调动了师生参加体育活动的积极性。另外，一年一度的校运会到2001年已办38届。由于全校师生积极参加体育锻炼，既强健了体魄，又保持了较好的精神面貌。

学校狠抓竞技体育活动，除每年召开校田径运动会及篮、排、足、乒乓球等各类比赛外，还组建了校学生足球、篮球、排球、田径、健美操等运动队，积极参加全国大学生运动会、大学生田径锦标赛、大学生篮球赛和江西省第十届运动会等各项体育竞赛，获得了较好的名次。体育系女子足球队1985年获得全国高校体育系首届女子足球队冠军。1989年，学校男子排球队赴福建漳州——中国女排训练基地参加华东地区高师首届大学生排球赛，并荣获亚军。1993年8月，数学系刘海滨夺得全国大学生田径锦标赛男子十项全能冠军，实现了江西师范大学在全国性体育比赛中金牌零的突破。2000级体康高职班谢晓芳获第四届全国高校武术比赛女子太极拳第5名的好成绩。2000年2月15日至17日，第八届中国大学生健美操艺术体操锦标赛在北京大学百周年纪念讲堂举行。体育学院组队参加了本次锦标赛并获健美操乙组"男子单人操"第一名，"三人操"第一名、"六人操"第一名的好成绩。2001年，体育学院组成的街舞比赛代表队，代表江西省队参加了庐山体育馆举行的"庐山杯"第八届全国体育舞蹈锦标赛，获得第二名、第四名、第五名的好成绩。由于体育工作的突出表现，1987年，学校被国家教委列入全国51所举办高水平运动队的高校之一。

教工竞技体育活动也开展得蓬蓬勃勃。20世纪80年代末期，学校成立了教工羽毛球协会，1999年下半年，又相继成立了教工乒乓球爱好者协会、教工足球队。校教工乒乓球队、排球队、羽毛球队多次参加江西省及南昌市比赛，获得冠、亚军，围棋队也屡获佳绩，为学校争得了荣誉。院系和机关之间也经常开展友谊赛。

各类文体活动极大地丰富了同学们的文化生活，推动了校园文化建设活动的深入发展。

校庆

校庆既是学校重要的节日庆典，更是学校精神风貌的展示，举办校庆不仅可以增加学校的知名度，获得社会各界的支持，更是重要的校园文化活动，是对全校师生的一次文化洗礼，提升凝聚力和认同感。1983年至2002年间，学校有三次重要的校庆庆典活动。（1983年更名暨校庆参见本章第一节）

1990年10月31日，香樟夹道的校园中心大道彩旗招展，菊桂飘香。全校师生员工喜气洋洋，迎来了自己的盛大节日——50周年校庆。上午8时，显微亭和校史展览先后揭幕剪彩，揭开了校庆活动的序幕。显微亭位于校园幽静的西湖湖畔，是为纪念抗日烈士、中国目录学家、国立中正大学教授姚名达先生而命名的。校史展览设在附小礼堂，展览以实物、图片、照片等形式展现了学校 50 年的发展历程和办学成就。

11 月 1 日上午，修葺一新的大礼堂迎来了第一批宾客。来自 15 个省、市和全省各地的 600 名校友与在校师生代表共 1600 余人欢聚一堂，共同庆祝学校建校 50 周年。省委常委、宣传部长王太华，省政协副主席金立强、老同志赵增益、吕良，省教委主任黄定元、副主任周绍森等领导到会祝贺。莅临大会的还有省委、省政府各有关部门，兄弟院校的领导，国立中正大学、南昌大学校友会及各地分会的负责人。

党委副书记、校长张传贤代表校党委、校行政和全校师生员工向光临校庆的领导、来宾和校友们表示热烈的欢迎和崇高的敬意。他在讲话中介绍了学校的历史沿革，总结了办学成绩和经验。省政府副秘书长王飚代表省政府宣读了贺信。省教委主任黄定元在讲话中充分肯定了江西师大 4 个历史时期的办学成就，并勉励师生再接再厉，团结奋进。国立中正大学、南昌大学、江西师范学院江西师范大学等 4 个历史时期的校友、师长代表也先后在会上讲话。他们在讲话中回忆了在母校的学习与生活，并祝愿母校兴旺发达，繁荣昌盛。深情而又精彩的发言，博得了与会者的阵阵掌声。

校庆期间，学校创始人之一、全国人大常委会副委员长雷洁琼发来贺电。各地区校友会除派代表前来祝贺外，还纷纷送来贺礼、贺电、贺信。台湾中正大学校友会谭峙军先生来信致贺。校庆期间，学校还举行了一系列学术活动和文艺活动，邀请知名老校友回校作专题报告。

2000 年 10 月 31 日上午，秋高气爽，学校到处洋溢着浓郁的节日气氛。江西师范大学建校 60 周年庆祝大会在校体育场隆重举行，省委副书记钟起煌，省人大副主任钱梓弘，副省长朱英培，省政协副主席刘运来，省政府秘书长王飚，省委宣传部副部长郑守华，省政府副秘书长郑克强，中科院院士王梓坤、黄克智，省政府有关部门负责人，省内外兄弟院校、海外姊妹学校、景德镇、抚州市代表，现任和原任校领导，老教师代表，老工人代表，学生代表，江西师范大学历届校友、在校师生等万余人出席了庆祝大会。李贤瑜校长主持了庆祝大会。校党委书记熊大成代表学校在庆祝大会上讲话。副省长朱英培代表省委、省政府在庆祝大会上致辞。他希望社会各界继续关心和支持江西师范大学的发展，在全社会进一步形成尊重知识、尊重人才的良好风气，齐心协力办好这所江西办学历史最悠久的大学。兄弟院校代表、上海师范大学校长杨德广，台湾中正大学校长特使胡梦鲸先后在会上讲话。校友代表、中科院院士黄克智等也先后在会上作了讲话。教育部，吴官正、雷洁琼、毛致用、舒惠国、舒圣佑、柳斌、万绍芬、钟起煌等发来贺信贺词。王梓坤、刘大椿、杨德广等举办讲座；校友及社会各界捐款达 200 万元。当天，还举行了国立中正大学台湾校友黄大受图书、文物馆开馆仪式。

为了庆祝建校 60 周年，学校举行了一系列的学术交流与文娱活动。2000 年 10 月 30 日，原北师大校长王梓坤在大礼堂举行学术讲座，拉开了校庆 60 周年系列讲座的序幕。学校精心准备的三场庆祝晚会：京剧专场晚会；建校 60 周年文艺晚会；交响音乐会和歌舞晚会更是为校庆增添了浓烈的喜庆氛围。

由于准备充分，人心凝聚，校庆 60 周年活动取得了四大成功之处。首先，它凝聚了校友，联络了校友的感情，形成了一个较为系统的校友联络网络；其次，它振奋了精神，回顾 60 年，喜迎新世纪，鼓励了师大同仁用更饱满的激情去学习、去工作。再次，在校庆期间，学校斥巨资对校园环境、教学设施整治。学校大礼堂、青年活动中心、第二运动场、新艺术大楼等一系列建筑建成，第一、二教学大楼以综合楼也在校庆前修缮完成，第一、二栋学生宿舍得到了改建和翻新。校庆还扩大了江西师范大学的影响。香港《大公报》、江西卫视、《深圳特区报》等新闻媒体都对江西师范大学 60 周年校庆校友的活动进行了报道。

建设新校区

建设背景。作为省内办学历史最为悠久的高等学府，江西师范大学经历了 60 余年的风雨历程，校区规模不断扩大。但由于历史原因，特别是经过几次搬迁，到 2002 年江西师范大学的校园总面积还仅为 435 亩。然而，跨入新世纪，学校办学规模的扩大已远远超出了人们的想象。20 世纪 90 年代后期，全国高等教育事业呈现了难得的大发展机遇，蓄势已久的江西师范大学顺应潮流，再创辉煌。1999 年，党中央、国务院作出扩大了高校招生规模的重大决策，学校认真贯彻落实，充分挖掘潜力，尽力进行扩招。经过 1999—2002 年连续 4 年的扩招，学校在校生人数已经从 1998 年的 6000 余人猛增到近 20000 人。而由于青山湖校区面积过于狭小，生均不到 0.25 分地，学校周边早已占用殆尽，无法向周边扩展，学生宿舍十分拥挤，教室和实验设备用房严重不足，远远没有达到教育部规定的标准。为此，学校每年都受到教育部的黄牌或者红牌警告，如果再不改善办学条件，将限制招生。建设新校区、扩大办学空间迫在眉睫，刻不容缓。

与此同时，为迎接高等教育大众化阶段的到来，培养创造性人才建设一流大学，20世纪末，江西省委、省政府就提出了"科教兴赣"的发展战略目标。省政府根据南昌地区高校校园面积过于狭小的实际情况，在充分听取各高校代表意见的基础上，在2000年省人大《政府工作报告》中提出：在南昌昌东、昌北建设两个统一规划功能分区的大学区。随后，省计委将两个高校新区的建设任务正式列入《江西省国民经济和社会发展第十个五年计划》之中。

2001年12月，时任省委书记孟建柱、时任省长黄智权召集有关省、市领导、部门领导、高校领导会议，作出了"加快南昌两个高校新区建设，由高校自行选址"的重要决定。

同时，建设新校区，把江西师大做大做强，从根本上说是适应高等教育的发展趋势，顺应江西经济发展的迫切需要。作为省属重点大学，江西师范大学有义务、有责任为"科教兴赣"、为培养大批高层次人才作出自己的贡献。

为此，从2001年开始，江西师大党委、行政审时度势，及时决策，把向外寻求新的发展空间、建设新校园作为学校的工作重点。

选址过程。新校区选址是一件影响深远的千秋大业。本着对师大未来发展负责的态度，当时的校党政班子花了近一年的时间对15处候选地点进行调查与论证。学校还充分发扬民主，群策群力，集思广益，2002年11月，职代会代表教职工代表数次进行实地考察。经过甄选比较，最后大家的目光一致投向了位于南昌县尤口乡瑶湖西岸的一片约3000亩的土地。新校区东临瑶湖，南沿昌万公路，北面紧邻村庄，是建设新校区的理想地点。新校址周边点缀着蜚英塔、刘城庙、昌江古渡等八个人文、自然景观，是南昌市规划中的旅游胜地。尤其值得一提的是，校园旁的瑶湖水面达2000余亩，相当于南昌城内城外8个湖泊（东南西北湖加上贤士湖、青山湖、艾溪湖和象湖）面积的总和。新校区南大门至青山湖校区的直线距离为9公里左右。规划中的新校园总面积为3000亩，一条5公里长的护校河围绕四周。新校区的建设将与国际接轨，引入新观念，注重生态环境建设与人文格调的营建。这将是一座无门无墙、有水有木，充满浓烈生态气息的校园。至此，新校区选址工作完成，一代师大人将在瑶湖新校区开创辉煌的历史新篇章。

　　总体规划。新校区规划设计体现"前瞻、协调、特色、现代、生态"的原则。

　　2002 年 6 月 10 日，学校在田家炳大楼三楼会议室召开瑶湖校区概念规划设计竞赛暨招标会，来自全国及境外的 11 家规划设计单位参加了会议。

　　2002 年 7 月 26 日，学校"双代会"代表和教职工对展出的 7 个方案进行评选，全校近 200 名"双代会"代表和教职工代表参加了投票。

　　2002 年 7 月 27 日，瑶湖校区概念规划设计竞赛专家评审会在工会二楼多功能厅举行，来自全国各地的 7 位专家评委和江西省政府办公厅、计委、财政厅、教育厅、南昌市规划局等有关职能部门负责同志及学校领导参加了会议。由南昌有色冶金设计研究院提交的 6 号方案，因功能性较强，充分利用了自然地形和地貌，具有创意等特点获选。

第七章

瑶湖弦歌

——抢抓机遇加速发展

（2002.12—2010.9）

2002年至2010年是学校历史上非常重要而不平凡的时期，站在一个新起点，学校迎来了重大的发展机遇和挑战。在省委省政府的正确领导下，学校坚持以邓小平理论和『三个代表』重要思想为指导，牢固树立和全面落实科学发展观，团结和依靠广大师生员工，积极实施『三步走』发展战略认真落实『十五』、『十一五』发展规划提的目标任务，集中打好申报博士点、建设新校区、迎接本科评估这『三大战役』，各项事业取得了可喜成绩，学校成为博士学位授予单位，办学层次和核心竞争力得到提升；建成瑶湖校区、办学主体迁入新校区，办学条件环境得到显著改善和优化；通过『迎评促建』，办学水平和质量得到明显提高，学校面貌日新月异，办学规模、结构和整体办学实力都有明显变化。

第一节　民主治校　科学谋划

学校定位与办学思路

进入 21 世纪，我国经济社会持续快速发展，对于中国高等教育产生了深刻的影响。党和政府对教育事业和人才培养高度重视，党的十六大强调，教育是发展科学技术和培养人才的基础，在现代化建设中具有先导性全局性作用，必须摆在优先发展的战略地位。党的十七大强调，要加快推进以改善民生为重点的社会建设，把优先发展教育，建设人力资源强国放在首位。这些都为新世纪新阶段我国教育发展指明了方向，为高等教育发展创造了难得的机遇，为高校规模与质量协调发展提供了广阔的发展空间。

从 2002 年年底到 2010 年，学校党委根据国家科教兴国、人才强国以及江西在中部地区崛起的战略目标，把学校的改革发展放在国家经济社会和高等教育发展的大背景下审视，围绕办什么样的师大、怎样办好师大的问题，解放思想，与时俱进，不断提高对办学治校规律的认识和把握，探索符合国情、省情和校情的办学道路掀开了学校事业发展的崭新篇章。

"三步走"战略与"十五"规划。2002 年 2 月，教育部印发《关于"十五"期间教师教育改革与发展的意见》，提出"初步形成以现有师范院校为主体，其他高等学校共同参与，培养培训相衔接，体现终身教育思想的开放的教师教育体系"的改革任务，我国教师教育呈现出高学历化、教师来源多样化、教师职前培养和职后培训一体化、教师职业专业化等新的发展趋势，从相对独立和封闭的传统师范教育体系向开放、灵活和多元化的现代教师教育体系转型已是大势所趋，师范院校发展进入了一个重大的历史转折时期，被推上了战略转型的十字路口。2003 年 2 月 28 日至 3 月 1 日，学校召开党委扩大会和五届三次"双代会"，党委书记游海作工作报告，会议围绕事关学校改革发展的若干重大问题，谋划发展，规划未来，审议通过了《江西师范大学"十五"时期发展规划及 2020 年远景目标纲要》等文件，提出了"三步走"发展战略。2004 年 9 月，学校对《纲要》进行了部分调整和修订完善后正式实施。该规划重点放在"十五"时期，着眼于2020 年，明确了学校的发展定位，规划了分"三步走"的发展战略和分阶段的目标，提出了"十五"时期学校的主要任务。

学校的发展定位是：建设成为一所综合性、有特色、高水平的教学研究型大学。体现在办学特点上，就是以人才培养为中心，以教学、科研、社会服务为基本职能，具有鲜明的时代特色、学科特色和地方特色，部分学科和领域达到国内一流和世界先进，成为服务江西、面向全国的高层次人才培养和教师教育的重要基地，知识创新和科技创新的重要基地，人文社会科学和高层次决策咨询的重要基地，国际学术交流与合作的重要基地，总体办学水平跻身于国内同类高校先进行列。学校"三步走"发展战略的分期目标是：第一步，"十五"期间到 2005 年，基本完成学科建设、基本建设、培养模式、办学层次、管理体制的结构性调整。获得国务院博士学位授予权，获得国家重点学科或基地，获得国家本科教学工作水平评估优秀，获得国家级优秀拔尖人才重点项目，实现江西师范大学向以教师教育和若干重点学科为主要特色的综合型大学的转型，初步建成一所有特色的综合性大学。第二步，到 2010 年，即建校 70 周年，基本达到学科特色鲜明，管理体制先进，师资队伍良好，基本条件完善，有若干学科和领域跻身于国内一流水平，在江西经济建设和社会发展中发挥重要作用，总体办学水平在全国高校中位置显著前移，初步建成一所有特色高水平的综合性大学，为迈向教学研究型大学奠定坚实的基础。第三步，到 2020 年，即建校 80 周年，实现发展目标，建成一所综合性、有特色、高水平的教学研究型大学。

"三大指标"与"六大建设"。为了实现把学校建设成综合性、有特色、高水平的教学研究型大学的战略目标，2004 年 3 月 19 日，学校召开五届四次"双代会"，会议明确了学校办学的基本方针，即不断提高"三项指标"：提高就业率，就是努力提高毕业生一次性就业的比率，提高毕业生服务江西的就业率，在党个性、关键性岗位的就业率。提高稳定率，就是保持学校学生培养、教学科研和各项工作的基本稳定，促进优秀人才队伍的稳定和师生员工人心的稳定，形成优良的校风和传统。提高贡献率，就是加快科技创新体系建设，大力培养一流的优秀人才，支持原创性科研成果，在贡献中求支持，在服务中求发展，成为江西经济和社会发展的思想库、智力源和发动机，为江西在中部地区崛起提供智力和技术支持。这三项指标反映了学校声誉、实力和水平，是衡量学校核心竞争力，保持学校持续、健康、协调发展中需要不断提升的重要指标。

会议同时明确了"十五"时期学校工作的重点。会议指出，学校要发展，必须统筹全局，突出重点，着力抓好"六大建设"：抓好学科建设，就是通过夯实人才队伍抓好学科基础，整合学科资源突出特色优势，做大教师教育形成核心优势，做强优势学科形成领先优势，发展新兴学科形成后发优势，立足校内优化资源配置，面向社会实现高位嫁接，走一条低成本扩张的快速发展之路。抓好质量建设，就是根据省情和校情，把本科教育作为学校的基础和立校之本，努力成为国内优质的本科大学之一。抓好制度建设，就是着力从学院制、学分制和评价制等三方面入手，以学院制为重点、实施校内管理体制和运行机制改革，以学分制为重点，实施人才培养模式改革；以评价制为重点，实施人事分配制度改革。抓好文化建设，就是通过大学精神的塑造、人文精神的培育思想文化教育和文化载体的建设，推进高品位的文化发展，形成文化育人的环境。抓好基本建设，就是运用经营理念，采用市场机制，按照"现代、生态、人文、开放"的教育理念和国际先进国内一流的要求，高起点高水平地规划和建设学校新校区。抓好党的建设，就是加强党的思想政治建设，加强各级领导班子建设，加强党员先进性教育，在党员中开展"三培养"和"三服务"活动，加强"党管人才"工作。在这"六大建设"中，学科建设是学校发展的龙头，质量建设是生命，制度建设是关键，文化建设是核心，基本建设是基础，党的建设是保证。

办学理念。2005 年 3 月 5 日，学校召开五届五次教代会，党委书记、校长游海作工作报告。会议将学校的办学理念总结提炼为"质量立校、人才兴校、创新强校、和谐荣校、文化铸校"，并第一次进行了全面完整的阐释。"质量立校"就是要通过依法治校、民主治校、科学治校，实现学校的严格管理，确保学校社会声誉，确保人才培养质量，确保教学科研水平，使学校能够"安身立命"，持续发展；"人才兴校"就是要把人才与师资作为办学第一资源，通过引进、培养、嫁接联合等多种途径，通过以事业留人、感情留人、待遇留人、制度留人等多种形式，切实搞好人才资源开发和师资队伍建设，使办学兴校能够得到根本保证；"创新强校"就是要不断推进观念创新、教育创新、制度创新、组织创新和管理创新，使学校能够充分体现人才价值、催生优秀成果；"文化铸校"就是要传承办学传统，培育优良校风，弘扬大学精神，优化人文环境，使学校能够以文"化"人，彰显特色；"和谐荣校"就是要正确处理好改革、发展、稳定的关系，正确处理好党委领导行政管理和教授治学的关系，调动好、发挥好师生员工的积极性和创造性，实现好、维护好广大师生员工的根本利益，使学校能够充满生机活力，富有科学理性，体现人文关怀。

在 2008 年 9 月的全校中层干部会议上，校长眭依凡强调，要牢固坚持育人为本、德育为先的办学方向和"以生为本、以师为尊、以学为基、以法为治"的办学治校理念，坚持按大学发展的规律办学，按人才培养的规律教学，按科学管理的规律治校。"以生为本"，就是要让我们的学生在学校里充满自信，有一种自豪感、优越感，要给他们真才实学，使他们在竞争日益激烈的环境中能够将潜在的人生价值得到开发，成为对国家、对社会有所贡献的建设者和接班人。"以师为尊"，就是要大力加强人才队伍建设，因为没有高质量的教师就培养不出高质量的学生，没有造诣深厚的教师学校就不会有社会影响力、吸引力。"以学为基"，就是要不断推进教学科研工作创新，大学要防止官僚化、行政化、世俗化、庸俗化和市场化，真正做到以育人为中心，让广大教师安心教学和科研工作。"以法为治"，就是要扎实推进管理制度改革，通过体制改革、机制改革，进一步推进校务公开、处务公开、院务公开，提高资源配置水平，提高管理效率，节约管理成本，减少管理过程中的随意性。

"十一五"规划。进入"十一五"时期，深入实施科教兴国战略和人才强国战略，全面建设小康社会，要求必须加快教育发展，促进人的全面发展，高等教育发展迎来重要战略机遇期，这一时期也是学校实施"三步走"发展战略承前启后的关键时期。学校制定了《江西师范大学"十一五"时期发展规划》，经过 2006 年 2 月学校五届六次"双代会"分别审议通过，2006 年 12 月 15 日正式印发实施。《发展规划》对"十一五"时期的主要任务进行了部署，提出了"形成教学研究型大学的基本框架，达到两个'先进水平'，即国内同类院校先进水平、国内教师教育先进水平"的总的要求，以及"建成学科特色鲜明，管理体制先进，师资队伍良好，基本条件完善的综合性、有特色的教学研究型大学，学位点覆盖率大幅度提升，有若干学科和领域达到国内一流水平，总体办学水平在全国高校中位置显著前移，跻身于全国师范院校和地方综合性大学的先进行列"的总体目标。

《发展规划》明确，"十一五"时期学校的发展定位是：在办学层次上，本科教育与研究生教育并举，教学与科研并重，稳定本科教育规模，大力发展研究生教育，适度发展成人教育和高职教育；在学科发展上，优先发展教师教育学科，大力发展人文社会科学等优势学科，巩固基础学科，积极培育交叉学科，稳步建设应用型学科，逐步建成特色鲜明、结构合理、多学科协调发展的学科布局；在服务面向上，立足江西，辐射全国。放眼世界。学校的总体目标是：到 2010 年，即在学校建校 70 周年之际，把学校建成学科特色鲜明，管理体制先进，师资队伍良好，基本条件完善的综合性、有特色的教学研究型大学，学位点覆盖率大幅度提升，有若干学科和领域达到国内一流水平，总体办学水平在全国高校中位置显著前移，跻身于全国师范院校和地方综合性大学的先进行列，为迈向综合性、有特色、高水平的教学研究型大学奠定坚实的基础。

随着国家和江西经济社会的快速发展，尤其是党的十七大对高等教育等各项事业提出了更高的要求，学校面临的形势、环境和任务也相应发生了变化。2008 年 3 月，学校召开六届二次教代会。会议对《发展规划》提出的目标和任务做适当的调整。调整后的《发展规划》，提出了"建成学科专业比较齐全、教师教育办学特色鲜明、人才培养质量优良、师资队伍结构合理、实力比较雄厚、制度健全、管理规范、办学基本条件完善、大学文化浓郁的综合性有特色、水平高、声誉好的教学研究型大学；研究生尤其是博士学位点数量大幅提升，若干学科专业或方向达到国内一流水平综合办学水平在全国高校中位置显著前移，跻身于全国师范院校和地方综合性大学的先进行列"的奋斗目标。

凝聚人心，振奋精神，光大传统，再创辉煌。2009 年 5 月，省委对以傅修延为党委书记和校长的新的领导班子提出了更高要求，希望新的领导班子深入学习实践科学发展观，始终坚持教育创新，不断开创学校改革发展的新局面，在积极应对金融危机中实现学校事业的又好又快发展。

学校领导班子认真贯彻落实胡锦涛总书记关于"三保一弘扬"的指示精神，在省委省政府的正确领导下，在深入学习实践科学发展观活动和"创新发展年"活动的大力推动下，把筹备党代会作为统一思想、形成共识、探索办学定位和发展思路的抓手，作为凝聚人心、振奋精神、增强合力、增进团结的过程。领导班子广开言路，问计于基层，问策于教职工，通过召开民主生活会和举行各种类型的师生座谈会的方式，围绕学校的办学定位、发展思路等重大问题和具体工作细心听取意见。新班子到任个月后，连续召开 7 个座谈会，调研了解情况；党代会筹备期间，连续召开 9 个座谈会，广泛征求意见；围绕 2010 年的工作思路，党委利用一整天的时间召开务虚会，专题研讨工作。领导班子正视现实、面向未来，实事求是地指出教职工存在的心态浮躁精力涣散、集体荣誉感淡化等问题，严肃批评行政化、官本位和学术上进心不强等不良倾向，并深刻剖析和查找存在问题的原因，在此基础上鲜明提出"凝聚人心、光大传统振奋精神、再创辉煌"的工作方针和思路。在全校上下深入学习贯彻科学发展观、迎接建校 70 周年的大好形势下，在学校站在新起点、实现新发展的关键时期，2009 年 11 月 15 日，学校召开六届三次"双代会"，傅修延作了题为《勤政务实，攻坚克难，以扎实的工作迎接校庆七十周年》的工作报告。

在学校党委的坚强领导和全校教职工的努力工作下，学校集中精力谋大事、抓实事、解难事，从 2009 年下半年开始，各项工作都得到了全面推进，一些重点工作取得了关键突破，学校整体发展节奏加快，步伐比较平稳，势头比较强劲，全校上下呈现新气象，展露生机活力。学校抓住历史机遇，依靠自身力量，通过市场运作化解财务风险，驱散了教职工的忧虑情绪，提振了教职工的信心。同时，加大对教学科研和学科建设的支持力度，为内涵发展奠定基础，积蓄能量，并从当前最紧迫、群众最期待、发展最关键的事情入手，集中解决一大批师生反映强烈的热点问题，加紧实施一批民生工程，受到师生好评，领导班子树立了勤政务实、真抓实干、少说多做、敢做敢为的新形象。学校学校各级组织的凝聚力、战斗力、执行力得到增强，干部作风和精神状态发生转变，全校上下从不适应、不利于科学发展的思想认识中走出来，从安于现状的落后观念中解放出来，破除各种束缚发展的思想观念，忧患意识、机遇意识、竞争意识和创新意识有所增强，专心干事、齐心创业、共谋发展的氛围日益浓厚。无论是瑶湖校园还是青山湖校园，处处呈现新的气象，焕发新的生机，师生员工都能够感受到深刻变化，对学校未来充满期待。

组织机构与管理体制

学校不断推进管理体制建设，合并了江西省金融职工大学（江西银行学校），调整了一批组织机构，实施了校院两级管理体制改革，激发了办学活力。

管理机构设置与调整。 由于办学管理职能的调整和管理体制改革的深化，学校的管理机构相应进行了调整。2004 年 9 月，党委办公室、校长办公室开始合署办公（其他机构设置与调整情况具体见后各节内容）

至 2010 年 8 月，学校的管理机构设置情况为：

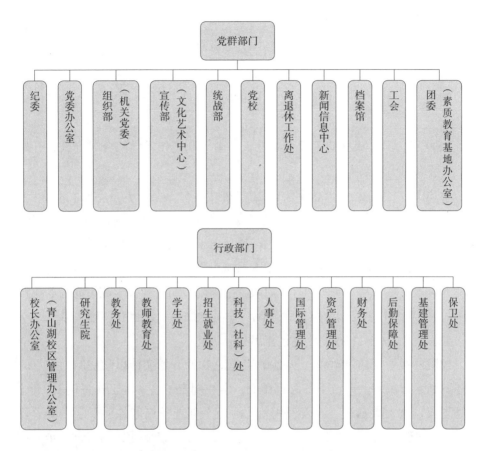

学院组建与调整、撤并。 2003 年，学校顺应师范教育改革的新形势和时代发展的新要求，在原有教育科学学院的基础上，整合校内教师教育资源，组建新的教育学院；整合校内体育、外语和计算机资源，重新组建体育学院、外国语学院和计算机信息工程学院；合并思想政治教研部和马列主义教研部，组建政治与行政管理学院；撤销城市与环境科学学院，分别组建城市建设学院和地理与环境学院；将国际交流学院更名为国际教育学院。根据调整后的教学单位，相应调整了所属学科专业：历史文化与旅游学院的社会工作专业，调整至政治与行政管理学院；政法学院的国际经济与贸易专业，调整至商学院；商学院的艺术设计（环境艺术设计、服装艺术设计、室内装修与家具设计方向）专业，调整至美术学院；工商管理（房地产经营与管理方向）专业、城市规划专业，调整至城市建设学院；地理科学专业，调整至地理与环境学院。

2004 年，学校合并政法学院和政治与行政管理学院，组建了新的政法学院；

化学学院更名为化学化工学院；响应国家大力发展职业教育的号召，将职业教育学院更名为高等职业技术学院，开始培养专科层次的高级技术应用性专门人才。

2007年，学校以教育学院心理学科为基础，组建心理学院。

2008年，国家汉办批准学校与马达加斯加塔那那利佛大学合作建设孔子学院。

2009年，学校成立初等教育学院，与高等职业技术学院合署办公，开始培养本科层次的小学教师。

至2010年8月，全校教学学院达到24个，分别是：教育学院、心理学院、文学院、历史文化与旅游学院、政法学院、外国语学院、音乐学院、美术学院、商学院、数学与信息科学学院、物理与通信电子学院、化学化工学院、生命科学学院、体育学院、计算机信息工程学院、城市建设学院、地理与环境学院、传播学院、国际教育学院、软件学院、财政金融学院、初等教育学院（高等职业技术学院）、科学技术学院、继续教育学院。学院的撤销、组建和调整，带来办学资源的重新整合，相关学科专业也被作出相应调整。

校院两级管理体制改革。从2003年起，学校开始实施以学院制为重点的管理体制和运行机制改革，下移管理重心。学校制定了《学院工作条例》，下放编制管理权、进入决定权、经费使用权、科级干部选任权等各项权限，使学院在人、财、物等方面享有充分的自主权。随着认识的不断深化，为了进一步下移管理重心，使已经具备良好基础的学院真正成为办学实体，赋予人、财、物方面更多的自主权，使学院成为一个充满生机活力、具有浓厚学术氛围的创新性学习型组织，学校继续深入推进学院制改革，按照有利于学科建设的原则，对若干学院的组织结构进行适当的调整，根据各学院、学科的实际状况，实行从教学型到教学研究型的多种模式梯度发展，对学院人事编制实行总量控制。在完善二级教代会等民主管理制度的同时，强化教授治学的功能，组建教授委员会，充分发挥教授委员会在办学治院中的作用。

2006年4月，学校下发《关于进一步加强学院建设与管理的若干意见》，开始大规模实施校院两级管理体制改革，下移管理重心，将教学、科研、人事、学生、财务等管理重心下移到学院，确定了院务委员会、教职工代表大会和教授会三位一体的学院管理模式，形成大教务、大学工、大后勤、大财务的工作格局，学校管理体制走向扁平化。根据研究生教育发展规律，按照简政放权、重心下移的要求，学校又下发《关于实施研究生教育校院两级管理体制的若干意见》，建立健全研究生教育校院两级管理体制，明确全校研究生教育在校党委和行政的领导下，由研究生院党委、研究生院负责宏观指导与管理；各学院研究生教育工作在学院党委和行政的领导下，由分管研究生教育和学生工作的党委和行政负责人负责，根据研究生规模配备专职或兼职工作人员，实施对各学院研究生的教育和管理。

2008 年，为了适应音乐、美术、体育等特殊专业人才培养模式改革的新要求，学校决定对音乐美术和体育学院的管理体制进行改革试点，在课程设置、经费使用、工作量计算等方面，给学院更大的自主权。经过一年的试点，实际运行并没有激活这几个学院的办学活力，2009 年，学校决定停止实施。

江西金融职工大学（江西银行学校）并入

江西金融职工大学（江西银行学校）前身是中国人民银行江西省分行 1949 年 10 月在南昌创办的干部训练班，1987 年更名为江西金融职工大学，隶属于中国人民银行领导，是中国人民银行系统四所金融成人高校之一。进入新世纪，根据国家高等教育改革发展的需要，中国人民银行下属学校实行管理体制改革，要求并入地方高校或予以停办。在这样的背景下，由省教育厅牵头，江西金融职工大学（江西银行学校）开始和省内高校商谈合并事宜，并最终选择了并入江西师范大学。这项工作得到了省委、省政府和社会各界的普遍关注和支持，在短短的 3 个月内，就顺利通过省发改委、财政厅、人事厅、教育厅、卫生厅等有关部门的审核，省政府以"会签"的形式进行审批，大大加快了并校进程。两校对并校也高度重视，多次召开座谈会进行讨论，组织专家进行论证，征求方方面面的意见。经过充分酝酿和反复协商，最终通过教职工代表大会征求意见，金融职大教职工赞同率达到 96.4%，师大教职工赞同率也达到 90% 以上，得到教职工普遍欢迎和支持。学校按照"五不变"的原则，即工资待遇不变、干部职级不变教师职称不变、职工住房不变、离退休待遇不变，维护了工作的稳定性和连续性，保证了并校工作的平稳过渡。2003 年 3 月 31 日，经省政府批准，江西金融职大（江西银行学校）整建制并入江西师范大学。4 月 8 日下午，学校召开青云谱校区教职工大会，宣读了省政府关于江西金融职工大学并入江西师范大学的批复。

江西金融职工大学（江西银行学校）占地 150 亩，建筑总面 7300 多平方米。专用校舍面积 57168 平方米。其中教学用房 19502 平方米，体育运动场地 23953 平方米。该校固定资产 6527 万元，教学专用设备 633 万元，办学经费充足，2002 年财政拨款 2088 万元，预算外收入 600 万元。当年有职工 226 人，专职教师 95 人，其中教授 2 人，副教授（高级讲师）50 人，讲师 40 人，设有金融、会计、计算机、电脑会计、保险、商务英语、金融文秘、证券投资等 8 个专业，有高职学生 448 人，成教生 1985 人，中专生 810 人。江西金融职工大学（江西银行学校）的并入是江西省高等教育事业发展和高校布局调整的需要，符合高等教育改革和发展的总体要求，促进了两校教育资源的重新配置和优化组合，促进了学校财政金融学科建设的发展，有利于学校担负起为江西经济建设和社会发展培养高级财政金融人才的任务，为实现江西在中部地区崛起提供有力的智力支持和人才保障。

江西金融职大（江西银行学校）并入后，学校将原金融职大（江西银行学校）校园确定为青云谱校区，专门成立青云谱校区管委会。青云谱校区继续完成原金融职大（江西银行学校）招收的大专和中专生的培养后，后来主要用于举办江西师范大学高等职业技术学院和第二附属中学。学校充分发挥江西金融职工大学（江西银行学校）相关院系、学科、专业的优势，整合优质教育资源，在其基础上组建江西师范大学财政金融学院。2003 年 11 月，江西省委书记孟建柱和副省长赵智勇在参加首届江西发展论坛期间，共同为财政金融学院揭牌。

第二节　质量立校　迎评创优

长期以来，学校把教学工作置于学校工作的中心地位、改革的核心地位、质量的首要地位、投入的优先地位和发展的基础地位。学校教育发展的目标定位就是以本科教育为重点，努力打造国内一流的优质本科教育。2002 年以来，本科教育以迎接教育部本科教学工作水平评估为抓手，始终贯穿着人才培养模式改革这一主题，在改革中突出了教师教育这一特色，2007 年后，又根据教育部的统一部署重点抓了教学质量和改革工程，并且将师德师风建设提到了一个新的高度。与此同时，学校统筹抓好各种类型办学，学位与研究生教育、独立学院、高职教育、继续教育、国际教育都迎来了大发展。

实施人才培养模式改革

在 1999 年后进行的学年学分制、文科理科素质实验班等一系列人才培养模式改革探索的基础上；2003 年，从当年入学的新生开始全面实行学分制，实施新一轮的人才培养模式改革。

这次改革坚持"以生为本、全面发展"的育人思想，以培养"厚基础、宽口径、高素质、强适应"的复合型高级专门人才为目标，突出创新精神和实践能力两个重点，搭建"通识教育、专业教育教师教育"三大课程平台，推行按学科类招生、分流培养、挂牌选课、弹性学制等一系列改革举措，建立了"学分制管理、模块化课程、菜单式培养、开放型教学"的四大运行机制：学分制管理是指学校全面实施学分制，制定系统的培养方案，按学科类招生，分流培养，实行3—8 年弹性学制，实行学生自主选课、自主选教师、自主安排学习进程。相应配套实施导师制和全面的质量监控。模块化课程是指课程体系按照通识教育、专业教育和教师教育模块，根据相应的学分比例配置架构。必修课和选修课程比例要求达到 6：4，打通第一课堂和第二课堂的课程，将第二课堂纳入学分管理；学科基础课程原则上规定在 3 门左右。菜单式培养是指学校提供 3000 门以上的课程资源供学生自主选择。学生根据模块化课程，按各模块规定的学分要求，在导师的指导下选择课程，形成个性化培养清单。开放式教学是指本科实行 3—8 年的弹性学制，课程资源、学习时间开放，允许学生分流发展，跨专业、跨学校选修课程。

至 2005 年，新的人才培养模式实现了三大转变。一是学年制向学分制转变，二是传统师范教育向教师教育专业化为特色的办学模式转变，三是由偏重知识的教育向以个性发展实践能力和创新教育为核心的素质教育转变。

为了充分发挥学校的教师资源和课程资源作用，更好地满足学生全面发展和个性发展需要，进一步提高学校人才培养质量，2006 年 4 月，学校认真总结经验，进一步深化人才培养模式改革。主要内容有：一是进步完善按学科类招生、分流培养和分层教学的人才培养模式，学生分流时间由原来入校后一年半提前至一年，分流后进入专业及专业方向学习。二是注重第一课堂和第二课堂的有机结合，星期二下午和星期五下午全校不安排课堂理论教学，让教师能进行学术教研活动和课外指导，学生开展学术活动和实践教学活动。三是非师范专业培养方案参照国内综合性大学，尤其是"985 工程"高校的专业培养规格进行修订，努力使学校的专业教育达到国内一流水准，课程教学单位时间由 40 分钟调整为 50 分钟，每个专业设置 5 门左右的专业核心课程。四是积极开展创新创业教育，培养学生的创新创业意识和创新创业能力。五是进一步优化课程体系结构，重视课程与课程之间的逻辑联系，加大课程整合力度，架构"整体化、模块化、结构化、个性化"的课程体系。六是积极推进教学内容、教学方法和手段的改革。课程教学尽可能选用，学科基础课程和专业核心课程的教学原则上必须使用教育部推荐教材、全国规划教材和面向 21 世纪教材等高水平教材。七是进一步加强以实验、实训、实习、社会实践（简称"4S"）和毕业设计（论文）为核心的分布共享式实践教学平台建设，充分发挥"4S"的综合功能。八是狠抓毕业设计（论文）工作，切实提高毕业设计（论文）的质量。

学校坚持"评教、评管、评学"制度，健全各教学环节的主要质量标准和评价实施方案，加大对教学运行、教学秩序的督导和对教学质量评价、监控的力度，每年组织开展本科优秀教学质量奖评选活动，组织开展教师课堂教学竞赛，在全校范围内集中开展领导干部"听课月"活动，健全了校领导、各职能部门和学院领导、校教育教学评估中心成员三级听课制度。2006 年，迎评促建办公室调整为教育教学评估中心，挂靠教务处。教育教学评估中心开展了教学工作的专项督导和随机督导，加强对教学质量全过程的监控，取得良好实效。学校还在学生中聘请了一批新的教学信息员，让学生参与学校教学工作。

2007 年，学校进一步完善学分制，建立了基于社会需求和教学资源有效利用的有序分流机制；进一步明确了课程的先修后续关系，并为学生提供选课指南和基于专业方向发展的参考选课菜单方案，减少学生选课的盲目性和随意性，提高课程教学效果。同时，改进选课策略。学校开展新一轮导师制工作，建立本科生导师库；根据音乐、美术、体育学院管理体制改革的要求，学校下放教学组织权限，由 3 个学院自行组织安排教学。

2008 年，学校结合实际，按照教学工作的内在规律和科学的管理理念，制定了《本科教学工作规程》。2009 年，学校在总结学分制 6 年来实施情况的基础上，在按学科类招生、分流培养模式选课、教学组织等方面进行了调整和完善。具体措施有：一是完善分流培养模式，暂停本科生导师制，恢复分专业招生。二是进一步完善"学科专业＋教师教育"的人才培养模式，注重两者的有机结合，建立协调的人才培养机制。师范类专业独立设置培养方案，学科专业教育与教师教育课程融合成一个协调、完整的体系。三是做好 2009 级培养方案的修订工作，科学设置课程与学分，确保"厚基础"的专业人才培养目标要求。每个专业设置 5 门左右的专业核心课程，确保专业核心课程的学分、课时。调整后的学分制更加贴近学校的校情，更有利于学生的教育和管理，更有利于培养学生的集体荣誉感，更能充分调动学院和学生的积极性。

深化教师教育改革

坚持教师教育的办学特色，为国家培养优秀的教师人才，既是师范院校的使命与责任，也是打造师范大学核心竞争力的关键。2002 年以来，学校秉承教师教育的传统和优势，紧密围绕国家发展战略及江西在中部地区崛起的战略，面向素质教育、面向基础教育、面向农村教育，以提升教师教育专业化为主线，以适应江西经济社会发展需要为导向，以服务基础教育和社会主义新农村建设为重点，不断推进教师教育改革，在实施"3.5+0.5"、"3+0.5+0.5"模式改革的基础上，进一步探索和实施了"3+1+1"、"3+1+2"、"4+1"、"4+2"等教师教育人才培养模式，取得了明显的效果。

2003 年，学校整合校内教师教育资源，成立教育学院，积极探索教师教育人才培养模式，不断创新教师教育课程体系和教学运行机制。2004 年 8 月，学校选择了上饶、赣州的 7 所中学开始实施"红土地支教实习工程"，实习与农村支教融为一体，实习期延长至一个学期。同年 10 月，召开了"红土地支教实习工程"工作联席会建立了定期工作会议和部分职能部门与实习学校定点联系等制度。2005 年，学校作为全国唯一的省属重点师范大学，被中组部、人事部、财政部、教育部确定为全国"农村师资支持计划"两所试点高校之一。同年，又被教育部确定为全国首批"农村教育硕士生"培养单位，率先开展农村教育硕士试点工作，选拔本科毕业生赴农村中学工作，一年后返校攻读教育硕士，这一做法为江西基础教育、农村教育作出了积极贡献，在全国得到大力推广。

2006 年，学校将职业教育中心更名为教师教育管理部，业务管理归口教务处，承担教师教育的教学管理建设工作；成立基础教育研究中心，加强高水平基础教育研究。在当年深化人才培养模式改革中，学校继续完善"学科专业教育＋

教师教育"的培养模式，注重两者的有机结合。学科专业教育由专业所在学院负责组织实施，教育学院负责组织实施教师教育专业教育。教师教育专业毕业最低学分调整为：文管类专业 150 学分，理工类专业 160 学分。鼓励学生提早选修教师教育类课程，师范类专业学生要修读与非师范同一专业学生相同的学科基础课程和专业核心课程。允许学生提前至第三学年进行教育实习。学校创新教育实习模式，改进"红土地支教实习工程"管理模式，由支教学科所在学院选拔和抽调若干名教师，专职从事支教实习的指导和管理工作，教育学院学科教育法老师主要负责学生岗前培训工作。到 2007 年，学校已逐步形成了教育学院学科教育系老师负责学生岗前培训，实习学校负责日常管理、实习指导和安全保障工作，学校巡查组检查实习工作的"三级管理"模式。学校进一步加强了实习基地建设 2007 年，新增教育教学基地 7 处，总数达到 70 处；新增教学实践基地 2 处，总数达到 153 处。

2008 年，为进一步深化教师教育改革，加强学校对教师教育的宏观领导和管理指导，学校成立教师教育工作委员会，主管教学副校长担任主任，各学院院长和有关职能部门主要负责人担任委员，加强学校对教师教育的宏观领导和决策指导。成立教师教育处，进一步加强学校对教师教育的管理、资源的统筹调配、学院之间的协调和与基础教育的联系，确保教师教育工作顺利进行。

学校进一步整合资源，建立协调的教师教育管理及运行机制。一是将课程与教学研究所归口教育学院管理，将教育学院原有的心理学资源调出另行组建心理学院。新的教育学院负责全校学科教学论的本科教学（含论文和实习指导）研究生教学与论文指导、相关课程建设和教育教学研究工作，协调全校教师教育专业的课程安排、实习、毕业论文指导，以及与全省基础教育界的联系与协作。除心理学等课程外，其他所有教师教育类课程均归属教育学院管理和建设，学科教学论教师原则上都应进入教育学院。二是整合全校教师教育实验、实习资源，加强师范生的实验、实习教学。由教师教育处协调设备与实验室管理处及相关学院，积极依托物理与通信电子学院、化学化工学院和生命科学学院的实验设备开设好物理、化学、生物等相关专业的教师教育类实验课，实现资源共享，避免重复建设。对确实需要建设的实验室，学校加大投入，进行合理规划和建设。进一步密切与基础教育的联系，加强教育实习基地建设。三是充分发挥基础教育研究中心和教师教育研究中心的作用，积极开展基础教育研究。把基础教育优秀人才的培养和基础教育改革，尤其是新课程改革结合起来，加强对基础教育改革中出现的亟待解块的问题和一些前瞻性问题进行研究。为密切与基础教育的联系，实现教师教育与基础教育的良性互动，学校设立红土地教师教育论坛和基础教育、教师教育研究专项基金，鼓励教师深入了解基础教育、认真研究基础教育、积极服务基础教育，加强与中学的密切合作，共同探讨基础教育和教师教育方面的问题，开展教育教学改革与研究，促进教师教育的持续健康发展。

2009年以来，学校继续深化教师教育改革，将教育学院各学科课程教学论教师调整回到相关学院，进一步明确师范大学主体还是教师教育，学校主要还是培养教师人才，学生的主体还是师范生，这一根本不能改变。国家政策促进了师范大学进一步发展教师教育特色，学校就是要坚持和发展学校教师教育的优势和特色，要在教师教育特色上做文章。同时，学校深刻地认识到师德是学校最大的特色，一大批师德高师风正的教师在师大校园里执教，这才是学校最重要的特色，才是学校一切建设的根本。学校将2010年确定为"师德师风建设年"

迎接教育部本科教学工作水平评估

教育部自2003年开始启动五年一轮的高校本科教学工作水平评估，这是教育部对普通高等学校办学指导思想、师资队伍、教学条件与利用、专业建设与教学改革、教学管理、学风、教学效果和办学特色等进行的一项综合评估，是新中国成立以来国家教育主管部门对全国高校各类评估中最为全面、实效性最强的一项评估。教育部决定2005年对学校进行评估后，学校坚持"以评促改，以评促建，以评促管，评建结合，重在建设"的原则，全力抓好本科教学工作水平评估工作。2003年12月5日，历时12天、适时调整学校工作重心的2003年度教学工作会议落下帷幕。这是学校继冲博成功、新校区建设一期工程基本完成后，调整工作重点、狠抓内涵建设的一次重要会议。大会要求各教学单位和职能部门进一步强化教学中心地位，树立以人为本、服务教学的意识，不断提高教学质量和人才培养质量，力争在评估中取得优异成绩。学校先后把2003年确定为"教学条件建设年"，把2004年确定为"教学质量建设年"，把2005年确定为"教学管理建设年"，重点解决教学基本条件、教学质量保障体系和教学管理运行机制等问题，使评建工作得到了极大推动和促进。

在教学条件建设方面，从2003年起，学校在建设瑶湖校区时投入约1亿元用于教学设备和实验室，以及图书资料和公共管理体系建设，解决教学场所不足的问题。2004年，投入1.1亿元充实和改善教学条件，其中5000万元全部用于本科教学实验仪器设备，357万元用于采购图书资料，3000万元用于本科实验室和公共服务体系建设，学费收入的25%共2178万元用于各教学单位的四项教学经费。2005年，投入1.2亿元用于实验室建设，建成21个实验中心、61个教学实验室。在2005年迎接教育部评估时，学校生均占地面积达到106平方米，生均宿舍面积11.7平方米，生均教学行政用房面积15.3平方米，生均运动场馆面积9.7平方米，生均图书超过100册，百名学生配多媒体教室和语音室座位数55个，百名学生配备教学用计算机24台，生均仪器设备值超过7000元，图书馆开放时间达每周92小时。本科教学条件主要指标均超过部颁办学条件指标的优秀标准，达到国内同类高校的先进水平。

在教学管理建设方面，学校建立完善了教学质量全过程管理的质量标准，在学籍、课程、实验、实习、考试、毕业论文等方面建立制度，使教学管理更加科学化、规范化、制度化。在2005年教学管理建设年中，重点加强教学行为规范和教学运行管理，加大教考分离的力度，对公共必修课、学科基础课和专业主干课实行跨校命题。加强毕业设计（论文）等实践教学环节的管理，使实践教学质量有了一定提高。

在教学改革研究方面，2003年以来，全校教学研究课题立项数每年均达100多项，并且其中有半数以上还获准省级立项；在省级教学成果奖的评审中，学校荣获的一、二、三等奖总数及获资助金额均名列全省前茅。学校积极参与国家英语教学改革试点，成功进入第二轮60校行列，英语分级教学在全校范围实施并取得成功，学生英语四、六级考试通过率稳步提升，名列国内同类高校前列。江西省高校优秀多媒体教学课件等各类比赛中，学校获奖数居全省高校前列。

为进一步推进迎评促建工作，2003年，学校成立了迎接教育部本科教学工作水平评估工作领导小组，2004年5月，学校成立了材料数据专项工作组。9月开展了第一次全校文档建设检查，主要检查各学院教学文档的建设进展情况和各职能部门迎评文档启动情况，有针对性地对文档建设进行整改。10月由校领导带队包括学院领导、主要职能部门领导和教育教学评估中心专家组成的新办专业评估专家组，从师资、专业等7个方面对全校22个新办专业进行了一次专项评估检查。10—12月，正式开展学校迎评状态数据统计工作，全面开展各主要观测点自评工作，对存在的差距要求有关部门及时整改。10月制定了《评估方案》，11月组织校内外专家对各学院的试卷、毕业论文（设计）、教案进行前期抽调评审，12月对20门课程进行了随机听课。12月底在教育学院进行了试评估工作后全面开展学院评估。2004年12月，专门从全校各单位抽调力量，正式成立迎评促建办公室、迎评促建工作专家组，形成了全校一体化、网络化的迎评促建组织机构。

2005年4月，学校邀请教育部评估专家来学校指导评估工作，对学校评估工作从办学定位到师资队伍建设、专业调整等指出了许多问题，为学校下一步迎评工作指明了方向。7月30日至8月1日，教育部专家一行3人莅临学校，进行了为期两天半的本科教学工作水平评估预评考察。8月1日上午，专家组向学校反馈本科教学工作水平评估预评意见，专家组在肯定成绩的同时，也对学校评建工作中存在的问题进行了分析，并提出改进建议。

2005年10月22日，以山东师大校长赵彦修为组长、华中师大原教务处处长万洪文为副组长的教育部评估专家组一行15人莅校，开展现场考察评估。23日下午，省人民政府副省长孙刚会见专家组全体成员，学校在先骕楼实验剧场隆重举行迎接教育部本科教学工作水平评估专家欢迎仪式暨本科教学工作汇报会，校长游海代表学校向教育部专家组详细汇报了学校本科教学工作的情况。10月22—28日，教育部专家组成员进行了为期7天的评估考察，他们本着认真负责的态度和高度敬业的精神，到各单位、部门走访，考察教学设施，召开各种层次的师生座谈会，认真听课和查阅各类材料，开展师范生基本技能抽测，走访实习和实践基地毕业生工作单位，到食堂和学生同桌进餐，以实事求是、高度负责的态度进行评议。28日上午，评估专家组分别向校领导和全校师生员工代表反馈了对学校本科教学工作水平评估的意见。赵彦修代表教育部专家组，从总体印象、主要成绩、办学特色、建议与希望四个方面宣读了对学校本科教学工作水平评估的考察意见，对学校取得的成绩给予了充分的肯定，同时也指出了存在的问题，并提出整改意见。

2006年春，教育部正式公布了2005年对全国75所普通高校进行本科教学工作水平评估的结果，江西师范大学获得优秀的好成绩，是全国10所评为优秀的师范类高校之一，也是江西省第一所评为优秀的高校。这一重大突破，不仅标志着江西师范大学的教学工作跃上了新的台阶，教学质量和办学水平得到新的提高，建设与改革取得了跨越式发展，同时也标志着江西省普通高校办学质量又跃上了一个新台阶，是多年来全体师生员工团结奋斗、辛勤工作的结晶。迎评促建时期，是师大精神最振奋、人气最旺盛、思想最统一、校园最稳定、环境最优美的时期，这是评估工作给学校带来的直接的最大收益，对学校的发展产生了深远的影响。江西省人民政府于 4 月 29 日发来贺信表示祝贺。

2007 年，教育部高等教育司委托高校外语专业教学指导委员会组织英语专业本科教学工作评估。当年 10 月 10—13 日，教育部专家组对学校英语专业本科教学进行了评估。2008 年 2 月，教育部公布了评估结果，全国 28 所普通高校接受评估，有 11 所获优，江西省 4 所高校接受评估，江西师范大学是唯一获得优秀成绩的高校。

推进教学质量与教学改革工程

为了贯彻落实党中央、国务院关于"高等教育发展要切实把重点放在提高质量上"这一战略决策和部署，经国务院批准，教育部、财政部自 2007 年 1 月起，联合启动了高等学校本科教学质量与教学改革工程。"质量工程"作为重大本科教学改革项目，是继"211 工程"和"国家示范性高等职业院校建设计划"之后，我国在高等教育领域实施的又一项重要工程，是新时期深化本科教学改革，提高本科教学质量的重大举措。为切实落实教育部、财政部关于实施高等学校本科教学质量与教学改革工程的意见，学校把 2007 年定为"教学质量与和谐校园建设年"，把"强化教学中心地位，实施教学质量工程，深化教育教学改革，提高教育教学质量"作为主要任务，专门下发了《实施本科教学质量工程的若干意见》。

2007 年上半年，为了全面了解和掌握教学工作状况，学校党委和行政多次研究讨论有关教学改革重大问题，学校领导主持召开了各学院学生代表、教学评估中心和学生工作督导组老同志以及老中青教师代表参加的各层次教学工作座谈会，围绕着本科教学工作的方方面面进行广泛调研，听取改进教学工作的意见和建议。7 月，全校召开历年规模最大的教学工作会议，与会人员扩大到教学一线的学科带头人、教师骨干、教研室主任等。会上强调，在学校新校区基础建设已经完成、办学硬件设施和教学环境极大改善的前提下，我们必须回过头、转过身、静下心来，集中思想、集中人力集中精力、集中财力，认认真真地、老老实实地抓好教学质量和人才培养质量的提高。要努力在全校形成高度重视教学工作、重视人才培养工作、上下支持服务教学工作的良好局面，形成一个人人关心、人人重视、人人服务教学的大学文化。

学校注重加强专业建设和精品课程建设，特别是新办专业和品牌专业建设。2003—2009 年，学校新增了经济学、软件工程、金融学、播音与节目主持、博物馆学、地理信息系统、行政管理、劳动与社会保障、运动训练、材料化学、生物技术、广播电视学、会计学、财务管理、新闻学、舞蹈学、哲学、建筑学、表演、汉语言等本科专业。2010 年，教育部批复同意学校小学教育、广播电视编导、文化产业管理和民族传统体育 4 个专业新增为本科专业。至此，学校共有68 个本科专业，涵盖九大学科门类，学科专业布局得到进一步优化。学校重视课程建设在教学工作中的基础与核心地位，从 2003 年起，学校每年出资 40 万元以上实施"百门精品课程建设工程"，不断深化课程改革，优化课程结构，促进学生的个性发展。学校引进精品课程平台，开放共享的精品课程体系已基本形成，成为学校重要的优质公共学习资源。此外，学校教师主编教材多达百余种，其中许多教材在国家级权威出版社出版，音乐学院《合唱与指挥》等 5 种本科教材选题经评审进入"十一五"国家级规划教材。2003 年起，学校按照教育部、省教育厅的部署，开始培养教学名师，先后表彰奖励一批长期在第一线从事教学的教学名师。其中，赖大仁获得第二届国家级教学名师奖，22 名教师获得省级教学名师奖。

2007 年，学校全面启动实施教学质量与教学改革工程伊始，组织推荐了 3 项人才培养模式创新实验区项目、12 项特色专业参加教育部质量工程项目的评选，公共事业管理专业被批准为教育部"第二类特色专业建设点"，成为江西省高校获得立项的 2 个专业之一，这是学校在专业建设上取得重要突破。此外，化学和汉语言文学两个专业被批准为教育部"第一类特色专业建设点"。

2008 年，学校英语专业入选了国家级高等学校特色专业建设点，音乐学、心理学、地理科学、数学与应用数学、历史学等 5 个专业入选江西省高校特色专业；文学理论课程、思想政治理论课、心理与教育统计测量研究中心、计算机软件主干课程等 4 个教学团队入选江西省高校教学团队。

2009 年，学校应用化学专业被批准为第四批高等学校特色专业建设点，文学理论课程教学团队被确定为国家级教学团队，这是学校在本科教学质量工程建设上所取得的又一重要突破。学校组织申报的"马克思主义基本原理"等7门课程被评为省级精品课程、"学·演·研一体化复合应用型音乐教育人才培养模式创新实验区"等2个实验区被评为省级人才培养模式创新实验区。西方文化背景、生态学、外贸函电、公司金融、计算机文化基础等5门课程进入首批省级双语示范课程。

2010年，学校戴海琦老师主讲的心理测量精品课程被评为国家级精品课程项目，中国近现代史教学团队被评为国家级教学团队，思想政治教育专业被评为国家级特色专业，这标志着学校在质量工程国家级项目申报中又实现了重大突破。至此，学校已经成功获批了6个国家级特色专业、13个省级品牌专业，这些专业在教学条件、师资力量、人才培养模式、课程体系与教学内容以及人才培养质量等方面已凸显优势和特色；成功获批2个国家级教学团队；成功获批1个国家级精品课程、省级精品课程22项；获批5种新教材。在"质量工程"项目中，除了双语教学课程以外，其他项目学校均有收获。

与此同时，学校启动了"十佳百优"教学质量奖评选活动，计划遴选一批优秀教师进行表彰奖励和给予后续支持，以此形成导向，带动全校教师专注教学工作。

促进招生和就业工作

随着高等教育改革的不断深入，招生和就业工作已成为学校生存和发展的生命线，生源状况和毕业生就业率相互联系，就业畅通才能保证生源质量，而生源充足、质量好又为人才培养打下基础。学校通过一系列有力措施，形成了以就业促招生、以招生促学校发展的良好局面。

推进招生录取改革。2007年以前，学校一直在提前批次执行二本线录取。为了鼓励优秀高中毕业生踊跃报考学校，进一步提高学校生源素质，培养高质量的各类专业人才，激励全体新同学努力学习，从2005年起，学校建立了优秀新生奖学金评选制度，凡第一志愿报考学校被录取、高考总分达到省重点录取线相应分数以上的，由学校颁发优秀新生奖学金，在选择专业、攻读硕士研究生方面给予倾斜。从2006年起，学校每年都组织优质生源基地评选工作，根据当年招生录取工作中组织输送生源情况，向为学校输送生源数量较多的中学授予"优质生源基地"称号。每年第一志愿报考江西师范大学的本科线上考生数。都在当年招生计划的三年左右，2005年达到4倍。学校在江西省连续多年录取分数线高出省二本控制线20—30分之多，其中一些专业（如外语类）的录取线已达一本线。根据高等教育发展的新形势，结合学校历年本科招生录取的实际情况，为了进一步提升学校办学层次和水平，提高人才培养质量，省高招办同意学校从2008年起将普通本科招生录取办法从提前批次执行二本线调整为在提前批次执行省一本线，艺术、体育类和国际教育学院专业保持不变。

2008年，学校首次执行一本线招生，考生报考非常踊跃，在提前批次志愿填报中，有5.2万名考生报考了江西省各高校，其中就有4.1万人第一志愿报考了江西师范大学，占报考江西省高校提前批次考生的78%。学校提前批文、理科录取的重点线上考生占本批次招生计划数的71%，刷新了本省高校近年来重点线上的录取率，也为江西的建设吸引了一批优秀生源。对于重点线上第一志愿报考学校的考生，学校全部满足了其专业志愿要求。

江西高招录取志愿填报方式和录取办法先后进行了几次重大改革。从2007年起，报考一本、二本的考生是在知分、知线和知位的情况后再填报志愿，但不包括提前批次。从2009年起第一批本科批次改为平行志愿，从2010年起二本批次也改为平行志愿。这种改革对学校招生生源质量造成一定影响。2009年，学校重点线上录取率为52%，提前批次计划第一志愿录取率为87%，比2008年有所回落。为了稳定生源质量，从2010年起，学校在省内招生由提前批执行一本线招生改为第一批本科批次招生，文科、理科分别在省一本线上降低10分和20分录取，与往年基本持平。

实行学分制改革以后，学校本科按照学科类招生，在校就读一年后再分流选择专业。到2009年，根据深化学分制改革的需要，改回按专业招生。

学校招生规模逐年扩大，2002年，全校本科招生数为3580人，三本招生数为1014人，至2005年学校主体搬迁到瑶湖校区后，当年本科招生规模扩大到6332人，此后每年保持适量增长，至2010年，本科招生数达到7000人。随着招生规模不断扩大，学校招生的生源结构不断优化。2002年，学校在除江西省以外的14个省（市、自治区）招生，招生527人，占总计划数的11%。至2010年，省外招生的省（市、自治区）达到29个，招生计划扩大到1825人。2006年是招收少数民族学生最多的一年，在宁夏招收了本科生200人，在新疆招收预科生17人。2009年，29个省（市、自治区）中有9个的文理科考生第一志愿录取率为 100%。2008 年,首次与赣州市教育局合作定向招生 100 人。

毕业生就业工作。学校毕业生规模从 2003 年的本科 2869 人、专科 8888 人,扩大到 2010 年的本科 6678 人,专科 920 人。此外,2005 年,科技学院第一届学生 1936 人毕业,2010 年毕业生规模扩大到 1736 人。学校以"出口"为导向,坚持做实就业基础,做细就业指导,做活就业市场,做优就业服务,创新大学生就业工作内容和方式,开创了就业工作的新局面。本科毕业生初次就业率基本维持在 90% 以上,名列全省高校首位,并远高于全国高校平均就业率。

学校扎实开展就业指导工作,做到全程化、专家化、信息化。就业指导的对象从毕业生扩大到全校学生,把就业教育贯穿于学生在校学习的全过程。2007 年 7 月,学校毕业生就业指导服务中心更名为大学生就业指导服务中心;大学生就业指导服务中心内设就业指导教研室。学校在全省最早建立了就业网站,建立了毕业生信息库,实现了全校联网和信息化管理。学校在全省高校中率先开设了就业指导课,并且列为校本课程,经常邀请知名专家、学者开设就业讲座,帮助学生培养专业技能和应聘技能,此外还利用寒暑假举办免费考研辅导班和考公务员辅导班,每年有 30% 的毕业生接受学校的免费辅导,2007 年、2008 年考取研究生的人数均占毕业生总人数的 11% 以上。2008 年有 560 人考公务员上线入围,入围人数与报考人数之比为 57.8%,高于全省平均水平 7.4 个百分点。学校每年都组织各个学院分管就业工作的党委副书记,分赴省内外开展毕业生跟踪调研活动,分析各专业的市场需求,了解用人单位对学校毕业生的评价,为学校在专业设置、素质教育、教学改革、学生管理等方面提出建议。近年来,学校每年举办各种见面会不少于 300 场。

为使就业指导真正有利于学生个人长远发展,实现就业指导的个性化,学校将职业生涯规划指导作为就业指导的核心内容。学校从新生进校起,就开始贯彻职业生涯规划思想,让学生明确学习的目标和方向,减少学习的盲目性,培养学生自信、自主、自立、自强精神。学校还为学生提供个性化就业指导、职业生涯教育和各类职业技能培训,帮助毕业生提高就业竞争力。2004 年 3 月,学校引进了学生就业测评系统,通过测评可以根据每个学生的个性、能力、志趣的差异,帮助学生选择适合自己发展的职业,使毕业生和就业岗位做到合理配置,提高就业质量。

学校积极响应上级号召,大力倡导和鼓励毕业生到基层就业、到农村就业,每年有 60% 以上的毕业生在基层和初级中学任教。学校进一步发挥了江西省基础教育的母机作用，为实现江西在中部地区崛起、建设环鄱阳湖生态经济区输送了大批人才，毕业生遍布江西及全国各地的教育、经济、文化、科技等领域，一大批已成为所在行业领域的中坚骨干力量。

加强学生管理服务工作

学生工作是高校服务于大学生成长成才的重要工作。2002 年以来，学校坚持以育人为中心，从强调管理育人转向服务育人，强化环境意识、质量意识和发展意识，在平台利用、队伍建设和环境建设等方面不断探索和总结，主动适应高校学生工作新形势，积极引导大学生自主自觉成长成才，为人才培养作出了贡献。

学生管理体制调整。2002 年 5 月，为加强学生管理和服务工作，学校成立招生就业处，就业指导中心划入该处，学生工作处与校团委合署办公，保留两块牌子与各自职能。为适应在校学生规模不断扩大、全面实施学分制和多校区管理对学生工作的要求，从 2003 年起，学校对学生工作体制进行了改革，坚持学校统一领导，强化学院自主职能，明确部门分工协作，建立了条块结合、齐抓共管的大学工作管理体制。学校成立学生工作委员会，作为全校学生教育管理工作的领导机构，在校党委领导下开展工作，向校党委、校行政负责，主管校领导为主任。学生工作主要职能管理部门有学生工作处（后更名为学生处）、招生就业处、校团委等。

2003 年 10 月，随着一期工程完成，瑶湖校区迎来第一批学生入学。为了适应多校区办学和学分制的新形势，学校探索实施了学区管理的学生工作模式。学区管理部是学生宿舍区的常设管理机构，隶属学生处，学生处副处长兼任党委书记。瑶湖校区共设 4 个学区，每个学区部设主任一名，配专职团委书记和辅导员，2003 级每一名学生按就读学院和所在宿舍楼栋隶属于其中的一个学区。该模式试行了一年，有利有弊，在实施过程中遇到一些具体问题，在征求意见后于次年停止实施，恢复了由学院管理学生的模式。学校建立学校和学院两级学生管理系统，教育、管理、服务三个体系，实现学生工作重心下移，学校职能管理部门实行宏观指导，学院除配合学校开展统一性工作和活动外，自主地开展本学院学生工作。

转变学生工作观念。学生工作归根结底是做人的工作。为了提高实效性，学校从政治上着眼，从思想上着手，从实际上着力，把解决思想问题与解决实际问题结合起来，为学生办实事、解难事、做好事。在 2006 年 3 月 23 日的全校学生工作会议上，学校明确要求，学生工作要和学校内部管理体制改革结合起来，和学科建设结合起来，和构建和谐校园结合起来，重点解决贫困学生资助渠道的建设问题，让学生上得了学；重点解决辅导员队伍的建设问题，让学生成得了才；重点解决就业工作体系的建设问题，让学生就得了业。

落实学生服务举措。学生资助是服务学生的重点之一。学校近 30% 的学生家庭经济困难，近 9% 的学生家庭经济特别困难，在做好学生生源地助学贷款、国家奖助学金、勤工助学、困难补助、学费减免等基础上，学校除积极争取教育主管部门加大支持力度外，还加强了对外联络，邀请企业、社会团体和爱心人士来校设立助学项目。经过努力，目前有关企业、社会团体和爱心人士在校设立了 11 个助学项目，每年资助经费达到 60 多万元。2006 年 10 月，已故著名画家傅抱石先生子女傅益瑶、傅益玉等，为完成父亲遗愿，激励江西学子弘扬"抱石精神"，自强不息、奋发向上，捐资人民币 300 万元在学校设立傅抱石奖学基金，每年颁发一次傅抱石奖学金，以鼓励美术学院品学兼优的学生取得更加优异的成绩，这是国内外第一个也是唯一的傅抱石奖学金，是学校接收到的数额最大的一笔奖学基金。由于国家资助力度加大以及社会力量的支持，学校的学生资助取得了良好成效，绝大多数经济困难学生得到较好的资助，他们的经济压力和心理压力得到减轻，学习更加认真，精神状态表现为更加进取。

心理健康教育是服务学生的另一个重点。学校在全省高校率先成立了大学生心理教育中心，率先实施了咨询、建档、宣传训练教学、科研"六位一体"的工作模式以及"校、院、班"三级工作机制；率先举办大学生"校园心理情景剧"活动，率先实施班级心理发展委员的制度，取得较好的成效，心理建档和校园心理情景剧等工作在全省得到推广，学生的心理素质得到明显提高；心理教育中心被国家心理学科普及委员会评为了"全国心理学科普工作先进集体"，学校被中国心理卫生协会大学生心理咨询专业委员会评为大学生心理健康教育工作先进单位。

大学生维权工作是服务学生的直接表现。学校学生工作部门积极与校内其他职能部门加强交流和沟通，帮助学生解决实际问题，实现了思想政治工作与解决实际问题相结合。学工部门每天认真处理学生工作网的学子意见；每半个月邀请校内其他职能部门召开情况通报会，各部门介绍有关服务学生工作的情况，学工部门或学院向有关职能部门反映学生的合理诉求，相关部门负责解释或解决；每年还要就学生公寓的安全、维修、电视、网络等问题与保卫处、后勤集团等部门进行协调和沟通，为同学们的学习生活创造了良好的环境。

学生工作队伍建设。辅导员是开展大学生思想政治教育的骨干力量，是高校学生日常思想政治教育和管理工作的组织者、实施者和指导者。学校明确了"专门化、专业化、职业化"的辅导员队伍建设思路。专门化，就是像重视业务学术骨干那样重视辅导员队伍建设，按照中央规定的1∶200的师生比，每年选留一批专职辅导员，形成稳定的辅导员队伍。专业化，就是要按照专业人员的要求，建立辅导员的岗位职责和培训考核评价制度。职业化，就是要按照管理人员的要求，落实辅导员的各项待遇，规定本科生工作满3年可以享受副科待遇，满5年可以享受正科待遇，满7年可以享受副处待遇。这样，使辅导员们大多感到政治上有前途，专业上有方向，工作上有后劲。为增加专职辅导员的数量，实现1∶200的师生比，学校创新辅导员的用人思路和方法，实施"1+3"模式选拔辅导员（以下简称"1+3"辅导员），即参照学校研究生西部支教工程，每年从获得推荐免试研究生资格的本科生中选拔一批优秀学生，先保留学籍一年，专职从事辅导员工作，一年后再攻读硕士学位并继续担任辅导员直至毕业。截至2010年6月，在校专兼职辅导员163人，达到1∶178的师生比。

发展学位与研究生教育

为进一步促进学位与研究生教育的发展，探索和筹备研究生院管理体制，2003年11月，学校在研究生处基础上成立了研究生学院，余欢副校长兼任首任院长。同时，学校将学位点申报及学科发展规划职能从研究生学院中划出，成立了独立建制的学科建设处。2005年7月，研究生学院更名为研究生院。2005年12月，研究生院增设专业学位管理办公室。2006年4月，学科建设处更名为学科建设与发展规划处，职能和建制不变。2008年6月，学校撤销学科建设与发展规划处，其原有职能、人员编制划入研究生院，研究生院内设学科建设办公室。研究生院负责全校学科建设，以及各级各类研究生的招生、培养、管理、学位授予、就业等方面管理与协调工作。

研究生招生。学校自2004年开始在基础心理学专业招收博士研究生。至

2010 年，学校可以招收博士研究生、全日制学术型硕士研究生、全日制硕士专业学位研究生、在职人员攻读硕士学位研究生、推荐优秀本科毕业生免试攻读硕士学位研究生、以毕业研究生同等学力申请硕士学位研究生等，涵盖了我国所有的研究生招生层次及类型。博士研究生招生实行全国公开招考，目前在马克思主义基本原理、思想政治教育、基础心理学及文艺学等 4 个专业招生。全日制学术型硕士及全日制专业学位研究生初试实行全国统考，复试由学校自行组织。在职人员攻读硕士专业学位实行全国联考。学校不断深化招生制度改革，为了提高生源质量、扩大生源规模，学校一方面加大投入，提高公费比例，另一方面加大宣传力度，多渠道多途径进行招生宣传工作及生源组织工作。2009 年，学校全日制硕士研究生招生规模突破 10 人。至 2010 年上半年，全校各级各类研究生4238 人，其中，博士研究生 34 人，全日制学术型硕士研究生 2517 人，全日制硕士专业学位研究生 237 人，在职人员攻读硕士专业学位 814 人，高等学校教师在职攻读博硕士学位 464 人，汉语国际教育硕士外国留学生 23 人，以同等学力申请硕士学位人员 149 人。

2005 年，学校开始在学术型硕士研究生旅游管理专业中招收培养外国留学生：2009 年，学校开始招收培养汉语国际教育专业学位国外留学生。留学研究生教育从学术型硕士扩展到了硕士专业学位，进一步扩大研究生教育的国际影响。

研究生培养。2003 年来，学校以研究与创新为主线，积极推进研究生教育质量建设工程，规范培养过程管理，狠抓研究生培养质量监控，推动了研究生培养质量的稳步提升。学校针对博士研究生、学术型硕士研究生、硕士专业学位研究生不同的培养目标，分别于 2004 年、2007 年制定和修订培养方案，2007 年开始启动研究生重点课程建设工程，每年单列 5 万—10 万元资助研究生重点课程建设，2009 年，《科学社会主义理论》和《教育原理》两门课程获省级优质课程立项建设。研究生院搬迁至新校区后，学校建立了专门的研究生公共课教室。全校共有研究生公共课专用教室 25 间，其中多媒体教室 13 间，极大地改善了研究生教学条件。学校加强研究生导师队伍建设与管理，至 2010 年，全校共有博士生导师 17 人，硕士生导师 465 人，其中教育硕士导师 94 人，法律硕士导师 7 人，实践性研究生导师 9 人。

在研究生教学改革方面，学校一是以强化英语应用能力为导向深入推进研究生公共外语教学改革，从 2005 年开始探索实施外语课程分层次教学，根据研究生的外语水平因材施教；针对学术型研究生设立非英语专业硕士研究生学位英语统一考试，建立试题库；针对专业学位研究生实施"基础英语＋专业英语"教学模式改革。二是以突出针对性和实效性为导向推进硕士专业学位教学改革，开设政治理论系列专题讲座，强化专业英语教学，倡导案例教学，实施双导师制，创建教育硕士仿真学校，稳步提升专业学位研究生的实践能力。三是推动以教育科研促进研究生教学改革，组织学位与研究生教育教改课题的申报评审，2009年学校共有6项课题获江西省首届学位与研究生教育教改项目立项。

研究生培养实施严格的目标管理和过程管理，在科学研究或实践能力等方面对各级各类研究生提出明确要求，作为学位授予审核的主要考核指标。博士生在读期间必须在学校学位评定委员会认定的核心刊物上至少公开发表2篇与本专业相关的学术论文，学术型硕士研究生在读期间必须至少在省级以上刊物公开发表与本专业相关的学术论文1篇，硕士专业学位研究生必须通过相应的专业能力或实践能力考核，未达到者，不得授予相应学位。学校对研究生师生互选、课程学习、开题报告、中期考核、学位论文等培养环节设置阶段性考核方法与要求，形成覆盖培养全过程的考核管理体系。2003年开始实施学位论文"双盲评审"制度，2009年开始采用学位论文学术不端行为检测系统（TMLC）进行学位论文检测，论文检测不合格者不准送审，同时，完善学位论文答辩机制，严格答辩程序，确保论文答辩质量。

学校建立了一系列研究生科研创新平台。2004年，学校在全省率先设立研究生创新基金，由学校每年投入10万元作为专项经费，6年来共资助610项研究生课题，其中近两年获批省教育厅立项并资助项目达39项。从2008年开始，学校组织在读教育硕士生直接申报江西省中小学教育教学研究课题，共有101项课题通过评审立项。从2004年开始，积极承办或组织江西省非英语专业研究生英语演讲比赛。2006年和2008年分别成功承办江西省首期研究生暑期学校和江西省第二届研究生学术论坛。2008年成功申报并获批全省研究生创新实验基地，每年获得资助10万元。在综合素质拓展方面，从2004年开始，学校启动研究生助管工作，设立研究生助管岗位，资助贫困研究生担任行政助理工作。学校定期举办研究生学术沙龙、女研究生文化艺术节、研究生科技文化艺术节等活动。

学位授予。至2010年，学校拥有法学、教育学、文学等3个博士学位授予权学科门类，哲学、经济学、法学、教育学、文学、历史学、理学、工学、管理学等9个硕士学位授予权学科门类，教育硕士、工程硕士、法律硕士、体育硕士、艺术硕士、汉语国际教育硕士等6个硕士专业学位授权点。从2003年以来，副校长傅修延、余欢和校长眭依凡等先后任学位评定委员会主席，2009年后，校长傅修延任主席。2009年，学校授予硕士学位人数首次突破1000人，达到1185人。2003年至2010年，全校授予博士学位16人、硕士学位5836人。

研究生教育检查评估。国务院学位委员会办公室从2006年开始启动教育硕士专业学位教学合格评估工作。2006年11月，学校开始全面部署，全校师生员工同心同德、齐心协力，针对4个一级评估指标、14个二级评估指示和39个主要考评点，分解评估指标，积极开展自评、整改和建设工作，并于2007年1月向教育部提交了自评报告。2007年6月13日至14日，以西南大学教科所所长张大均为组长的教育部专家组一行5人莅校进行了为期两天的实地考评，听取了学校的全面汇报，举行了一系列座谈会，走访了部分学院，专家组一致认为学校教育硕士专业学位教学达到了合格评估要求。2008年1月，国务院学位下发了通知，正式作了学校通过评估的结论，并书面反馈了综合评估意见，从主要成绩办学特色、改进建议等三个方面对学校教育硕士培养工作进行了评价。

与此同时，硕士学位授权点也接受了一系列评估检查。2003年，省学位委员会组织第六批硕士学位授权点评估，学校有教育学原理专业参加评估，评估成绩在全省参加评估的23个专业中排名第3。2005年，省学位委员会组织第七批硕士学位授权点评估，学校有7个专业参加评估，其中中国现当代文学、英语语言文学、中国古代史、教育技术学、计算机应用技术等5个专业获"优"，美术学、体育教育训练学等两个专业评为"良"。2006年，外国哲学、光学等2个专业通过了国务院学位委员会对硕士点的定期评估。2009年，马克思主义理论、教育学等2个一级学科点参加教育部学位与研究生教育发展中心组织的第二轮第二批硕士学位授权点评估，马克思主义理论的评估结果在全国69个高校中排名第18，教育学的评估结果在全国34个高校中排名第22。

2007年9月19—20日，省教育厅评估组一行6人来校对学校研究生培养方案进行了为期2天的评估，对学校研究生培养工作给予了充分肯定。

研究生思想政治教育。随着学校办学层次不断提升、研究生办学规模不断扩大，为了进一步加强和改进学校研究生思想政治工作，自 2006 年起，学校实施研究生教育校院两级管理体制，研究生院党委负责在宏观上指导、协调全校研究生思想政治教育及研究生党建工作，各学院党委负责具体做好研究生党建和思想教育工作和日常管理工作。通过实施研究生教育校院两级管理，进一步理顺了研究生管理的责、权、利关系，使各学院成为学位与研究生教育管理的主体，充分发挥了学院在研究生教育中的积极性和创造性。

在研究生思想政治教育工作中，研究生院党委重点抓好了研究生思想政治教育工作干部队伍建设，建立了一支以党员博士、教授为主体，专兼结合的研究生班主任和研究生党支部书记队伍，加强对研究生思想、学习及生活上予以关心和指导，大大提高了研究生思想政治工作的针对性和有效性。自 2003 年以来，研究生院党委每年举办班主任培训班 2 期、学生干部培训班 2 期党校培训班 2 期，直接培训入党积极分子 2300 余名，毕业班研究生党员比例均达到 50% 以上，涌现了一批先进典型。2003 级教育学原理专业硕士研究生谢小刚同学被评为全国优秀共青团员，2007 级体育教育训练学专业硕士研究生张知超同学荣获"中国希望工程 20 年特殊贡献奖"。

办好独立学院

独立学院成立之初，曾命名为"江西师范大学青蓝学院"。2001 年 12 月，独立学院正式更名为"江西师范大学科学技术学院"。2003 年 4 月 5 日，香港多伦多企业集团投资有限公司斥资一亿元人民币，与江西师范大学共同投资建设科技学院。2003 年 7 月 4 日，《江西师范大学科技学院章程》颁布实施，院董事会、监事会相继成立。10 月，省教育厅专家组对江西师范大学重新申报"江西师范大学科学技术学院"进行了实地考察、评估，评估结果在江西省独立学院中名列第一。12 月 30 日，学院被教育部正式确认为普通高校独立学院，并列入 100 所优秀高校独立学院。学院办学之初曾租借位于青山湖畔的江西商业学校部分校区办学。2003 年 10 月 6 日，学校瑶湖校区第一期建设完工后，科技学院又整体从江西省商业学校搬迁至瑶湖校区。根据学校办学主体搬迁、校区调整的需要，2006 年 7 月 15 日，科技学院整体从瑶湖校区搬到青山湖校区。学院聘请了我国著名数学家、北师大原校长：中国科学院院士王梓坤任名誉院长，现有聘期一年以上的专任教师 430 名，其中有副教授以上职称者占 52.28%，有硕士以上学历的教师占 63.90%，初步形成了一支内外聘任、结构合理、水平较高的师资与管理队伍。

学院创办第一年，开设了英语（师范）、汉语言文学（师范）、数学与应用数学（师范）、工商管理、国际经济与贸易、计算机科学与技术、电子信息工程等 7 个专业，共招生 372 人。至 2010 年，学院面向全国招生，学制四年，现有 14 个系部，32 个本科专业，全日制本科学生 7000 余人。2008 年起，学生学习期满成绩合格者，颁发国家教育部统一印制的江西师范大学科学技术学院毕业证书，符合学士学位授予条件者，颁发江西师范大学科学技术学院学士学位证书。学院生源质量、毕业生一次性就业率、英语四六级考试及计算机考试通过率等一直稳居全省同类高校前列，并在学科竞赛、专业竞赛、科技活动等方面取得优异成绩。科技学院走过了 9 年历程，不仅为江西省高等教育大众化进程做出了积极贡献，在学校发展过程中也功不可没，在社会上得到了广泛认可。从办学规模来看，科技学院目前在校生达到 650 余人，占学校全日制学生总数的 1/5 强，是人才培养体系中的一个重要组成部分。从办学效益来看，科技学院充分利用学校资源，除了支付投资方收益款以外，每年上交学校财务的收益都在 1300 万元左右。

2008 年 2 月 22 日，教育部出台了教育部 26 号令《独立学院设置与管理办法》，核心内容和主要精神是明确要求独立学院有独立的投资和办学主体、办学场地、运行机制，概括起来就是"优"、"独"、"民"三个原则。2010 年年初，教育部又专门下发通知，要求各个省对所办独立学院五年过渡期要有总体考虑，制定 5 年过渡工作方案，如果 5 年过渡无法考察验收，最终必须停办。这一办法的出台，使科技学院的发展处于一个非常关键时期。由于 2013 年是独立学院的一个"大限"节点，学校必须积极应对。科技学院迫切需要一个面积不少于 500 亩，具有国有土地使用证或国有土地建设用地规划许可证的独立校园，而青山湖校区是学校的优质教育资源，总面积不过 500 亩。为此，学校提出在共青城选址建设科技学院新校园。同时，学校正在努力寻找新的投资合作主体，以促进科技学院的可持续发展。

开办高职教育

随着办学层次的提升，根据学校的办学发展定位，学校一度停办专科教育。

2002 年以后，学校主要把专科招生计划分配给一些联合办学单位。2003 年江西金融职工大学（银行学校）并入学校后，学校响应国家大力发展高等职业教育的号召，整合优良的办学资源，以培养高级技术应用性专门人才为根本目的，创建担负高职（专科层次）学生培养任务的高等职业技术学院。学院依托学校优质的学科基础和办学资源，秉持"以生为本、全面发展、强化能力、突出应用"的教育思想，以培养学生适应能力和职业综合素质为特色要求，在全面提高学生综合素质的基础上，注重学生实践能力和社会适应能力的培养。学院实施多学制、多证制、分类指导、订单培养的人才培养模式，并与相关企业建立合作关系，精心打造实习基地。学院努力建立一支高学历、高素质的以专职为主、专兼结合的"双师型"师资队伍，聘请名师执教，同时聘请企业技术骨干担任实践环节的教学工作，为实现"基础宽、技能强、适应快、素质高"的人才培养目标提供了可靠的保证，为学生毕业后能够顺利就业，敢于创业打下坚实基础。至 2006 年学院设有 25 个专业，已开办了 17 个专业，在校生达到 5800 余人。学院历届毕业生颇受社会青睐，毕业生的初次就业率均达到 90% 以上，位居全省前列。学院初步形成了以培养技术应用型人才为主体的多形式、多行业、多层次的办学格局。从 2007 年开始，受国家政策影响，本科高校办高职陷入困境，招生规模逐年下降，2010 年所开办的专业 9 个，在校生只有 1500 多人。2009 年，学校成立初等教育学院，2010 年起开始招收小学教育专业本科生，高职学院开始向本科学院转型。

做大继续教育

进入 21 世纪，经过精心建设和持续发展，学校继续教育形成了以成人教育学专业硕士研究生教育为龙头、成人高等学历教育为主体、高等教育自学考试与继续教育培训为两翼的社会化教育服务体系，已成为江西省成人教育学科建设和理论研究的中心、成人高等学历教育的品牌大学、高等教育自学考试的示范高校、继续教育培训的重要基地。

学校把成人教育学科建设和理论研究作为继续教育发展的基础与核心，以成人教育研究所为平台，全面整合学校成人教育科研力量，构建了一支实践经验丰富、学术功底扎实、年龄职称结构合理的成人教育科研队伍，2005 年获得成人教育学硕士学位授予权，填补了江西省高校硕士研究生教育空白，确立了学校成人教育学科建设和理论研究的省内核心地位。

学校成人高等教育强化成人教育的基本质量规格和成人教育特色相结合、统一性与多样性相结合、适应性与超前性相结合的教学原则，精心打造和全力推出一批符合社会经济发展需求、国际接轨、文理齐全、师范性与非师范性并举、实用型与创新型同存的精品专业。先后开设师范类专业40余个，同时开设社会急需的非师范类专业30余个，涵盖专升本、高达本、高达专的办学层次，囊括函授、业余、全日制脱产班等学习类型，在省内外设立39个联合办学点，有63个本科、62个专科专业面向省内外招生，形成了多类别、多层次、多形式的成人教育办学模式。自开办成人高等教育以来，学校累计培养5万余名成人毕业生，至2010年，在校成人高等教育学生达12000余人。

学校充分发挥自学考试作为一种不同于学校教育、不受时间和空间限制的开放式教育的特色，先后承担了高等教育自学考试30个本科专业、32个专科专业的主考任务，历年参加学校自考主考专业课程考生人数累计超过30万人次，培养本、专科毕业生5万余人。学校主动顺应江西社会经济发展需求，先后开设了应用电子技术、广告学、旅游管理、服装艺术设计、电子商务、视觉传达设计、美容保健管理、软件工程、日语等实用型专业；同时还根据江西经济结构特点，针对性地开设了中国茶艺学等具有江西特色的新型专业，为江西经济发展培养了一大批实用型人才。学校坚持把扩大自考社会助学作为全面发展自考工作的重要环节，率先在全省高校专科学生中开展"专升本"助学活动，与一批专科学校及县市教师进修学校联合举办"专升本"自考助学班，每年参加社会助学的专科学生达3000余人，目前学校在籍业余制考生达3000余人。

学校坚持把继续教育培训作为服务社会经济发展的重要窗口，通过改革培训管理体制，整合教育资源，不断满足社会日益高涨的接受高质量教育需求。学校先后成立了秘书职业技能培训中心、国家职业技能鉴定所、全国公共英语等级考试江西省中心考点、剑桥少儿英语考试江西培训中心、剑桥少儿英语考试江西省中心考点、江西省自学考试办公室直属考点等培训和考试机构，初步形成了为不同年龄、不同职业、不同要求的社会成员，提供多渠道、多形式、多层次、多种类的社会教育服务的格局。

2010年3月，学校决定，外语培训中心和成人教育学院实行合署办公，学校对内保留成人教育学院、培训学院、江西省外语培训中心、江西师范大学出国外语考试中心等机构，几块牌子，一套人马。

促进国际教育合作办学

国际交流与合作。2005 年，国际交流处更名为国际合作与交流处，与国际教育学院分开办公，原内设的外籍专家管理服务中心整建制并入对外联络与接待中心。2010 年，学校成立教育国际合作与留学工作领导小组，领导小组下设教育国际合作与留学工作办公室，为常设机构，挂靠国际教育学院。

学校与海内外高校合作培养人才的渠道不断拓宽。2003 年，两名学生赴日本冈山商科大学学习一年，实现了学校与国外大学交换培养本科生的"零"的突破；与澳大利亚堪培拉大学合作的 TESOL 项目获得国务院批准，成为学校历史上第一个中外合作培养硕士的项目。学校与日本岐阜经济大学签署合作办学协议，与法国克莱蒙费朗第一大学签署校际合作协议，与澳大利亚 CQU 启动"3+1"本科学分互认、"3+6"国际商务管理硕士合作项目，与泰国皇家瓦莱亚阿隆功大学签署友好学校校际关系协议书，与法国奥弗涅大学签署合作备忘录。2004 年，学校积极申报与英国伦敦大学硕士合作项目、与澳大利亚昆士兰大学合作项目，与日本、韩国、印尼、泰国等国家的 4 所高校签署了合作培养协议或备忘录。2005 年，学校与澳大利亚、加拿大新加坡、法国等国家知名大学签订合作办学协议，对外合作办学学校增加到 15 所。2006 年，学校与美国巴尔的摩大学，韩国培材大学，中国台湾新竹教育大学、玄奘大学建立了友好合作关系，对外合作办学学校已增加到 26 所。与澳大利亚查尔斯特大学悉尼教学中心签署学校英语（国际商务）专业课程的学分互认协议。

与此同时，学校接收外籍学生和向国外派遣留学生人数不断增多。2004 年，学校招收韩国、日本、澳大利亚、印尼留学生 60 多人。2006 年，在校来华留学生 52 人，向韩国、日本、英国派遣留学生 23 名，与澳大利亚堪培拉大学合作培养英语教学法硕士项目第二期招收 45 人。2007 年，学校派送了 5 名学生赴韩国大邱加图立大学学习，双方学校互认学分，分授文凭；派送 10 名学生赴日本冈山商科大学和香川大学修习学分。全年有来自韩国、日本、美国、印尼、泰国以及中国台湾地区的各类长、短期留学生共计 105 人，同时来自欧美国家的留学生比 2006 年有显著的增加。至 2009 年，学校各类中长期留学生达到了 108 名，留学生数量有了较大突破，留学生生源地扩大到韩国、日本、泰国、印尼、加纳、喀麦隆、新西兰、马达加斯加、尼日利亚、新加坡等 10 多个国家和地区。赴外留学人数呈增长趋势，51 名学生通过友好院校、学分互认等多种渠道，赴日本、韩国、英国、澳大利亚、美国等国高校留学深造。

学校建立了一支稳定的外籍教师队伍，较好地满足了学校外语教学的需要。到 2009 年，全校聘请外籍专家数量达到 30 人。外教中拥有博士、硕士学位的比例达 37%，97% 的英语外教来自美、澳等母语为英语的国家。外籍教师 Constance Lynn Gibson 女士荣获国家外专局颁发的 2004 年度国家"友谊奖"，2009 年 10 月 1 日，Constance Gibson 受邀赴北京出席国家 60 周年国庆庆典。Rolf Soheilm、DONALD GILL、藤原熏、柏木美穗荣等 4 人先后于 2004、2007、2008、2009 年获江西省"庐山奖"。

2003 年，全校有 51 批 131 人次出国出境参加学术会议、交流与考察，境外来访 19 批 91 人次。2009 年，全校共有 34 批 74 人次出访 17 个国家与地区，全年接待孟加拉驻华大使、马达加斯加驻华大使等 72 位境外人士来校参加国际会议或进行友好访问。

孔子学院。2007 年以来，学校积极与国外大学进行联系，先后与韩国的大邱加图立大学，俄罗斯的圣彼得大学、圣彼得堡文化艺术大学、圣彼得堡航空航天大学等高校接触，商谈共建孔子学院的可能性。与此同时，2006 年 12 月 14 日和 2007 年 10 月 17 日，国家汉办和中国驻马达加斯加大使馆先后与马达加斯加塔那那利佛大学签订建设孔子学院的合作意向书和协议。为此，睦依凡校长等赴北京与国家汉办就承办该孔子学院一事进行会商，得到了国家汉办的大力支持。12 月 14 日，塔那那利佛大学莫妮卡副校长访问学校，双方签订了《筹建孔子学院的备忘录》，2008 年 1 月 30 日获得国家汉办正式批准，这标志着学校合作建设孔子学院工作步入实质性筹建阶段。

学校对筹建孔子学院高度重视，专门召开协调会议，决定成立筹建工作小组。2008 年 8 月 22—27 日，筹建工作小组部分成员访问塔那那利佛大学，双方就共建孔子学院的理事会人员组成、师资配备、教学设施、办学经费、办学场地及挂牌时间等问题达成了意向并签署了相关协议。学校提议派遣肖忠民赴马达加斯加塔那那利佛大学孔子学院工作，担任中方院长，9 月 10 日获国家汉办复函同意。10 月 13 日，马达加斯加—中国友好协会秘书长、塔那那利佛大学孔子学院马方院长伊娃女士来校访问，协商孔子学院揭牌安排、项目经费预算、办公楼建设、教学及办公设备采购等事宜。11月9日，睢依凡校长率学校行政代表团和青年学生文化交流代表团一行15人赴马达加斯加访问。11月12日，塔那那利佛大学孔子学院召开了第一届理事会，江西师范大学校长睢依凡为理事长，塔那那利佛大学校长威尔森为副理事长。11月13日，塔那那利佛大学孔子学院揭牌仪式暨中国文化周在该校隆重开幕。马达加斯加教育部、外交部等官员，中国驻马大使馆官员，马达加斯加中国友好协会等侨商领袖及两校师生代表出席开幕仪式。

塔那那利佛大学孔子学院是学校第一个、江西省第二个孔子学院，它为适应中马友好合作关系发展的需要，特别是为满足马达加斯加各界人士学习汉语的期盼而设立，致力于通过开展教育和文化活动，进一步加强中马两国的教育文化交流，增进马达加斯加人民对中国的了解，加深中马两国人民的友谊。塔那那利佛大学孔子学院按照中国孔子学院总部制定的规章运作，实行理事会领导下的院长负责制，理事会为最高决策机构。理事会成员共6人，由塔那那利那大学和江西师范大学各派3名代表组成。2009年，江西师范大学校长傅修延任理事长。

孔子学院为塔那那利佛大学学历教学单位之一，开设汉语言文学专业，学制3年，由孔子学院负责招生、注册、教学及日常管理工作，学生学业期满后由塔那那利佛大学颁发毕业文凭和学士学位证书。此外，还承担着把汉语作为第二外语选修课程的塔那那利佛大学及马达加斯加其他大学的教学任务，同时接受马达加斯加相关单位委托的汉语培训任务并面向社会开设各类汉语学习班。经过几个月的筹备，2009年3月，塔那那利佛大学孔子学院正式开展教学活动。3月，在马达加斯加通信与管理大学及马达加斯加先进技术学院开设汉语学分课程，招收学生498人，开设班级16个。5月，与马达加斯加—中国友好协会联合开办"马中友协"汉语学习班，开设班级6个，招收学员162人。6月，开设首届汉语言文学专业，招收学生65人，开设班级2个。7—9月，开设汉语作为第二外语选修课程，招收学生138人，开设班级5个。10月，开设大学教师汉语学习班，招收学员42人。此外，还面向社会开设汉语培训班7个，招收学员270人。至2010年，孔子学院拥有注册学员达2000多人，位于在非24个孔子学院和孔子课堂前列。

与此同时，孔子学院以汉语教学为依托，扎实开展了一系列形式多样、内容丰富的中国文化交流活动，包括以春节、端午节、中秋节等中国传统节日为主题，举办了相关活动，推广中国文化；以中国文化常识为载体，举行各种专题讲座，展示中国民俗风情；以教育展览为平台，举办赴中国留学教育展及对外汉语教材等系列展览，让马达加斯加学生了解了中国的高等教育，为他们赴中国学习搭建了平台。2009 年 11—12 月，孔子学院举办了"中国文化月"活动。此外，孔子学院注重发展与当地友好团体，华人、华侨团体的关系，通过马达加斯加—中国友好协会，积极推动马达加斯加与中国江西省的经贸、文化、教育交流。2009 年 1 月，江西省委常委、副省长陈达恒率团访问马达加斯加，与马达加斯加—中国友好协会签署了拟建立友好省份的相关协议。

2009 年 12 月 5 日，孔子学院隆重举行了建院一周年庆典活动。学校党委书记、校长傅修延及代表团一行，中国驻马大使馆官员，马方教育部官员，塔那那利佛大学师生等出席庆典活动。庆典仪式开始前，傅修延与莫妮卡副校长在孔子学院教学大楼前共同植下友谊树，表达了对孔子学院茁壮成长、中马友谊万古长青的美好祝愿。

为了鼓励孔子学院汉语言专业学生更好地学习和掌握汉语言文化，学校从国家汉办下拨的专项建设经费设立了"江西师范大学汉语学习奖学金"。2010 年 5 月 14 日，26 名孔子学院学生获得首届奖学金。

第三节　人才兴校　学科发展

学科建设是衡量学校办学水平和整体实力的重要标志，是学校发展的生命线。2002 年以来，学校以学科建设为龙头，抓住历史机遇，举全校之力申报博士学位授予单位获得成功，使学校办学层次和水平不断提高。学校坚持党管人才原则，以人事分配制度改革为抓手，以高层次人才引进和培养为重点，抓好人才和师资队伍建设，促进了学科建设。

申报博士学位授予单位和新增博士硕士学位授权点

2002 年，国家启动了第九次学位点授权审核工作，学校根据各学科点的实力情况，遴选教育学原理、基础心理学、文艺学、专门史、基础数学、光学、计算机软件与理论、有机化学等 8 个学科点冲击博士点，并下拨 300 万元作为学科建设专项经费。学校多次召开学科建设工作动员会、校学术委员会，专门成立"冲博办"，全力以赴做好冲博工作，校领导牵头，带领学科点相关负责人到各地走访专家学者。2003 年 1 月，学校正式上报申博材料；8 月，国务院学位委员会下发《关于批准新增博士、硕士学位授予单位的通知》，批准江西师范大学为博士学位授权单位，基础心理学专业获博士学位授予权。博士点"零"的突破，实现了几代师大人的梦想，标志着学校的办学水平迈上了一个新的台阶。与此同时，学校还新增政治经济学、宪法学与行政法学、中共党史、发展与教育心理学、体育人文社会学、中国古典文献学、外国语言学及应用语言学、历史文献学、计算机系统结构、应用化学、企业管理、教育经济与管理等 12 个硕士学位授权点，全校硕士点由 33 个增加到 45 个。

2004 年后，学校紧接着又多次召开学科建设工作会议，开展第十次学位点授权申报工作。经过遴选，伦理学、区域经济学、马克思主义理论与思想政治教育、教育学原理、教育技术学、体育教育训练学、文艺学、英语语言文学、专门史、基础数学、有机化学、计算机软件与理论等 12 个学科被确定为拟申博学科，学校给予重点建设扶持。2005 年，全国第十次学位授权审核工作正式启动，当年 6 月，学校上报材料，共申报 1 个一级学科博士点、13 个二级学科博士点。2006 年 1 月下旬，经国务院学位委员会第 22 次会议审核，学校马克思主义基本原理、思想政治教育、文艺学等 3 个专业新增为博士学位授予点，填补了省内人文社会科学博士点的空白；另外有马克思主义理论、心理学、体育学、中国语言文学、历史学、数学、化学、光学工程、计算机科学与技术、管理科学与工程等 10 个一级学科硕士学位点获得批准，自然带批 17 个二级学科硕士学位点，马克思主义哲学、中国哲学、经济史、产业经济学、法学理论、科学社会主义与国际共产主义运动、教育史、成人教育学、新闻学、设计艺术学、凝聚态物理、自然地理学、生态学、材料物理与化学、生物化工、旅游管理、土地资源管理等 17 个二级学科硕士学位点获得批准。至此，全校硕士学位点数量由原来的 45 个增加到 79 个，学校学科建设工作迈上了一个新的台阶，开创了学科建设的新局面。

第十次学位授权审核工作结束后，学校认真总结工作经验，仔细评估学科实力，针对新一轮学位授权审核工作较大改革的情况，举全校之力做好新一轮的学位点申报工作，遴选出心理学、中国语言文学、中国现当代文学、科学社会主义与国际共产主义运动、有机化学、专门史、高等教育学、英语语言文学、伦理学、基础数学、自然地理学、体育教育训练学、音乐学等 13 个学科作为拟申博学科。为了使新一轮申博工作取得新的突破，学校加大经费投入，从 2006 年至 2009 年，共投入学科建设专项经费 930 万元。强化动态管理，不定期深入学院开展学科调研，逐一召开推进会、情况汇报交流会，全面督促和检查申博工作。2010 年 3 月，国家新一轮学位点授权审核工作正式启动，学校根据国家和省学位委员会的部署安排，认真做好每一个环节的工作。根据省学位委员会下达的推荐指标，学校遴选出马克思主义理论、中国语言文学、化学等 3 个一级学科为拟增列博士学位授权点，新闻传播学、教育学、地理学、艺术学、物理学、外国语言文学、政治学、生物学、工商管理、哲学、应用经济学等 11 个一级学科为拟增列硕士学位授权点。

学校在加强学术型硕士点建设发展的同时，积极抓住国家大力发展专业学位的有利时机，主动适应社会经济建设的需要，进一步加大专业学位硕士点的申报和建设工作，在专业学位方面也取得了较大突破。2005 年，学校获批工程硕士学位授予权，开创全国师范院校培养工程硕士的先例；2007 年，学校获批法律硕士专业学位授予权。2010 年，学校获批为汉语国际教育硕士、体育硕士和艺术硕士专业学位培养单位，其中汉语国际教育硕士和体育硕士均填补了省内空白，实现了硕士专业学位点数翻番。此外，2009 年，教育硕士专业学位新增心理健康教育专业领域。2010 年，工程硕士新增光学工程、计算机技术、化学工程、生物工程等 4 个专业领域，这是学校工程硕士发展的又一重大突破。

到 2010 年 7 月，学校共有 4 个二级学科博士学位授权点，10 个一级学科硕士学位授权点，80 个二级学科硕士学位授予点（含一级学科带批），6 个硕士专业学位授予点，覆盖 9 个学科门类，初步形成了学科门类较为齐全、结构较为合理、优势与特色较为明显的学科发展格局。

建设重点学科和重中之重学科

为适应江西社会与经济发展需要，省教育厅开始在全省 14 所高校中设立"十五"重点学科。2004 年，学校在原有计算机软件与理论、有机化学、文艺学、教育学原理、专门史、基础数学、光学、教育技术学、马克思主义理论与思想政治教育、计算机应用技术等10个"十五"重点学科的基础上，新增基础心理学、英语语言文学、体育教育训练学、人文地理学、生物化工、伦理学、高等教育学等7个重点学科，总数达到17个。2006年，学校有机化学、光学、计算机软件与理论、高分子化学与物理、专门史、音乐学、美术学、教育技术学、计算机应用技术、基础数学、马克思主义基本原理、思想政治教育、基础心理学、文艺学、宪法学与行政法学、高等教育学、教育学原理、传播学等18个学科入选"十一五"重点学科。2008年，为了加强江西高校学科建设，提升办学水平，江西省从全省高校199个"十一五"重点建设学科中遴选出20个学科为江西省高等学校重中之重学科予以支持建设。学校教育学、马克思主义基本原理、有机化学等3个学科人选。此外，学校有机化学、计算机软件与理论、高等教育学、专门史、基础数学等5个专业先后入选省示范性硕士点。

申报博士后科研站

随着学校办学水平和整体实力的提升，设立博士后科研流动站的条件越来越成熟，2006年，由人事处牵头负责向人事部正式申报。2007年8月，从人事部、全国博士后管委会传来喜讯，江西师范大学被批准为博士后科研流动站设站单位，心理学学科获准设立博士后科研流动站，这标志着学校博士后工作取得历史性突破，这突破对于推动学校学科建设发展，提高学校办学层次和水平，提升高层次人才培养质量，具有重要意义。2008年，学校成立博士后管理工作办公室，挂靠人事处。2009年9月，学校博士后流动站锦上添花，马克思主义理论学科也获准设立博士后科研流动站。同年，西南大学李艾丽莎博士经全国博士后工作管理委员会办公室批准，正式进入学校心理学博士后科研流动站，成为学校历史上第一位进站博士后。2010年，学校抓住鄱阳湖生态经济区建设上升为国家战略这一历史契机，申报鄱阳湖湿地与流域研究教育部重点实验室（江西师范大学）博士后科研工作站，成功获批。

人才与师资队伍建设

2003年以来，学校以引进和培养高水平的学术带头人和骨干教师队伍为重点，以深化人事分配制度改革、实施岗位聘任制为动力，以建立健全人才聚集机制、人才培养与使用机制、人才竞争与激励机制、人才环境优化机制作为主要措施，先后实施高层次人才引进计划、教师学历提升计划、教师能力提升计划，取得了较为显著的效果，逐步造就了一支师德高尚、素质优良、总量适中、结构合理的人才队伍。

高层次人才引进计划。 学校引进优秀高层次人才，注意结合江西经济社会发展要求和学校人才现状实际需要，坚持人性化和制度化结合，既以人为本，立足本校资源，以感情留人、政策留人、事业留人、待遇留人，为人尽其才搭建舞台和创造发展空间，又从制度入手，盘活人才管理和激励机制，保持人才队伍的鲜活和朝气。对于紧缺人才，学校突破"迁户口、转关系"的常规引进做法，探索建立"户口不迁，关系不转，双向选择，自由流动"的引进新机制，"不求所在，不求所有，但求所用"，更加高效地利用人才。2006 年，学校成立高层次人才工作办公室，与人才交流中心合署办公。经过不断努力，学校高层次人才引进工作取得了一定成效，2005 年，引进高层次人才 19 人，其中教授 3 人，副教授 11 人，以后逐年增加，到 2009 年，已引进高层次人才 132 人，其中教授 13 人，副教授 51 人，博士后 4 人。包括先后在德国马尔堡大学和美国 Akron（阿克隆）大学从事博士后研究并获得美国化学会优秀论文奖的侯豪情博士，获得中国政府国家优秀自费留学生奖学金和日本山口大学最优秀博士毕业生奖的陈祥树博士，中国科学院武汉物理与数学所研究员、博士生导师杨健夫，武汉大学测绘遥感国家重点实验室教授、博士生导师陈晓玲教授，西北大学博士生导师赵宪忠；聘请美国密西根大学国际研究所鲍曙明博士为鄱阳湖生态环境与资源利用教育部重点实验室主任、特聘教授，聘请国务院学位委员会管理学科评议组成员邱菀华为学校首位特聘讲座讲授。高层次人才的不断加盟，使得学校人才聚集的效应正在逐渐显现。引进和培养的各类高层次人才已经成长为博士（硕士）生导师、高校中青年学科带头人（骨干教师），据统计，2009 年学校共获得 24 项国家级课题，其中有 22 项是近年引进或培养的高层次人才。学校申报博士点学科梯队成员 70% 以上都是学校培养或引进的高层次人才。

教师学历提升计划。 学校积极创造条件，出台了一系列激励措施，引导青年教师报考研究生，优化教师队伍的学历、学缘结构。2003 年出台大力提升青年教师学历层次的规定，要求凡 35 岁以下未获取研究生学位的青年教师，必须攻读研究生学位，未取得研究生学位者，不予聘用相应岗位。同时，对在职攻读研究生学位的教师给予经费资助和生活补贴，不断提高教师攻读研究生特别是博士研究生的相关待遇，教师攻读学位的积极性保持良好趋势。2002 年至 2009 年期间，共有 40 位教师进站从事博士后研究，28 人出站；共培养博士 163 名，硕士 318 名。

教师能力提升计划。 学校将师资培训常态化，每年根据学科建设、人才培养、学术团队建设和教学等情况以及教师的不同需求制定培养计划。2002 年至 2009 年教师参加国内外访学进修等各类培训达 2000 余人次。学校规定，重点培养学术带头人后备力量或是有突出创新能力和培养潜质的优秀青年教师，各学院可推荐 1—2 名教师参加国内外高校访学，1—2 名新办专业和师资紧缺专业课程教师进行单科进修，1—2 名优秀青年教师重点资助到国内重点大学进行学术交流或科研活动。2008 年新增学校公派出国访学进修计划。2002 年至 2009 年各类培训的教师共有 1134 人次。学校加大双语教学教师培训力度，对双语教学课程进行资助，对任课教师在课时津贴上给予适当倾斜。2003 年，学校首批派出 40 名老师出国进行双语教学培训，至 2009 年共选派 5 批次双语教学教师，赴英国和澳大利亚进行双语教学英语培训，培训人数达 118 名。

2003 年，学校出台评选及培养教学名师实施办法、创新团队建设计划实施办法等政策，选拔优秀青年教师重点培养，形成了一支国家、省级、校级学术梯队，使青年教师尽早脱颖而出，成为国内知名的学科带头人。至 2010 年，学校有国家级教学名师 1 人，省级教学名师 20 人，校级教学名师 28 人，江西省中青年学科带头人 69 人，江西省高校中青年骨干教师 49 人。2006 年 8 月 25 日，教育部公布了第二届高等学校教学名师奖情况以及获奖教师名单，文学院赖大仁获奖，教师节前夕在北京人民大会堂受到表彰，这标志着学校实现了国家教学名师奖的历史性突破。赖大仁担任文学院院长、教授、博士生导师，江西省高校中青年学科带头人，虽然承担了行政职务，但他从未离开教学第一线，除指导研究生和上研究生课程外，一直坚持给本科生上课，每个学期至少承担一门本科基础课。

从 2002 年到 2009 年，学校共引进具有副高以上职称、硕士以上学位的教师1000 余人。专任教师总数由 946 人增加到 1287 人，专任教师中具有硕士以上学位比例为 64%，高级职称比例为 43.8%，35 岁以下教师比例为 47.7%，师资力量得到较大改善，初步形成了以高级职称教师、研究生学历教师和中青年教师为主体的师资队伍。到 2009 年，博士、在读博士教师突破 400 人。高层次人才建设硕果累累，不断取得历史性突破。2006 年，廖维林、朱笃入选国家领百千万人才工程人选，其后又有曾建平、钟志贤先后入选，胡竹菁、周利生、丁树良先后获得"全国模范教师"称号、黄加文获得"全国教育系统先进工作者"称号廖维林作为江西省唯一代表获得"全国杰出专业技术人才"荣誉称号，侯豪情、廖维林受聘首批江西省高校"井冈学者"特聘教授。廖维林和陈祥树分别获得第一、二届"江西省突出贡献人才"称号。至 2010 年，全校共有国家突出贡献的中青年专家 4 人，全国教学名师 1 人，全国百千万人才工程人选 1 人，博士生导师 18 人，全国模范教师、全国优秀教师、全国高校优秀青年体育教师、全国高校优秀思想政治理论课教师、全国学校艺术教育工作先进个人 9 人，享受国务院政府特殊津贴 24 人，享受省政府特殊津贴 8 人，井冈学者 2 人，江西省跨世纪主要学科学术和技术带头人培养对象 7 人，江西省新世纪百千万人才工程第一、二层次人选 18 人，江西省高校中青年学科带头人 65 人，江西省高校中青年骨干教师 49 人，江西省教学名师 19 人。

人事分配制度改革

2004 年 5 月，学校召开党委扩大会，决定开始实施以人员聘用和校内津贴分配为重点的人事制度改革。学校设专业技术岗位（包括教学科研岗位和教学辅助岗位）、党政管理岗位和工勤服务岗位，在全校推行岗位聘任制，由身份管理向岗位管理转变，由行政任用关系向平等协商的聘用关系转变。其中还对教学科研岗的教授、副教授岗位进行了分级，分别设置教授一类、二类、三类和副教授一类、二类、三类岗位。学校又实施低职高聘和晋档聘任，使一批年纪轻、职称低，但个人业绩突出的教学科研人员通过竞聘，获得了更高专业技术岗位聘任。当年，有 27 人晋档聘任教授一类岗位，24 人晋档聘任教授二类岗位，15 人低职高聘教授岗：57 人晋档聘任副教授一类岗位，44 人晋档聘任副教授二类岗位，19 人低职高聘副教授岗。晋档聘任教授一类岗位的 27 人分别是：胡竹菁、戴海崎、眭依凡、何齐宗、钟志贤、傅修延、赖大仁、钟守满、邓伟民、曾建平、李康平、方志远、黄令言、徐晓泉、曾朝阳、嵇英华、薛锦云、丁树良、余敏、宋才生、陈慧宗、廖维林、蔡明中、钟起玲、盛寿日、彭以元、王曼莹。

学校探索建立业绩导向的激励机制，新的分配方案将教职工的收入分为两项：第一项是国家规定工资，保持不变；第二项是校内津贴，要凭业绩和贡献获取。校内津贴分为岗位津贴、业绩津贴、效益津贴和科研津贴。校内津贴重点向教学科研人员倾斜，向优秀人才和关键岗位倾斜，进一步拉大不同岗位级别的差距，教授一、二、三类岗年岗位津贴分别为 5 万、3 万和 2 万元，加大了竞争与激励力度。从四大类岗位人员的平均总收入情况看，从高到低依次为教学科研人员、党政管理人员、教学辅助人员和工勤人员。这项改革不仅将待遇和能力、业绩及水平挂钩，不唯资历和学历，淡化了身份，强化了岗位管理，还将校内现有人才的待遇与引进的高层次人才的待遇拉近，有利于学校人才队伍稳定。

编制管理

省有关部门自 1989 年以来 20 年未给学校重新核定人员编制，严重影响到学校事业发展。2009 年，学校通过努力，与有关部门反复沟通，省编委终于为学校重新核定一次人员编制，正式核定学校全额拨款事业编制 3165 个，较此前净增 1463 个，这意味着困扰学校发展的编制"瓶颈"被成功突破。

第四节　创新强校　科研提升

2003 年以来，学校紧紧围绕"上大项目、出大成果、获大奖励"的中心目标，深化科研改革，强化管理，加强服务，积极服务于地方经济建设与社会发展，不断推进全校科研工作实现新的跨越，促进科研整体水平稳步提高，科研实力显著增强。

2003 年 6 月，学校成立社会科学处，科学研究处更名为科学技术处；11 月，社会科学处与科学技术处合署办公，两块牌子、一套人马。

科研平台建设

2003 年来，学校按照在资源整合上下功夫、在高位嫁接上下功夫、在对外合作与交流上下功夫的工作思路，采取"有所为，有所不为"的工作方针，强化资金、人员和政策投入，大力加强科研平台申报和建设。通过与中国科学院庐山植物园合作建设江西省亚热带植物资源保护与利用重点实验室，与中国科学院计算技术研究所合作建设江西省高性能计算机技术重点实验室，与中国科学院地理科学与资源研究所、江西省山江湖综合治理委员会办公室等单位共建江西省鄱阳湖综合治理与资源开发实验室，通过资源整合，在江西师范大学绿色化学重点实验室的基础上，组建江西省绿色化学重点实验室，建设了一批省级重点实验室。

2003 年 11 月，学校整合校内外鄱阳湖研究资源，与南昌大学共同申报的鄱阳湖湖泊生态与生物资源利用重点实验室获得教育部批准，实现了学教育部重点实验室"零"的突破。鄱阳湖湖泊生态与生物资源利用教育重点实验室按照省部共建形式立项建设，是学校重点实验室建设的一个里程碑。

2004 年，聘任美国密歇根大学中国信息研究中心研究员鲍曙明博士为实验室主任，聘请中科院院士、中国科学院地理与资源科学研究所研究员郑度任第一届学术委员会主任，组成学术委员会。为加强实验室的建设与管理，学校严格按照教育部颁布的《高等学校重点实验室建设与管理暂行办法》实行管理，以江西省鄱阳湖综合治理与资源开发重点实验室、江西省亚热带植物资源保护重点实验室、江西省绿色化学重点实验室、江西师范大学理化测试中心等研究机构为主要支撑，联合中国科学院、江西省山江湖开发治理委员会办公室、香港中文大学、美国密歇根大学等海内外的科研团队，共同打造多学科、开放性、综合性的鄱阳湖研究国际交流与合作平台。经过三年建设，实验室以鄱阳湖及其流域为主要研究对象，瞄准世界科学研究前沿，积极开展国际和国内科研合作，先后承担科研课题 81 项，科研经费达 1777.2 万元，取得了一批重大科研成果、汇聚了一支稳定的科研队伍，全面完成了建设计划任务，2007 年 11 月，通过教育部科技司和江西省教育厅共同组织的验收，正式定名为"鄱阳湖湿地与流域研究教育部重点实验室（江西师范大学）"。2008 年 7 月，学校以面向全国公开选聘的形式，引进武汉大学测绘遥感信息工程国家重点实验室海洋监测与数字工程研究中心主任、博士生导师陈晓玲，担任鄱阳湖湿地与流域研究教育部重点实验室主任。8 月，聘请中科院院士、科技部原部长徐冠华为第二届学术委员会主任，香港中文大学太空与地球信息科学研究所所长林珲为学术委员会副主任。实验室日益成为在国内外有一定影响的开放性、多学科、综合性的鄱阳湖研究学术交流与合作平台。

2010 年 6 月，学校申报"功能有机小分子"省部共建教育部重点实验室获批立项建设。这次全国共立项19个教育部重点实验室，学校是江西省唯一获得立项的单位。这也是学校继鄱阳湖湿地与流域研究教育部重点实验室之后，获批建设的又一个教育部重点实验室，使学校拥有的教育部重点实验室增加到两个，标志着学校科研平台建设取得了突破性进展。

学校还依托传统学科优势和引进学科领军人才，建成江西省分布计算工程技术研究中心、江西省无机膜材料工程技术研究中心等2个省级工程技术研究中心；江西师范大学教师教育研究中心、当代形态文艺学研究中心、江西省红色资源开发与教育研究中心、区域创新与创业研究中心、传统社会与江西现代化研究中心5个省级人文社会科学重点研究基地；江西省计算机与信息技术、江西省化学工程与技术、江西省食品与生物技术等3个江西省产学研合作示范培育基地。

创新团队建设

随着科研体制改革的深化和科研水平的提高，学校越来越认识到科研创新团队对于提升学校科技创新能力的重要作用。2006年，学校开展学科建设"1151计划"，启动实施"重大培育项目"计划，遴选一批具有一定前期基础、发展前景较好的科研项目和创新团队予以重点扶持，在政策、资金等方面进行倾斜。2008年，学校有机合成、有机材料、精细化学品创新团队通过省教育厅专家评审获批立项建设；精细化工创新团队、纳米纤维科技创新团队、膜材料制备与应用创新团队通过省科技厅专家评审，成为省级科研创新团队。2010年，学校启动建立科研重大项目培育计划，在全校范围内遴选具有一定科研基础、相对合理的人员梯队、有一定特色的科研创新团队予以培育。

科研立项

为充分调动广大教师从事科研工作的积极性，学校先后制定和修订《科研工作量计算办法（试行）》等20多项科研管理条例，鼓励和保障教师申报各类纵向和横向科研项目。针对难以申报到项目的青年教师，学校还特别设立青年成长基金项目等校管项目，帮助他们夯实科研前期基础、积累科研项目申报和管理经验，鼓励他们从事科学研究。

据统计，2002年至2009年，学校承担各级各类课题2200余项，各类科研立项经费近3亿元。其中包括国家科技部"十五"科技攻关项目2项，国家高新技术产业发展项目 1 项，国家"863"重点计划和"863"计划（包括合作）3 项，国家 973 前期研究专项 5 项，国家科技支撑计划子项目 2 项，国家社会科学基金项目 40 项，国家自然科学基金项目 62 项（重大国际合作项目 1 项），科技部国际合作项目 2 项，国家软科学项目 4 项，国家发展与改革委员会计划项目 1 项，国防科工委项目 1 项，国家科技部中小企业创新基金 6 项，国家重点新产品计划项目 3 项，教育部新世纪优秀人才计划 1 项，教育部重大培育项目 1 项，全国及教育部教育科学规划课题 20 项，教育部"留学回国人员科研启动基金"4 项，徐晓泉获得全国优秀博士学位论文专项资助项目 1 项，教育部"高等学校博士学科点专项科研基金"5 项，全省重大科技创新专项 2 项；省社科规划重大招标课题 4 项。其中，2005 年学校获得国家社会科学基金 6 项，居全省第一；2007 年首次获批教育部高等学校科技创新工程重大项目培育资金项目；体育学科获得的国家社科基金课题填补了江西的历史空白；蔡鸣申报的项目《方志敏与可爱的中国》入选国家重大历史题材美术创作工程。2008 年，廖维林申报的国家科技支撑计划重点项目通过科技部专家评审，申请经费达 3000 万元。

2010 年，学校获得国家自然科学基金项目 20 项，总经费 717.7 万元，项目数和经费数均创历史新高，经费数居全省最高。其中薛锦云申报的"若干软件新技术及其在 PAR 平台中的实验研究"国际（地区）合作与交流重点项目，资助经费 250 万元，为江西省高校首次获得。陈祥树主持的"面向酒精工业透水型分子筛膜的大规模关键制备技术研究"获得国家"863 计划"重点项目立项，国拨经费 768 万元，该项目是我省以高校为牵头单位首次获得的国家"863 计划"重点项目。2010 年，学校获得国家社科规划项目 12 项，总经费 134 万元，创历史新高。

科研成果

2002 年以来，学校出版著作 800 余部，公开发表学术论文 10800 余篇，在核心刊物上发表论文占总数的 55% 以上、870 余篇被 SCI、EI、ISTP 收录。通过省级以上科技鉴定成果 43 项，获批授权各类专利 17 项。获国家科技进步二等奖 1 项，江西省自然科学奖一等奖 1 项、二等奖 2 项、三等奖 4 项，江西省科技进步奖一等奖 2 项、二等奖 2 项、三等奖 1 项，中国高校人文社会科学优秀成果奖二等奖 1 项、三等奖 1 项，江西省社会科学优秀成果奖特等奖 1 项、一等奖 13

项、二等奖 52 项、三等奖 45 项、佳作奖 3 项。其中，2003 年邓伟民教授作曲的《又是八月桂花开》获得第三届中国音乐"金钟奖"。2005 年廖维林连续两年获得江西省科技进步一等奖；侯豪情在国外学术刊物上发表的论文影响因子达 8.0 以上。2006 年李康平等获第四届中国高校人文社会科学优秀成果奖三等奖；获 2005 年度省科技进步奖一、二、三等奖各 1 项，自然科学奖二等奖 1 项，获奖数量为学校历年之最。2007 年，徐晓泉的论文入选当年全国百篇优秀博士学位论文，实现江西省百篇优秀博士学位论文零的突破；2009 年"普通高等学校电子商务专业知识体系江西省创新实验区项目"获批立项，成为全国第一个普通高等学校电子商务专业知识体系省级创新实验区项目。2010 年，廖维林主持的"高效汽油抗爆剂 MMT 的开发及应用"项目荣获国家科技进步二等奖，这是江西省近两年来获得的唯一的国家科技奖，也是学校近 20 年来再次获得的最高科技奖项。

学校形成了一批有代表性的科研成果，其中，获得江西省科学技术奖、江西省社联优秀成果奖的成果或承担的重大课题有：

廖维林教授主持的超高纯度 DONOR 产品系列研究。研制的超高纯 DONOR-C/D 系列产品其纯度可达 99.9% 以上，在工业生产中能明显改善树脂的性能和可加工性，是能够完全替代国外同类产品的聚丙烯助催化剂。该项目连续得到国家科技攻关、国家重点新产品的资助，累计资助经费达 300 余万元，目前，该课题组在实验室的基础上建成了 80 吨 / 年 DONOR-C 和 20 吨 / 年的 DONOR-D 工业生产装置，产品分别在中石化九江分公司、安庆分公司和福建炼化有限公司的聚丙烯装置上进行了多年工业应用，产品已销往中石化、中石油系统有关聚丙烯企业，并出口韩国、俄罗斯等国家和地区，累计产生经济效益 3000 余万元。2004 年和 2005 年，超高纯度 DONOR-C 研究和高纯度 DONOR-D 研究分别获得 2004 和 2005 年度江西省科技进步一等奖。

王曼莹主持的高活性内切壳聚糖酶研制与壳聚糖生物资源再生性利用研究项目。该研究采用具有自主知识产权的专一性内切壳聚糖酶催化产食品级壳寡糖，不仅解决了化学降解的质量不高、环境污染问题，而且解决了非专一性酶解产品质量不高的问题。目前该项目已取得国家发明专利 1 项，并已成功进行技术转让。技术转让费 100 万元人民币。

陈祥树教授主持的高性能透水型沸石分子筛膜相关研究。该研究得到了国家科技部国际合作项目、江西省工业攻关项目、教育部回国留学人员科研启动基金等多项国家和省部级项目的共同资助。由学校制备的分子筛膜亲水性强，在化工、石油、食品电子、环保制药等行业都有极大的工业应用前景。

侯豪情主持的碳纳米管和电纺纳米纤维复合纳米结构的制备与表征研究。该研究先后得到了国家"973"前期研究专项、国家自然科学基金和省部级重点项目等项目的共同资助。相关研究成果连续在国际著名学术期刊 *Advanced Materials* 和 *Nano technology* 上发表高质量文论文。其中，发表《高强度的聚酰亚胺纳米纤维》的 *Advanced Materials* 杂志的影响因子高达 9.1。该成果获得 2005 年度江西省自然科学二等奖。

余敏主持的多层结构的移动传感网络理论、关键技术及动态监测仿真研究。该研究得到国家"973"前期研究专项的支持。该项目获得软件著作权一项，搭建了有关网络实验平台，先后发表学术论文 50 篇，其中 EI 26 篇、ISTP 12 篇；本课题研究在改善网络性能方面具有重大的意义，具有重要的学术和应用价值。该项目在科技部组织的结题验收中评为"优秀"。

丁树良教授主持的 CAT 中等级评分模型开发与应用研究。该研究得到了国家自然科学基金项目的支持，并经国家自然科学基金委评审结题，等级为优。本研究涉及计算机化自适应测验（CAT）的几个主要方面。

周定康主持的 MU611 多用途 GPS 车载智能终端研究。该研究成果是一个 GPS 车载智能终端平台，能实现对不同层次用户对车辆定位、调度、追踪、安全运输等管理的需求。本系统先后在北京市、浙江省、江苏省、广东省等全国各地区 30 余家用户的推广使用，已经销售了 4204 台，营业额达到了 1217 万元，产生经济社会效益。2007 年该项目荣获江西省科技进步二等奖。

谢建坤主持的东乡野生稻有利基因的发掘、定位及标记辅助选择育种研究。该研究获得江西省科技厅重大专项资助，该研究成果的实施将为培育抗逆性水稻品种，从而实现水稻的高产、稳产，增加农民收入，保护环境发展绿色农业奠定理论和实践基础。

欧阳楚英主持的新型锂离子电池正极材料薄膜制备及其表面相关性质研究。该研究得到了国家自然科学基金及江西省自然科学基金项目的资助，主旨是为锂离子薄膜电池的开发和应用作相关的前期应用基础研究，从而推动锂离子薄膜电池的开发和应用的进程，研究内容在国际上属于前沿领域。该成果荣获 2008 年度江西省自然科学奖三等奖。

郭小江主持的半群理论的若干问题研究。该项目主要研究广义正则半群 –rpp（lpp）的结构、compact 拓扑半群、正则半群上的同余结构以及序半群理论等方面，发表学术论文 35 篇，其中有 19 篇被国际著名的检索系统 SCI 收录，25 篇发表在国际性期刊上，7 篇发表在《中国科学》、《科学通报》、《数学进展》等国内一级刊物上，完成学术专著 1 部。成果获得 2004 年度江西省自然科学三等奖。

学校负责编写 8 卷《江西通史》（共 11 卷）工作。这 8 卷分别是《秦汉卷》、《隋唐五代卷》、《北宋卷》、《南宋卷》、《元代卷》、《明代卷》、《清前期卷》、《晚清卷》等。《江西通史》按照历史时期的顺序，叙述了江西自 20 万年前有文明史以来至 1949 年新中国建立期间的政治、经济、文化、民族、军事、社会生态等各方面景象，是迄今为止最为全面系统地研究江西历史的大型学术著作，2008 年 10 月由江西人民出版社出版。该成果荣获 2009 年度江西省社会科学优秀成果奖唯一的特等奖。

傅修延教授的研究成果《试论青铜器上的"前叙事"》。该研究通过对"纹/饰"、"编/织"、"空/满"、"圆/方"和"畏/祝"等五对范畴的讨论，梳理出"前叙事"与后叙事之间的内在联系。该成果 2008 年 5 月发表在《江西社会科学》第 5 期，先后被《新华文摘》、《人大复印资料》、《高等学校文科学术文摘》等杂志转载。2009 年被评为江西省社会科学优秀成果奖一等奖。

方志远的研究成果《"传奉官"与明成化时代》。该研究通过翔实考订，提出了"传奉官"现象以不合理乃至荒诞的方式反映了社会的合理需求、加速了明代社会的转型，澄清了对"传奉官"的种种误解，成果发表于《历史研究》2007 年第 1 期。已有《新华文摘》、《中国社会科学文摘》、《中国史研究动态》及人大复印资料中心《明清史》等刊物转载、复印、摘要或引用观点。2009 年被评为江西省社会科学优秀成果奖一等奖。鉴于方志远对明史研究造诣精深，2010 年 8 月他还成功受邀中央电视台《百家讲坛》讲学，成为《百家讲坛》江西学者第一人。

祝黄河承担的国家社科基金项目"科学发展观：马克思主义发展理论新贡献研究"的主要成果科学发展观与当代中国社会发展实践研究。该成果《科学发展观与当代中国社会发展实践》经全国规划办鉴定后评为优秀。该研究成果对科学发展观的一系列重大理论问题进行了梳理和研究，关于科学发展观既服务又指导构建社会主义和谐社会的观点具有新意。2009 年该书获得江西省社会科学优秀成果奖一等奖。

邓伟民完成的江西傩音乐文化在当代音乐创作中的传承创新研究。相关成果发表在《中国音乐》等杂志上。该成果的创新之处在于论文填补了该领域系统研究的理论空白，首次从音乐构成元素结构、旋律、调式、节奏、多声现象等方面对赣傩的音乐形态进行了系统的梳理。论文当代音乐实践的理论总结有助于立足传统的当代音乐文化传承的创作实践。该成果 2009 年被评为江西省社会科学优秀成果奖一等奖。

汪荣有教授承担的国家社科基金项目"经济公正论：社会主义市场经济条件下经济公正研究"。该课题 2008 年底顺利结题，结题等级为优秀。该课题以中国经济社会的转型时期所面临的一些特殊的问题为背景，探讨解决问题的对策，对经济公正的问题具有重要的理论价值和实践意义。该课题于 2009 年选入江西省社科规划成果要报，并呈送省相关领导决策咨询。

王松林教授承担的国家社科基金项目约瑟夫·康拉德研究。2008 年底顺利通过国家社科规划办结题评审，等级为优秀。该课题对英国小说家约瑟夫·康拉德创作活动和创作成果进行全方位的研究，就其小说伦理观形成的机制展开系统的探讨。发表相关论文 9 篇，其中 6 篇在 CSSCI 收录的杂志上发表，2 篇被 A&HCI 全文收录。2009 年《国家社科规划办成果要报》进行刊载并报送国家有关部门供参考。

学校古籍整理研究所牵头整理的《豫章丛书》。该项目获全国高校古籍整理项目资助，经费近 40 万元，前后历时 12 年完成。该丛书按传统四部法统一分类，最后出版时经部 3 册，史部 3 册，子部 4 册，集部 12 册，共计 1300 多万字。《豫章丛书》点校属于新中国成立后江西历史上的首次系统整理，原创性强，该书的成功出版培养了一批江西省高校古籍整理的人才队伍，煌煌 22 册，庄重大气，比起其他文化大省毫不逊色，为江西的文化研究工作作出了突出贡献。该书荣获 2009 年度江西省社会科学人文社科优秀成果佳作奖。

蔡鸣承担的"国家重大历史题材美术创作修史工程"的最终创作成果《方志敏与可爱的中国》油画作品。该工程由财政部和文化部组织实施，总共耗资亿元，在全国范围内遴选 100 件创作作品，用艺术手段展现 1840 年以来的重大历史史实，创作具有强烈艺术魅力和鲜明时代特征的美术精品，用艺术的方式塑造国家和民族的形象。蔡鸣油画作品成功入选，创作经费达 100 万元，是江西美术创作史上的重大突破，最终作品经文化部组织评委验收后将由国家收藏。

美术学院担纲完成的江西省国庆 60 周年群众游行彩车设计方案——"崛起的江西"。该设计方案在历经了五轮艰难的竞标后，最终从全省 6 家单位的 15 个方案中胜出，正式获得国家认可。方案从红色江西、文化江西、现代江西三个维度来体现创意理念，展现了江西的发展成就和人民的精神风貌。朝阳、青花瓷球等创意元素通过动静结合的方式展现出来，创意新颖别致，达到了较好的艺术审美效果。学校美术学院设计团队以高度的政治责任感、完美的艺术修养和良好的协作精神，出色完成了此项设计任务，为学校赢得了荣誉。

科技转化

学校积极加强科研成果的推广、应用和转化，更好地服务于经济建设和社会发展。2003 年，江西师大化工有限公司将 CMT 项目转让给上海吴泾化工厂，合同转让金额 163 万元。2004 年，江西师大化工有限公司以技术作价 730 万元入股香港三和公司合作开发 "MMT 研究"，成为学校转让金额最大的一项科技成果。2006 年，学校江西西林科新材料公司年产 1500 吨汽油抗爆剂甲基环戊二烯三羰基锰高技术产业化示范工程项目，经国家发改委批准列入国家高技术产业发展项目计划，总投资 10474 万元，其中国家安排补助资金 800 万元，这一项目实现了学校科研成果转化为生产力、为江西经济发展服务的重大突破。该项目得到了时任省委书记孟建柱、省长吴新雄等省领导的极大关心与高度评价。同年学校与世界著名的美国专用化学品企业爱氟通公司正式签署产学研战略联盟协议。2009 年，王曼莹主持的关于甲壳素研究相关成果一次性转让给广东履安实业有限公司，合同转让金额 100 万元。同年，学校积极探索促进科技成果转化的模式，为实现科研成果工业化转化和市场化动作，首次引进企业资助科技成果的中试研究。由江西师范大学、纳米纤维工程技术研究中心负责人侯豪情博士与长春应化特种塑料有限公司等三方就有关纳米纤维中试生产签订了合作协议，共同投资 750 万元注册成立了一个产业经济实体，其中学校以相关技术评估作价 300 万入股，这是学校推进产学研合作的又一成功典范。为积极发展、规范管理校办企业，学校 2006 年成立校办企业改革领导小组，历经 3 年时间，对江西师范大学化工公司进行改制，清理校企双方经济往来，以折现形式全额退出学校所持股份，促进和规范了科技企业的发展。

根据学校发展规划和定位，2005 年，学校酝酿创办江西师范大学科技园，主要目标是申报国家大学科技园。2005 年 4 月，省科技厅、省教育厅批复同意学校创办科技园，为省级大学科技园，学校成立科技园管理办公室，业务管理归口科技处。

学术交流

学校通过举办各类学术活动，在全校形成了浓厚的学术氛围。2003 年，学校成功举办"江西发展论坛"，省委书记孟建柱出席并讲话，来自全国的 37 位著名经济学家和近 40 位省内专家出席论坛，为江西经济发展出谋划策，在省内外产生极大反响。2007 年，学校和省科学技术协会联合主办首届计算机科学与软件新技术国际学术论坛，论坛汇集了世界计算机科学领域最高奖——图灵奖获得者霍普克罗夫特（John Hopcroft）博士、美国康奈尔大学信息学院副院长大卫—格里斯（David Gries）等一大批国际国内计算机信息技术的优秀专家学者，时任江西省委书记孟建柱亲临会议并作《让科学之光照亮我们的未来发展之路》的主题演讲，会议产生很大反响，取得了圆满成功。学校以鄱阳湖湿地与流域研究教育部重点实验室为依托，先后承办了"鄱阳湖水文水资源与生态环境复杂系统"国际研讨会、鄱阳湖湿地环境与生物多样性国际论坛等大型国际学术会议，使鄱阳湖湿地与流域研究教育部重点实验室成为在国际上有一定影响的开放性、多学科、综合性的鄱阳湖研究国际交流与合作平台。2010 年 6 月，学校成功举办生态经济国际高端论坛，根据省委书记提出的"如何认识生态经济"、"什么是生态经济"、"如何建设生态经济区"等一系列新的命题，邀请到 5 个国家的 8 位专家做主旨演讲，专家的演讲具有丰富的理论意义和很强的现实针对性，提出了很多具有可操作性的措施，对鄱阳湖生态经济区建设将会带来长远和持续的推动作用。省委书记指示要"想办法使专家的见识转化成省内高级干部的共识"。

近年来，学校先后承办的国家级学术活动还有："中央实施马克思主义理论建设与创新工程"文学组第一次全国学术会议、中国伦理学会年会、中国经济史学会年会暨国际学术研讨会、全国高校理论作曲课程改革研讨会暨年会、第二届全国艺术院校校长高峰论坛、2007 中国传播学高端学术研讨会、首届叙事学国际会议暨第三届全国叙事学研讨会、胡守仁先生诞辰 100 周年纪念活动暨学术研讨会、《欧阳祖经诗词集》首发式、"赣文化背景下"系列研讨会、第三届全国马克思主义青年论坛、《文学评论》编委会暨改革开放 30 年中国文学研究回顾与前瞻学术研讨会等、联合国教科文组织"第十届国际母语日"庆祝活动、第九届全国二类水体水色遥感研讨会、"马克思主义与当代文艺批评"学术研讨会暨全国马列文论研究会第 26 届年会等。学校先后开展第一、二届"瑶湖之会"学术艺术汇展月活动，2010 年启动"迎校庆、促发展"系列学术报告活动，邀请国内外知名人士来校讲学，举行系列讲座和演出。

学报工作

2002 年以来，学报杂志社所属的三个刊物的学术质量和社会影响不断提升。《江西师范大学学报（自然科学版）》被评为江西省优秀期刊、华东地区优秀期刊、中国高校优秀科技期刊，获得"高校科技期刊先进集体奖"、"全国高校科技期刊优秀编辑质量奖"。2004 年和 2008 年两度入选《中文核心期刊要目总览》，2009 年被评为"RCCSE 中国核心学术期刊"和"中国科技论文统计源期刊"（中国科技核心期刊）。《江西师范大学学报（哲学社会科学版）》被评为江西省优秀期刊，是历届全国百强社会科学学报、中国人文社科学报核心期刊，2008 年进入《中文核心期刊要目总览》扩展区，2009 年被评为"RCCSE 中国核心学术期刊"。

2003 年 7 月，学校成立江西师范大学财政金融学院学报编辑部，先是作为财政金融学院下属科级机构，后来并入学校的学报杂志社。2009 年下半年，趁国家文化体制转轨改革之机，学校再次以《金融教育研究》之名向省新闻出版局、国家新闻出版总署申报。经过省、国家期刊管理部门的反复审核和论证，2010 年 6 月 22 日，国家新闻出版总署正式批准，同意《江西金融职工大学学报》更名为《金融教育研究》及变更主管主办单位，新编国内统一连续出版物号为 CN36–1312/F，主管单位由中国人民银行变更为江西师范大学，主办单位由江西金融职工大学变更为江西师范大学。这次成功更名，为学校学科建设和教师教学科研工作提供了更新更高更广的平台，对促进学校的学科建设和教师的教学科研工作将有积极的意义。

第五节　基建拓校　旧貌新颜

建设新校区

为适应高等教育的发展趋势，同时为江西的经济发展提供更多的智力支持，学校审时度势抓住高教发展的难得机遇，2002年决定在瑶湖畔建设新校区。瑶湖新校区占地总面积3000亩，建设工期为3年左右，总建筑面积近90万平方米，总投资约14亿元，可满足4万学生的教学和生活需要。

建设历程。 2002年，学校成立新校区建设办公室，与基建处合署办公。

整个瑶湖校区总建筑面积约90万平方米，共分三期进行。

2002年12月24日上午，学校在昌东举行了瑶湖校区奠基暨开工典礼仪式，揭开了新校区建设的序幕。

一期工程建设要确保2003级新生顺利入住。为保证新校区建设的整个工期按时推进，拆迁工作打响了第一枪。自2003年4月7日拉开序幕的拆迁工作，于炎热的8月取得突破性进展，9月20日最后一个"钉子户"房屋轰然倒塌，新校区建设的整个拆迁工作大功告成。

2003年4月2日，教学楼、实验楼、艺术楼施工队进场开工。4月30日，1—4号学生宿舍、食堂、浴室公开开标。7月8日新校区艺术楼封顶仪式在艺术大楼前举行。实验楼、教学楼分别于9日、10日陆续封顶。7月15日浴室封顶。7月17日学生宿舍2号楼封顶。7月28日学生宿舍5号楼封顶，7月29日学生宿舍3号楼封顶。2003年8月8日，学生宿舍1、4、6号楼封顶。

用不到6个月的时间，保证8000名学生顺利入住。江西师范大学瑶湖新校区的建设，创造了一种堪称奇迹的"师大速度"建设办的43位工作人员和现场施工的十几支队伍展开了与时间赛跑、与质量较劲的拉力赛。他们抢晴天，战雨天，抓质量，保进度，日夜奋斗在施工现场。为确保一期工程按期完成，从4月中旬起，建设办实施"三取消"——取消节日、取消双休日、取消8小时（值晚班），实行主任值夜班制。新校区的建设者们高起点、全速推进新校区建设。

到8月份，新校区建设进入攻坚阶段。为争分夺秒，确保工程顺利竣工，建设办分别把8月15日—9月15日、9月10日—10月10日确定为"会战月"、"决战月"。在这期间，从领导到一般工作人员日夜奋战在工地上、烈日下、尘土里。校领导们经常奔波在施工现场，日夜坚守在一线指挥，及时协调处理各种问题；各相关部门也主动把工作职能延伸到建设一线。

至 10 月 8 日，新校区一期工程建设用时 189 天，共完成了约 13 万平方米的主体建筑面积，其中建成教学楼 3 幢、学生宿舍 6 栋、学生食堂 1 栋、浴室 1 栋；完成 8 万平方米的管网的铺设，路网建设约 6 万平方米，安装污水管道 2388 米，给水管道 1467 米，雨水管道 5007 米，填挖土方 115 万立方米；铺设电视、电话、网络光纤 25 公里；完成了校前区、教学楼和生活区面积约 26 万平方米的景观绿化，种植各类灌木 3000 多棵，校前区广场花木葱茏，绿草如茵；完成全长约 5 公里护校河的西半部一期工程约 3.5 公里碧波荡漾、翠影映碧、环绕全校的护校河建设，使学校成为全国第一所没有围墙的全通透式的大学校园。

2003 年 10 月 10 日，新校区建设一期工程交付使用。11 日，瑶湖校区如期开学。18 日，昌东高校园区二期工程开工暨江西师范大学 2003 级新生开学典礼在瑶湖校区举行，黄智权省长亲临现场并讲话，他高度赞扬了新校区建设所取得的不俗成绩。

从 10 月 18 日开始的二期工程建设，主要任务是完成文科楼、行政楼、运动场、国际交流中心、教师周转房、公共教学楼、研究生楼、图文信息中心、体育馆、理科楼、综合楼，建筑面积达 40 多万平方米。同时将完成所有裸露土地的绿化，确保 2004 年 9 月 2 万多学生入住新校区。

三期工程建设自 2004 年 9 月至 2005 年 8 月，建筑面积约 39 万平方米，建设项目及拟建项目有：行政楼、图文信息中心、国际学术交流中心、学生活动中心、体育馆、医院、保卫大楼、教职工公寓群等。

囿于建设资金受限，三期工程建设结束后，新校区还有一批工程项目未能开工或无法按期完成。因此，自 2006 年以来，学校抓紧了对前期工程建设的进度，并陆续开工兴建了一批后期工程。

2006 年 12 月 12 日，学校标志性建筑图文信息中心完成了初步验收，为承办 2006 年全国大学生女足比赛加紧建设的标准田径运动场也于同年 12 月完成了验收工作，竣工面积 10 余万平方米，完成投资 1.22 亿元。研究生楼、校医院、保卫楼等在加紧建设。

2007 年，学校完成了校医院、保卫楼及周边亮化工程的建设；图文信息中心扫尾工作全面完成；对复工在建项目研究生楼、体育馆也作出了细致、完善的进度计划；研究生楼的土建已基本完成。全年完成建筑面积近 3 万平方米，完成投资额 3000 万元。

2009 年，研究生楼改造及周边绿化和幼儿园建设于暑期竣工；体育馆主体工程业已完成，并实施了暖通、消防设施建设；文化会堂的变更设计方案确定。

2010 年，一直处于停滞状态的会堂工程（后更名为音乐艺术广场工程）复工建设，研究生楼、留学生楼和海外楼建设启动，体育馆建设和艺术广场外部装饰建设工程也在加紧建设中。

功能分区。按照高起点规划、高标准设计、高水平建设、高效率管理的建设要求，瑶湖新校区分六大功能区：一是学生生活区，占地面积约 480 亩，总建筑面积 30 万平方米，包括学生宿舍、食堂、浴室、商业服务中心、学生活动中心等，能容纳学生 3 万人；二是教辅区，占地面积约 260 亩，总建筑面积 8 万平方米，包括培训中心、留学生宿舍、教师活动中心、教师周转房、商业服务中心等；三是教学中心区，占地面积约 800 亩，总建筑面积 30 万平方米，包括图文信息中心（约 7 万平方米）、公共教学楼群、学院教学楼群（约 22 万平方米）；四是体育运动区，占地面积约 250 亩，总建筑面积 3.5 万平方米，包括体育馆、巨型风雨球场及运动场等；五是文化艺术区，占地面积约 320 亩，总建筑面积 7 万平方米，包括会堂、行政办公用房、国际学术交流中心、校史馆、文化艺术建筑群等；六是国际合作区，占地面积约 270 亩，总建筑面积 5 万平方米，包括国际教育学院、教学楼、实验楼等。

校园特点。瑶湖校区按照"国际先进，国内一流"的标准和"中正仁和、规矩方圆、磅礴大气、做新如旧"的指导思想进行规划、建设，充分体现了学校的办学理念和"师大精神"。

一是生态。瑶湖校区最具特色之处是不设围墙，仅用一条 5 公里长的护校河将校园与外界隔开，是全国第一所没有围墙、全通透式的大学校园。水面和绿化面积达 65% 以上，为全国高校之最。校内还种植了各种花草树木，其中包括首任校长胡先骕在世界上首先发现的水杉树，为国内高校首创。

二是开放。校园无墙无门，体现了开放式办学理念。充分吸收世界著名大学校园特点，专门开辟了国际合作办学区，与国外著名大学在教学科研等方面进行高位嫁接；在教学资源上与周边高校实行资源共享、学分互认。同时，采用多渠道融资和资本运作，努力实现投资多元化和后勤社会化。

三是人文。新校区突出以学生为中心，以教师为主体，以服务为宗旨的办学理念，体现"教授治学、专家治校"的办学思想，整个校园规划将淡化行政，强化育人在学校的中心位置，体现现代大学制度。学生宿舍达到"421"标准，即本科生 4 人一间，研究生 2 人一间，博士生 1 人一间。每间房间配备有线电视、电话、计算机网络。为副教授以上职称教师每人提供 25 平方米的工作室。新校区非常注重人文内涵，校内道路、桥梁、广场、景观等命名多与校史有关，体现了学校源远流长的办学传统。

四是现代。新校区建设在硬件设施、软件平台、应用系统、弱电控制系统等全方位实现数字化管理。校园"一卡通"是数字化校园的具体表现形式，学生手持一"卡"就能实现学生管理、学籍管理、宿舍管理等方面的联通，就能完成校园内各类消费、实现校园身份认证、查询各类信息等，使学校的管理工作实现真正意义上的现代化。现代化还表现在教学手段上，教学的配套设施全部采用世界上最先进的教学设备，计算机教学、语言教学充分满足学生学习、推行学分制的需要，多媒体教学手段从更高层次上满足教学的要求。新校区教学楼以"楼群"大体量建设为特色，有利于学科在地域上的交叉、融合，促进学科间的协调发展。

新校区的建成，获得了中央领导和社会各界的高度评价。2004 年 3 月 28 日，中共中央政治局常委、全国政协主席贾庆林莅临江西师范大学视察，与师生亲切交谈，对高速度、高标准、运用市场模式建设大学新区给予了高度评价。2004 年春节，中共中央政治局常委、中央纪律检查委员会书记吴官正莅临江西师范大学视察。在视察中，吴官正对高校新校区的建设给予了充分肯定，他高兴地说："江西高校又迎来了大发展的春天"。国务委员陈至立、教育部部长周济视察后也给予好评。

整治老校区

2003 年主动策应南昌市政府对北京西路、文教路的大规模改造，疏通和对接下水道出口，架设专用电缆线，增加自来水接口，彻底解决了南北两区多年来的积水"顽疾"和电缆负荷过重、经常断电的局面。为优化校园环境，2004 年，学校利用 700 万元国债及配套资金对青山湖老校区运动场、音乐厅进行改造，扩大了校园绿地面积，美化了校园环境，并对基础设施进行了改造，包括主干道改造，供、变配电改造，室外照明、夜景照明改造，环境改造，安防控制系统改造，有线电视广播改造，南大门装修改造等，新建一个集配电、发电于一体的现代化供电中心，一个现代化的校园安防监控中心。老校区正式切换地下电缆输电后，全部拆除主干道的空中杆、线，校区环境质量有较大提高。第一教学大楼 25 间教室装修给附中做初中部，第一教学大楼西面 5 间装修给附小做教室。

2005 年，学校实施了青山湖校区美化、绿化、亮化工程，维修改造了王字楼、老美术楼、双理楼、第二运动场、大礼堂、老总务楼、外国专家楼、教工宿舍等 25 处，拆除了部分危旧房屋和设施，拓宽了校园空间和绿化面积，新建了明德园文化休闲广场、校训墙，美化了香樟林、水杉林等，增加了校园的通透性，使校园绿化率提高到 60%。

2009 年 6 月，学校专门成立青山湖校区管理办公室，挂靠校长办公室，代表学校履行青山湖校区所有资源的组织、管理、协调职能。办公室成后，立即着手加强对老校区的各项管理协调工作，先后铺设了田家炳楼及外国专家楼前的沥青路面，更换了第二教学楼所有的木制桌椅，在第二教学楼前添置专供休闲长条木椅，任第二教学楼前后加砌石凳、安装了幽雅的路灯，形成了独特的"香樟读书林"风景。11 月开始，拓宽了体育大楼南北道路以及东、西、南、北教职工住宅区道路，整修围墙，更换栅栏，清除死角，美化绿化，修复破损器材、标语牌，设立休闲长凳，形成道路有直线、双向行车，绿化有方块、和谐美观，受到教职工的普遍赞誉。

2010 年 3 月，青山湖校区开始治理青蓝湖和显微湖，春季干湖清淤，湖中埋设大型涵管，利用淤泥种植荷花。在湖岸架设木质栈桥，安装实木扶栏和栅栏，修造假石，制造喷泉，整治湖边环境，重新油漆青蓝亭和显微亭。整修后的"两湖"清澈见底，荷花飘香，鹅鸭戏水，游鱼穿梭，观赏者交口称赞。

同年 4 月，全国文物普查组发现建于 1935 年的现校办公大楼等历史建筑群。后经文物专家多次实地考察和论证，建议申报文物保护，并恢复部分建筑风格和历史旧貌。学校高度重视并多次研究，决定申报文物保护单位，并把这些历史建筑恢复旧貌事项列入校庆整修范围，修旧如旧，光大传统，以历史面貌来隆重纪念学校创建 70 周年。学校申请文物保护建筑群还原历史名称为"原中央南昌飞机修造厂旧址",红楼原名"指挥塔"、大礼堂原名"飞机库"、老美术楼原名"维修车间"、红场原名"大棚车间"、主干道原名"飞机跑道"。7月,按照申报文物要求,铲除红楼常年脱落的外墙瓷板,恢复其20世纪30年代灰旧的建筑风貌,包括复原圆窗和楼顶钟体等。对大礼堂外墙、老美术楼的外墙也刷成同样灰旧色,整修红场地面和周边环境,整体恢复原"中央南昌飞机修造厂"的历史旧貌。

2010年5月,青山湖校区下决心实行严格门卫管理,禁止校外一切车辆进入校园。学校教职工凭车辆通行证出入,严格控制车辆通行证发放。措施一出台,社会反响较大,终于管住了多年来没有管住的老校区大门,减少了车辆通行,校园变得更加有序、安宁。6月,为了配合青山湖校区整体规划,附中初中部、附小、幼儿园按照学校要求,于2010年开始减少了招生规模,并逐年向外发展,先后开辟了附中滨江校区、附小香溢花城校区、瑶湖幼儿园。

同年8月,青山湖校区为迎接校庆70周年到来,开展了大范围的整修活动。按照校庆工作简朴而隆重的总体要求,各项整修项目坚持"能不动的就不动,能节约的就节约"原则,整修"破损"焕发"精神",以达到"给师生以信心,给校友以美感,给社会以观感"。整修项目包括各教学楼、学生宿舍和运动场的整修;原银行干校金融大专班校友捐助改造银干楼,以纪念银行干校与学校联合办学历史,并树碑牌;整修大礼堂会场,以保证校庆大会和平时正常使用;兴建老同志门球场,以满足老同志体育锻炼需要;对校医院室内进行整修,改善老校区医疗条件;对园中园酒店一部进行改造,以满足校庆接待校友需要;利用南昌陆军学院住宅楼竣工整修机会,对与其相邻的东北校门进行改造,并拆除破损围墙,改建文化墙,绘制了学校各个历史时期的风貌,宣传了学校历史;沿主干道一线进行整修和校园文化布局,设立"友教亭"牌匾、老校区铜板地图、补刻培训楼石牌等。

与此同时,清理青山湖校区所有教室和办公资源,取消原来委托8个学院的分割管理模式,实行统一管理。由教务处负责统一排课,后勤部门负责统一物业管理。

选址共青城

根据2008年教育部26号令的有关精神,学校党委决策,2012年科技学院申报并接受教育部独立学院合格办学验收评估。按照评估标准，独立学院办学占地面积不低于 500 亩，而科技学院在青山湖校区办学占地面积含教工宿舍区才 436 亩，达不到验收标准，同时，学校也面临着扩大校园规模、增加办学容量、调整功能布局的关键选择。为此，学校经过充分酝酿和民主科学决策，将校区拓展、建设的目光投向九江市的共青城。共青城作为全国唯一以"共青团"命名的城市，有着特殊的政治影响，特别是 2008 年以来，团中央和江西省委把支持共青城发展工作纳入当前主要工作，专门成立了支持共青城发展领导小组，要举全省之力、全团之力，利用共青城的政治优势、生态优势、区位优势，打造鄱阳湖生态经济区新的经济增长点、江西的经济特区，把共青城建设成为鄱阳湖生态经济区中最具活力的现代化城市。

学校选址建设共青校区具有三大优势：一是交通便利。共青城距离南昌 70 公里，已经纳入南昌城市圈的半径，昌九城际高铁从南昌到共青城只需 18 分钟，汽车不超过一小时，今后还将开通区间公交专线。二是环境优美。共青城是鄱阳湖畔的一颗璀璨明珠，被称为鄱阳湖最美的地方，发展定位在 30 万至 50 万人口的中等城市，学校选址靠近城际高铁共青站的一片山水地带，占地 1038 亩，其中水面约 380 亩，那里有山有水、有沟有渠，是天然的湿地公园和植物园，生态环境十分优美，既远离大城市的喧嚣，又不失交通和信息的便利，非常适合建设大学校园，是办学的理想选择。三是政策优惠。共青城将建设大学园区和产学研基地，发展教育与高新技术产业，在此之前已有两所高校，还有中国青年政治学院共青培训基地和省内一些院校决定进驻。如果学校进驻，还会产生连带效应，带动其他一些学校跟进，高校聚集将成为共青城的一个亮点。为此，共青城对进驻单位推出一系列普惠和优惠政策，用地、用水、用电、用工成本相对较低。按照共青城提出的意向土地价格计算，学校所需支付的全部土地款约 2000 万元左右，学校财力完全可以承受。

2009 年 11 月 11 日，学校教代会代表、各职能部门负责人 70 余人前往共青城考察了共青校区的拟定新址。选址区域内山清水秀，风景优美，考察组一行无不留下深刻印象。11 月 16 日上午，学校第六届教职工代表大会暨工会会员代表大会第三次会议圆满完成各项议程.在青山湖校区演奏厅胜利闭幕。大会以无记名投票方式表决通过了选址建设共青校区。

2010 年 3 月 29 日，学校共青校区建设领导小组正式成立；同时还成立共青校区建设办公室（正处级），负责组织实施共青校区建设的各项工作。为使共青校区科学定位、合理布局，学校高度重视前期的规划设计工作，通过召开 7 次不同层面的征求意见会、组织师生实地考察和开展创意征集活动，广泛深入收集师生对共青校区的意见建议，全校充分调动了全校师生关心、参与、支持共青校区建设的积极性，先后有 40 多个单位组织到实地参观考察，通过座谈、交流等形式，对共青校区的建设提出了许多好的意见和建议。目前已经完成了原始地貌资料的采集和归档、外围墙的建设方案、绘制了校区影像图等一些前期工作；在广泛征求意见的基础上，初步提出了"生态、青春、开放、人文"的建设理念；启动了校园概念性规划设计和单体设计工作，后续各项工作正在积极有序地推进。

财务工作

财务状况。2003 年，学校通过各种渠道，取得资金 30556 万元，比上年增长 87.5%，全校财务支出 23159 万元，比上年增长 71.5%。公用经费中教学经费支出增长 39%，学科建设和人才培养经费支出增长 395%，图书资料经费支出增长 152.5%，教学设备经费支出增长 160%，自筹基建经费支出增长 387.9%。另外，为了改善青年教职工的住宿条件，学校还一次性支付青年教职工住房货币化补贴 1258 万元。

2004 年，学校教育事业总收入 26264.13 万元，比上年增长 14.8%。融通建设资金 6.89 亿元，为学校基本建设提供了可靠的财力保障。2004 年，全校实际发生财务支出 26652.26 万元，比上年增加 6236.87 万元。当年，学校成立结算中心，挂靠财务处。学校按照一级财务、二级预算、刚性开支、不留缺口的原则，加强预算内资金和瑶湖校区建设资金的管理和监督，新校区基建会计和校本部会计实行分开核算，独立运作，资金互不挤占挪用。按照收支两条线、财务一支笔的原则加强预算外资金的收缴，花大力气治理小金库、账外账，治理教育乱收费，对违反规定的收费项目予以坚决取消。新校区成立校园卡结算中心，减少了现金流通，方便了广大师生。建立和完善了《处级领导干部任期经济责任审计实施办法》《基建工程监察暂行办法》《物资设备采购监察暂行办法》等制度。

2005 年，财务运行健康平稳。学校预算收入增长较快，资金运作稳健有序，支出结构不断优化，财务管理日益规范。学校全年实现总收入 30745.8 万元，比上在增加 4481 万元，增长率 17.06%；学校围绕本科教学工作水平评估，大幅增加本专科教学经费、设备经费、人才引进及师资培训经费、新校区搬迁费等，总支出 31975 万元，比上年增加 5323 万元。学校通过融资筹资，极大地缓解了资金瓶颈，为新校区的快速建成提供了坚实的资金保障。

2006 年，学校全年总收入 35135.59 万元，比上年增加 4389.79 万元，增长 14.27%。经过统筹安排，学校保证了教学发展、学科建设、人才引进、设备采购、图书购置等重点工作的经费投入，保证了人员工资、后勤保障经费以及岗位津贴等刚性开支。学校对水电费、医疗费、物业、交通等后勤保障经费、行政经费实行包干使用、总量控制和目标管理，青山湖校区水电费支出较上年降低 18%，瑶湖校区水电费支出控制在 900 万元以内，实际节省开支超百万元，基本实现了年初确定的后勤保障经费和水电费分别控制在 1800 万元和 1500 万元内的目标。学校集中开展了全面清产核资工作，确定全校资产总额为 22053.55 万元。

2008 年，学校获得上级财政拨款 12800 万元，专项资金 4000 余万元，资金安全和财务正常运转，到期银行贷款按时偿还，除银行自然压缩外大部分银行贷款完成续贷，成功避免财务风险。全年新增设备资产 11689 件，合计金额 1691.6 万元。获得日元贷款 68314.5 万日元，为学校有史以来最大的一笔国际贷款。

2009 年，是对学校财务稳健运行具有里程碑意义的一年。8 月 28 日，学校债务重组银团贷款签约仪式在滨江宾馆隆重举行。12 月，4600 万元青云谱校区土地出让余款全部到账，向中央财政争取的 700 万元专项补助到账，还向省财政厅争取到了 200 万元专项补助，成为当年全省地方高校获中央财政补助款额最高的高校。

化解基建债务风险。建设瑶湖新校区，在极大地改善办学条件，提升办学水平，为学校实现战略转型和跨越发展奠定坚实基础的同时，也形成了一定的债务，成为制约了学校进一步发展的障碍。学校对化解高校债务问题高度重视，先后通过青云谱校区土地置换、争取省财政专项资金支持、开源节流建设节约型校园等措施偿还了部分债务，但是接下来的几年时间又进入还本高峰期，学校财务面临着巨大的风险。在严峻考验面前，学校不等不靠，积极作为，主动出击，特别是全球金融危机爆发以来，学校认真分析国内外经济形势，努力变压力为动力，化危机为生机。2009 年 5 月以来，学校党委书记、校长傅修延带领党政班子先后与各大银行密切接触，就"银团贷款"事宜多次谈判。通过艰苦努力，在短短的 3 个月之内，完成了从酝酿、磋商、签约的全部过程，完成了制定方案、报批、审核的全部手续，最终取得商谈成功。"银团贷款"由交行由交通银行牵头、建设银行和农业银行参与，将学校的银行贷款整体打包，对原贷款结构和贷款期限重新优化组合，为学校提供总额为 12 亿元、贷款期限为 15 年的债务重组银团贷款，并在国家政策允许的范围内，执行最优惠的贷款利率。此次银团贷款项目的达成，标志着学校与银行合作迎来了一个新的局面，彻底消除了学校财务的流动性风险。

会计委派制改革。债务重组银团贷款工作完成后，学校财务工作的重心向强化财务职能、规范财务管理、完善财务制度等方面转移，重点实施了会计委派制。学校按照教育部、财政部《关于"十一五"期间进一步加强高等学校财务管理工作的若干意见》中关于实行"统一领导、集中管理"的财务管理体制、对二级单位实行会计委派制加强财务管理与监督的要求，按照管理层次，分别建立各部门、各单位行政负责人的经济责任制，以及各级财务主管、财务人员的经济责任制，构建多层次的经济责任体系，将财经工作的任务和责任层层分解落实到校内各部门、各单位直至个人；2009 年专门制定《会计委派制实施办法》，开始试行会计委派制，成立负责委派会计人员和业务管理的会计委派工作办公室，首先选择后勤集团、科技学院、基建处、白鹿会馆等 4 个二级单位作为试点，今后将在总结试点工作的基础上再逐步铺开。实行会计委派制，目的在于理顺学校的财务运行机制和会计核算体制，加强会计人员管理，提高会计信息质量，充分发挥会计的监督与服务职能。委派会计人员的角色就是财经法规的宣传员、财务决策的参议员、报账咨询的服务员、会计信息的联络员、制度执行的监督员。委派的会计人员由财务处统一管理和派出到各单位，不占受派单位的编制，人事关系、职务职称、工资奖金、福利等都在归入财务处，不接受受派单位的任何报酬和福利待遇，而且每一两年必须轮换一次。实践证明，会计委派制是加强财务监督和管理的一种行之有效的形式，是学校推进以惩治和预防腐败体系为重点的反腐倡廉建设的重要举措，是对于各项事业高效、安全、廉洁运行的重要保证，充分体现了对各级干部的关心和爱护。

资产管理

随着新校区的建设，学校招生规模的扩大，为适应向高水平、教学研究型大学转型需要，进一步理顺实验室管理体制，促进实验教学改革，提高仪器设备利用率，实现办学条件标准化，2004年6月，学校将原设备物资处更名为设备与实验室管理处，作为教学科研设备物资采购及实验教学、实验室管理的职能部门，7月，成立现代教育技术应用中心，挂靠设备与实验室管理处。2010年3月，为加强学校国有资产归口管理，强化对资产运营的监管，优化资源配置，实现资产保值增值，学校决定将原设备与实验室管理处更名为资产管理处，统筹管理学校资产，设备与实验室管理处人员及编制整建制划入资产管理处，资产管理处内设物资采购中心，现代教育技术应用中心改为挂靠教务处管理，副处级建制不变；2004年成立、由后勤公司所管理的场馆管理中心，改为挂靠资产管理处管理，副处级建制不变。2003年5月成立的理化测试中心，相应改为业务归口资产管理处管理。

校有资产管理。学校资产管理的主要任务是建立健全学校资产管理制度，明晰产权，保证资产的安全和完整；合理配备并有效利用资产，提高资产使用效益；对经营性资产实行监管，实现其保值增值。2010年6月，为了规范和加强学校资产管理，合理配置和有效利用国有资产，保障和促进学校各项事业发展，根据国家国有资产管理有关法规，学校制定了《江西师范大学国有资产管理暂行办法》，该办法以"统一政策、统一领导、分级管理、责任到人、物尽其用"为原则，进一步理清了资产管理脉络，加强了学校国有资产的管理。

资产清产核资是资产管理中的一项重要工作。2006年上半年，学校对全校各学院、处（室、部、馆），各直附属单位共计126个部门和单位进行了清产核资。此次清产核资的范围主要包括2005年12月底以前所购资产和2005年12月底已到货但未入账资产（房屋及建筑、土地及植物、图书资料及无形资产等除外），包括捐赠物资，投资商移交给学校对口单位的资产。清查前，全校设备资产总值为20745.92万元，数量为38279套台件，而经过清查核对、复查核实、数据汇总等阶段，学校基本摸清了家底，全校设备资产（含附中）总值为23302.37万元，数量为41397套台件，其中附中（含二附中）设备资产1027.13万元，数量为800套台件。清查时发现，全校有物无账资产总值达到1156.63万元，2791套台件。

2002 年以前，学校设备资产总值 4997 万元，2002 年增值 2039 万元，2003 年增值 3189 万元，2004 年增值 5082 万元，2005 年增值 4166 万元，2006 年增值 1332 万元，2007 年增值 538 万元，至 2007 年，全校设备资产总值为 21365 万元。截至 2009 年 12 月 31 日，全校固定资产数量 32575 台套件，总价值 23701 万元，其中教学科研仪器设备 25575 台套件，价值 17866.9 万元。学校拥有一批具有国内、国际先进水平的分析、检测设备，可开展无机、有机、材料、环境多学科的分析检测服务，设备包括 400MHz 超导核磁共振波谱仪、傅立叶红外光谱仪、有机元素分析仪、综合热分析仪、等离子体发射光谱仪、扫描型 X 射线荧光光谱仪、多晶 X 射线衍射仪、高温热重—差热同步分析仪、比表面积测定和吸附仪、傅立叶变换红外光谱仪、紫外 / 可见分光光度计、激光衍射式粒度分布测定仪、激光拉曼光谱仪、原子吸收光谱仪、ICP 等离子体发射光谱仪等。

物资采购。经过长期的探索和实践，物资采购工作以"管理创新、质量保证、服务周到"为原则，努力提高学校物资采购工作效率和效能。物资采购工作立足于满足并服务教学科研工作需要，在学校纪委监察审计处的监督和帮助下，严格按照有关文件规定执行，实行"公开、公平、公正、高效、节　约"的原则，从计划申报、专家论证、公开招标、货到验收等各个阶段，都严格依流程办事，按制度执行，做到申购有计划、资金有预算、采购走程序、入库凭手续。对公开招标，均实行网上公示、专家打分、纪委（监审处）全程监督的方式，用户、财务处、资产管理处代表参与投标但不打分，专家由纪委（监审处）随机抽取。争取"最好的质量、最优的服务、最低的价格"。经过多年推动并经学校同意，从 2010 年开始，设备（仪器）采购逐步实行政府采购，学校采购工作更规范、更科学。

实验室管理。学校实验室建设管理工作坚持以培养创新人才为目标，以转变观念为先导，以教学改革为主线，以实验教学平台建设为内容，以管理体制改革和运行机制创新为重点，整体规划，分步实施地创建高水平教学实验室。学校实行"两手抓"，一方面不断提高实验条件建设，另一方面加快实验室管理体制改革创新步伐，建立了以校级和学院两级管理实验室的管理体制，实行以功能平台为目标的实验室建设。目前学校已建成了 21 个校级实验教学中心，其中 8 个被评为省级实验教学示范中心。

全校由现代教育技术应用中心管理的多媒体教室共 76 间大约 11500 多个座位，各个学院和单位还有一些自己管理的专业多媒体教室。

日元贷款项目。2004 年，在校党委行政领导下和省教育厅资助中心的支持下，学校日元贷款"江西省高等教育人才培养项目"开始签约启动，共获得日本国际协力银行贷款 6.81 亿日元。截至 2009 年年底，学校已收到并验收合格的项目设备共 2970 台件，价值 4.38 亿日元，项目资金主要用于教学仪器设备购置、人才培养和师资培训等方面。通过日元贷款人才培养项目，一方面改变了学校仪器设备紧缺的局面，改善了学校的实验室条件，提升了教学科研平台的层次，满足了教学、科研需要。另一方面，学校以日元贷款项目建设为契机，全面改革实验课程体系，更新教学内容，改进实验教学方法，深化人才培养模式改革，促进学科建设，增强重点学科、重点专业的科研实力，提高人才培养质量。自 2005年起，学校通过日贷项目共派遣 10 名来自 7 个专业的教师和 57 名管理干部赴日研修和短期培训。通过项目人员培训，进一步开阔了学校教师学术视野、提升了研究水平、活跃了国际学术交流、扩大了学科影响，培养了骨干教师队伍、加强了学科建设，吸纳了国外先进理念、促进学校建设等方面上了一个新台阶。2010年 7 月日本国际协力银行"日元贷款人才培养项目"江西调研组莅临学校对学校"日元贷款人才培养项目"进行中期评估调研，并实地察看了大型贵重日贷仪器设备的使用与运行情况。检查工作组肯定了学校日贷项目工作，认为学校日贷项目工作组织实施井然有序，保障有力，日元贷款人才培养项目整体实施情况优良，综合效益显著。

网络、图书与档案工作

校园网建设。根据网络发展和校园网建设管理的需要，2003 年 11 月，原为学校直属副处级单位单列的校园网管理中心升格为正处级单位。2009 年 7 月，学校成立信息化建设领导小组。

2002 年 9 月，青山湖校区校园网二期开始改造，主要调整网络拓扑结构，使网络更加有序稳定地运行。2003 年 1 月，校园网系统试运行，新增了东大金智透明网关设备一台，实现了策略路由，校内用户上网身份认证；9 月，新校区建设一期工程竣工，主要包括实验楼、实验楼中心机房、教学楼（现美术楼）、艺术楼（现音乐学院大楼）、学生宿舍 1—6 栋架空层，同步架设过渡性校园网。

2004 年 3 月，新校区校园一卡通管理系统建设合同签订，同年 6 月，一期（瑶湖校区一食堂、二食堂、长胜园、车载系统、图书馆、上机上网管理系统）工程建成，9 月投入正式使用；9 月，学生宿舍网络建设完成；11 月，惟义楼 120 平方中心机房建成并投入使用，校园网二期工程建设完成，网络覆盖到全校新、老校区每个院、处、室、中心。2005 年 4 月，VOD 视频点播系统安装并投入试用；6 月，学校办公自动化系统启用；7 月，新邮件系统建设完成并投入试运行；9 月，校园一卡通管理系统二期（新校区四食堂和老校区）建设完成，并投入正式使用。2006 年 2 月，面向全校师生免费开放电子邮箱；3 月，电信宽带出口由原有的 10M 升级为 100M 的光纤线路。并将出口由青山湖校区迁移到新校区，缓解出口紧张的情况；5 月，邮件系统通过验收。8 月，VOD 视频点播系统顺利竣工。

2008 年 4 月，校园网管理中心与香港益富集团最终确定日元贷款设备并签订供货合同；8 月，图文信息中心二楼 685 平方中心机房启用，实现老校区田家炳楼、实验楼和惟义楼的核心设备及数据安全迁移到新的中心机房。8 月，日元贷款设备开始安装调试，添置了 H3C 的 8812 万兆路由器，9512、7506R 等多台万兆核心交换机，万兆 IP SAN 存储，无线网络设备，IP 电话，TP-1PS，高性能防火墙等一系列设备，学校网络设施步入省内先进行列；9 月，面向全校教职工开通实名制上网管理，构建了安全稳定的网络运行环境；10 月，电信出口带宽由原来的 100M 升级至 300M，解决了网络出口瓶颈问题，为学校教学、科研提供了快捷的网络环境；11 月，建立校园网 VPN 系统，很好地解决了校外教职工访问校内电子资源的问题，教工 VPN 用户已达 1700 人，在确保校园网络安全的同时，为广大教职工在校外访问学校资源创造了条件；12 月，完成校园卡核心服务器和 ORACLE 数据库的升级。

2009 年 2 月，图文信息中心六楼 620 平方米新办公室启用，中心办公环境得到全面改善；3 月，日元货款设备主体工程完成，网络主干由千兆升级为万兆，100/1000M 至桌面，核心交换由千兆升至万兆。新增万兆存储，在学校重要的楼栋新建了无线网络设备；9 月，面向学校全体研究生，提供 VPN 接入服务；11 月，网络实验室建设完成。

2010 年 3 月，无线校园网建设完成，覆盖图文信息中心、惟义楼、名达楼、方荫楼、国际交流中心、知行楼、先骕楼行政区。2010 年 6 月，学校与南昌电信正式签订合作协议，由南昌电信全额出资、校园网管理中心规划设计，将建成覆盖两个校区全部学生宿舍的校园网络一体化工程。这标志着学校基础网络建设取得重大进展，将使得学校校园网的建设进入到一个新的阶段，为今后学校进行全面信息化建设奠定良好的基础。2010 年 7 月，校园网管理中心采用小型机及光纤存储设备对原校园一卡通核心设备进行全面升级更新。至 2010 年，校园网络建设在软件、硬件、网络等累计已投入资金 1867 万元人民币，已为学校 15192 名用户提供各类网络服务。

图书馆建设。2003 年 3 月，江西金融职工大学整建制并入学校后，其图书馆隶属学校图书馆，但仍保留使用，称为青云谱校区图书馆，馆舍面积 3000 多平方米，总藏书 14.1 万册，电脑设备 45 台。2006 年 12 月，学校决定将把青云谱校区学生迁回青山湖校区办学，青云谱校区分馆关闭，工作人员全部调回校本部。随着学校教育教学重心逐渐转移至瑶湖新校区，图书馆于 2004 年进行了第一次大搬迁，将近 5 万册图书搬迁至瑶湖惟义楼圆厅，在新校区开辟综合外借窗口。同年，在学生二食堂建立新书阅览室及可容纳 500 人的电子阅览室。2005 年 10 月，在半个月时间内，将 50 万册图书搬运至瑶湖校区总馆并完成整理、上架。2007 年瑶湖图文信息中心全部竣工，总馆撤销了惟义楼圆厅的借阅窗口，整体规划布局，重新分配馆藏，进行了又一次大搬迁，对两校区馆藏资源进行合理调整，保留原文科样本书库，拆除原理工样本书库。

学校对图书馆工作大力支持，年文献购置经费逐年增加，购书款总额从 2002 年的 53 万元，提高到 2003 年的 134 万元、2004 年的 357 万元，2009 年达到 217 万元。至 2009 年底，馆藏中文图书达 1649775 册，外文图书 1564893 册，中文报刊 25355 册，外文报刊 7913 册，建有 41 个电子资源数据库。图书馆馆藏文物与字画、文史图书、线装古籍达 7.5 万余册，其中特种藏书（善书、珍本、手稿）达 307 种 20507 卷 7934 册，有数十种国内少见的元明清版本（严复书信手稿为海内外仅有）、一定数量解放前书刊资料。2006 年整理出封藏几十年的原国立中正大学图书 8085 册，至 2008 年，共加工国立中正大学馆藏书 1300 本，整理原南昌大学图书 2000 多册。全馆总藏中，文学、历史、数学、化学等专业藏书已具有研究级藏书水平，理科图书以化学类图书尤为出色，收藏有 1907 年至今的全套美国《化学文摘》。2009 年当年，全馆读者数达 86 万人次，借还量为 94 万册，电子数据库使用量逾 62 人次。

图书馆拥有专业服务器 7 台，3 套存储系统，存储容量达 27.4TB，自建硕士学位论文库、专家学者论文库、光盘数据库、线装古籍数据库、期刊数据库、期刊目录数据库等 6 个特色数据库。2007 年，图书馆一直采用的"汇文文献信息管理系统"完成了从 2.0 到 3.0 的升级工作，通过网上申报，成功加入 CALIS 成员馆，并与 CALIS 华中地区中心武汉大学图书馆签订了文献传递服务协议。2010 年两会期间，学校图书馆馆长周洪组织江西高校图书馆及有关民主党派人士向省人大以及政协提交有关全省图书资源共享平台建设提案，得到省政府和省政协的高度重视和肯定。

档案工作。档案馆位于青山湖校区办公楼四楼，面积狭小，严重地影响了档案的保管与业务的开展。随着学校主体于 2003 年东迁，办学空间大大拓展，2007 年暑期，档案馆从青山湖校区搬迁到瑶湖校区，位于图文信息中心大楼东面，总建筑面积近 2000 平方米，办公及档案保管条件得到了很大的改善。

档案馆馆藏档案主要是综合档案和人事档案。综合档案包括党群、行、政、教学、科研等 11 大类档案，人事档案包括全校教职工（含离、退休）的个人档案；2003 年档案馆开始正式接收在校本、专科生个人档案。档案馆重视档案信息化建设，在全校范围内实现了网络化归档，建立了档案目录数据库，并顺利实现了档案管理软件与学校 OA 办公系统的对接，从 2005 年开始的学校文件全部实现计算机全文检索，为今后档案全文数据库的建立奠定了基础。

学校档案馆把档案利用工作放在首要地位，立足于为学校的教学、科研等中心工作服务。每年编写的学校年鉴，为学校的各项工作起到了存史资政的作用。2005 年，档案馆在瑶湖校区新建完成了校史陈列展，而且为学校接受教育部本科教学工作水平评估提供了大量的档案，为学校获得优秀成绩作出了一份贡献。2009 年，档案馆承担了校史重修任务，积极组织人员撰写，顺利完成了任务。

后勤改革与保障服务

后勤管理改革。学校是江西省高校后勤社会化改革的试点院校之一，经过 1999—2000 年第一阶段"模拟甲乙方管理、实行市场化运作"改革和 2001—2002 年第二阶段"组建后勤集团、实行规范分离"改革之后，基本理顺了学校和后勤的甲乙方关系，实现了后勤保障服务的契约化管理和市场化运作的新局面。2003 年起，学校朝着"实现快速发展、努力做大做强"的目标，将后勤改革推向第三阶段，初步实现了以改革为动力，以市场为导向的产业结构多元化、资源配置市场化、管理手段现代化、服务功能系统化的良性循环和高效运转的新局面，取得了较为显著的社会效益和经济效益，基本实现了"学校减负、师生受益、后勤增效"的改革预定目标。

但是随着学校办学规模不断扩大，一校三区管理格局逐渐形成，由后勤现行管理服务体制引发的办事环节复杂、管理人员过多、监管难以到位、运行成本过高等矛盾和问题逐渐得到凸显。为优化后勤管理服务工作，落实"为学校中心工作服务、办师生员工满意后勤"的改革目标，根据上级有关文件精神，2006年，学校结合自身实际情况，本着有利于提高后勤服务质量和管理水平，有利于降低后勤运行成本和提高办学效益，有利于学校改革、发展和稳定大局的工作方针。学校按照"小机关、大实体"的原则，对后勤保障处与后勤公司进行职能调整，由两家共同承担后勤管理与服务职能，学校成立五个管理服务中心。其中，管理业务较强的场馆管理中心、交通运输管理中心、校园绿化管理中心由后勤保障处管理，服务业务较强的青山湖校区物业管理中心、瑶湖校区物业管理中心由后勤集团管理。后勤保障处负责对后勤服务行使监督、协调职能；负责学校各类不动产、本处固定资产、全校户籍、通讯等管理；制定后勤工作相关制度及各中心经济目标、服务标准；对各中心进行目标管理考核；对后勤重大事件进行决策。后勤集团负责承担学校各类后勤服务和经营工作，负责对两个物业管理中心的管理和业务协调。

2008年，学校针对后勤工作出现的一些新情况、新问题、新矛盾，按照大后勤的管理要求，成立后勤管理委员会，统一协调管理全校后勤保障工作。该委员会由分管校领导牵头，后勤保障处等相关职能部门和后勤实体负责人参加，办公室挂靠后勤保障处。后勤保障处为学校后勤管理部门，履行管理、监督和校有资产保值增值职责，具体为四大职责：规划与分配、控制与监督、管理与协调、审查与核算，主要负责校本级财政后勤切块经费的分配和监管，学校土地管理及各类房产资源的管理、安排和调配，后勤大额资金的使用、大型设备添置的计划和审定，校有后勤资产的增值和收益，全校食品安全卫生的监管以及青年教工、学生户籍的管理工作，代管学校收发室，依法制定后勤用工的相关劳动人事政策。学校后勤保障处原直接管辖的场馆管理中心、交通运输管理中心、校园绿化管理中心和后勤公司原直接管理或经营的青山湖物业服务中心、瑶湖物业服务中心，以及饮食服务中心、园中园酒店、印务公司等，均由后勤公司统一管理或经营。徐耀耀任后勤产业发展有限公司董事长。

2010年1月26日，后勤公司召开董事会。学校党委书记、校长、公司新任董事长傅修延在会上要求后勤工作要做到"三个淡化三个增强"：一是要淡化甲方乙方意识，增强大局意识；二是要淡化金钱意识，增强服务意识；三是淡化等级意识，增强岗位意识。同时要求公司要重视建章立制。8月2日，后勤公司召开当年第二次董事会议，傅修延从主人翁意识、精细化管理、高标准要求、学习型企业四个方面，对后勤干部职工提出了进一步的要求。他强调要处理好两个效益的关系，要淡化金钱意识，要时刻把学校利益放在首位，以师生利益为最高利益。

后勤保障服务。学校努力探索后勤保障工作体系的路子，大力倡导以情动人、以人为本的工作方法，积极主动地开展各项后勤保障服务工作，为全校师生员工的工作、学习和生活创造了良好的环境。除改善一批公共基础设施，优化学习生活环境外，2005年，对年久失修的住房有计划地进行维修改造，逐步解决屋顶长期漏水，水电管线陈旧老化，楼梯隔窗破损等问题。2006年，合理调配青山湖校区、瑶湖校区学生宿舍资源，并利用假期改造青山湖校区和瑶湖校区部分宿舍。2007年，对家属区水电管网进行改造，对瑶湖校区学生宿舍架空层进行调整和维修改造。

学校高度重视园林绿化，校园环境大为改观。2004年，为了配合南昌市绿化、美化、亮化工程建设，对青山湖校区南区26栋、27栋等进行美化。2005年，拆除青山湖校区原宿舍二栋，并绿化美化。2006年，完成了瑶湖校区正大门入口广场、图文信息中心周边的绿化、美化改造工作，并积极参加"江西省第二届花卉园艺博览会"室外展区的布展工作，荣获"景观设计金奖"和"个人插花表演优秀奖"。至2007年，完成了图文信息中心周边约4万平方米、运动场北面约4万平方米的绿化改造，补铺草坪约800平方米，修园林道路约800平方米，加强绿化养护监管.做好病虫害预报、农药使用、植物抗旱等技术指导工作，瑶湖校区绿化面积达到80万平方米，主要树种有30多余种。2008年，完成了瑶期校区部分主干道、人行道绿化、一期绿化工程枯死苗木的补栽、运动场周边绿化工程的验收、周转房和游泳池周边绿化工程的验收，以及化工学院危险品仓库周边环境的整治工作。

学校扎实推进食品卫生工作，加强对食品安全的监督，健全食品卫生安全管理制度和应急处理机制。对两校区学生食堂、校园超市、店面进行定期检查和暗访，对全校范围内电子秤规范计量，监督食品卫生安全、饭菜质量和价格、服务态度等情况，发现问题，及时整改，杜绝事故，排除食品安全隐患。学校与每个学生食堂等餐饮实体都签订了安全责任状。

2003 年建设新校区后，学校与南昌市公交公司联系，开通了连接新老校区间的 220 路、208 路公交车，后来逐年增加班次和优化线路，为广大师生的出行提供了方便，充分保障了节假日及重要活动期间的公交运输工作。学校每年完成 15500 多班次的校车运输任务，确保教师上课和教职工上下班的交通运送任务，同时承担学校参加大型活动、上实验课的运送任务。

后勤公司发展。 改革之初，学校通过后勤经营服务主体的"规范分离"，注册组建了自主经营、自负盈亏、自我发展的后勤服务企业，学校明确今后学生生活后勤设施的投入由原来的校方拨款改为现在的后勤实体投资开发。2001—2003 年，通过水电管理、维修服务等综合改革，后勤部门为学校实现增收减支超 2000 万元。这样，有效缓解了学校资金不足的压力，使学校能将有限的资金集中投放到教学和科研设备的建设上，进一步改善了办学条件，有效促进了学校教学、科研工作的超常规发展。饮食服务部门立足校内，积极拓展校外市场，先后成功托管了南昌水利专科学校、原江西省商业学校等一些院校和单位的食堂或餐饮业；其他如绿化、修缮、建筑等经营部门也相继走出了校门，面向社会开展经营服务，初步实现了"以外养内"、"以经营项目养服务项目"的战略目标，使后勤保障服务实力明显提升。2003 年，公司组建昌东物业中心，2004 年，成立青山湖物业管理中心，2005 年，撤销投资部、商贸服务中心。2003 年 3 月，后勤公司董事会决定调整公司股本结构，学校占股 60.12%，后勤集团占股 39.88%。2006 年 3 月，按现代企业制度规范公司治理结构，对印刷厂进行了股份制改造，组建了具有独立法人资格、自主经营、自负盈亏、按现代企业制度运行的印刷公司。2006 年 5 月，公司改进财务管理制度，规范收支行为，对青山湖物业中心、昌东物业中心的服务性费用实行单独立账，封闭运行实行目标管理。2009 年，根据学校统一要求，公司财务部落实会计委派制。

后勤依托学校促发展，学校依靠后勤促和谐。后勤公司坚持"为客户创造价值，为员工创造机会，为股东创造利润"的企业宗旨和"以质量求生存，以管理求效益，以创新求发展，以贡献求支持"的经营理念，经过不断调整组织结构，优化管理队伍，完善制度建设，迎来了跨越式大发展，在创造良好经济效益的同时取得了良好的社会效益，为学校的发展作出了应有的贡献。后勤公司一是为师大几万名学生上大学提供了坚强的后盾。2001—2003 年，先后由后勤实体投资近 2000 万元，开发和改造的学生宿舍、学生食堂以及其他生活后勤服务设施等近 8000 平方米；2003—2005 年，又先后投入近 5000 万元，开发和改建学生宿舍、学生食堂以及其他生活服务设施等近 3 万平方米，解决了学校近万人的吃住问题。

二是减轻了学校人力、物力的负担，为学校发展提供了强有力的保障。2003 年至 2009 年，公司总资产由 42276431.37 元增至 95781276.98 元，增加长126.56%，累计上交学校红利 10125672.64 元，自筹资金建设或添置校内后勤服务设施（后勤综合服务大楼长胜园、学生公寓和食堂、交通车等），固定资产总值由 17179440.44 元增至 62249076.03 元，增长 262.35%。

三是积极履行社会责任，实现了社会价值的自我体现。随着后勤这块"蛋糕"越做越大，带动了商业零售、餐饮住宿、运输印刷等服务业的发展，为高校分流人员、社会失业人员及周边地区居民创造了许多就业岗位，拉动了周边地区区域经济的发展。后勤公司不仅消化了原有高校后勤人员 145 人，还为失业人员、乡镇农民以及本科毕业生等人群提供近 1300 个工作岗位，安置退伍军人、随军家属及学校引进人才家属 36 人，成为学校实施人才兴校战略的一个后方基地，为学校引进高层次人才做出了积极的贡献。

四是支持学校各项工程建设，对构建和谐校园发挥着重要作用。在新校区建设、本科教学工作水平评估、迎接建校 70 周年等重大活动中，公司员工发扬吃苦耐劳、敢打敢拼的顽强作风，提供了高质量的后勤服务。在 2003 年抗击非典型性肺炎、2007 年 7 月学生突发腹泻事件、2008 年冰冻雨雪灾害、2009 年预防甲型 H1N1 流感病毒工作中，后勤公司投入了大量人力物力财力。公司大力支持民生工程建设，2008 年扩建了教工食堂，自筹资金为图书馆自习室购置自习桌椅和电扇，2009 年，为惟义楼安装饮用水自动化系统，建造教师风雨候车亭等。

解决教职工住房难题

2000 年 9 月，根据省、市有关房改和住房文件精神，学校制定了《公有住房出售实施办法》，开始全校公有住房的出售工作，到 2007 年底共为 1805 套住房办理了房改等手续，其中青山湖校区 1243 套，高校小区 168 套，青云谱校区 102 套，心雨花园 68 套，金盘路小区 19 套，里洲小区 24 套，附中 181 套。2009 年 6 月，根据江西省直机关住房分配货币化的文件精神，在昌省直学校实行住房货币化补贴，学校制订了《住房货币化补贴实施方案》，全面开展住房货币化补贴工作。

为了解决学校青年教职工住房困难，根据省教育厅统一规划，2002 年 7 月，学校以全额集资方式在省属高校青年住宅小区建成了 3 栋教工宿舍，其中两栋为 6 层共 60 套，另一栋为 18 层共 108 套，总计 168 套。2003 年 5 月，学校集资 1200 万元，采取货币化补贴方式，帮助教职工购买校外商品房或二手房，在青春家园、万科四季花城等住宅小区，共购住房 198 套，资助力度之大，受惠人数之多，改革举措之新创全省之最。2004 年，学校先后对学生公寓 8 栋提出整改，购置家具等设施，安排青年教师 80 个床位，辅导员床位 100 个，外籍老师床位 20 个。2003 年 7 月至 2008 年底，学校与江西思达房地产开发公司、江西师大房地产公司，紧邻瑶湖校区的西面共同开发建设高品位的教师住宅小区，即师大瀚园小区，分三期共为学校教职工提供 604 套商品房。随着瑶湖校区的建成，为解决教职工在瑶湖校区居住，2005 年 9 月和 2009 年 7 月，学校在瑶湖校区内分别建成两栋青年教师周转房，共 408 套住房。

2004 年 11 月，学校与上海华贵公司达成合作协议，由学校在青山湖校区南区拆迁 23、25、26、27 栋共四栋旧房，华贵公司以全额垫资形式兴建综合楼，后来由于多种原因未如期开工建设。2009 年 9 月双方签订新合同，增加了一些更加有利于学校的内容，明确由学校提供建设用地，华贵公司以全额垫资形式兴建 21 层的综合楼，全部产权归学校所有，其中 1 层至 4 层为商业营业场所，5 层至 15 层为公寓楼，可提供 180 套教职工住房，对方享有商业营业场所和地下车库 20 年经营权，一次性支付学校 1600 万元收益款。2010 年 8 月已经开工建设。

瑶湖校区建成后，由于大多数教师不住在新校区，教师上完课就离开了学校，师生不同校、交流困难成为办学中的一个突出问题。为了凝聚新校区的人气，突出新校区的生态人文特色，学校决定在新校区兴建一批教职工住房，将东临瑶湖的区域建成一个教工住宅区。2009 年 11 月 5 日，南昌市政府胡宪市长应学校邀请，率高新区管委会、市规划局等单位负责人一行来校，联合召开现场协调会议，就学校瑶湖校区新建宿舍等问题进行研究。南昌市表示将进一步加大对学校建设发展的支持力度，积极研究和想方设法解决学校在发展过程中所面临的困难和问题，为学校创造一个更加宽松的发展环境。会议形成专门纪要明确，"南昌市支持师大在瑶湖校区建设研究生楼二栋和海外专家楼、留学生楼各一栋。"2010 年 3 月 29 日，南昌市政府正式批复同意学校在瑶湖校区体育馆与学苑路之间的用地上兴建海外楼和留学生楼，共 600 余套的高层住宅。学校开始着手进行楼房建设的规划设计和报批报建工作。

2009 年，学校调处西书院街 13 号土地纠纷，最终获取南昌市西湖区拆迁办补偿 165 万元。

附中附小幼儿园办学

附属中学。师大附中秉承"做有责任的中国人"的校训精神，坚持"以人为本，以德办学"、"科学学习，健康成长，全面成长，和谐成长"的办学理念，把人的培养作为办学的出发点和落脚点，教育教学始终处在全省领先乃至全国先进的水平，高考升学率一直稳居全省重点中学前茅，每年各科获全省、全国和国际奥赛一等奖人数和团体获奖排名均处于全省首位。附中的学子被高校和社会一致公认为"品行正、素质优、潜力大、发展好"，被誉为江西中学第一名校。由于学生素质高、能力强、潜质足，附中深受全国重点高校的青睐，是北大、清华等多所名牌高校的"优秀生源基地"。附中先后被评为全国最具影响力中学、全国示范性优秀高中、全国教育系统先进集体、江西省文明单位、江西省德育示范学校（首席）、江西省科研兴校先进单位、江西省十大和谐校园（首席）。在"江西人民满意教育"的评选中，附中列江西第一。在 2005 年、2007 年、2009 年连续三次"中国百强中学"评选中，附中均列江西第一。在海外有关对中国各省市中学的评比排行榜中，附中均列江西第一。

2003 年，学校在原青云谱校区成立第二附属中学，培养一届毕业生后停办。2009 年 4 月 16 日，经南昌市教育局批复，江西师大附中滨江校区成立，并于 7 月 22 日正式揭牌，附中人"建新校，图发展"的梦想终于得以实现。至 2010 年，学校有在职教职工 248 人，其中特级教师 6 人，省市学科带头人和青年骨干教师 36 人，高级教师 147 人。

附属小学。2003 年以来，附小扩大了办学规模，扩建主体教学楼，改善师生办公、学习条件，增加了教师队伍，提高了教育教学质量，增强了教学软实力。学校以"着眼素质，扎实基础，全面发展，办出特色"为目标，树立"一切为了孩子，为了一切孩子，为了孩子的一切"的教育理念，切实落实减轻课业负担改革、家长会改革、评语制度的改革，朝着学生有特长、教学有特点、学校有特色的一流学校目标努力。学校定为"南昌市基础教育课程改革样本校"，2003年评为南昌市课改先进学校。2010年附小确立"做强、做精"办学新战略，至2010年上半年，学校有教学班级33个，在校生人数2142，教职工76人。

附属幼儿园。 幼儿园树立"以幼儿发展为本，启蒙阅读教育为特色，关注幼儿的需要、兴趣的变化、能力的培养和良好个性形成"的办园理念，赢得了良好的社会声誉，办园质量显著提高，2003年12月至2007年12月两次通过"省级示范幼儿园"的复评，2004年荣获江西省幼儿教育工作先进单位，2006年被江西省确立为南昌市东湖区"以园为本教研制度建设"基地园，并获先进单位称号。2003年至2007年，承办了省属高校住宅小区幼儿园，2009年开始在瑶湖校区办园。至2010年上半年，全园共有15个班级，100%的教师达大专以上学历，先后有5位教师获南昌市学科带头人、教学能手、德育标兵等称号。

第六节　和谐荣校　党建保障

2002年以来，为了适应高等教育发展的新形势和新任务，学校党委坚持党要管党、从严治党的方针，紧紧围绕育人这个中心，大力加强党建和思想政治工作，为学校改革、建设和发展提供了坚强的政治、思想和组织保障，创造了特色和经验。在2003年和2007年省委教育工委组织的全省高校党建与思想政治工作评估中，学校均被评为先进单位。

思想理论建设

2003年"七一"前夕，在全校师生学习贯彻"三个代表"重要思想掀起新高潮、学校改革和各项事业蓬勃发展之际，在抗击"非典"斗争取得阶段成果之时，学校党委召开全校党建与思想政治工作会议，深入贯彻党的十六大精神，总结党建与思想政治工作的经验，分析新形势下加强党建与思想政治工作的新任务，探索进一步加强和改进党建与思想政治工作的思路，会议审议了《关于加强和改进党建工作的意见》、《关于加强和改进思想政治工作的意见》、《关于进一步加强学校领导班子思想作风建设的决定》等文件，提出了加强基层组织建设、加强领导班子建设和干部队伍建设、加强制度建设等问题，为今后一段时期党建和思想政治工作指明了方向。

学校党委重视运用马克思主义中国化最新理论成果教育广大党员和干部，通过完善中心组学习制度、经常性教育制度和党校培训平台，先后开展宣传贯彻党的十六大、十七大精神、学习"三个代表"重要思想、落实科学发展观、社会主义荣辱观等专题学习，用先进理论武装头脑，指导实践，推动学校的理论创新和知识创新，带动学校的制度创新和工作创新。

2005年7月至12月，学校党委根据省委的统一部署，开展了保持共产党员先进性教育活动。这次活动以组织广大党员深刻领会"三个代表"重要思想，用科学理论武装头脑为主线，各级党组织把学习实践"三个代表"重要思想与学校改革发展稳定的实际工作紧密结合起来，紧紧围绕"创优秀校风，建和谐校园"这一主题活动，紧密结合学校中心工作和重点工作来开展。经过学习动员、分析评议、整改提高三个阶段，广大党员受到了一次深刻的教育，得到一次严格的党性锻炼，经过群众满意度的测评，总体满意率达98.58%

2009年3月至8月，学校党委根据省委的统一部署，开展了深入学习实践科学发展观活动。在整个学习实践活动中，学校紧扣"创和谐校园，建人才高地"这个主题，围绕"办什么样的大学、怎样办大学""培养什么人、怎样培养人"这两个根本性问题深入开展讨论，新的领导班子围绕如何进一步凝聚人心、振奋精神，推进学校科学发展，连续召开一系列座谈会，向师生求计问策。学校始终把深入学习、提高认识贯穿始终，把解放思想、改革创新贯穿始终，把解决问题、完善机制贯穿始终，把依靠群众、发扬民主贯穿始终，把领导带头、统筹兼顾贯穿始终，圆满完成各项工作任务，达到了"党员干部受教育、科学发展上水平、师生员工得实惠"的总体要求。

领导班子和干部队伍建设

省委对师大领导班子建设提出了高要求，着眼于学校的改革、发展和稳定，2002年12月以来，先后4次调整学校领导班子主要负责人，多次充实领导班子成员。

2002年12月17日，省委组织部、省委教育工委宣布省委对学校领导班子进行调整的决定：游海任江西师范大学党委书记，主持学校全面工作；何小平任校纪委书记。2003年6月4日，省委决定游海兼任江西师范大学校长，眭依凡任校党委副书记、常务副校长，曹达忠、余欢任副校长、党委委员，罗来武任副校长。

2004年3月，学校党委决定，并经省委组织部同意，欧阳忠详、张平任江西师范大学校长助理。4月，省委下文，祝黄河任江西师范大学党委副书记。9月，学校党委决定，并经省委组织部同意，熊大冶任江西师范大学校长助理。

2007年6月，学校党委决定，并经省委组织部同意，汤赛南任江西师范大学校长助理。7月10日，省委决定调整学校领导班子，对高校党政主要领导进行分设，游海不再兼任江西师范大学校长，眭依凡任校长，欧阳忠详任副校长、党委委员。同年9月和11月，徐耀耀、赵明任党委委员、副校长。

2008年9月，学校党委研究，并报省委组织部备案，童颖华任江西师范大学总会计师。10月省政府下文，廖维林任江西师范大学副校长。

2009年1月，省政府下文，聘任张艳国为江西师范大学副校长。同年4月，省委决定调整江西师范大学主要领导：傅修延任江西师范大学党委书记、校长。游海不再担任党委书记，眭依凡不再担任校长。

2010年1月，省委决定何小平任江西师范大学党委副书记；黄加文任江西师范大学党委委员；2月，省政府决定黄加文任江西师范大学副校长。7、8月，省委省政府下文，聂剑任江西师范大学党委委员、副校长。

至2010年9月，学校党委领导班子的组成为：党委书记傅修延，党委副书记何小平，党委委员：聂剑、徐耀耀、赵明、黄加文；行政领导班子的组成为：校长傅修延、聂剑、徐耀耀、赵明、廖维林、张艳国、黄加文任副校长，熊大冶、汤赛南任校长助理，童颖华任总会计师。纪委由何小平任书记。

领导班子重视加强自身建设，按照中央《关于加强党的执政能力建设的决定》和省委省政府的要求，努力提高班子集体和个人的办学治校能力。2003年7月，学校党委专门作出了《关于进一步加强学校领导班子作风建设的决定》。学校领导班子坚持民主集中制原则，通过建立和健全党委集体领导与个人分工负责、教职工民主参与的机制，充分发挥党委领导集体、班子成员和专家教授在决策中的作用，提高领导班子决策力。学校党委 2003 年和 2008 年两次制定和修订《党委会议事规则》、《校长办公会议事规则》等议事制度，界定了党委会、校长办公会的职责，确定了学校重大问题党委集体决策、日常行政工作校长负责的工作机制。2008 年 10 月，党委下发《关于加强和改进党委理论学习中心组学习的意见》，就加强和改进党委理论学习中心组学习提出了要求。

与此同时，校党委着力加强院级领导班子建设，2003 年，学校党委调整了学院党的组织设置，撤销学院党的总支部建制，成立学院党的委员会，把组织建设、党员发展、科级干部管理等权限下放给学院党委。2003 年下发的《学院工作条例》，对学院党政班子的职责作了明确规定。强调必须发挥学院党组织的政治核心作用，明确学院党政班子对学院的改革、发展、稳定共同负责，共同做好学院工作。2005 年，学校制定下发了《学院党政联席会议议事规则》，2006 年，下发《关于进一步加强学院建设与管理的若干意见》，确立学院实行集体领导、各司其职、教授治学、民主管理的领导体制，把院务委员会议确定为学院决策的最高形式，学院的发展规划、改革方案、干部人事、职称评定、经费预算、大额资金使用及资金分配方案等重大问题必须由院务委员会议决定，学院党政双方共同商议重要工作、决定重大事项、解决重大问题。

学校党委坚持正确的用人导向，按照干部"四化"方针和"德才兼备、结构合理"的原则选拔任用干部，2004 年，对干部选拔任用工作原则、程序、条件等作了全面、明确的规定。2003 年，出台《处级领导职位竞争上岗实施意见》，着手进行干部制度改革的探索。当年，学校通过竞争上岗选拔处级干部 25 人。2009 年末，又将空缺的 9 个处级岗位实行竞争上岗，这种竞争性选拔干部的做法得到了广大党员干部和教职工的一致认可。党委高度重视干部培训工作，把干部的实际工作与干部提升能力充分结合起来，有计划、有步骤、有针对、有重点抓好干部培训教育工作。2003 年以来，学校先后举办了处级干部培训班、学院党委书记院长研讨班、新任处级干部培训班、青年干部培训班等班期，培训干部千余人次。

基层组织与党员队伍建设

学校把党建工作重心放在基层，注意发挥基层党组织的战斗堡垒作用和党员的模范带头作用，根据工作需要，及时调整和新建党的组织。继 2003 年党委把原来的各学院党总支改为学院党委后，2004年成立机关党委，挂靠党委组织部，主要任务是在校党委领导下，抓好机关处室的党群工作。2008年12月，学校党委对机关部门党组织设置进行了一次调整，分别设立党群部门党总支、综合部门党总支、教学部门党总支、学科部门党总支、学工部门党总支、后勤服务部门党委。部门党总支（党委）在机关党委指导下开展工作。

为进一步加强基层党组织建设，发扬党内民主，健全党的民主集中制，完善党内选举制度，2006年9月，校党委对全校院级党委（党总支）和党支部的任期、委员会的产生、选举、选举大会的召开和选举的实施等作了明确规定。当年，全校任期届满的基层党组织全部进行了一次换届选举，基层党组织的规范化和制度化建设迈出新的步伐。

2005年起，学校党建工作实施了"三培两建"工程。"三培"，即重点在高学历高职称群体中培养和发展党员、重点在青年教师中培养和发展党员、重点在大学生中培养和发展党员。"两建"，即在学生宿舍和学生社团建立党组织建设、在教工教研室和重点科研（工程）项目团队建立党组织。院级党委成立后，各学院都设立了党校，院党委书记兼党校校长，这对做好入党积极分子培训和建党对象的培养工作，及时把符合党员条件的同志吸收到党的组织中来都起了很好的作用。全校每年举办入党积极分子培训班30余期，培训学生入党积极分子3000余人。对"双高"人员，校党委建立了与"双高"人员进行对接的工作模式，把党员领导干部和党员专家教授确定为"双高"入党积极分子的政治导师，通过"思想对接谈心、工作对接交心、生活对接关心"方式，激发他们的政治热情，提高对党的认识。"三培两建"工程实施以来，在发展青年学生和"双高"人员入党方面取得了成效和经验。截至2009年12月31日，全校共有共产党员7264名，其中在岗教职工党员1491名，学生党员5378名，离退休党员374名，其他党员21名。全校共有院级党委（党总支）35个，党支部162个，党组织覆盖面达到100%。大学生中党员比例达到13.5%，基本做到了"一年级有党员，低年级有党小组，高年级有党支部"，国旗护卫队、女大学生军乐团和蓝天环保社团等学生组织成立了党支部，一些教研室实验室和研究室也建立了党支部和党员活动室。

学校党委紧密联系学校改革发展稳定的实际，着眼于增强基层党组织的创造力凝聚力，着眼于加强党的先进性建设，扎实做好党员的教育管理，先后建立了党员领导干部基层党建工作联系点制度，组织开展了基层组织建设年活动、基层组织建设巩固年活动、基层党建工作示范点创建活动、党员设岗定责、党的组织生活创新竞赛等。

学校党委不断创新基层党建工作内容和形式，培育新的党建工作载体。2007年，学校成立大学生党员服务站，开展了大学生党员轮训、学生党员服务日、党员挂牌联系新生寝室等活动，推行大学生义务服务卡制度，进一步提高了大学生党员的综合素质，树立了大学生党员的良好形象，探索了一条融学生党员培养教育和党员联系服务群众为一体的新途径。创建大学生党员服务站和政法学院党委开展的党员"一助二"挂牌联系寝室活动入选了2010年全国党建创新型案例。学校积极开展党员教育活动，从2004年开始，每年利用暑假组织大学生党员开展社会实践活动，先后组织学生党员革命精神学习宣讲团赴井冈山、延安、西柏坡革命圣地，接受爱国主义和革命传统教育；组织学生党员走访老红军，重走长征路；组织十七大精神宣讲团、科学发展观学习宣讲团，赴安徽小岗村、江苏华西村、上海浦东学习参观，与华西村的领头人、老书记吴仁宝座谈交流；组织学生党员赴湖南湘潭开展"瞻仰伟人故里，缅怀伟人业绩"学习教育活动，形成了学生党员主题教育活动的良好传统。2010年暑期，为了配合建设鄱阳湖生态经济区战略，在省委组织部支持和指导下，学校组建了180名以学生党员为主体的"建设鄱阳湖生态经济区大学生党员宣讲团"，赴鄱阳湖生态经济区38个县（市、区）开展宣讲活动。

思想政治工作

随着改革开放和社会主义市场经济的深入发展，师生思想活动的独立性、选择性、多变性和差异性增强，为巩固马克思主义在意识形态领域的指导学地位，学校党委以建设社会主义核心价值体系为根本，加强思想政治教育和德育工作，坚持用马克思主义中国化最新成果武装党员干部和师生员工，努力提高师生思想道德素质和文明素养，进一步凝聚了广大师生同心同德、干事创业的强大精神力量。2004年，学校恢复成立思想政治工作研究会领导小组。2003年，学校整合校内广播、报纸、网络、有线电视等新闻信息资源，撤销原新闻中心，成立新闻信息中心，业务归口党委宣传部管理。

学校根据不同时期的政治任务和社会形势，编印和发放学习资料，通过校内媒体和报告会、研讨会、座谈会等形式，大力宣传马克思主义中国化的最新成果，大力宣传科学发展观和社会主义核心价值体系等党的创新理论。2003 年成立"三个代表"重要思想研究中心，2010 年更名为中国特色社会主义理论体系研究中心。学校充分发掘人才和科研优势，发挥马克思主义基本原理和思想政治教育博士点和全校人文社会学科优势，组织力量集体攻关，积极开展"三个代表"重要思想、科学发展观、社会主义核心价值体系等中国特色社会主义理论体系的研究工作。2006 年，学校承担 4 个中央宣传部"构建社会主义和谐社会"重大理论课题。2007 年，学校首次设立校管德育专项课题并面向全校招标，进一步调动了年轻德育工作者的科研积极性。2008 年，祝黄河入选全国第三批马克思主义理论研究和建设工程专家，成为江西省首位入选该工程的专家。他以江西省邓小平理论和"三个代表"重要思想研究中心的名义，先后在《人民日报》发表了《科学发展观丰富了马克思主义理论宝库》、《改革开放伟大实践的科学指南》等理论文章，其领衔的"科学发展观对党的三代中央领导集体发展思想新贡献研究"课题，入选中宣部 2008 年重点招标课题。此外，李康平、张吉雄在《光明日报》发表论文《"三个代表"是必须长期坚持的指导思想》，吴永明的论文《日本在华细菌战及其遗留问题研究》入选中央宣传部等部门联合举办的纪念中国人民抗日战争暨世界反法西斯战争胜利 60 周年学术研讨会。

学校坚持育人为本、德育为先，把大学生思想政治教育摆在首位。建立党委统一领导、党政齐抓共管、全校紧密配合、学生自我教育的领导体制和运行机制。以学院为重点，以班级为基础，以党团为核心，以学区为平台，以社团为载体，以队伍为关键，在学科建设中抓理论育人，在质量建设中抓教书育人，在制度建设中抓管理育人，在基本建设中抓环境育人，在文化建设中抓和谐育人，在党的建设中抓组织育人。建立和完善了全员育人、全方位育人、全过程育人的格局。2003 年 6 月召开的全校党建与思想政治工作会议。审议了《关于加强和改进学生工作的意见》。中共中央、国务院印发《关于进一步加强和改进大学生思想政治教育的意见》（即"16 号文件"）和召开全国加强和改进大学生思想政治教育工作会议之后，2005 年 6 月 13 日，学校又召开全校加强和改进大学生思想政治教育工作会议暨党的建设工作会议。会议结合学校实际，对加强和改进大学生思想政治教育工作提出了"实事求是，增强规律性；重在建设，增强系统性；以生为本，增强实效性；与时俱进，增强时代性"的具体要求。党委把大学生思想政治教育的基本任务概括为"树魂、立根、固基、强能",即：树理想信念之魂、立民族精神之根、固道德规范之基、强成长成才之能。在全省高校思想政治教育工作评选中，学校连续多年被评为先进高校。

学校强化思想政治理论课在大学生思想政治教育工作中的主渠道作用，认真实施思想政治理论新课程改革试点工作，推动邓小平理论和"三个代表"重要思想进教材、进课堂、进大学生头脑。学校 2003 年整合马列部、思政部更名为思想政治理论教研部，2004 年又合并政管学院与政法学院组建新的政法学院，充实了思想政治教育的学科资源，增强了学科力量，加大了学科投入，拥有马克思主义基本原理、思想政治教育博士点，马克思主义理论一级学科硕士点和 14 个相关二级学科硕士点、3 个专业学位点、4 个省级重点学科、1 个省高校人文社科重点基地和省高校德育基地，涵盖了思想政治理论课所有课程。为贯彻 16 号文件精神，2005 年初，中宣部、教育部对新形势下进一步加强和改进高校思想政治理论课教育教学工作作出了全面部署，颁布了高校本专科层次思想政治理论课的设置（简称"05"方案）。学校被确定为全国高校思想政治理论课新课程教学 12 所试点院校之一，政法学院精心组织教师培训和集体备课等工作，做好了新旧课程方案过渡的衔接工作，确保课程设置方案的顺利平稳过渡。

学校由党委宣传部和思想政治理论教研部牵头负责，教务处、学生处、团委直接参与，加强和规范形势与政策课教学。随着互联网的普及，面对全球化、网络化、市场化带来的巨大挑战，学校强化利用网络为大学生学习和生活提供保障服务的意识，2005 年建设"红场"思想政治教育网，把红场思政网、红旗团委网、红色资源网、网上党校等建成有特色、有吸引力和影响力的网站，同时，搭建大学生教育电视台、心理教育中心等平台，为学校思想政治教育开辟了新的阵地，形成网上网下思想政治教育的合力。

对外宣传工作

2002 年以来，学校通过校外大众媒体宣传在人才培养、科学研究、为经济建设和社会发展服务等方面取得的突出成绩，推介先进人物，取得了新进展，2006 年前，每年媒体宣传报道约 300~500 次，2007 年起开始大幅增加，当年达到 639 次，2008 年达到 1700 余次，内容涉及学校建设发展的方方面面，充分展示了学校的立体形象，有力提升了学校在社会上的知名度和美誉度。

围绕学校人才培养和教育教学方面所做的工作,2003年5月11日和24日,《江西日报》头版分别以《江西师大全力打造核心竞争力》和《江西师大率先推行完全学分制》为题,对学校在科学研究和本科教学中进行的改革举措进行深入报道;6月14日,《光明日报》头版头条以《江西师大扩招更重质量》为题,介绍学校加强质量建设的举措。2004年,江西电视台《社会传真》栏目在一周内两期播出学校创新教师教育、服务基础教育的专题片。2005年10月15日,《光明日报》头版以《江西师大推进教师教育改革》为题,全面报道了学校以提升教师专业化为主线,以服务农村基础教育为重心,进一步深化教师教育改革的典型经验。2005年9月9日,中央电视台《新闻联播》节目报道了由学校首创、在全国推行的"农村教育硕士师资培养计划"。2006年4月18日,新华社等16家媒体同时发布"普高本科教学水平评估结论公布江西师大获优"的消息。2007年,新华社、人民网、《中国教育报》《中国青年报》纷纷报道学校千名大学生担任留守儿童"代理家长"的新闻。2009年上半年,新华网江西频道等主流媒体深入报道了学校开展个性化就业指导促进大学生就业的经验做法,其中,《江西日报》进行了整版报道。6月12日,《中国教育报》用半个版面介绍学校思想政治理论课教学改革的探索与实践。

建设瑶湖校区引起社会的广泛关注,学校既重基本建设更重文化建设,既重建设新校区更重保护老校区。2003年10月至2004年7月,傅修延副校长先后在《江西日报》整版发表四篇报告文学,《弦歌声起瑶湖畔——江西师范大学新校区礼赞》,以优美的笔触详细介绍瑶湖校区的地理优势、学校的历史沿革和新校区建设的艰辛;《新版赣剧〈牡丹亭〉——杜丽娘新世纪里最美的还魂》,详细介绍了江西师范大学推出《牡丹亭》的目的与意义,并对瑶湖校区正在建设的"梦剧场"作了重点介绍;《江西师大:倾情留住"集体记忆"——关于"大学精神"与文化建设》《文化建设在师大》,向读者深度阐释师大"比物质建设更为重要"的文化建设。读者看到文章后加深了对师范大学的了解,对师范大学充满浓厚兴趣,甚至有读者第二天就想到学校参观新校区。

围绕学校办学兴校中的其他一些重大事件,一些新闻媒体聚焦师范大学进行了重点报道。2008年4月20日,中央电视台《晚间新闻》栏目播发了眭依凡校长《引导大学生通过合理渠道表达爱国诉求》的访谈内容,12月16日,《中国教育报》在头版以《江西高校党委书记带头上"两课"》报道了校党委书记游海为大学生上思政课的情况。2009 年 4 月 20 日，党委书记游海在《江西日报》发表文章《高校建设要牢牢把握"三个方向"》，就高校深入贯彻落实科学发展观提出自己的思考。2009 年 7 月 30 日，学校举行 70 周年校庆新闻发布会，20 多家中央媒体和省内主流媒体对此进行集中报道，对校庆体现出浓厚的文化色彩进行深度报道，有的还就校庆体现的文化意义对校党委书记、校长傅修延进行专访。8 月 28 日，学校举行债务重组银团贷款签约仪式，20 多家主流媒体予以报道，中央人民广播电台评价这是"江西省高等教育领域内采用银团融资模式融资的又一次有益尝试，同时，也为全省高校进一步通过商业运作化解债务风险提供了成功的范例。"12 月 30 日，《江西日报》在要闻版刊登学校孔子学院办学一周年工作纪实的文章《中国文化之花"飘香"非洲大陆》。针对学校加强民主治校的举措，2010 年 3 月 12 日，《香港商报》推出专版报道《让民主引领高校活力竞放》，对学校深化民主决策，推进学校民主政治建设，践行"民主治校"理念的种种做法进行深入报道和高度肯定。6 月，人民网、新华网江西频道、《江西日报》、江西卫视、《香港商报》等十余家主流媒体纷纷对学校举办生态经济国际高端论坛进行报道，7 月 9 日出版的《江西日报》整版介绍论坛的盛况。

党风廉政建设

学校坚持"党委统一领导、党政齐抓共管、纪委组织协调、部门各负其责、依靠群众支持和参与"的党风廉政建设工作领导体制和工作机制，以构建教育、制度、监督并重的惩治和预防腐败体系为重点，深化反腐倡廉建设，为学校改革、发展和稳定提供了纪律保障。

学校重视廉政制度建设，先后制定了《党风廉政建设责任制实施办法》、《党风廉政建设责任追究暂行办法》、《党政领导干部任期经济责任审计暂行办法》、《基建工程监察暂行办法》、《物资设备采购监察暂行办法》等 10 多项规章制度，规范了党员干部廉洁从政行为。2009 年，为科学规划学校惩防体系建设，学校成立了惩防体系建设领导小组，制定了《贯彻落实中共中央〈建立健全教育、制度、监督并重的惩治和预防腐败体系实施纲要〉的意见》，明确了有关职能部门在构建惩防体系中的具体任务，成为学校反腐倡廉建设的指导性文件。

学校重视加强廉政宣传教育工作和校园廉政文化建设，坚持领导干部述职述廉、民主评议、年度考核、廉政谈话、诫勉谈话等制度，多渠道、多种形式开展反腐倡廉宣传教育。先后开展反腐倡廉书法、歌曲创作和《清风颂》文艺创演、廉政建设优秀工作案例评选、廉政文化进校园优秀论文、组织"扬正气，促和谐"廉政公益广告创作展播、每年向全校处级干部发放新春廉政电子贺卡等活动，倡导风清气正的廉洁校园。学校还结合学习实践科学发展观活动开展党风党纪教育，认真组织学习《谌光明受贿案剖析》材料，组织观看《忏悔》、《警钟》等反面典型案件警示片。2010 年 6 月，学校围绕"师德师风建设年"主题，以进行廉洁从政、党纪条规、学术道德、遵纪守法和诚实守信教育为主要内容，在全校开展党风廉政宣传教育月活动。

学校认真开展监督检查工作，2004 年以来，对违反规定收送"红包"行为进行治理，开展了治理商业贿赂、治理教育乱收费、清查个人通信工具与单位办公电话捆绑使用等专项工作。2009 年，学校清理整顿"小金库"，涉及金额总数达 1000 多万元，全部纳入学校财务管理。此外，还按照上级的部署，组织协调相关部门对住房超标、公款超标配备小车、公款建私房、公费出境逾期不归、公款旅游等情况进行了清查。学校认真开展离任经济责任审计、任期经济责任审计、财务收支审计和基建、装饰、维修项目工程价款结算审计，特别是通过实施《建设工程竣工价款结算暂行办法》，有效地遏制了施工单位的高估冒算行为。从2003 年 5 月至 2007 年 9 月，瑶湖新校区共完成建设工程项目结算审查 263 项，审减率为 15.21%。2007 年，学校纪委关于"用制度控制建设工程造价、抓落实提高教育投资效益"的做法，被省教育厅在全省教育工作会上作为经验交流，孙刚副省长就此专题作出重要批示，要求省内高校借鉴学校的经验。针对群众反映强烈、严重影响学校稳定的案件，如个别单位和个人违纪举办自考助学班、私设"小金库"、私分各类返还款等一批案件进行了严肃查处和责任追究，2008 年配合上级部门侦办基建处原处长谌光明利用职务之便受贿案，学校党委和纪委对其作出"双开"处理。

统战工作

为适应新世纪、新阶段统战工作的需要，校党委加强了对统战工作的领导并着力于统战工作制度的建设。2003 年，校党委制定下发了《关于进一步加强统战工作的意见》，建立了党委统一领导，统战部牵头协调，有关党政部门各司其职的统一战线工作机制，形成了全校统战工作网络，树立了"大统战"思想，构建了"大统战"格局。在此基础上，2007 年，学校连续出台了《统战工作联席会议制度》等 4 项统战工作制度，2009 年下发《关于进一步加强学院统战工作的意见》，2010 年又对各民主党派的民主党派的思想建设、组织建设、制度建设和能力建设进行了全面规范。

在学校党委的领导和支持下，民主党派的组织建设不断加强。2003 年成立民革总支委员会。2004 年，在全省本科高等院校中率先成立了党外高级知识分子联谊会，使学校无党派知识分子工作得到进一步的加强。2006 年 6 月分别成立农工总支部委员会与民进委员会，同年 11 月成立民建支部委员会，该组织的成立使学校涵盖了江西省的所有 6 个民主党派组织。到 2009 年底，学校民主党派成员有 297 人，其中高级职称 243 人，中级职称 47 人，高、中级知识分子占 97.6%；拥有硕士学位的有 50 人，拥有博士学位的有 38 人，硕士以上学位占 29.6%。2007—2009 年，学校通过实施以"爱岗位、献良策、做贡献"为主题的"凝聚力工程"，使学校党外人士思想教育不断深化，参政议政影响不断扩大，参与民主管理不断规范。2009 年，民盟师大委员会获得中国民主同盟盟务工作先进集体荣誉称号，标志着民主党派工作取得重要成果。从 2007 年 12 月下旬至 2008 年 5 月底开展的无党派人士政治交接主题教育活动试点工作，受到省委统战部、中央统战部六局的好评和肯定，并作为成功经验向全省高校推广。

学校高度重视党外人士的培养选拔和安排使用工作。至 2010 年 3 月，学校有党外副处级以上干部 71 人，其中副厅级 1 人、正处级 18 人、副处级 52 人。先后有 40 余人担任各级人大代表、政协委员与省政府参事。在 2007 年的各级人大、政协及各民主党派中央、省委的换届选举中，学校共有 23 名党外人士担任各级人大代表、政协委员与省政府参事。其中方志远为十一届全国人大代表、王东林为十一届全国政协委员，另有 2 名省人大常委、2 名省政协常委、15 名政协委员。方志远还担任民进中央委员、民进江西省委副主委。王东林担任民盟中央委员、民盟省委常委。另有范坚、周洪、赵波、何齐宗等分别担任民革省委常委、民盟省委常委、民建省委常委、九三学社省委常委，万国华、张国新担任民盟省委委员，刘建平担任农工省委委员，6 名党外人士分别被省检察院等单位聘为党外特约人员。学校党委大力支持民主党派代表人士参加各级社会主义学院学习，从 2003 年至 2009 年，共选送党外代表人士 88 人次参加中央、省社会主义学院学习，取得良好效果。

学校党委按照"长期共存、互相监督、肝胆相照、荣辱与共"的八字方针，认真落实党的各项统战工作与知识分子政策，使得党外知识分子的作用也得以充分发挥。无党派人士、副校长廖维林，2003年引进的留学归国人员、无党派人士侯豪情博士，都在科研方面取得了突出的成就。《中国统一战线》2006年第10期对时任九三学社省委副主委、学校副校长蒋凤池进行了人物报道，2007年第9期对民进中央委员、民进江西省委副主委、学校文旅学院院长方志远进行了专访报道。

民主治校与工会工作

学校把教职工代表大会制度作为内部管理体制的重要组成部分和民主办学、依法治校的基本形式，不断健全和完善教代会制度，2003年5月，制定了《〈高等学校教职工代表大会暂行条例〉实施细则》、《二级教职工代表大会工作细则》，2010年修订出台了《教职工代表大会工作规程》，对加强以教代会为基本形式的校院两级民主管理提出了明确要求。

学校坚持每年召开一次教代会，定期进行换届。会议期间，代表们均会听取并审议校长工作报告。近年来，教代会还先后审议通过了一系列关乎学校改革发展的文件：《"十一五时期发展规划"》，《学科建设和发展规划》，《学院工作条例》，《人事分配制度改革方案》。从五届四次教代会起，每次会议安排4至5位职能部门主要负责人向大会进行年度述职，其他负责人进行书面述职，并由双代会代表对各职能部门主要负责人进行民主测评。听取了《南区综合楼有关情况说明》和《共青校区选址说明》，并以无记名投票的方式，通过了共青校区的选址方案。2010年2月27日，主席团及代表团团长联席会议民主决策学校科技学院与第三方——大宇学院联合办学方案，由于方案不够成熟，会议投票否决了该方案，这种以规范制度来实现民主、以实际行动来践行民主的民主治校形式，为学校的发展激发了活力，同时也不断地彰显了教代会的权威，提高了教代会在学校管理工作中的地位和作用。

伴随着学校管理体制改革的不断深化，工作重心的下移，校工会适时地在学校二级单位推行了二级教代会制度建设。2003年6月21—22日，教育学院召开第一次教代会，标志着二级教代会制度正式启动，到2010年1月，全校23个成建制学院均建立了二级教代会制度。二级教代会制度规定，凡属学院的重大事项都必须通过教代会讨论审议通过。二级教代会制度的建立，在努力营造学校民主和谐的法治环境，均衡改革与发展过程中的各种利益关系，促进学校公平公开公正秩序的建立，维护学校的稳定大局，发挥教职工的民主权利、独立人格和首创精神，增强教职工的凝聚力、向心力和创造活力等方面起到了积极作用。

校务公开是民主治校的重要举措。学校是全省率先开展校务公开工作的高校，党委对校务公开工作高度重视，并作出了明确要求和规定，规范了公开制度。校工会作为学校校务公开领导小组办公室的挂靠单位，积极推动了校务公开工作的开展。根据学校发展的实际情况，学校对校务公开工作的形式、方法和程序进行探索和创新，坚持从社会、学生和教职工普遍关注的热点问题入手，紧扣学校改革发展这一永恒主题，做到群众、师生迫切希望了解什么、知道什么，就及时公开什么，保证了校务公开的真实性和时效性。学校先后被授予全国厂务公开民主管理先进单位和全省校务公开工作先进学校等荣誉称号。

2005年5月，随着学校办学主体迁向瑶湖校区，多校区办学格局基本形成，学校管理幅面越来越宽，为了提高办事效率、节省管理成本，进一步推进校务公开，学校开始尝试运用计算机信息技术、网络通信技术来处理工作事务，开发使用办公自动化系统（简称OA），以辅助处理公务，系统用户涵盖了全校领导干部、管理人员、服务人员和高级职称教学研究人员。此后，学校文件、会议通知除带密级和有特别要求的以外，一律上网发布，不再印发纸质文件。凡是系统用户均可上网阅览，校内公文请示报告在网上传递和处理，用户之间可以便捷地互发邮件，学校公务的时效性和透明度有了质的飞跃。2009年12月，应广大教职工的要求，学校重新开发了一套新的办公自动化系统，新的系统用户容量和信息空间更大，向全校所有教职工开放，系统运行速度和稳定性也得到了明显改善。至此，校内党务、政务信息完全、即时向全校教职工公开。与此同时，2005年以来，校内各单位均设计制作了单位网站或网页，在学校网络主页上建立链接。教务处、科研处等一些单位自行开发了"教务在线"教务信息系统、科研管理系统等网络管理系统，极大地提高了管理效率，方便了广大教职工。

校工会积极创建学习型工会组织。至2010年，全校共有31个基层部门工会，160个工会小组，会员近2800名，专兼职工会干部290余人。随着学校各项事业的快速发展和全面进步，教职员工队伍不断发展壮大，尤其是非在编劳动合同制员工数量急剧增加，校工会按照中华全国总工会"扩大覆盖面、增强凝聚力"

的要求，制定和出台了《非事业编制用工加入工会暂行规定》，并在后勤公司进行试点工作，吸纳了部分非事业编制用工人员到工会组织中来，实现了工会组建和会员发展工作的重大突破，体现了学校对非事业编制用工人员的人文关怀。校工会始终把维护教职工合法权益作为工会工作、推进民生工程建设重要职能，恪守"切实维权"工作方针，热心为教职工服务，积极为教职工办实事，解决教职工的后顾之忧。工会健全了困难教职工档案，定期走访困难教职工家庭，积极配合有关部门解决困难教职工子女就业、就学问题，并在经济上给予补助。建立了劳动争议调解工作暂行规定，认真做好一年一度的教职工轮休工作，与校医院一起组织一年一度的全校教职工（含离退休）身体健康检查和女教职工妇科普查工作，同时还成立了青年教职工"牵手交友俱乐部"。

工会坚持"小型多样、面向群体、月月有活动"的原则，倡导"每天锻炼一小时，健康工作五十年，幸福生活一辈子"的理念，广泛开展形式多样，品位高雅的文体活动。为了发挥各部门工会的优势，学校建立了校工会搭台、各部门工会唱戏的管理模式，开展了一系列教职工喜闻乐见的文化体育活动，教职员工的运动竞技水平得到了全面提高。学校在江西省历届运动会上荣获高校组金牌总数第一和团体总分第一名，在历次参加的省直机关和省教育工会举办的大合唱比赛中均获一等奖，在参加江西省总工会和教育工会举办的各类比赛中屡创佳绩，名列前茅，充分展露了学校教职工良好的精神风貌。

共青团建设

学校坚持党建带团建，加强对共青团的领导，不断发挥团的助手和人才基地作用。校党委根据上级党团有关的精神和要求，着眼于充分发挥党建的政治优势，不断深化"五带五同步"，政治上"带"重在领导，思想上"带"重在教育，组织上"带"重在建设，队伍上"带"重在培养，作风上"带"重在传帮带，把团的建设纳入党的建设总体规划，团组织积极把党的要求贯彻落实到团的建设之中，探索实践做好新形势下"党建带团建"工作的有效方法和途径，不断强化了团组织的影响力、凝聚力。

学校共青团顺应新形势新要求，推进团建创新，加强团员教育管理。在组织建设上实现"全覆盖"，实行"一个团籍、两种身份、多个舞台"的团员教育管理模式，2003年起，在学生公寓、学生社团、学生自治机构等建立团组织，实现了团组织对全校青年学生的全体覆盖，积极有效开展团的活动，扩大团的影响力。在教育工作中注重"实基础"，强化新生团员合格教育，使新生团员迅速实现从中学阶段到大学阶段的转变。在推优工作做到"重培养"，把好党员发展入口关，团组织会同党委组织部门根据学校实际，对推荐优秀团员作党的发展对象工作进行完善，严格程序，加大综合考察、跟踪调研力度，推动团员教育与党组织考察培养相结合，不断扩大党执政的青年群众基础。

学校实行校、院、团支部三级团建整体联创制度，开展"基层团支部建设月"、"五四红旗团支部"和"五四红旗团委"创建评比；做好"五四青年奖章"、优秀团干优秀团员的评选工作，加强推荐优秀团员为党的发展对象工作力度；引导规范各级团组织深入开展民主生活，提高参与团内事务以及团内决策的能力；加强对基层团组织换届选举工作的指导，规范选举工作的规则和程序。2003年起，学校将每年5月确定为"基层团支部建设月"，开展了团支部主题活动创意设计比赛、团务团史知识竞赛、团支部板报设计比赛和团支部达标验收以及先进团支部经验交流等一系列活动，提高广大团员青年对团支部活动的认识。2007年，校团委制定实施"青年马克思主义者培养工程实施方案"，成立了"青蓝之星"大学生骨干培训学校，先后开设了6期"青蓝之星"大学生骨干培训班。2008年，党委组织部、校团委建立大学生党员报务站，在3个重要社团成立学生社团党支部。学校加强学生会（研究生会）组织建设，大力支持学生组织按照章程独立开展活动，积极引导青年学生"自我教育、自我管理、自我服务"。通过开展学生维权活动、校领导接待日活动等形式，发挥了学生组织在维护校园稳定，繁荣校园文化，促进学生参与学校民主管理等方面的作用。

2003年2月22日至23日，全校第十四次团员代表大会、第二十一次学生代表大会召开。2007年1月5日至7日，全校第十五次团员代表大会、第二十二次学生代表大会召开。2004年12月，校团委被团中央授予"全国五四红旗团委标兵"称号，这是江西高校首次夺得该荣誉，也是全国师范类院校首获此殊荣。2009年5月，校团委被团中央确定为全国加强基层团的组织建设试点单位，为全国50所试点公办高校之一。

离退休工作

从2003年至2009年，学校离退休人员数量不断增多，包括附中在内，总数由 818 人增加到 895 人，其中党员近 400 人。学校高度重视离退休工作，认真落实离退休政策，让离退休人员老有所养、老有所学、老有所为、老有所乐。离退休办公室 2003 年 7 月由副处级单位升格为正处级单位，更名离退休工作办公室，2007 年 7 月更名离退休工作处。学校加强离退休党组织建设，从 2005 年起为离退休党总支配备专职书记，党总支下设 6 个支部、15 个党小组。

学校贯彻落实离退休干部政策，每年为老同志各举行校情通报会、征求意见会、全国"两会"精神传达会，确保定期向离退休老同志通报学校改革、发展近况、传达重要文件，重大会议、重大活动请老同志参加，重大建设项目征求老同志意见，重大节日到老同志家走访慰问。离退休工作处将全校离退休人员按居住地分片建立小组，实施走访、定点联系制度，走访慰问生病、困难离退休教职工，对高龄、孤寡、残障老同志专人联系、跟踪巡访。老同志的"三节"慰问金与在职人员同等标准，生活待遇更加有保障。学校先后为离退休人员配备了小车和中型面包车，2005 年，将老美术楼一楼建成青山湖校区离退休教职工活动中心，将原金融职大幼儿园改造为青云谱校区教职工活动中心。2007 年后，青山湖校区老美术楼一至三楼全部用于老同志活动和教学场所，同时在青山湖校区为老同志开辟了一个门球场，老同志活动场所面积达到 3000 多平方米。

老同志的业余生活越来越丰富，形式越来越多样。学校每年上半年和下半年分两次组织离退休老同志外出旅游观光。2005 年重阳节，学校首次为 11 对钻石婚、64 对金婚教职工举办了金婚庆典活动，以后每年都为"金婚"教职工举办庆祝活动。2006 年，学校举办了首届老年人体育运动会，以后每年都举办一次老年人运动会。校关工委在每年重阳节前后都举行大型文艺演出，京剧学社建社 10 周年和学生京剧团建团 6 周年之际，专门举行了清唱纪念活动。校老年门球队在江西省老年体协举办的江西省第三届全民健身运动会门球赛暨 2007 年"天狮杯"中国门球冠军赛江西分赛区比赛中获得高校组第一名，组队参加江西省第六届老年人体育健身运动会，取得了三金一铜的好成绩。

2007 年，学校在全省高校中率先组建老年大学，为老同志老有所学构筑了一个良好平台，10 月 16 日隆重举行开学典礼，首期招收学员 176 名，开设了 4 个班。一大批老同志在学校教学、科研、管理工作中积极发挥余热，他们有的受聘担任教学督导员、学生工作督导员，有的担任教学评估专家和班级辅导员，经常工作在教学管理一线，为学校改革发展献策献力。老年科协将学校历史上的一些珍贵史料加以收集和整理，组织编辑出版了《一枝一叶总关情——江西师范大学史迹寻踪》三辑，为丰富校史提供了大量参考文献。2007 年 9 月，学校举办了首届"老有所为"成果展，全方位展示了老同志在科研、督导、服务学校与社会等方面取得的成就。

治安综合治理

学校党委、行政高度重视安全稳定工作，紧紧围绕构建和谐文明校园这个目标，以落实领导责任制为龙头，按照"谁主管、谁负责"的原则，建立学校维稳工作责任体系，创新工作思路，着力提高维稳能力，做到校园安全稳定工作常态化运作、体制化运行。每年年初，校领导都与各部门、各学院主要负责人签订年度综合治理责任书，学校保卫部门与各学院签订年度消防安全责任书及重点部位安全管理责任书，形成"学校主要党政领导负总责，分管领导直接负责，职能部门具体负责，全校上下逐级负责，师生员工人人有责"的一级抓一级，层层抓落实的责任体系，为学校有效开展安全稳定工作提供了有力保障。学校不断加大投入，构建起了人防、物防、技防相结合的治安防控体系，为做好维稳工作奠定了坚实的物质基础。学校进一步完善了"校园 110"报警服务机构的硬件建设，新老校区已拥有较为完善的技术防范系统，主要路口和重点部位安装了监控设备，要害部门安装了防盗报警装置。学校积极配合当地政府部门和公安机关推进了校园及周边治安综合治理工作，建立了畅通有序、灵活高效的信息反馈机制，在校园里定期和不定期地开展反偷防盗、整顿交通秩序等多场专项整治行动，严厉打击侵害师生人身安全的各类违法犯罪活动，有效地强化了校园治安管理，净化了校园及周边环境。

学校在综合治理制度建设上狠下功夫，建立健全安全保卫管理制度，制定《预防和处理突发性事件工作预案》，提高快速反应和应急处理能力，为确保师生生命与财产安全，保证正常的教育教学和生活秩序提供了制度保障。2003 年以来，学校及时妥善处理了十几起涉及安全稳定的事件，经受住了各个敏感期、重大活动和事件的考验，保证了学校改革建设发展的顺利进行。2004 年下半年，城市建设学院等单位违反自考班招生、管理规定，擅自利用中介进行不实宣传，误导学生入学，致使 11 月 16—18 日发生部分自考助学班学生在青山湖校区聚集，要求解决毕业文凭问题和享受与统招生相同待遇的群体性事件。事件发生后，在省教育厅的大力支持下，学校坚持思想教育和政策引导相结合，冷静处置、沉着应对，有效地制止了事态的进一步发展。

2003年，校医院升格为正处级建制。2003年上半年，面对突如其来的"非典"疫情，学校在较短时间腾空海外楼，设置观察房50余间，有300余名本科生、研究生留置观察。全校上下积极投身于预防和控制"非典"的伟大战斗中，发扬"万众一心、众志成城、团结互助、和衷共济、迎难而上、敢于胜利"的伟大精神，特别是防治"非典"办公室的同志和从事医疗卫生、学生工作和安全保卫工作的广大干部置个人安危于度外，临危不惧，日益奋战，确保了校园的安全和稳定，维护了正常的教学和生活秩序。省委、省政府授予学校"全省抗击非典先进集体"荣誉称号。2007年7月上旬，瑶湖校区部分师生发生由诸如病毒感染引起的胃肠道疾病，累计患病1281人，最高峰达到每天100多人，学校及时制定应急预案，积极配合各级卫生监督和疾控部门落实防控措施，通过群防群治，很快使疫情得到了有效控制，没有造成进一步传播。2009年上半年，甲型H1N1流感病毒肆虐，全校师生启动群体性突发性事件工作预案，保障了学生、教职员工的身体健康和生命安全。

第七节　文化铸校　精神传承

2003年以来，学校将校园文化作为重要的精神资源和无形资产加以建设和弘扬。2005年3月18日，学校专门印发《文化建设纲要》，明确了文化建设的基本目标，即：以校风、教风、学风建设为核心，从精神文化、物质文化、制度文化、行为文化四个方面着手，努力形成催人奋进的学校精神、科学民主的价值理念和导向正确的舆论环境，着力构建具有深厚人文底蕴，又充满生机活力的科学民主、健康向上、丰富多彩、特色鲜明的学校文化，促进学校的科学发展。

2007年9月，在六届一次教代会上，学校党委向全校发出了"团结动员教职员工，共建共享和谐校园"的号召，指出共建共享和谐校园，要真正按照民主法治、公平正义、诚信友爱、充满活力、安定有序、人与自然和谐相处的总要求，通过一系列扎实有效的措施，使依法治校得到全面落实，资源配置更趋科学合理，校园文化健康发展，创造活力显著增强，校园环境不断改善，安全稳定充分保障，师生员工政治思想素质明显提高，整个校园呈现出生机和活力。联系学校实际，就是要把学校建成为民主科学、追求真知的精神家园，放飞理想、成就辉煌的创业田园，真诚友善、文明安康的生活乐园，努力营造宽松友爱的工作环境、和谐融洽的人际环境、民主活泼的学术环境、舒适优雅的生活环境、理解宽松的舆论环境、高雅优美的生态环境和安全稳定的校园环境，使学校形态、文化神态、师生心态内外和谐，办学实力、学校活力、文明魅力刚柔相济，促进学校的全面、协调和可持续发展。

环境文化建设与历史文物保护

学校历程经过岁月的洗礼，累积了深厚的文化底蕴，形成了珍贵的精神传统，凝聚了一代又一代师生员工的集体记忆。学校注重文物史迹资源的保护、整合和利用，注重办学传统、办学理念和办学成果的总结、凝练和弘扬。新校区建设过程中，工程建设和文化形象塑造几乎是同步进行的。校园建设与规划塑造了具有较高文化内涵的建筑艺术形象、景观雕塑和环境品格，突出"现代、人文、开放、生态"的特点，折射出学校历史传统和时代风貌，彰显出科学、人文、艺术精神，使校园成为提高人的修养、陶冶人的情操、净化人的心灵的"绿色家园"。2004年，学校在青山湖校区，对有纪念意义的近30座楼宇、景点建筑以标牌明示，配以反映学校悠久历史和文化传统的说明性文字，彰显出青山湖校区浓郁的文化内涵。在瑶湖校区，学校开展两期楼宇景观征名活动，为近30处路、桥、门和部分教学楼确定名称，征名活动调动了全校教师的思维神经。通过以校史为主线，经过一定的民主程序，新校区东北西南四正方位的七桥七门七路，被冠以"正大"、"海会"、"杏岭"、"龙岭"、"长胜"、"望城"、"青蓝"等名字，使七门有了校史里程碑的标志意义。以校史上的著名学者为名，命名了"先骕楼"、"方荫楼"、"名达楼"、"惟义楼"。中环之内为校园的核心区、中轴区。自正大桥入正大门，扑面而来的是一个四柱擎天、形若井塔的庞然大物，被命名为"正大坊"。正大坊朴拙厚重，线条简捷刚劲，其造型是古代方形四脚牌坊的变形演绎，是中国古老的耕读传统的体现。正大坊下为"正大源"，具有追根溯源，崇始报本的意义。沿正大坊前行，其背面广场命名为正大广场。广场中央矗立着八根方形大柱，就是学校的校址纪念碑。八块碑文分别为"壮丽历程"、"白鹿开先"、"杏岭肇基"、"南赣砺志"、"望城凯旋"、"青蓝更始"、"拿山行返"和"瑶湖弦歌"。

首柱序其概述和立碑之意，其余七柱则代表了学校发展历史的七大阶段，构成一内容精练的简明校史，校址纪念碑铭文由傅修延副校长和党办主任赵明共同撰写。为了纪念学校的首任校长胡先骕博士，校区西北角的一片园林，命名为"步公园"，有湖池溪桥，亭台假山，花草树木，铺成出一幅立体的画卷。一座人工堆就的小型土丘，命名为"小杏岭"。

2004年2月20日下午举行奠基仪式，师生代表在那里深情地洒下从泰和专程取来的"杏岭土"，并种下一棵从杏岭移来的水杉；而后来自全国20多个省区和全省近百个县市的同学，依次来到树边，洒下取自自己家乡的泥土，寓意校园与杏岭根脉相连，与祖国各地声气相通。

2005年，学校对校园、教学场所文化氛围营造提出要求，要各单位在教学场所和办公场所营造良好的育人环境和学术环境。2006年，学校召开学院文化建设座谈会，明确将校园文化建设的重心转移到学院文化建设上，组织专家论证各学院的文化建设方案，组织学院开展办公场所及所属场地的氛围营造工作。2007年，学校推进了以方荫楼为重点的学院环境文化建设，方荫楼内门庭、过道等环境布置改造工程完成后，受到师生的一致称赞。2008年，全面推进学院环境文化建设优秀方案的重点打造工程，积极实施学院环境文化建设与艺术性、教育性、专业性相结合的"三结合"策略，稳步推进学院环境文化建设。2009年，根据学校文化建设总体部署和70周年校庆文化氛围营造需要，委托有关专家对学校文化建设情况进行调研，并面向全校师生员工征集对于校园文化建设的意见和建议。2009年11月，学校六届三次"双代会"上，王东林提出了《关于进一步丰富学校校园文化建设内涵的建议》，经会后广泛征求意见，2010年2月27日，六届教代会主席团会议审议通过校园设施命名补充方案及文化建设立项项目，对青山湖校区和瑶湖校区建筑景观道路补充命名、校园文化基础设施建设项目、学校历史文化开发研究项目等做了进一步详细的规定和规划。4月，学校正式公布了校园设施命名补充方案及文化建设项目。瑶湖校区自正南依次向西、北、东环校园的七座大门名称分别调整为正大门、青蓝门、望城门、长胜门、杏岭门、龙岭门、海会门；学生生活区球场东面与西面、连接长胜路和中环大道的南北走向的两条道路，球场以西的命名为井大路，球场以东的命名为嘉义路；环绕校园的水域命名为瑶河；西北区域的小湖命名为杏潭；知行楼、白鹿会馆东北侧至西北水面命名为鹅湖湾，东侧山坡命名为白鹿岗，西侧小亭命名为鹿鸣亭；

瑶湖校区西北区域的六角亭命名为仁看亭；音乐学院楼命名为天浪楼；美术学院楼命名为超真楼。青山湖校区中心区域主干道侧的小亭命名为友教亭。学校决定在瑶湖校区瑶河内侧环绕校园种植水杉，建设健康小道；在静湖湖面上沿中轴线修建静湖桥；在图书馆主楼顶部修建钟楼，铸造纪念70周年校庆的校庆纪念钟，镌刻铭文；在小杏岭杨梅林内修建一所小型书院；在青山湖校区红石房设立文化纪念墙，刻录《红石房记》以及曾在红石房居住的教职工姓名；将东大门围墙改造为反映学校历史的文化墙；对银干楼进行修缮和装修，恢复原貌，刻录《银干楼记》。

为了加强青山湖校区管理，2009年7月8日，学校召开了青山湖校区管理联席会第一次会议。会议指出，老校区是一代代地传承下来的，校园到处都有故事和历史，这样的校园在南昌，乃至全省都很少见。今后青山湖校区管理的定位，一是要体现70年老校的管理水平，二是要展示70年发展历程的校史文化，三是要凝聚70年艰苦奋斗传统精神。今后，要把老校区建设成为安静有序，远离商业活动的教学场所，成为年轻人接受爱国、爱校教育的校史"博物馆"，成为老年人颐养天年，休养生息的人间乐园，成为70年校庆活动的亮点、美点，成为校庆活动在市区的协调联络中心。2010年5月3日，学校邀请省文物保护专家来校考察，实地察看了民国时期原中意飞机厂的部分建筑及其遗迹，如红楼、红场、大礼堂和老美术楼等，还考察了20世纪50年代建造的王字楼、老琴房、总务楼、外专楼等历史建筑。文物专家对学校一批历史建筑的文物价值充分肯定，并针对性地提出了相关保护建议，一是应将民国时期原中意飞机修造厂指挥塔楼（今红楼）、大棚车间（今老美术楼）、飞机库（今大礼堂）等作为近代工业遗产申报国家级文物保护单位，为此建议局部恢复这些建筑的原貌特征（如红楼南面的圆窗）等。二是适当修整王字楼、老琴房、总务楼、外专楼等砖木结构建筑，作为反映50年代新中国成立初期江西大学发展的实物见证，可以作为省级文物保护单位申报。三是1960年以前兴建的老图书馆、老物理馆，第一教学楼、第二教学楼等建筑，可列为历史建筑进行有效保护。7月，学校决定利用暑假对一批历史建筑进行原貌恢复修整工作。

2005年，学校在瑶湖校区建设和开放了校史展，制作了学校宣传片《奋进》和宣传画册，树立文化艺术校园雕塑和经典警句名言标识牌，开辟摄影艺术长廊、名人名言文化长廊，营造了良好的育人环境和学术环境，丰富了师生员工的文化生活。学校编辑出版了包括《学府风标》、《一枝一叶总关情——江西师范大学史迹寻踪》等在内的《江西师大文汇》。

学校形象标志研究开发

2004年，学校开始着手整合学校理念系统，开展"师大精神"讨论，征集、评选新的校训、校徽和"师大精神"。经过反复商讨并以民主的程序将校训确定为"静思笃行，持中秉正"。新校训简明达雅，字约义丰，既有鲜明的中国文化特色，又深印着学校历史的辙印，既有对学问文章的期许，又有对道德修养的要求。其"持中秉正"一语，浅层观之，则学校前身"国立中正大学"校名若隐若现，是一种对历史的追思、纪念和尊重。"静思笃行，持中秉正"，富含治学和做人的哲理。其出典均为先秦儒家的著作，具有深厚的文化依托和思绪重量。

学校标识设计的征集工作始于2003年初，其间历经两年多的时间，共征集到20多件设计稿，其中不少将目光投向新校区的地标建筑——正大坊，并演化出各种变形，极富创意。美术学院刘赞爱根据多方意见进行完善修改和反复锤炼，数易其稿，设计了以英文字母构成"中"字造型的方案。2005年上半年，学校在多种方式征求教职工意见和多种会议反复遴选，提交教代会审议，学校最终将内涵丰富、形式美观的最佳方案确定下来。新的学校标志，中英文校名全称合围在标志的外圈，中心圈内的图案造型，由"中国江西师范大学"的英文缩写"GJNU"4个字母组成，左为"C"，代表China（中国）；右为"J"，代表Jiangxi（江西）；中为"N"，代表Normal（师范）；左"C"和右"J"合而为"U"，代表University（大学）；"N"和"C"亦为学校所在地南昌（NanChang）的拼音缩写。标志的整体效果是一个"中"字，"N"像正大坊，"C""J"合抱像瑶河，既代表学校发端于"国立中正大学"，寓意"静思笃行，持中秉正"之校训，又反映了新校区的整体布局。该设计方案荣获2005年"中国之星"设计艺术大奖赛标志类最佳设计奖。

2005年7月，美术学院丘斌根据确定后的学校标志方案，设计完成了《江西师范大学视觉形象识别系统》，该系统通过规范的基本识别体系和应用识别体系，将学校的办学思想、精神理念、管理特色、教学科研、成果转化等有机整合，力求遵循精进、恒久、创新、系统、立意、美观、活用的原则，形成学校特有的个性化整体形象。

师德师风建设

学校始终把积极推进和不断提高以职业道德建设为核心内容的教职工素质工程与强化师德师风建设作为重要工作来抓，党委宣传部、工会、教务处、人事处等部门紧密配合，强化师德师风的机制建设和制度建设，强化激励机制，加大奖励力度，建立劝诫、警示机制，建立引导机制，采取机关与学院、教师与学生互动的形式，通过开展"教职工形象工程"建设、"十佳百优"教师及优秀教学质量奖的评选、优秀课堂教学展示、优秀青年教工评选，后勤员工技能培训以及技能竞赛、"师德师风"演讲辩论赛和征文、机关服务部门工作作风整顿教育活动、"知我师大、爱我师大、兴我师大"主题教育、"师大精神"讨论教育、教书育人交流会、师德楷模报告会、名师报告会、模范优秀教师先进事迹报告会以及女教授系列讲座等各项主题鲜明的教育活动，取得了推动师德师风建设、弘扬师德美德的目的，增强了广大教师对师德建设活动开展的认同感，全校形成了"重师德、铸师魂、扬师风、塑形象"，"劳动光荣、知识崇高、人才宝贵、创造伟大"的共识。2003年，学校开展了"师德师风"教育活动，2005年印发了《教师职业道德规范》，2008年10月，印发《关于进一步加强和改进师德师风建设的意见》，对加强师德师风建设提出了明确要求。2010年是全校"师德师风建设年"，为了解决学校教师队伍师德师风建设中存在的突出问题，学校决定以"树优良师德师风，迎七十周年校庆"为主题，集中开展师德师风建设活动，专门印发了《师德师风建设活动实施方案》。

2004年，学校制作介绍胡竹菁教授的专题片《孜孜以求写人生》，被省教育厅评为优秀教师专题片一等奖。2005年，学校编印文集《我心中的教师》，向广大师生呈现了学校70位优秀教师潜心教书育人、默默无私奉献的感人事迹。2006年，学校开展了全国教学名师赖大仁先进事迹宣传活动。2008年5月12日，四川汶川发生特大地震后，学校组织开展了向抗震救灾英雄教师学习活动，引导广大教师学习英雄教师的高尚师德和无私奉献精神，让教师接受灵魂的洗礼。为了凭吊和纪念在汶川地震中的伟大师魂，6月6日，学校首届午间音乐会以"大爱铸师魂"为主题，通过歌曲、诗朗诵、原创情景朗诵等节目歌颂四川地震灾区英雄教师的先进事迹。2009年，学校组织了青年教职工楷模评选和宣传教育活动。2010年6月18日，学校举行"学校发展与青年使命"主题论坛暨青年教职工楷模表彰大会，一批青年教职工楷模受到表彰，楷模代表和青年教师围绕的主题，畅谈学校发展与自己的使命，一致表示要用脚踏实地、谦卑做人、感恩学校、勇于担当的精神进一步为学校的发展奉献自己的力量。学校每两年开展一次"三育人"先进工作者和"三育人"标兵评选活动，表彰先进，宣传典型。2008年，在省第五届师德建设先进集体和师德标兵、师德先进个人评选活动中，学校思政部被评为江西省师德建设先进集体评选，计算机信息工程学院丁树良教授被评为江西省师德标兵、先进个人。几年来，先后多人被评为全国模范教师、全国优秀教师、江西省新形象楷模、国家名师、江西省名师、江西省先进工作者、江西省模范教师、全省女职工建功立业标兵等荣誉称号。

校园文化活动

学校大力推进高雅文化进校园战略，积极发挥校园文化的导向作用、凝聚功能，不断丰富青年学生课余文化生活，增强青年学生人文素养和综合素质，营造文明、和谐、健康、向上的校园文化氛围。在瑶湖校区建设过程中，针对"一校多区"新校区远离市区、文化生活贫乏的特点，着力抓好社团文化、寝室文化、班级文化和学区文化建设，将校园文化重点放在丰富和活跃第二课堂，把广大同学的精力吸引到团学活动中来。随着新校区的全面建成和学校办学主体转移到瑶湖校区，根据时代发展新特点和形势发展新要求，将校园文化重点放在传承、梳理、整合、创新校园文化品牌活动，校园文化活动按"主题化、系列化"的要求来策划，按照"项目化、社会化"的途径来实施，按照"长效化，品牌化"的目标来建设。

学校坚持用社会主义核心价值观教育引导青年学生，通过系列主题活动强化青年学生爱国主义、集体主义、社会主义教育。开展丰富多彩的"知荣辱、树新风"教育活动、"三个代表在校园"主题活动、"科学发展观"学习实践活动。每年开展了"我与祖国共奋进、我与江西共崛起、我与师大共发展"主题活动，邀请专家学者常年开设"相约校园、成长对话"讲坛。2003年，在"非典"期间开展了"抗击非典，青年先行"系列活动，2005年，开展"迎评创优，我为师大添彩"等主题教育活动；2008年结合汶川地震开展"抗震救灾，师大在行动"系列活动；2009年，结合纪念五四运动90周年，庆祝新中国成立60周年等契机，开展"青春光耀九十年，我与祖国共奋进"、"唱响师大，礼赞祖国"、"辉煌六十年，中华腾飞路"等主题教育活动；2010年开展了"为玉树加油"主题活动。

　　学校积极鼓励学生参加各种课外学术竞赛和创新创业实践活动，着力培养学生创新意识和实践能力，学生的综合素质不断增强，创新实践成果不断攀升。学校设立了学生科研创业基金，资助学生科研项目。

　　建设了以大学生创新实验室、大学生电子科技创业中心为代表的多个校级学生科研基地；每年开展以迎接"挑战杯"竞赛为引导的大学生学术科技节、大学生学术科研立项活动，学生参与学术科技活动的热情日益高涨。2003年，在第八届全国"挑战杯"大学生课外学术科技竞赛中，获得二等奖1项，三等奖3项，参赛成绩名列全省高校第一。2004年，在第四届全国"挑战杯"大学生创业计划竞赛中，获优秀组织奖和3个铜奖；在全国数学建模竞赛中获一等奖1个、二等奖3个，两项赛事均实现了在奖项等级上的突破。2005年，在第九届全国"挑战杯"大学生课外学术科技作品竞赛中获得三等奖5项；在全国数学建模竞赛中获得一等奖1个，二等奖3个；在全国高校机器人竞赛中，首次组队参赛获全国三等奖。2006年，在第五届全国"挑战杯"大学生创业计划竞赛中，获铜奖1项；在全国机器人竞赛中，获金奖1个、银奖1个。2007年，在第十届全国"挑战杯"大学生课外学术科技作品竞赛中，获三等奖4项。在第八届"广茂达杯"全国智能机器人大赛上获两金两铜；在第二届"达盛杯"全国电子毕业设计暨创新设计大奖赛中获一等奖和二等奖各1项；在数学建模竞赛中获全国二等奖一项；在第二届全国大学生广告艺术大赛中获得优秀组织奖。2008年，在第六届全国"挑战杯"大学生创业计划竞赛中，获铜奖1项。2009年，学校学生在第十一届全国"挑战杯"大学生课外学术科技作品竞赛中，获三等奖8项（含世博会专项）。在全国大学生广告艺术大赛中获得全国一等奖1项，全国大学生电子设计竞赛获得了全国二等奖1项，实现了本项赛事国家级奖项零的突破；在"S1ANA国际数字艺术动漫周中国大学生原创动漫作品大赛"中获得大赛一等奖、三等奖和优秀奖各1项；在第九届机器人大赛获得全国二等奖1项；在全国数学建模竞赛获得国家级二等奖1项，省级一等奖2项；在首届全国大学生数学竞赛分区赛中，学校学生的获奖人数占全省获奖总人数的58.6%，并且包揽数学类的全部一等奖（共4项）；江西省第二十届电子制作现场赛获得省级一等奖3项。传播学院周黎、数信学院许世建、软件学院杜大威3位同学先后获得第一届、第三届、第四届中国青少年科技创新奖。

学校积极打造节庆文化，树立了一系列校园文化品牌，推进"高雅文化进校园"。每年结合重大纪念日，组织庆祝"七一"、"十一"系列活动，举行纪念"五四"、"一二·九"系列活动。开展了以"青春光耀九十年，我与祖国共奋进"、"唱响师大，礼赞祖国"、"辉煌六十年，中华腾飞路"等为主题纪念五四运动 90 周年、纪念改革开放 30 周年、庆祝新中国成立 60 周年的系列活动。发挥民族传统节庆的教育功能，引导组织青年学生开展清明节"网上祭英烈"、端午节"汉服展演"、"中秋诗会"活动。每年举办的迎新生大型文艺晚会、庆元旦系列文艺活动是学校的传统品牌活动，2007 年以来开始采用现代视频声像技术，提升了活动的品位和效果。2003 年，学校在全国率先创新高校与剧组联合的文化运作模式，改编排演新版赣剧《牡丹亭》，在江西艺术剧院演出获得成功，受到社会各界好评，该剧 2005 年应邀参加上海国际艺术节并成功演出，反响强烈。2006 年，为促进学术文化建设，开展"瑶湖之会"学术艺术汇展月活动，邀请国内外知名人士来校开展学术、文化、艺术讲学和展演，每两年举行一届，每届推出 10 余场次讲座和演出；2007 年，成功举办 30 余场学生音乐会，2008 年，举办午间音乐会，先后演出全场"黄河大合唱"、"大爱铸师魂"等专题 10 多场次。在教育部思政司组织开展的校园文化建设优秀成果评选活动中，"原创诗歌朗诵会"活动获得三等奖。政办并积极参加全省第六届大学生艺术展演并获得优秀组织工作奖，参加第二届全国大学生艺术展演活动获得一等奖、二等奖各 1 项，学校被授予优秀组织奖和精神风貌奖，获全省高校校园文化建设优秀成果二等奖。承办"祖国你好"全省庆祝建国 56 周年文艺晚会，承担江西省普通高校普及高雅艺术活动交响音乐会，瓷乐节目《青花韵》受邀参加 2009 中国"俄语年"开幕式，参加 2009 年中央电视台"宜春月·中华情"中秋晚会。2009 年，学校设计的江西游行彩车"崛起江西"参加北京国庆 60 周年群众游行活动，学校被评为"首都国庆 60 周年群众游行支持贡献单位"，"崛起江西"游行彩车获得"2009 红星奖国庆 60 周年特别奖——最佳创意奖"。

学校学生社团数虽多，基础好，群众性、专业性、艺术性结合好。2005 年，学校修订出台了《江西师范大学学生社团管理条例》，按照"全面活跃、重点扶持"的原则，全面建设好校级社团，重点建设好品牌社团。将数量众多的社团活动整合成以"瑶湖春潮"、"瑶湖秋韵"为主题的社团文化艺术节。同时，在精心组织常规性活动的基础上，2003 年起先后推出了原创诗歌朗诵会、大学生读书节、学术科技节、体育展演大会、学生京剧艺术节、电视主持人大赛、校园学术辩论赛、十大才女选拔赛等品牌活动，通过整合资源，使众多的校园文化活动协调推进，高潮迭出。在蓬勃发展的学生社团活动中，不断夯实大学生艺术团、威风锣鼓队、国旗班、女大学生军乐团、学生京剧团、蓝天环保社团等传统品牌社团的基础，进一步拓展了一些新的品牌社团，如青年马克思主义发展研究会、和谐社会促进会、外语剧社、青蓝文学社、KAB 创业俱乐部、赣鄱文化网创业社团等全校性学生社团，与泰豪集团共建江西师范大学泰豪大学生艺术合唱团。蓝天环保社团被评为全国高校示范社团，青年马克思主义发展研究会被评为全省"十佳理论社团"，大学生艺术团、蓝天环保社团、三国与人才研究会被评为全省大学生示范社团。蓝天环保社团 2005 年荣获"还长江生命之网"湿地使者行动全国第三名（二等奖），并获十佳团体奖，2006 年荣获"世界生命湖泊最佳保护实践奖，"2007 年荣获全国湿地使者行动第二名，全国"节能 20"活动第一名，首届全国 ERM 环保科普先进集体，首届鄱阳湖环保卫士。军乐团和国旗护卫队参加首届国际军乐节。学生京剧团参加全国第六届高校京剧票友演唱研讨会，获得二等奖 2 项，三等奖 5 项和优秀组织奖。外语话剧社获得全省大学生英语风采大赛一等奖。大学生辩论团获得第十一届"外研社杯"全国大学生英语辩论赛二等奖，"亚星杯"全国演讲大赛团体特等奖、个人一等奖、二等奖和优秀奖。泰豪大学生艺术合唱团获第二届全国大学生艺术展演活动二等奖，全省第六届大学生艺术展演业余组一等奖，2010 年全省大学生"唱响鄱湖"电视大赛一等奖。

社会实践和青年志愿者行动

学校高度重视组织开展社会实践工作，对组织机构、运行机制、指导老师配备等方面予以明确。加强了队伍建设，每年暑期组织校总队、校直属队、院直属队三大社会实践队达 60 余支，并引导学生就近就便自主开展各类社会实践活动；加强了基地建设，将基地建设与专业实习见习、就业创业、科学研究等紧密结合，目前，在全省建成学生社会实践基地 100 多个；加强了项目建设，发挥学校专业特长，结合服务地的实际需要深入农村、学校、社区、厂矿企业，开展理论宣讲、文艺演出、文化辅导、科技咨询、普法宣传、家电维修、师资培训、社会调查等社会实践活动，结合时代主题需要开展了大学生党员先进性教育实践、新农村规划、乡村旅游规划、构建和谐社会实践服务、鄱阳湖生态经济区建设实践服务等重点项目，使广大青年学生在实践中服务社会，在服务社会中增长才干。2008年，校团委组织10名师生赴四川地震灾区宝兴县蜂桶寨乡开展1个月支教实践服务；2009年，再次组织6名师生赴该地开展实践服务。2010年，学校选拔组织180名大学生党员深入环鄱阳湖的38个县市区进行鄱阳湖生态经济建设宣讲实践。学校连年被评为全国、全省暑期"三下乡"社会实践先进单位。学校大力推进青年志愿者行动，将其作为组织引领青年学生参与和谐建设的重要途径。学校积极拓展志愿服务领域，立足校园、面向社会，服务西部，走出国门。目前，全校有23支青年志愿服务队，在南昌市建立了27个社区服务站，组织开展敬老助残、扶贫帮困、环境保护、普法宣传、义务家教等多种形式的志愿服务活动。在组织常规活动的基础上，一些品牌活动、专项活动稳步推进，蓬勃发展。2003年，校团委与《江南都市报》联合开展了针对下岗职工子女"千名师大学子义务家教"活动。2005年，校学生会组织开展了针对进城务工农民子女的"暑期免费文化辅导"活动。2007年，数信学院组成农村留守儿童"代理家长"服务队，"代理家长"志愿者郭巧同学荣获第二届全国十大"中国大学生自强之星标兵"称号，参加团中央、全国学联座谈会作专题发言，并受到王兆国等中央领导的亲切接见；该服务队获全省首届"十佳青年道德集体。"2008年，学校12名青年学生入选北京奥运会、残奥会志愿者。2009年，校青年志愿者协会选拔青年志愿者赴江西未成年人犯管教所开展"启明支教服务"。学校多年来积极组织青年学生参加"无偿献血"活动，开展"红十字志愿服务"活动，学校2008年被教育部、红十字总会评为"全国红十字模范校"。从2002年起，学校成为团中央、教育部"中国青年志愿者扶贫接力计划研究生支教团"派出单位，每年选派应届毕业生赴贵州省黔西南布依族苗族自治州望谟县开展为期一年的支教服务。至2010年，共选派了9届53名志愿者参加。2007年，学校获得教育部、团中央第二届"研究生支教团优秀组织奖"；研究生支教团成员邓明星入选贵州省"青春在基层闪光"优秀大学生报告团，李渊华被评为"全国百优志愿者"，李渊华、虞安骥同学先后被评为"中国大学生自强之星"。2003年起，学校积极参与"大学生志愿服务西部计划"，至2010年，共选派了8届218名应届毕业生和在读研究生赴新疆、广西、海南、四川地震灾区小金县、江西基层从事1年至3年的志愿服务。学校被评为"全国西部计划优秀项目办"。2009年学校成为"中国青年志愿者海外服务项目"实施高校，首次选派了12名优秀志愿者赴非洲国家肯尼亚、马拉维开展汉语教学、乒乓球教练、计算机应用志愿服务。其中，"2009 年肯尼亚项目"由学校单独承办，这是团中央、商务部首次将一个项目交由一所高校独立承办。2009 年 8 月，学校 5 名赴肯尼亚志愿者在北京人民大会堂参加了出征仪式，受到温家宝总理的接见。在 2010 年 5 月 8 日举行的马拉维总统杯全国乒乓球比赛上，江西师范大学赴马拉维援外志愿者所在的利隆圭乒乓球队大获全胜，囊获了男子成年组、女子组、男子青年组比赛的前四名。比赛结束后，马拉维奥委会主席向体育部长提出申请，正式聘请江西师范大学志愿者张立欣为国家队主教练。

大学生文化素质教育

2002 年，学校被团中央、教育部等单位确定为全国实施大学生素质拓展计划的 63 所试点高校之一。学校按照总体要求，结合具体情况，以实施"计划"来统领第二课堂工作，完善了服务青年学生成长成才需求的综合体系。

2003 年，学校专门成立了大学生素质拓展中心、大学生创业教育中心，建成了大学生活动中心和科技训练基地，挂靠校团委，各学院（学区）也相应成立大学生素质拓展中心办公室，分工负责、分层管理；同时建立团支部——学院（学区）团委——校团委的认证服务体系，保证学生素质拓展记录的正确客观和学生素质拓展认证工作的高效开展，推进了第二课堂课程化建设。从 2002 级学生开始，每名同学在获得毕业证的同时，还将获得第二课堂的"素质拓展认证证书"。毕业生的素质拓展证书受到用人单位的关注和肯定。2004 年，学校成立青年学院，作为第二课堂的教学业务单位与校团委合署办公，全面负责第二课堂学生综合素质拓展和技能培训，为服务学生成才提供了强有力的组织保证。学校启动人才培养模式改革后，在新的人才培养方案中推出了"创新研究类、社会实践类、艺术教育类、教师教育技能类"四大类学分课程模块，开列 400 多项第二课堂活动项目，按"菜单式服务"模式供学生自主选择参与，与大学生素质拓展认证相结合，学生必须取得第二课堂 4 个学分才能毕业。第二课堂活动参照第一课堂教学的形式来运行，按绩分点管理模式实行学分量化认定，建立学分学籍档案，从而使第二课堂活动更具有计划性、系统性和规范性，形成了完备的第二课堂学分教学管理和运行体系。2006 年 6 月，学校获批为教育部国家大学生文化素质教育基地，学校相应成立国家大学生文化素质教育基地管理办公室，与校团委合署办公。

体育工作

在"体教结合"思想的主导下，学校将教学资源优势与江西省体育局的训练资源优势相结合，共同合作培养了一批全国冠军、亚洲冠军、世界冠军等高水平运动员。2003 年在第 10 届全国运动会上，学校运动员为江西夺得 10 枚金牌。2004 年 8 月 28 日，学校学生杨文军与队友合作，在雅典奥运会上勇夺男子双人划艇 500 米冠军。在多哈亚运会上，杨文军荣获男子单人划艇 500 米决赛金牌，金紫薇获女子单人赛艇第一名，欧阳鲲鹏获男子 50 米、100 米、200 米仰泳第二名，李荣祥获男子标枪第二名。2006 年 11 月，在江西省第十二届运动会上，学校组织了 200 多名运动员参加了高校部 11 个项目的比赛，学校体育代表团最终夺得金牌 65 枚、银牌 67 枚、铜牌 37 枚，团体总分为 1801 分，超出第二名 382 分，金牌总数、团体总分均列高校部第一，并获得优秀组织奖、体育道德风尚奖。2007 年 7 月，在全国第八届大学生运动会上，运动员欧阳鲲鹏在游泳比赛中，夺取 100 米、50 米、200 米仰泳金牌，为江西省代表团夺得 3 枚金牌。董德斌、邢善刚荣获体育道德风尚奖。2008 年在第 29 届北京奥运会上，学校运动员杨文军和队友再度获得男子双人划艇 500 米的金牌，成为历史上第一对蝉联皮划艇项目奥运冠军的运动员；金紫薇和队友们获得四人双桨奥运金牌，实现了中国赛艇奥运金牌零的突破；吴优和高玉兰在二人单桨项目上获得银牌，创中国女子双人单桨最好成绩；张志武获得男子双人划艇 1000 米项目第五名；周鹏获得四人皮艇 1000 米比赛第七名的好成绩。金紫薇、杨文军分别被授予全国五一劳动奖章和中国青年五四奖章；席毅林老师喜获国家体育运动荣誉奖章，詹晓梅老师成功执裁北京奥运会田径比赛。2009 年 2 月，江西省体育局授予江西师范大学体育学院 2008 年北京奥运会重大贡献奖。

健美操运动也是近年来学校发展的一个特色项目。2003 年，学校健美操队在全国健美操锦标赛中获得 2 金 2 铜和成人组团体总分第六名，2004 年，学校健美操队代表国家参加第八届世界健美操锦标赛获得团体总分第七、六人操第三名，首次在世界健美操锦标赛上升起了五星红旗。2006 年，倪振华、范捷同学获得第三届全国体育大会健美操混双比赛金牌。2007 年，健美操队随国家队参加世界健美操邀请赛获得 2 金 1 银 2 铜，2009 年代表国家队参加第十届健美操世锦赛获得金牌，为国家、为江西省、为学校争得了荣誉。福铁残同学在第二届亚洲残疾人举重公开赛上获得 52 公斤级举重冠军。男足代表江西省出征全国大学生足球联赛并获得南区决赛第六名；女子足球队参加中国大学生女子足球比赛获得第六名；在全国首届农耕健身大赛（2008 年）中摘得金牌 3 枚，获高校组团体总分第一名；其后在全国第二届农耕健身大赛（2009 年）中，勇夺金牌 12 枚，蝉联高校组团体总分第一名。为了响应教育部、体育总局与团中央的号召，2007 年，学校掀起阳光体育运动的热潮，先后举办万名学生阳光体育运动推进展示会。2009 年 8 月 8 日，举世瞩目的第 29 届北京奥运会在北京开幕。为了迎接奥运会的举行，学校开展了"与奥运同行冬季晨跑"活动，举办了"与奥运同行"主题系列活动，组织师生参加全省"迎奥运、讲文明、树新风"礼仪知识竞赛，开展"人文奥运、绿色奥运、科技奥运"系列活动。眭依凡、赖大仁、高修定和刘建平当选江西奥运会火炬手，学生杨琳、杨子浩当选护跑手，艾希等 13 名大学生、研究生入选为北京奥运会（残奥会）志愿者。

学校的体育场馆设施不断得到改善。新校区建成后，全校共有运动场馆总面积达 150558m 平方米，其中青山湖校区 77143 平方米，瑶湖校区 73415 平方米；室外 134636 平方米，室内 15922 平方米，生均 7.8 平方米。全校有一座 200 米跑道田径馆，一座 1800 平方米重竞技训练馆，3 片标准 400 米塑胶跑道田径场（含足球场 3 个），3 个标准游泳池，46 个篮球场，20 个排球场，8 个塑胶网球场，此外，一座现代化体育馆正在建设中，硬件条件达到了全国同类高校一流水平。

2008 年 11 月 11 日，国家体育总局体育文化研究基地揭牌仪式在学校挂牌成立。2009 年 12 月 15 日，学校首个高水平运动队培养基地在山东省滨州市体校揭牌。滨州市体校是"国家高水平体育后备人才基地"，其培养的运动员在全国和国际比赛中均获得好成绩。学校在该校设立培养基地，对于促进学校体育事业的快速发展具有重要意义。2010 年 1 月国家体育总局批准学校体育学院为国家社会体育指导员培训基地。2010 年 2 月，学校和辽宁省田径培训中心共同签署了联合培养高水平运动员大学生协议。

2010 年 7 月 6 日，学校隆重召开体育工作会议。会议深刻阐释体育与体育工作的内涵意义，指出要从提升生命质量的高度来理解体育的价值，从维护师大声誉的高度来认识体育工作的意义，从构建和谐校园的高度来全面促进体育工作。会议就加强学校体育工作作出新的部署，强调要在经费方面进一步支持体育工作，在活动方面进一步倡导全民健身，在组织方面进一步扶持体育团队，在硬件方面进一步改善场馆设施。

网络文化建设与管理

学校抓住互联网这个阵地，将网络文化建设纳入校园文化总体规划布局，将网络工作队伍建设纳入学校人才建设规划，将网络文化管理纳入平安校园建设体系，以加强校园网建设为基础，以开发校园网络文化精品为龙头，以强化网上舆论引导为重点，以加强网络文化队伍建设为保障，全方位推进校园网络文化建设和管理的各项工作。

2004年9月，学校召开学校网络信息安全工作会议，规范学校网络信息管理。2007年5月，学校召开"加强网络宣传文化建设，提升学校网上形象"为主题的网络宣传文化工作会议。党委印发了《关于加强和改进网络宣传管理工作的意见》《校内互联网上网场所管理规定》《网上评论员队伍建设实施细则》，建立健全了网络宣传管理工作的领导体制和长效机制。2009年3月，学校对各单位二级网站进行检查，对存在的问题进行集中整理，要求各单位整改。学校组建了多支高素质的网络工作队伍，一是专家、政工干部和优秀大学生等3支网络评论员队伍，二是由各个学院党委推荐的优秀党员担任的学校网络舆情信息员队伍。党委宣传部会牵头，会同新闻信息中心、学生处、财务处、后勤保障处、保卫处和校园网管理中心等单位，加强上网场所的日常管理，为大学生健康成长营造了一个安全、良好、有序的网络环境。学校的网络文化建设取得了比较明显的成效。2007年7月，教育部党组校园网络文化建设和管理调研组来学校调研时指出，"江西师大网络文化建设和管理工作机制完善、制度健全、措施得力，走在全国高校前列，为全国高校网络文化建设和管理工作积累了经验。"2009年4月，学校成为教育部高校网络舆情工作机制成员单位，是该成员单位中唯一的地方高校，由于对校园网络与信息安全事件苗头做到了早发现、早报告、早处置、早解决，对高校突发群体性事件的预警能力强，教育部思政司给学校党委专门发来感谢函。党委宣传部充分利用学校承担教育部网络舆情工作任务的优势，创新了网络舆情信息报送平台，定期编辑报送《网络舆情快报》和《网络舆情日报》，为维护学校的改革发展稳定发挥了重要作用。

校友文化和 70 周年校庆筹备工作

2006 年 8 月 15 日，学校决定成立江西师范大学校友工作委员会，下设校友工作办公室，其主要职能是在校友工作委员会的领导下，帮助组建各地江西师范大学校友组织，加强与各界校友的联系，组织开展相关校友活动，为校友提供服务。为了更好地做好校友工作，经江西省民政厅批准，2006 年 10 月 31 日，学校将"中正大学江西校友会"更名为"中正大学—江西师范大学江西校友会"，并召开了理事会第一次会议。理事会推选游海为会长。2008 年 7 月，学校召开校友工作和 70 年校庆筹备工作会议，要求各学院、各部门高度重视校友工作，并明确校友工作应从筹备 70 周年校庆、修订校史、成立各地校友分会和联络校友等方面着手，对校庆工作做了部署分工。2008 年 7 月 5 日，学校成立第一个海外校友分会——加拿大多伦多校友会。2009 年 1 月 11 日，理事会按照正式程序，推选睢依凡为中正大学—江西师范大学江西校友会第二任会长。

随着 70 周年校庆临近，2009 年 7 月 30 日，学校在青山湖校区举办简朴而隆重的 70 周年校庆新闻发布会。党委书记、校长傅修延将 70 周年校庆活动定位为一次冷静的、全员参与的寻根之行与温梦之旅、一件值得社会高度关注的文化大事，吹响校庆集结号，诚挚邀请并热烈欢迎海内外校友金秋十月返校共襄盛举。学校相继走访了一批知名校友和在偏远、艰苦地区工作的校友。3 月 26 日，国立中正大学中文系 1948 级校友沈鹏先生应允为学校题签了新的"江西师范大学"校名及"江西师范大学美术馆"馆名。5 月 24 日，又在《文艺报》上发表亲自创作题写的诗作《校址望城岗》书法作品，答谢傅修延校长赴京看望、感怀母校："灯前追忆望城岗，酒未沾唇热断肠。负笈少年心社稷，呼天黎首面疆场。为寻真理穷根柢，故读禁书轻课堂。胜迹三过而不入，滕王高阁赋新装。"6 月 9 日，沈鹏先生偕夫人返回母校，先后观看校庆专场晚会，为美术馆揭牌，并到望城岗国立中正大学旧址参观。4 月 14 日，时值校庆倒计时 200 天，学校举行"欢迎回家"校友酒会，邀请 100 多名各地校友返校共商校庆大事，并举行倒计时牌揭牌仪式。6 月 3 日下午，70 台钢琴奏响在美丽的瑶湖之畔，演绎出喜迎校庆的华彩乐章。7000 名师生齐聚在校址纪念碑前，参加学校举行的 70 周年校庆倒计时 150 天庆典活动。活动现场，一批单位和校友还进行了总金额近 200 万元的捐赠。伴随着漫天飘舞的彩带和绽放的礼炮，校庆钟、静湖桥、小杏岭书院和健康小道 4 个校庆工程项目宣布正式开建。由沈鹏先生捐资 50 万元、亲自题写鼎名，党委书记、校长傅修延亲自撰写铭文的《桃李鼎》，也投入紧张铸建之中。这些工程均在校庆70周年前夕完工并举行了落成典礼。

8月22日至26日，学校组织了一次规模空前、声势浩大的"重走校址路"自行车骑行活动，省体育局将活动纳入2010年首届环鄱阳湖国际自行车大赛，成为大赛的揭幕活动。党委书记、校长傅修延全程参与，全校70名师生和校友代表一起参与，从泰和杏岭国立中正大学原校址出发，历时5天、行程320公里，经新建望城岗原校址、现青山湖校区，最终骑行抵达瑶湖校区，激起了强烈的社会反响。师生们用身体感觉前辈学人经过的艰苦卓绝的跋涉，用血肉之躯体会前辈创业的艰难，意义十分深远，傅修延称之为一次"文化之行、收获之旅；感恩之行、温情之旅；颠簸之行、感悟之旅"。

与此同时，学校教学科研、学科建设、基本建设、保障服务等各条战线都在围绕校庆加紧工作，全校上下形成立足岗位作贡献、以实际行动为校庆献礼的喜庆、祥和、热烈氛围。

第八章

追梦前行

——省部共建成效凸显

（2010.10—2020.10）

2012年10月，教育部和江西省人民政府签署了省部共建江西师范大学的协议书，学校走上了发展的快车道。在2017年教育部本科教学工作审核评估中，教育部评估专家组评价学校为「一所具有历史底蕴、文化情怀、名校气质的模范大学」。科研项目申报取得重大突破，国家社科基金项目多年位列全国高校前40位，国家自然科学基金项目也多次位列全国师范院校校前10位。学科建设进展迅速，2011年，学校成功获批马克思主义理论、中国语言文学、化学3个博士学位授权一级学科点，实现了一级学科博士点的突破。2018年，新增教育学、心理学、中国史、数学、地理学、管理科学与工程6个一级学科博士点，至此，学校共有9个一级学科博士点，在全省高校位居第二。对外合作与交流也取得重大进展，与北京师范大学、华中师范大学、首都师范大学等签署战略合作协议，新增了2所孔子学院，被教育部批准为「接受中国政府奖学金来华留学生院校」。

第一节　规划先行　项目推动

七十周年校庆

2010 年 10 月 31 日，学校在瑶湖校区新落成的体育馆内隆重举行建校七十周年庆典大会。中共江西省委副书记、江西省人民政府省长吴新雄，最高人民法院常务副院长、党组副书记沈德咏，江西省政协主席傅克诚，原中共江西省委书记、全国人大常委、中共中央统战部（正部级）副部长万绍芬，江西省委常委、省委宣传部部长刘上洋，江西省人大常委会副主任蒋如铭、胡振鹏，江西省人民政府副省长孙刚，江西省政协原副主席刘运来、倪国熙，江西省委教育工委书记、省教育厅厅长虞国庆，中国科学院院士、清华大学教授黄克智等出席庆典大会。江西省委、省人大、省政府、省政协有关部门的领导，省委教育工委、省教育厅等厅局和地市的领导，各兄弟院校、友好合作单位代表、企业负责人、社会团体负责人，各地校友会组织负责人及海内外校友、全校师生代表 6000 余人欢聚一堂，参加了这一宏伟壮观的盛大庆典。

吴新雄省长在庆典大会上代表江西省委、省政府，向江西师大全体师生员工以及海内外的校友们表示热烈的祝贺和诚挚的问候，强调江西师大是江西省本科办学历史最长的普通高校，在全省高等教育事业和经济社会发展中具有举足轻重的地位，在江西科学发展、绿色崛起的大业中做出了重要贡献，并用"六个率先、五个具有"对学校近十年的工作给予了充分肯定：率先克服办学条件困难，努力扩大招生办学规模，为满足人民群众教育需求做出了积极的贡献；率先积极推进科学技术研究 2000 多项，为产学研结合、促进科研产业化创造出了一条新路；率先展开新校区大会战，以超常规的手段推进新校区建设，带动了高校园区和南昌的城市发展；率先通过教育部本科教学工作水平评估，成为江西第一所获得优秀的高校，为江西高校赢得了声誉；率先通过完成银团贷款，依靠自身力量化解债务危机，为其他高校提供了宝贵的经验；率先融入鄱阳湖生态经济区建设，主动策应国家战略，打造生态校园，建设共青校区，为其他高校做出了重要的榜样。十年来的实践证明，江西师大在科学判断形势、抢抓历史机遇方面，具有一所大学应有的果敢和胆识；在驾驭复杂局面、解决突出矛盾方面，具有一所大学应有的智慧和勇气；在为政府分忧、为社会服务方面，具有一所大学应有的大气和责任；在提升办学层次、增强综合实力方面，具有一所大学应有的积淀和基础；在谋求未来发展、适应激烈竞争方面，具有一所大学应有的优势和潜力。江西师大十年来发生的深刻变化、取得的突出成效是全社会有目共睹的，江西师大已经成为江西教师培养的摇篮、江西基础教育的母机和江西科技创新的高地，省委、省政府对师大充分信任，人民群众对师大感到满意，社会各界对师大给予高度的关注。虞国庆代表江西省委教育工委、省教育厅在庆典大会上致辞，对学校70周年校庆表示热烈祝贺，向全体师生员工和校友们表示诚挚问候，希望江西师大在今后的发展过程中成为一所更有自觉的大学、更为自信的大学、更加自强的大学。党委书记、校长傅修延在庆典大会讲话中回顾了学校七十年的办学历程及所取得的辉煌成就，梳理了学校的精神传统，展望了学校的美好未来。万绍芬校友、兄弟院校代表南京师范大学党委书记文晓明、外籍教师代表康妮、毕业校友代表邹科和教师代表、学生代表等先后在庆典大会上致辞或发言。

校庆日前的10月28日，教育部专门给学校发来70周年校庆贺信，指出70年来江西师大艰苦奋斗，开拓进取，形成了严谨、勤奋、求是、创新的优良校风，希望江西师大秉承师范特色，发扬优良传统，大力推进教师教育创新，全面提高教师教育质量，为建设高素质专业化教师队伍，为实施科教兴国战略和人才强国战略作出新的更大贡献。校庆日当晚，学校举行了建校70周年文艺晚会，大江网进行了现场直播。

为做好70周年校庆各项工作，学校举行了系列校庆工程项目和学术交流活动，完成了校史馆、胡先骕纪念馆、美术馆的建设布局工作，开展了校园建筑景观命名等命名及有形化工作，创作了巨幅历史油画《杏岭群贤》，丰富校园文化内涵，提升校园环境形象。在校庆筹备过程中，得到了广大校友的热情关注和大力支持，著名书法家沈鹏校友为70周年校庆专门题写校名，为学校多个场馆挥笔题名，并专门捐资打造了桃李鼎。学校在校友支持下修建了小杏岭书院、静湖桥、健康小道等工程项目。

"十二五"规划

"十二五"时期是我国由高等教育大国向高等教育强国、人力资源大国向人力资源强国迈进的关键时期，也是学校创新发展思路，大力加强内涵建设的关键时期。学校专门成立了由党委书记傅修延、校长梅国平为组长，其他校领导任副组长，张艳国副校长任执行副组长的"十二五"时期发展规划编制工作领导小组，研究制定了《江西师范大学"十二五"时期事业发展规划纲要》，经过 2011年 5月七届一次"双代会"审议通过和校长办公会审议、党委会审定后，会同配套制定的学科建设、人才队伍、教师教育和文化建设 4 个子规划，于 2011 年 6月 22 日正式印发实施。

《规划纲要》明确了"十二五"时期建设一所地方一流、特色鲜明的教学研究型师范大学的办学定位，确定了内涵建设的主题、师德引领教师教育和生态引领绿色大学的特色，以及"保二争一"（即办学主要指标保持省内高校第二，进入全国地方师范大学第一方阵）的总体办学目标，并紧紧围绕培养质量、学科建设、人才队伍、科研成果四大内涵要素，强调以学科建设为龙头，以教学科研为中心，以人才队伍为支撑，以改革开放为动力，以师德师风为引领，大力实施"五大战略"（非均衡发展战略、实体强院战略、进位赶超战略、管理创新战略、开放办学战略），努力提高办学质量，优化办学结构，彰显办学特色，推进开放办学的发展思路。

为做好学校"十二五"发展规划的实施推进工作，学校专门成立了由校长梅国平任组长的"十二五"时期发展规划实施推进工作领导小组。"十二五"期间，学校遵循高校办学规律，紧扣内涵建设主题，全面贯彻党的教育方针，紧紧围绕"地方一流、特色鲜明的教学研究型师范大学"的办学定位，着力实施"五大战略"，在全校师生的共同努力下，各项事业取得显著成绩：学校进入省部共建高校、中西部高校基础能力建设工程高校行列，成为接受中国政府奖学金来华留学生院校、全国第一批本科院校教育信息化试点单位、全国毕业生就业 50 强高校；实现国家本科教学工程项目数、国家级科研项目数、SCI 二区以上高水平论文数、博士专任教师人数、一本线上录取考生人数、博士招生人数和教职工收入等 7 个翻番；取得 ESI 全球前 1% 学科（化学）、国家工程技术研究中心（单糖化学合成）、国家大学科技园、国务院学位委员会学科评议组成员、国家"千人计划"学者、国家级实验教学示范中心、国家级大学生校外实践基地、国家级教学成果奖、教育部卓越人才培养计划项目、国家技术转移示范机构、国家级高校学生科技创业实习基地、免费师范生教育、全国"挑战杯"竞赛特等奖金奖、全球示范性孔子学院、基建债务清零等多项突破。在中国校友会网大学排行榜中学校综合排位由第 179 位上升至第 148 位，位居全国师范院校第 18 位（地方师范院校第 13 位），基本实现学校"十二五"规划提出的主要办学指标保持省内高校第二、进入全国地方师范大学第一方阵目标。

"十三五"规划

"十三五"时期是我国全面建成小康社会的决胜阶段，也是学校改革发展实现升级跨越的关键时期。学校专门成立了由党委书记田延光、校长梅国平为组长，其他校领导任副组长，张艳国副校长任执行副组长的"十三五"时期发展规划编制工作领导小组，在科学总结"十二五"时期学校改革发展经验的基础上，研究制定了《江西师范大学"十三五"时期事业发展规划纲要》，经过 2016 年 3 月八届一次"双代会"审议通过和校长办公会审议、党委会审定后，会同配套制定的人才培养，人才队伍建设，学科建设、科学研究与社会服务，党建与思想政治工作，国际合作与交流和信息化等 6 个子规划，于 2016 年 7 月 5 日正式印发实施，获得了时任省委常委、省委秘书长朱虹和分管教育副省长殷美根的批示肯定。

《规划纲要》在简要分析发展形势背景的基础上，经过科学研析和综合研判，明确了"十三五"时期建设一所特色鲜明、全国一流的高水平师范大学的办学定位，确定了"保二争一、接近百强"（即办学主要指标保持省内高校第二，进入全国师范大学第一方阵，综合排名接近全国百强高校）的总体办学目标。根据这一定位目标，《规划纲要》对"十三五"期间学校事业发展的方略、路径和举措做了详细规划，提出了"文化引领、创新驱动、发展升级、实干兴校"十六字工作方针和"精品、创新、开放、强院、激励"五大核心战略，确立了"质量立校、学术铸校、人才强校、特色名校、管理兴校、和谐荣校"六大重点任务，配套设立了人才培养方面等 6 个重大专项，设计了"人才分类分型培养计划"等 16 个关系全局和长远的重大计划。其中，在质量立校重点任务下设人才培养方面重大专项，推出了人才分类分型培养计划、创新创业教育推进计划、学生"四率"提升计划和教育国际化行动计划等 4 大计划；在学术铸校重点任务下设学科科研方面重大专项，推出了学科建设"1152"高峰计划、重大科研成果培育计划等 2 大计划；在人才强校重点任务下设人才队伍方面重大专项，推出了师资队伍"2112"引培计划、薪酬分配和突出业绩奖励体系优化计划等 2 大计划；在特色名校重点任务下设特色打造方面重大专项，推出了卓越教师培养行动计划、学科特色方向和研究团队培育计划、在地研究特色打造计划等 3 大计划；在管理兴校重点任务下设管理服务方面重大专项，推出了校院两级管理体制改革行动计划、精细化管理改革行动计划、智慧校园建设行动计划等 3 大计划；在和谐荣校重点任务下设和谐发展方面重大专项，推出了精品校园文化建设计划、青山湖校区资源产出提升计划等 2 大计划。

在学校党政的坚强领导和全体师生的努力进取下，学校"十三五"时期各项事业取得丰硕成果，学校成为全国"推进实施卓越中学教师培养"项目院校、全国首批深化创新创业教育改革示范高校、全国创新创业典型经验 50 强高校、全国"高校教师考核评价改革示范校"和全国"体育美育浸润行动计划"高校，教育部本科教学工作审核评估专家组 2017 年盛赞学校为一所具有历史底蕴、文化情怀、名校气质的"模范大学"。

"十三五"期间，在学科建设上，学校化学学科进入 ESI 全球前 0.5% 学科、材料科学进入 ESI 全球前 1% 学科，4 个学科入选江西省一流学科，马克思主义理论学科在第四轮学科评估中进入 A 类学科，2018 年获批新增 6 个一级学科博士点，新增一级学科博士点数位居全国高校第 14 位。在人才培养上，学校获批 1 个全国高校黄大年式教师团队、3 个国家级实验教学示范中心，获得基础教育类国家教学成果奖一等奖 1 项（第二单位）、二等奖 2 项（其中 1 项参与），研究生教育成果奖全国二等奖 1 项；学生竞赛实现全国"互联网+""挑战杯""创青春"三大创新创业赛事特等奖和金奖的全覆盖，成为全国唯一三届蝉联全国"互联网+"大赛"先进集体奖"（全国 20 强）的师范类院校；2019 年获批 15 个首批国家级一流专业建设点，位居全国师范院校第 10 位。在师资队伍上，学校累计引培国际欧亚科学院院士、"长江学者"特聘教授、"国家杰青"、"国家千人"、"国家青千"等国家领军和青年拔尖人才 8 人，各类优秀博士以上人才近 500 人，2019 年学校收获教育部庆祝新中国成立 70 周年评选的全国教育系统先进集体、优秀教育工作者、先进工作者和全国模范教师、全国优秀教师大满贯荣誉。在科学研究上，学校获批国家地方联合工程实验室等国家级科研机构 2 个、教育部国别和区域研究中心等部级科研机构 2 个；苏区振兴研究院入选 CTTI 中国高校百强智库，学校进入全国高校智库指数排名前 50 强；两类国家基金项目立项数稳居全国师范大学前 10 位，其中 2016 年学校国家社科基金项目立项数位居全国高校第 7 位；学报（哲社版）2017 年新增入选 CSSCI 期刊。

"十三五"期间学校的办学发展赢得社会和考生充分肯定，高招录取生源质量实现稳步提升，2019 年实现省内外普通文理专业全部一本线上录取，2017–2019 年合计接受社会各界（含校友）协议捐赠 1.75 亿元。学校综合实力排名在国内具有较大影响的校友会网中国大学排行榜、软科中国大学排行榜、武书连中国大学排行榜等三大大学排行榜都有较大提升，并均创下历史最好排名成绩。其中，学校在校友会网 2020 中国大学排名中由 148 位提升至 109 位，首次进入全国前 110 位，位居全国师范院校第 15 位（地方师范院校第 10 位），基本实现学校"十三五"规划提出的主要办学指标"保二争一，接近百强"的总体办学目标。

2020 年 6 月 19 日，校党委书记黄恩华主持召开 2020 年第 14 次党委会，审定通过《中共江西师范大学委员会关于推进在省内高校一流学科建设上作示范 在全国同类高校中勇争先 实现高质量跨越式建设一流师范大学目标的实施意见》，深入贯彻落实习近平总书记再次视察江西时提出"在加快革命老区高质量发展上作示范、在推动中部地区崛起上勇争先"的目标定位和"五个推进"的更高要求，明确了建设植根江西、面向全国，特色鲜明、水平一流的师范大学的战略定位，提出了坚持立德树人根本要求，坚持党管人才、党管干部，坚持产学研融合，坚持师范教育特色，坚持社会主义先进文化发展方向，坚持全面深化综合改革，坚持把党的政治建设摆在首位等"七个坚持"的主要任务，对学校当前以及"十四五"时期的改革发展进行了部署。

省部共建

进入 21 世纪以来，学校数任领导班子开始为进入"211"工程事宜积极奔走努力，省委省政府也一直在推动江西师范大学成为"211"工程高校。教育部在2011 年 3 月宣布关上"211"工程的大门，表示将不再吸纳新的学校加入后，学校把工作重心放在推动省部共建上。

2012 年 3 月，梅国平校长在参加全国"两会"期间，向同为全国政协委员的教育部党组副书记、副部长杜玉波详细汇报了学校的发展历程、办学现状，并就省部共建等帮助学校建设发展事宜请求他的支持。杜玉波副部长在听取了梅国平校长的情况汇报后，充分肯定了江西师范大学及其前身国立中正大学所做的贡献，表示如果有其他高校无法攀比的理由，教育部将会积极考虑与江西省人民政府共建江西师范大学。

经过与同为全国政协委员的学校正大研究院王东林院长等讨论交流，并认真听取了学校有关人员的意见建议后，梅国平校长决定根据学校与台湾中正大学具有特殊渊源关系和密切交往联系的实际情况，以学校与海峡对岸的台湾中正大学同根共源这一特殊文化现象为出发点，从支持两岸同根共源"双胞大学"发展，助推两岸文化认同、政治和解和统一大业的角度，向教育部提出省部共建江西师范大学的请求。围绕这一角度和思路，梅国平校长在全国"两会"上专门撰写了《关于支持地方师范大学发展的提案》《关于教育部重点支持江西师范大学发展的提案》等提案，呼吁支持地方师范大学发展，要求省部共建江西师范大学。利用参加全国"两会"间隙，梅国平校长还于 3 月 11 日专程前往教育部拜会袁贵仁部长，向袁贵仁部长简要汇报了学校谋求省部共建事宜，恳请教育部对学校给予更多的支持和关注。这些，都得到了一定的积极回应。

带着从北京得到的积极信息，学校在全国"两会"结束后开始大力推动省部共建事宜。2012 年 3 月 13 日，分管教育的朱虹副省长莅校视察调研，学校向朱虹副省长汇报了相关信息，寻求省里的支持。此后，学校主要领导多次向朱虹副省长进行省部共建工作汇报，得到了朱虹副省长的积极支持。2012 年 5 月 6 日至 8 日，学校党委书记陈绵水、校长梅国平拜访了在京的原中共江西省委书记、中共中央统战部副部长（正部长级）万绍芬，原中共安徽省委书记、国家广播电影电视总局局长王太华和最高人民法院常务副院长、党组副书记（正部长级）沈德咏等校友，校友们对学校寻求省部共建的工作思路给予了充分肯定，对学校争取省部共建工作给予了大力支持和巨大帮助。

根据学校谋求省部共建工作的进展情况，学校党委书记陈绵水、校长梅国平于 2012 年 5 月 15 日专程拜会联系学校的鹿心社省长，就省部共建江西师范大学有关事宜进行了汇报，鹿心社省长表态要求做好工作，积极争取。2012 年 5 月 21 日和 25 日，学校分别向省政府和省教育厅正式报送了请求省部共建江西师范大学相关材料。2012 年 6 月 5 日，学校应省政府要求，将学校推进省部共建的有关情况向省政府进行专题说明报告。为了加紧推进省部共建工作，朱虹副省长、教育厅洪三国副厅长在学校党委书记陈绵水、校长梅国平陪同下于 2012 年 6 月 26 日赴北京前往教育部拜会了袁贵仁部长。2012 年 7 月 10 日，学校党委书记陈绵水、校长梅国平再次赴京就省部共建江西师范大学事宜向分管直属高校工作司的教育部党组副书记、副部长杜玉波进行专题汇报。

2012年7月27日，在前期的沟通磋商基础上，省人民政府正式就省部共建江西师范大学事宜行文教育部。2012年8月20日至21日，教育部在湖北省武汉市举行直属高校工作咨询委员会第二十二次全体会议，直属高校工作司专门来电邀请梅国平校长前往参会，在此期间，梅国平校长再次拜会了教育部和直属高校工作司、教师工作司有关领导。2012年8月22日，梅国平校长从武汉返校后，立即主持召开了学校省部共建协议起草工作协调会，就协议起草工作进行研究部署。2012年8月24日，省政府办公厅向学校转来教育部直属高校工作司的电话精神："教育部原则同意与江西省人民政府共建江西师范大学，要求省教育厅会同有关部门先行起草共建文本，为正式签约做好准备。"省部共建江西师范大学意见在江西省分别征求人力资源与社会保障厅、台湾事务办公室、机构编制委员会办公室、财政厅、发展与改革委员会，在教育部分别征求直属高校工作司、高等教育司、教师工作司、学位与研究生司、发展规划司、港澳台办的意见，经江西省人民政府与教育部多次沟通后达成了一致。

2012年9月19日，教育部就学校梅国平校长要求重点支持江西师范大学发展的全国政协提案正式给予回复，表示在充分考虑中央统战部、国务院台办提出会办意见的基础上，教育部原则同意与江西省共建江西师范大学。在提案的办理过程中，中央统战部、国务院台办都对梅国平校长在提案中提出的省部共建江西师范大学要求给予了支持和肯定。2012年9月29日，江西省人民政府和教育部正式联合发文共建江西师范大学。经请示省政府和教育部领导，最终确定于2012年10月30日上午在昌举行省部共建江西师范大学协议签字仪式。

经过精心筹备，2012年10月30日上午，省部共建江西师范大学协议签字仪式在江西南昌滨江宾馆大会堂成功举行，江西省委副书记、省长鹿心社，教育部党组副书记、副部长杜玉波出席仪式并讲话；原江西省委书记、中央统战部副部长（正部长级）万绍芬出席仪式；江西省委常委、省委统战部部长蔡晓明宣读中央统战部、国务院台办等单位的贺信；教育部党组副书记、副部长杜玉波，江西省副省长朱虹分别代表教育部和江西省签署共建协议，校党委书记陈绵水代表学校致辞。

杜玉波在讲话中指出，此次教育部、江西省签署协议共建江西师范大学，对于提升江西师范大学的办学水平和服务能力，促进我国高等教育区域协调发展具有重要意义。杜玉波希望学校进一步明确办学目标和定位，进一步发扬传统改革创新，进一步投身海峡两岸发展大业，并表示教育部将认真落实协议的内容，加大对江西师范大学改革发展支持的力度，推动江西师范大学更好更快发展。

鹿心社代表省委、省政府对省部共建江西师范大学协议的正式签署表示祝贺，指出江西师范大学是我省本科办学历史最为悠久的普通高等院校，在长期的办学过程中形成了鲜明的师范教育优势和特色，成为我省培养优秀教师和高素质人才的重要基地，为服务江西经济社会发展做出了积极贡献；表示江西省委、省政府将认真履行省部共建的各项责任和义务，把江西师范大学纳入全省国民经济、社会发展规划和高等教育的重点，希望江西师范大学抓住省部共建的重大机遇，努力把学校建设成为特色鲜明、国内一流的师范大学。

陈绵水代表江西师范大学全体师生员工致欢迎辞，他简要回顾了学校 70 多年来"在艰难中坚守、在奋勇中前进"的办学历程，向教育部、江西省委省政府一直以来对学校事业发展所给予的关心、支持表示感谢。陈绵水表示，教育部和江西省人民政府共建江西师范大学，必将为学校的改革发展带来广阔空间和无限机遇，学校将倍加珍惜新的机遇，继续深化教育改革，全面提高办学质量，加强海峡两岸的合作交流，为国家经济社会发展和富裕和谐秀美江西建设做出新的更大贡献。

中央统战部、国务院台办、正大南大江西师大北京校友会和王太华、沈德咏、沈鹏校友就省部共建江西师大工作分别发来贺信。教育部高教司、教师司、学位与研究生司、巡视办、规划司、港澳台办和江西省委办公厅、省政府办公厅、省委组织部、省委统战部、省台办、省编办、省发改委、省财政厅、省人保厅、省教育厅、省科技厅等单位负责人，学校领导班子成员、校友代表、师生代表约 800 人共同见证了协议签字仪式这一历史时刻。

根据协议，教育部将积极支持江西师范大学更好更快发展，将学校发展建设纳入教育部相关整体规划，给予直属高校同等待遇，加大在推进海峡两岸教育合作与交流、协同创新、学科与学位点建设、高层次人才队伍建设、教师教育改革创新等方面的支持力度；江西省将积极支持江西师范大学优先发展，将学校作为江西高等教育的重点，支持江西师范大学开展师范生免费教育，免费师范生规模为每年招收 1000 名，并在开展海峡两岸交流与合作、学科与科研平台建设、教师教育发展、基本建设等多个方面加强对江西师范大学的支持。

中西部高校基础能力建设工程

2012年，教育部决定启动实施中西部高等教育振兴计划。学校对此高度重视，党委书记陈绵水、校长梅国平等多次向国家发改委和省领导进行汇报争取，并于2012年4月决定启动综合实验大楼立项建设工作，申请上级支持1亿元建设经费；于2012年5月专门行文省政府争取支持进入中西部高等教育振兴计划。

在多方努力争取下，学校成功入选首批中西部高校基础能力建设工程高校（俗称"小211工程"高校），并获得中西部高校基础能力建设工程——实验教学大楼项目1.31亿元经费支持（财政部9500万元，省里配套支持3600万元）。实验教学大楼项目位于瑶湖校区西南角，该项目建筑面积为50639.86平方米，分为地上6层、地下1层，该项目工程于2014年10月31日举行了奠基仪式，2015年5月8日正式开工建设并纳入江西省重点工程，2016年3月12日工程主体结构顺利封顶，2016年8月31日工程主体结构施工全部完成，2017年4月顺利通过了竣工验收并交付使用，物理通信电子学院、城市建设学院等整体搬迁至实验大楼。

除了实验教学大楼以外，学校还于2015年启动了在原有15个露天篮球场地块立项建设瑶湖校区风雨球馆（原名瑶湖校区西区篮球场改造工程）工作，风雨球馆主体结构及屋面为钢结构，地面面层设计为4毫米厚弹性硅PU塑胶地面，建筑面积8262平方米，施工图范围内招标控制价为1111万元，项目于2017年5月18日开工，2017年7月底基础工程全部完成，2018年12月全面落成、竣工验收交付使用。球馆内设有网球、篮球、羽毛球、排球等专用场地，投入使用后有效缓解学校公共体育教学设施不足的状况，为全校师生员工提供更为充足的教学及健身场所。

瑶湖校区产权房建设

2012年3月，为解决学校师生不同校、教职工住房紧张和子女教育等问题，学校研究决定启动瑶湖校区附属学校配套产权房建设项目（以下简称"产权房项目"），经与南昌市高新区多次磋商，双方就合作开发建设教职工产权房及附属中小学、幼儿园项目达成一致，并于4月12日正式签署合作协议，同时终止了原"3+2方案"（即在瑶湖校区内体育馆与学苑路之间新建一栋海外楼、两楼留学生楼，西面新建两栋教师周转房）。但由于涉及地块拆迁等原因，产权房项目推进比较缓慢。

2013 年 8 月 2 日，南昌市出台《关于进一步规范经营性国有建设用地使用权出让工作的意见》（洪府发〔2013〕37 号）文件，实行土地出让"三个严禁"的约束，致使学校与高新区前期协议确定的土地出让补充要求未获批准，导致产权房项目难以继续推进。学校领导为此进行了积极争取和努力奔走，产权房项目也得到了省领导和南昌市委市政府的重视和回应，分管教育的殷美根副省长于 2016 年 3 月 24 日就学校与高新区合作建设附属中小学、幼儿园和教师住宅项目情况的报告做了批示，南昌市政府于 5 月 23 日召开专题会议进行研究，其后半年学校与高新区就合作方式和细节进行了多次沟通协商，并于 2017 年 4 月就产权房项目后续推进落实问题达成了若干共识，但此后由于多种原因导致项目未能取得实质性进展。

虽然产权房项目历经多次反复和挫折，但学校领导班子对这一重大民生工程项目初心不改、矢志不移，学校党委书记田延光、校长梅国平等利用各种机会为项目鼓与呼，并多次拜会省市领导争取关心支持。通过多方努力和反复争取，在南昌市委市政府和高新区的理解支持下，这一合作项目在 2018 年上半年取得重要进展。2018 年 7 月 25 日，校党委书记田延光、校长梅国平、副校长丁晖、基建管理处处长曹腾觉等赴高新区就合作框架协议进行研商，就具体合作事项达成一致，并于 2018 年 9 月 10 日再次签署《合作协议》。

2018 年 10 月，南昌市出台《关于进一步规范国有经营性建设用地出让工作的意见》（洪府发〔2018〕24 号），对土地出让条件进一步收紧。学校本着逢山开路、遇水架桥的韧劲，集中精力、整合资源，强力推进项目向前，其中住宅项目规划设计条件于 2018 年 10 月 24 日获南昌市城乡规划局确定，土地出让条件设置于 2019 年 4 月 2 日获市政府批准，配建附属学校规划设计条件于 2019 年 4 月 26 日获南昌市城乡规划局确定，住宅限价标准于 2019 年 6 月 12 日获南昌市住房保障和房产管理局确定。经过近一年来多方的共同努力，项目所在地块拆迁工作于 2019 年 8 月 31 日艰难完成，并于 2019 年 9 月 11 日获准列入出让计划。

考虑到土地出让是公开市场行为，且学校不具有房地产开发的相关资质，2019 年 12 月 25 日，学校召开专家论证会研究决定遴选合作房地产开发企业。本着"大家的事由大家商量着办"的原则，经 2019 年 12 月 29 日教代会执委会民主票决和学校会议研究，最终确定与"中铁建设集团房地产有限公司"进行合作，并于当天签署《合作协议》。

在各级有关部门协同推进下，产权房项目建设用地使用权出让方案于 2019 年 11 月 11 日获南昌市人民政府批复，产权房项目建设用地使用权出让网上拍卖公告于 2019 年 12 月 31 日公开发布。2020 年 1 月 22 日上午 10 时 04 分，"南昌市秉正置业有限公司"（中铁建设集团房地产有限公司与南昌高新投资集团有限公司联合成立的项目公司）以底价 601 万元每亩的价格成功竞得产权房项目宗地建设使用权〔宗地编号为 DAFJ2019046，二类居住用地，191.2515 亩，高新区学院二路以北、学苑路以西，容积率 1.0 < FAR ≤ 2.5，建筑密度 D ≤ 25%，绿地率 GAR ≥ 35%，商品住宅的控制性房屋销售价格（均价）上限为 9500 元 / 平方米（毛坯价）〕。

尽管遭遇"新冠疫情"的影响，但项目工作组和合作房企并未按下工作"暂停键"，从正月初十（2020 年 2 月 3 日）开始，基建管理处等创新工作方式方法，通过线上方式研讨规划建筑设计方案。经属地政府部门专家评审及会议研究，确定规划总建筑面积 42 万平方米（含地下室），设计户数 3072 户，共计 28 栋住宅楼，并在临近宗地内配套建设总建筑面积约 6 万平方米的中小学、幼儿园。经有关单位和部门案名征集、校工会教代会执行委员会投票征求意见、校领导班子成员论证分析和民主票决等程序，校长梅国平于 2020 年 4 月 1 日主持召开 2020 年度第 6 次校长办公会，最终确定产权房项目推广案名为"中国铁建·书香瑶庭"。

为将好事办好，学校专门成立了相关的工作小组，着力加强工作协调，做好质量保障，根据出让方案、学校与合作房企有关约定，努力将"书香瑶庭"钥匙如期交至教职工手上，圆上教职工期盼多年的"安居梦"。

在建重大工程

在清理架空层学生公寓后，为解决学生宿舍紧张状况，学校于 2016 年 12 月决定立项建设瑶湖校区新建学生公寓楼项目，并委托江西师大城市规划设计研究院负责该项目规划设计。瑶湖校区新建学生公寓楼项目位于瑶湖校园东北角，规划为点式三栋学生公寓，3814 个床位数。项目于 2017 年 12 月完成规划设计，2018 年 1 月规划文本和规划总图获得高新区规划局审查，2018 年 2 月完成该项目可研报告。2018 年 8 月该项目可行性研究报告获得省发改委批复，项目可研批复投资估算1.5亿元，建筑面积60584平方米。2018年12月办理了规划许可证，并完成了施工图设计、招标控制价编制、施工招标和监理招标，目前项目正在建设中。

为满足教职工子女入园入托问题，切实改善原有瑶湖校区附属幼儿园办学条件，学校经多次研究论证决定利用校友基金启动瑶湖校区新建幼儿园项目，项目选址美术学院北面、教育学院西面绿地，规划建设一幢四合院式的框架结构三层楼房，总建筑面积为5895平方米，投资估算为1800万元。项目于2018年7月向省教育厅提出立项申请，8月获省教育厅批复，12月获省发改委批复；2019年3月转高新区办理项目备案，4月获高新区社会发展局批复，同月项目修建性详细规划设计方案获南昌市城乡规划局高新分局通过，5月通过政府采购确定施工图设计单位，6月获南昌市城乡规划局高新分局颁发"建设工程规划许可证"，6月至10月完成了地质勘查、施工图设计、审查及抗震、防雷两项专家评审，完成了工程量清单编制、核对和施工单位、监理单位招标工作，目前项目正在施工中。

为解决学校体育教学资源不足问题，在争取到江西省凯菲特健身体育投资管理有限公司董事长简铁军校友向母校捐资6000万元建设"凯菲特体育大楼"和购买体育运动康复专业设备后，学校于2019年11月决定立项新建江西师范大学瑶湖校区体育综合大楼，规划在瑶湖校区体育馆、体育场中间地带建设三层体育训练馆和五层学院办公、科研、学术报告厅于一体的综合楼，总建筑面积25632.26平方米，投资估算1.3亿元。该项目于2019年12月完成了方案设计和规划文本制作，规划文本和规划总图已经批复，目前项目正在推进中。

青山湖校区科技服务大楼

青山湖校区科技服务大楼项目原名为南区综合楼项目，该项目2003年6月启动立项，2004年2月规划获南昌市批准，同年学校与投资商"上海华贵商务咨询有限公司"（下简称"上海华贵"）签订了合作兴建江西师范大学青山湖校区南区综合楼的合作合同书。2005年9月，项目更名为"江西师范大学青山湖校区南区办公大楼"，将楼层由原来规划的16层调整为21层。2007年，经南昌市规划局批准在北京西路江西师范大学南区教师宿舍楼区域内兴建办公大楼。鉴于项目名称和建筑结构的变化，2009年6月，学校与上海华贵签订了第二份合作合同书，合同约定该项目以学校名义立项并办理各种手续，投资方全额垫资建设，大楼建成后投资方享有相关权益。

2009 年 9 月至 2010 年 7 月，学校启动并完成了项目区域内住户的拆迁工作。但后续由于投资商缺乏资金实力，以及投资商与施工方等合作伙伴存在错综复杂的债务纠纷，导致项目工程迟迟不能动工。在学校多次催促下，施工单位于 2011 年 4 月开始进行项目桩基施工，但项目施工不久即由于投资商内部矛盾重重且没有按规范要求施工，政府相关部门下达了停工整改通知书，导致工程无法继续，截至停工前才完成桩基 121 根。为了妥善安排项目区域内的搬迁户，学校通过发放租房补贴形式为 70 多户教工搬迁户租用过渡房。

项目停工以来，学校领导高度重视，学校相关部门多次与投资商沟通协调，要求其拿出切实可行的解决办法。为了使项目能够继续进行下去，经协商学校同意更换项目承接人，但在新的投资方与学校就合作合同进行协商的过程中存在严重分歧，虽经学校聘请律师代表与投资方进行调解、洽谈，仍然无法达成双方可以接受的条件。基于现实情况，为切实维护学校和广大教职工的利益，推动项目工程顺利实施，学校决定通过法律手段来解决这个久拖不决的难题。2013 年 9 月，学校在青山湖区人民法院起诉"上海华贵商务咨询有限公司"和"武汉建工第一建筑有限公司"合同纠纷，法院经审理后于 2014 年 3 月 27 日下达民事判决书，解除了学校与"上海华贵商务咨询有限公司"的所有投资合同，解除了与"武汉建工第一建筑有限公司"的施工合同。被告对此判断不服，向南昌市中级人民法院提起上诉。2014 年 7 月 15 日，南昌市中级人民法院下达二审民事判决书，维持原判。

为清理清算已做工程的相关费用，扫清项目推进的障碍，2015 年 2 月 5 日学校在南昌市中级人民法院提起清算诉讼，根据法院提出的要求，依据实际施工单位提供的已做工程决算材料，学校监审处委托第三方造价咨询公司进行了结算审计，经学校、上海华贵、相关施工单位三方认定的项目工程中的高压电改造工程、桩基工程、零星改造工程、挖运土方工程、围墙工程、临时设施工程等已施工工程实体和施工措施等费用合计约 501 万元。2016 年 9 月，因实际施工单位和个人担心已认定的工程款会被上海华贵克扣，于是向青山湖区人民法院分别诉上海华贵商务咨询有限公司、江西师范大学合同纠纷。经青山湖人民法院调解，判定的工程款由学校直接支付至 4 家实际施工单位。

2017 年 2 月，学校决定南区工程作为学校国家大学科技园孵化中心大楼（科技服务大楼项目）由科技园接续推进，并于 6 月完成了对此地块的清场。2017年 10 月 27 日，上海华贵商务咨询有限公司又向南昌市中级人民法院提起诉讼，请求依法判令学校支付其为项目建设投入的规划设计、勘探、招标、办公等相关项目合作运行费用，后因法院开庭审理时上海华贵代理律师缺席，导致该案暂时没有结果。经学校与省教育厅、南昌市政府等主管部门反复沟通协调，2019 年 3月教育厅批复科技服务大楼项目立项，2019 年 6 月南昌市政府也同意项目立项。

因项目工程地块处于居民小区且紧临北京西路主街区，由于国家居住环境的标准越来越高，以及地铁开通后对其周边安全要求等因素，项目规划设计在建筑层高、进深、交通、车位、绿化等方面受到较大制约因素，一定程度上影响了该项目工程的设计开发。根据有关规划设计要求，科技服务大楼项目占地6999.93 平方米，总建筑面积 42579.65 平方米，具体建筑形态为由高层大楼（创新中心）、多层裙房（孵化中心）组合而成，其中地下三层、地上 17 层，项目投资概算约 1.9 亿人民币。科技服务大楼项目功能定位为融创新研发、创业孵化、人才培养、成果转化、技术市场交易等为一体的创新创业公共服务平台。项目资金来源为江西师范大学科技园发展有限公司自有资金和自筹资金，建设周期约三年。目前，项目工程所属地块控规调整已经通过专家论证会，并于 2020 年 1 月完成了控规调整公示。

第二节　管理改革　治理提升

学校章程

大学章程之于大学，如同宪法之于国家，它上承国家法律法规，下启学校规章制度，对于学校完善现代大学制度、推动事业科学发展具有重要意义。2011年 11 月教育部下发《高等学校章程制定暂行办法》（教育部令第 31 号）后，学校随即启动了《江西师范大学章程》制定工作，形成学校章程（草案）后提交2012 年 1 月学校务虚会进行讨论。2013 年 9 月，教育部发布《高校章程建设行动计划（2013 — 2015）》后，学校加快了《江西师范大学章程》制定工作，经学校教职工代表大会常务委员会讨论、校长办公会审议、党委会审定，报省教育厅核准、省政府同意、教育部备案后，《江西师范大学章程》于自 2015 年 10 月 5

日正式发布生效。

学校《章程》由序言、正文、附件构成，共66条，9627字。序言部分主要介绍了学校历史沿革和《章程》制定的主要依据；正文包括总则、权利与义务、学生、教职工、职能与理念、组织与机构、财务与资产、学校与社会、文化与标识、附则等十章；附件则包括附件一校徽图案、附件二校歌歌谱。《章程》明确规定了学校的核心使命即人才培养，坚持以人才培养为中心，以促进师生发展为根本，实行人才强校战略，同时履行科学研究、服务社会、文化传承创新等职能，致力于建设特色鲜明的高水平教学研究型师范大学，服务国家人民，推动社会进步，促进人类文明发展；明确规定了学校主要利益相关者的权利主体地位，包括学校和外部利益相关者——举办者江西省政府、主管者江西省教育厅的权利与义务关系，学校内部利益相关者主要包括学生、教师和管理者的权利与义务关系；明确规定了学校的内部治理体系，包括从纵向进一步明确了校院两级管理的内部治理模式，从横向进一步明确了党委领导、校长负责、教授治学、民主管理的学校治理结构，建立形成以党委领导下的校长负责制为核心，以学术委员会、教职工代表大会、理事会为支撑的现代大学制度整体框架。

学校《章程》作为学校依法治校的基本准则，为学校优化内部治理体系，提高内部治理能力，维护师生合法权益，加快各项事业发展发挥了重要作用。但随着内外环境的变化，特别是党的十九大以来，党和国家对高等教育提出了许多新的任务与要求，需要在《章程》中予以呼应和体现。根据《高等学校章程制定暂行办法》《江西省高等学校章程核准办法（试行）》《江西师范大学章程》关于章程修订的相关条款，学校于2019年10月28日第14次校长办公会研究决定启动章程修订工作。

学校《章程》修订的原则是既反映最新要求，又保持相对稳定。一方面对现有《章程》内容与《章程》颁行之后出台的国家法律、党内法规和中央关于高等教育重要文件规定、重要会议精神不一致，以及与学校现状、管理实际不符的内容予以修改；另一方面明确章程修订不是大改，而是部分修改，即对非改不可和确有修改必要的进行修改，可改可不改、可以通过章程解释予以明确的，原则上不作修改。历经征求意见、讨论修改和专家论证等程序，共对现有学校《章程》的18条内容进行了必要修改。新修订的学校《章程》经2020年6月13日八届五次"双代会"讨论通过、2020年7月1日11次校长办公会审议通过、

2020年7月3日第15次党委会审定通过后上报省教育厅核准。

党政管理部门、业务和直附属单位设置与调整

2011年4月，学校决定成立江西师大科技园发展有限公司，与科技园管理办公室合署办公。2011年5月，经注册申请，南昌市工商行政管理局批准，学校成立江西师大资产经营有限责任公司；高等教育研究室更名为发展规划办公室；青山湖校区管理办公室升格为正处级建制。2012年10月，为了适应学校事业快速发展需要，进一步加大对自然科学技术和人文社会科学的管理力度，学校决定将科学技术处（社会科学处）进行分设。2013年4月，鉴于学校成功进入省部共建高校行列，为加强省部共建工作，学校决定成立省部共建工作办公室，与发展规划办公室合署办公。2013年12月，为进一步理顺机构职能，整合校内资源，提高工作效能，学校决定撤销后勤保障处、资产管理处，成立资产与后勤管理处。2013年12月，适应信息化工作态势，学校决定将校园网管理中心更名为信息化办公室。2014年4月，根据青山湖校区管理工作需要，学校将青山湖校区管理办公室调整为学校管理部门。2014年5月，整合教育学院微格教学中心成立教师教育国家级实验教学示范中心（副处级），挂靠教师教育处。

2014年7月，为进一步优化学校管理体制和运行机制，学校决定对全校机构设置进行全面梳理调整：一是按照理顺职能、明确职责原则，对部分职能相近的党政管理部门、业务单位进行了合署，将个别不具有行政职能的机构转为科研机构；根据事业发展需要，增设个别业务单位。二是按照精简、务实原则，大幅减少各二级单位内设的处级机构。三是按照理清关系、分类管理、发挥功能原则，对科研机构进行调整：部级（及以上）科研机构和学校做实的科研机构保留行政级别，直属学校管理；其余科研机构不设行政级别，不独立设置，隶属学院的关系不变，依托所在学院建设，党政管理工作隶属于学院党政班子。本次调整前，学校共有党政管理部门、业务和附属单位39个；调整后，学校共有党政管理部门、业务和附属单位37个。调整前，学校各二级单位共有内设的处级机构41个；调整后，内设的处级机构19个；其中撤销内设处级机构3个，取消13个内设处级机构的处级建制，6个内设处级机构调整为内设正科级机构，4个内设处级机构实行合署办公，2个内设处级机构转为无级别的科研机构，3个内设处级机构进行更名，根据需要新增3个内设处级机构。

2015 年 5 月，为进一步加强大学生创新创业教育，优化创新创业人才培养体系，强化对全校创新创业教育工作的统筹协调，学校决定成立创新创业教育研究与指导中心，挂靠教务处，为正处级业务机构，同时撤销创业教育研究与指导中心。2016 年 1 月，学校根据后勤管理体制改革需要，决定成立资产管理处、后勤保障处（后勤产业发展有限公司），撤销资产与后勤管理处。2016 年 10 月，为进一步加强学校物资仪器设备、新建工程、修缮工程等招标采购工作，理顺关系，整合职能，提高工作效率，并有效利用市场竞争机制降低成本，提高资金使用效益，更好地服务学校事业发展，学校决定成立江西师范大学招标采购中心，挂靠资产管理处。2019 年 6 月，为进一步加强高层次人才队伍建设，统筹做好高层次人才引进、培育和服务等工作，学校决定将高层次人才工作办公室升格为正处级机构，与人事处合署办公。2019 年 7 月，为贯彻落实中共中央、国务院《关于加强和改进新形势下高校思想政治工作的意见》精神，进一步加强学校教师思想政治教育和师德师风建设工作，学校成立党委教师工作部，为正处级建制的党委职能部门，与人事处合署办公。2019 年 9 月，根据高校纪检监察体制改革和工作需要，学校决定成立审计处和纪委综合办公室（副处级）、纪委监督检查室（副处级），同时撤销监察审计处、纪委办公室（副处级）和青山湖校区管理办公室。

2020 年 5 月，根据《江西省高等学校所属企业体制改革工作方案》（赣府厅字〔2019〕78 号）文件精神，学校经过广泛调研论证后正式出台《江西师范大学校属企业体制改革试点工作实施方案》。2020 年 6 月，学校正式发文撤销资产管理处、后勤保障处，成立资产与后勤管理处，同时将基础教育合作办公室进行单独设置，作为学校正处级业务单位，并将资产经营有限责任公司从业务单位调整为校属企业，为学校全资控股公司，具有独立法人资格，其管理体制机制及其机构设立、人员配备等按企业化模式运行。

2020 年 9 月，在由党委书记黄恩华、校长梅国平任组长的学校"三定"工作领导小组的领导指导下，由人事处作为领导小组办公室挂靠单位，按照因事设岗、因岗定责，总量控制、分类指导，保证重点、兼顾一般，固定编制与临时编制相结合，动态管理与弹性管理相结合的原则，组织开展"定岗、定责、定编"（以下简称"三定"）工作，对学校各类机构设置及岗位设定进行调整优化，正式出台《江西师范大学定岗定责定编工作方案》。至 2020 年 9 月，学校党政管理部门、业务单位设置情况为：党政管理部门机构（共 24 个）：党委办公室（校长办公室），纪委综合办公室（副处级），纪委监督检查室（副处级），党委组织部（机关党委），党委宣传部（新闻信息中心），党委统战部，离退休工作处，研究生院（学科建设办公室、研究生工作部），教务处，学生处（学生工作部），招生就业处，科学技术处，社会科学处，教师教育处（教师教育国家级实验教学示范中心），人事处（党委教师工作部、高层次人才工作办公室），国际合作与交流处（教育国际合作与留学工作办公室、港澳台事务办公室、汉语国际推广办公室），资产与后勤管理处，财务处，基建管理处，保卫处（保卫部），发展规划办公室（省部共建工作办公室），审计处，工会，团委（国家大学生文化素质教育基地管理办公室）。

业务单位机构（共 25 个）：党校，校友工作办公室，教育教学评估中心，创新创业学院（创新创业教育研究与指导中心），现代教育技术中心（教室管理中心）（副处级），档案馆，军事教研部（武装部），信息化办公室，实验室建设与管理中心（分析测试中心）（副处级），学报杂志社，图书馆，师资培训中心（江西省高等学校师资培训中心），科技园管理办公室，基础教育合作办公室，招标采购中心。

直属（附属）单位（共 6 个）：科学技术学院，资产经营有限责任公司，校医院，附属中学，附属小学，附属幼儿园。

学院设置与调整

2011 年 3 月，根据上级有关独立设置马克思主义学院的文件精神，学校决定将思想政治理论教研部更名为马克思主义学院，独立设置。2011 年 11 月，学校决定撤销江西师范大学培训学院。2013 年 9 月，因应学校获省政府同意开展免费师范生教育试点工作需要，为打造教师教育独特优势和特色，学校决定成立免费师范生院，为校属管理型二级单位，实体建设，负责免费师范生的日常管理和养成教育，协调各教师教育相关学院负责免费师范生的专业教育，后于 2018 年 10 月因国家接受师范生公费教育的学生统称为公费师范生，为对接上级政策更名为"公费师范生院"，简称为"公费生院"。

2016 年 12 月，为全面对接教育部教师教育有关重大改革举措，着力建设一流教育学科，彰显教师教育办学特色，学校决定组建教育学部，作为超越学院层次、介于学校和学院（及其他二级机构）之间的教学科研半实体的宏观协调与服务机构，负责教育学类学科人才培养、科学研究和社会服务等重大事项的统筹、协调、推进、服务，学部实行委员会制，成立学部部务委员会和学术委员会，各自负责行政和学术事务。为适应教育部教师教育改革发展的新形势，进一步整合资源，优化教师教育管理体制与运行机制，提升教师教育人才培养质量，打造教师教育优势和品牌，学校同时决定在教育学部体制下成立管理型学院——教师教育学院，与教师教育处合署办公。

2020年6月，为加强教育学部建设，制订了学部章程，明确学部办公室与教育学院合署办公。

2018年1月，学校研究同意将传播学院更名为新闻与传播学院。2019年7月，为加强创新创业教育统筹协调，学校研究决定成立江西师范大学创新创业学院，与创新创业教育研究与指导中心合署办公。2019年10月，学校决定成立江西师范大学趣店足球学院，挂靠体育学院，为学校非实体机构。2020年7月，学校决定合并原教育学院、初等教育学院，组建新教育学院，整合教育学科力量，加强教育学科建设；将数学与信息科学学院更名为数学与统计学院。

至2020年9月，全校学院为24个，其中教学学院22个，具体为：教育学院（教育学部），心理学院，文学院，历史文化与旅游学院，马克思主义学院（思想政治理论教研部），政法学院，外国语学院（大学外语教学部），音乐学院，美术学院，商学院，数学与统计学院，物理与通信电子学院，化学化工学院，生命科学学院，体育学院（大学体育教学部、趣店足球学院），计算机信息工程学院（大学信息技术教学部），地理与环境学院，城市建设学院，新闻与传播学院，国际教育学院，软件学院，财政金融学院，继续教育学院（江西省外语培训中心、外语培训中心、出国外语考试中心），公费师范生院。

科研机构设置与调整

2012年2月，为进一步创新学校人才工作机制，吸引和稳定海内外高层次人才，促进人才工作与国际接轨，着力打造一支专职从事高水平科学研究队伍，产生一批具有代表性的科研成果，学校决定成立江西师范大学高等研究院。2013年11月，学校决定成立江西经济发展研究中心，隶属高等研究院，为校属科研机构。2013年4月，学校决定撤销文化艺术中心；文化研究院与正大研究院合署办公；高等教育研究中心与发展规划办公室合署办公，以科研为主、兼顾行政职能。2013 年 4 月，鉴于学校成功申报国家单糖化学合成工程技术研究中心，学校决定成立江西师范大学国家单糖化学合成工程技术研究中心，为正处级建制的校属科研机构。

2014 年 7 月，学校对全校科研机构设置进行全面梳理调整，将科研机构分为处级科研机构、无行政级别科研机构两种，部属及以上科研机构和学校做实的科研机构直属学校，保留原有建制；其他科研机构原来隶属学院的关系不变，无行政级别，其党政管理工作隶属于学院党政班子；部分校设科研机构合并到省部属以上科研机构或其他校设科研机构中，原机构撤销或成为省属机构的下设机构。调整前，学校有科研机构 98 个；调整后，有科研机构 71 个；其中不设行政级别、依托相关学院建设的科研机构 61 个；保留处级行政级别的独立设置科研机构 10 个（其中 1 个副处级），具体分别为（1）国家单糖化学合成工程技术研究中心。江西省精细化工重点实验室、江西省精细化学品制备高水平工程研究中心与国家单糖化学合成工程技术研究中心合署办公；校化工研究开发中心并入国家单糖化学合成工程技术研究中心，作为其下设机构；（2）鄱阳湖湿地与流域研究教育部重点实验室。江西省鄱阳湖综合治理与资源开发重点实验室、江西省重大生态安全问题监控协同创新中心（江西省"2011 协同创新中心"）与鄱阳湖湿地与流域研究教育部重点实验室合署办公；（3）功能有机小分子教育部重点实验室。江西省绿色化学重点实验室与功能有机小分子教育部重点实验室合署办公；（4）网络化支撑软件国家国际科技合作基地。江西省高性能计算重点实验室、江西省高校软件科学技术中心与网络化支撑软件国家国际科技合作基地合署办公；（5）无机膜材料国家国际科技合作基地。江西省无机膜材料工程技术研究中心、江西省分子筛膜材料工程实验室与无机膜材料国家国际科技合作基地合署办公；（6）在已成立的高等研究院基础上，扩充独立设置高等研究院。江西省高校纳米纤维工程技术研究中心、江西省纳米纤维工程技术研究中心、功能材料与精细化学品协同创新中心（江西省"2011 协同创新中心"）与高等研究院合署办公；（7）江西经济发展研究院。江西高校文科重点研究基地管理决策评价研究中心、依托江西经济发展研究院建设；鄱阳湖经济生态中心、经济研究所的研究职能并入江西经济发展研究院，原机构撤销。江西经济发展研究中心为其下设机构；（8）教育研究院。高等教育研究中心、课程与教学研究所并入教育研究院，作为其下设机构。（9）文化研究院。正大研究院、宗教文化研究中心并入文化研究院，撤销文化研究所；道德与人生研究所与江右思想文化研究中心合并，更名为江右思想与人生哲学研究中心，并入文化研究院，作为其下设机构；（10）国家体育总局水上项目训练监控与干预重点实验室（副处级）。

2017 年 10 月，学校成立江西师范大学先进材料研究院，撤销无机膜材料国家国际科技合作基地。分子筛膜材料国家联合工程实验室、无机膜材料国家国际科技合作基地、江西省无机膜材料工程技术研究中心、江西省分子筛膜材料工程实验室、先进功能材料高校高水平重点实验室挂靠江西师范大学先进材料研究院。2018 年 9 月，学校决定成立江西师范大学教师教育高等研究院，为学校实体科研机构（无行政级别）。2019 年，学校研究成立药学研究院，为独立设置的正处级科研机构。2020 年 7 月，学校研究决定并入文化研究院，组建新的苏区振兴研究院，作为独立处级研究机构，按照省级重点培育智库进行建设和管理；将管理科学与工程研究中心纳入学校实体科研机构管理。

至 2020 年 9 月，学校共设置 15 个独立实体科研机构，具体为：国家单糖化学合成工程技术研究中心，鄱阳湖湿地与流域研究教育部重点实验室，功能有机小分子教育部重点实验室，国家体育总局水上项目训练监控与干预重点实验室，网络化支撑软件国家国际科技合作基地，先进材料研究院，高等研究院，苏区振兴研究院，教育研究院，江西经济发展研究院，药学研究院，国家淡水鱼加工技术研发专业中心，管理科学与工程研究中心，江西新时代文明实践研究中心，教师教育高等研究院。

综合改革

党的十八大报告提出了"深化教育领域综合改革"的总体要求，党的十八届三中全会通过的《中共中央关于全面深化改革若干重大问题的决定》，对深化教育领域综合改革进行了全面部署。2015 年 7 月，根据教育部和江西省深化教育领域综合改革的有关精神，为全面推进和统筹实施学校综合改革工作，学校决定成立由党委书记田延光、校长梅国平任组长的江西师范大学综合改革领导小组，并根据改革任务需要分别成立了人才培养体系改革、分类评价体系改革、内部治理体系改革、资产与后勤体制改革等 4 个专项工作小组。

2015 年 11 月，在广泛调研论证的基础上，学校正式出台《江西师范大学综合改革方案》，决定重点围绕综合改革的核心区、突破口和着力点，在人才培养体系、分类评价体系和内部治理体系等方面，创新提出了27条具有根本性、关联性作用的改革举措，推进关键环节和重点领域的改革创新，解决影响和制约学校事业科学发展的关键问题，协调带动其他领域改革，获得了时任省委常委、省委秘书长朱虹同志批示肯定。《综合改革方案》还将深化资产与后勤管理体系改革作为单独一个部分，提出实施后勤管理体制改革、深化资产管理体制改革、提升资产管理产出的改革要求，决定整合学校后勤服务资源，改革甲乙方管理模式，设立后勤保障处（后勤公司），采用后勤保障管理行政机构加服务实体模式，统筹负责学校的后勤管理和保障服务工作增强保障能力。

2015年11月30日，学校召开全面深化综合改革动员会议，对推进综合改革进行动员部署，党委书记田延光、校长梅国平在会上作了动员讲话。田延光在讲话中强调，学校综合改革方案等文稿是对学校今后一段时间改革发展的总体设计和实践指导，与学校加快实现建设一所特色鲜明、全国一流的高水平师范大学目标紧密相关，要求全校上下要认真传达学习改革方案，深化对改革的必要性认识，形成支持改革、参与改革、推动改革的生动局面，抢抓时机、注重统筹协调和整体推进各项改革的实施。梅国平从适应新环境，解决新问题，追求新目标等维度分析了改革的背景；从综改的总体考虑，三个具体改革方案等方面阐释了改革的内容，强调综合改革是学校未来发展的关键支点，改革成效如何事关学校未来的发展兴衰，开展综合改革必须遵循教育规律，做到用系统的思维认识改革，用科学的办法推进改革，用统筹的方法深化改革，要处理好综改与编制"十三五"规划的关系，把握好坚持正确导向、坚持重点突破、坚持统筹推进的原则，让改革成为最响亮的声音、让精细成为最自然的习惯、让干事成为最自觉的行动、让落实成为最鲜明的特色、让发展成为最突出的主题，以"严"和"实"的精神确保各项改革任务真正落地。经过全校上下的共同努力，各项改革工作都取得了不错的成果，有力提升了学校的内涵建设水平和内部治理能力。

校院两级管理体制改革

为适应学校办学层次不断提升、办学规模不断扩大的新形势，学校积极探索深化校院两级管理体制改革。在"十二五"和"十三五"规划中，学校明确提出要实施强院战略，有效落实学院办学主体地位，充分激发学院办学活力。学校党政主要领导在多次讲话中强调要积极推进校院两级管理改革，梅国平校长在2013 年 2 月的中层干部会上明确提出，要按照"重心下移、定责放权、目标考核"的原则，启动开展学校的学院综合改革试点工作，构建顺畅高效的校院两级管理体制。2014 年 4 月，学校制定《校院两级管理体制改革实施办法（试行）》，配套校院两级财务、人事、本科生教学、学科建设与研究生教育、学生工作、科研、实验室建设与管理、后勤等 8 个管理体制改革实施细则（试行），以权责划分为核心，通过学校分权和管理重心下移，明晰学院的办学主体地位，形成学校和学院两个管理层级，探索实施校院两级管理体制改革。在具体改革过程中，学校分文理工财特等学科领域，遴选了历史文化与旅游学院、数信学院、生命学院、财政金融学院、美术学院等 5 个学院开展改革试点工作，改革试点学院的副高及以下教师、实验系列的专业技术职务资格的评审工作由学院自主负责，日常工作经费按普通本科生、研究生所收学费（免费师范生按同专业标准计算，免费师范生实践实习费另计）加国家按学生培养经费拨款标准之和，按 19% 纳入学院财力由学院自主分配使用，同时根据学院实际情况、学科情况和学生情况，相应设计不同的学生规模调节系数、学院综合调节系数和学科调节系数（文科 I 类 1.0，文科 II 类 1.05，理科 I 类 1.1，理科 II 类 1.15，工科 1.2，音乐、美术 1.0。需要做实验比较多的学院另加 0.05），对学院实际所获财务进行调整。

在 2014 年校院两级管理体制改革试点的基础上，根据学校综合改革方案中关于深化校院两级管理体制改革的要求，学校在 2015 年 11 月出台《关于进一步深化校院两级管理体制改革试点的实施方案》，强调要通过办学从"校办院"为主转向"院办校"为主，职能从"管事务"为主转向"配资源"为主，奖励从"对个人"为主转向"对学院"为主的"三大转变"，并在学院自身建设、内部职权、激励奖惩等方面提出了具体改革要求，落实学院办学主体地位，转变学校部门管理职能，增强学院发展内生动力，实现学校管理重心下移，并在 2016 年首次与各学院签订了目标责任书。学校校院两级管理体制改革方案得到有关方面的充分肯定，教育部政策法规司在高等教育领域"放管服"改革实践操作指南（第3 期）中，对学校的改革方案进行专门介绍推介，江西教育体制改革简报也刊发报道了学校改革做法材料。

校院两级管理体制改革在实际的探索实践中也取得了较好的效果，5 个试点学院的内涵建设水平都得到了一定提升，在学院评比考核中总体靠前。在 2019

年学校获批两类国家基金项目中，改革试点学院中的文旅学院获得 6 项国家社科基金，位居文科学院第 1 位；数信学院、生命学院各获 13 项国家自科基金，并列理工科学院第 1 位；文旅学院、数信学院在 2018 年实现了一级学科博士点的突破；文旅学院、数信学院、美术学院在 2019 年各有 1 个专业入选首批国家级一流专业建设点；财政金融学院的内涵建设水平和创收能力也得到了极大提升。为进一步落实学院办学主体地位，推动学校事业实现高质量跨越式发展，在前期 2 轮 5 年的校院两级管理体制改革试点基础上，根据上级有关深化高等教育领域简政放权放管结合优化服务改革的文件精神，学校在 2020 年决定取消原有 5 个学院的校院两级管理改革试点，谋划进一步深化推进校院两级管理体制改革，以更好激发学院办学活力，增强学院发展动力，加快学校事业发展步伐。

精细化管理改革

精细化管理是一种现代科学的管理理念和规范高效的管理方式。在 2013 年 9 月的中层干部会上，梅国平校长提出"精细化管理，人性化服务"应该成为学校管理的核心理念和管理体制机制改革的内在着力点，并在此后多次强调和部署精细化管理改革工作。2014 年下半年，学校根据"精细化管理、人性化服务"的目标要求，在财务处、资产与后勤管理处、后勤产业发展有限公司、资产经营公司等 4 部门先行开展"精细化管理改革"试点工作。2015 年 11 月，在前期 4 部门试点的基础上，学校出台《关于进一步深化精细化管理改革的实施方案》，围绕"三精四化一制"（即"精心的态度、精到的过程、精致的结果""项目化、流程化、标准化、信息化""责任制"）的核心要义，在全校深化推动精细化管理改革，推进常态工作的精细化和重点项目的精品化，提高学校管理的精细化和服务的人性化程度。2016 年 4 月，学校在机关处室、窗口服务单位和信息基础平台等方面立项建设了首批 9 项精细化管理改革项目，引领推动精细化管理改革活动深入开展。2016 年 11 月，学校在全校组织开展"作风建设暨精细化管理"活动月活动，在校院两个层面着力解决一些制约学校管理服务水平提升的突出问题。

人事分配与管理

2011 年 9 月，学校正式出台《2011 年绩效工资实施方案》，在学校实施绩效工资制度，绩效工资分为基础性绩效工资和奖励性绩效工资两部分，并按职级和职称分别确定了计分分值和津贴标准。此后，学校根据实际情况每年对绩效工资方案特别是分值和标准进行了微调。2014 年，学校以岗位管理为基础、业绩考核为前提，建立形成了"保、奖、促"的收入分配模式，进一步优化收入分配体系，完善激励保障机制。"保"，即保基本。确保学校绩效工资投入稳定增长，学校教职工完成基本岗位要求以后，能够拿到一个合理的收入水平，让教职工的收入随着学校事业的发展同步提高。"十二五"期间，教职工收入实现了对"十一五"末的倍增。"奖"，即奖突出。建立完善包含科研成果奖励、本科教学突出业绩奖励、学科建设与研究生教育突出业绩奖励、管理突出业绩奖励的全方位突出业绩奖励体系。"促"，即促发展，学校梯度设计、系统实施了青年教师支持、青年英才、高端人才培育、特岗教授、首席教授、资深教授等人才计划，促进人才和事业发展。2016 年，为平衡教学科研人员和管理服务人员的收入比例关系，学校研究出台了管理服务人员二次分配方案。

为突破事业编制限制，学校 2012 年起新招聘的硕士及以下人员不纳入事业编制管理，享受非事业编制同工同酬待遇。2014 年 9 月，学校出台《各类人员编制与岗位管理规定》，按照"总量控制，分类管理，客观规范，精简高效"的原则强化编制和岗位管理，并配套制定教学科研人员、教学辅助人员和管理人员编制核定与岗位设置办法。学校人员编制根据工作职能、任务和性质不同分为基本编制和直属（附属）单位编制两大类。学校基本编制按职能和任务分类，包括教学科研人员编制、教学辅助人员编制、党政管理人员编制，按性质和管理模式分类包括固定编制和流动编制两类。学校编制岗位结构为教学科研岗位不低于岗位总量的 60%，其他专业技术岗位不超过岗位总量的 18%，管理岗位不超过岗位总量的 18%，按照后勤社会化的改革方向，逐步减少工勤技能岗位的比例。2015 年 10 月，学校制定《非事业编制聘用人员管理办法》，规范非事业编制聘用人员（临时性聘用人员）和劳务派遣单位的派遣聘用人员的管理。2018 年 3 月，学校研究明确同工同酬非事业编制人员子女与在编教职工子女同等享受学校附属学校和幼儿园教育资源。

2018 年 7 月，为进一步深化学校人事管理制度改革，拓展管理人员职业发展途径，更好地激励和稳定管理人员，学校正式出台《职员制实施办法（试行）》，对受聘学校管理岗位或绩效工资按管理岗位执行，从事管理服务工作的正处及以下职务人员实施职员制。职员分为三个职等、六个职级、十六档（五、

六、七级职员各分四档，八级职员分二档，九、十级职员各一档）。三个职等为高级职员、中级职员和初级职员，六个职级分别为五级职员、六级职员、七级职员、八级职员、九级职员、十级职员。其中五级、六级为高级职员，七、八级为中级职员，九、十级为初级职员。为平衡教学科研人员、教辅人员、管理人员和工勤人员待遇，在管理人员实行职员制的同时，学校对教学科研人员职位津贴、教辅和工勤人员奖励性绩效工资方案进行了配套调整。

单位绩效考核

2012 年 11—12 月，学校先后出台《绩效考核试行办法》、《学院绩效考核实施细则》、《学院效益评估操作方法》、《机关业务部门绩效考核实施细则》和《资产经营单位绩效考核实施细则》等文件，对二级单位开展绩效考核工作。绩效考核坚持定量考核与定性考核相结合，以定量考核为主；坚持增量考核与存量考核相结合，以增量考核为主；坚持目标考核与过程考核相结合，以目标考核为主的原则，对单位（分类组织）和个人进行绩效考核。

单位绩效考核由指标考核和评议考核两个部分组成，指标考核由各考核小组根据单位年度指标完成情况组织打分，评议考核则是由评议主体在学校办公系统调阅各单位年度工作总结的基础上，通过述职评议大会听取考核对象述职，结合平时所了解的各单位工作业绩情况进行打分。其中，学院考核中指标考核和评议考核占总体考核的权重分别为 70% 和 30%；科研机构考核实行年度考核、年度检查和三年一次的周期评估相结合的制度；机关业务部门考核中指标考核和评议考核占总体考核的权重分别为 60% 和 40%；资产经营单位考核中指标考核和评议考核占总体考核的权重分别为 85% 和 15%；附属单位绩效考核中指标考核和评议考核占总体考核的权重分别为 70% 和 30%。

根据绩效考核工作实际情况，学校在 2013 年 12 月对学院、科研机构、机关业务部门、资产经营单位和附属单位的绩效考核实施细则进行了修改完善。2014年，学校对学院绩效考核细则进行了调整，其中指标考核中一级指标考核采用先定量后定性方式进行；评议考核由述职考核（80%）和不同类别单位间互评（20%）组成，分优良、合格、基本合格、不合格四等，优良率原则上不超过 40%。

2016 年，学校对绩效考核办法进行了修订，确定考核内容主要包括指标考核（50 分）、评议考核（40 分）、不同类别单位间互评（10 分）、群众满意度测评（10分）以及加减分指标等5部分组成，考核总分提高到110分。学校每年初由相关职能部门分析测算并与学院沟通协商，制定下发各学院年度主要绩效目标（包括本科教学、研究生教育与学科建设、科研目标、人才引培等），其完成情况作为职能部门年度考核、学院年度考核和经费等条件支持的重要参考依据。同时，为激励各单位为学校发展做出业绩，学校制定出台《单位绩效考核"一票获优"评审办法（试行）》，自2016年起在年度单位绩效考核中设置"一票获优"的评审通道，对考核当年教学科研单位在学科建设、科学研究、教书育人，机关业务部门在管理育人、服务育人，资产经营单位在规范运营、增收节支，附属单位在综合办学实力提升等方面取得具有历史性、突破性、标志性的业绩，可申请参评"一票获优"，年度"一票获优"单位评审指标原则上不超过5个。

为充分调动各单位管理服务人员的工作积极性，表彰在管理和服务工作中表现突出的单位和团队，形成科学有效的激励机制，引导各单位及管理服务人员努力追求卓越、争创一流，不断提高管理服务效能，2016年9月学校出台《江西师范大学管理服务突出业绩奖励办法（试行）》，对在管理服务中取得突出业绩的单位和团队进行奖励。

个人绩效考核

2011年，学校根据《岗位设置与聘用实施方案》等文件精神，研究制定了《各类岗位人员业绩考核要求（试行）》，对专业技术岗位、党政管理岗位、工勤技能岗位提出了相应的业绩要求，并作为学校对各类岗位人员工作考核的主要内容。2013年，学校印发了《个人绩效考核指导意见》，明确规定由学校绩效考核委员会领导全校个人绩效考核工作，要求各单位成立由全体领导班子成员组成由单位主要领导担任组长的个人绩效考核小组，负责制定本单位个人绩效考核指标体系和实施方案，并组织实施本单位个人绩效考核工作，考核结果优秀等次的人数一般掌握在实际参加考核人数的15%以内，并可根据单位年度考核单位浮动±10%。

2014年，学校出台《各类岗位人员聘期考核实施办法》《第二轮岗位设置与聘用实施办法》，按照"科学定编，分类设岗；保底聘任，竞争晋级；弹性年度考核，刚性聘期考核"的精神，开展了第二轮岗位设置与聘用工作，首次在正、副高级教学科研岗位中设置科研为主型、教学科研型和教学为主型三种类型的岗位，根据不同岗位及类型制定相应的教学任务、科研任务要求，供广大教师自主选择。在此次岗位聘任工作中，学校创新推出保底聘任，竞争晋级的政策，即教研人员如果其上个聘期考核合格，学校确保可以聘任到原来岗位层级的最低等级，但对各层级中的较高等级岗位实行竞争性聘任，所聘任人数不能超过岗位数。2017 年，学校出台《第三轮岗位设置与聘用实施办法》，对聘期考核中特定情形考核结果的认定予以了明确。

2020 年，学校出台《第四轮岗位设置与聘用实施办法》，根据科学设岗、竞争晋级、分类考核、绩效挂钩的原则，组织开展了第四轮岗位设置与聘用工作，更加兼顾学科差异，分文科、理工科和音美体外特殊学科分类设置聘期最低职责，同时增设社会服务岗位，对不同学科、不同岗位的人员实施有差别的考核标准。同时，从第四轮岗位聘任开始，学校开始加大"竞争上岗"力度，在管理岗位的职员职级和专业技术岗中实行竞聘上岗，能上能下，鼓励优秀人才脱颖而出。在专业技术岗位上，对第三轮岗位聘任考核中考核结果为"优秀"等次的可优先聘任至原受聘岗位；对合格人员细分为完全合格（即折算或冲抵后完全达到学校各项考核任务要求）和部分合格（留观人员），对完全合格人员进行保底竞聘（保底聘任至相应层次的最低等级），对部分合格的留观人员实施卧倒竞聘，留观人员首先必须降到该层级的最低等级，在此基础上进行竞聘上岗，如未竞聘成功则还要掉层级；对考核结果为"基本合格"须至少低聘一个岗位等级；考核结果为"不合格"须至少低聘二个岗位等级。在第四轮岗位聘任中，学校有 440 名专业技术岗人员因业绩优秀晋升到更高级岗位，227 名专业技术岗人员因在岗位竞聘中予以低聘，岗位变动人员达到 667 名，占比为 32.19%，其中低聘人员占比 10.96%，并有 1 名正高、18 名副高的"合格（留观）"教学科研岗人员低聘至低一层级岗位，初步实现了"岗位能上能下"的动态管理要求。

同时，为强化教学科研岗人员的聘期岗位职责意识，进一步提高学校教学科研成果产出，学校增设了"教学科研岗聘期奖励"，对聘任考核完成业绩要求的正高、副高、中级和初级人员，分别设立 1.8 万、1.4 万、1 万和 0.5 万元的聘期奖励；对聘任考核完成业绩要求且考核优秀的正高、副高、中级和初级人员，分别设立 2.2 万、1.8 万、1.4 万和 0.8 万元的聘期奖励，通过聘期考核结果与津贴待遇挂钩政策，实现待遇"能高能低"，体现多劳多得、优劳优酬。聘期考核为"基本合格"及以下等次教学科研岗人员除不予发放聘期奖励外，还将扣发一年职位津贴。

资产管理与后勤改革

2010年3月，学校将原设备与实验室管理处更名为资产管理处。2010年7月，学校研究制定了《江西师范大学国有资产管理暂行办法》，成立资产管理领导小组，指导全校的资产管理工作，实行"统一领导、归口管理、分级负责、责任到人"的学校资产管理两级管理体制，由资产管理处作为学校资产的一级管理机构，负责对各单位占有与使用学校的资产实施监督管理，行使学校赋予的国有资产的代表权、监督管理权、投资收益权、资产处置权。在暂行办法中，对学校资产的购置及管理、产权登记与产权纠纷处理、资产的评估管理、资产处置、资产的报告与监督奖惩制度等作出了明确规定。

2011年，学校组建了资产经营公司。2013年12月，为进一步理顺机构职能，整合校内资源，提高工作效益，学校决定撤销后勤保障处、资产管理处，成立资产与后勤管理处，负责履行学校国有资产管理、后勤保障服务与监管、实验室建设与管理、物资设备采购和房地产管理等工作职能。2015年12月，为整合学校后勤服务资源，理顺后勤管理关系，健全后勤保障机制，提高后勤服务质量、保障能力、管理水平和经营效益，学校决定深化后勤管理体制改革，建立"小机关、多实体"的后勤保障格局，构建符合学校实际的新型后勤服务保障体系。根据改革方案，学校对原有资产与后勤管理处、青山湖校区管理办公室、基建管理处、资产经营公司、后勤产业发展有限公司（以下简称"后勤公司"）等部门所涉及的后勤保障服务职能进行整合和重组，同时撤销资产与后勤管理处，成立资产管理处、后勤保障处，其中后勤保障处与后勤公司合署，合署后简称为"后勤保障处（后勤公司）"。2016年3月，学校研究出台《关于进一步深化学校资产管理改革的实施意见》，推动形成统一的"大资产"管理体系和统一的"大后勤"管理体系，并成立学校资产管理委员会，明确新的资产管理处作为学校不动产、动产、经营性资产、无形资产等国有资产的统一具体管理机构，按"资产管理处统一指导，职能部门具体管理"的方式建立学校资产分类管理体系，同时强化了经营性资产的归口管理与监督考核。

2016年12月，学校出台了《经营性资产监督管理办法（试行）》，对经营性资产的产权、使用、收益、监督管理，以及目标考核、法律责任等作出了具体规定，对资产经营单位的管理实行事企分开、所有权与经营权分离，资产经营单位享有有关法律、法规规定的经营自主权。同时，学校出台《无形资产监督管理规定（试行）》，对无形资产的界定、计价及账务管理，无形资产使用申报及清查、报告制度和无形资产的处置及监管责任等作出了具体规定，明确资产管理处作为学校无形资产监管的主管部门，对无形资产实施统一监管，相关部门（单位）分工负责相关学校无形资产的管理。

2014 年，学校建设了"资产管理信息平台"，充分利用信息网络技术，建成仪器设备、低值易耗品、家具等各类资产数据库，实现网上请购、调剂、报废、报账及合同管理等动态监控和信息化管理，构建了资产"论证、计划、采购、验收、使用、调剂、处置"的全生命周期管理体系。2015 年，学校在全校范围内开展了公有住房清理整治工作，清理回收了部分违规占住、租住、转租、转借的公用房，采用排队点房、抽签等方式部分解决青山湖校区南区搬迁户住房及青年教工小孩就学用房。2018 年，学校出台了《公用房管理办法实施细则》，按照"分类管理、定额配置、有偿使用、动态配置"的原则，实行公用房有偿使用"市场机制"，并建立了"房产管理信息平台"，完成了瑶湖校区及青山湖校区所有单位公用房的数据固化、CAD 平面图绘制、公用房信息化管理与建档等工作。2019 年，学校制定下发了《固定资产转移交接管理办法（试行）》，进一步明确了机构调整、资产调拨、人员离校、校内岗位调整、单位内部使用人变更等导致的固定资产转移交接的责任与程序。

2016 年 10 月，学校成立招标采购中心，挂靠资产管理处，承担原来由基建管理处负责的基建工程招标、资产管理处负责的物资设备采购招标以及后勤保障处负责的工程类项目招标等工作职能，统一负责学校招标与采购工作的组织和实施。2017 年 12 月，学校研究出台了《江西师范大学招标采购管理办法》，进一步规范招标采购管理工作，同时招标采购中心研究制定了《招标采购管理规程》，并于 2018 年编制物资"验收—审验"工作细则，建设启用"江西师范大学招标采购管理信息平台"。2019 年 7 月，学校研究出台招标采购管理办法的补充规定，对设备项目立项及预算编制的行程序进行了完善规范。

2020 年 5 月，根据《江西省高等学校所属企业体制改革工作方案》（赣府厅字〔2019〕78 号）文件精神，学校经过广泛调研论证后正式出台《江西师范大学校属企业体制改革试点工作实施方案》，决定按照保障服务和资产经营为界线，将后勤保障处和后勤产业发展有限公司分设，撤销后勤保障处、资产管理处，同时成立资产与后勤管理处，资产与后勤管理处保留原资产管理处职责，并将原后勤保障处的职责划入，后勤产业发展有限公司整体划归资产经营有限责任公司。资产经营有限责任公司为学校全资控股公司，具有独立法人，负责学校产业发展的战略布局和学校所投资企业的股权和经营性资产的管理。在此项改革过程中，由资产经营公司牵头在对校属企业进行摸底，对与学校教学科研相关的具有独立法人资格的 10 家企业，保留并划归资产公司统一管理，同时清理关闭了 14 家企业。

随着学校办学事业的发展和财务状况的改善，学校不断加大资产方面的投入，年新增资产投入金额从 2010 年的 1807 万元大幅增加至 2018 年的 9129 万元和 2019 年的 7991 万元，学校固定资产账面金额从 2010 年的 22282 万元大幅提高至 2019 年的 68277 万元。

信息化工作

2011 年 5 月，学校研究决定成立由分管校领导任组长的信息化领导小组，同时撤销信息化建设领导小组，加强学校信息化建设的统筹领导，圆满完成了在学校场馆承担的全国第七届城市运动会的信息化保障任务。2012 年 2 月，学校申请成为教育部教育信息化高等学校试点单位，11 月获教育部批准为全国第一批本科院校教育信息化试点单位。2012 年 12 月，为进一步加强学校信息化工作的领导，推进学校信息化建设和信息化试点工作，学校调整由校长担任信息化领导小组组长，同时成立由分管校长为组长的计算机信息网络安全领导小组，负责学校计算机信息网络安全工作。为加强学校信息化建设与管理，2013 年 12 月学校研究决定将校园网管理中心更名为信息化办公室。

以获批全国本科院校教育信息化试点单位为契机，"十二五"期间学校在原有校园网的基础上，按照"统筹规划、分步实施，资源共享、推进应用，重点突破、务求实效"的建设原则，全面开展了数字化校园建设，有序推进统一身份认证、统一信息门户、数据中心三大平台建设，开始数字化校园建设进程。2013年 8 月，学校完成惟义楼的智能化改造；9 月完成迎新系统建设并投入使用；12月完成学校邮件系统建设，开始为学校师生提供统一安全的电子邮件服务。2015年 5 月，新 VPN 设备开始上线工作；7 月安防运维服务管理一体化平台建设完成；9 月完成有线网络改造项目；11 月完成离退休费查询系统建设，在青山湖校区老干部活动中心安装了触摸查询一体机，通过与财务系统对接实现离退休人员离退休费自助查询和打印，并实现了学校各类公告和新闻信息同步查询。

2016 年 4 月，学校研究出台《关于进一步加强学校信息化建设与应用的意见》，决定在"十三五"期间年预算投 1000 万元作为信息化建设经费，由信息化办公室牵头加快推进数字化校园建设进程，推动数据共享，建设统一的服务和流程平台，同时对信息化建设与应用项目实行立项申请、审批、验收制，统一由信息化办公室负责受理项目的立项和验收申请，并配套制定了《信息系统数据管理办法》和《信息化建设项目管理办法》，对信息系统数据管理和信息化项目的建设、验收流程等作出了具体规范。2016 年 7 月，学校发布《"十三五"时期信息化发展规划》，这也是学校历史上首个信息化工作专项规划。规划以"构建网络化、数字化、个性化、终身化的教育体系，建设'人人皆学、处处能学、时时可学'的学习型网络环境"为发展目标，按照"服务全局、融合创新、深化应用、完善机制"的原则，以应用驱动、机制创新为导向，加快转变发展理念，从信息化基础设施建设、数字化教育资源及教学平台建设、信息化公共服务支撑平台建设、管理信息化应用系统建设等方面规划设计了一批教育信息化重点项目，积极推进构建与教育现代化发展目标相适应的教育信息化体系。

2016 年 1 月，学校投资近 890 余万元全面开始推进基于 802.11ac 千兆技术标准无线网络全覆盖建设工作，8 月建成部署无线 AP 数量超过 15000 个，实现了两个校区所有的办公，教学，宿舍等室内以及室外的无线网络全覆盖；同时制订了江西师范大学数据标准，完成了数字化校园和数据中心、信息服务中心、统一认证、统一信息门户等功能建设，与人事、资产、图书、科研等 13 个业务系统实现了认证集成、数据集成、应用集成。2017 年 9 月，完成流程服务平台建设，对学校的部分业务流程进行改造，信息办网络业务全部实现网上申请办理；11 月完成投资 580 余万元的私有云建设，建立了软件定义数据中心，实现了计算、网络、存储的虚拟化，为全校教职员工提供"静湖云盘"服务；12 月完成学校一表通流程服务平台建设，学校各部门可以通过平台实现网上办理各项申请、审批、流转业务。

2018 年，学校新增网络入侵检测设备和数据库审计设备，开展信息系统等级保护工作，稳步推进应用系统建设，采购了腾讯企业邮件系统服务，完成了无线网络二期工程和基于微信企业号的移动校园一期建设；按教育部要求全面推进学校 IPV6 建设并完成网络部署，基本实现了校园室外无线网络的全覆盖。2019年，为了切实打破"信息孤岛"，推动数据共享和业务协同，实现各业务信息系统互联互通，努力构建和探索基于"互联网+"环境下的人才培养和教育服务新模式，学校启动开始"智慧校园"建设，7 月完成了机房双电源自动切换改造，8 月新站群系统正式上线，9 月接入江西省教育省域网并成为南昌市东节点单位，12 月完成安全态势感知平台和终端防御系统（EDR）的建设。2020 年 3 月，学校加入 CARSI 联盟，广大师生在校外可以方便访问学校学术资源。

第三节　人才培养　质量立校

学校坚持把人才培养置于学校工作的中心地位，秉持"以生为本，以德为先"的育人理念，按照"学为中心，为学而动"的改革思路，重构本科教学体系。积极吸取借鉴国内外先进教育思想和优秀办学经验，以 2017 年教育部本科教学工作审核评估为抓手，坚持弘扬师范办学特色优势，坚持教学研究型大学的发展定位，确定社会中坚骨干人才的培养目标，致力推进学校内涵建设，不断强化教学中心地位，在本科教育、教师教育、研究生教育、继续教育等方面都取得了重要的发展。

人才培养模式改革

2011 年发布《深化本科教育教学改革提高人才培养质量的若干意见》，就进一步深化本科教育教学改革作出部署，提出深入开展教育思想大讨论、实施"正大学子"拔尖创新人才培育计划、开展学院教育教学改革创新特色项目专题立项、实行毕业生"学业、德育"双答辩等重大改革举措。

2013 年出台《关于制订 2013 级本科专业人才培养方案的原则意见》，树立"以生为本、德育为先"的育人理念，贯彻"系统培养、个性服务"教育思想，坚持"主动学习、知行合一"的教学观点，开展专业标准建设，突出分类分型培养，形成了"厚专业基础、宽学科口径、高品德素质、强实践能力"复合型、创新型专门人才的培养方案。

2016 年发布《关于做好 2016 级本科专业人才培养方案修订工作的通知》，进一步强化创新创业教育，全面实施"分类分型"培养，优化课程设置，加强实践育人，完善教学体系和质量保障体系。

2019 年，学校发布《关于修订 2019 版本科人才培养方案的指导意见》，坚持以"学"为中心，按照"两增两减（增加自主性、增加挑战度；减少总学分、减少必修学分）""两合两分（跨界整合、贯通融合；分类培养、分层管理）"的思路，对本科人才培养方案进行了进一步修订。

2019 年印发《江西师范大学建设一流本科行动计划》（30 条），把立德树人的成效作为检验学校一切工作的根本标准，根据思政引领、课程育人，以本为本、提高能力，学为中心、为学而动的原则，围绕教学配置资源要素，落实"一二三三"建设思路，即贯穿立德树人一条主线，巩固人才培养中心地位和本科教学基础地位，加强专业、课程和质量文化"三项建设"，狠抓规范整顿本科教学秩序、开展教学范式改革和实施"正大学子"拔尖创新人才培育计划 2.0"三大工作"，出台了系列改革发展举措，全面开展"一流本科"2.0 版建设。

本科教育教学会议

除一般性的本科教学工作会议以外，"十二五"以来学校还召开了 3 次重要的全校本科教育教学会议，研究推出了系列重大改革发展举措。2013 年 12 月 26 日，学校以"进一步解放思想，不断深化改革，坚定不移向人才培养要质量"为主题召开本科教学工作会议。党委书记田延光在讲话中强调要进一步更新教育思想观念、落实教学中心地位、营造全员育人的氛围。校长梅国平在会上作主旨报告，强调本科教学工作要高度重视并着力解决好本科教学与社会需求、与学生全面发展的需求不相适应，部分教师不乐教，部分学生不乐学，服务保障不力，以"学"为中心教学体系建设等"五大问题"。

2015 年 1 月 4 日，学校召开全校本科教学工作会议，就下一阶段教育教学改革工作进行研究部署，会议由党委书记田延光主持，校长梅国平在深入分析市场经济、信息技术和全球化的深入发展对高校人才培养的影响的基础上，从未来社会需要、当前政府和社会要求、学校生源情况和综合培养实力等 4 个维度就学校如何定位人才培养目标规格进行了阐释，提出了培养社会中坚骨干人才的整体定位。他指出，要优化人才培养体系，着力构建以"学"为中心的教学体系，形成"学"而动的育人局面，认真解决好怎样培养人的问题，并从满足学生对专业、知识和能力结构、教师和教学方式方法、自主发展多样成长"四个理性选择"的角度，对以"学"为中心的教学体系建设进行了勾勒部署。

2018 年 12 月 6 日，学校召开全校本科教育工作会，传达学习全国教育大会、新时代全国高校本科教育工作会议精神，研究部署今后一段时期的本科教育、教师教育和国际合作与交流工作，会议由党委书记田延光主持。校长梅国平深刻阐述了新时代本科教育新要求，并结合"双创"教育、教师教育和教育国际合作工作，围绕"八个一流建设"对学校"一流本科"建设 2.0 版进行了系统部署，强调全校上下要在立德树人上再下功夫，建设一流思政；在专业建设上再下功夫，打造一流专业；在课程教学上再下功夫，建设一流课程；在教师教学评价激励上再下功夫，造就一流的善教乐教师资；在学生发展上再下功夫，造就一流学生；在双创教育深化拓展上再下功夫，争创一流双创教育；在教师教育振兴提升上再下功夫，打造一流教师教育；在教育国际交流与合作的拓展提升上再下功夫，打造若干个一流教育国际化项目，高质量精准推进"一流本科"建设 2.0 版，显著提高学校本科人才培养能力，努力提升人才培养质量。

以"学"为中心的本科教学体系建设

学校在 2010 和 2011 年的教育思想大讨论中初步凝练形成了以"学"为中心的教育理念。自 2011 年起，学校按照"学为中心、为学而动"的改革思路，重塑教学观念，重组教学机制，重构教学保障系统，逐步构建了由"一个中心、四大机制、五大保障"组成，满足学生"四个理性选择"的以"学"为中心的本科教学体系，推动本科教学实现从"教"到"学"、从要素改革到体系变革的"两个转变"。"一个中心"：即以学生的学习成长为中心，重塑教学观念，确立"学"的中心地位。将学生的学习成长置于教学的中心地位，以促进学生学习成长为目标，以满足学生的理性选择为主线，以扩大学生的选择权为关键，提升学生学习成长的自主性、选择性和有效性。"四大机制"：首先，设置立交互通的"专业车道"，满足学生对专业的理性选择；其次，打造丰富多彩的"课程超市"，满足学生对知识与能力结构的理性选择；再次，促进为学而教的"教师发展"，满足学生对教师及其教法的理性选择；最后，构建开放多元的"成长路径"，满足学生对多样成长的理性选择。"五大保障"：即通过"德为先"的文化养成、"全时空"

的学习空间、"无障碍"的学习支持、"个性化"的学习评价、"大教学"的教学管理等模块保障体系运行。《教育部简报》（〔2015〕第28期）以"江西师范大学积极构建创新人才培养教学体系"为题，专题刊发报道学校积极构建创新人才培养教学体系的经验做法，对学校创新人才培养工作给予充分肯定。2016年，满足学生"四个理性选择"的以学为中心本科教学体系的建设实践，获省级教学成果奖一等奖。

拔尖创新人才培养

2012年学校研究制定了《江西师范大学"正大学子"创新人才培育计划实施方案》，按照"择优选拔，动态进出；系统培养，个性服务；主动学习，知行合一"的培养思路，通过设立"拔尖创新人才"实验班、"本科生创新团队"、"荣誉学士学位"实验班和开展专业综合改革试点，有目的、有计划、有针对性地遴选并个性化培养一批品德优良、专业扎实、本领过硬的优秀创新人才。一是"拔尖创新人才"实验班——高峰计划，积极响应国家人才战略，为社会培养一批有创新和创造能力的杰出人才。二是"本科生创新团队"——团队高原计划，建立学科竞赛、发明创造、学术研究、成果转化与应用等本科生创新团队，进一步增强学生创新意识，提高实践能力和创新能力。三是"荣誉学士学位"实验班——班级高原计划，设立"荣誉学士学位"实验班，服务国家战略需求与区域经济社会发展需要，培养一批有较强创新和实践能力的卓越人才，并以此引领本学院专业综合改革。四是"专业综合改革"试点——专业高原计划，开展"专业综合改革"试点工作。

该计划实施以来，培养了一批品德优良、专业扎实、本领过硬的优秀创新人才。政法学院、历史文化与旅游学院、新闻与传播学院、生命科学学院等16个学院创建各学科正大学子拔尖人才培养实验班，七年来累计重点培养学生1000多人。其中历史文化与旅游学院"金牌讲解班"创新人才培养模式被时任分管教育的副省长朱虹称为"江西旅游界的'黄埔军校'"。2014年7月，副省长朱虹观摩学校首届"江西金牌讲解班"学员毕业汇报演出并予以高度赞誉，金牌讲解班已成为学校本科教育教学改革的一大品牌。

学校在2016年11月18日正式出台本科生德育答辩工作实施办法（试行），实施本科生德育答辩工作。德育答辩是通过有针对性地引导大学生运用小结、总结、评议、答辩等方式对自身大学学习、生活不断进行回顾、反思和展望，以促进大学生优良品行的养成过程。包括入学教育、学年评议、毕业总结、德育答辩和成绩评定五个环节。德育答辩工作从 2017 年全面实施，四年来共有 2.8 万余名学生参与了德育答辩，取得了良好效果。

专业建设与教学改革

专业综合评价。2015 年，省教育厅启动开展全省本科专业综合评价工作。学校对此高度重视，专门制定参加全省本科专业综合评价工作实施方案，并出台了专业评价成绩与学院本科教学核心指标奖挂钩的激励政策。2015 年，在全省首批普通高校本科专业综合评价中，数学与应用数学和汉语言文学专业位列全省榜首，英语、会计学和生物工程专业排名第二，法学和通信工程专业排名第三，是全省唯一所有参评专业都位居前三的本科高校。2016 年，在省第二批本科专业综合评价中，学校 18 个专业参评，其中思想政治教育等 7 个专业名列第一，电子信息工程、日语等 4 个专业获第二，工商管理、生物技术等 4 个专业获第三，是全省专业评估中所有参评专业全处于第一方阵的唯一学校。2017 年，在省第三批本科专业综合评价中，学校 25 个专业均位列全省高校前三名，10 个专业获得第一名，保持了传统优势专业在全省的领先地位。2018 年，在省第四批本科专业综合评价中，学校 16 个体育和艺术类参评专业中，14 个名列全省前三，其中音乐学、音乐表演、体育教育、社会体育、武术与民族传统体育、美术学、动画、环境设计、广播电视编导等 9 个专业获得第一名，获第一名比例居全省高校首位。

在历时四年的全省首轮本科专业综合评价工作中，学校共 66 个专业参评，其中 57 个专业位列前三位、28 个专业获得第一名。在有 5 个及以上高校参评的专业中，学校有 20 个专业位列榜首，数量并列全省高校第一。

国家级本科教学工程

自 2010 年以来学校认真组织国家和省级质量工程项目的申报与立项评审工作。2010 年，心理测量课程被评为国家精品课程，填补学校国家级精品课程的空白，中国近现代史教学团队被确定为国家级教学团队，思想政治教育专业被批准为国家特色专业建设点；至此，学校共有国家级特色专业 6 个，精品课程 1

门，教学团队 2 个，教学名师 1 位，万种新教材 5 种。2012 年，国家级"本科教学工程"取得重大突破，数学与应用数学、旅游管理 2 个专业获国家专业综合改革试点项目，《江西红色文化丛谈》课程入选国家精品视频公开课建设计划，《心理测量》入选国家精品资源共享课建设计划，《数据结构（C 语言版）》（第二版）入选"十二五"国家级规划教材。2013 年，获批国家实验教学示范中心 1 项，教育部规划教材 1 部，《小学美术课程标准与教材研究》《幼儿社会教育与活动指导》获批国家教师教育精品资源共享课计划，获批数量排名全省第一；地理科学专业、教师教育平台获批国家大学生校外实践教育基地，获批数量排名全省并列第 1；获批国家大学生创新创业项目 20 项，获批数量排名全省第 2。12 位教师入选 2013—2017 年教育部教学指导委员会，入选人数在全国师范大学中列第 9，在同类师范大学中列第 4。2014 年，学校 1 门课程获得"第六批国家精品视频公开课"称号，5 种教材入选第二批"十二五"普通高等教育本科国家级规划教材书目。2017 年，两门教师教育课程被教育部确定为第二批国家精品资源共享课，填补了学校国家精品资源共享课的空白。

2018 年，学校深入学习贯彻全国教育大会和新时代全国高等学校本科教育工作会议精神，全面推进一流本科建设 2.0 版。《植物分类学虚拟仿真实验教学项目》获批 2018 年度国家虚拟仿真实验教学项目。学校在全省率先成立课程思政研究中心及教育指导委员会，聘任校友孙金声院士担任委员会主任；《中国教育报》专版刊发了学校在课程思政教育教学改革方面的相关做法和经验，新华社在《全国高校思想政治工作会议以来学校思想政治理论课建设综述》中肯定学校思想政治理论课教学成效。13 位教师入选 2018-2022 年教育部教学指导委员会（其中 1 人入选两类教学指导委员会委员），在全国师范大学中列第 9，在同类师范大学中列第 4。

教学成果奖

2014 年，梅国平、项国雄教授等申报的《基于校—校、校—政合作的"三层五段七化"师范生教学实践能力培养模式探索》获国家教学成果奖二等奖，实现了学校在国家教学成果上的新突破。2018 年，教育学院孙锦明、万文涛、邓亮指导并协同申报的《乡土化、项目化、常态化：一所山村小学的综合实践活动课程》获国家级教学成果奖（基础教育，新设）一等奖；孙锦明领衔申报的《中小学学科建设"三层九维"模型构建与协同实践》荣获国家级教学成果奖（基础教育）二等奖；孙锦明参与申报的《中考英语测试与教学相互促进模式的研究与实践》荣获国家级教学成果奖（基础教育）二等奖，实现了学校在基础教育国家级教学成果奖上的突破。

2011年以来，学校在4届省级教学成果奖评选中，本科层面累计获奖64项，其中2012年获得5项一等奖、9项二等奖；2014年获得4项一等奖、7项二等奖；2016年获得8项一等奖、9项二等奖，获奖总数位居全省第2位；2018年获得1项特等奖（新设，参与）、12项一等奖、9项二等奖，获一等奖数位居全省第1，获奖总数位居全省第2位。

教育部本科教学工作审核评估

2013年12月5日，教育部下发《关于开展普通高等学校本科教学工作审核评估的通知》，正式启动高校本科教学工作审核评估工作。根据江西省工作安排，学校在2017年接受本科教学工作审核评估。

学校高度重视教育部本科教学工作审核评估工作，于2016年5月24日印发《本科教学工作审核评估工作方案》，明确了工作的基本思路、工作进程、主要任务、工作要求和保障措施，并成立了学校评建工作领导小组、评建工作办公室、评建工作督察组、学院教学工作评建组等4个机构，分宣传发动与部署、迎评准备、专家进校评估、整改与总结4个阶段，对审核评估工作进行详细部署。

2016年12月20日，学校印发《本科教学工作审核评估建设实施方案》，确定了"保障教学中心地位""加强校园及学院文化建设""落实教授、副教授为本科生授课制度""优化人才培养模式""开展课堂教学'练兵'活动""提高试卷、毕业设计（论文）的质量""强化教学信息化国际化建设""凝练办学特色""深化创新创业教育改革"为迎评促建的重点建设任务。2017年1月3日，"江西师范大学本科教学工作审核评估网"开通。1月4日，评建办印发《各项目组及相关责任单位自评自建工作指引》，指引各项目组和相关责任单位着手撰写自评报告，整理支撑材料，拟定建设方案。

2017年2月19日，学校召开全校中层干部会暨迎接教育部本科教学工作审核评估工作动员会。党委书记田延光在主持会议时，从深刻认识审核评估的重大意义、层层落实审核评估的工作责任、积极营造良好工作氛围等三个方面，就全校要统一思想，真抓实干，全力做好迎接本科教学工作审核评估工作进行了强调和部署。校长梅国平在讲话中强调要围绕"素颜迎评，证明自己"目标，真正做到"学明白、想明白、做明白、说明白"，全力推进"一流本科"建设，力求证明江西师大在本科教学上既有年头，更有灵魂、有实力、有影响。

在预评冲刺阶段，2017年10月23日，评建办印发《本科教学工作审核评估迎评促建整改方案》，根据学校预评估中发现的有关问题和专家预评估的反馈意见，对自评报告、数据分析报告、集体考察路线、人才培养方案、课堂教学、实践教学、创新创业教育等8个方面再次部署整改，并明确整改要求、责任单位和完成时间。

在进校评估阶段，2017年11月27日，以原西南师范大学校长、西南大学原常务副校长宋乃庆为组长、西北师范大学校长刘仲奎为副组长的教育部评估专家组一行来学校开展现场考察评估。审核评估专家组一行11人在5天的时间内，听取了梅国平校长从优秀本科教育必须有抱负、追一流，有标准、保质量，有品质、出精品，有保障、大投入，有文化、求卓越等五个方面所做的本科教学工作审核评估补充报告，并对学校本科教学情况进行了多形式、全方位、多层次的考察和评估。

11月30日，本科教学工作审核评估专家意见反馈会在瑶湖校区知行楼第二报告厅召开。组长宋乃庆主持会议并代表专家组反馈审核评估初步意见，对学校本科教学工作取得的成绩和做法给予了肯定，认为江西师范大学办学底蕴深厚、综合实力渐强、培养效果良好，是一所具有历史底蕴、文化情怀、名校气质的"模范大学"。

2018年3月，学校专门研究出台《本科教学工作审核评估整改建设方案》，以重点解决专家组指出的问题和学校自评中发现的问题为主线，明确整改举措、整改时间和整改责任，巩固本科教学工作审核评估成果，推动提高教育教学质量和人才培养质量。

本科教育院长论坛

学院是一流本科建设的主体和重心，院长是一流本科教育的带头人和设计师。为进一步推进一流本科建设，促进学院加强本科教育教学改革，学校在2019年春、秋季学期共举办了两届本科教育院长论坛。其中，2019年6月13日举行主题为"建金课、建金专、建高地，全面推进一流本科建设"的首届院长论坛，校长梅国平围绕为何要举办院长论坛，当前我们面临着什么样的形势，建设一流本科学院和院长应该抓什么、怎么抓等问题作了讲话，强调要狠抓学习、成为"高手"，狠抓项目、要下"死手"，狠抓特色、能出"妙手"，狠抓规范、敢用"狠手"。2019 年 11 月 28 日举行了主题为"推动一流课程，全面提高人才培养质量"的第二届本科教育院长论坛，校长梅国平在论坛上以"八个起来"，即"理念新起来，课程优起来，教师强起来，课堂活起来，学生忙起来，制度严起来，教学热起来，大家动起来"为主题作了总结讲话。

教师教育特色建设

师范生培养改革。2010 年，学校制定《教师教育师资队伍建设方案》，构建专职、兼职和校外兼职三个层次的教师教育师资队伍，促进教师教育专职教师逐步实现教育、教学、实践、研究、服务相融合。自 2011 年开始，学校探索构建"能力导向课程教育体系、创新导向实践教学体系、素质导向养成教育体系"三位一体的培养体系，形成了"通识教育、专业教育、教师教育"三位一体课程教学体系，"教师基本技能、教学综合能力、教学创新能力"三层实践教学体系，"贵在养成、赢在习惯"的"七个一"养成教育体系。加强"实习、研究、服务"三位一体的实习基地建设，学校建立校—校"1+100"（师大与 100 所优秀中学）、校—政"1+20"（师大与 20 个县区）教师教育协作共同体，实现师范大学—地方教育行政部门—中学、大学教师—专家型多主体协同承担教师教育。从 2010 年开始，结合"国培计划"开展师范生顶岗实习，依托"1+20"和"1+100"教师教育合作共同体，2010—2017 年，共选派 6816 名师范生分赴南昌、景德镇、萍乡、九江、新余、鹰潭、赣州、上饶、宜春、吉安、抚州 11 个市区市的 185 县区 2161 所学校开展为期三个月的顶岗实习。继续实施红土地支教实习工程，2010—2020 年共选派 19 批 1292 名志愿者参加红土地支教实习。启动音美体和新疆阿克陶县师范生志愿支教实习，2017—2020 年共选派 369 名音美体师范生支教实习、2019 年首批 18 名师范生前往新疆阿克陶县支教。自 2011 年始，每年 5 月举办"五月红花"师范生教学技能展示与竞赛，构建了"班—院—校—省—国"五级师范生教学技能竞赛体系。

2013 年 9 月，根据省部共建协议，学校在全省高校率先试点实施免费师范生教育（2018 年根据国家将免费师范生更名为公费师范生，进行同步更名，下同），通过补偿学费住宿费、提供就业直通车等政策吸引优质生源。同时，成立免费师范生院，主要负责学生管理、养成教育，协调各专业教学学院。按精英化培养、高端化打造、造就未来教育家"的培养理念，形成了"1234567"的公费师范生培养模式，即一个目标：培养我省基础教育未来领军人才；二条培养主线：师德高尚、师能强健；三大育人体系：协同育人体系、三全育人体系、养成教育体系；四大优秀教育基因：理想、习惯、意志、激情；五自管位：自我规划、自我实现、自我监督、自我评估、自我发展；六大养成教育平台：素养堂、经典会、赏析台、训练场、文化角、创新团；"七个一"教育活动：每日一练、晨议晨练、每周一誓、每周一诵（经典）、每月一歌/影（教师之歌和电影）、每月一展、每月一讲。同时，实施师德体验教育、诗书礼乐美传统文化教育和常态技能训练，开发和应用时间与任务管理、情绪调控等工具，以及师范生技能常态训测网络平台。通过以上措施，培养了一批扎根红土地的好教师。公费师范生全部一本线上录取，连续 8 年录取分为全校最高；公费师范生获省级上奖励或荣誉达 300 余项，获奖率为 30.6%。其中，14 级肖玉玲同学获"中国大学生自强之星标兵"称号；毕业生全部履约，且在省级重点中学就业率在 65% 以上；做到毕业生爱教乐教、家长赞许和满意、县区教育行政部门支持和鼓励、基础教育学校教师校长认可和欢迎。《国家教育体制改革简报》、《江西省教育体制改革简报》、《中国教育报》、《江西日报》等各媒体先后进行了报道。公费师范生教育已成为学校教育改革响亮品牌和亮丽名片。

近年来，持续推进教师教育改革，2015 年，制定出台《江西师范大学师范生教学技能全员测试实施方案》、《江西师范大学师范生师德体验教育实施方案》以及《江西师范大学"教育部'卓越教师培养计划'改革项目"实施方案》。2016 年成立教育学部，2017 年出台《江西师范大学师范类专业论证实施方案》，2019 出台《江西师范大学教师教育振兴行动计划（2019—2023 年）》，2019 年公费师范生开展中期选拔，2020 年出台《江西师范大学教师教育振兴行动计划实施方案》，2020 年出台《江西师范大学教育学部章程》。

教师教育改革成果丰硕，学校囊括所有教师教育类本科教学工程项目：2013 年获批国家级教师教育大学生校外实践基地，为学校首批同类国家级基地；幼儿社会教育与活动指导（裴指挥）、小学美术课程标准与教材研究（侯君波）获国家级教师教育精品资源共享课立项建设；基于校—校、校—政合作的'三层五段七化'师范生教学实践能力培养模式获江西省教学成果一等奖（梅国平、项国雄等）。2014年获批国家级教师教育实验教学示范中心，为学校首个国家级实验教学示范中心；同年获批《基于专业领导力的中学高端教师人才培养模式改革实践》《基于"六P式素养结构模型"的卓越幼儿园教师人才培养模式改革》两项教育部首批卓越教师培养计划项目，实现学校在教育部"卓越人才培养计划"项目上零的突破；基于校—校、校—政合作的'三层五段七化'师范生教学实践能力培养模式探索获国家级教学成果二等奖（梅国平、项国雄等），学校25年来重获此奖。2017年，获批教育部"推进实施卓越中学教师培养计划院校"（2.0版），进一步深化卓越教师人才培养。2019年"基于教师元素养的'四维五自六全七化'师范生养成教育模式"获省教学成果一等奖（项国雄、周其国等）。2019年项国雄、杨南昌、裘指挥等3位教师分别入选首届教育部高等学校中学教师培养、小学教师培养、学前教师培养教学指导委员会委员。

2014年，获批江西省2011协同创新中心：基于大数据的教师质量监测评估诊断与服务协同创新中心，支持经费为2000万元。充分利用大数据、互联网、云计算、人工智能等技术，着力在基于大数据的教师质量监测评估诊断与服务领域，围绕基础理论、关键技术、模型建构、平台开发、技术应用开展系列攻关和技术突破。依托该协同创新平台，2018年获国家级基础教育成果二等奖：中小学学科建设"三层九维"模型构建与协同实践（孙锦明、万文涛等）1项；国家级基础教育成果一等奖（第二主持）：乡土化、项目化、常态化：一所山村小学的综合实践活动课程（孙锦明，排名第二）二等奖（第二主持）：中考英语测试与教学相互促进模式的研究与实践（孙锦明，排名第二）各1项，软件著作权4项，该项目于2019年12江省教育厅通过验收。

另外，自2010年以来，学校在历届"东芝杯"及"全国师范院校师范生教学技能竞赛"中，共获一等奖4项，二、三等奖18项。其中，在第四届全国师范院校师范生教学技能竞赛中，学校6名参赛学生全部获奖，获奖总数列全部参赛院校并列第1位。

教师教育社会服务。受江西省教育厅委托全面服务全省中小学幼儿园教师发展。在培养方面：2010年组织研制并出版《江西省教师教育课程标准》（专科层次）。在资格方面：2011—2016年承担江西省中小学教师资格证题库及机考系统与组织实施，2019年组织编写中小学教师资格证考试用书（一套三册）。在教师入职招聘方面：组织编写并出版《江西省中小学教师全省招聘考试大纲》（分小学、初中、高中），并组织编写出版教师招聘考试用书《教育学综合知识》。在教师专业发展方面：自2010年开始，承担教育部"国培计划—中西部中小学教师培训项目"，2011年开始，承担教育部"国培计划—中小学幼儿园教师培训项目"（以上两个项目简称"国培计划"），2014年开始，承担"教育部—中小学教师信息技术能力提升工程"（简称"能力提升工程"），江西省教育厅将"国培计划项目执行江西省项目实施办公室"、"能力提升工程江西省项目实施办公室"设在学校教师教育处。十年来，共承担两类大项目的顶岗置换脱产研修、短期集中培训、网络远程培训、送教下乡培训、教师网络研修、乡村教师访名校、校园长培训、工作坊研修、团队研修培训等子项目200余个，涉及中小学和幼儿园全学科或领域，累计培训中小学幼儿园教师50余万人，培训经费达3.08亿，学校成为年度全国培训规模最大的高校。不断创新模式，2012年以来，以促进教师共同成长为目标，以"组团队、做教研、生资源、带队伍、出成果"为路径，以主题研修为抓手，以江西省省级学科带头人和特级教师等专家型教师为引领，以现代信息技术为支撑，按照1（专家型教师）+N（团队成员）+X（参训教师）方式，在全国率先建立了规模最大（800余个）的教师网络研修工作室（坊），以此为依托，构建了中小学教师教学、教研、培训（简称：教研训）一体化培训模式，实现了线上线下混合、学研思践悟整合，服务和引领中小学教师专业发展。依托网络研修工作室平台和该培训模式，2012—2013年承担"国培计划"教师网络研修；2014年和2015年联合全国十大教师网络培训机构在全国率先开展"国培计划"、"能力提升工程"学员网络自主选学并承担网络研修工作室研修任务；2013—2015年还承担江西省中小学教师网络远程全员培训网络研修任务，累计培训教师120万人（次）。另外，还承担了大量省级教师培训任务。

2017年"教师工作坊助力教师专业发展"获评教育部"国培计划"优秀工作案例（全国高校唯一的1项），2018年获江西省基础教育教学成果一等奖（项国雄、刘赣洪等）。2020年"'分层分类分段校本'教师培训设计与实施工作实践"、"基于SECI的'坊主+校长'整合研修乡村教师培训模式实践"、"基于网络研修工作坊的教研训一体化教师培训模式"入选教师工作司"国培计划典型工作案例和培训实践案例"。

招生就业工作

推进招生录取改革。学校在 2010 年本科省内招生录取实施批次调整，从提前批次改为第一批次按一本线录取，全年录取本科新生 7071 人、专科（高职）新生 138 人，高水平运动员、运动训练单招 155 人，少数民族预科 123 人，在校统招本专科生 29822 人。软件工程专业首次一志愿录满，高职学院文史类和理工类最低投档线分别高出省专科线 192 分和 234 分，艺术类、体育类招生继续保持全省优势。为创新招生宣传模式，实施招生改革，学校在 2011 年调整省内一本、二本的招生专业和招生计划，实施专业级差政策，国际教育学院和软件学院分设代码招生，收效良好。文科一本线上考生占一本计划率为 46.6%，理科一本线上考生占一本计划率为 46.55%。普通二本投档线文科 511、理科 498，分别高出省二本线 27 分和 24 分。音、体、美等特殊专业招生优势明显。外省招生基本实现第一志愿录满，录取分数较往年整体有所提高。

2013 年，学校的生源质量、生源结构进一步优化，招收首届免费师范生，成为全省第一所招收免费师范生的院校，并首次开展"专人联校"招生宣传，提升成效。共录取普通本专科生 7548 名，省内一本批次招生计划首次实现全部线上完成并超录。省外一本招生实现零的突破，海南省 32 个一本招生计划均在海南一本线 10 分以上一次投档录满。音、体、美录取线为全省第一，省内普通二本文科录取线为全省第二，理科普通二本录取线为全省第五。

2014 年，学校录取普通本专科生 7172 名，生源质量明显提升，取得四个突破：一是省内一本招生首次突破一本线，文、理科均高出省控线 1 分，超录 345 人，一本线上生源比 2013 年增加 387 人；二是外省优质生源比例有较大提高，海南省一本批次超一本线 24 分一次性录满，福建省提前批次基本在一本线上录取，湖南省一本线上生源比例超过 30%，上海、天津一次性线上录满是首次突破；三是省内二本批次最高分突破一本线，录取 8 位一本线上的考生；四是省内软件工程理工类相关专业投档线首次突破历史，高出二本线 5 分一次性投满。

学校生源质量在 2016 年得到进一步提升。在录取分数上，省内文、理科分别超省一本线 8 分和 12 分，省外文、理科平均提升在 30 分以上；省内外共录取一本线上生源 3392 人，比 2015 年增幅 45.7%；省外一本批次招生省份数量大幅度提升，新增了广东、贵州、重庆等 3 个省份（直辖市），省外执行一本批次录取的省份增加到 9 个，在 2015 年的基础上增长 50%，省内外共有 65 个专业执行一本线招生，为提升人才培养提供了重要的基础和保障。

2017 年，开展立体式招生宣传，招生宣传片被《人民日报》主动列入全国"十大有影响力年度招生宣传片"。新增黑龙江、江苏和云南等 3 个省份的一本批次招生资格，省外执行一本批次录取的省份增加到 12 个；省内文、理科投档线分别超省一本控制线 8 分和 18 分；本科一本线上录取人数 4493 人，同比增幅 32.5%，一本线上生源数占普通计划（不含特殊专业、软件工程和民族预科生）的 81.6%。

2018 年招生工作继续向好，首次开展优秀学子回母校招生宣传活动，线下宣传的覆盖面进一步扩大。省内所有普通文理科专业（不含特殊专业和高收费专业）全部实现一本批次招生，为学校从 2008 年开始执行一本线上招生以来的第一次。省内文理科录取分数线分别高出省一本线 13 分和 25 分，比去年分别高了 5 分和 7 分，再创历史新高；新增 8 个省份的一本批次招生资格，省内外执行一本批次录取的省份增加到 21 个，其中 17 个省普通文理科类专业全部实现一本招生。

2019 年，继续完善"专人联校"模式，由单一联校转向分片联校，学校生源质量稳步提升，省内文科高出省一本控制线 12 分，理科高出省一本控制线 26 分，文科高一本控制线 15 分的考生占比达到 67.07%，理科高一本控制线 30 分的考生占比高达 62.43%；外省（除合并批次省份和新疆指令计划外）文理科计划全部实现一本批次招生且全部一次性投档满额，录取投档线平均高出一本线控制线 30 分以上。

2020 年，学校省内外普通一本批次录取线差和一本批次录取排位同步提升，其中省外与省一本控制线综合平均线差为 37.79 分，较 2019 年线差提高了 7.86 分。省内文理科比 2019 年线差分别提高 7 和 6 分，其中文科高出省一本线 19 分，理科高出省一本线 33 分，投档线再创历史新高。2010—2020 年间，学校在省内的一本主批次生源排位，在一本批次招生人数大幅增长的情况下，文科由全省考生的前 5.6% 提升到前 3.2%，理科由全省考生的前 17.6% 提升至前 11.8%。

毕业生就业工作。学校高度重视毕业生就业工作，每年都召开毕业生就业工作会议，研究部署做好毕业生就业工作。2010 年学校本科毕业生 6683 人，初次就业率 87.98%，继续领先于全省高校；专科毕业生 878 人，初次就业 829 人，初次就业率 94.42%，继续保持在同类院校中的领先地位。学校在 2011 年实施就业情况监测通报制度。2011 年，学校荣获"全国高校毕业生就业工作典型经验 50 强"称号。学校在 2012 年积极完善就业工作机制，开通学院二级就业信息监测系统。积极拓展就业基地，与省内外多个县市区教育局建立良好合作关系，与 80 余家用人单位建立就业指导站。本部本科毕业生 6818 人，初次就业率达 89.57%，继续居全省高校前列。学校被江西省教育厅评为 2010 — 2012 年度全省普通高校毕业生就业工作"优秀等级学校"和"先进单位"，并获得省政府表彰的就业工作先进集体荣誉。

2013 年校本部本科毕业生 7270 人，创历史新高，初次就业率为 87.18%，继续位列全省高校前列，《大学生职业生涯规划与就业指导》课程被评为"江西省职业生涯规划与就业指导示范课程"，入选"全国职业生涯规划与就业指导示范课程"。招生就业处刘志华获得首届全国高校创业指导课程教学大赛一等奖。2014 年本科毕业生初次就业率达 89.8%，专科毕业生初次就业率达 94.5%，继续在全省高校保持前列。2015 年，完善年度就业考核评估办法，出台《学院就业工作年度评估实施办法（2015 年修订）》，定期开展个性化指导研讨会和创业挑战大赛，举办大型供需见面会 1 场、日常专场招聘会 470 场，本科毕业生初次就业率 88.83%，专科毕业生初次就业率 88.89%，均位居全省高校前列。学校被江西省教育厅评为 2013 — 2015 年度全省普通高校毕业生就业工作"优秀等级学校"和"先进单位"。

2016 年，学校专门研究出台《提高本科生就业质量重要指标 2016 — 2018 年规划实施方案》等，就提高毕业生考研升学率、出国（境）留学率、公务员录取率、师范生对口就业率等"四率"进行了部署安排。2016 年，学校累计举办专场校园招聘会 655 场，为毕业生提供了 11800 多个岗位。学校本科生初次就业率保持在 90% 以上，位居全省高校前列。2017 年本部本科毕业生 7363 人，毕业生人数是近 10 年来的最高值，初次就业率为 90.75%，继续位列全省高校前列；2018 年本部本科毕业生 7090 人，初次就业率达到 91.52%，创历史新高，比全省本科毕业生平均初次就业率高 3.53 个百分点，继续保持在全省前列，学校被江西省教育厅评为 2016—2018 年度全省普通高校毕业生就业工作"优秀等级学校"和"先进单位"。2019 年学校新签约 24 个（省内 17 个，省外 7 个）毕业生就业实习基地，考研率、考公务员率、出国出境率和师范生对口就业率等毕业生就业质量核心指标均获明显提升，2019 届本科毕业生留赣就业率超过

53%，位居省属重点高校首位。本科毕业生初次就业率达到 88.18%，比全省平均初次就业率高出 3.81 个百分点，持续位居全省高校前列。2020 届公费师范生毕业就业率 98.27%，其中，就业学生中 98.24% 在城镇中学就业，64.31% 在重点中学就业。

创新创业教育与学生竞赛工作

学校立足江西区域发展特点，主动适应创新创业时代主题，凝练形成"面向全体、基于创新、强化实践、突出特色"的创新创业教育理念，积极组织实施大学生创新创业课程教育和实践教育，促进创新创业教育和专业教育有机结合，探索构建"红色引领、绿色行动、蓝色创新、金色保障"的"四色融合"创新创业教育体系，使创新创业成为师大校园的一道靓丽风景线，助推学校人才培养质量不断提升。

机构建设方面。2010 年 12 月 31 日，为进一步深化教育综合改革，提升创新创业教育水平，学校成立江西师范大学大学生创新创业实践中心，挂靠校团委。2012 年 4 月 19 日，学校成立创新能力提升计划领导小组，下设办公室，挂靠科技（社科）处。2015 年 5 月 12 日，学校专门设立正处级建制的"创新创业教育研究与指导中心"，负责统筹协调全校创新创业工作。2019 年 7 月 2 日，学校成立创新创业学院，与创新创业教育研究与指导中心合署办公，实行"两块牌子、一套人马"，完善了机构建设。2020 年 3 月 16 日，学校印发《江西师范大学创新创业学院建设方案》，拟把创新创业学院打造成创新创业普惠教育的"示范区"、专创融合课程改革的"实验区"、师范底色创业人才的"孵化区"。

政策支持方面。2012 年 3 月 30 日，学校出台《"正大学子"创新人才培育计划实施方案》，积极探索创新人才培养模式改革。2015 年 10 月 9 日，出台《关于推进大学生创新创业教育的实施意见》，打造具有师大特色的创新创业人才培养模式。2016 年 6 月 1 日，出台《大学生创业基金管理办法》，鼓励在校大学生自主创业。2017 年 9 月 11 日，出台《深化创新创业教育改革实施方案》，将创新创业教育纳入专业培养目标和专业培养方案。2017 年 9 月 25 日，印发《创新创业类学分认定细则》，鼓励大学生开展创新创业实践活动。2019 年 5 月 20 日，出台《创新创业人才培养三年行动计划》，为创新创业教育制定了行动指南。2019 年 5 月 23 日，修订《学科竞赛管理办法》，并从学院、教师、学生多个层面制定了激励措施，鼓励教师和学生参加"互联网＋"、"挑战杯"、"创青春"等学科竞赛。2019年8月19日，印发《"第二课堂成绩单"制度实施办法（试行）》，明确学生可通过创新创业实践申请认定第二课堂学分。2020年5月20日，出台《本科生个性发展课程（成果）学分认定管理办法》，鼓励在校大学生开展创新创业实践活动。

教学建设方面。学校自主开发《创新创业基础》慕课，并按照"金课"标准，与各学院专业相结合，建设各类创新创业精品课程，聘请校外导师进校园开展讲座及分享创业经验，形成了"翻转课堂＋慕课＋创业导师讲座"的课程体系。2019年开始，学校每年至少启动建设30门创新创业精品课程，着力打造"通识课程、专业课程、社会实践课程"相结合的创新创业教育"金课群"。

2016年以来，为加强创新创业教学师资队伍建设，学校联合国内一流教育培训企业，每年选派50余名教师开展创新创业基础师资培训，分批派出骨干教师前往各地参加全国高水平的师资培训和教学交流研讨会。2017年以来，学校在实施"正大学子"创新人才培育计划的基础上，每年举办一批"双创实验班"，促进专业教学与创新创业教育深入融合，对学生进行跨界培养，探索课内与课外、课程与实践多元培养模式。2019年7月，双创中心牵头申报的《"三维一体、四色融合"创新创业教育体系的构建与实践》获得江西省教学成果一等奖，同年获批教育部产学研合作项目2项。

学科竞赛方面。学校坚持"以赛促学"的理念，高度重视学科竞赛的组织工作，不仅从政策上给予有力的支撑和必要的倾斜，还从经费上给予充分的保障。2012年，设立50万元的"挑战杯"竞赛专项工作经费，并从2013年开始增加到每年80万元。自2017年开始，学校增设"互联网＋"大赛专项工作经费，按相同标准每年保障80万元，专门用于大赛的宣传、组织和指导等工作。

中国"互联网＋"大学生创新创业大赛已成为全国影响最大的大学生创新创业大赛。前五届大赛，学校在国赛中共获得1金8银14铜。2017年的第三届大赛学校实现"银奖"零的突破，并首次在"主赛道"获得"先进集体奖"（全国20强）；2018年的第四届大赛，学校实现"金奖"零的突破，并继续在"主赛道"获得"先进集体奖"（全国20强）；2019年的第五届大赛，学校国奖总数实现新突破，达8块，并首次同时在"主赛道"和"红旅赛道"获得"先进集体奖"（全国20强），是江西唯一获得"双料先进集体奖"的高校，全国仅11所高校（其中，师范类院校仅 2 所）获得"双料先进集体奖"。五届大赛连续三届蝉联国赛"先进集体奖"的高校仅有 14 所，学校既是全省唯一连续三届蝉联该项荣誉的高校，也是全国唯一连续三届蝉联该项荣誉的师范类院校。

"挑战杯"被誉为当代大学生科技创新的"奥林匹克"盛会。学校在 2013 年、2015 年、2017 年、2019 年"挑战杯"全国大学生课外学术科技作品竞赛中荣获 1 项特等奖、1 项特别一等奖、3 项一等奖、19 项二、三等奖，实现江西高校参加该项竞赛特等奖"零"的突破，是江西省唯一实现"挑战杯"竞赛特、一、二、三奖项全覆盖的高校，成功跻身全国 30 强行列，是获得"优胜杯"高校和"挑战杯"竞赛发起资格的高校。学校在 2014 年、2016 年、2018 年"创青春"全国大学生创业大赛中获得"创业计划赛"金奖 1 项、"创业实践挑战赛"金奖 1 项、"公益创业赛"金奖 1 项，11 项银、铜奖，是江西省唯一实现"创青春"三大主体赛事金奖全覆盖高校，学校多次获评全国高校优秀组织奖。

丰硕的学科竞赛成绩，引起了热烈反响和广泛关注。校长梅国平在 2018 年 10 月和 2019 年 11 月的学科竞赛总结表彰会上，将学校在组织攻坚重大赛事上创造的一种现象概称作"师大竞赛现象"，概括了学校组织学生竞赛的师大经验——得力的职能部门 + 给力的竞赛团队 + 有力的激励保障 + 合力的双创教育体系，并阐释了"师大竞赛现象"背后所蕴含的"师大竞赛精神"——勇于成事的信心与智慧、追求卓越的坚持与精益和有爱师大的合作与情怀。

基地建设和实践育人方面。2016 年 10 月，学校荣获全国高校实践育人创新创业基地；2017 年 1 月，荣获深化创新创业教育改革示范高校；2018 年 10 月，成功入选全国创新创业典型经验高校。学校成为全国"仅有两所"包揽教育部设立的三大"双创"品牌教育基地的师范类院校之一。2017 年 12 月，学校"瑶湖众创"获评国家级众创空间。

学校创新创业教育工作得到上级有关部门和社会主流媒体的广泛关注，多位党和国家领导人、省部级领导来校视察并给予充分肯定。2016 年 8 月 23 日，中共中央政治局常委、国务院总理李克强亲临学校大学生创新创业教育实训中心考察指导。2019 年 5 月 21 日，教育部党组书记、部长陈宝生莅临学校调研指导。省委书记、省长多次来校视察并点赞学校的创新创业教育工作。2014 年 6 月 19 日，《中国教育报》第 10 版以《创新人才培养模式努力打造卓越品牌》为标题，长篇报道学校在学科竞赛、拔尖人才培养、学生创新和实践能力等方面的做法和成果。2017年3月20日,《教育部简报》〔2017〕第5期单篇报道和推广学校探索构建江西区域特色创新创业教育体系的经验和做法。

文体活动

学校十分重视学生的文体活动,强健学生体魄,提升学生艺术素养,取得了优异成绩。2010年,在第十六届亚运会上,劳义同学获得男子100米决赛冠军,成为我国在亚运会历史上第一个男子百米冠军,与队友合作获得男子4×100米接力冠军并打破全国纪录,荣获2010中国田径绿茵天地金跑道颁奖盛典"最佳新人奖"和"亚运会突出贡献奖"。金紫薇同学光荣当选中国体育代表团旗手,并在赛艇女子双人双桨决赛中赢得金牌。

学校体育代表团参加2010年第十三届省运会,获得131.5枚金牌、93枚银牌和46枚铜牌,团体总分为2661.5分,再次实现高校部金牌总数与团体总分第一。健美操队代表江西省参加第四届全国体育大会获得混双冠军。在全省"唱响鄱湖"电视大赛中获大合唱一等奖、规定曲目演唱一等奖和团体总分一等奖,在江西省第三届大学生舞蹈比赛中获专业组一、二、三等奖的第一名。2011年,获全省第七届大学生艺术展演普通组一等奖2项、二等奖2项、优秀创作奖1项,健美操世界杯系列赛法国站男单冠军。全国大学生田径锦标赛男子10000米竞走冠军、3000米障碍跑季军和女子撑竿跳高第五名,第七届全国大学生跆拳道锦标赛获得一金三铜三个第五的好成绩。女大学生军乐团获得第五届全国行进管乐展演金奖。

2012年,在全国第三届大学生艺术展演活动中荣获优秀组织奖,舞蹈《朝气蓬勃》获一等奖和优秀创作奖,实现江西省在大学生艺术展演活动中舞蹈类专业组一等奖零的突破,并被中央电视台《我要上春晚》栏目组选中并参加节目录制,戏曲、小合唱参赛作品获二等奖。获得全国大学生演讲大赛团体二等奖。原创短剧《那一片红》获第三届中国校园戏剧节短剧专场第一名、编剧奖、优秀剧目奖。获得第九届全国大学生运动会田径5000米项目冠军,并在田径、游泳、跆拳道、健美操等项目上均取得可喜成绩。

学校在2014年江西省第十四届运动会上以225枚金牌、115枚银牌、86枚铜牌,总计3796分的成绩蝉联省运会高校组金牌数、奖牌数和总分三项第一。2015年,学校女大学生军乐团参加"上海之春"国际管乐节活动获得金奖。获健美操世界杯赛（葡萄牙）金牌 3 枚、银牌 2 枚，国际公开赛金牌 2 枚、银牌 2 枚、铜牌 1 枚。获首届大学生舞蹈新作品展演金奖 1 项，获第四届全国大学生艺术展演比赛获金奖 1 项，获"第二届《朝圣敦煌》全国美术作品展"最高奖——优秀奖 1 项，获 2015 吴冠中艺术馆全国油画作品展最高奖——优秀奖 1 项。2016 年，学校学子吴海燕、胡逸轩在里约奥运上表现突出，进一步扩大了学校影响力。

2017 年，大力开展群众体育活动，成功承办新浪体育全国黄金联赛 3V3 篮球赛和江西省大学生田径比赛、体育舞蹈比赛。健美操队获第十届世界运动会五人操冠军，散打队在中国大学生武术散打锦标赛上获两枚金牌，跆拳道队获中国大学生跆拳道锦标赛女子丁组团体总分第一，男子篮球队时隔 12 年再次进入 CUBA 全国赛，教工舞蹈队获全国广场舞大赛一等奖。体育学院被国家体育总局授予"全国群众体育工作先进单位"荣誉称号。成功举办全国师范大学美术学院名师作品展、"榴月·新篇"2017 中俄青年美术作品提名展、绘艺·传承——2017 江西师范大学美术学院油画系师生作品展，卢世主教授获"世界之星"World Star 奖。3 件学生作品入选全国大学生美术作品展，2 个项目入选国家新闻出版广电总局主办的"第二届社会主义核心价值观动画短片创作活动"，多名同学获全国艺术大赛奖励，学生艺术创作能力显著增强。承担国家皮划艇、赛艇东京奥运会备战的科技服务工作。学校获全国第五届大学生艺术展演活动优秀组织奖。音乐学院合唱团获得全国第五届大学生艺术展演专业组一等奖；美术学院学生荣获被誉为"设计界奥斯卡"奖的德国 IF 设计新秀奖。成功举办"秋实穰穰——庆祝改革开放四十周年美术作品展"、"2018 年长三角美术教育研究联盟论坛暨第三届长三角地区美术师范生教学技能展示与交流"等 40 多场学术交流活动；联合省教育厅、省文化与旅游厅在省艺术中心举办"迈向新征程·和美新画卷"2019 新年音乐会，在社会上引起热烈反响。

在 2018 年全国大学生跆拳道锦标赛中获得一金三铜，全国大学生散打锦标赛中获得三金四银二铜。在第二十二届全国大学生羽毛球锦标赛中获得二金二银；在省运会上获得 170.5 枚金牌、85 枚银牌、62 枚铜牌，所获金牌数占高校组总金牌数近三分之一，蝉联金牌榜、奖牌榜、团体总分三项第一。

2019 年学校入选全国"体育美育浸润行动计划"高校。科技助力中国皮划艇队取得优异成绩，获中国皮划艇协会专函感谢。HONG 计划农村足球支教行动受到新华社、光明日报等媒体报道。学生在世界大学生运动会上勇夺 3 枚金牌，健美操队获世界杯与国际公开赛 1 金 2 银 4 铜，田径队获全国大学生田径锦标赛 1 枚金牌，并打破赛会纪录。

学校承办的庆祝新中国成立 70 周年交响音乐会、高雅艺术进校园、"不忘初心、牢记使命"主题教育原创作品音乐会、2020 新年音乐会等大型音乐晚会取得圆满成功。师生为中央党史和文献研究院、中央"不忘初心、牢记使命"主题教育领导小组办公室、国家新闻出版广电总局出品的 11 集微纪录片"十一书"演唱主题曲。学校荣获教育部主办的全国首届音乐教育专业教师基本功大赛优秀组织奖，并获个人全能奖一等奖 1 项、二等奖 1 项、单项奖 3 项。音乐学院选送歌曲《我是谁》获中共江西省委宣传部颁发的"五个一工程奖"。在第十三届全国美术作品展览中共入选 17 件作品，其中 4 件作品进京展览，入选作品数名列江西省首位。成功举办东方印迹——江西师大与日本埼玉大学美术作品展、景观 2019 国际艺术交流展等多场学术交流活动。

学位与研究生教育

做好研究生招生工作。2013 年 6 月，学校全面启动实施研究生生源拓展工程，成立校、院两级生源拓展领导小组，建立了招生计划激励、经费激励、考核激励三重激励机制，设立研究生优秀科研成果奖、研究生奖学金，开展"考研咨询日"活动，探索重点生源基地建设，并为吸引优秀推免生组织试点学术夏令营活动，启动"硕博"连读选拔培养试点工作。2014 年 5 月，为吸引优质生源，进一步提高生源质量，学校制定了《硕士研究生优秀新生奖学金实施细则》。2016 年 10 月，学校重新制定了《研究生生源拓展工作实施方案》，提高了对优秀新生的奖励，尤其是增设了对"985"高校全日制本科生源的奖励，制定《全日制硕士研究生生源评价办法》，并将该评价结果作为招生工作考核、招生计划分配、专业结构调整的重要参考依据。全面实施生源拓展工程以来，成效显著，硕士、博士研究生报名人数逐年持续增长，各类研究生生源的质量也得到了持续提升，一志愿自足率不断提高，来源于博士招生单位的硕士研究生考生人数也逐年增多。2011—2020 年间，学校统招博士研究生招生规模分别为 18、22、27、30、36、44、51、66、93、103 人，硕士研究生招生规模分别为 1271、1340、1395、1420、1457、1518、1902、2015、2058、2550 人。

全面加强研究生培养，积极推进研究生教学改革。2014 年 5 月 6 日，学校专门召开全校研究生教育工作会议，对研究生教育工作进行部署。校长梅国平在讲话中，分析了研究生教育工作的意义作用和面临形势，对今后几年学校研究生教育工作进行了工作部署，强调一是要"照镜子"，努力完成好四项工作目标，对照上级各项文件精神，建立健全学校研究生教育质量保证体系，确保学校论文抽检合格、学位点评估合格，努力实现研究生教育工作"保二争一"目标；二是要"治治病"，着力解决研究生教育学科结构、类型结构和层次结构不优，研究生生源数量不足和质量不优，培养过程和学位授予管理失之于宽，研究生教育保障不力等四个突出问题，不断提高研究生教育质量，带动提升学校整体办学水平。

构建"1+3"学术型研究生培养体系。 2014年，学校出台了《关于深化研究生教育改革的意见》。2015年以来，学校探索深化学术型研究生人才培养模式改革，按照"提升培养平台、突出创新能力"的改革思路，构建形成了"以创新能力培养为主线，以一级学科招生、一级学科培养和一级学科建设为基本框架"的一级学科平台上学术型研究生"1+3"培养体系，为高层次人才的培养奠定扎实基础。2018年1月10日，《中国教育报以》《"四构四改"深化一级学科培养模式改革》为题专题报道学校研究生人才培养模式改革工作经验。

2011年，学校完成了首届全日制教育硕士、法律硕士的实习工作，制（修）订了新增硕士专业学位点和已有专业硕士学位点的培养方案。2012年，学校成立专业学位教育领导小组、各专业学位教育指导委员会，促进行政管理和专业管理分工协作。2013年，设立专项经费保障硕士专业学位研究生专业实习。2017年，完成全日制和非全日制教育硕士17个专业领域培养方案的修订工作。2018年修订了法律硕士、体育硕士、工程硕士的培养方案。2019年修订了国际商务硕士、公共管理硕士的培养方案。

深化研究生课程改革。 学校坚持开展和研究生人才培养方案调整同步的研究生课程体系的优化和重构工作，努力为研究生构建开放、系统而利于创新的知识体系。各培养单位根据人才培养目标的具体要求，结合人才培养实际，对课程进行了动态调整，调整了不符合培养目标、专业发展需求和社会需求、内容重复或陈旧的课程。研究生课程在知识的前沿性、综合性、交叉性、使用性和规范性等方面得到加强。2012年，学校在全省率先推进研究生公共政治理论课改革，得到时任江西省副省长朱虹高度肯定并批示适时在全省推广。2013年，学校在省内率先推出《学术论文写作指导》选修课，2016年将课程作为学校公共必修课面向全体硕士生开设，构建形成了一个理念先进、结构合理、有机统一、成效显著的"八要素四步骤三模块"的硕士生论文写作能力培养体系。2018 年 3 月，江西省学位办复函肯定学校学术型硕士生《学术论文写作指导》课程模式改革探索成果。

搭建研究生质量工程建设平台。 2013 年起，学校单列 62.5 万元专项经费，用于研究生教育质量工程项目建设与资助。学校率先在江西制定了研究生创新教育计划，组织实施了研究生创新教育培养工程、设立"研究生创新基金"，平均每年资助研究生创新项目 180 余项，其中省级项目 70 余项。研究生创新教育培养工程开展以来，已累计资助课题近 3000 项，在省级以上核心刊物公开发表学术论文 1000 余篇，其中 100 余篇被 SCI 或 EI 检索。2015 年以来，学校出台了《青年马克思主义者理论研究创新工程实施方案》，推动建设青年马克思主义者工程，通过丰富多样的活动内容，培养坚定的青年马克思主义者，获省级青年马克思主义者理论研究创新工程立项 165 项，立项总数位于全省首列。研究生参与各类学术创新活动屡获大奖。

搭建省级创新平台。 2011 年，学校被教育部学位与研究生教育发展中心评为"全国学位与研究生教育信息工作先进集体"。2017 年 4 月，学校在全省牵头成立"江西省研究生教育课程资源共享联盟"，并承办全省研究生教育课程资源共享联盟成立大会，联盟秘书处挂靠学校，共同推动我省研究生教育优质课程建设，实现优质课程资源共享，提升我省研究生培养质量。2020 年，学校推动省教育厅挂靠学校成立江西省学位与研究生教育发展研究中心，服务和助力我省学位与研究生教育工作，创新性地开展研究生教育的研究工作。

搭建实践创新平台。 学校高度重视研究生实践基地建设，2012 年学校共有 28 个专业学位研究生实践基地，含教育硕士 22 个，工程硕士 5 个，新闻与传播硕士 1 个。同年，学校获批省级研究生教育创新基地 4 个。2014 年，教育硕士和汉语国际教育硕士获批综合改革试点，被推选为全省教育硕士专业学位联盟的牵头单位，共建立了江西省空间信息技术等 4 个省、校级硕士联合培养基地。2015 年，学校联合景德镇市古窑、婺源篁岭景区建立旅游管理硕士联合培养基地。2018 年，3 个省级研究生联合培养基地顺利通过省教育厅的合格验收，新增 5 个省级研究生联合培养基地。2019 年"江西师范大学—江西师范大学附属中学"教育硕士专业学位研究生联合培养基地获批全国教育硕士专业学位研究生联合培养示范基地，实现学校国家级联合培养示范基地的新突破。

创办创新创业实验班。2018年，学校在体育硕士、艺术硕士、新闻与传播硕士、生物学、地图学与地理信息系统等学位点中试办了五个"创新创业实验班"，引入行业中创新创业经验丰富和业绩突出的人员担任合作导师，并以项目组的方式加强团队合作，为学生提供创新创业实训平台，积极探索创新创业人才培养的新模式，激发研究生的创新创业意识，提升了研究生的创新创业能力。

积极推进国际交流。2018年，学校修订《研究生境内外访学资助项目管理办法》，每年设立200万元的专项经费，大大增加了研究生境内外访学的资助力度。2014至2015年，学校组织了54名优秀研究生前往台湾中正大学访学，选拔推荐46名优秀研究生于2016年春季学期赴台湾中正大学访学。2019年，学校组织了两批共计79名优秀研究生赴澳大利亚和马来西亚开展为期3个月的访学交流，这是学校首次组织的大规模访学交流工作。到学校攻读学术型硕士学位的来华留学生大幅度增加，截至2019年，共有硕士171人、博士9人来校留学。

研究生教育成果丰硕。2018年，刘小强领衔申报的《"三段六步八要素"的〈学术论文写作指导〉课程教学模式探索与实践》获中国学位与研究生教育学会第三届研究生教育成果奖全国二等奖，实现江西研究生教育成果奖"零"的突破。2015年和2018年，学校有2项教学成果荣获全国教育硕士专业学位教学成果奖。

2011年以来，学校获省级教学成果奖研究生层次一等奖9项，二等奖15项，其中2012年获一等奖2项、二等奖3项，2014年获二等奖2项，2016年获一等奖3项、二等奖3项，2018年获一等奖4项、二等奖7项。2010至2019年获省级教学改革项目立项146项。

研究生创新能力得到加强。在校研究生平均发表论文2篇以上，部分研究生在国际国内顶尖学术期刊发表论文。化学化工学院2013级硕士研究生沈小美在国际顶尖化学类杂志《美国化学会志》发表学术论文，2014级硕士研究生陈凤凤在国际顶尖期刊《德国应用化学》发表学术论文，均为江西省第一篇以研究生为第一作者者在此类国际期刊发表的论文。2014级硕士生赵振光在 Green Chemistry、Advanced Synthesis&Catalysis、RSCAdvances 等国际知名期刊上发表了多篇学术论文，2017年被以色列耶路撒冷希伯来大学录取攻读博士学位。2018年，教育学院2017级博士研究生彭颖晖撰写的学术论文被《新华文摘》全文转载。2019年，马克思主义学院理论学科研究生党支部获批全国高校"百个研究生样板党支部"。此外，学校研究生在"挑战杯"全国大学生系列科技学术竞赛、"互联网 +"大学生创新创业大赛、研究生数学建模大赛等多项重大竞赛中屡获佳绩。学校在最近两届"挑战杯"国赛中获特等奖 1 项、三等奖 3 项，其中特等奖 1 项、三等奖 2 项是研究生项目；"互联网 +"大赛国赛近两年共获得 1 金 4 银 3 铜，其中 1 金 4 银 2 铜的负责人是研究生。2016 年，学校商学院研究生程海兵荣获"创青春·创业实践挑战赛"全国金奖，实现了学校"创青春·创业实践挑战赛"金奖的历史性突破，填补了江西省该类别赛事的金奖空白。在 2016—2019 年，全国研究生数学建模大赛中，学校研究生共获二等奖 4 项，三等奖 16 项。

研究生服务社会能力得到肯定。学校培养的研究生，多数已发展成为教育行业及其相关行业的领军人物或学术骨干，为江西基础教育和高等教育的发展做出了重要贡献。心理学院培养的研究生毕业后进入北京大学、北京师范大学等全国顶尖高校工作。2019 年，学校 37 位教授入选江西省学位管理与研究生教育教学及管理专家库。

做好学位授予工作开展优秀毕业论文评选。学校从 2014 年开始评选校级优秀博士、硕士学位论文，评选工作遵循"注重创新、保证质量、宁缺毋滥"的原则，每年进行一次。校级优秀博士、硕士学位论文作者和导师，学校给予表彰和奖励，并推荐参加省级优秀博士、硕士学位论文的评选。2015 至 2019 年期间，学校共评选出 26 篇校级优秀博士学位论文，317 篇校级优秀硕士论文。2011 年开始省级优秀论文评选，2011—2019 年间，学校获得省级优秀博士学位论文 20 篇（2013 年 3 篇、2014 年 1 篇、2016 年 4 篇、2017 年 2 篇、2018 年 5 篇、2019 年 5 篇），省级优秀硕士学位论文 352 篇（按年分别为 6、8、21、19、25、49、58、84、82 篇）。

学位授予人数不断增多。在博士学位授权点方面，学校于 2011 年成功获批马克思主义理论、中国语言文学、化学三个一级学科博士学位授权点，实现了学校一级学科博士学位授权点的重大突破。2018 年 3 月 22 日，获批教育学、心理学、中国史、数学、地理学、管理科学工程六个一级学科博士点。至 2020 年，学校总共拥有马克思主义理论、教育学、心理学、中国语言文学、中国史、数学、化学、地理学、管理科学与工程 9 个一级学科博士学位授权点，涵盖法学、教育学、文学、历史学、理学、管理学等 6 个学科门类。在硕士学位授权点方面，学校的一级学科硕士学位授权点在 2011 年由原来的 10 个增加到 26 个，2017 年增加到 30 个，2019 年，又新增了一个应用经济学一级学科硕士学位授权点。至 2020 年，学校总共拥有马克思主义理论、化学、心理学、中国语言文学等 31 个一级学科硕士学位授权点和 207 个二级学科硕士学位授权点，涵盖哲学、经济学、法学、教育学、文学、历史学、理学、工学、管理学、艺术学等 10 个学科门类。在硕士专业学位授权点方面，2011 年，学校共有 11 个硕士专业学位授权点。2014 年，金融硕士、社会工作硕士、会计硕士、旅游管理硕士成功获批，获批数量位居全省第一，至此，学校共有硕士专业学位授权点 15 个。

从 2011 年开始至今，由校长梅国平任校学位评定委员会主席。2011 年至 2019 年，全校授予博士学位 139 人，硕士学位 13787 人。

做好研究生就业工作。坚持以生为本，实现就业服务精细化管理。近十年来，学校研究生就业工作在贯彻落实上级部门工作要求的基础上，紧紧围绕学校研究生招生培养和社会需求的新变化、新要求、新目标，不断完善各类规章制度，加强就业工作服务队伍建设，大力推进研究生就业服务工作规范化、系统化、精细化和专业化。从研究生入学、培养、毕业就业等环节加强就业理念教育，积极探索新时代下与社会需求相适应的就业服务体系，提升学校研究生就业工作服务水平，学校研究生初次就业率稳居全省高校前列。

科技学院办学工作

人才培养。自 2010 年始学院注重高素质应用型人才的培养，2014 年实施学生自主转专业机制，2015 年开办辅修双学位，2016 年与江西师范大学联合进行硕士研究生培养，2018 年试点省教育厅共青片区跨校学分互认与转换工作，2019 年获批高等学历继续教育资格，2020 年获批教育部 1 + X 证书制度试点单位。截至 2020 年 9 月，科学学院设有 10 个二级教学院、47 个本科专业，5 个联合培养硕士点和 4 个研究中心，全日制本科在校生 10000 余人，建立校校、校企、校地人才培养合作项目 100 余项。

招生规模从 2010 年 1800 人扩大 2020 年的 2500 人，学院连续荣获 2010—2018 年全省高校毕业生就业工作评估优秀高校，2016—2018 年全省高校毕业生就业工作"先进单位"。2016 年 8 月，李克强总理莅临学院大学生创新创业孵化基地视察指导。2016 年学院创新创业协会获"全国百佳社团"称号；2017 年被授予"全国大学生 KAB 教育基地"称号；2017—2019 年连续三年荣获"全国大学生 KAB 创业俱乐部百佳"称号。"十三五"期间，应届毕业生考研率近 10%，考编率近 15%。

师资队伍建设。学院自有教职工由 2011 年的 111 人增加到 2020 年底的 279 人，增幅 151.4%；专任教师由 2011 年的 48 人增加到 2020 年的 170 人，增幅 254.2%；硕士以上学历教职工从 2011 年的 54 人增加到 2020 年 220 人，增幅 307.4%，高级职称教职工从 2011 年的 15 人增加到 2020 年的 28 人，增幅为 86.7%。"十三五"期间，学院共有 4 名教师入选省、市级人才工程。

专业与科研工作。"十三五"时期，学院新增设了金融工程、小学教育、物流管理、财务管理、翻译、影视摄影与制作、网络与新媒体、大数据技术与管理、家政学、休闲体育、人工智能工程、地理信息系统等一批应用型本科专业。在全省高校首轮（2015—2018 年）本科专业综合评价中，学院 22 个专业参评，15 个专业位列第一，达 68.2%；5 个专业位列第二，1 个专业位列第三，总成绩居全省独立学院首位。

2017 至 2019 年，学院教师首获国家自然科学基金项目、国家艺术基金滚动项目、国家艺术基金青年人才项目各 1 项，教育部协同育人项目 6 项，在 A 类以上期刊发表一批高水平论文，5 位教师主编教材 7 本，教师著作获奖 11 项。

党建与思想政治工作。学院始终高度重视党建与思想政治工作，近年来按照与行政机构"同步设计、同步到位、同步运作"原则，学院建立党委—党总支委员会（8 个）—党支部委员会（26 个）三级组织，进一步推动党组织的有效覆盖，增强战斗堡垒作用，党建工作呈现出昂扬向上的发展态势。2019 年，学院获"全国党建工作 1000 个样板支部"1 个。近年来，学院多个案例入选全国、全省高校党的建设和思想政治工作优秀实践创新案例，外宣质量和数量均位居全省独立学院首位，多次荣获全校优秀基层党组织，连续三年（2014—2016 年）荣获全校廉政文化创建工作优秀单位。

共青新校区建设。2014 年 1 月 16 日，在省委省政府的部署推动下，江西师范大学与江西中航共青城实业有限公司签订合作办学框架协议，拉开了共青新校区建设的大幕。2014 年 4 月 9 日，江西师范大学与江西中航共青城实业有限公司签订合作办学协议。2015 年 6 月 26 日，合作双方签订合作办学补充协议。2016 年 10 月 19 日上午，共青新校区破土动工。2017 年 8 月，共青新校区一期工程顺利竣工，同年 9 月迎来了首批 2017 级新生顺利入驻。2018 年 7 月，二期工程顺利交付。2020 年 7 月，三期工程顺利交付，至此科技学院所有学生全部入驻共青城校区。2020 年 5 月，共青校区教职工住宅开工建设。

继续教育

加强专业设置。2010—2020 年，学校成人高等学历教育先后开设了汉语言文学、数学、心理学、地理科学等 20 余个本、专科师范类专业。与此同时，适时开设了一些实用型、技艺型、复合型如工商管理、人力资源管理等社会急需的非师范类本、专科专业 30 余个。自 2016 年起，学院严格按照《教育部关于印发〈高等学历继续教育专业设置管理办法〉的通知》文件精神，对成人高等学历教育开设的专业名称及专业设置进行逐年梳理、调整和规范，逐步减少专科专业数量，科学合理设置成人高等学历教育本、专科专业，至 2020 年，共设置招生专业 64 个，其中专升本专业 42 个，高达本专业 18 个，高达专专业 4 个。

招生与毕业工作。2010—2019 年间，学校成人高等教育招生人数从 3935 年增加到 25528 人，共招成人新生 101965 人，其中本科 7343 人，专科 45488 人，专升本 49134 人。学校 2010—2020 年成人毕业生共有 44380 人，其中专科 23507 人，本科 20873 人。

推进教学模式改革。2015 年 4 月，学校印发《成人高等学历教育一级管理实施方案》和《成人高等学历教育网上学习平台推进方案》的通知，成人高等学历教育实行一级管理模式。2015 年起正式开放学校成人高等教育网络学习平台。2018 年，学院与弘成科技发展有限公司合作，除广东省站点之外，全部学生实现在线学习与考试。为了加强线上、线下教学过程的管理，学院在经过广泛征求意见的基础上，制定并下发了《成人高等学历教育"混合式教学"管理办法》（试行）。

做强继续教育，推动转型。2010 年，外语培训中心与成人教育学院合署办公，在省内外设置 46 个联合办学点，共录取新生 3940 人，在校生规模稳定在 12000 人左右。2011 年，学校被评为全国高等教育自学考试先进集体，3 人获全国成人教育优秀奖，1 人被评为全国高校学籍管理工作先进个人。2012 年，在校成人教育学生 11000 余人，人数居省内同等院校前列，基本形成"立足江西、辐射全国"的办学格局。新增成人高等学历教育联合点 12 个，联合办学点达 60 个。

获批"省级自学考试网络学习服务中心"、江西省首家开展高等教育自学考试本科（专升本）专业综合课程改革试点工作的公办院校。搭建非学历教育平台，成立江西省正大职业培训学校。

2013年，获批人社部"国家级专业技术人员继续教育基地"，成立学校国家级继续教育基地，出台《继续教育基地管理办法》。成立自学考试学习服务中心，自学考试本科综改试点取得显著成效，招收新生6150人，招生规模全省领先。自考毕业生7100余人。规范非学历教育管理，制订《关于进一步促进非学历教育发展的暂行规定》、《关于非学历教育管理整改落实的意见》等制度。继续教育经济效益明显，经济创收实现大幅增长。

2016年，学校出台了《继续教育学院2016年目标管理方案》，进一步激发了办学活力。高等学历继续教育办学规模保持全省公办本科学校首位。全年录取成人高等学历新生7602人，自考招生5300余人，学校继续教育在籍在读学员达到3万余人。校企合作2014级航空专业学生实行定向式培养，推荐就业率达到100%，为学校继续教育向职业技能培训方向发展提供了有益的探索。继续教育2016年实现利润1781万元，上交学校净利润超过1200万元，取得了社会效益和经济效益双丰收。

学校在2017年成功录取14700余名新生，同比增长93%，创历史新高，成人学历教育规模位居全省公办本科学校首位。积极推进非学历教育发展，获批国家人社部招标项目——"新型移动电子商务建设与管理新模式培训"高级研修项目，在井冈山建立两个红色革命教育培训基地。修订完善《非学历教育管理办法》、《继续教育学院合作办学暨经费管理办法》。

学校在2019年研究出台《促进非学历教育培训发展实施办法》，继续教育办学规模再创新高，报考人数达31655人，录取新生26769人，比上一年增长9%。圆满完成人社部招标项目和省人保厅审批项目。与美国堪萨斯州市大学、英国伯明翰城市大学、泰国易三仓大学、马来西亚世纪大学和澳大利亚伍伦贡大学（伯乐校区）签署合作协议。

积极推进继续教育转型发展，开拓非学历培训市场，完成了32个校外站点设站工作，与广东外语外贸大学开展全省高校教师公派出国留学项目，与多个单位建立了合作关系。面向省内专业对口的高职高专院校进行招生宣传，与一批社会助学机构合作开展助学，明确各自工作职责和助学费分成比例。

第四节　学科龙头　学术铸校

学校围绕国家建设和地方发展的需要，牢牢抓住学科这个龙头，着力落实学术铸校任务，不断推进学科内涵建设，增进与国内外学界交流，大力加强图书资料和学报建设，努力增强项目的承接能力和精尖成果的产出能力。十年间，学校的学术影响力明显提高。

学科建设

学位授权点建设。学校紧紧抓住国家学位授权审核的历史机遇，系统谋划学位授权点布局，全力推进博士学位授权点培育和申报，学位授权点实现了一次次突破，学科结构和学科布局不断优化。

2010 年，学校在心理学、体育学、马克思主义理论、中国语言文学、历史学、化学、数学、地理学、计算机科学与技术等 8 个重点培育申博学科中，通过与省学位办共同组织专家评审形式，择优评审出马克思主义理论、中国语言文学、化学等 3 个学科申报博士学位点。在限额申报的要求下，2011 年马克思主义理论、中国语言文学、化学成功获批为一级学科博士学位授权点，实现了一级学科博士学位授权点"零"的突破，也实现了博士学位授权点在理科领域"零"的突破。在硕士点方面，2011 年，学校也取得了可喜的成绩，新增政治学、教育学、外国语言文学、新闻传播学、物理学、地理学、生物学、工商管理、艺术学等 9 个一级学科硕士学位授权点。同年，根据国务院学位办《关于按〈学位授予和人才培养学科目录〉进行学位授权点对应调整的通知》规定，学校调整新增中国史、世界史、生态学、统计学、软件工程、音乐与舞蹈学、戏剧与影视学、美术学、设计学等 9 个一级学科硕士学位授权点。至此，学校一级学科博士学位授权点由原来的 0 个增加到 3 个，一级学科硕士学位授权点由原来的 10 个增加到 26 个。

2017 年，国家启动第十二轮学位授权审核工作。学校精心组织开展学位授权点申报工作，特别是博士学位授权点申报工作，先后召开 16 次申博工作会议，遴选出教育学等 11 个学科作为拟增列一级学科博士学位授权点，哲学等 6 个学科作为拟增列一级学科硕士学位授权点，并下拨学科建设专项经费。2018年，国务院学位委员会下达审核增列的博士、硕士学位授权点名单。学校新增心理学、教育学、中国史、数学、地理学、管理科学与工程等6个一级学科博士学位授权点，新增数量位居全国高校第14位，师范类高校第3位。同时，学校还新增哲学、法学、材料科学与工程、公共管理等4个一级学科硕士学位授权点。至此，学校一级学科博士学位授权点总数由3个增至9个，一级学科博士点数量升至全省高校第二位，学位授权点建设再次取得重大突破。

2018年以来，学校启动新一轮学位授权点申报工作，重点抓好一级学科博士学位授权点申报工作，遴选出软件工程等10个学科作为拟增列一级学科博士学位授权点，教育博士作为拟增列博士专业学位授权点。学校制定并出台了《新一轮一级学科博士点培育申报工作方案》，成立了校院两级申博工作领导小组，下拨了申博专项经费，加强工作调度和论证指导，召开了申博工作推进会7次、专家咨询会2次，组织申博材料论证会2轮，深入学院开展申博工作调度调研20余次。

与此同时，学校还大力加强专业学位点的建设。2013年组织了金融硕士、社会工作硕士、会计硕士、旅游管理硕士、国际商务硕士、工程管理硕士、应用统计硕士等7个专业学位点的申报工作。2014年，金融硕士、社会工作硕士、会计硕士、旅游管理硕士成功获批，获批数量位居全省第一。至此，学校共有硕士专业学位授权点15个，为今后研究生培养类型结构调整奠定了基础。

为进一步优化学科结构与布局，学校通过目录外二级学科自主设置，于2011年增设了4个二级学科博士点和5个二级学科硕士点。2012年增设了2个二级学科博士点和10个二级学科硕士点。2017年增设了4个目录外二级学科硕士学位授权点。2016至2019年间，学校还主动撤销光学工程、经济史、生物化工等6个硕士学位授权点，新增信息与通信工程、应用经济学2个一级学科硕士学位授权点，新增国际商务1个硕士专业学位授权点。

截至2020年6月，学校共有9个一级学科博士学位授权点，31个一级学科硕士学位授权点，17个硕士专业学位授权点，涵盖哲学、经济学、法学、教育学、文学、历史学、理学、工学、管理学、艺术学等十大学科门类，已经形成学科门类较为齐全、学科布局较为完善、学科结构较为合理、学科优势与特色较为明显的学科发展新格局。

重点学科建设。学校多个学科在省内具有较强的优势地位。2010年，教育学、化学、马克思主义理论、中国史等4个一级学科入选江西省高水平学科名单。2011年，中国语言文学、心理学、计算机科学与技术、政治学、管理科学与工程、数学、物理学、音乐与舞蹈学、地理学等9个一级学科入选江西省重点学科名单；教育学、数学、中国史等3个一级学科授权点入选省示范性硕士点行列。学校入选省高水平学科、省重点学科、省示范性硕士点的数量均居全省第二位。

2015年12月，学校组织完成13个"十二五"省高水平及省重点学科的终期验收工作，根据省教育厅和省学位委员会联合发布的评估结果，13个学科均顺利通过。其中，化学、管理科学与工程被评为"优秀"，马克思主义理论被评为"显著进步"。

2016年，马克思主义理论、中国语言文学、教育学、数学、计算机科学与技术、音乐与舞蹈学、外国语言文学等7个学科成功入选江西省高校学科联盟首批牵头学科名单，入选数量居全省第一。

2017年，学校组织省一流学科申报遴选工作，遴选出马克思主义理论、化学、心理学、中国语言文学等4个学科作为省一流学科申报学科，4个申报学科全部成功入选，入选数量和层次均居全省高校第一位，获批一流学科建设经费2.66亿元。之后，学校成立了"双一流"学科建设领导小组，构建了马克思主义理论学科群、化学化工学科群、心理学学科群、语言文学学科群四大学科群，明确了各学科群的建设目标任务，力争实现学科建设群体效应，提升学科建设整体实力。

学校还以ESI全球排名前1%学科为突破口，努力打造具有国际影响力的优势学科。2018年，学校制定并出台了《关于支持化学、材料科学、工程学和数学建设一流理工学科的若干举措》，将化学、材料科学、工程学和数学等4个学科列入重点建设之列，设立ESI学科建设专项经费，对ESI论文新增被引频次进行专项奖励，定期编制ESI学科发展数据简报，引导师生产出一批有国际影响力的高水平学术论文。2020年，基于ESI学科建设与发展的需要，学校重新制定了《ESI学科建设提升方案》，将化学、材料科学、工程学、农业科学和数学列入重点建设学科，明确了各个学科的具体建设目标，强化目标任务管理，提出了具体建设举措。在ESI学科政策的激励下，学校材料科学于2020年3月成功进入 ESI 全球排名前 1% 学科，化学学科 ESI 全球排名提升至前 0.4%。

2018 年以来，学校立足实际，经过专家充分论证，遴选出地理学冲击国家一流学科，研究制定了《地理学冲击国家一流学科的建设方案》，确定了学科近期、中期、远期建设目标，指导学科未来发展。目前，该学科已引进高水平团队 2 个，其中领军人才 1 人，自主培养"青年千人"1 人，科学研究水平稳步提升，学科发展态势较好。

学科评估。学校坚持"以评促建，以评促管"的原则开展学科评估工作。2012 年，学校组织心理学和体育学 2 个学科参加了教育部第三轮学科评估工作。2013 年，教育部发布第三轮学科评估结果，心理学全国排名第 17 位（参评高校 32 所），体育学全国排名第 25 位（参评高校 50 所）。2015 年，学校引入中国科学评价研究中心作为第三方评估机构，对学校研究生教育及一级学科进行诊断评估，提供对策建议，有力地推动了学校学科建设水平的提升。根据中国科学评价中心学科专业排名，2018—2019 年连续 2 年，马克思主义理论为五星学科，化学、心理学、中国语言文学、教育学、外国语言文学 5 个学科为四星学科，四星以上学科数位居全省高校第一位。2016 年，学校组织 25 个一级学科参加了教育部第四轮学科评估工作，制定了《全国第四轮学科评估的工作方案》，成立了评估工作领导小组，保障评估工作的顺利进行。2017 年，教育部发布第四轮学科评估结果，学校有 15 个学科入榜，其中马克思主义理论进入 A 类学科（A-），教育学（B）、心理学（B-）、化学（B-）、中国语言文学（B-）、数学（B-）等 5 个学科进入 B 类学科，学校整体排名位居全国高校 117 位。2019 年以来，学校启动第五轮学科评估准备工作，先后对 12 个学科开展了学科建设工作调研，制定了《第五轮学科评估迎评建设方案》，设定了评估目标，召开评估迎评工作推进会、调度会 10 余次。

学校还精心组织学位授权点评估工作，分别于 2015 年组织化学博士学位授权点和体育硕士等 8 个硕士专业学位授权点的专项评估工作，2018 年又组织金融硕士等 4 个硕士专业学位授权点的专项评估，均顺利通过。2016 至 2018 年间，学校分批组织 34 个学位授权点开展合格评估工作，积极邀请校外同行专家进校评估，通过听取汇报、座谈、查阅相关资料等形式进行具体评议，为学位授权点建设提建议，促发展。2020 年，国务院学位委员会公布了学位授权点合格评估结果，学校参评的 34 个学位授权点全部合格，其中参加抽评的 6 个学位授权点均顺利通过，得到了专家的充分肯定。

学科规划与管理。2011年，学校编制了《"十二五"时期学科建设发展规划》，提出学科建设的总体目标：建设高水平的文科、有影响力的理科、有特色的工科和有明显优势的音体美特长学科，推出了学科建设"1385工程"。2016年，学校编制《"十三五"时期学科建设、科学研究与社会服务专项规划》，提出学科建设总体目标为建成有优势的文科、有影响的理科、有特点的工科和有较高水平的术科，制定实施学科建设"1152"高峰计划和"3520"高原计划。

2011年12月20日，学校召开全校学科建设大会，围绕"大力推进学科建设，加快提升学校核心竞争力"主题，研究明确学科建设的指导思想、奋斗目标以及主要举措。会议由校党委副书记何小平主持，校长梅国平在讲话中对学校学科建设形势进行了分析论述，强调学科建设是学校发展的龙头，全力推进学科建设是当前和今后很长一段时期学校的头等大事和主要任务，要求重点思考和解决好七个学科建设问题：一是学科建设布局的问题，要坚持按照"统筹规划、重点突破、分层建设、全面推进"的原则对学校学科建设进行谋划安排。二是学科竞争力的问题，要从学科学术竞争力、市场竞争力等多个维度来思考和把握学科建设和学校发展问题。三是学科队伍建设的问题，要着力引进和培养一批领军人才、学科带头人和优秀年轻博士，探索实施人才特区制度。四是学科特区建设的问题，要通过学科特区的体制创新、学术创新和引领示范，迅速提高相关学科的学科实力，带动一批学科快速发展，促进各个学科整体繁荣。五是学科管理考核的问题，要建立科学的学科评价和绩效评估体系，对学科建设发展进行量化考核和滚动淘汰，有效发挥考核机制的约束和激励作用。六是学科建设条件的问题，要通过各种方式解决有关学科的发展空间不够、经费投入不足等问题，为学科发展创造良好的资源条件。七是学科建设文化的问题，要积极营造和谐的治学环境，倡导务实的治学精神，为学者治学创造宽容的人文环境、宽松的学术环境和宽厚的学科环境。

2016年5月27日，学校召开全校文科建设工作会议，对学校文科建设工作进行了强调部署。党委书记田延光在主持会议时强调，文科是学校的传统优势学科，加强文科建设意义重大，要在学科建设上进一步创新工作举措，着力找准差距、补齐短板、增强实力、扩大优势，加快进位赶超的步伐，全面提升学科发展水平，努力建设一批国内先进、省内一流的学科，为提升学校综合实力提供强力支撑。校长梅国平在深入分析召开文科建设会议的重要意义以及当前学校文科建设的现状后，对学校"十三五"时期文科建设的目标、思路和主要举措作了阐释，指出学校"十三五"时期学科建设要紧紧围绕"有优势的文科、有影响的理科、有特点的工科、有较高水平的术科"这一目标定位，以"瞄准'双高'目标（造高峰，建高原），握牢'六定'抓手（定特色、定方向、定团队、定目标、定责任、定奖惩），坚持四位一体"为发展思路。梅国平强调，全校上下要以学科"六定"为抓手，创新机制，增强学科的亮点和定力、合力与动力（定特色即要打造学科的亮点，定方向即要增强学科建设的定力，定团队即要增强学科建设的合力，定目标、定责任和定奖惩即要增强学科发展的动力。）；要以人才队伍建设为首要任务，全面提升文科人才队伍的整体水平；要以提高培养过程质量为核心内容，全面提升文科研究生教育质量；要以重大项目培育和高端论文产出为主攻方向，大力提升文科学科研究水平；要以"一科一品"为工作载体，全面提升文科学科的社会服务能力和学科声誉。

2016年12月20日，学校召开全校理工科建设工作会议，对理工科建设进行了强调和部署。党委书记田延光在主持会议时强调，学科是学校发展的龙头，要着力找准差距、补足短板、增强实力，加快进位赶超的步伐，全面提升学科发展水平。校长梅国平在深入分析当前学校理工科发展形势后，对学校"十三五"时期理工科建设的目标、思路和主要举措作了阐释，指出理工科建设思路要注重四个方面：一是要更加注重强化面向国际学术前沿和面向国家区域经济发展的主战场等"两个面向"的引领，二是要更加注重加大国际合作交流与行业产业交流等"两向交流"的力度，三是要更加注重发挥高层次人才及团队与研究生等"两个群体"的作用，四是要更加注重硬件和软件等"两类条件"的建设。强调要围绕一流学科建设目标，以学科队伍建设为重点，抓好博士点申报和建设；以高层次人才的引培为重心，强力推进人才队伍建设；以推进科研国际化为抓手，提升理工科的科研质量和水平；以对接产业行业为突破口，增强理工科学科服务力和贡献力；以创新能力培养为核心，提升理工科人才培养质量；以强化条件建设为保障，优化理工科建设环境，强力推进理工科建设和人才队伍建设，实现文理工科共同发展，使学校"十三五"时期各项工作再上新台阶。

为了进一步提高学科建设管理水平，学校出台了若干管理办法，成立了学科建设领导小组、特色建设领导小组，以强化学科建设的领导力。2011年以来共出台了《学科建设管理暂行办法》《学科建设年度评估考核暂行办法》《学科建设经费管理暂行办法》等制度，以规范学科建设的管理。2014年，学校成立教育学、生态学、管理科学与工程、工商管理、外国语言文学、软件工程等6个跨学院一级学科建设委员会，以加强6个跨学院一级学科的建设与管理。2015年，学校出台《学科建设"六定"工作实施方案》，组织各学科开展"定特色、定方向、定团队、定目标、定责任、定奖惩"工作，以突出学科特色和比较优势，增强学科核心竞争力，形成职责明确、奖惩分明的学科建设工作机制，激发学科发展内生活力。

2015年，学校出台《关于促进"音体美外"4个学院加快发展的若干意见》，以保持"音体美外"4个学院相关学科的传统优势，加快相关学科的发展。2016年，学校出台《学科特区实施办法（暂行）》，以落实"十三五"时期学科建设"高峰计划"，将马克思主义理论、心理学、教育学、中国语言文学、化学等5个学科纳入学科特区，明确了特区学科的五年发展目标，包括学科排名目标、人才队伍目标、科学研究目标以及学科建设年度目标，实行了院长和院党委书记学科建设特殊津贴等激励制度，扩大了院长组织学科建设的工作权限，强化了学科建设工作考核，充分调动了学院学科建设的积极性，稳步提升了特区学科的建设水平。2018年，学校出台《省一流学科建设专项经费管理办法》，以加强省一流学科建设专项经费的管理，确保经费使用合理、规范和科学。2019年制定《省一流学科建设管理办法》，以加强省一流学科建设管理，有序推进省一流学科建设，确保建设任务和目标的实现。

2019年，学校承办了"第三届世界一流大学和一流学科建设与评价论坛"，来自全国高校的专家、学者和教育工作者共计600多人参加了此次会议，会议加强了高校之间的交流，扩大了学校和学科的影响力。

科学研究

"十二五"以来，学校科研工作按照"顶天、立地"的建设方针，围绕"构筑大平台，凝聚大团队，承担大项目，培育大成果，实现大转化"的思路，研究推出科研突出业绩奖励体系，组织召开科研工作会议加强工作部署，有力地推动了学校科研工作取得显著提升。

科研工作谋划。学校高度重视科研工作，除了在每年的工作要点和中层干部会上将科研工作进行强调和部署之外，还多次召开科研工作专题会议，对科研工作进行专题研究。

2014 年 1 月 14 日，学校召开 2013—2014 年科研工作会，会议由党委书记田延光主持。校长梅国平在讲话中指出，进一步做好科研工作，广大教师要牢固树立"争先恐后"的担当意识、"顶天立地"的选题意识和"甘坐十年冷板凳"的钻研意识，争做科研"排头兵"。各学院要在积极谋划、加强协同和严格落实上充分发挥科研的"一线指挥部"作用。学校要在职称评定、岗位聘任及奖励方面提供政策保障，在经费、工作和生活等方面提供条件和服务保障，努力营造良好的学术生态环境，让广大教师和科研工作者心无旁骛地做好教学科研工作。

2018 年 1 月 8 日，学校召开全校人才与科研工作会议，党委书记田延光主持会议，校长梅国平对科研工作进行部署，指出要大力创新做好科研工作，要从助力冲刺 ESI 全球前 1% 学科、布局未来科技发展前沿、强化文科理论创新和社会服务作用、注重对接产业行业四个方面强化面向创新；要从抓好独立科研机构建设、优势科研团队建设和建设北上广深研究院三个方面推进组织创新；要从完善学校科研激励和抓好科研反哺教学体系建设两个方面深化管理创新。

2019 年 1 月 14 日，学校召开 2019 年度全校人才与科研工作会议，党委书记田延光主持会议，校长梅国平对科研工作进行部署，强调要通过鼓励教师与名家结对子、提高论文津贴标准、深化学院科研绩效排序、提高研究生论文产出率、把好高层次人才引进关，解决好高水平论文发表不足的突出问题；通过着力打造几个重大科研和学科平台、推动组建一批高水平科研和学科团队、建立科研学科平台和团队定期考核评估机制，解决好重点科研平台和科研团队建设疲软的突出问题；通过树立教师和研究生全员科研意识、进一步加大科研激励力度，解决好科研氛围不浓的突出问题。

2020 年 1 月 9 日，学校召开 2020 年学校人才与科研工作会议，党委书记田延光主持会议，校长梅国平在会上强调，科研评价和激励改革要更加注重考量学术产出的成本和有效的学术贡献，着力推动科研工作"四大转变"：科研成果产出转变为更加注重质量水平、科研组织方式转变为更加注重团队建设、科研产出评价转变为更加注重产出绩效、科研目标指向转变为更加注重科研育人。

科研平台

"十二五"期间,学校各类科研平台建设成绩喜人。国家科研平台方面,2011年12月,国家单糖化学合成工程技术研究中心成功获批立项建设,实现了学校国家级科研平台"零"的突破,这也是全国师范院校第2个国家工程技术研究中心。同年,功能有机小分子教育部重点实验室建设计划顺利通过专家论证。其中,国家单糖化学合成工程技术研究中心在廖维林科研团队的努力下,围绕单糖及其衍生物化学合成,在合成脱氧糖区域选择性技术、五碳糖羟基转化为碳氟键关键技术、高效简洁合成氮杂糖新技术、糖醇选择性酯化技术等方面取得了重大突破,在单糖规模化化学合成领域处于国际先进水平,已成为我国在该领域的技术创新、成果转化及人才培养的重要基地。

省级和校级平台方面,2011年,新增"江西省心理与认知科学"重点实验室,"先进功能材料"江西省高校高水平实验室,成立了江西师范大学生产力促进中心等。2012年,梅国平教授领衔申报的"江西省产业转型升级软科学研究基地"获批组建。同年,获得全省高校高水平创新平台1.5个,即精细化学品制备工程研究中心和与南昌大学合作的物联网与智能计算工程研究中心,数量位居全省第2位,立项经费合计2000万元。江西省高校人文社会科学重点研究基地"传统社会和现代化研究中心"通过省内分类评审,位列第一类。2012至2013年,获批"网络化支撑软件"和"无机膜材料"2个国家级国际科技合作基地,"江西省化学生物学"和"动漫创意与数字娱乐"2个省重点实验室,"苏区振兴研究院"和"叙事学研究中心"2个省哲学社会科学重点研究基地,"功能材料与精细化学品协同创新中心"获批首批江西省"2011协同创新中心","江西省重大生态安全问题监控协同创新中心"获批第二批江西省"2011协同创新中心"。2014年,"基于大数据的江西省教师质量监测、评估与服务协同创新中心"、"社会发展与治理协同创新中心"等获批第三批江西省"2011协同创新中心"。2015年,"江西省中国社会转型研究协同创新中心","先进传感器件与系统集成协同创新中心"等获批第四批江西省"2011协同创新中心",立项经费2500万元,位居全省第二。截至2015年年底,学校共有6个省"2011协同创新中心",立项总经费达9000万元,位居全省第二。同年,江西省空间信息科学与鄱阳湖研究院士工作站和磁性传感器院士工作站成立。

2015年,学校建成鄱阳湖南矶湿地野外综合试验站定位监测系统投入使用,为我国和世界湿地环境监测网络系统提供了一个独特的定位监测基地；鄱阳湖湿地与流域研究教育部重点实验室、功能有机小分子省部共建教育部重点实验室建设项目顺利通过教育部评估验收；江西省微纳材料与传感器件重点实验室经专家论证后获批组建，学校省级重点实验室达到 10 个。微纳材料与传感器件研究创新团队和农副产品绿色高值化利用创新团队分别获批江西省优势创新团队；江西师范大学社会发展与创新研究中心、江西产业转型升级发展研究中心分别获批为江西省哲学社会科学重点研究基地，学校江西省哲学社会科学重点研究基地增至 4 个，数量稳居全省前茅。

"十三五"期间，科研平台建设继续稳步推进。2016 年，国家单糖化学合成工程技术研究中心通过科技部验收。"江西书院文化与教育研究中心"获批江西省文化艺术科学重点研究基地；"分子筛膜材料国家地方联合工程实验室"获国家发展改革委立项，取得在国家地方联合工程实验室方面的重大突破。截至 2020 年，学校各类科研平台达 53 个，为科研工作的开展提供了良好的平台和广阔的空间，产生了较大社会效益。

科研项目

学校高度重视科研项目特别是两类国家基金项目申报立项工作。2012 年 10 月 16 日，学校专门召开 2012 年科研工作会暨 2013 年国家基金项目申报动员大会。校党委书记陈绵水在讲话中，概述了做好科研工作需要重视人才队伍建设、营造良好的学术氛围、建设良好学术团队、集体协同作战、重视选题、持之以恒、前期成果、考虑国家需要、注重方法问题、创新意识、努力等 11 条启示。校长梅国平从晓以利害、抓好动员（抓好重点人群、重点学科、重点项目），爬坡过坎、过好三关（数量关、质量关、破门关），意在长远、做好培育（培育人才、培育项目、培育成果）等三个角度，对如何做好国家基金项目申报工作进行了强调和部署。在 2014 年 10 月的国家基金项目申报动员会上，校长梅国平对国家基金项目的申报经验进行了进一步总结，并凝练为"重选题、预研究，下指标、找准人，给范本，细琢磨，访专家，结对子，精辅导、夯基础，分任务、促落实"等六条经验做法。

学校抓住科研快速发展的历史机遇，采取各种办法推动全校科研人员申报各级科研项目。其一，由学校领导带队与国内知名院校交流申报经验，并结合自身发展特点，出台完善了有关激励政策，加大重大科研成果等方面的奖励，还进一步健全了科研管理制度。2014 年，出台了《获批国家级重大科研项目或标志性课题到账科研经费奖励办法（试行）》《科研项目管理办法（修订）》《科研项目间接费用管理办法》。其二，学校领导亲自担任有关学科的评审专家，参与评审讨论，反复论证申报项目，严把质量关。其三，分管校领导亲自协调、亲自抓落实。其四，申报任务分解落实到学院。尤其在两类国家基金项目的组织和申报上总结出好的举措。这些制度和办法的改革完善，适度给予了全校科研人员申报科研项目的压力，又激发了全校科研人员的积极性和创造性。十年间，学校科研项目立项数量一直保持在较高水平，共获批国家级科研项目 1239 项、省部级3100 余项，立项经费达 6 亿余元，国家基金年度项目立项数持续位列全国师范大学第一方阵。

其中，国家社会科学基金项目方面，2011 年，学校立项 23 项，立项数位居全国高校第 28 位，全国师范院校第 9 位。2012 年，立项 24 项，立项经费 400余万元，立项数位居全国师范院校第 5 位、全国高校第 29 位，其中赖大仁承担的《当代文学理论观念的嬗变与创新研究》获批重点项目，实现国家社科基金重点项目"零"的突破。2013 年，项目数攀新高，立项 29 项，立项数位居全国地方师范院校第 3 位、全省第 1 位、全国高校第 32 位，获批资助经费 492 万元，其中傅修延承担《听觉叙事研究》获批重点项目，另首获民族问题研究类科目1 项。 2014 年，立项 15 项。2015 年，立项 20 项，位居全国高校第 36 位，全国师范院校第 7 位，其中李小军承担的《汉语语法词库编撰及语法化模式研究》、聂平平承担的《协商民主视域下的地方政府质量研究》获批重点项目。2016 年，立项 41 项，其中年度项目总数（32 项）列全国第 8 位，全国高校第 7 位，全国师范院校和江西省高校第 1 位；梅国平承担的《"互联网 +"驱动传统产业创新发展路径及其模式研究》、傅修延承担的《中西叙事传统比较研究》获批重大招标项目；赵明承担的《海昏侯墓考古发掘与历史文化资料整理研究》获批重大委托项目；廖华生承担的《明清徽州诉讼案卷的整理研究》、祝黄河承担的《中国特色社会主义道路自信的内在逻辑研究》、吴瑾菁承担的《中国特色社会主义道德规范体系研究》获批重点项目。2017 年，立项 16 项。其中，卢世主承担的《乡村文化传承与精准扶贫研究》、唐天伟承担的《我国省级政府效率损失及规避机制研究》获批重点项目。2018 年，立项 37 项，包括 1 项专项项目、4 项重点项目、5 项教育规划、2 项艺术专项、2 项后期资料，立项数位居全国高校第 31 位，江西省高校第 1 位，其中谢宏维承担的《明清地方志纂修与国家认同、区域社会文化创造研究》、刘小强承担的《基于学科生产能力提升的一流学科建设路径和策略研究》、刘楚群承担的《老年人口词汇产出及其衰老关联度研究》、熊小玉承担的《华人作曲家对中华传统文化的海外传承研究》、张艳国承担的《新时代文化创新的内在逻辑和实现路径研究》获批重点项目；周利生承担的《新时代中国共产党的历史使命研究》获批重大招标项目。2019 年，立项 36 项，首批立项数并列全国高校第 26 位，全国师范院校第 7 位，江西省高校第 1 位，其中卢世主承担的《革命文物保护利用实践经验与制度创新研究》获批重大招标项目，实现了国家社会科学基金艺术学重大招标项目的突破；杨长云承担的《美国现代城市规划的社会思想研究》、赵波承担的《经济新形势下我国开发区内卷化及其规避机制研究》、赖大仁承担的《近 40 年文学理论问题论争研究与文献整理》获批重点项目。2020 年，立项 27 项（年度项目），其中 4 项重点项目、19 项一般项目、4 项青年项目，立项数并列全国高校第 32 位，全国师范院校第 6 位，江西省高校第 1 位，其中李平亮承担的《明清时期江西会馆文献整理与研究》、项国雄承担的《情感视角下的"圈层舆论"引导机制研究》、张勇生承担的《江西赣方言地图集（语音集）》、李晓园承担的《互联网赋能相对贫困识别与治理长效机制研究》获批重点项目。

国家自然科学基金项目方面，2011 年，获批 31 项。2012 年，获批 62 项；立项经费达 2449 万元，比 2011 年度增加 1392.6 万元，立项数位居全国师范大学第 8 位。2013 年，获批 59 项，位居全国师范院校第 9 位、全省第 3 位。2014 年，获批 55 项，其中面上项目 5 项、地区科学基金 36 项、青年科学基金 14 项，获资助经费总额 2399 万元。获立项资助的 55 个项目涵盖国家自然科学基金委的全部 8 个学部，涵盖学校 10 个学院（单位）。2015 年，获批 69 项，在全国师范院校排名第 6 位。学校参与申报的国家自科基金重大研究计划项目还获批立项，国家基金立项总经费突破 3500 万元。2016 年，获批 76 项，立项数在全国高校排名第 112 名，在全国师范院校排名第 5 位。2017 年，获批 66 项，立项数在全国高校排名第 128 位，在全国师范院校排名第 10 位，在江西省高校排名第 2 位。2018 年，获批 52 项，其中面上项目 8 项，青年项目 8 项，地区项目 34 项，直接经费共 2079.10 万元；涂宗财教授承担的国家重点研发计划课题《水产品重要营养功效因子的筛查与结构表征》获得立项经费 763 万元，创学校项目立项经费新高。2019 年，获批 75 项，其中面上项目 9 项，青年项目 13 项，地区项目 53 项，资助经费共 2843 万元，立项总数和面上项目数列全省第二，是近 10 年以来的最好成绩。其中，由地理与环境学院林珲教授参与中山大学申报的 NSFC- 广东联合基金项目《基于大数据的区域海陆气环境预警预报关键技术》获批立项，学校合同经费 214 万元；由生命科学学院游清徽老师参与的国家重点研发计划课题《新型药用辅料聚糖工业化生产技术体系构建和质量标准化研究》，立项经费 175 万元。2020 年获批 64 项。

在国家专项和其他各级项目方面，学校也有突破和增长。2011 年，获批省部级项目 87 项，横向项目 70 项，厅局级项目 79 项，省教育厅科技落地计划项目 2 项。由梅国平教授领衔申报的"江西新型城市化和房地产健康发展研究"项目获得江西省经济社会发展重大招标课题，侯豪情教授申报的"高性能电纺纳米纤维材料制备关键技术研究与开发"项目获批为江西省科技重大专项。学校全年科研项目立项经费由 2010 年度的 3200 多万元增加至 8000 多万元。2012 年，陈祥树教授获批 1 项"863"重大专项，单项经费 657 万。彭以元教授获批 1 项 NSFC-NIH 生物医学合作研究项目。2014 年，获国家发改委清洁机制基金重大专项课题 1 项，立项经费 100 万元，是江西省高校人文社科领域首获此类国家级重大专项。2016 年，方朝阳教授申报的《文化遗产景观地旅游综合服务平台关键技术研究与示范》项目获国家科技支撑计划立项，国家拨专项经费 730 万。2017 年，获 1 项江西省经济社会重大招标项目，国家单糖中心申报的"面向第三代半导体的超高纯度有机源及氮源的关键制备技术"项目获批国家重点研发计划。

科研成果

学校改革优化薪酬分配制度，突出业绩奖励方式，构建公平合理的激励机制，多次修订科研成果奖励办法，努力促进"政府、企业、学校、科研、市场"五结合，加大科技、人才和企业的孵化力度，积极助推地方经济社会发展。这些措施不仅促进了学校科研成果数量上增多，而且在质量上也有提高。

科研成果总量。 2011 年，国际三大检索系统收录学校论文总数达到 537 篇，其中 SCI 收录 234 篇、EI 收录 253 篇、ISTP 收录 50 篇，创历史新高；获批 5 项国家发明专利。

2014 年，全校申请专利数量比去年翻番，达到 200 余项，位居江西省高校第 1 位。新授权 11 项发明专利、30 余项实用新型专利、10 项外观设计专利，另获批 30 项软件著作权登记。

2016 年，全年理工科发表三大检索收录论文 680 篇，SCI401 篇、EI252 篇，CSCD234 篇。其中，SCI 二区及以上 183 篇，比 2015 年增长 33%。在英国自然出版集团发布的 2016 年最新自然指数排行中，学校位列全国高校 82 位，全省第 2 位。同年，人文社科发表 A 类论文 113 篇、B 类 215 篇。

2017 年，文科论文中 A 类核心期刊论文总共有 86 篇，B 类核心期刊总共有 199 篇，其中在《人民日报》理论版发表文章 1 篇。同年，在高水平理工科论文产出上，学校在 SCI 一区和二区发表论文数量达 202 篇，比 2016 年增长 16%；CSCD 核心期刊以上论文 563 篇，比 2016 年增长 22%；理工科论文在 2017 年全球自然指数排行中位居全国高校第 71 位。

2018 年，文科方面，学校共发表 A 类论文 103 篇，CSSCI 核心库论文 178 篇。理工科方面在 SCI 一区和二区发表论文 228 篇，同比增长 13%；在 CSCD 核心以上期刊发表论文 693 篇，同比增长 23%。

2019 年，多位教师的论文被《新华文摘》全文转摘或观点转摘。还有多位教师在《美国科学院院刊》（世界四大名刊之一）、*Physical Review Letters*（世界顶级物理学期刊）、*Nature Energy*（影响因子 46.85）等国外顶尖期刊上发表高水平论文。学校在 SCI 一区和二区发表论文数量达 232 篇，CSCD 核心期刊以上论文 709 篇；发表人文社会科学类学术论文共计 594 篇，其中 A 类以上（含）核心期刊达到 121 篇。2019 年，"学术志"联合中国科学文献计量评价研究中心发布了 2019 年全国高校南大核心期刊（CSSCI）论文发表数量排行榜，学校共发表 285 篇 CSSCI 来源期刊论文，位列全国高校第 71 位，全国师范类高校第 14 位，省属师范院校第 8 位，省内高校第 2 位。学校在人大复印报刊资料的转载量在全国高等院校总排名中位列第 93 名，综合位列第 95 名。

代表性科研成果。文科方面，2013 年，傅修延教授专著《济慈诗歌与诗论的现代价值》入选国家社科成果文库。同年，方志远教授在《中国社会科学》第 12 期上发表论文《"冠带荣身"与明代国家动员——以正统至天顺年间赈灾助饷为中心》，该论文后于 2014 年被人大复印资料全文转载，社会影响较大。这篇论文和此前发表的《明代苏松江浙人"毋得任户部"考》（2006 年）、《"传奉官"

与明成化时代》（2007 年）、《"山人"与晚明政局》（2010 年）和《明代百年的社会进步与社会问题》（2012 年），形成了方志远教授对明代社会进程的基本认识，也为研究中国历代社会进程提供了新的视角。2016 年，张艳国教授在《中国社会科学》第 10 期上发表学术论文《李大钊、瞿秋白对俄国道路的认识》，长达3.6 万字。该论文后于 2017 年被人大复印资料全文转载，同时获得时任江西省委副书记姚增科、时任省委秘书长朱虹肯定批示，产生较大影响。2020 年，傅修延教授在《中国社会科学》第 6 期上发表长篇学术论文《物感与"万物自生听"》；傅修延、赖大仁两位教授入选 2019 版人大复印报刊资料重要转载来源作者。同年，张艳国教授史学论文转载量进入知名史学期刊发文情况和人大报刊复印资料专业史学期刊转载影响力榜单。

理工科方面，2011 年，物理与通信电子学院教师王燕在 *Nature* 子刊上发表论文，实现学校在世界顶级杂志发表科研成果的新突破。2016 年，化学化工学院赵军峰、邵爱龙、陈松涛、胡隆等师生相继在《美国化学会志》等国际顶尖学术期刊上发表论文。物理与通信电子学院欧阳楚英和徐波教授指导的本科生曹晋、穆海门、王国庆分别以第一作者身份在 SCI 期刊上发表论文，其中两篇为 SCI 二区 Top 论文。孙建松研究员等在糖苷化反应研究取得重大突破，成果发表于化学领域最具影响力的顶级期刊《美国化学会志》上。2019 年理电学院计算材料学课题组紧跟国际学术前沿研究，不断加强与国内外课题组的合作，在新能源材料领域取得了一系列创新性研究成果，并在 *Nature Energy*（影响因子 46.85）刊物发表；理电学院李渊华博士在物理学国际顶级学术期刊 *Physical Review Letters* 上发表了其在量子非线性光学研究领域的最新成果论文；生命科学学院张帆涛课题组和中科院遗传与发育生物学研究所储成才课题组等多家单位在国际著名学术期刊《美国科学院院刊》（*PNAS*）以亮点文章形式在线发表了研究论文。

科研奖励

历年来，学校教师在人文社会科学和自然科学两方面齐心协力，努力攀登科研高峰，产出了一批高水平科研成果，获得了各种科研奖励。

人文社会科学领域。国家级奖项上，2013 年，傅修延教授的论文《元叙事与太阳神话》荣获教育部高等学校人文社会科学研究三等奖。2014 年，邓伟民教授作曲的《那一片红》获得金钟奖。2016 年，何齐宗教授的论文《中国教育美学研究三十年：回顾与反思》荣获全国教育科学研究优秀成果奖三等奖。2020年，傅修延教授的专著《中国叙事学》获得第八届高等学校科学研究优秀成果奖（人文社会科学）二等奖。

省级奖项上，学校获奖数量长期位居全省首位。2011年，学校获得江西省第十四次社科优秀成果奖54项，获奖总数与一、二、三等奖项目数均位居全省第一。2013年，学校获第十五届江西省社会科学优秀成果奖61项，其中一等奖6项，二等奖20项，三等奖35项，一等奖数量和获奖总数均为全省第一。2015年，学校获第十六届江西省社会科学优秀成果奖57项，其中一等奖7项，一等奖24项，三等奖26项，获奖总数、一等奖项数均为全省第一。2017年，学校获第十七届江西省社会科学优秀成果奖54项，其中一等奖5项，一等奖23项，三等奖26项，获奖总数、一等奖奖项数均为全省第一。2019年，学校获第十八届江西省社会科学优秀成果奖53项，其中一等奖4项，二等奖29项，三等奖20项，获奖总数为全省第一。

自然科学领域。2011年，廖维林的《高效汽油抗爆剂MMT的开发及应用》获国家科技进步二等奖；涂宗财的《植物小分子肽制备与纯化关键技术研究与产业示范》获全国商业科技进步奖一等奖；涂宗财的《复方中草药提取物制杀虫剂关键技术研究及应用》获教育部科学技术进步奖二等奖；吴福英的《鄱阳湖区生态气象监测评估研究及应用》获江西省科技进步奖二等奖；余敏的《Cyber-MSAC多级安全访问控制系统》获江西省科技进步奖三等奖。

2012年，侯豪情的《高强度电纺聚合物纳米纤维的制备和性能研究》获江西省自然科学奖二等奖。2013年，涂宗财的《多功能肽的高效制备关键技术研究及系列产品开发》获江西省科技进步奖二等奖；孔令华的《哈密尔顿系统的多辛几何算法》获江西省自然科学奖三等奖；余敏的《无线传感网络关键技术与生态农业环境监测可视化服务平台》获江西省科技进步奖三等奖。

2014年，由天艳的《功能化碳纳米纤维复合材料的电化学研究》获吉林省自然科学奖二等奖；钟声亮的《稀土纳米材料的结构调控与性能研究》获江西省自然科学奖三等奖。2015年，欧阳楚英的《应用计算材料学方法研究设计锂离子电池电极材料》获江西省自然科学奖二等奖，袁彩雷的《应变诱导复合纳米颗粒改性的研究》及刘庆燕的《以结构为导向构筑的二阶非线性光学和稀土光磁功能配位聚合物材料》获江西省自然科学奖三等奖。

2016年，廖维林的《柴油升级后重大质量事故成因分析与关键技术开发》获江西省科技进步奖一等奖；徐庆华的《多复变几何函数论若干重要问题的研究》获江西省自然科学奖二等奖，彭以元的《功能有机小分子的绿色合成方法及其应用研究》、谢建坤的《水稻特色种质资源的创制与遗传解析》、汪莉的《新型纳米生物传感器研究》获江西省自然科学奖三等奖，郑林的《鄱阳湖沙地土地生态治理技术研究与示范》江西省科技进步奖三等奖。

2017年，侯豪情的《电纺碳纳米纤维复合材料的制备及性能研究》获江西省自然科学奖二等奖，易现峰的《森林天然更新过程中鼠类——种子相互作用研究》获江西省自然科学奖三等奖。

2018年，涂宗财的《DHPM促进食品生物大分子功能改性及其生化效应研究》、陈水亮的《微生物燃料电池关键电极材料研究》获江西省自然科学奖一等奖；张小亮的《二氧化碳资源化利用》、丁惠生的《非线性发展方程渐近性态的若干研究》获江西省自然科学奖二等奖；王明文的《非受控环境下现场作业指导关键技术及应用》、张露的《植物资源中抗氧化和降血糖活性成分筛选》、万结平的《烯胺酮特征性转化模式下的有机合成方法研究》、刘正奇的《光学黑体材料的实验制备、吸波机理及其高品质传感研究》、覃锋的《信息聚合函数理论与应用研究》、徐波的《二维层状材料的物理与储能特性的第一性原理研究》获江西省自然科学奖三等奖。

2019年，获江西省科学技术奖数量与质量取得历史性突破。2019年，卢章辉的《过渡金属纳米复合材料的制备及其催化产氢性能研究》、王涛的《绿色碳杂原子（C-X）成键反应研究》获江西省自然科学奖一等奖；林珲的《城市居民时空行为感知与分析方法研究》、陶端健的《烟气中酸性气体捕集与转化的离子液体调控新方法及机制》、汪莉的《碳基纳米复合材料的制备及电化学传感》获江西省自然科学奖二等奖；吴召艳的《复杂网络的建模、分析与控制》获江西省自然科学奖三等奖；学校参与完成的《鄱阳湖科学考察》获江西省科技进步奖一等奖；胡蕾参与完成的《面向泛在互联的电力网络安全智能防护关键技术、装备研制与应用》获江西省科技进步奖一等奖；邵明勤参与完成的《电网涉鸟故障差异化生态防治关键技术开发及应用》获江西省科技进步奖二等奖。

科研成果转化。近年来，学校取得了以"五朵金花"——"糖、剂、布、膜、湖"为代表的一批世界级科研成果，打造出一道江西科技创新的亮丽风景线，并成功转化为社会生产力。

"五朵金花"之"糖"。单糖化学合成是糖化学合成过程中最基础、最关键的技术，也是世界各国竞相发展的战略性新兴领域。在中国科学院化学研究所等单位的大力帮助下，以廖维林教授为学科带头人，在单糖化学合成领域凝聚了一支学术水平高、人才结构好、创新能力强的研发团队，形成了"从原始创新到高技术产业化"的科技发展模式，还通过创建国家单糖化学合成工程技术研究中心科研平台完成了多项国家级项目，成功解决了脱氧糖合成中烯糖水合步选择性的关键技术，研发出高效、简洁合成氮杂糖及其衍生物的新工艺，创立了单糖及其衍生物合成中氰基化反应的新方法，多项成果拥有自主知识产权。

"五朵金花"之"剂"。经过潜心研究，廖维林团队成功攻克了汽油抗爆剂产业化过程中的关键技术，研发产品广泛应用于中石化、中石油的大型化装置，被鉴定为国际领先水平。同时，还建成了全国规模最大汽油抗爆剂产品及中间原料生产装置，产品纯度处于全球领先地位，向国内外三十多家大型石化企业提供产品及服务。

"五朵金花"之"布"。自支撑聚酰亚胺纳米纤维非织造布是一种新材料，用作锂离子动力电池隔膜，能有效解决电池安全性问题，缩短充放电时间，提高循环效能和电池寿命。侯豪情研究团队在这方面积极开展研究，成为世界上第一个规模化制备出自支撑聚酰亚胺纳米纤维非织造布，一问世就受到国内外学界和企业界的高度关注。为了将这项成果尽快产业化，侯豪情团队毅然从理论研究转向成果产业化研究，先后获得企业 8000 多万元经费支持和国家发改委 1700 多万元经费支持，还创办江西先材纳米纤维科技有限公司，自主开发出具有中国自主知识产权、世界领先技术水平的大规模连续生产自支撑聚酰亚胺纳米纤维非织造布的工艺技术。2020 年 1 月，新冠肺炎在各地传播，该公司生产的高效过滤功能材料被北京铜牛集团用来试生产口罩，性能超过 N95 口罩。

"五朵金花"之"膜"。分子筛膜是一种可以实现分子筛分的新型膜材料，具有与分子大小相当且均匀一致的孔径、离子交换性能、高温热稳定性能、优良的择形催化性能和易被改性，以及具有多种不同的类型与不同结构可供选择，是理想的膜分离和膜催化材料，具有节能减碳环境友好的特点。2008 年以来，陈祥树研究团队承担了江西省首个科技部"863"计划重点项目，专攻酒精的脱水；后又创建了分子筛膜材料国家地方联合工程实验室。经过多年努力，团队研发出 NaA、CHA、MFI、MOR、Y、SAPO 以及 TS-1 等多种分子筛膜，还在高性能分子筛膜材料的制备与应用、膜过程与集成技术、膜产业化生产关键制备技术等研究领域中取得了一系列具有重要原创性的特色研究成果，在国内率先实现了分子筛膜在实际应用体系中的工业应用和积累了大型膜组件设计和工程应用的经验，用于酒精等有机溶媒脱水、天然气脱碳的膜分离性能处于国际领先水平。

"五朵金花"之"湖"。自 2003 年组建鄱阳湖湿地与流域研究教育部重点实验室后，学校成功引进王野乔担任该重点实验室主任，极大增强了学科凝聚力，直接带动实验室基础建设、团队组建、人才培养、大项目申请、国际国内资源拓展和科学研究成果水平的迅速提升。该实验室建设"鄱阳湖南矶湿地野外综合试验站"，开展了大气、水文、土壤、植被、野生动物及水理化性质等野外监测与室内分析工作；还申报了"空间信息—智能传感技术支持下的鄱阳湖流域重大生态安全问题监控协同创新中心"，全面提升了江西省在重大生态安全问题的监控措施、预警系统、应对管理、决策支持方面的技术体系和研发水平，为科研成果转化、人才队伍建设和鄱阳湖生态经济区建设提供服务。

为了加快科研成果的转化，学校精心组织多项优秀科技成果参加全国高交会、智博会及省高校专利成果展示会，并整理出了江西师范大学科研成果汇编与地方科技企业进行对接服务。同时，科技处于 2019 年牵头修订了《科技成果转化管理办法》《学院论文发表指数计算办法》《实体科研机构管理办法》《B 类科研机构管理办法》《纵向科研项目分级认定办法（试行）》等文件，进一步健全完善科研管理制度。此外，为了促进学校的对外科技交流，学校还充分发挥科技特色和优势，积极推动开展校地（市）合作，先后赴井冈山市、鹰潭市、景德镇市、吉安新干县、峡江县、江苏射阳县、南昌湾里区、景德镇高新区等地开展科技服务活动。科技处还承担了省教育厅高等教育服务区域经济社会发展能力专项行动工作、省科技厅精准帮扶专家顾问南昌团帮扶企业工作、对口支援赣南等原中央苏区工作（黎川县、安远县）。2019 年，学校有 30 多位科研人员入选江西省科技特派员，每位科技特派员都将服务对应的县市产业。

2020 年，为了加快科研成果的转化，学校研究决定成立科技成果转化中心，为副处级业务单位。科技成果转化中心由科学技术处指导，其主要职责为学校科技成果转移转化发展规划、计划及相关政策的制订、实施，校地、校企对接与合作，相关合同的登记、管理，项目执行情况的督查与备案，学校科技成果的收集、分析、推广与转移转化等相关工作。

开展学术交流

为了加强与国内外知名学府与科研机构的联系，提升学校的科研实力，学校历年来承办了多场学术会议或学术培训活动。2013 年 5 月，鄱阳湖湿地与流域研究教育部重点实验室第二届学术委员会第三次会议召开，江西省副省长朱虹出席会议并代表省政府致辞。实验室学术委员会主任、国家科技部原部长徐冠华院士，学术委员会副主任、香港中文大学太空与地球信息科学研究所所长林珲，江西省人大常委会原副主任胡振鹏、中国科学院院士刘昌明、郑度、李小文及学校领导、实验室研究人员出席会议，并就实验室建设、发展及未来的工作重点进行开放式讨论。2014 年 10 月，中国科技部—欧洲空间局主办的"龙计划"合作"陆地与水资源遥感高级培训班"在学校举行，科技部国家遥感中心李加洪总工程师，欧洲空间局对地观测项目研发部负责人路易斯·戴斯诺斯、安迪·朱木达、校长梅国平等出席了开班仪式。2015 年 11 月，由全国高校马克思理论学科研究会主办，学校马克思主义学院承办的全国高校马克思主义理论学科博导论坛在南昌举行，江西省委常委、省委宣传部部长姚亚平出席论坛开幕式并讲话。

学校承办的学术会议还有：2017 年，中国秦汉史研究会第十五届年会暨海昏历史文化国际学术研讨会、中国地理学会华中地区学术年会、中国密码学会量子密码专业委员会学术年会、第七届新闻评论高层论坛、"当代文艺评论价值体系建设"学术研讨会及第十三届全国电分析化学学术会议等；2018 年，国务院学位委员会第七届马克思主义理论学科评议组第六次会议、长三角美术教育研究联盟论坛、第十八届中国高等教育学会语文教育专业委员会学术年会、第二届全国原苏区振兴高峰论坛、第八届理论生态学年会、中国生物物理学会纳米生物学分会学术年会、首届江西省外国语言文学专业研究生学术研讨会、全国高校心理委员会研究协作组理事（扩大）会议及第二届陶瓷与文化论坛学术研讨会等；2019 年，"第九届全国商务英语学科理论高层论坛"、第十三届全国物理有机化学学术会议、第三届中国音乐理论话语体系（创作理论）研讨会、第三届全国"双一流"建设与评价论坛、江西省人杰地灵文化促进会第三次会员代表大会、国际数字地球学会中国委员会数字山地专业委员会学术年会、第十六届全国语用学研讨会、计算机前沿技术国际论坛、中国高质量发展与管理创新国际高峰论坛、国务院学位委员会第七届新闻传播学学科评议组工作扩大会议、首届全国红色音乐文化学术高端论坛、第六届全国脑电与脑成像研究与应用学术大会、第九届全国语言教育研讨会及日语专业博士高层论坛暨江西第二届日本学研究学术研讨会，等等。

为了拓宽对学术前沿的了解，学校还不断邀请国际国内知名学者来校开展学术交流。2015 年，诺贝尔化学奖获得者 Negishi 教授、图灵奖获得者 John Hopcroft 教授、林惠民院士等多名知名学者等来校讲学。2018 年 1 月，学校优秀校友、中国石油集团钻井工程研究院一级专家孙金声院士来校考察并作学术报告。"十三五"期间，学校累计邀请 20 余位院士来校交流访问或做学术报告。

除以上交流活动外，2016 年 11 月，俄罗斯科学院副院长、俄罗斯科学院院士 Vladimir Ivanov，俄罗斯科学院院士、俄罗斯联邦议会议员 Arnold Tulokhonov 等一行 4 人来学校考察，江西省副省长谢茹专程会见了 Vladimir Ivanov 一行。Vladimir Ivanov 与学校共同起草了关于成立"中俄联合湖泊—流域—湿地研究中心"的备忘录。2017 年 3 月，国家社科基金重大委托项目《海昏侯墓考古发掘与文化资料整理研究》开题报告暨"海昏简"专题学术研讨会在学校举行，时任江西省委常委、省委宣传部部长赵力平莅会指导，来自北京大学、西北大学、省考古所及学校等高校和科研机构的专家学者 40 余人参加研讨。同年 7 月，由梅国平教授作为首席专家主持的国家社科基金重大招标项目《"互联网 +"驱动传统产业创新发展路径及模式研究》开题报告会在南昌召开。中国工程院院士杨善林教授，第三世界科学院院士、中科院数学与系统研究院党委书记、副院长、中科院预测科学研究中心主任汪寿阳研究员，江西省社会科学联合会党组书记、主席吴永明教授等专家组成员，副校长陈运平以及该课题组主要成员参加。

图书馆建设

2011 年以来，图书馆在文献资源建设、信息技术发展、读者服务提升、优秀文化育人及社会文化服务等方面取得了长足发展，为学校的教育教学提供了重要支撑，赢得了较好的社会声誉。

文献资源建设方面，图书馆的经费逐年增长。自 2017 年突破千万元大关以后，图书馆连续三年保持 1500 万元。现有纸质图书 340 余万册，电子图书近350 万册，中外文数据库 259 个，古籍及民国线装图书 6 万余册。资源的纸电结构、学科分配等不断优化。持续推进师大文库建设，购买和接受捐赠的校友图书7000多册。2018年，图书馆对长期捆堆的30余万册图书进行整理、上架，加强图书的保护和利用。

图书馆还主动适应信息时代发展要求。2010年，承接江西省高校数字图书馆建设项目，并于2014年通过验收投入使用。2011年，作为省高校图工委秘书处挂靠单位，分别与科技部国家科技图书文献中心（NSTL）、北京地区高校图工委、北京高校网络图书馆管理中心、宁波大学园区图书馆等达成战略合作意向。2015年，完成阅读座位智能分配系统建设，2018年完成全馆语音广播系统建设，并升级座位分配系统。2019年完成RFID项目、大数据发布系统、图书预约借阅系统、研修室预约系统建设以及图书馆门户网站改版等工作，完成80万册外借图书磁条改造。

2013年进行馆舍布局优化调整。2017年联合美术学院院长马志明团队创作建设特色文化区域，进一步优化布局，积极为读者提供良好的阅读空间和环境，增加阅读座位至5312个，自主学习区加装直饮设备等，并从2017年起向暑期留校学生全天候开放。

图书馆读者协会2017年荣获全国高校"阅读推广"十佳学生社团荣誉称号，知行志愿者服务队2019年荣获第二届全国高校优秀学生社团"阅读推广之星"称号；先后多次获评"全国全民阅读先进单位"，并于2018年获评全国"全民阅读示范基地"称号，成为至今全省唯一一家获此殊荣的高校图书馆。在2019年世界读书日系列活动中组织得力，表现突出，进入全国2019年阅读推广星级单位名单。图书馆已开通"江西省终身学习电子卡"身份认证通道，成为全省第一个对外开放试点高校图书馆。

期刊建设

2012年，学报杂志社成立了自然版编辑部、哲社版编辑部和金融教育研究编辑部，并对三个期刊做出相应的要求。其中，要求《江西师范大学学报（哲学社会科学版）》坚持"二为"方向，强调学术品位，注重对当代重大实践和理论问题的探讨，突出理论研究的思想性、前瞻性、地域性、师范性、创新性、可读性，尤其重视人文科学的基础理论和新兴学科的研究。同时还加强社科版的栏目建设，设立"创名刊名栏"专项资金，邀请知识创新团队及专家学者参与栏目主持与策划，新设"苏区振兴研究"等栏目。《江西师范大学学报（自然科学版）》主要刊登数学、物理学、化学、计算机科学、地理学、生态环境科学、无线电通信工程及其交叉学科等基础研究和应用研究方面的学术论文，在《金融教育研究》开设金融理论探讨、区域金融与经济、经济发展与管理决策、金融法苑、金融教育园地、基层调查等栏目。

经过多年的努力，学报杂志社所属期刊的社会影响力增大。2004 年，《江西师范大学学报（自然科学版）》首次入选"全国中文核心期刊"，保持至今。2015 年，《江西师范大学学报（哲学社会科学版）》首次入选"全国中文核心期刊"，保持至今。2017 年，《江西师范大学学报（哲学社会科学版）》首次入选"中文社会科学引文索引（CSSCI）来源期刊"，保持至今。2018 年，《江西师范大学学报（哲学社会科学版）》和《金融教育研究》首次入选"中国人文社会科学期刊 AMI 综合评价"A 刊核心期刊。

除学报杂志社的期刊外，学校创办的《心理学探新》和《读写月报》也有着较大的影响力。其中，在 1998 年 12 月重新获得国内外刊号后，《心理学探新》先后由漆书青、胡竹菁教授担任主编，登载了一批质量较高的论文，成为我国心理学界一份重要的学术期刊。1997 年至今（除 2012—2013 年外）《心理学探新》都入选了中文社会科学引文索引（CSSCI）。

2010 年以来，《读写月报》先后荣获华东地区"优秀期刊"奖、江西省优秀期刊，入选全国中小学图书馆馆配期刊目录，被中知网、维普、龙源、超星、国家哲学社会科学学术期刊数据库全文收录。

第五节　优化师资　人才强校

发展大计，人才为本。兴校强校，唯才是举。学校始终将人才队伍建设当作是一项全局性战略任务来抓，围绕事业发展需要，加强顶层设计，深化体制改革，坚持引进与培养并重，营造引才聚才良好工作环境，不断优化人才队伍结构，形成一支与学校地位相适应、规模与高水平大学大抵相当的人才队伍，为未来各项事业的长足发展奠定了坚实基础。

实施人才战略

在"十二五"和"十三五"时期，学校针对人才队伍建设现状，大力实施"人才强校"战略。2011年，学校制定《"十二五"时期人才队伍建设规划》，实施了"个十百千"人才工程，计划到2015年时力争实现自主培养院士零的突破；引进或培养10名左右长江学者特聘教授、国家杰出青年基金获得者、"千人计划"（"青年千人计划"）人才等高端领军人才，国家级教学名师奖获得者以及国家"百千万人才工程"入选者人数有一定幅度的增长；江西省"赣鄱英才555工程"入选者达50名以上，拥有在国内有一定知名度和影响力的学科带头人数达到100名左右，引进或培养博士学位人才（含在读）1000名以上。2016年，学校制定《"十三五"时期人才队伍建设专项规划》，实施"2112"人才计划，做大做强我校人才队伍：新增10名国家级学科领军人才，10名国家级青年拔尖人才，100名左右获得省级人才荣誉的高水平学科带头人，通过引进和培养，形成一支博士学位人数超过1000人、总人数接近2000人的专任教师队伍。

2013年12月16日，学校召开全校人才工作会议。党委书记田延光、校长梅国平同志出席会议并讲话。田延光提出了四点要求：一是牢固树立科学的人才观念，不断壮大人才队伍，提升人才队伍的实力。二是着力强化人才工作的组织保证，形成组织关心人才、人才支持学校发展的良好局面。三是努力营造良好的人才环境，让各类人才在师大校园里尽情展现自己的才华。四是形成全校联动的工作格局，确保人才工作摆在学校工作的重要位置，大力推动人才工作扎实有效开展。梅国平结合人才工作面临的新形势，提出要确保年度人才引进计划完成80%以上，实现由追求人才数量向量质并重转变、由重引轻用向引用并重转变、由强调对外引才向引培并举转变，并重点抓好"五类人才"引培，即抓好领军人才、学科带头人、优秀青年博士、优秀海归博士、特殊专业博士的引培工作。

2014年11月27日，学校召开全校人才工作会议。党委书记田延光充分肯定了"十二五"以来学校人才队伍建设取得的突出成绩，分析了学校人才工作和人才队伍建设面临的形势和存在的困难。他强调，各单位和各级领导干部要树立强烈的人才意识，强化抓人才就是抓发展的理念，进一步提高人才工作站位；要采取"约法三章"引才、"选苗助长"育才、"双向给力"用才的方式，进一步创新人才工作机制；要建立"一对一"和"一站式"人才服务制度，营造人才安心、静心、舒心干事创业氛围，培育见贤思齐的学校风尚，进一步改善人才工作环境；要整体规划，顶层设计，科学统筹，高位推动，强化督促，进一步落实党管人才工作原则，努力开创学校人才工作新局面。校长梅国平在主持会议时指出，人才是学校改革发展的基础性、战略性、决定性的资源，人才工作是促进学校发展和顺利完成学校"十二五"时期发展任务，实现"保二争一"目标的关键。他特别强调了高端拔尖人才的引进和科研团队的建设是人才工作的重点，要以渴求的精神，礼贤的态度，星级的服务感染人才，用创业的氛围，创造的平台，创新的机制吸引团队。他希望各单位要认真贯彻落实会议精神，对照标杆单位谋思路，对照学校目标找差距，对照学院现状求发展，要以只争朝夕的紧迫感，时不我待的责任感，迎难而上，促进人才工作更好更快地发展。

2016年12月20日，学校召开理工科建设会暨人才工作会。党委书记田延光在主持会议时强调，人才是学校第一资源。打造一支高素质人才队伍是实现学校"十三五"发展目标的迫切需求。要坚持人才优先发展，全力抓好人才队伍建设，尤其是加强重点人才队伍建设，为学校在引进人才、培养人才和用好人才上下功夫，推进学校人才工作再上新台阶。校长梅国平在讲话中在深入分析当前学校人才队伍建设的形势后，对学校"十三五"时期人才工作的目标、思路和主要举措作了阐释，强调要以高层次人才的引培为重心，强力推进人才队伍建设。要通过提高人才待遇，增加高端人才引进竞争力；建设缓冲基地，解决海外人才的后顾之忧；扩大引才渠道，提升引才实效等三方面，着力推进人才引进步伐。要实施好高端人才培育计划，完善青年英才资助计划，实施好资深教授、首席教授、"正大学者"计划三大人才工程，着力提高人才培养成效。

2018年1月8日，学校召开全校人才与科研工作会议。党委书记田延光在主持会议时指出，人才是学校第一资源，科研是学校第一生产力，做好人才和科研工作，是学校发展、改革和稳定的关键。他强调，各单位各部门要认真传达学习会议精神，增强忧患意识和工作紧迫感，坚定信心、迎难而上，全力做好人才和科研工作；要明确任务，谋划工作思路，创新工作举措，不断推动人才和科研工作取得实效；要落实责任，强化保障，分工负责，齐抓共管，形成人才和科研工作新格局。校长梅国平在讲话中客观总结了人才和科研工作取得的成绩，分析了存在的问题和不足，对今后一段时期人才和科研工作的目标、思路和主要举措作了阐释。他强调，全力做好人才工作，要精准定位，画好施工图，确定好引才育才的目标和要求；要精巧发力，建好工程队，打造一支引才聚才的专业化队伍；要精品示范，建好样板房，加强各类重点人才的引培；要精细服务，办好后勤部，让人才快乐舒心工作，全面提升人才工作水平。

2019 年 1 月 14 日，学校召开人才与科研工作会。党委书记田延光在主持会议时指出，发展是第一要务，人才是第一资源，科技是第一生产力，做好人才与科研工作是决定学校事业高质量发展、关乎学校事业兴衰的基础性工程。他强调，各单位各部门要站在学校事业发展全局的高度，充分认识做好人才与科研工作的重要意义，切实把思想和行动统一到学校党委行政的决策部署上来；要对标"十三五"规划的进度，盘点任务清单，突出问题导向，创新工作举措，抓紧抓实人才与科研工作重点任务；要落实责任，强化保障，分工负责，齐抓共管，形成人才与科研工作新格局。校长梅国平从"怎么看、怎么干"两个方面就做好人才和科研工作作了讲话。针对当前学校人才存在数量不足、质量差距和氛围不优的突出问题，强调要做到解放思想、落实责任、加强督察、建立奖惩，解决想不想引培人才、谁去引培人才、人才引培压力和激发人才引培的内生动力的问题；明确目标、提高待遇、突出重点、强化组织，确定人才工作底线，提高人才工作待遇，突出人才工作重点，加强人才工作队伍；人才为王、优化政策、改善服务、提升环境，在全校树立"人才为王"共识，大力改善人才工作和生活环境，扎实办好几件人才关心的实事，不断优化人才薪酬体系。

2020 年 1 月 9 日，学校召开人才与科研工作会议。党委书记田延光在主持会议时强调，要提高政治站位，充分认识做好人才和科研工作的重要意义；要把握发展大势，深刻认识和把握人才和科研工作面临的激烈竞争形势；要团结全校力量，全面推进人才和科研工作高质量发展。校长梅国平在讲话中指出，新时期的人才与科研工作，要走更有选择性、更加精准的品牌特色发展之路。他强调，人才工作要推动"四个转变"：人才引培要由引进为重，转变为培养为重；人才引进要由全面发力，转变为精准聚焦；人才服务要由提供生活工作便利为主，转变为助力职业发展为主；人才引培任务的落实要从职能部门主导，转变为学院和科研机构（用人单位）承担主体责任。下一步的人才要结合谋划确定的优先发展重点学科方向和研究领域，下大力气精准引进一些领军人才、青字号人才、高被引学者和有潜力的人才，大力强化现有人才的培育政策和举措，培育组建一批人才团队和科研团队。

加强人才引进

2011 年，学校印发《引进高层次人才办法》，实行有区别、分层次的人才引进政策，特别注重高层次人才和人才团队的引进，并提出了具有竞争力的薪酬待遇。2012 年，学校发布《百万年薪招聘领军人才公告》，专门针对长江学者、杰青等国家级领军人才给予了特别待遇。2013 年，学校发布《高薪诚聘海外英才公告》，为各类优秀海外人才实施年薪制，提供不低于人才在海外的工资待遇。2014 年，出台《名誉院长聘任办法》，聘请高端人才把握学院学科发展方向和拓展办学资源。2016 年，出台《"银发学者"聘用办法》《"正大学者"（短聘）讲座教授聘用办法》，前者主要聘用已退休的知名专家学者，后者主要聘用在职的知名专家学者，两者都不要求人事关系到校。2017 年，出台《关于加强高端人才工作的若干举措》，设置"揽才引智"奖，积极推进高端人才引进工作。2019 年，为了适应人才工作新形势，学校将三个全职引进人才政策进行了整合，形成并印发了《高层次人才引进工作暂行办法（2019 年修订）》，大幅度地提高了人才安家费和科研经费，特别注重引进具有冲击国家级人才的人才苗子。其中，考虑到部分高端人才（如院士）可遇不可求，学校还提出"不求所有，但求所用"的用人策略，期望通过柔性方式聘请高端人才。

除了上述人才引进政策和用人方式外，2019 年 6 月，学校还升格高层次人才工作办公室为正处级机构，配强了人员队伍。通过每年召开全校人才工作大会、定期召开人才工作调度会等举措压实引才工作责任。

十年来，学校引才工作取得了较好的成绩。2011 年，引进博士 35 人。学校具有博士学位人数达到 442 人，占专任教师数的 32.7%。2012 年，引进高层次人才 19 人。其中成功引进当时江西省唯一一名"千人计划"——美国罗德岛大学终身教授王野乔博士，实现学校国家级领军人才"零"的突破。2013 年，引进高层次人才共 64 人，其中，双聘中科院院士、"国家杰青"各 1 人，"千人计划" 1 人，三类以上人才 8 人、海外（境外）博士 10 人、国内优秀博士 46 人。还首次引进台湾籍博士。2014 年，引进高层次人才 58 人，其中，通过双聘院士 2 人；刚性引进"千人计划" 1 人。"千人计划"人选数量跃居本年江西省高校首位；引进三类及以上人才 8 人，海（境）外博士 8 人。2015 年，引进高层次人才 68 人，其中二、三类人才 4 人，海归博士 12 人。2016 年，引进高层次人才 61 人，其中三类及以上人才 5 人，优秀海外人才 3 人。2017 年，引进高层次人才 43 人，其中，"长江学者""千人计划"各1人，国务院学科评议组成员1名，三类以上人才4名，优秀海归3人。2018年5月，学校举办首届青年英才国际论坛，从全球600多位申请者中评审遴选出35位优秀青年学者参会，显示出真心实意求人才、留人才、用人才的热情。当年引进高层次人才65人，其中"长江学者"特聘教授1名、国家"千人计划"学者1名、国务院学科评议组成员1名，二、三类人才6名，海归人才6名。2019年，学校引进高层次人才70人，其中国际欧亚科学院院士1名、国家杰青1名、国家青千1名和重点人才5名、优秀海归人才6名。2020年，尽管受疫情影响，但学校通过"云招聘"等方式积极应对挑战，在上半年引进了48名高层次人才，其中包含4名重点人才、5名学术骨干或优秀海归。另外柔性引进了3人，其中中科院院士1人（金亚秋院士）。

注重人才培育

在人才培育方面，学校高度重视培养本土人才，出台了一系列人才培育计划，搭建了后备院士、首席教授、特岗教授、高端人才培育计划、青年英才五级人才培育支持体系，打通了各个年龄段的人才成长和晋升渠道，有效提升学校人才队伍水平。2011年，学校出台《首席教授岗位设置与管理办法（试行）》《青年英才培育资助计划实施办法》，前者鼓励一批学科带头人辞去行政职务专心教学科研，后者主要扶持培育一批青年博士尽快成长为带头人。2012年，学校出台了《教师公费出国研修管理办法（试行）》《教职工继续教育管理规定（试行）》。2014年，出台《"正大学者"人才计划实施办法》，整合完善首席教授和青年英才，增设后备院士培养计划、特岗教授两个子项目，搭建后备院士、首席教授、特岗教授、青年英才四级人才培育支持体系。2017年，出台《高端人才培育计划实施办法》，积极探索培育本土国家级人才的新制度新路径。这一年，11位教师入选第一批高端人才培育计划。2018年7月，学校修订颁布《"特岗教授"岗位聘任办法》，决定依据荣誉称号、学科建设责任和科研业绩，以培养激励学校优秀的教学科研人员。同时修订《首席教授岗位设置与管理办法》。2019年4月，学校实施了第二批高端人才培育计划。

十年来，人才自主培养取得明显成效。2011年，7名教授、专家入围江西省第二批"赣鄱英才555工程"，13人入围江西省第二批"赣鄱英才555工程"领军人才培养计划，入选人数总量居全省第二。选派33名教师出国学习和培训，4

名教师被国家公派出国留学地方合作项目录取并得到政府经费资助；25 名教师入选第一批"青年英才"培育资助计划，29 名教师参加国内访问学者、进修；20 名教师从事博士后研究，考取博士研究生 21 人，在读博士 135 人。

2012 年，学校完成首批资深教授、首批首席教授的遴选聘任工作及青年英才资助计划的遴选培育工作。20 人新增入选赣鄱英才 555 工程，入选总人数稳居全省第二。学校还成功争取到江西省教育厅中青年教师发展计划访问学者项目。

2013 年，12 人新增入选第三批赣鄱英才 555 工程，3 人入选省新世纪百千万人才工程，1 人获江西省突出贡献人才称号。支持 116 名教师攻读国内博士学位，7 名教师攻读国外博士学位，支持 20 人赴重点院校从事博士后研究，28 人进行国内访学，4 人单科进修，43 人赴国外从事访学或博士后研究；选派 50 位教师出国访学。

2014 年，2 位教授续聘、2 位教授新聘为井冈学者特聘教授，总人数位列全省第二。3 位教授入选省百千万人才工程。2 位教授获省政府特殊津贴。支持 115 名教师攻读国内外博士学位，113 人赴国内外重点院校从事博士后研究、访学和进修；选派 33 位教师通过国家和上级部门经费出国学习，其中 3 位中层管理干部首获国家留学基金委项目赴加拿大研修。

2015 年，1 位教师入选国务院学位委员会学科评议组成员，2 位教师荣获国务院特殊津贴（享受此项津贴人员达到 23 位），3 位教授成功入选省百千万人才工程，一批教师获得"江西省五一劳动奖章"、"江西省先进工作者"等省级荣誉称号，33 位教授获聘特岗教授，14 位青年教师新入选"青年英才培育计划"。

2016 年，历史文化与旅游学院方志远教授六登央视《百家讲坛》，并被评为 2015 年《百家讲坛》最受欢迎主讲人；教育学院何齐宗教授被聘为国家督学；马克思主义学院尤琳教授入选全国高校思想政治理论课教师 2015 年度 30 位年度影响人物。3 位教授入选省政府特殊津贴专家，3 位教授入选省"新世纪百千万人才工程"人选，3 位青年教师在第二届全省高校青年教师教学竞赛中分别荣获文科组、工科组和理科组一等奖，2 人荣获省总工会授予的劳模创新工作室称号，1 位教授获评"江西十大法治人物"。学校还启动实施新一轮师资国际化、管理队伍国际化培训项目，全面提升人才队伍水平。

2017 年，鄱阳湖湿地与流域研究教育部重点实验室廖金宝博士成功入选国家"千人计划"青年项目，实现青年千人零的突破，学校成为全省第 2 个在"青年千人"上取得突破的高校。11 位教师入选第一批高端人才培育计划，38 位教师入选"青年英才资助培育计划"。15 位教师获批国家留学基金委面上项目，录取人数和比例均居全省同类高校之首，并首次获批国家留学基金委国家公派博士后项目、艺术类人才培养特别项目以及中美富布赖特外语助教项目。

2018 年，赵军锋入选德国洪堡学者和人社部留学回国人才资助计划，8 人入选首批省青年井冈学者，5 人入选省百千万人才工程，17 人入选首批省双千计划引进类项目，21 人获批国家公派出国留学项目。

2019 年，张艳国入选中宣部文化名家暨"四个一批"人才"理论界"人选（理论界全省仅 2 人），韩桥生、王龙洋获批宣传思想文化青年英才"理论界"人选（理论界全省仅 2 人），李小军入闱青年长江答辩（学校首次），刘小强入选国家"百千万人才工程"人选，刘燕俊入选德国洪堡学者，何纯挺入选第四届中国科协青年人才托举工程，4 人入选省百千万人才工程。方志远八上央视《百家讲坛》，王东林新登央视《百家讲坛》，学校在五年一度的全国教育系统表彰推荐评选活动中收获大满贯荣誉，其中马克思主义学院获评全国教育系统先进集体，马克思主义学院尤琳获评全国优秀教育工作者，商学院汤美丽获评全国教育系统先进工作者，附中徐跃平获评全国模范教师，化学化工学院汪莉获评全国优秀教师。35 人获批国家公派出国项目，16 人获批面上项目，刷新学校历史最好成绩。

2020 年，王涛入选国务院特殊津贴，周利生、涂冬波、陈水亮 3 人入选省政府特殊津贴，周利生、汪莉、戴永冠、马勇、李小军 5 人入选"井冈学者"特聘教授，蔡艳、方兴、梁庆标、孙锦明、汤舒俊、万结平、谢枝龙、徐波等 8 人入选"井冈学者"青年项目，陈华等 22 人入选省"双千计划"项目，熊小玉、万结平、徐波、刘辅兰 4 人入选省"百千万人才工程"人选，谢运昌等 24 人入选我校"青年英才资助培育计划"。陶端健荣获霍英东教育基金会第十七届高等院校青年教师三等奖，系我校首次获此奖项。袁华等 18 人获批国家留学基金委面上项目，获批人数、比例刷新学校此前记录；推荐阚蕾、李星杰、方强华 3 人申请国家留学基金委艺术类人才培养特别项目，全部获批，同时首次获批艺术类人才培养项目博士后资助。

优化人才结构

学校积极推动人才引进、培养、使用、稳定的系统构架，人才工作呈现了有序发展、稳步推进、成效显著的良好态势，师资队伍总体上得到优化。

从师资人数上讲，截止到 2020 年 6 月，学校总编制数为 3225 名。其中，教职工总共 2996 人，比"十一五"时期增加 94 人；校本部教职工总共 2584 人，比"十一五"时期增加 178 人。

从师资结构上讲，截至 2020 年 6 月，校本部专任教师（含专技岗辅导员）1815 人，其中具有博士学位者 888 人，占 48.93%；具有硕士学位者 700 人，占 38.57%；具有本科及以下学历者 227 人，占 12.5%。在专任教师中，45 周岁以下者有 1089 人，占 60%；具有校外学缘者 1249 人，占 68.82%。

从各类高层次人才分布上讲，"十二五"时期以来，学校各类人才都有较大幅度地增加。最突出的表现在国家级优秀人才层次上学校有质的提升。现在学校拥有都有为、龚健雅、孙九林 3 位双聘院士，钟昌标 1 位长江学者特聘教授，陈义旺和雷爱文（双聘）2 位国家杰出青年基金获得者，陈义旺 1 位国家"万人计划"科技创新领军人才；陈义旺 1 位国家中青年科技创新领军人才，杨健夫 1 位国家有突出贡献中青年专家，廖维林 1 位全国杰出专业技术人才。同时，学校还有多名教授获得国家级人才荣誉。其中，赖大仁教授获得国家级教学名师，周利生、胡竹菁、徐跃平 3 位教授获得全国模范教师；汪莉教授获得全国优秀教师；尤琳教授获得全国优秀教育工作者，张艳国教授入选中宣部文化名家暨"四个一批"人才（理论界），韩桥生、王龙洋 2 位教授入选中宣部宣传思想文化青年英才（理论界），祝黄河、魏美才 2 位教授入选国务院学位委员会学科评议组成员，陈义旺、廖维林、王茹敏 3 位教授入选教育部"新世纪优秀人才支持计划"，杨健夫、高兴发 2 位教授入选中科院"百人计划"，涂宗财、陈义旺、廖维林、魏美才、钟志贤等 5 位教授入选"新世纪百千万人才工程"国家级人选，梅国平、傅修延、祝黄河、赖大仁、方志远等 5 位教授担任国家社科基金项目学科规划评审组专家，梅国平、张艳国、项国雄、何齐宗、沈桥林、董圣鸿、舒晓波、唐天伟、毛小龙、李永红、魏美才、钟志贤等 12 名教授担任教育部高校教学指导委员会委员；梅国平、涂宗财、张艳国、项国雄、陈义旺、傅修延、廖维林、何齐宗、赖大仁、方志远、邓伟民、余敏、侯豪情、胡竹菁、钟志贤、杨健夫、胡石金、郭小江、蔡明中、陈祥树、盛寿日、李晓园等 22 名教授享受国务院特殊津贴教师。

在省级优秀人才方面，目前学校拥有的人才数位居江西省前茅。其中，袁涛、高兴发、李富洪、唐伟胜、潘家祎、李小军、裘指挥、涂冬波、丁惠生等 9 位教授入选江西省"双千计划"创新人才长期项目人选；何纯挺、倪文龙、严楠、罗森平、廖勋凡、王志朋、陈华、陈其宾、邹龙、张露、张帆涛、曾锦山、陶端健、刘正奇、石嘉、郑子路等 16 位教授入选江西省双千计划青年项目人选，廖维林、侯豪情、陈祥树、何齐宗、马勇、汪莉、李小军、戴永冠、周利生等 9 人入选江西省高校"井冈学者"特聘教授，韩桥生、王龙洋、陶端健、胡启武、陈水亮、涂冬波、曹碧华、蔡艳、孙锦明、万结平、徐波、汤舒俊、方兴、谢枝龙、梁庆标等 15 位教授入选江西省"青年井冈学者奖励计划"人选，项国雄、邓伟民、赖大仁、黄明和、刘松来、饶振辉、谢芳森、黄福生、颜敏、李云清、汪浩、朱清贞等 12 位教授获得江西省教学名师，梅国平、张艳国、项国雄、周利生、郭小江、王明文、谢建坤、欧阳楚英、邱新有、汪群红、詹艾斌、盛寿日、覃锋、彭以元、陈祥树、余敏、李舜臣、夏剑辉、丁惠生、何齐宗、罗向东、谢宏维、吴瑾菁、蔡明中、李小军、汪莉、沈桥林、唐天伟、裘指挥、宋永海、孔令华、张意忠、江腊生、袁彩雷、涂冬波、易现峰、戴永冠、季凯文、杜恣毅、陈水亮、钟声亮、廖金宝、黄小勇、尤琳、孙锦明、钟业喜、赵军锋、王茹敏等 48 位教授入选"新世纪百千万人才工程"省级人选，梅国平、张艳国、涂宗财、陈义旺、廖维林、侯豪情、陈祥树、欧阳楚英、杨健夫、邓伟民、胡竹菁、何齐宗、傅修延、方志远、赖大仁、钟志贤、颜敏、饶振辉、谢建坤、彭以元、蔡明中、余敏、卢章辉、吴瑾菁、祝黄河、马志明、万国华等 27 位"赣鄱英才 555 人才工程"人选，涂宗财、廖维林、蔡明中、侯豪情、谢建坤、夏剑辉、陈祥树、盛寿日、钟声亮、刘桂强、覃锋等 11 位教授入选江西省跨世纪主要学科学术和技术带头人培养对象。此外，学校还柔性引进吴劼、魏国基、李仁辉、张华华、徐昕、戴木才、吴伯荣、张灵志、汪寿阳、高兴发等 10 名"赣鄱英才 555 人才工程"获得者。

另外，学校还有 44 名教师评上专业技术二级教授，57 名教师入选江西省高校中青年学科带头人，48 名教师入选江西省高校中青年骨干教师；9 名教师享受省政府特殊津贴，4 名教师获得江西省突出贡献人才称号，1 名教师获得江西省模范教师称号。

改善人才服务

学校积极营造人才发展的良好环境，不断完善人事制度，提升人才服务质量，使各类人才引得进、留得住、用得好。2011年，学校出台《岗位设置与聘用实施方案（试行）》，完成了首次岗位设置与聘用工作。根据方案规定，校本部设置岗位2720个，其中管理岗位490个，专业技术岗位2121个，工勤技能岗位109个。同年，学校出台《江西师范大学2011年绩效工资实施方案》，扩大学院的自主权，推进校院两级管理，建立和完善学校内部竞争、激励和管理机制；调动学院、部门和广大教职工的积极性、主动性和创造性，促进人才队伍的稳定与发展，为学校各项工作的良好开展提供保障。2012年，学校又出台《高层次人才配偶安置办法（试行）》，采取本土优秀人才业绩及其配偶素质综合计分办法，从高分到低分安排一定数量的人才配偶工作，有计划有规则地解决校内本土高层次人才配偶无工作或两地分居的问题（其中，2011年安置博士配偶3人，2012年安置博士配偶9人，2013年安置博士配偶2人，2014年安置博士配偶12人，2015年安置博士配偶7人，2016年安置博士配偶9人，2017年安置博士配偶6人，2018年安置博士配偶1人，2019年安置博士配偶3人，2020年安置博士配偶3人）。2014年，出台《校院两级人事管理体制改革实施细则》《"人才特区"实施办法（试行）》《教师职称评审学院学术委员会评价实施办法》。2016年，出台《领导干部"一对一"联系服务高层次人才实施办法》，学校首次组织安排了新近三年引进的30余位高层次人才与领导干部"一对一"结对联系服务，强化人才服务。2019年6月，出台《校内低职高聘副高级岗位暂行办法》，对受聘中级及以下专业技术职务的教学科研究人员、实验技术人员，根据条件跨级应聘副教授、副研究员或高级实验师岗位。同时，着力推动瑶湖校区人才周转房升级改造，分两批标准化装修35套房，对青山湖校区27间青年教师公寓进行改造，实现了新进人才拎包入住。

加强博士后科研站建设

十年间，学校加快了博士后科研站点制度化、规范化建设，拓展了校内外站点的合作交流，扩大了招生规模，充分发挥了博士后站点作为学校后备人才储备与师资队伍建设的平台作用，站点建设水平有了质的提升。截至2020年6月，学校博士后科研工作站招收博士后12人，其中顺利出站8人；博士后科研流动站自建站以来，累计招收博士后 78 人，其中顺利出站 30 人；博士后科研流动站与校外博士后科研工作站联合招收博士后 5 人。

2011 年，学校修订博士后管理办法，出台了《博士后管理工作规定（试行）》，从管理机构及其职责、招收及在站管理、待遇和科研资助、经费管理、招收类型、各类考核等多方面规范和加强了站点的管理工作，为来校从事科研工作的博士后们提供周到的服务。2012 年，学校成功获批了中国语言文学博士后科研流动站。2014 年，学校又成功获批化学博士后科研流动站。至此，学校已拥有心理学、马克思主义理论、中国语言文学和化学四个学科博士后流动站，以及鄱阳湖湿地与流域研究教育部重点实验室博士后科研工作站，站点覆盖当时学校全部博士点单位，博士后站点建设总体情况稳居全省前三。

2015 年，经博士后工作领导小组审议，学校开始实行博士后合作导师聘任制，强化了合作导师的职责要求。首期聘请了 43 位教授为博士后合作导师，聘期为五年。2018 年 3 月，为了吸引优秀青年人才来校从事研究工作，加快培养后备人才队伍，学校还印发《师资博士后管理暂行办法（试行）》，决定将部分博士后纳入到师资队伍管理中，并对博士后人员申请条件、招收程序、博士后职责等方面做出了具体规定，特别是大幅提高了博士后工作人员的薪水待遇和科研启动金，大大激发了年轻人的科研热情。

为了充分发挥学科优势，学校从 2016 年开始与校外博士后科研工作站开展人才培养和科研工作的合作交流。2016 年，化学博士后科研流动站与江西冠亿研磨股份有限公司签订合作协议，联合招收培养博士后。2017 年，化学博士后科研流动站与江西晶安高科技股份有限公司签订合作协议，联合招收培养博士后；中国语言文学博士后流动站与江西省社科院签订协议，联合招收培养博士后。2020 年，化学博士后科研流动站与九江市中星医药化工有限公司签订协议，联合招收培养博士后；马克思主义博士后科研流动站与江西省军民融合研究院博士后创新实践基地签订协议。

各学科博士后流动站也取得了丰硕的成绩。2013 年，学校实现了中国博士后科学基金特别资助项目零的突破。2015 年，两名博士后研究人员成为中国博士后科学基金第八批特别资助人员。截至 2019 年 12 月，我校博士后先后获批 30 余项国家博士后基金资助项目，60 余项省博士后基金资助项目，获资助项目资金总额超过 650 余万元。其中，2018 年我校获批全国第十一批博士后基金特别资助 3 项（全省共获批 9 项），列全省第二。2015 年，学校参评的马克思主义理论、心理学两个科研流动站均顺利通过评估，获得良好等级。同年，鄱阳湖湿地与流域研究教育部重点实验室成功入选首批省级人才工作示范点。

第六节　广泛合作　服务地方

学校在人才培养、科学研究、学科建设、成果转化等方面广泛开展与国内外高校、地方政府的合作，取得了一系列成果，为推动文化交流和经济社会发展做出了重要贡献。

机构与制度建设

2010 年，学校成立教育国际合作与留学工作办公室。2012 年，为了规范外事及港澳台工作，学校出台《教职工因公出国（境）管理办法（试行）》《教职工因私出国（境）管理办法（试行）》，并制定《外籍教师管理制度》《外籍教师宿舍管理制度》《外籍教师专管员职责》《学生赴外留学管理规定》《来华留学管理规定》等。2013 年，为规范师生因公和因私出国（境）事务管理，学校制定《教职工因公出国（境）人员行前必备手册》《因公出国（境）管理及外事接待工作规定》。2014 年，学校印发《来华留学生（本科）学籍管理暂行规定》。2018 年，学校印发《教职工因公出国（境）管理办法》《教职工因私出国（境）管理办法》《学生出国出境管理规定（试行）》《聘用外国专家和外籍教师暂行规定》《国际学生招生录取管理办法（试行）》《招生和培养国际学生管理办法》等。2019 年，为了进一步促进孔子学院的发展，学校出台《加强孔子学院建设办法》，并研究出台《教职工因公出国（境）开展学术交流审批与管理规定》《学生出国（境）学习成绩及学分转换实施细则》等系列文件。目前，学校与 20 多个国家和地区的 100 余所高校和机构建立了友好合作关系。

2011 年，成立了江西师范大学生产力促进中心、资产经营公司。2013 年 1月学校大学科技园被科技部、教育部认定为国家大学科技园，并先后被认定为"高校学生科技创业实习基地"、"国家技术转移示范机构"、"国家级众创空间"、"文化旅游智慧服务示范基地"、"文化创意产业科技服务平台"六个国家级平台以及

"省级生产力促进中心"、"江西省文化创意产业窗口服务平台"、"江西省小企业创业基地"、"江西省服务外包示范园区"、"江西省大学生创新创业基地"、"江西省中小企业公共服务示范平台"、"数字文化创意产业服务平台"等多个省级平台。

孔子学院建设

学校积极参与孔子学院建设，先后承办了3所孔子学院。学校充分发挥孔子学院平台，"讲好中国故事，传播好中国声音"，推动中华文化走向世界。

马达加斯加塔那那利佛大学孔子学院。2008年11月13日揭牌的马达加斯加塔那那利佛大学孔子学院系我校承办的首家孔子学院。

2010年，我校承办的马达加斯加塔那那利佛大学孔子学院被评为"先进孔子学院"，在30所获奖孔子学院中排名居前。同年4月1日，孔子学院举办"孔子学院奖学金"选拔考试，来自马达加斯加各地区的50余名学生参加。

2011年12月7日，马达加斯加塔那那利佛大学校长阿贝尔、孔子学院马方院长祖拉桑来校访问，磋商孔子学院理事会改选事宜。我校校长梅国平当选理事长，塔那那利佛大学校长阿贝尔为副理事长，还增加了两名理事。

同年，我校协助塔那那利佛大学孔子学院开办首个汉语言硕士项目，提升孔子学院办学层次。并在孔子学院建立江西师范大学对外汉语教学实践基地，选派20余名对外汉语专业本科生及汉语国际教育硕士生赴孔子学院进行为期一年的汉语教学实习。同年，孔子学院首任中方院长肖忠民获得由马达加斯加总统颁发的国家骑士勋章，时任中方院长李海军被孔子学院总部评为"先进个人"并授予银质奖章。

2012年9月11至13日，校长梅国平应邀出席在南非举行的2012年非洲地区孔子学院联席会议。在塔那那利佛大学，梅国平与该校校长阿贝尔共同召开了塔那那利佛大学孔子学院第四届理事会，双方就筹备孔子学院建院五周年等事宜进行了磋商，并达成了共识。

2013年1月13日，塔那那利佛大学孔子学院6名学生从中国驻马达加斯加大使沈永祥手中接过"中国大使奖学金"证书和奖金。中国大使馆在孔子学院设立"中国大使奖学金"，旨在支持孔子学院建设，鼓励马达加斯加青年学习汉语和中国文化，为中马语言和文化交流培养人才。"中国大使奖学金"的颁发对象为孔子学院的优秀汉语专业本科生和研究生。

2013 年 10 月 16 日，由马达加斯加高等教育与科研部秘书长等 11 人组成的高等教育代表团来校访问。梅国平校长宣布我校已被教育部批准为"接受中国政府奖学金来华留学生院校"，马达加斯加学生可以申请中国政府奖学金来我校学习。代表团团长、马达加斯加高等教育与科研部秘书长奥拉斯介绍，自从孔子学院成立后，5 年来，超过 100 名中国汉语教师和志愿者在马达加斯加任教，100 余名马达加斯加学生在江西师范大学学习。11 月 13 日，塔那那利佛大学孔子学院举行系列活动庆祝建院 5 周年。中国驻马达加斯加大使馆杨明夫妇、马达加斯加高等教育部部长代表、马达加斯加 9 所公立院校校长、当地华侨华人社团、中资机构、中马友协、留华学生协会负责人及孔子学院师生共 500 人参加了庆祝活动，校党委副书记何小平率团代表中方合作院校出席。杨明大使为中国大使馆捐赠的孔子学院的电脑室剪彩。塔那那利佛大学为孔子学院优秀教职工颁发了奖章，马达加斯加高等教育部为两名中方汉语教师颁发了奖状，中国大使馆代中国国家汉办 / 孔子学院总部表彰了 3 名优秀汉语教师志愿者。当年，马方院长祖拉桑在全球第八届孔子学院大会上获评"先进个人"，至此塔那那利佛大学孔子学院囊括了孔子学院总部设立的所有奖项。

2014 年 5 月 24 日，塔那那利佛大学孔子学院组织了本年度第一次中小学生汉语考试（YCT），共有 9 所中小学校的 800 余名学生参加了考试。截至 2014 年 5 月，塔那那利佛大学孔子学院在当地 18 所中小学开设了汉语课程，学员达 3700 多名。

2014 年 8 月 27 日，塔那那利佛大学孔子学院被孔子学院总部评为"先进考点"。9 月 24 日，塔那那利佛大学"孔子学院日"开幕，中国驻马达加斯加大使杨明夫妇，马达加斯加就业、技术教育和职业培训部长奥拉斯，塔那那利佛大学校长庞佳等出席开幕式。孔子学院师生为 200 多名嘉宾奉献了一场文艺演出，并举办了《孔子》专题讲座和中文卡拉 OK 比赛。

2015 年 6 月 25 日，学校举行"江西师范大学马达加斯加研究中心"揭牌仪式，马达加斯加驻华大使维克多·希科尼纳阁下、拉法诺梅扎纳·巴齐尔参赞、塔那那利佛大学副校长然吉安拉及省外事侨务办公室副主任陈绪峰等，校党委书记田延光、校长梅国平等应邀出席，并为中心首批研究员颁发了聘书。随后，首届"马达加斯加论坛"开幕。

2017 年 5 月 18 至 19 日，校长梅国平应邀出席在赞比亚卢萨卡举行的 2017

年非洲地区孔子学院联席会议。期间，梅国平应邀访问肯尼亚乔莫·肯雅塔农业科技大学"中—非联合研究中心"，双方就生物多样性保护、地理科学与遥感监测等领域进一步加强科研合作交流，联合培养硕士、博士等方面进行了商谈并达成了合作意向。

2017 年，"马达加斯加研究中心"成功列入教育部国别和区域研究中心备案名单，学校在国际问题研究国家级平台建设方面取得重大突破。当年塔那那利佛大学孔子学院获"汉语考试杰出贡献奖"。12 月，在第十二届全球孔子学院大会上，中方院长陈莉娟获得"全球孔子学院先进个人"称号，国务院副总理刘延东为其颁发银质奖章。至 2017 年底，塔那那利佛大学孔子学院注册学员超过 1.2 万人，教学点达到 47 个。

2018 年 9 月 28 日，塔那那利佛大学孔子学院成立 10 周年庆典在马达加斯加首都塔那那利佛举行。中国驻马大使杨小茸、马达加斯加高等教育部秘书长克里斯蒂安、江西师范大学副校长陈运平等百余名嘉宾出席活动。12 月 7 日，《江西师范大学马达加斯加研究中心与马达加斯加塔那那利佛大学合作协议书》签署仪式在学校知行楼第三会议室举行。塔那那利佛大学校长庞佳与马达加斯加中心主任李勇忠分别代表两所机构在协议书上签字。此次合作协议主要包括学术和管理人员交流、学术合作、文化交流和资源共享四方面内容。该协议书的签订将进一步密切双方的学术联系，为我校马达加斯加研究中心在马国开展研究提供有力保障。

2019 年 11 月 5 日上午，正在马达加斯加访问的国务院副总理孙春兰考察塔那那利佛大学孔子学院下设的小鸟窝学校孔子课堂，中国驻马达加斯加大使杨小茸、国务院副秘书长丁向阳、教育部副部长田学军等陪同考察。为鼓励小鸟窝学校孔子课堂更好地开展汉语教学，孙春兰副总理向学校赠送了 800 册汉语教材和中华文化读物，希望这些书籍能帮助同学们更好的学习汉语和了解中国文化。

自 2008 年开办以来，我校承办的塔那那利佛大学孔子学院已经成为非洲教学规模最大、汉语考试人数和培养本土汉语教师人数最多的孔子学院。十二年来，在中外各界及学校的大力支持下，塔那那利佛大学孔子学院从无到有，从小到大，在非洲大岛上深深扎根，先后荣获"先进孔子学院""示范孔子学院""汉语考试杰出贡献奖"等称号，马方院长祖拉桑获得"孔子学院先进个人"及中国驻马达加斯加大使馆颁发的"传播中华文化杰出贡献奖"，四任中方院长先后获得"马达加斯加骑士勋章",18 名汉语学员获得我驻马达加斯加大使馆颁发的"汉语使者"奖。

十年来,该孔子学院再接再厉,交出了一张漂亮的成绩单,位于非洲乃至全球孔子学院第一方阵。381 名孔子学院奖学金生来我校进修或攻读学位,占我校来华留学生数的三分之一,有效地推动了学校的来华留学生教育。

孔子学院于 2010 年、2014 年、2015 年和 2019 年四次荣获"先进孔子学院"称号,于 2015 年荣获"示范孔子学院"称号;中方院长肖忠民、李海军、陈莉娟、唐雄英分别于 2011 年、2014 年、2017 年和 2019 年荣获马达加斯加政府颁发的总统骑士荣誉勋章。

美国伊利诺伊大学香槟分校孔子学院。2012 年 10 月 11 日,校长梅国平应邀出席了国家汉办与美国伊利诺伊大学香槟分校孔子学院的合作签字仪式,国家汉办主任许琳与来访的伊利诺伊大学香槟分校校长王斐丽共同签署了合作建设孔子学院协议书。伊利诺伊大学香槟分校孔子学院是我校第二所孔子学院。

2013 年 3 月 30 日,伊利诺伊大学香槟分校终身教授、美国教育科学院院士张华华教授来我校访问。校长梅国平会见了张华华。双方就孔子学院建设以及今后的办学特色等方面进行了探讨和交流。

2013 年 11 月 21 日,校长梅国平率团参加两校共建孔子学院揭牌仪式,两校共建的"美国伊利诺伊大学香槟分校孔子学院"揭牌仪式在香槟分校教育学院大楼举行,我国驻美国芝加哥总领事馆教育参赞覃菊华、香槟市长唐·杰勒德,厄巴纳市长劳蕾尔·普如新,香槟分校常务副校长伊莱森米·阿德西达,孔子学院美方院长张华华教授,我校代表团全体成员及香槟分校师生 100 余人出席了揭牌仪式,国家汉办主任、孔子学院总干事许琳专门来发来贺信。梅国平校长、香槟分校常务副校长 Ilesanmi Adesida 分别代表两校签署了合作建设孔子学院执行协议并共同为孔子学院揭牌。代表团参观了伊利诺伊大学香槟分校教学场所和部分研究中心,与香槟分校常务副校长伊莱森米·阿德西达、孔子学院美方院长张华华教授进行会谈,就如何办好孔子学院交换了意见。

2014 年,伊利诺伊大学香槟分校孔子学院逐步建立和完善各项规章制度,正式确定理事会全部成员。2016 年进行理事会换届工作。

2018 年 11 月,我校与伊利诺伊大学香槟分校共建孔子学院合作协议到期后两校未续签,该孔子学院停止运营。

巴勒斯坦圣城大学孔子学院。2018 年 12 月 4 日,第十三届孔子学院大会在成都举行。国务院副总理、孔子学院总部理事会主席孙春兰出席开幕式并作主旨演讲。教育部部长、孔子学院总部理事会副主席陈宝生主持开幕式。孙春兰为包括我校承办的巴勒斯坦圣城大学孔子学院在内的 10 所新建孔子学院授牌。校党委书记田延光、副校长涂宗财,圣城大学校长代表加桑应邀参会。我校与圣城大学自 2015 年起申请筹办孔子学院,历时三年最终获批,填补了当地孔子学院的空白。巴勒斯坦是"一带一路"沿线国家,巴勒斯坦圣城大学孔子学院的成立优化了孔子学院全球布局,将助力于"一带一路"建设宏观愿景的实现。

2019 年 4 月 18 日上午,巴勒斯坦圣城大学校长伊马德,巴勒斯坦前内政部长、圣城大学孔子学院高级顾问赛义德一行四人来校访问,校长梅国平、副校长刘俊在知行楼第二会议室会见客人并召开巴勒斯坦圣城大学孔子学院理事会会议,相关职能部门负责人参加。当天,梅国平与伊马德分别代表江西师范大学和圣城大学签署了《关于合作建设圣城大学孔子学院的执行协议》。

2019 年 5 月 12 日,圣城大学孔子学院与汉考国际教育科技(北京)有限公司签订《关于中国汉语考试服务合作协议》,受到当地近 30 家媒体关注。8 月 17 日,圣城大学孔子学院举办首次 HSK 考试,22 人参加 HSK 一级考试。

2019 年 12 月 16 日,我校与巴勒斯坦圣城大学合作举办的孔子学院揭牌仪式在圣城大学阿布迪斯主校区举行。巴勒斯坦总理代表、耶路撒冷事务部长法迪·哈蒂米,巴勒斯坦耶路撒冷省长阿德南·盖斯,中国驻巴勒斯坦办事处代办汪溪,巴勒斯坦驻华大使馆参赞、圣城大学孔子学院院长山地,圣城大学校长伊马德·阿布奇什克教授,我校校长梅国平教授出席,政府其他部门和企业代表,圣城大学教职员工,我校国际合作与交流处、财政金融学院负责人等 200 余人出席揭牌仪式。揭牌仪式前,江西师范大学和圣城大学召开了孔子学院第二次理事会。

2020 年 1 月 21 日,圣城大学与军事培训局、外交和移民事务部、伊斯蒂卡拉尔大学签订中文教育合作备忘录。2 月 22 日,巴勒斯坦圣城大学与比尔宰特大学、圣城开放大学签订中文教育合作协议。驻巴勒斯坦办事处主任郭伟出席签字仪式。

积极拓展中外合作办学项目

近年来,学校高等教育国际化步伐加快。在硕士教育层次,2011 年 4 月 13

日，教育部批准我校与英国莱斯特大学合作举办计算机科学专业硕士学位教育项目，实现了高等教育国际化方面的"高位嫁接"。此外我校还与澳大利亚堪培拉大学合作举办英语教学法专业硕士学位教育项目。在本科教育层次，学校与美国海波特大学合作举办视觉传达设计专业本科教育项目于 2018 年 8 月获教育部批准，是我校首个本科层次的中外合作办学项目。2019 年，学校与国家留学基金委合作开办 ISEC 项目，首次在财政金融学院会计学专业试行，首届招生 73 人。

国际学术交流

近年来，学校教师出境访学、考察、参加学术会议人次逐年增加。2013 年 1 月 10 日，国家留学基金委复函我校，同意我校参加国家留学基金委高校青年骨干教师出国研修项目的实施工作。自 2013 年起，国家留学基金委和学校每年将共同资助 10 名青年骨干教师公派出国留学。国家留学基金委青年骨干教师出国研修项目成功获批，意味着我校教师公派出国留学渠道进一步拓宽。近年来，学校教师出境访学、考察、参加学术会议人次逐年增加。来访与出访人员呈上升态势，分别为 2010 年 91 人、68 人，2011 年 166 人、115 人，2012 年 162 人、108 人，2013 年 127 人、93 人，2014 年 181 人、136 人，2015 年 108 人、144 人，2016 年 129 人、123 人，2017 年 194 人、101 人，2018 年 234 人、138 人，2019 年 198 人、71 人。

学校与其他国家高校的学术与文化交流日益频繁。2013 年 8 月 19—26 日，受英国诺桑比亚大学和爱尔兰国立大学梅努斯的邀请，副校长张艳国率团出访了英国诺桑比亚大学和爱尔兰国立大学梅努斯。研究生院、国际合作与交流处、历史文化与旅游学院负责人随团访问。

2014 年 7 月 17 日，"中俄青年友好交流年"江西代表团出征仪式在我校举行，江西代表团成员包括青年代表 27 人、工作组 7 人，其中，青年代表分别来自南昌大学、江西师范大学、华东交大等对俄合作高校。代表团将赴俄罗斯参加"俄中青年论坛"、开展"江西风景独好"图片展、中俄青年文体科技交流、中俄青年文艺会演等一系列友好交流活动。7 月 9—16 日，江西省中韩青少年友好交流访问团赴韩国全罗南道访问，访问团由江西师范大学、九江学院、景德镇学院等 3 所高校的 30 名师生组成。他们与当地大学生家庭结对，进行住家交流，亲身体验韩国日常生活及文化。还参观访问当地历史文化圣地，体验韩国礼仪及茶道等韩国文化。同年 11 月 9—15 日，校长梅国平率有关部门和学院负责人访问了英国林肯大学、德国德累斯顿（国际）大学，与两校就学分互认、师资培养、科研合作等进行了深入交流，梅国平校长与德国德累斯顿（国际）大学 Irene 校长共同签署了两校友好合作协议书。访问期间，代表团一行还顺访了英国剑桥大学和德国海德堡大学。

2015 年 9 月 23—30 日，梅国平校长率有关部门和学院负责人访问俄罗斯国立师范大学、莫斯科大学和匈牙利佩奇大学，我校与俄罗斯国立师范大学签订了合作协议书，和莫斯科大学就预科教育项目、2+2 双学位项目、学生交换和教师互访项目进行了商讨，签署了意向书，看望了我校派往佩奇大学学习的 11 名学生。

2017 年 5 月 2—11 日，校党委书记田延光随江西教育合作与交流代表团出访欧洲，访问了德国柏林自由大学、洪堡大学、纽伦堡大学、荷兰乌特勒支中文学校、波兰华沙大学和肖邦音乐学院等大学，我校与德国纽伦堡大学、波兰科兹明斯基大学签订了相关合作框架协议，与荷兰高等教育国际交流协会、肖邦音乐学院达成了合作共识。

来华留学生教育

学校自 2009 年起接收孔子学院奖学金生，2011 年被教育部批准为"接受中国政府奖学金来华留学生院校"。2016 年起，学校先后开设了招收来华留学生的工商管理、计算机科学与技术、电子信息工程等三个英文授课的本科专业。来华留学生的生源国别和规模不断扩大，从 2010 年的 13 个国家 136 人，增长到 2019 年的 49 个国家 416 人。学历生比例不断提升，2019 年底，学历生比例达 85%。学校积极帮助来华留学生了解中国国情文化，尽快融入学校和社会。

学生赴国（境）外学习研修

学校充分利用国际（境外）教育市场和资源，积极寻求国（境）外知名大学合作伙伴，增加中外合作办学项目，建设全英文课程，引进国（境）外名校课程，与国（境）外高校开展学分互换、学位互认等合作方式拓展学生赴国（境）外学习渠道，为学生提供国（境）学习研修经历。

2010—2019 年，学校赴国（境）外学习研修学生数稳步增长。2010 年，全校共有 59 名学生赴美国、日本、法国、英国、韩国学习；2019 年，赴国（境）

外高校学习研修的学生达 422 名。

聘请外籍教师

学校建立了一支稳定的外籍教师队伍。语言类外籍教师覆盖了英语、日语、韩语和法语等语种，2018 年首次聘请音乐类外教。外籍教师的学历层次不断提升。2011 年以来，共有 8 名外籍教师获得市级以上奖励。2019 年，共有 23 位在聘外籍教师。

密切与港澳台高校交流合作

学校与中国台湾地区高校保持了密切交往的传统。2010 年 9 月 7 日，台湾中正大学校长吴志扬一行来校访问，校党委书记、校长傅修延与吴志扬校长共同签署了《江西师范大学与中正大学学术交流合作协议书》；2011 年 5 月 9 至 13 日，校长梅国平应邀访问了台湾中正大学和台湾师范大学；11 月 17 日，台湾中正大学图书馆一行 3 人来校访问；2012 年 8 月 23 日，江西省省长鹿心社、副省长洪礼和率江西省代表团赴台湾，我校党委书记陈绵水等随团参访；2013 年 8 月 5 至 10 日，校纪委书记周晓朗率教务处、研究生院、档案馆等部门负责人一行 7 人，访问台湾中正大学，交换档案资料；2014 年 3 月 6 至 9 日，台湾中正大学主任秘书陈朝晖、管理学院院长洪新原一行 6 人来校访问。

学校积极与台湾高校开展交换生项目，共享课程资源、教师资源和学术资源。2013 年、2014 年先后组织 32 名、34 名优秀学生赴台湾中正大学进行全英文授课学分课程学习和文化体验活动；2014 年 4 月 20 日，省政协港澳委员新生代访赣团来我校考察交流，访赣团参观了学校桃李鼎、校史纪念馆、钟楼等处。学校举行了赣港澳三地青年代表座谈会，代表们围绕志愿者服务、捐资助学、打造交流合作平台等话题交流了意见。2015 年，学校组织 81 名学生赴台湾中正大学、世新大学进行交流学习；2016 年起，学校每年选派在读本科二、三年级学生到台湾中正大学进行为期一学期的交换学习，修读对方的专业课程，体验台湾高校的校园生活。同年 8 月 1 日，台北大学、东吴大学、澳门大学、江西师范大学等 19 所高校的 38 名大学生参加的第九届四地大学生科技文化夏令营在南昌启动，他们前往鄱阳湖湿地科学院、景德镇古窑、白鹿洞书院、庐山等地，感受赣鄱人文风貌，促进赣港澳台青年间的科技文化交流和情感交流。

2016 年 3 月 27 日，由我校承办，省委统战部、省台办、省港澳台、省台联及我校、江西科技师大、澳门科技大学等共建的"同心·赣港澳台青少年交流基地"启动仪式暨首届赣港澳台青少年心连心活动在我校新校区举行。仪式后，青年学生结对交流，参观校园，共植同心树，共同举办了团队合作练习、才艺切磋、聆听传统文化故事等活动。

加强与国内院校的合作

进入省部共建高校行列后，学校根据省部共建协议条款，积极对接北京师范大学和华中师范大学，商讨建立校际战略合作事宜。2013 年 12 月 9 日，作为贯彻省部共建协议、江西省与北师大省校战略合作协议的重要举措，我校梅国平校长与北京师范大学副校长陈光巨签署了具体合作协议，两校将在教育与人才培养、科研与学科建设、师资与干部队伍建设、咨询与社会服务等方面开展合作，促进我校不断提高办学实力和综合竞争力，实现两校互利互惠、共同发展。这是我校继实施免费师范生教育试点后落实《江西省人民政府——教育部共建江西师范大学意见》的又一重要成果。此后，我校与北师大在联合申报"基于大数据的教师质量监测、诊断、评估与服务协同创新中心"，联合开展地方政府效率研究并发布《中国地方政府效率研究》、联合主办学术会议、心理学院每年选送优秀本科生到北师大学习等方面进行了密切合作。

2014 年 7 月 10 日，华中师范大学党委书记马敏、校长杨宗凯受邀率团来校访问并签署校校战略合作协议，两校协商确定在人才培养、科学研究、学科建设和干部交流等方面进行深度合作和协同创新。副校长张艳国宣读了两校战略合作框架协议书，校长梅国平和杨宗凯分别代表江西师范大学和华中师范大学在协议书上签字，分管教育的副省长朱虹亲临签约现场致辞，并为两校合作建设的"中国社会转型研究中心"揭牌。此后，两校间在建立学分互认和学生访学机制、交流推进大学生创新创业教育、选派干部挂职交流等方面开展了系列合作。

2018 年 6 月 29 日，作为落实赣京合作战略部署的重要内容，副校长项国雄与首都师范大学副校长杨志成签订两校战略合作框架协议书，两校在地理学一流学科建设、来华留学生教育、首都师大支持我校俄语专业办学等方面开展了相关合作。

2019 年 1 月 15 日，伊犁师范大学校长朱文蔚率队来校访问，副校长陈运平与朱文蔚签署校际合作协议书。2020年6月，双方发展规划部门牵头协商确定开展学科建设支持计划、援疆支教计划、本科交换生等3个合作项目，后因暑期新疆突发新冠肺炎疫情影响暂缓实施。

社会服务

创办国家大学科技园。江西师大科技园创办于2005年，总建筑面积为2.36万平方米。分为两个园区，一个园区设在青山湖校区内，面积1.72万平方米，主要由企业孵化区、专业技术孵化区、培训区和产业区构成。目前，园区现有在孵企业一百五十余家，在园就业人员三千余名。科技园坚持从实际出发，结合学校的学科特色，努力在整合资源上下功夫，选择和培育自己的核心竞争力，已经在文化创意产业领域形成产业特色。另一个园区在瑶湖校区，即江西师范大学国家大学科技园众创空间（简称"瑶湖众创"），主园区位于瑶湖校区音乐艺术广场，总建筑面积6400平方米，是集导师、培训、路演、大赛、沙龙、资源对接为一体的大学科技园众创空间，打造了一个众创咖啡屋，搭建了众创创业、众创孵化、众创众筹、众创基金等公共技术服务支撑平台，建立了较为完整的创新创业公共服务体系，为创新创业团队提供全方位的服务支持。瑶湖众创从功能上划分为创意交流区、项目培育区、初创孵化区、辅导培训区、公共服务区，是学校创新创业优秀成果的展示平台，学生创新创业的孵化基地，师生创新创业的交流平台。"瑶湖众创"自成立以来，以科技创新、文化服务为发展路线，紧紧围绕为青创者服务的理念，吸引各类服务机构入驻，并通过"互联网+"的模式理念，为大学生和创业者提供法律、金融、创业场所、人力资源、知识产权保护、信息技术等多项服务，2017年10月至今入驻团队及公司60余家，成功孵化团队及项目10余项。平台目前拥有专职运营人员13人，专职导师60人，兼职导师41人，高校、企业合作单位及机构11家。先后荣获江西省科技厅颁发的"江西众创"和南昌市科技局颁发的"洪城众创"称号，2016年获批教育部"全国高校实践育人创新创业基地"称号，是江西省唯一获此荣誉的高校，2017年荣获"国家级众创空间"称号。"瑶湖众创"创新创业团队参加创新创业大赛取得多项荣誉，先后荣获"创青春"全国大学生创业大赛金奖多项，全国"互联网+"大赛奖项多个。近三年接待兄弟院校100余批次前来调研学习，江西日报、江西卫视等媒体先后对基地创新创业教育相关工作予以报道。

自创办以来，科技园通过整合大学、政府、企业和社会资源实现了快速发展，拥有为企业提供全面服务的公共基础服务设施，建立了一个集资源、信息、孵化、服务为一体的园区服务体系，为孵化技术、孵化企业、孵化人才提供全方位的服务。2013年1月被科技部、教育部认定为国家大学科技园，并被认定为"高校学生科技创业实习基地"、"国家技术转移示范机构"、"国家级众创空间"、"文化旅游智慧服务示范基地"、"文化创意产业科技服务平台"六个国家级平台以及"省级生产力促进中心"、"江西省文化创意产业窗口服务平台"、"江西省小企业创业基地"、"江西省服务外包示范园区"、"江西省大学生创新创业基地"、"江西省中小企业公共服务示范平台"、"数字文化创意产业服务平台"等多个省级平台。

成立资产经营有限责任公司。资产经营有限责任公司于2011年3月31日在南昌市市场和质量监督管理局注册成立，注册资本为800万人民币，主要经营范围为资产经营管理（如场馆使用管理）、投资管理、教育咨询、房地产开发、实业投资、技术转让、技术开发、技术服务、旅游开发、城市规划设计和环境设计等等。在这9年里，公司发展迅速，始终为客户提供好的产品和技术支持、健全的售后服务。

挂靠于资产经营公司的基础教育合作办公室成立于2016年4月，代表学校开展基础教育对外合作办学工作。为保障合作校（园）办学质量，2017年12月，学校成立了基础教育合作办学指导委员会。2020年6月，基础教育合作办公室进行单独设置，为学校正处级业务单位。依托江西师范大学在基础教育领域丰厚的资源优势，本着传播先进教育理念、输出优质教育资源、服务地方基础教育的原则，基础教育合作办积极对外开展基础教育合作办学工作，截至2019年12月与学校签订合作办学协议的学校和幼儿园合计为12所，目前正式开学的主要有：（1）江西师范大学附属雷式小学，由南昌市教育局主管，江西省雷式教育发展有限公司举办的民办全日制小学，江西师范大学提供冠名、负责选派校长和办学业务指导，于2016年9月1日开学；（2）江西师范大学附属湾里实验小学和幼儿园，由南昌市湾里区教科体局主管，江西培特教育公司举办的民办全日制小学和幼儿园，江西师范大学提供冠名、负责选派校长、园长和办学业务指导，已于2017年9月1日开学。（3）江西师范大学附属小学（二部），由江西师大附属小学与九州教育集团合作办学，2019年9月开学。附小二部的管理、教学、德育等各项工作与附小本部同步。（4）新建区新建城基础教育配套项目，包括江西师范大学附属外国语学校、江西师范大学附属通源幼儿园（暂定名）江西师范大学附属新建城实验学校、幼儿园（新建区直属公办）。江西师范大学附属外国语学校、通源幼儿园为江西省通源地产开发有限责任公司与江西师大资产经营有限责任公司共同举办的民办学校，委托江西师大办学，位于南昌市新建区新建城项目内，其中附属外国语学校占地面积 91 亩，建筑面积约 6 万平方米，已于 2020 年 9 月 1 日开学。江西师范大学基础教育合作办学坚持"合理规划，规范实施，确保质量，彰显特色，打造名校"的原则，按照建设"教师成长中心与办学示范基地、基础教育改革试验窗口与研究基地、师范生实习与就业基地"的办学思路，积极引领江西基础教育发展。合作学校办学质量稳步提升，办学影响日益扩大，得到了社会的广泛关注和认可。

承办各类考试和中心考点工作。学校继续教育学院外语培训部每年承办多种外语考试，一是全国英语等级考试，2015 年 3152 科次，2016 年 5450 科次，2017 年 5939 科次，2018 年 6947 科次，2019 年上半年 1517 科次；二是全国外语水平考试（WSK）。2016 年 116 人，2017 年 165 人；三是翻译资格考试 2017 年考生 153 人，2018 年考生 109 人；四是剑桥少儿英语。2017 年 685 人，2018 年 783 人，2019 年 1764 人；五是托福、GRE 考试。考生从 2011 年至 2018 年总共有 11780 人；六是 AP 考试。自 2013 年至 2019 年总共达 2484 科次。

全国计算机等级考试的中心考点工作由继续教育学院和计算机学院联合负责，每年大约有 10000 人参加，十年来为近 12 万考生提供考试服务。

继续教育学院还负责全国大学四、六级英语考试的答题卡扫描和阅卷等工作。近年来参加英语四、六级考试的考生每年上半年约 35 万人次，下半年约 34 万人次，全年合计约 70 万人次。

全省体育类专业高考由江西省教育考试院主办、我校体育学院承办，考生数逐年增加，从 2009 年的 8000 多人增加到 2019 年的 16000 人。十年来，我校还承办了一系列艺术类专业统考，如美术与设计学类专业考试，从 2009 年 16000 多人增加到 2019 年 25000 多人；播音主持专业每年约有 3000 多人参加；广播电视编导专业从 2010 年的 2000 人增加至 2019 年的 5000 人；舞蹈学专业和音乐学专业的考生也有增长，分别从 900 多人增加到 1000 多人和 2000 多人增加到 3000 多人。

我校设有普通话测试站，由教务处实践教学科负责，每年约有 6000~7000 名在校师生参加普通话测试。

根据江西省教育考试院的安排，我校是江西省普通高考评卷重要基地之一。近十多年来，我省高考语文及文科综合科目的评卷（含试评）和试卷分析等工作由学校负责。其中在 2018 和 2019 年，高考语文试卷分别约为 35.5 万和 36.5 万份，文科综合试卷分别约为 15.7 万和 15 万份。为保证每年高考评卷工作顺利完成，学校高度重视，一是成立高考评卷工作领导小组，领导小组下设办公室，挂靠党委（校长）办公室；二是各学科成立评卷领导小组，负责选聘评卷教师，组织评卷教师开展业务培训和纪律教育，组织评卷等等；三是学校党委（校办）、纪委、宣传部、信息化办公室、后勤集团等分工协作，为高考评卷提供相关服务。

校地合作。2013 年 1 月 24 日，我校与吉安市人民政府签署战略合作协议书。我校将充分发挥人才、学科优势，积极为吉安市经济社会发展规划、重大科技项目提供决策咨询、人才支持和技术服务。

2015 年 2 月 27 日，副校长涂宗财率江西师范大学送科技下乡服务队一行 16 人到新建县西山镇开展农业送科技下乡集中示范服务活动。活动中，副省长李炳军一行仔细察看了我校展台，翻阅了相关资料和书籍，亲切询问了我校科技服务队相关情况，并对我校科研平台建设、科技成果转化等情况进行了详细了解。他充分肯定了我校高度重视、认真组织、积极参与全省送科技下乡活动，高度评价了我校一直以来为加快我省农业科技成果转化，提高广大农民科技素质和农业生产科技含量，促进农业增效、农民增收等方面作出的努力。在活动现场，我校科技服务队成员耐心细致地为每一位前来展台咨询的农民朋友答疑解惑，详细展示了多个合作项目，发放了各类科技宣传和农业指导资料 500 余份，大宗鱼类养殖技术书籍 300 余本，接受农业科技咨询 200 余人次，活动受到当地农民朋友的热烈欢迎。

2015 年 7 月 8 日，我校与金溪县人民政府签订全面合作协议，双方将在香料香精产业升级、文化旅游产业发展、古村落保护与开发、人才培养、科技攻关等方面开展广泛合作。同年，我校还与黎川县签订了全面科技合作协议，并和南昌、九江等地市进行科技合作，30 余位科研人员入选江西省科技特派员，两项优秀科技成果参加"第十七届中国国际高新技术成果交易会"。

2017 年我校与抚州市人民政府共同举办江西发展高端论坛引起强烈反响；与景德镇市、南昌市西湖区签订战略合作协议，校地、校企、校校合作进一步推进。同年，学校与中国社会科学院农村发展研究所共同举办了第一届"全国原苏区振兴高峰论坛"。

2019 年学校与中国旅游研究院、吉安市、江西文演集团等签署战略合作协议，与省地方金融监督管理局、赣江新区管委会等联合成立绿色金融国际研究院，校地、校企合作多点开花。充分发挥学科优势和科技特色服务地方经济建设和产业改造升级，完成对口支援赣南等原中央苏区（黎川县、安远县）工作。2020 年 9 月 16 日，我校与宜春市人民政府战略合作框架协议签约仪式在宜春举行。在大数据、云计算、食品科学等重点领域签订了三个具体协议。

智库建设。为了更好地为江西省经济发展建言献策，2015 年我校创办智库内刊《江西发展研究》，当年刊发 10 篇研究报告全部获得省领导批示，累计全年学校教师 20 篇研究报告获得省领导 32 次批示，1 位研究生撰写的社会调研报告获省领导充分肯定并作批示。由我校教师主编的江西首部文化产业发展蓝皮书《江西文化蓝皮书——江西文化产业发展报告（2015）》，由社会科学文献出版社出版。我校专家为江西省人民政府法制办公室审核修改《江西省非物质文化遗产条例（草案）》提出了三十余条意见和建议，并大部分被采纳，为条例草案提交省政府常务会议讨论通过提供了智力支持。

我校一批教授被聘为各类智库专家。2014 年，涂宗财被聘为江西省大宗淡水鱼首席科学家。2018 年，张艳国被聘为民政部"全国基层政权和社区建设专家委员会专家"。田延光、梅国平等 3 人受聘江西省首届省情研究首席专家。陈运平等 11 人受聘江西省首届省情研究特约研究员。2020 年，梅国平、赵波 2 人受聘江西省第二届省情研究首席专家，曾振华、季凯文等 8 人受聘江西省第二届省情研究特约研究员。王东林、卢宇荣两位教授受聘全省首批智库专家；项国雄、何齐宗入选江西教育与经济社会发展新型智库专家。

2016 年，学校 18 份研究报告和文章获省委省政府主要领导批示，并充分肯定相关论文（报告）为江西经济社会发展提供了决策参考。与北京师范大学联合发布《2016 中国地方政府效率研究报告》引起强烈反响；我校组织编撰的《江西文化蓝皮书——江西非物质文化遗产发展报告（2016）》正式发布；积极推进省科技精准扶贫和对口支援，对口支援黎川县、安远县等原中央苏区县，精准帮扶南昌部分企业，与九江都昌县、景德镇高新区、江苏射阳县等开展科技服务或校地合作项目，服务经济社会发展能力进一步提高。2017 年，23 篇研究报告被省级以上（含省级）领导批示 30 余次，其中省委省政府主要领导批示 10 余次；政法学院教师王满生撰写的报告材料被中办《专报》采用，并获时任中央政治局委员、中央政法委书记孟建柱同志批示。2018 年，刘善庆等撰写的调研报告获全国政协副主席、国家民委主任巴特尔等肯定性批示。2019 年，唐天伟撰写的调研报告得到中央政治局委员、国务院副总理胡春华的批示。季凯文撰写的调研报告被中宣部《国家高端智库报告》刊用，这是省内高校学者成果首次被国家层面最高智库专报采用。《江西发展研究》《苏区振兴研究策论专报》刊发的多篇调研报告被有关部门吸收运用。

学校坚持走服务地方发展"特色"之路，组建了以区域经济发展研究为代表的金色、脱贫攻坚与苏区振兴研究为代表的红色、以鄱阳湖研究为代表的绿色和以海昏历史研究为代表的古色的跨学科平台和团队。2017 年，我校管理决策评价研究中心、中国社会转型研究协同创新中心入选第二批中国智库索引（CTTI），入库数达 4 个，为全省高校第一，学校进入全国高校智库指数前 50 强。

2019 年 12 月 19 日，由光明日报社和南京大学联合主办的"2019 新型智库治理暨思想理论传播高峰论坛"（下称"智库高峰论坛"）在北京举行，会上发布了新一轮 CTTI 新增智库名录、2019 年度 CTTI 来源智库精品成果及优秀成果，我校江西经济发展研究院从全国 371 家新增智库申请机构中崭露头角，成为本年度 100 余家 CTTI 新增智库之一；管理决策评价研究中心撰写的《2019 中国防贫效率"百高县"研究报告》从 CTTI 来源智库提交的近 300 份申报成果中脱颖而出，荣获 2019 年度受邀到会场发布的 10 项精品成果。目前，我校拥有 5 家 CTTI 来源智库，分别是苏区振兴研究院、江西经济发展研究院、管理决策评价研究中心、产业转型升级发展研究中心、社会转型研究协同创新中心，是江西省拥有 CTTI 来源智库最多的高校。其中，江西经济发展研究院拥有 3 家，成为江西省拥有 CTTI 来源智库最多的研究院。我校管理决策评价研究中心撰写的研究报告已经连续三次荣获 CTTI 智库精品成果奖，是江西省连续荣获 CTTI 来源智库优秀成果奖最多的研究中心。学校在北京发布了《2019 中国地方政府效率研究报告》，产生了广泛的社会影响，先后出现在《人民日报》、《新华网》、《光明日报》以及央广网等 100 余家地方政府官方媒体和地方政府工作报告之中，成为学术界研究地方政府效率的重要参考文献。

理事会、校友会组织建设与社会（校友）捐赠工作

学校坚持开放办学，注重健全学校内部治理结构，积极争取社会各方对学校办学的支持。2016 年 9 月 25 日，学校在青山湖校区音乐厅召开江西师范大学理事会成立大会，审议并通过了学校第一届理事建议名单、《理事会章程》和理事会组织机构建议名单。名誉理事长，全国政协常委、文史与学习委员会主任王太华校友莅临会议现场祝贺；中共十八届中央委员，最高人民法院党组副书记（正部长级）、常务副院长，一级大法官沈德校友咏致信祝贺。省委常委、省委秘书长朱虹出席会议并讲话，省人民政府副省长殷美根向会议发来贺信。学校首届理事会聘请万绍芬、王太华、刘上洋、刘运来、沈鹏、倪国熙、黄克智等 7 人为名誉理事长，泰康保险集团股份有限公司总裁刘经纶为理事长，福建校友会会长刘绵勇等 38 人为理事，其中广东省江西师大校友会会长罗晟等 13 人为常务理事。会上，党委书记田延光、校长梅国平向名誉理事长、理事长颁发了聘书，党委书记田延光、校长梅国平、理事长刘经纶向理事会成员代表颁发了聘书。

学校高度重视校友工作和校友会组织建设，中正大学—江西师范大学江西校友会初创于 1988 年 11 月，前后经历了中正大学南昌大学校友会（雷洁琼任名誉会长、李树源任会长，1992 年 3 月根据规定进行了重新注册登记）、中正大学江西校友会（1995 年 8 月）、中正大学—江西师范大学江西校友会（2006 年 10 月，游海任会长）、中正大学—江西师范大学校友会（2018 年 6 月）四个历史时期。2015 年 5 月 15 日，学校召开"中正大学—江西师范大学江西校友会"第二次校友代表大会暨换届选举大会，选举通过了校友会新一届理事、常务理事，会长、执行会长、副会长、秘书长，原党委书记、校长傅修延当选会长。为更好开展校友工作，"中正大学—江西师范大学江西校友会"于 2018 年 6 月更名为"中正大学—江西师范大学校友会"。

自 2010 年筹建成立珠澳校友会后，学校校友工作办公室着力加强了各地校友会建设，分别于 2014 年 12 月成立广东省校友会，2015 年 1 月成立上海校友会、中山校友会，2015 年 5 月成立福建校友会，2015 年 9 月成立深港校友会，2015 年 11 月成立浙江校友会，2016 年 3 月成立江门校友会，2017 年 6 月成立湛江校友会，2018 年 1 月成立佛山校友会，2018 年 4 月成立汕尾校友会，2018 年 6 月成立海南校友会、东莞校友会，2018 年 12 月成立韶关校友会、惠州校友会，2019 年 4 月成立景德镇校友会，2019 年 6 月成立潮汕校友会。2018 年 5 月

20 日下午，学校创新成立"在赣校友企业家联谊会"，陈东旭当选"在赣校友企业家联谊会"首任会长。

为广泛争取社会各界和广大校友的办学支持，学校于 2011 年 7 月获批成立"江西师范大学教育发展基金会"，由王树林任理事长。基金会成立以来累计接受社会协议捐赠近 2.3 亿元人民币，其中接受校友协议捐赠约 1.15 亿元人民币，位居校友会网 2019 中国大学社会捐赠排行榜第 75 位、校友捐赠排行榜第 83 位，其中大额（50 万元以上）校友捐赠（公开）有：2013 年 12 月，刘经纶校友（保险专业 1981 届）捐赠 50 万元设立"经纶讲坛"；2016 年 5 月，彭友善教授（美术学院）捐赠 60 万元设立"彭友善奖教金"；2017 年 1 月，王祖祥校友（物理系 1984 届）捐赠 100 万元设立"美丽都昌奖学金"；2017 年 6 月，姚智德校友（工程管理专业 2010 届）捐赠 100 万元设立"智德创新创业基金"；2018 年 7 月，罗敏校友（物理与通信电子学院 2004 届）捐款 1000 万元共建趣店足球学院；2018 年 10 月，张瑞华教授（化学与化工学院）捐赠 80 万元设立"张瑞华教授奖助学金"；2019 年 3 月，丁小龙校友（雕塑系 2013 届）捐赠 150 万设立"水木源"奖学金；2019 年 6 月，简铁军校友（1999 届中文）捐赠 6000 万元建设"凯菲特体育大楼"和购买体育运动康复专业设施；2019 年 7 月，刘经纶（保险专业 1981 届）校友捐赠 100 万元设立杰出校友奖励基金；2019 年 11 月，李一华校友（政法学院律师班 2000 级）捐资 300 万元建设校园文化；2020 年 7 月，姚智德（工程管理专业 2010 届）、钟阳（生命科学学院 2009 届）校友夫妇捐赠 220 万建设校徽校训墙以及开展办学质量评估；李义海校友（政教系 1986 届）捐赠 1200 万元用于支持学校建设发展。2020 年 8 月，叶念乔校友（数信学院数学教育专业 87 届）捐赠 220 万元建设《春风》女教师雕像。

第七节　党建引领　思政育人

2010 年以来，在省委坚强领导下，学校党委围绕全面从严治党要求，落实立德树人根本任务，加强党建和思想政治工作，不断创新工作方式和方法，工作有特色、有创新、有亮点，为学校的改革发展提供了坚强的政治保证。

第六次党代会成功召开

2017年4月22—23日中国共产党江西师范大学第六次代表大会在瑶湖校区实验剧场隆重召开，出席大会的应到代表259人，实到248人。省委教育工委书记黄小华出席开幕会并讲话，校党委书记田延光代表中共江西师范大学委员会向大会作了题为《凝心谋发展，聚力再出发——为建设特色鲜明、全国一流的高水平师范大学而奋斗》的报告。中共江西师范大学纪律检查委员会向大会以书面形式提交了《推进落实全面从严治党"两个责任"为建设特色鲜明、全国一流的高水平师范大学提供坚强的纪律保证》的工作报告。

这次大会实事求是地回顾和总结了1994年第五次党代会以来，特别是"十二五"以来学校改革发展和党建与思想政治工作取得的主要成绩，客观分析了学校发展中存在的困难和问题、机遇和挑战，审议通过了党委会报告和纪委工作报告，选举产生了新一届学校党委和纪委领导班子，田延光、刘光华、张艳国、涂宗财、姚弋霞、贾俊芳、丁晖、刘俊、陈运平当选为党委委员，田延光当选党委书记，刘光华当选党委副书记，贾俊芳当选纪委书记。

大会明确提出了未来五年学校发展的目标和任务，提出了围绕紧紧抓住推进内涵建设、提高办学水平这条主线，做到八个着力提升，即，突出立德树人，着力提升人才培养质量；夯实学科基础，着力提升科学研究水平；创新引培机制，着力提升人才队伍实力；立足服务地方，着力提升社会贡献率；扩大交流合作，着力提升开放办学水平；深化管理改革，着力提升内在发展动力；光大优良传统，着力提升师大文化软实力；办好民生实事，着力提升师大幸福指数。这"一条工作主线"和"八个着力提升"重点任务，为学校改革发展绘就了新蓝图，指明了新航向。

党的群众路线教育实践活动

2013年，党的群众路线教育实践活动在全党开展。作为江西省第一批党的群众路线教育实践活动单位，7月12日，学校召开了党的群众路线教育实践活动动员大会，对全校开展教育实践活动进行了动员和部署。校党委书记田延光同志出席并讲话。田延光同志在讲话中深刻阐述了开展党的群众路线教育实践活动的重大意义和目标任务，并就如何抓好教育实践活动的三个主要环节作了具体分析指导，强调了开展教育实践活动的根本落脚点是促进学校事业不断发展进步。他要求全校党员干部要紧扣"照镜子、正衣冠、洗洗澡、治治病"的总要求，通过"学习教育、听取意见，查摆问题、开展批评，整改落实、建章立制"三个环节的活动，进一步改进党员干部的工作作风，进一步提高党员干部谋事干事的能力，进一步凝聚学校改革发展的强大动力。活动为期四个月，开展了民主评议，组织开展"群众路线和群众观点"主题学习教育活动，组织党员领导干部深入基层、开展调研，征求广大师生员工的意见建议，在原原本本记录、逐条逐句汇总的基础上进行归纳梳理，固化形成意见建议 115 条。通过"三查三看"方式，深刻查摆突出问题，党员领导干部撰写对照检查材料，组织召开高质量的专题民主生活会并拟定整改方案，就民主生活会情况召开情况在全校作通报，邀请龚全珍同志先进事迹报告团来校进行报告。成立了 5 个督导组，对各院级党委（党总支）教育实践活动进行全程督促指导。将整改落实工作落到实处、就查摆出的"四风"等方面突出问题，认真制定"两方案、一计划"，集中办理师生意见建议，明确整改工作路线图、任务书和时间表。发出整改通知单 37 份、公告 7 份，建立整改落实工作台账，实行挂号销号管理，整改进度及时向全校师生公示，对意见建议进行跟踪问效，对师生意见建议办理情况进行反馈。上报到省委"活动办"和省委第十五督导组工作台账及学校的"两方案、一计划"基本完成。台账的 115 条意见建议办结率为 100%，反馈率 91.3%。确定的 87 项制定和修订制度已正式下文。

接受省委第十五督导组满意度测评。通过教育实践活动，一是党员干部党性修养有新提高，党员干部自觉撰写心得体会近 300 篇，在《江西师大报》开设的教育实践活动新闻专栏和"群众路线大家谈"专栏发表体会文章 13 篇。校党委主要领导撰写的理论文章《和群众坐在一条板凳上》在 2013 年 10 月 14 日《江西日报》理论版上全文刊发，反响积极。二是党员干部工作作风有新转变。与上一年相比，学校会议数量减少 25%，发文数量减少 15%，用于公务接待的费用减少 39%，领导干部到基层调查研究次数增加 29%，为基层解决实际问题的数量明显上升。在 8 月 8 日全省党的群众路线教育实践活动工作推进会上，我校作为全省唯一一个高校代表介绍学校"抓早、抓实、抓细"促进作风快速转变的活动案例。三是学校解决问题有新进展，学校信访和纪检部门接待群众来访来信反映问题的数量明显下降。江西卫视《江西新闻联播》首次单独播发基层单位教育实践活动新闻时，用 2 分 10 秒的黄金时间，深入报道我校在开展教育实践活动中，坚持把活动开展与推进学校中心工作相结合，倾听师生诉求，推动学校和谐发展的典型经验。四是学校体制机制有新突破。构建了较为完善的学校管理制度体系，启动机构职能改革，合并资产管理处和后勤保障处，组建资产与后勤管理处，合理调整有关职能。《省委党的群众路线教育实践活动简报》第 88 期，以"江西师范大学下功夫抓整改"为题，全文刊发我校整改工作的做法和成效。

作为联系我校教育实践活动的省领导，副省长朱虹多次亲临我校，开展"五访纳谏"活动，参加校领导班子专题民主生活会，悉心指导我校开展活动，并两次批示充分肯定我校教育实践活动取得的成效，并鼓励取得更大成绩。我校教育实践活动得到新闻媒体的广泛关注。江西卫视宣传报道 8 次、《江西日报》宣传报道 10 次；人民网 3 次，新华网 1 次，江西教育电视台 7 次，江西省人民广播电台 3 次，江西教育网 10 次，大江网（中国江西网）10 次，中国高校之窗 3 次，江西二套、江西五套、今视网、中国大学生在线、江西省人大新闻网、新民网等其他省级以上媒体 11 次；《省委党的群众路线教育实践活动简报》多次刊登学校开展活动的情况。

2014 年，为了巩固教育实践活动成果，学校对照整改落实方案和 115 条意见建议切实抓好整改落实。建立健全制度规范，出台《关于巩固党的群众路线教育实践活动成果的意见》，形成改进工作作风、密切联系群众的制度规范。继续加强机关作风建设，组织管理服务督查专职人员对机关工作人员工作纪律、服务态度、办事效率等进行作风督查。

"三严三实"专题教育

按照中央和省委部署，2015 年，全国在处级以上领导干部中开展"三严三实"专题教育。全体党员干部以高度的政治责任感、饱满的政治热情和良好的精神状态投入到专题教育中，历时 7 个多月时间，扎扎实实完成了三个专题的学习研讨，认认真真解决了一批师生员工关切的实际问题。坚持领导带头，全校 29 个院级党委（党总支）书记先后在本学院（部门）讲专题党课。坚持问题导向，从 6 个方面梳理出 18 个方面 34 个 "不严不实" 问题。坚持从严要求，高质量开好校院两级领导班子专题民主生活会和支部组织生活会。坚持边学边查边改，对 34 个问题责任到具体分管校领导和具体责任部门，提出整改思路和时间表。通过 "三严三实" 专题教育，有效提升了全校领导干部的思想境界，改进了工作作风，形成了从严律己、实干兴校的浓郁氛围。

"两学一做"学习教育

按照党中央和省委的有关要求，2016 年，学校专门召开"两学一做"学习教育动员部署会，成立"两学一做"领导小组和督导组，学校党委班子成员到基层党支部讲党课、过组织生活，召开了 12 次党委中心组学习会；坚持党建与思想政治工作例会制度，多次召开院级党委（党总支）书记例会全面推进"两学一做"工作；进一步细化任务清单，坚持"两学一做"每月一安排；在学生党员中开展"一个坚定、两个永远"主题教育活动和"两学一做"千字文和理论征文活动，加强对于学生党员的学习教育；开好"两学一做"党员干部民主生活会。"两学一做"学习教育取得扎实成效，学校在全省"两学一做"学习教育推进会上作经验推介。

"不忘初心，牢记使命"主题教育

2019 年 9 月 12 日下午，学校召开全校"不忘初心、牢记使命"主题教育动员部署会。省委第十二巡回指导组组长，省政协常委、文史和学习委员会副主任委员肖华茵出席会议并讲话，省委第十二巡回指导组副组长邱晓辉、罗丽都及成员况卫东、左红、肖伶俐、王吉浩、吴龙龙等到会指导。田延光主持并讲话。

主题教育期间，学校党委领导班子开展了 14 次集体学习，进行专题调查研究和讲授专题党课，做好问题检视，班子检视问题共计 109 条，班子成员检视问题共计 221 条，校级层面召开了 3 场针对不同群体的意见征求会，征求意见归并为 82 条。发布整改清单 4 批，协调召开 4 次校级、1 次院级层面整改工作推进会。

12 月 18 日下午和 19 日上午，校党委班子召开"不忘初心、牢记使命"专题民主生活会。中央第六巡回督导组副组长李金章，省委常委、组织部部长、省委主题教育领导小组副组长兼办公室主任刘强，省委第十二巡回指导组组长肖华茵出席并讲话。中央第六巡回督导组成员陈立新、李许坚；省委组织部副部长、省委非公有制经济与社会组织工作委员会书记周训国，省委第十二巡回指导组副组长邱晓辉、罗丽都及全体成员出席会议。

李金章对我校开展"不忘初心、牢记使命"主题教育和专题民主生活会取得的成果给予充分肯定。他说，江西师大党委认识到位，组织精心，准备充分，严格落实中央、省委的部署要求，查找问题不遮不掩，原因分析非常透彻，整改措施操作性、针对性强，班子成员批评与自我批评直面问题，实事求是，坦诚相见，开了一次高质量的专题民主生活会。刘强充分肯定了我校改革发展工作和专题民主生活会取得的成果，指出江西师范大学民主生活会质量高，批评与自我批评开门见山、直面问题，"有辣味、辣味浓"，体现了敢于担当的精神，体现了对党的事业的热爱，体现了对同志的真诚关心和同志之间的互相支持、互相帮助。肖华茵对民主生活会进行了点评，充分肯定民主生活会成果，并指出了不足。他指出，江西师范大学党委对专题民主生活会思想上是高度重视的，会前的准备充分。民主生活会遵循了主题教育的总要求，紧扣了主题，突出了主线，聚焦了主旨，较好地实现了从团结的愿望出发，通过批评和自我批评达到新的团结的目的。肖华茵从"'一把手'带了好头，会议效果不错；民主生活会突出了重点，聚焦了问题；批评和自我批评体现了真心实意和实事求是"等方面进行了点评。

我校在全省主题教育工作推进会上作经验发言，《江西主题教育简报》6 次报道学校主题教育工作，在大学生中组建"习近平新时代中国特色社会主义思想宣讲团"的经验做法获得《中国科学社会报》推介，学校作为全省 3 个之一、高校唯一代表接受中央第六巡回督导组检阅、指导专题民主生活会。中央第六巡回督导组、省委主题教育领导小组办公室对学校主题教育工作给予充分肯定。

2020 年 1 月 15 日上午，在全校"不忘初心、牢记使命"主题教育总结会上，省委第十二巡回指导组副组长邱晓辉从组织领导坚强，班子务实担当作为；聚焦主题主线，主题教育走深走实；专项整治扎实，干事创业氛围浓厚；发挥特长优势，宣传工作成效显著等四个方面指出了我校主题教育工作的特色亮点。他强调，学校党委要把学习贯彻习近平总书记在主题教育总结大会上的重要讲话精神作为一项重要政治任务抓紧抓好，组织全校广大党员干部自觉把思想和行动统一到讲话精神上来。要把不忘初心、牢记使命作为加强党的建设的永恒课题，作为全校党员干部的终身课题；要持之以恒抓好学校党建工作，实现党对学校工作的全面领导；要努力探索不忘初心、牢记使命常态化、制度化建设，不断提升师大的治理能力与水平；要落实好立德树人根本任务，努力培养德智体美劳全面发展的社会主义建设者和接班人，齐心协力、开拓进取，为办好人民满意的大学而努力奋斗。

党的政治建设

学校党委把加强党的政治建设摆在首位，把准政治方向，夯实政治根基，涵养政治生态，提高政治能力，永葆政治本色，始终在政治上过得硬、靠得住、强起来，担负起党和人民赋予的政治责任，确保党中央决策部署落地生根。

加强政治理论学习。 在抓好校院两级党委理论学习中心组、教职工政治理论学习、"三会一课"等常态化学习的基础上，学校结合具体实际，深入开展集中轮训培训学习，推进习近平新时代中国特色社会主义思想入脑入心。2017 年，学校将学习宣传党的十九大精神作为全校首要政治任务，与推进"两学一做"学习教育常态化制度化有机结合，层层动员、分类推进全体师生学习十九大精神活动。出台学校学习宣传贯彻十九大精神文件，制作学习宣传贯彻十九大精神专题网，出版《江西师大报》学习贯彻十九大专刊，开通"师大党建与思政"公众号，组建学校党的十九大精神教师宣讲团和大学生党员宣讲团，得到省委宣传部和省委教育工委的高度肯定；对组织全体处级干部和支部书记进行了专题培训，开展师生大合唱、知识竞赛等专题活动，实现党的十九大精神学习宣传全覆盖。成立习近平新时代中国特色社会主义思想研究中心，教师在《马克思主义理论学科研究》等刊物发表了一系列高水平理论文章。2018 年，学校成立新时代文明实践中心和习近平新时代中国特色社会主义思想大学生宣讲团，深入推进习近平新时代中国特色社会主义思想学习宣传和理论研究工作，获得 1 项研究阐释党的十九大精神国家社科基金专项课题，4 篇习近平新时代中国特色社会主义思想研究理论文章在"三报一刊"发表。组织开展"习近平新时代中国特色社会主义思想提升办学治校能力"研修活动，邀请邱娥国、刘上洋、戴木才、曲建武等模范人物和专家学者先后来校作辅导报告，引导广大党员干部增强"四个意识"，坚定"四个自信"，做到"两个维护"。

2020 年 5 月 13 日至 16 日，学校举办加强党的政治建设专题学习班。为期 4 天的专题学习中，采用个人自学、集中学习、交流讨论相结合方式，重点学习习近平总书记关于加强党的政治建设、意识形态、教育工作的重要论述和民主集中制、党委领导下的校长负责制、战"疫"思政等有关内容，党委理论学习中心组成员及列席人员、各单位各部门党政主要负责人等 100 余人全程参加学习。先后邀请了省纪委副书记、省监察委员会副主任魏晓奎，省委教育工委宣传部部长、省教育厅社政处处长邓文君等作专题辅导报告。5 月 16 日上午，党委书记黄恩华作了题为"认真学习贯彻习总书记全面从严治党重要论述，以党内政治文化引领党的政治建设，提高学校各级领导的政治能力"的总结讲话。他深入阐述了以党内政治文化引领党的政治建设，提高学校各级领导的政治能力的重要性，从深刻理解党内政治文化的思想性、组织性、先进性、实践性四个维度提出了要求，强调要深刻理解党内政治文化的思想性，不断提高政治认知力，增强坚定政治信仰的高度自觉；要深刻理解党内政治文化的组织性，不断提高政治执行力，着力营造团结和谐、清朗清净的政治生态；要深刻理解党内政治文化的先进性，不断提高政治创新力，着力培育求真务实、拼争一流的思想境界；要深刻理解党内政治文化的实践性，不断提高政治向心力，努力扛起为党育人、为国育才的使命担当。梅国平在主持会议时强调，各单位各部门要抓好专题学习会的学习传达，以本次专题学习为契机，努力将学习成果转化为实际工作成效，在今后的工作中进一步加强党的政治建设，始终坚持民主集中制原则，认真落实意识形态工作责任制，严格贯彻党委领导下的校长负责制和各项民主决策机制，加快推进学校内部治理体系和治理能力现代化。要抓好示范带头，中心组成员要充分发挥好关键少数的"头雁作用"，身体力行、以上率下，加强政治学习、提高政治素养、增强政治能力、永葆政治本色，锐意改革，奋力进取，以优异的工作业绩迎接学校八十周年校庆，为建设特色鲜明、全国一流的高水平师范大学作出新的更大的贡献。

学校每年利用暑假加强领导干部的政治学习和业务培训，2016年在复旦大学、2017年在北京大学、2019年在清华大学和瑞金干部学院举办干部培训班，学习习近平新时代中国特色社会主义思想，提升办学治校能力。2020年8月28日至31日，学校举办了以"深入学习贯彻习近平新时代中国特色社会主义思想重点学好《习近平谈治国理政》第三卷以作示范勇争先的精神状态推进学校全面建设创新发展"为主题的暑期干部培训班。校领导和各单位各部门主要负责人参加培训。

接受省委政治巡视。2016年3月，省委第五巡视组进驻我校，对学校党委进行一个多月的巡视。4月24日，省委巡视组向我校反馈了四大方面17项需要整改的问题，学校党委专门召开党委会研究制定学校整改方案，明确整改问题、措施、时限和责任单位与领导。通过半年多的认真集中整改，除个别需要长期整改和正在整改的问题，基本完成巡视整改任务。学校整改情况报告得到省委巡视办、省委第五巡视组认可，并在校内外进行通报。

2019年10月16日至12月17日，省委第六巡视组对江西师范大学党委进行了巡视。全校上下严格遵守巡视工作纪律，实事求是地向省委巡视组提供情况，积极配合、全力支持巡视组做好相关工作。2020年1月8日，省委巡视组向我校反馈了五大方面需要整改的问题，提出了四点整改意见。同时，巡视组还收到反映一些领导干部的问题线索，并按有关规定转有关纪检监察机关和组织部门等有关方面处理。巡视组要求统筹抓好省委巡视反馈问题和主题教育检视问题的整改工作，一体推进上轮巡视整改不到位和本轮巡视指出问题的整改。学校严肃认真抓好巡视组反馈问题的即知即改、立行立改工作，经过 3 个月的集中整改，问题基本得到解决，为推进全面从严治党，营造风清气正的良好发展环境奠定了扎实基础。

2020 年 7 月 13 日上午，学校召开 2020 年全面从严治党暨巡视集中整改阶段性总结大会，认真总结去年以来学校全面从严治党与巡视集中整改阶段性工作成效，全面分析当前学校全面从严治党工作的发展态势，部署学校下一步全面从严治党工作。党委书记黄恩华出席会议并讲话。黄恩华深入分析学校全面从严治党工作形势，结合学校党委落实省委巡视整改政治责任、加强党的全面领导所作出的系列部署。他要求，要把政治建设摆在首位，使学校成为讲政治、守规矩的示范之地；要发挥政治优势组织优势，使学校成为坚持党的领导的坚强阵地；要树牢意识形态底线思维，使学校成为为党育人、为国育才的育人高地；要完善不敢腐不能腐不想腐机制，使学校成为风清气正的清朗园地；要力戒形式主义官僚主义，使学校成为人人担责任、事事抓落实的实干阵地，以全面从严治党新成效，努力开创高质量跨越式建设一流师范大学的新局面。

基层组织与党员队伍建设

学校党委紧密结合学校改革发展的目标，从基层组织建设、党员发展教育管理、干部队伍建设以及党建理论研究四个方面积极探索基层党建工作发展的新方法，进一步增强了党组织的创造力和凝聚力，使学校党的建设得到有力加强。

基层组织建设。学校贯彻"党建 +"工作理念，实行党建与思想政治工作月例会制度、院级党委书记双月会议制度和党员活动日制度。扎实推进连心、强基、模范"三大"工程建设，组建"连心"小分队赴学校扶贫点开展精准扶贫；实施"四进四联"。探索支部建在专业上，实施"五星创评"，开展"头雁工程"等九大工程建设工作和党支部分类定级工作；开展党员干部联系贫困大学生、少数民族学生、青年教师和班级工作，进一步严格落实"三会一课"制度，落实领导干部过双重组织生活制度。2011 年实施特邀党建组织员制度，聘请首批 6 名特邀党建组织员。2012 年在全省高校党建工作检查评估中获得专家组高度肯定，成绩优秀。2013 年开展基层组织建设年活动，出台《关于进一步加强和改进学校党的基层组织建设的意见》《关于在创先争优活动中深入开展基层组织建设年活动的实施方案》。2014 年出台《加强教职工党支部建设的意见》《加强学生党支部建设的意见》。2015 年制定《2015 年度院级党委（党总支）书记抓党建工作述职评议考核实施方案》，实施院级党委（总支）书记抓党建述职评议工作，出台《关于建立院级党委（党总支）党建工作责任清单制度的实施意见（试行）》。2016 年全校 267 个基层党支部、33 个院级党委（党总支）顺利完成换届选举工作；2017 年制订《关于进一步加强和改进新形势下教师党支部建设的意见》《学生党建工作标准》《关于党支部书记抓党建述职评议办法》等党建制度，出台《党建和思想政治工作督导办法》，构建了以校党委书记、院党委书记、党支部书记"三级书记"为责任主体的党建工作年度述职考核评议机制，《"三级书记"抓党建、述党建、比党建》经验材料在全国加强和改进高校思想政治工作座谈上进行书面交流。2018 年制定《落实"三级书记"抓党建责任工作实施方案》，打造基层党建责任链条，压实压紧全面从严治党责任。建立党员校领导、总会计师、党委委员联系院级党委（党总支）工作制度，推进基层党组织标准化建设，制定出台在学生公寓、教育实习点、学生社团设立（临时）党支部办法，2019 年制定《中共江西师范大学委员会党员校领导履行党建工作"一岗双责"实施办法（试行）》，规范组织设置，开展"双带头人"培育工程和党支部换届工作，成功举办首届党务技能大赛。

一批基层党组织和党员获国家、省委和教育工委表彰。2012 年数学与信息科学学院教工二支部被评为"全国创先争优先进基层党组织"和"全省创先争优先进基层党组织"，蓝天环保社团党支部、生命科学学院重点实验室党支部被评为"全省教育系统先进基层党组织"，王次农同志被授予全省"十佳组工干部"称号。2016 年马克思主义学院党委获全省先进基层党组织称号，文学院党委书记曹泽华荣获全省优秀党务工作者称号。2018 年蓝天环保社团党支部入选教育部"全国党建工作样板支部"，马克思主义理论学科研究生党支部入选全国高校"百个研究生样板党支部"。2019 年马克思主义学院党委获评全国党建工作标杆院系，教育学院教工第一党支部、科学技术学院国旗护卫队党支部获评全国党建工作样板党支部。2020 年学校被确定为全省高校基层党建标准化、规范化、信息化建设试点单位。

党员发展教育管理。在加强党员发展教育管理方面，学校采取"请进来、走出去"和上挂下派的方式，开展党员干部教育培训。一是加强党校建设，做好新党员、发展对象和入党积极分子教育培训，举办入党积极分子培训班、支部书记培训班、院级党委秘书班、教工入党积极分子班、"双高"人员理论班等。2015年起实施新修订的《中共江西师范大学委员会发展党员工作实施细则》，实施预备党员考察登记制度，严审新进党员材料，严把发展党员质量关。二是加强党组织信息管理，2017年对全校36个院级党委（党总支）、268个党支部、4738名党员基础信息实现全覆盖，完成全校干部人才管理信息系统建设工作。三是加强领导干部教育培训和管理，拓宽干部培训渠道，学校通过上级调学、上挂下派选派干部到北京大学、上级机关、地方党委行政部门、学校扶贫点接受教育培训、挂职锻炼，选派干部到省委党校和省委教育工委党校学习，选送青年博士教师参加上级党校的教育培训等，每年科级以上干部网络教育培训覆盖率为100%。坚持从严管理监督干部，每年进行干部个人有关事项报告组织填写、随机抽查和重点核查，认真做好干部因私出国（境）证件专项治理等工作。2011年党校获得全国高校党校系统的最高荣誉"全国高校党校工做贡献奖"。

干部队伍建设

围绕"信念坚定、为民服务、勤政务实、敢于担当、清正廉洁"的好干部标准，学校党委高度重视干部队伍建设，坚持德才兼备、以德为先的原则、不断深化干部制度建设，完善干部梯队，优化干部结构，形成了选人用人的良好风气。

从2012年起逐步建立起一套由公开报名、资格审查、笔试、面试、民主测评、组织考察、差额票决、公示任用等8大环节组成的较为成熟的竞聘上岗办法，健全了干部选任机制。2012年出台《关于处级干部到龄不再担任党政领导职务的办法（试行）》，做好干部分流工作，规范干部退休制度。

2014年5月20日，学校召开了全校干部制度改革动员大会，启动实施了新一轮干部制度改革。田延光代表党委作动员讲话，深入分析干部队伍建设存在的问题和面临的形势，针对中层干部总量偏多、平均年轻偏大、在岗任职时间偏长等情况，提出了"控制总量、改善结构；民主推荐、科学选拔；强化考核、加大交流"的改革总要求，推出了干部任期制、交流轮岗制等新的规定。随后，积极推进干部制度改革，建立和完善领导干部诫勉谈话、干部试用期、干部到龄免职等系列选人用人制度，重视年轻干部培养，分批次启动科级干部正常晋升，并且积极向政府机关和事业单位输送干部。2016 年修订《江西师范大学处级干部选拔任用民主推荐实施细则》，2017 年全面落实干部选拔任用全程纪实制度，2018 年出台《处级干部民主推荐实施办法（试行）》《处级干部竞争上岗实施办法（试行）》，2019 年结合省委巡视进行的选人用人专项检查工作，加强对提任人选的政治把关，干部工作的制度化规范化得到进一步提升。2020 年，党委书记黄恩华到任后，学校大力选拔年轻干部，一批 80 后干部进入中层干部行列，增强了干部队伍的活力。

宣传思想工作

学校高度重视思想政治工作，始终站在办好中国特色社会主义大学的高度，紧密围绕培育有理想、有本领、有担当的使命任务，加强和改进宣传思想工作。学校党委认真落实全国、全省高校思想政治工作会议精神，从五个方面打造工作亮点与特色：一是突出"精"字抓主渠道，打造大学生喜爱的思想政治理论课；二是突出"爱"字抓师德师风，造就师德高尚的教师队伍；三是突出"红"字抓文化建设，用以爱国主义为核心的民族精神育人化人；四是突出"实"字抓意识形态，营造健康纯净的思想政治空间；五是突出"严"字抓组织领导，确保思想政治工作各项任务落到实处，取得实效。2011 年制定《关于推进学习型党组织建设的实施意见》，提出全校教职工政治理论学习指导意见，明确学习重点。2014 年制定《关于进一步健全党委中心组理论学习制度的意见》，组织学校党委理论学习中心组围绕党风廉政建设、社会主义核心价值观、全国"两会"精神、习近平总书记系列重要讲话精神、十八届四中全会精神、开展集中学习。2015 年出台《关于进一步加强和改进新形势下宣传思想工作的实施意见》，制定全年校、院两级党委中心组学习计划和全校教职工政治理论学习指导意见。2016 年制定《中共江西师范大学委员会关于加强精神文明建设的指导意见》《江西师范大学文明校园创建活动实施方案》等若干文件。2017 年出台了学校加强和改进新形势下思想政治工作实施办法、校院两级思政工作责任清单和任务分工、"三联三创"实施方案等系列文件。2018 年，成功入选"全国高校思想政治工作队伍培训研修中心"，成为全国 40 个高校思想政治工作队伍培训研修中心之一。

修订完善思想政治工作、意识形态工作两个责任清单和《辅导员队伍建设实施办法》，成立江西教育舆情分析研究中心，获批 1 项教育部思政工作精品项目。2019 年全校上下深入学习宣传贯彻习近平新时代中国特色社会主义思想和十九届四中全会精神，深入推进习近平新时代中国特色社会主义思想"三进"工作，推进"思想政治工作十百千宣讲"，新时代文明实践中心开展各类宣讲 100 余场，1 个项目入选全国高校思想政治工作精品项目，1 个项目入选全国高校思想政治工作研究文库，在教育部舆情机制单位排名中列全国第 4 名。

学校积极加强对外宣传，逐步扩大整体形象和声誉。学校每年被中央电视台、《人民日报》、《光明日报》、新华每日电讯、新华网、人民网、江西卫视、《江西日报》等中央和省级主流媒体报道数百次，在全国及省、市新闻媒体上共刊登、播发、转载展示学校整体形象的新闻报道千余篇（条）。2013 年拍摄龚全珍公益广告宣传片在央视网和江西电视台播出。2014 年开通学校官方微信公众平台，在《江西手机报》开设师大专题，4 件作品在全国高校好新闻评选中获奖。2016 年 15 篇新闻作品获全国和全省校报好新闻奖；制定《江西师范大学校园官方微博、微信公众号管理办法》，全年推送 500 余次微信、1000 多条图文信息。学校官方微信推送的《生日快乐丨唱一首光阴的故事，送给 76 岁的师大》阅读量超过 10 万，位列单周全国第一。学校《统筹校园媒体推进宣传思想工作》在全国高校思想政治工作会上作书面交流，进一步扩大了学校影响力。2018 年学校官微影响力进入全球公众号的前 3%，抖音号单周排全国第 18 位，微博单周排全国第 21 位。学校官微获 2017—2018 年"中国大学官微百强"奖；《江西师大报》13 项作品获中国高校校报好新闻一、二、三等奖，位居全省高校首位。2019 年创新新闻宣传形式，6 件作品获中国高校校报好新闻奖，官微荣获"年度全国高校官微百强奖""江西十佳高校微信公众号"等荣誉称号，案例《师大开学丨最隆重的庆典，点击量 10 万+》入选全国高校全媒体优秀案例。

大学生的思想政治工作。大学生的思想政治工作是学校育人工作的首要任务。学校在强化落实好校、院两级思政工作责任和分工的同时，创新拓展思想政治工作思路和模式，采取扎实有效措施，提供大学生思想政治工作成效。

在辅导员队伍建设方面：一是自 2017 年以来，组织召开江西师范大学专职辅导员抓大学生思想政治教育工作年度述职评议会。二是举办"辅导员日"活动。自 2017 年以来，学校将每年 11 月 1 日定为江西师范大学"辅导员日"，共同庆祝辅导员这个伟大职业，至今已成功举办三届"辅导员日"活动。"辅导员日"的举办，有效加强和改进了思想政治工作和办学水平，有效提升了我校辅导员"幸福感"、"获得感"、"满足感"，有效促进了队伍凝心聚力，推动辅导员职业化专业化发展。三是积极举办年度学术论坛：2019年12月，以"不忘初心牢记使命，走好新时代长征路"为主题，与赣南师范大学联合主办。邀请了北京师范大学思想政治工作研究院院长、教育部思政司原司长冯刚教授，共青团福建省委副书记、福建师范大学党委宣传部部长陈志勇教授等专家学者作专题报告。来自全国40所高校共80余位思政教育专家、学工干部和辅导员参加了学术论坛，做了专题报告研讨、红色文化现场考察、学术论坛交流分享，形式多样、内容丰富，为与会代表搭建了一个开阔视野、交流思想的平台，让大家分享了经验，收获了友谊，增进了共识。四是积极组织全校辅导员专题培训和开展辅导员工作坊活动。每年暑期定期开展全校辅导员专题培训，以专家讲座、主题研讨、实地考察学习等形式，有效提升了我校辅导员综合素质能力。2019年8月20—23日，我校全国高校思想政治工作队伍培训研修中心承办了第261期全国高校思想政治工作骨干示范培训班。来自全国25个省份87所高校（单位）的思想政治工作骨干参加培训。五是积极组织开展江西师范大学辅导员工作坊活动，辅导员理论学习、辅导员素质能力提升、辅导员科研能力提升、辅导员创新能力提升、辅导员网络思政能力、辅导员心理健康教育、辅导员人文艺术素质等7个研修组每周开展1~2次专题研修活动，为提升我校辅导员综合素质能力提供了有力支撑。商学院辅导员汤美丽获评为2017年第六届全国高校辅导员职业能力大赛决赛三等奖，2019年全国教育系统先进工作者，全省高校"十大最美辅导员"，入围第十一届"全国高校辅导员年度人物（提名奖）"；公费师范生院辅导员王静入围教育部思政司、中国教育电视台《我是辅导员》专题展播；王静、付妍妍分别入围第八届、第十届全国高校辅导员年度人物（提名奖），先后获全省高校"十大最美辅导员"称号。

在思想政治教育方面：一是做好大学生思想政治状况调研。每学年坚持开展寒暑假学生返校思想动态调研和全校大学生思想政治状况滚动调查工作，及时了解和掌握学生的想法与诉求，为学校领导和学院开展大学生思想政治教育提供参考依据。二是结合庆祝新中国成立70周年、五四运动100周年、澳门回归20周年等重要时间节点，深入开展"学历史、爱祖国、跟党走""新中国从这里走来""我和我的祖国""传承红色基因、担当复兴重任""爱我中国"等主题教育活动，大力宣传新中国成立以来取得的辉煌成就，广泛开展理想信念教育，深化中国特色社会主义和中国梦宣传教育。开展"跨越时空的对话——先烈先辈后人传承红色基因大课堂"活动，组织学生参加第四届全国大学生网络文化节和"我和我的祖国"全省大学生庆祝新中国成立 70 周年知识竞赛活动等，引导广大学生自觉传承红色基因，勇担时代复兴重任。三是抓好各项重点任务，2016 年与教育部共建"江西师范大学全国高校辅导员发展研究中心"，每季度向教育部思政司报送中心建设进展情况，建立了地方高校与教育部主管部门的常态联系。在"弘扬井冈山精神与加强高校思想政治工作"全国专题研讨会上就新时期的大学生思想政治教育工作作了经验交流。2017 年首次承办全国高校辅导员职业能力大赛片区赛，学校辅导员在片区赛和全国决赛中取得重大突破。实施校领导开展"思想政治工作体验日""学生生活体验日"活动，由《人民日报》、新华社等央媒组成采访团就学校"双体验日"活动进行了专题报道。2019 年出台《加强和改进领导干部深入基层联系学生工作实施办法》，开展"书记校长面对面"恳谈会，让学生和书记、校长直接对话，进一步拉近了校领导和学生的距离。开展以"强自律、勤钻研、求创新、攀高峰"为主题的学生学风建设、毕业生"十个一"教育实践活动。加强少数民族学生教育管理，创新开展"1+1"结对帮扶活动。心理教育中心获评"全国首批心理委员工作示范单位""江西省高校心理健康教育与咨询示范中心"（全省高校排名第一），王敬群获评为"江西省大学生心理健康教育先进个人"，王青华获得首届江西省高校心理健康教育教师职业能力大赛一等奖，学校获全省思政工作优秀论文一等奖 1 项，二等奖 2 项，三等奖 1 项。

在思想政治理论课程建设方面：马克思主义理论学科 2015 年度学科排名前 9.54%，是全校唯一进入前 10% 的学科；思想政治课教学团队入选教育部首次评选的"全国高校思想政治理论课教学科研团队择优支持计划"；1 人入选教育部"全国高校优秀中青年思想政治理论课教师择优资助计划"，为 2015 年度江西唯一入选；1 人研究成果入选教育部"高校思想政治理论课教学重点难点问题解答"；"毛泽东思想和中国特色社会主义理论体系概论"课程成为 2015 年度江西省高等学校（本科）省级精品资源共享课，全校一共 5 门入选。2016 年马克思主义学院申报的《高校"红色班级"建设工程》入选教育部辅导员精品项目培育建设，实现学校历史性突破。2017 年基于红色基因传承"一定二化三结合"的高校思政课改革实践创新得到了《中国教育报》、中央电视台等主流媒体的关注报道，马克思主义学院周利生教授领衔的思政课教学团队获批全国高校黄大年式教师团队，周利生教授入选全国高校思想政治理论课教师年度影响力人物。2019年在全省率先成立课程思政教育研究中心、开设"习近平新时代中国特色社会主义思想概论"课程，马克思主义学院获批全国重点马院，周利生教授作为教育部邀请的教育系统全省高校唯一代表赴北京参加新中国成立70周年庆祝活动现场观礼。新华社在《全国高校思想政治工作会议以来学校思想政治理论课建设综述》中肯定我校思想政治理论课教学成效。

战"疫"思政工作。2020年1月，新型冠状病毒肺炎疫情暴发以来，学校高度重视，深入学习贯彻习近平总书记重要讲话精神，认真落实党中央、国务院和省委、省政府决策部署以及省委教育工委、省教育厅有关要求，始终把师生员工生命安全和身体健康放在第一位，把疫情防控作为头等重要的大事，按照"坚定信心、同舟共济、科学防治、精准施策"要求，周密安排各项工作，层层落实防控责任，积极采取防控措施，确保上级决策部署落实落地落细，牢牢守住校园健康安全防线。

同时，学校党委、行政高度重视战"疫"思政工作，坚持用好习近平总书记亲自部署、亲自指挥，全国上下团结一心抗击新冠肺炎疫情的伟大实践这一爱国主义教育的鲜活教材，上好一堂生动翔实的思政理论与实践大课，通过分阶段、多层次、递进式教育方式，引导广大青年大学生深刻感悟以习近平总书记为核心的党中央"人民至上"、"生命至上"的治国理念，深刻理解爱国主义的本质就是坚持爱国、爱党、爱社会主义的统一，教育广大学生从疫情防控阻击战中理性认识中国共产党领导和中国特色社会主义制度的优越性。主要做法是"三段六进"：

第一阶段是疫情发生时，积极响应党中央号召，发动党员师生行动起来。战"疫"思政进行动，倡导广大党员干部把身份亮出来，响应党中央号召，积极参与战"疫"，在医院、农村、社区、街道争当志愿者，以实际行动支援战"疫"。据统计，700余名青年大学生参加防疫志愿服务。心理学院博士生邓媛媛主动请战，参加了首批援鄂医疗队。战"疫"思政进研究，组织思政课教师撰写战"疫"理论文章，为开展战"疫"思政工作做好理论准备。一批青年老师发表了一系列关于战"疫"的理论研究文章。如马院的王钰鑫、严文波、江晓萍等人撰写的文章《坚定打赢疫情防控阻击战的信心》、《制度优势是打赢疫情防控阻击战的制胜法宝》、《从战"疫"看中国特色社会主义制度》等文章在人民网理论版刊载；宁洁的《挖掘鲜活案例，激发使命担当》还获省委常委、宣传部部长施小琳的批示肯定。

第二阶段是学生返校前，坚持线上线下相结合，注重网络战"疫"思政。战"疫"思政进学习，校党委中心组带头学习习总书记关于疫情防控工作的重要讲话精神，观看《这就是中国》抗疫宣传视频，发放 400 套由省委宣传部牵头制作的《战疫专题资料集》，组织广大教师开展政治理论学习。36 个院级党委都专门组织学习了《战疫专题资料集》，各班级通过各种方式进行了专门学习。战"疫"思政进网络，创作战疫歌曲和组诗在线上传播正能量，开展"共话青春战'疫'"分享交流会、"致敬英雄，缅怀同胞"清明祭英烈、"战疫的青春最美丽"五四主题团日活动、青春战"疫"网络优秀文化作品分享交流会等一系列主题活动。累计组织开展网络学习活动 530 余场，2.2 万余名师生参与其中。张艳国教授创作的《你我约定》，24 小时点播量超 1000 万，广大师生深受感染、深受教育。

第三个阶段是学生返校后，用好主渠道主阵地，推进战"疫"思政进课堂、进活动。战"疫"思政进课堂，发挥课堂主渠道、主阵地作用，线上线下师生同上一堂战"疫"思政大课，认真开展思想政治理论课专题教学，将中国抗击疫情的斗争与思政课教学深度融合，挖掘典型案例，搜集典型素材，进行理论升华，向大学生讲明白中国共产党为什么"能"，马克思主义为什么"行"，中国特色社会主义制度为什么"好"。5 月 12 日晚校党委书记黄恩华的思政大课，线上直播观看人数达 10 万。战"疫"思政进活动，专门制定了一系列的主题征文、演讲、宣讲活动方案，由宣传部、校团委、学工研工等部门牵头负责，深入开展"疫情无情党有情，社会主义是靠山"主题征文、演讲、宣讲，活动面向全校大学生，深入宣传党中央关于疫情防控重大决策部署，生动讲述防疫抗疫感人事迹。

党建与思政理论研究

学校党委积极组织开展党建理论研究，成功申报高校党建重点招标课题和省委组织部人才项目专项课题，党建教材荣获全国优秀社会科学普及作品奖。扎实推进党建工作项目化，学校获批党建重点项目和立项总数名列全省高校前列。2010 年我校作为高校的唯一一个代表在全省基层党建项目化发展现场会做典型发言。2011年组织各院级党委向省委教育工委申报的5个项目中3项获得省级立项，其中2项为重点立项，立项数列全省第一位。2014年获批6项全省高校党建课题，完成8万余字的全省高校党建工作调研报告，2019年报送省党建研究会课题11项。2013年加强意识形态工作的经验材料入选第23次全国高校党建工作会议书面交流材料，系我省所有高校中唯一入选的一篇经验交流材料，也是学校十余年来首次入选全国高校党建工作会议的经验交流材料。在思想政治理论研究方面，我校成果颇丰。2011年积极开展省委宣传部直属中国特色社会主义理论体系基地工作，在《人民日报》理论版刊发多篇文章。2012年在《人民日报》、《光明日报》、《江西日报》等刊物上发表推进赣南等原中央苏区振兴发展等系列理论研究文章。2015年牵头组织专家撰写调研报告《大力推进激活和传承红色基因整体工作的思考》，获得省委主要领导批示，中国特色社会主义理论研究中心研究人员在《人民日报》刊发理论文章。2017年成立习近平新时代中国特色社会主义思想研究中心，设立18项课题进行理论研究，资助经费30余万元。

党风廉政建设

学校党委、行政高度重视党风廉政建设和反腐败工作，不断强化党风廉政建设主体责任和监督责任，建立风险岗位廉能管理长效机制，每年召开全校党风廉政建设工作会议，层层签订党风廉政建设工作责任书，严格落实"一岗双责"，层层压实党风廉政建设责任。每年印发年度党风廉政建设工作要点及任务分工、年度落实党风廉政建设责任制日常检查考核评分细则及任务分工意见、年度落实党风廉政建设责任制检查考核工作方案，落实签字背书、定期报告工作、专题党课、工作约谈、述责述廉、检查考核等制度。落实并完善领导干部廉政谈话、诫勉谈话、述职述廉以及干部廉政档案等制度，强化对权力的监督和制约，惩治和预防腐败体系初步形成。2011年组织实施风险岗位廉能管理工作，确定各单位重要权力事项298项、主要风险点747个，编制《江西师范大学职权与廉政风险等级目录》，初步形成廉能防控体系。2012年出台"三重一大"决策、廉能风险预警处置、修缮工程等内部人、财、物等管理制度，被省纪委监察厅确定为全省教育系统唯一的风险岗位廉能管理重点联系示范单位。2013年出台《江西师范大学党风廉政建设责任制实施办法》、《江西师范大学党风廉政教育诫勉（提醒）和函询谈话暂行办法》、《江西师范大学基本建设工程质量责任追究办法（试行）》、

《江西师范大学领导干部廉政档案管理暂行办法》、《江西师范大学领导班子关于改进工作作风、密切联系群众的若干规定》。2014年出台《江西师范大学贯彻落实〈建立健全惩治和预防腐败体系2013—2017年工作规划〉实施意见》、《关于开展党风廉政建设工作约谈的通知》、《江西师范大学纪检监察工作转职能转方式转作风实施意见（试行）》，在全省高校中率先制定出台《中共江西师范大学委员会关于落实党风廉政建设党委主体责任、纪委监督责任的实施办法（试行）》等文件。2015制定出台《江西师范大学廉政巡查工作暂行办法》、《江西师范大学党风廉政建设工作约谈制度（试行）》。2018年出台《巡察工作实施办法》《廉政巡察"回头看"工作实施方案》。2019年深入推进学校纪检体制改革，撤销原内设机构监察审计处、纪委办公室，成立学校纪委综合办公室和监督检查室。

学校纪委正确运用监督执纪"四种形态"，认真做好信访处置工作，扎实开展各种专项监督检查工作，清理和规范庆典、研讨会、论坛活动等。2011年开展"小金库"治理、公务用车治理、规范教育收费等专项监督检查工作，清理和规范庆典、研讨会、论坛活动。2012年开展干部作风突出问题整治活动，成效明显，获省委省政府表彰。2013年开展"红包"专项治理活动。2018年聚焦形式主义、官僚主义等作风顽疾和"怕、慢、假、庸、散"等作风突出问题，深入开展以"五查五改五提升"（五查：查找"怕、慢、假、庸、散"五个方面的问题；五改：提高认识改，对照问题改，完善机制改，领导带头改，接受监督改；五提升：提升"头雁"作用，提升紧迫意识，提升担当能力，提升争先动力，提升纪律自觉）为主线的作风建设活动。严格落实中央八项规定精神，严格管理办公用房和设备使用，深入推进办公用房超标整治工作。2019年6月，由学校纪委牵头，成立了2个干部作风专项巡察组，针对当前干部作风"怕、慢、假、庸、散"突出问题再聚焦、再发力，对学校各部门各单位以及从事管理服务工作的干部和工作人员进行作风专项巡察。巡察组通过察（实地察看）、访（个别谈话）、看（查看会议记录）等形式，紧扣思想作风、履职担当、工作作风、师德师风等方面存在的突出问题，进行不定时间、不打招呼、不固定单位机动式行动。同时，巡察组设立专项巡察意见箱，开通信访举报电子信箱，受理教职工对干部作风问题的反映。

廉政文化方面，积极推进廉政文化创建活动。组织参观反腐展览、警示教育片，成立廉政文化研究中心，开展廉政文化研究，举办廉政宣传牌作品征集活

动。开展廉政文化进校园活动，荣获全国高校廉政文化作品大赛优秀组织奖，成
为全国获此殊荣的十所高校之一。开展廉政文化研究活动，成功获批省廉政文化
研究中心，组织撰写的多篇论文在全省和全国获奖。积极开展廉政文化进校园活
动。组织廉政文化作品参加第二届全国廉政文化作品大赛获六项一等奖，为全国
高校最好成绩。微电影《选择》获江西省反对"四风"微电影大赛十佳作品奖；
2014 年 9 月 24 日，校廉洁文化教育馆正式开馆，系省内高校首家廉洁文化教育
馆，举办"廉政建设与国家治理"学术研讨会。举办首届清风读书会，开展省
属两校党规党纪知识竞赛。开展校园廉洁文化作品创作、主题班会、家风讲座、
知识竞赛等活动。切实加强廉政文化宣传教育，"正大清风"社团获评 2017 年
"12·9"全国大学生廉洁教育月"优秀组织奖"，微电影《回头》荣获第二届全
国高校网络宣传思想教育优秀作品推选展示微作品二等奖，《人间正道》荣获第
六届全国高校廉政文化作品征集及廉洁教育系列活动网络新媒体类精品作品。

统战工作

学校党委高度重视和加强对统战工作的领导，根据新形势下统战工作的新
要求，不断完善统战工作制度建设。2012 年出台《关于加强新形势下党外代表
人士队伍建设的实施意见》，2013 年出台《学校重大决策听取党外代表人士意见
的规定》和《江西师范大学关于加强新形势下党外代表人士队伍建设的实施意
见》，完善了民主党派组织建设与工作机制。2016 年印发《关于党员校领导联系
民主党派等组织分工的通知》等文件，进一步强化了对于统战工作的领导。

学校党委加强学校民革、民盟、民建、民进、农工、九三民主党派基层组
织建设，2014 年成立归国留学人员联谊会，首次吸收 128 名海外归国留学人员。
民盟、民进、九三学社、民革、农工等多个基层组织获全国、省级先进组织荣
誉，多人次获全国、全省先进个人称号。对学校基层统战工作实行目标管理考核
评估，评选民主党派工作目标管理先进基层组织。

全校统一战线结合自身优势，按照围绕中心、服务大局的原则，积极开展
形式多样，内容丰富，成效显著的特色活动。开展"同心"系列活动，举办同心
理论讲座，召开心得交流会、征求意见会、校情通报会，组织同心调研考察，成
立"同心博士服务团"，赴萍乡、广昌等地开展"同心教育"革命历史、传统教
育，实施"同心·基础教育工程"。2014 到 2019 年间，持续到广昌县开展"文化、

旅游、科技、教育"等教育扶贫工作，支持原中央苏区经济社会发展；学校统一战线为广昌县驿前镇中小学捐赠价值8万元体育器材，为驿前村争取到20万乡村道路建设扶贫资金；指导成立广昌县电商协会，协助广昌举办2015—2016年全国啦啦操联赛，学校投入扶贫资金累计达46万元。组织民主党派、统战团体成员到全省各地进行调研，为当地经济社会发展把脉定向、出谋划策；到井冈山、瑞金等红色教育基地接受系列实践教育，夯实同心同向同行的思想政治基础。积极推进港澳台工作，2016年"同心·赣港澳台青少年交流基地"在我校揭牌成立并落户我校，每年筹办启动仪式并参与后续交流活动；选派优秀学生参加由省委统战部和香港新界参议局主办的赣港青年心连心交流团活动、江西学生香港营活动；选派优秀选手到澳门参加海峡两岸"民族心、中华情"青少年征文演讲比赛并获得"最佳演绎奖"等奖项和荣誉。

学校历来重视党外人士的培养、选拔和任用工作。近十年，全国人大代表有方志远（第十一届）、梅国平（第十二届）、张国新（第十三届），全国政协委员有梅国平（第十一届）、王东林（第十一届、第十二届）、梅国平（第十三届）。2018年完成了学校各级人大代表、政协委员换届推荐工作。2019年12月，学校有党外副处级以上干部33人，其中副厅级以上3人，正处级6人，副处级24人。学校共有18名党外人士担任各级人大代表、政协委员与省政府参事。其中全国人大代表1位，全国政协委员1位，省人大代表1位，省政协委员11位，省政府参事2位：张国新为全国人大代表、民盟江西省委会副主委；梅国平为全国政协委员、民进中央常委、民进省委会副主委；廖维林为省人大常委；项国雄和陈祥树为省政协常委；黄明与与王东林为省政府参事。梅国平获聘公安部第五届党风政风警风监督员、江西省监察委员会第一届特约监察员，范坚获聘江西省文史研究馆馆员。学校各级人大代表、政协委员积极履职尽责，多项议案提案受到广泛关注、就社会热点问题提出建设性提案得到了政府有关部门充分肯定。学校党委还大力支持民主党派人士参加各级社会主义学院的学习，取得良好效果。

学校统战工作年年被评为中国统一战线宣传先进单位，连年荣获全省统战工作先进单位。

民主治校与工会工作

学校把教代会作为民主管理和民主监督的基本形式和制度，是校务公开工作的基本载体。凡是学校（院）重大决策及重要校务活动，都必须向教代会报告。教代会在校（院）党委领导下，按照规定的职权范围和工作程序，对学校（院）工作的重大决策和重要校务活动行使审议建议权、审议通过权、审议决定权和评议监督权。学校教代会每年三月召开，按规定进行代表换届选举工作，审议通过年度校长工作报告、财务工作报告、工会工作报告和审计工作报告。2012年教代会修订学校二级教代会实施细则，制定"二级教代会召开工作流程图"。2014年修订《江西师范大学教职工补充医疗保险互助金实施细则》，讨论《〈江西师范大学章程〉征求意见稿》、《〈江西师范大学教职工补充医疗保险互助金实施细则〉讨论稿》。2015年修订《江西师范大学教职工代表大会实施细则》和《江西师范大学二级教职工代表大会实施细则》，讨论审议科技学院（共青校区）办学、推荐省劳模、《江西师范大学教职工代表大会实施细则（修订稿）》、《江西师范大学二级教职工代表大会实施细则（修订稿）》、《江西师范大学教职工补充医疗保险互助金实施细则》等文稿和事项。学校每届教代会提案委员会认真做好教代会提案征集、整理和答复办理工作，提案办结率均为100%。

二级教代会是学校基层教职员工行使民主权利、参与学院民主管理和民主监督的基本形式，是院务公开的重要载体，是推动学院改革、发展和稳定的重要制度。每年年底，26个二级单位均召开教职工代表大会。听取本单位年度行政报告、财务工作、工会工作，分组讨论、审议报告，各位代表均以学院主人翁的身份，以求真务实的态度，秉公议政，正确履行代表的职责，就学院的建设发展、涉及教职工切身利益问题和学院改革发展的有关重大事项，集思广益，建言献策，有效推进学院的民主管理。

认真做好校务公开工作，2012年印发《关于进一步做好校务公开工作的通知》，提出了对校务公开工作的要求，细化并明确了向社会、教师和学生公开的事项以及公开的主要形式，保证了校务公开有章可循，从而使之规范化和制度化。

2013年起推进教职工重大疾病互助医疗工作，当年全校1920人参加互助会。2014年、2015年两次修订《江西师范大学教职工补充医疗保险互助金实施细则》，提高补助比率、扩大资助范围，2019年新增了附中工会为会员单位，进一步扩大了服务范围。2017年起为所有教职工购买了团队意外伤害险、为全校女教职工办理幸福险，组织全校女教职工进行妇科保健体检。2014年成立全国第二家、全省第一家教师志愿服务协会，召开了第一届会员代表大会，在学校工会指导下开展志愿活动。2019 年出台《江西师范大学工会经费收支管理实施细则（暂行）》进一步加强了工会经费管理。全校教职工会员三节福利发放标准提高到每人每年2100 元，单列下拨会员生日慰问经费。

深入开展建设教职工之家活动，广泛开展教工羽毛球比赛、教工气排球、乒乓球比赛、健康小道健步走、教工气功八段锦培训班等系列群众性文体活动，2017 年组建教授合唱团，在全省教育工会举办的多项赛事中学校代表队均取得优异成绩。

学校工会组织先后获全国"优秀教工小家"、省教育系统先进工会组织、省教育系统先进女教职工委员会、省"工人先锋号"、省教育系统师德建设先进集体、省教育工会宣传报道工作单位一等奖等荣誉。

共青团建设

学校坚持党建带团建，重视对共青团工作的建设，将学校团的建设纳入学校党的建设总体格局，推行团建与党建同规划、同部署、同考核。2011 年出台了《关于加强党建带团建进一步做好新时期共青团工作的若干意见》，制定《"十二五"时期江西师范大学共青团工作发展规划》，是全省唯一制定"十二五"规划的高校共青团组织。2013 年起草和修订《江西师范大学专职共青团干部选拔培养办法》、《江西师范大学学生干部管理办法》，进一步加强了共青团干部队伍建设和学生干部队伍建设。2016 年印发《中共江西师范大学委员会关于进一步加强和改进共青团工作的实施方案》，修订《江西师范大学学生会章程》。2017年底印发《江西师范大学共青团改革实施方案》，2018 年起实施。改革完善了共青团领导机构设置，实行"职能部门＋专业中心"的机构设置模式。出台《"班团一体化"实施办法》，推行班团一体化运行机制。这一系列规章制度的改革和实施，进一步强化了团组织的吸引力和凝聚力。

学校共青团积极组织团员青年学习党的理论知识，开展各种主题教育实践活动，积极推进校园文化建设，举办各类精品校园文化活动，引领广大团员青年坚定信念跟党走。2011 年以来均被评为全国暑期"三下乡"社会实践活动优秀单位。2015 年首次组织校级大学生骨干培训班学员赴井冈山教育基地培训学习。2019 年制定《江西师范大学第二课堂成绩单制度实施办法（试行）》，面向全校团员青年推行"第二课堂成绩单"。财政金融学院团委获评 2018 年度"全省五四红旗团委"，公费师范生院 2016 级混合班团支部获评 2018 年度"全省五四红旗团支部"。习近平新时代中国特色社会主义思想大学生宣讲团入选全国暑期"三下乡"社会实践活动"优秀团队"，研究生支教团荣获第十二届中国青年志愿者"优秀组织奖"，地理与环境学院蓝天环保社团荣获全国"第九届母亲河奖"。2019年我校获全国"互联网 +"大赛主赛道、红色青年之旅赛道"先进集体奖"，首夺全国"挑战杯"大赛"优胜杯"奖，校团委 2019 年获评"全国五四红旗团委"。

学校共青团根据新形势新要求，积极探索、创新网络团建工作，利用青春师大微信和微博、团学工作手机报等新媒体，促进新媒体融入青年学生学习生活当中，全力加强大学生思想引领工作。2012 年启动共青团工作微博体系建设，开通"青春师大"官方微博，构建覆盖全校 23 个学院、230 多个班级的团组织微博体系，2013 年团委官方微博"@ 青春师大"在教育部思政司发起的第七届全国高校校园文化建设优秀成果评选中荣获全省特等奖（排名第一）和全国三等奖。2014 年获批团中央网络新媒体战略转型工作试点单位，"青春师大"微博入选"全国最具影响力团委微博前十名"并再次荣登榜首。2017 年建立的"一网四微"（校团委官方网站、青春师大微信、青春师大微博、青春师大 QQ、青春师大微视频）的新媒体运营中心获"江西青年五四奖章"（集体）荣誉称号。校团委青年信息中心运营的"青信青梅"手机客户端在全国 50 所试点高校中取得下载量第一、综合排名第二的好成绩。2019 年以"青春师大"为品牌的"一网五微"先后荣获最具服务力高校团委微博、江西十大共青团微信公众号、江西十大共青团微博、优秀校园通讯站等荣誉。

2011 年 3 月 15 日，全校第十六次团员代表大会、第二十三次学生代表大学召开，选举产生了第十六届团委和第二十三届学生会。2016 年 12 月 9 日至 11日全校第十七次团员代表大会、第二十四次学生代表大会召开，选举产生了第十七届团委和第二十四届学生会。2017 年 11 月 25 日第二十五次学生代表大会，第一次研究生代表大会召开。2018 年 11 月 25 日召开第二十六次学生代表大会、第二次研究生代表大会。2019 年 12 月 15 日召开第二十七次学生代表、第三次研究生代表大会。

离退休工作

离退休老同志是学校建设发展的宝贵财富，学校一直以来高度重视离退休工作。2010 年以来离退休工作更是在精细化、人性化上下功夫，对离退休教职工努力做到送知识、送健康、送社会养老信息，"三送合一"，真正使老同志"老有所养、老有所医、老有所乐、老有所学、老有所为"。学校 2014 年印发了《进一步加强和改进离退休工作的意见》。2015 年为加强离退休党建工作，成立离退休工作党委，召开首次全校离退休工作会议。

为了更好地贯彻落实离退休政策，学校定期向离退休老同志通报学校改革、发展的近况，即时传达中央重要会议及重要文件精神，学校的重要活动、重大会议请老同志参加等等一系列措施。针对离退休教职工人数众多、情况多样，尤其是高龄、患病等特殊群体，建立孤、寡、空巢等特殊老人服务机制。完成离退休人员医保的材料收集和建档工作，对老同志进行身体健康普查，健全高龄、长期患病的老同志和孤寡空巢老同志巡访跟踪制度，协助保健对象进行健康体检，协助处理离世教工善后事宜。2011 年起学校为七十（含）以上老人发放长寿津贴。从 2013 年 1 月 1 日起调整退休人员生活补贴，退休人员人均每月增加补贴 122 元，学校一次性补发退休人员 28 个月的生活补贴总计约 340 万元，和谐平安津贴合计约 36 万元。2018 年起提高离退休人员春节慰问金发放标准，参照工会会员标准向离退休人员发放节日慰问福利。2015 年首次开展上门慰问在昌的离退休人员，赴上海、广东等地看望离退休老同志。2016 年首次开展离退休人员回访原单位活动。2018 年设立"江西师大离退休工作"微信公众号，开通短信平台通知业务。2019 年离退休人员传统节日慰问品发放标准提高到每人每年 2100 元，并按每人每年 200 元标准向离退休人员发放重阳节慰问品提货券。

为了进一步保障老同志业余生活的活动场所，学校新建了离退休党员标准化活动室，改造和维修了老年活动中心，加强 3 个离退休老同志活动室的建设与管理，对活动中心的地面进行了整修，为老年活动中心、老年大学购置多媒体设备，建成了老年大学两个多媒体教室和活动大厅音响系统，自筹资金建成了电子钢琴教室。对原有门球场进行改造，兴建一个室外门球场，同时青山湖校区气排球场也顺利竣工，改善了老同志开展体育运动的条件。

为了丰富老同志的业余生活，学校每年举办"重阳节暨金婚庆典"文艺演出。老年大学教学班级达到 15 个，学员人数达 680 余人次，2011 年老年大学合唱团获得江西团省委、江西电视台五套联合举办的"百县百场百万青年唱响青春红歌赛"总决赛季军。2013 年举办了老年大学首届才艺比赛。2014 年参加江西省"工行杯"乒乓球赛，荣获个人单打第一、二名；组织门球队参加全国门球冠军赛，荣获优秀奖。2016年首次为19对钻石婚老人举行庆典仪式和离退休人员艺术作品展。2017年承办了全省高校门球赛，柔力球队获"江西省首届老干部太极活动月"优秀组织奖，门球队获中国门球冠军赛江西赛区比赛第四名。2019年举办"我与新中国同成长"70周岁退休教职工座谈会、"庆祝中华人民共和国成立70周年"纪念章颁发仪式。完成老科协、老年体协的换届工作，协助老科协完成了《一枝一叶总关情》第五辑至十一辑）的编辑出版工作，编辑出版《学习与健康》，赠阅《老友》杂志。

学校多年来荣获全省老干部思想宣传先进单位，被省委老干部局授予"全省老干部工作先进集体"和"全省离退休干部正能量活动示范点"荣誉称号。学校关工委被教育部关工委评为全国教育系统关心下一代工作先进集体，两位老同志被评为全国关心下一代工作先进个人。

平安建设（综治工作）

学校党委和行政坚持把平安建设（综治工作）作为一件大事来抓，加强领导，推行综合治理目标责任制和领导干部责任制，落实"谁主管、谁负责"的安全责任制，学校综治维稳工作责任制体系不断完善，实现从根本上化解不安定因素，保证了校园的安全稳定。按照中央的要求，各单位层层建立了社会治安综合治理组织机构，把基层组织建设作为重点。推行综合治理目标责任制和领导干部责任制，制定印发了《江西师范大学健全落实社会治安综合治理领导责任制实施办法》，使平安建设（综治工作）各项工作做到有法可依，有章可循。2015—2018年学校连续四年被省政法委评为"全省平安建设（综治工作）先进单位"。

加强安全宣传教育。组织开展经常性的防火防盗、防人身伤害、防网络诈骗、防传销、反邪教、交通安全等为主要内容的系列安全教育活动。开展防盗窃专项整治、消防安全教育、新生安全教育等系列活动。开展防盗窃、防诈骗、防人身伤害、防交通事故宣传活动。

开展校园治安专项整治工作。重点整治盗窃、网络诈骗、侵害师生人身安全的各类违法犯罪活动。

推进校园天网工程建设。实施学生宿舍电子围栏和楼层视频监控试点工程，安装瑶湖校区学生宿舍、教学楼等重点要害部位防盗窗，及时对技防设备进行检修和保养。在风雨球场增设监控设备，完成瑶湖校区"天网工程"规划，实现瑶湖校区各楼栋、公共道路安防监控全面覆盖。加强对学生宿舍、食堂、危险品仓库等重点要害部位的管理，在学生宿舍增加铁丝网和电子监控。强化校园治安管理，不断完善校园天网建设，在风雨球场增设监控设备，在学生宿舍旁设立治安岗亭，协调驻地瑶湖派出所巡逻中队进校巡逻防范。

加强校园交通管理。升级改造瑶湖校区、青山湖校区门禁管理系统，新增减速带、限速警示牌、水马等校园交通管理设施，重点整治校园飙车、练车、机动车辆乱停乱放、无牌无照摩托车（燃油助力车）驾驶现象。强化校园交通管理，制定《江西师范大学校园交通安全管理规定》，瑶湖校区增设停车位200余个，增添交通设施60余件，强化校园交通管理和周边整治力度。

强化校园消防工作。修订完善《江西师范大学消防安全管理办法》，做好消防工作，制定学校消防责任清单，与全校二级单位签订年度江西师范大学消防安全责任书，落实二级单位消防安全职责。完善校园消防设施建设，对火灾自动报警系统进行全面复查和维修。积极推进瑶湖校区部分建筑消防整改工作，已有学生宿舍12栋、15栋、周转房2栋、体育场、体育馆等五栋建筑取得了南昌市消防工程验收合格意见书，消防验收历史遗留问题取得重大成绩和突破。开展日常检查，下发消防安全整改通知书，编印《校园119》。我校消防志愿者服务队获得由公安部颁发的第三届"全国119消防先进集体"荣誉称号。

开展扫黑除恶专项斗争。学校成立了"扫黑除恶专项斗争领导小组"，从保卫处选调骨干力量，专人对接公安机关，指定后勤公司和资产经营公司专人负责配合，有力确保了领导力度到位、责任明确到位、打击力度到位、师生员工共同参与。配合公安机关以恶势力打击对象刑事拘留1人，被法院依法判处拘役10个月。劝退强占学校店面非法经营的店主6人。

第八节　文化传承　以文化人

围绕落实立德树人根本任务，学校高度重视校园文化和精神文明建设，坚持中国特色社会主义文化发展方向，以文化建设引领事业发展，用优秀文化助推学生成长成才，构建人人参与、人人受益的文化建设机制，全方位提升校园文化品位，满足师生员工对精神文化生活的需要，以文化人，文化育人，使文化建设成果成为学校的靓丽名片。

2013年，党委提出"文化引领、创新驱动、发展升级、实干兴校"的发展要求，把文化建设放在突出位置，有力促进了校园文化和精神文明建设迈上新台阶。

文明校园创建

学校持续深入推进文明校园创建，把创建全国文明校园作为一项重点工程。2010年，组织开展校园经典景观评选活动，完成青山湖校区校址文化墙建设，对新老校区的部分建筑景观进行命名和有形化，以生态校园和校庆为主题制作一批文化宣传产品，文明校园创建迈出新步伐。2011年，按照"各司其职，协同配合，注重长效，惠及师生"的原则，结合"共建文明社区、共创文明城市"活动，进一步加强文明校园建设。集中彻底整治影响文明校园建设的薄弱环节和难点问题，创建优美、整洁、有序的学习、工作和生活环境；全面建立文明校园建设长效机制，制订完善校园文化活动管理、师生文明素养提升、综治安全管理等方面制度，努力提高师生公民道德、职业道德、文明修养和民主法制观念，不断提升校园文化氛围和文明程度。2014年，深入开展文明评选活动，评选表彰了"文明寝室""文明大学生"。2016年，制定《中共江西师范大学委员会关于加强精神文明建设的指导意见》《江西师范大学文明校园创建活动实施方案》等若干文件，加强党委中心组学习，以"厚德修身涵养工程"等五大工程建设为抓手，深入推进精神文明建设和文明校园创建工作。2017年，制定学校文明校园创建活动年度实施方案，改版重制学校精神文明专题网站，获评省直第十三届文明单位、全省"文明美丽校园"示范高校（全省5所）和全省第一届文明校园（全省10所）。2018年，出台《创建全国高校文明校园规划（2018—2020年）》，做好以打造"有爱师大"为统领的文明校园创建工作，学校获江西省文明校园"大家谈"征文活动优秀组织奖，以全省高校排名第一顺序被推荐参评创全国高校文明校园先进学校。2019年，扎实推进文明校园创建，研究印发《江西师范大学2019年精神文明建设及文明校园创建工作方案》，参加中央文明办举办的全国高校创建文明校园展播活动，配合南昌市做好全国文明城市复牌迎检工作获得好评，以良好成绩通过了江西省文明校园复检。

师德师风建设

作为一所以培养人民教师为己任的大学，学校着力打造"师德高地"，大力弘扬优良师德师风。2010年，学校围绕"师德师风建设年"主题，结合教风、学风、作风建设，组织开展教师课堂"精彩一课"、"十佳百优"教师优秀教学质量奖、青年教职工楷模、师德师风"十大标兵"、"感动师大"人物等评选表彰、宣传教育活动，引导广大教职工提高师德修养，提升素质能力，专注教学工作，建设优良校风。之后，学校师德师风建设进入常态化阶段。2012年，强化师德师风建设，启动第二届"感动师大"人物评选活动。2013年，组织开展第二届"感动师大"人物、"三育人"标兵和先进工作者的评选表彰活动。组织文章参加全省"我的教书育人故事"师德征文比赛取得好成绩。2014年，策划举办"弘德"师德论坛，获省委省政府充分肯定。出台《关于加强新形势下师德师风建设的实施办法》，组织优秀教师先进事迹巡回宣讲。2015年，开展"三育人"先进工作者和标兵评选、事迹展示和表彰工作，开展第二届优秀教师先进事迹巡回宣讲，举办第二届"弘德"师德论坛。开展教师思想政治状况滚动调查，做好"身边好人榜"发布工作，面向青年思政工作者设立10项德育（文化）专项课题。2016年，制定《江西师范大学"党建＋师德师风培育"实施方案》，组织开展"我在师大园中，师大在我心中"主题征文、纪念建党95周年、红军长征胜利80周年等活动、第三届优秀教师先进事迹巡回宣讲、第三届"感动师大"人物评选活动和年度教师思想政治状况滚动调查，在广大师生中弘扬爱国主义精神、唱响爱国主义旋律。2017年，组织开展"三育人"先进工作者和标兵评选表彰活动，举办第三届"弘德"师德论坛，开展第四届优秀教师先进事迹巡回宣讲。2018年，举办了第四届"弘德"师德论坛，开展第五届优秀教师先进事迹巡回宣讲和"严底线、守操守、重育人"师德师风主题教育，进一步健全了师德师风制度建设。2019年，成立了教师工作部，深入开展师德师风主题教育活动，围绕解决教师队伍中一定程度存在的对待工作用力不足、对待学生用心不够、对待自己要求不严等问题，有效解决学校师德师风建设存在的问题，引导广大教职员工提高对师德师风建设的重要性必要性紧迫性的认识，深入学习习近平总书记关于教师队伍建设的要求和《新时代高校教师职业行为十项准则》等文件，主动强化师德修养，做"四有"好老师，当好"四个引路人"，做到"四个相统一"，以良好师德师风维护教师的光辉形象，进一步提振师道尊严，打造师德高地。

校园文化活动

学校高度重视校园文化活动的开展，把文化活动作为实践育人的重要组成部分，形成了一批有特色、系列化的文化活动品牌，增添了校园的生机与活力。2010年，"江西省文化产业研究中心"挂牌落户学校。学校举办第三届"瑶湖之会"学术艺术汇展，启动"瑶湖会讲"系列文化讲座活动，举办多场"白鹿文化讲坛"、"白鹿文化沙龙"和"相约校园，成长对话"名家讲坛活动。创新推出五四主题晚会、"楚调唐音"瑶湖歌吟会、京剧文化艺术节、首届校园原创情景剧汇演等一批新的校园文化艺术精品活动项目。2011年，举办以"感受人文情怀、领略魅力师大"为主题的校园开放日活动暨校友返校日活动，成功举办庆祝建党90周年红歌会、演讲大赛、党史报告会、党史知识竞赛等系列活动。打造"白鹿文化"品牌，举办多期"白鹿文化讲坛"、"白鹿文化沙龙"和"未名讲坛"；举办"知行·瑶湖"研究生学术辩论赛，"瑶湖春潮"、"瑶湖秋韵"社团文化艺术节，首届"Star"达人秀等100余项社团精品活动，"十大才女"等各类文艺活动200多场。2012年，重点打造"瑶湖讲坛"，开讲14期，一批知名专家、学者和领导走上"瑶湖讲坛"。参加全省高校校园文化建设优秀成果评选活动取得较好成绩，师生参加全省歌舞电视大赛活动获本科院校组团体一等奖，在全省校园歌手大赛中获得个人一等奖1项，并荣获最佳组织奖。首次推出元旦文艺晚会暨钟楼零点撞钟活动。2013年，学生社团Enactus（创行）团队的"管中窥梦"项目在第二届中国慈善公益项目大赛上荣获金奖和最具社会影响力奖，"'鄱阳情，蓝天梦'——鄱阳湖生态环境保护系列活动"、"弘扬民族传统文化，普及京剧艺术"京剧文化艺术节以及"'管中窥梦'——青年创新环保计划精品活动"三项活动被授予"全省高校优秀学生社团文化精品活动"荣誉称号；"丹青书画协会"、"国际交流联谊社"被评为"全省高校第四届学生社团文化艺术节优秀社团"。组织开展"我在师大园中，师大在我心中"主题征文和"我的中国梦"主题征文。选送10件优秀作品参加第二届全国高校廉政文化作品大赛，获得表演艺术类一等奖1项，书画摄影类一等奖1项、二等奖1项，艺术设计类一等奖1项、三等奖1项，网络新媒体类一等奖3项，在获奖等级和获奖数量上均为全国所有参赛高校最好成绩。《江西师范大学：运用新媒体做好校园文化的传承与创新》获全省特等奖（第一名）并获评全国三等奖。2014年，获批大学生"走下网络、走出宿舍、走向操场"群众性课外体育锻炼活动全国10所试点高校之一，"三走"活动扎实开展。参加全省大学生艺术展演大赛，各类别作品均获甲乙组一等奖，并获优秀组织奖、校长杯，获奖成绩名列全省高校前茅。廉政文化作品大赛实现"满堂红"。校园文化优秀成果《江西师范大学"@青春师大"官方微博》获教育部第七届高校校园文化建设优秀成果评选三等奖。举办"瑶湖讲坛"40期，邀请萍乡话剧院来校演出根据模范龚全珍同志先进事迹改编的话剧《老阿姨》。青蓝文学社获全国高校"优秀文学院社团"。在第十届全国高校京剧研讨会中，学生京剧团获评优秀学生社团奖，学校获评最佳组织奖。2015年，开展纪念抗战胜利70周年暨姚名达烈士诞辰110周年座谈会等系列活动。举办"与信仰对话"、"省情教育报告会"、"青年论坛"、"青春开讲啦"等教育活动88场，吸引了3.5万人次校内外学子积极参与。开展"女大学生文化艺术节"、"社团文化艺术节"、"十佳歌手"、"三走"等共计10余项精品校园文化活动。获教育部第八届全国高校校园文化建设优秀成果一等奖。2016年，开展建党95周年、烈士纪念日、长征胜利80周年主题快闪活动和"红色基因代代传"研讨会等各类主题教育活动80多场次，举办第二十七届校园十佳歌手大赛、环鄱阳湖国际自行车大赛等精品校园文化活动。城市建设学院2011级建筑学专业学生曾祥钰荣获"中国电信奖学金天翼奖"暨"践行社会主义核心价值观先进个人标兵"，并作为本科生代表在全国表彰大会上发言。2017年，组织开展"一学一做"主题教育实践等系列主题教育活动，引领广大团员青年坚定信念跟党走，肖玉玲同学获评全国大学生自强之星标兵荣誉称号。商学院程海斌获评中国电信奖学金暨践行社会主义核心价值观先进个人标兵荣誉称号。以国旗班、女大学生军乐团为载体的大学生国防教育，在国务委员、国防部部长常万全莅校考察时赢得高度肯定。2018年，组织开展"追梦2019"跨年文艺晚会等各类校园文化活动100多场次，成功举办"秋实穰穰——庆祝改革开放四十周年美术作品展"、"2018长三角美术教育研究联盟论坛暨第三届长三角地区美术师范生教学技能展示与交流"等40多场学术交流活动；联合省教育厅、省文化与旅游厅在省艺术中心举办"迈向新征程·和美新画卷"2019新年音乐会，在社会上引起热烈反响。获全国第五届大学生艺术展演活动高校优秀组织奖、合唱一等奖和江西省第八届"艺德杯"大中小学师生艺术作品征集活动优秀组织奖、全省网络安全知识网上有奖竞赛优秀组织单位等。地理与环境学院蓝天环保社团荣获第21届"江西青年五四奖章（集体）"荣誉称号。首次在正大广场举行新生开学典礼。2019年，推进《2018—2020 年校园文化建设纲要》《优秀文化传承建设保护项目》进程，"正大文库"项目建设和建校 80 周年相关文化项目有序推进。围绕庆祝新中国成立 70 周年、纪念五四运动 100 周年等重大时间节点，持续开展"青春告白祖国"系列宣讲、青春快闪活动。大力开展法治宣传教育，制定学校普法教育工作年度计划，举行法律法规专场知识竞赛活动，推动社会主义核心价值观融入学校法治教育，将法治文化融入校园文化建设中，形成学法遵法守法用法的良好风尚，付妍妍获评第 22 届"江西青年五四奖章"。首次在正大广场举行毕业典礼。

社会实践和志愿服务活动

学校大力组织师生开展科技、文化、卫生"三下乡"社会实践，深入开展青年志愿者活动，积极弘扬爱国、奋斗、奉献精神。2010 年，组织学生社会实践队伍，暑期深入省内外农村基层开展服务活动，在南昌市建立、完善社区服务站 33 个，开展以"三下乡"、"四进社区"、"关爱农民工子女"、世博会、中博会、中国鄱阳湖国际生态文化节、校庆 70 周年等志愿服务活动，1000 多名大学生志愿者与农村留守儿童开展结对帮扶"代理家长"活动。虞安骥同学荣获"中国大学生自强之星"称号。2 个项目获得第五届江西省青年志愿者优秀项目奖。承办"七城会"U-18 篮球、U-18 足球赛事，选拔 657 名学生为"七城会"顺利举办提供了优质的志愿服务，获全国赛会志愿者工作优秀组织奖及先进个人多名。2011 年，招募选拔 10 名研究生支教团成员、21 名西部计划志愿者开展研究生支教团和"西部计划"志愿者工作；参与第七届泛珠江三角区域经贸洽谈会志愿者服务工作。联合省血液中心、江西电视台开展"江西无偿献血形象大使"受聘活动，建立省爱心教育基地。组织 100 余支实践队伍深入基层开展社会实践服务活动，首次赴澳大利亚和我国新疆维吾尔自治区开展的社会实践活动取得良好社会反响。2012 年，举办研究生支教团十周年纪念活动，团中央、西部计划全国项目办将我校研究生支教团名额由每年 10 名增加至 17 名。组织 100 余支实践队伍，深入省内外 65 个乡镇开展党史宣讲、科技支农、教育帮扶、关爱农村留守儿童、振兴赣南苏区服务、见习大学生村干部社会实践服务活动。发动 5000 余名团员青年参与无偿献血等各类志愿活动，"牵手"青年志愿者服务队荣获第九届中国青年志愿者优秀组织奖，林祖盟同学获优秀个人奖，取得我校在全国青年志愿服务领域的最高荣誉。胡明民同学获全国"大学生自强之星"称号，黄华健同学获全国"优秀共青团员"称号。2013 年，推动志愿服务项目化运作、社会化动员、制度化发展，抓好"研究生支教团"、"西部计划"、"代理家长"等品牌服务项目，新增江西省宁都县对坊中学作为研究生支教团服务地，开展"12·5"志愿服务开放周、大学生暑期"三下乡"社会实践、"119 安全宣传周"等形式多样的志愿服务活动 2000 余场，被团中央授予"西部计划"绩效考核优秀等次高校项目办。学校被评为省大学生志愿者暑期"三下乡"社会实践活动先进单位。2014 年，积极组织团员青年服务社会，开展"12·5"志愿服务周、环保课堂等特色志愿服务活动 6000 余次，"微爱留守"服务项目建立微爱服务基地 19 个，开展义务支教 3950 课时，总计 3.6 万小时，惠及弱势群体数万人。获评团中央"西部计划"绩效考核优秀等次高校项目办，获评全国暑期"三下乡"社会实践先进单位，"先锋"志愿服务队获评第十届全国志愿服务优秀组织奖，创行社团获评"全国百佳体育公益社团"，学校获"中国大学生百炼之星"评选优秀组织院校。"井冈情·中国梦"实践队获评全国优秀实践队，蓝天环保社团获评"圆梦中国，公益我先行"社会实践全国百强团。2015 年，组织开展"学雷锋"、"地铁志愿者"、"小雨滴"等共计 3000 余次志愿服务活动，组建 27 支实践队伍，在全国 22 个地区开展暑期"三下乡"活动。研究生支教团与贵州省望谟县"校地"合作项目升级为与贵州省黔西南州"校州"合作项目。学校被评为全省暑期"三下乡"社会实践活动先进单位，获评大学生志愿者服务西部计划全国优秀项目，"夕阳之晨"项目获中国青年志愿服务项目大赛银奖。2016 年，选拔 15 名学生参与研究生支教团服务；为 360 名留守儿童提供每周一次的爱心家教，33 支青年志愿服务队，逾 6000 余名志愿者共提供校内外志愿服务 300 余场次；组建 27 支社会实践服务队约 7000 名师生奔赴全国 22 个省份和地区开展"暑期三下乡"活动；学校被评为 2016 年度全国暑期"三下乡"社会实践活动优秀单位，音乐学院"青春爱唱响"服务队获评全国优秀团队，地理与环境学院张敬伟获全国先进个人。2017 年，组建 40 支社会实践队近 7000 名师生奔赴全国各地开展暑期"三下乡"活动，学校获评全国暑期"三下乡"社会实践活动优秀单位。校团委获评西部计划全国优秀高校项目办、2017 年度全省共青团先进单位，1 个团支部荣获"全国五四红旗团委（团支部）"，青蓝文学社荣获 2017 年全国优秀大学生国学社团；研究生支教团获"江西青年五四奖章"（集体），并于 12 月 5 日（国际志愿者日）获时任江西省委书记鹿心社的亲切回信。2018 年，组建了 41 支社会实践队赴全国各地开展暑期"三下乡"活动,《光明日报》、新华网等多家省级以上媒体对学校社会实践活动进行了 500 余次报道,学校获评全国暑期"三下乡"社会实践活动优秀单位,"弘扬红船精神,传承红色基因"暑期社会实践理论普及宣讲团荣获全国优秀服务队。与贵州省望谟县人民政府共建全国首个研究生支教林和工作站。研究生支教团项目入选"镜头中最美支教团",入选第 22 届"中国青年五四奖章"候选集体;"关爱双眼·点亮未来"项目获第四届中国青年志愿服务项目大赛银奖,刘亭亭荣获"全国优秀共青团干部"。王莉莎获评全国大学生自强之星。2019 年,制定《江西师范大学第二课堂成绩单制度实施办法(试行)》,面向全校团员青年推行"第二课堂成绩单"。学校荣获全国暑期"三下乡"社会实践活动"优秀单位"、马克思主义学院习近平新时代中国特色社会主义思想大学生宣讲团荣获"优秀团队",校团委荣获"全国五四红旗团委",研究生支教团荣获第十二届中国青年志愿者"优秀组织奖",地理与环境学院蓝天环保社团荣获全国"第九届母亲河奖",文学院杨雨涵入选中青年志愿者海外服务计划服务联合国机构项目志愿者。持续做好以"青春师大"为品牌的"一网五微"新媒体平台建设,"青春师大"先后荣获最具服务力高校团委微博、江西十大共青团微信公众号、江西十大共青团微博、优秀校园通讯站等荣誉。方程、肖锋获评全国大学生自强之星。

校园环境建设

学校把文化建设融入校园环境,坚持瑶湖校区、青山湖校区一体推进,着力打造宜教、宜学、宜业的校园环境,发挥环境育人功能,使美丽校园成为南昌一景。2010 年,结合校园建设五年规划调整,在瑶湖校区建设健康小道、静湖桥、桃李鼎、小杏岭书院、校庆钟等一批校庆工程和鹿苑、野鸭棚、天鹅屋等一批生态景观,校园环境和面貌得到极大改善。加强青山湖校区的管理和整治,修缮指挥塔楼、大礼堂、老美楼、银干楼等,恢复历史原貌,反映师大传统文化;启动和推进文物保护单位申报工作,对一批历史建筑进行保护,校内原中央南昌飞机制造厂旧址建筑群被江西文物考察列入最新的"一百个重要发现";治理青蓝湖、显微湖,规划和设计一纵三横景观线路。组织开展校园经营秩序集中整治活动,加强物业管理服务,做好园林绿化工作,净化美化校园环境。2012 年,启动学校教代会上通过的《瑶湖校区森林校园建设规划方案》,以"三百园"(百树园、百花园、百果园），健康小道"百米一景"以及 36 个专类园和行道树改造及增补等工程为主实施瑶湖校区"森林校园"园林建设工程。降低园林养护价格，引入竞争机制确定四家园林养护单位对瑶湖校区园林进行日常养护，园林养护工作成效明显。完成方荫楼化学化工学院区域扩建工程施工图设计、工程项目预算、承建单位遴选方案及瑶湖校区美术楼加层的论证工作。实施校园亮化工程，完成钟楼、桃李鼎、校址纪念碑等校园中轴线的亮化，提升校园文化品位。2013 年，完成瑶湖校区教学实验大楼立项审批、设计招标工作，该项目被省发改委列为 2014 年全省重点建设筹备项目，获 300 万前期建设经费。完成百花园、百果园、百树园"三百园"园林工程，打造健康小道百米一景，对体育馆东面进行绿化改造，瑶湖校区森林、生态校园已初具规模。成立三个工作推进组，推进瑶湖校区产权房、青山湖校区南区综合楼、青山湖校区西南角棚户区改造等项目。推进校园天网工程建设，投入 250 余万元实施学生宿舍电子围栏和楼层视频监控试点工程，投入 45 万元安装瑶湖校区学生宿舍、教学楼等重点要害部位防盗窗，及时对技防设备进行检修和保养，更新、维修校内 36 处监控探头设备。加大校园交通管理，升级改造青山湖校区门禁系统为 ECT 感应门禁系统，有效地净化了校园交通环境。学校连续 3 年获省直国家安全工作先进单位，连续 2 年获省社会治安综合治理目标管理先进单位，并被授予"平安单位"称号。通过国家节能示范单位检查初评考核，完成国家节能监管平台的招标的前期工作，在省属高校公共机构节能工作考核中获得第一名。2014 年，中西部高校基础能力建设工程项目（实验大楼）奠基开建，启动了瑶湖校区新建学生公寓、瑶湖校区西区篮球场改造、长胜园南侧新建网球场、新建体育综合大楼、青山湖校区的电增容项目的前期论证及报批报建等工作，瑶湖校区周转房和产权房立项和建设工作有序推进。完成学生综合事务服务中心、大学生"众创空间"、初教学院、团委、学生处、学报杂志社搬迁和建设工程等。对瑶湖校区"天网工程"进行了规划，对瑶湖校区部分设施分批进行新建、更换、维修改造，实现瑶湖校区各楼栋、公共道路安防监控全面覆盖。加强对校园园林设施设备的维护与管理，对瑶溪水域供水设施、静湖桥面、健康小道进行维修维护，对鹅湖湾浮桥拆除重建。打造惟义楼星级服务，探索学生宿舍"管家式"服务。

2015 年，启动后勤体制改革，根据职能延伸的要求精简内设机构，开展中层管理岗位竞争上岗，激发后勤员工工作的主动性、积极性和创造性。建设后勤服务大厅，为师生提供"一站式"服务。引进中快、菜肴故事等社会优质餐饮企业，扩容改造教工餐厅，就餐环境和菜品质量有了大幅提高。引进现代化的道路清扫车，添置了新型分类垃圾箱，科学规划校园绿化，校园环境进一步美化。成立物品采购中心，完善《物资采购管理办法》，制定招投标工作流程，保证招标工作的严谨和规范。后勤公司被中国教育后勤协会物业管理专业委员会授予"2015校园物业服务实体（企业）百强"称号。学生公寓服务中心被江西省高校后勤协会学生公寓管理专业委员会授予"先进集体"光荣称号。2016年，制定了《青山湖校区办学项目规划方案》，形成了详细的路线图、时间表、任务书。基本完成实验教学大楼项目建设，完成长胜园网球场工程的建设场地总面积5616平方米。启动瑶湖校区西区篮球场改造工程和青山湖校区电增容改造工程两个项目的建设。开通维修服务"绿色通道"，为离退休老同志上门服务300余次；为师生便利出行开通校园电瓶车；开办校园便利超市；开展"父母心、送温情"活动，宿管大叔阿姨暖心服务的事迹受到众多媒体报道；创建文明食堂，全新装修青山湖校区食堂，改善就餐环境和质量；改善图文信息中心自习条件，为暑期留校学生提供良好的学习环境。在净化、绿化、亮化、美化上下功夫，打造美丽生态校园。圆满完成惟义楼卫生间升级改造等79项暑期维修改造项目。学校被评为"全省节能先进单位"；瑶湖校区顺利通过南昌市环保局环境评估"完善备案"。2017年，完善服务体系，优化服务流程，规范服务标准，加强监管力度，制定实施《校园物业服务标准》。在惟义楼新建停车场，为高层次人才实行"一对一"后勤服务，开通离退休老同志维修服务"绿色通道"。扎实做好食品卫生安全、消防安全、交通安全和施工安全，建立完备的工作台账。打造美丽校园，建成校园赏花胜地"弘德园"。开展校园环境卫生综合整治工作，构建形成校园环境整治长效机制，学校荣获"全省节能优秀单位"称号，后勤公司获评"全国校园物业服务百强单位"后勤实体第八名。强化校园治安管理，完成瑶湖校区"天网工程"二期建设。学校荣获"全省综治工作先进集体"荣誉称号。2018年，扎实开展校园环境卫生集中整治月、百日攻坚"净化"行动和"一月两督查"问题整改等工作，做好赏花胜地"弘德园"建设，校园环境整治取得良好成效，学校在全省校园环境综合整治会议上作先进典型交流发言，省委书记刘奇莅临学校调研时称"江西师范大学是江西高校校园环境最好的大学"。完成水电设施改造、教学科研设施完善、学生住宿条件改善等14项政府采购项目和 290 余项零星维修项目。推进网上服务大厅建设，实现网上办理后勤缴费等业务，物业服务更加规范，水电保障更加有力。扎实做好食品卫生安全、消防安全、交通安全和施工安全，后勤保障处（后勤公司）荣获"全国高校物业管理优秀标杆项目"荣誉称号。学校连续 3 年获全省综治工作（平安建设）先进单位。2019 年，进一步改善图书馆硬件设施，完成 RFID 升级改造，推进了智慧图书馆建设。开通"江西省终身学习电子卡"身份认证通道，为省教育厅唯一对外开放试点学校；全年采购纸质文献 29712 种、89984 册，中外文数据库 41 个；瑶湖校区消防整改验收取得积极进展，完成了 12、15 栋学生公寓等 5 栋建筑消防整改验收工作；对青山湖校区软件学院办学条件和学生宿舍水电设施等基础设施进行了升级改造。在图文信息中心、实验大楼新安装了直饮水设备，新建了先骕楼停车场，教学区周边新增电动车充电装置。成立周转房物业管理办公室，提升服务水平。扎实做好食品卫生安全、消防安全、学生公寓与楼宇外墙安全、交通安全、水电安全、施工安全和电梯安全，加强校园环境和园林绿化管理。改善学校办学硬件设施和学生住宿条件，完成零星维修改造项目 400 余项。在学生宿舍和教学楼设置垃圾分类回收亭，推广垃圾分类工作取得阶段性成效。学校荣获全省公共机构年度工作优秀单位。完善校园消防设施建设，突出共享单车治理，抓细抓实"扫黑除恶"专项斗争，对钉子户强占学校店面非法经营的情况进行坚决打击处理。组织开展经常性的以防火防盗、防人身伤害、防网络诈骗、防传销、反邪教、交通安全等为主要内容的系列安全教育活动，提高学生的自我保护能力。学校连续 4 年获全省综治工作（平安建设）先进单位。

2020 年，结合迎接 80 周年校庆活动，学校优化美化了一批基础设施，新建多处校园文化景观，具体包括重修了青山湖校区显微亭周边环境，并增设姚名达铜像，命名为名达园，改造了校史展览馆，新修了瑶湖校区姚名达纪念馆，在瑶湖校区青蓝门绿地前增设《春风》女教师雕像，在瑶湖校区图书馆东西两侧新修书香园（含胡先骕雕像），在瑶湖校区正大广场校史柱后增设校徽校训墙，在瑶湖校区长胜门右侧绿地新设红色主题雕塑等。

I 1953—2020 年学校党组织领导人一览表

1950 年 2 月	魏东明任南昌大学党组书记。党组织未公开。
1953 年 10 月	魏东明调离学校，张慈瑞任江西师范学院党支部书记。
1954 年春	成立江西师范学院党总支，刘瑞霖任总支书记，纪志中任专职总支副书记。
1956 年 12 月 25 日	成立江西师范学院党委，刘瑞霖任党委书记，韩志青任第二书记。
1957 年秋	刘瑞霖调离学校，石少培任党委书记。
1958 年 10 月 10 日	石少培调离学校，李志民任党委书记。
1960 年	王纪明（省教育厅厅长）兼任师院党委书记，刘玉瑞任第二书记。
1961 年	黄木兰任党委副书记，名列刘玉瑞之前。
1964 年 2 月 20 日	张慈瑞任党委第一副书记，名列黄木兰之前。第二书记刘玉瑞调离。
1965 年	黄木兰调离学校。
1966 年	"文化大革命"开始，党委瘫痪，任命马继勋为新党委书记。新党委未开展工作，学校党组织无活动。
1968 年秋	成立党总支，康炳坦任总支书记。
1969 年 10 月	王怀臣任江西井冈山大学党委书记，马继平（军代表）任副书记。
1970 年	赵明德任井冈山大学党委副书记。
1972 年 11 月	胡廷棠任江西师范学院党委副书记。王怀臣、马继平调离学校，楚冰任副书记。
1974 年 1 月	季林任党委副书记，名列胡廷棠之后。
1975 年 5 月	季林调离学校。
1980 年 4 月	胡廷棠任党委书记。
1982 年 1 月	郑光荣任党委副书记，列楚冰之后。

1983 年 11 月	郑光荣任党委书记。胡廷棠任学院顾问，楚冰退居二线。
1988 年 10 月	郑光荣调离学校，张传贤、钟义伟任党委副书记。张传贤主持党委工作。
1992 年 7 月	钟世德任党委书记，免去张传贤党委副书记职务。
1997 年 11 月	熊大成任党委书记，李贤瑜任党委副书记。免去钟世德党委书记、李佛铨党委副书记职务。
2000 年 4 月	免去钟义伟党委副书记职务。
2000 年 8 月	蔡燊安任党委副书记。
2002 年 12 月	免去熊大成党委书记职务，游海任党委书记。免去李贤瑜、王树林党委副书记职务。
2003 年 6 月	眭依凡任党委副书记。
2004 年 5 月	祝黄河任党委副书记。
2005 年 1 月	免去蔡燊安党委副书记职务。
2009 年 5 月	免去游海党委书记职务，傅修延任党委书记，免去眭依凡党委副书记职务。
2009 年 7 月	免去祝黄河党委副书记职务。
2010 年 1 月	何小平任党委副书记。
2011 年 8 月	免去傅修延党委书记职务。
2011 年 12 月	陈绵水任党委书记。
2013 年 4 月	免去陈绵水党委书记职务。
2013 年 6 月	田延光任党委书记。
2014 年 6 月	免去何小平党委副书记职务。
2014 年 12 月	聂剑任党委副书记。
2016 年 6 月	免去聂剑党委副书记职务。
2016 年 12 月	刘光华任党委副书记。
2018 年 4 月	免去刘光华党委副书记职务。
2019 年 2 月	张艳国任党委副书记。
2020 年 4 月	免去田延光党委书记职务，黄恩华任党委书记。

II 1940—2020 年学校行政领导人一览表

1940 年 6 月 1 日　熊式辉任国立中正大学筹委会主任。

1940 年 10 月 1 日　筹委会结束，胡先骕任校长。

1944 年 5 月 2 日　胡先骕辞职，萧蘧继任校长。

1947 年 5 月 1 日　萧蘧辞职，校务由教育部督学吴兆棠代行。

1947 年 8 月 15 日　吴兆棠调回南京，林一民任校长。

1949 年 4 月 23 日　林一民自行离校。

1949 年 4 月 25 日　蔡枢衡任临时校务委员会主任委员。

1949 年 6 月 23 日　蔡枢衡离校，农康任接管委员会主任委员，刘乾才委员主持教务。

1949 年 9 月 6 日　艾寒松任国立南昌大学改革委员会主任委员，农康任副主任委员。

1950 年 9 月　艾寒松、农康调离学校，刘乾才任校务委员会主任委员，蔡方荫、杨惟义、郭庆棻、魏东明任副主任委员，魏东明兼任秘书长。

1952 年 1 月　杨惟义调离学校。

1953 年 7 月　吕良任江西师范学院筹委会主任，郭庆棻、张慈瑞任副主任。

1953 年 10 月　刘乾才、蔡方荫、魏东明调离学校。

1954 年春　张慈瑞调离学校，刘瑞霖任副主任。

1957 年下半年　刘瑞霖任院长，郭庆棻任副院长。

1958 年 2 月　刘瑞霖调离学校，李志民任院长，郭庆棻任副院长。

1959 年 2 月 5 日　信修任副院长，名列郭庆棻之前。

1960 年　信修任代理院长

1962 年　罗廷柱任副院长，名列郭庆棻之后。

1963 年 10 月　信修调走。

1964 年 6 月 5 日　刘瑞霖任院长。

1967 年 11 月	林亚琴任革委会主任，康炳坦、张家振（学生）、肖平鑫（学生）、孙永长任副主任。
1969 年底	林亚琴调离学校，王怀臣任井冈山大学革委会主任，军代表马继平任副主任。
1970 年	赵明德、闵克胜任革委会副主任。
1972 年 12 月	王怀臣调离学校，胡廷棠任江西师范学院革委会副主任，主持工作。楚冰、赵明德任副主任。
1974 年 1 月	季林任副主任，名列胡廷棠之后。
1975 年 5 月	季林调离学校。
1976 年 12 月	康炳坦、张家振、肖平鑫、闵克胜停职。
1979 年 9 月	郭庆棻任院长。
1980 年 4 月	楚冰、左云祥任副院长。
1982 年 1 月	关键任副院长。
1983 年 8 月	胡廷棠、楚冰、左云祥退居二线，关键调离学校，李树源主持校务，李佛铨、舒邦华任副院长。
1984 年 1 月	李树源任江西师范大学校长，李佛铨、舒邦华任副校长。
1986 年 10 月	增补张传贤、左云祥为副校长。
1988 年 10 月	张传贤任校长，帅焕文、李佛铨、舒邦华、左云祥任副校长。
1990 年 6 月	左云祥副校长离休。
1990 年 8 月	帅焕文副校长调离。
1991 年 8 月	倪国熙任副校长。
1992 年 7 月	免去张传贤校长职务，李佛铨任校长，李贤瑜任副校长。
1993 年 4 月	邹道文任副校长，舒邦华调离。
1996 年 11 月	眭依凡、傅修延任副校长。
1997 年 11 月	免去李佛铨校长职务，李贤瑜任校长。
1998 年 4 月	免去倪国熙副校长职务。
1998 年 10 月	姚电任副校长。
2001 年 5 月	姚电副校长调离学校。
2002 年 6 月	蒋凤池任副校长。
2002 年 12 月	免去李贤瑜校长职务

2003 年 6 月	游海兼校长，眭依凡任常务副校长，邹道文副校长调离学校，曹达忠、余欢、罗来武任副校长。
2005 年 7 月	免去傅修延任副校长职务。
2006 年 9 月	免去蒋凤池副校长职务。
2007 年 3 月	免去余欢副校长职务。
2007 年 4 月	免去罗来武副校长职务。
2007 年 8 月	免去游海兼任的校长职务，眭依凡任校长，欧阳忠详任副校长。
2007 年 11 月	徐耀耀、赵明任副校长。
2008 年 10 月	廖维林任副校长。
2009 年 1 月	张艳国任副校长。
2009 年 5 月	免去眭依凡校长职务，傅修延任校长。
2010 年 2 月	黄加文任副校长。
2010 年 8 月	免去曹达忠、欧阳忠详副校长职务，聂剑任副校长。
2011 年 2 月	免去傅修延校长职务。
2011 年 2 月	梅国平任校长。
2012 年 5 月	免去徐耀耀副校长职务。
2014 年 8 月	免去廖维林副校长职务，姚弋霞任副校长。
2014 年 10 月	免去黄加文副校长职务。
2014 年 12 月	免去聂剑副校长职务。
2015 年 4 月	项国雄任副校长。
2016 年 11 月	免去赵明副校长职务。
2017 年 2 月	丁晖、刘俊、陈运平任副校长。
2019 年 2 月	免去张艳国副校长职务。
2019 年 5 月	陈义旺任副校长。
2020 年 4 月	免去丁晖、陈运平副校长职务。
2020 年 5 月	汪洋任副校长。
2020 年 9 月	周利生任副校长。

III 1940—2019年毕业生和在校生统计表

学校名称	年份	毕业生人数				历年毕业累计数	在校学生人数				备注
		研究生	本科生	专科生	合计		研究生	本科生	专科生	合计	
国立中正大学	1940							335		335	学校于10月31日创办于泰和杏岭
	1941							643		643	
	1942							1016	78	1094	10月，学校在赣县龙岭开办分校，人数已计入
	1943							1183	203	1386	
	1944		287	29	316	316		1130	260	1398	
	1945		268	124	392	708		1212	96	1308	日军进逼，学校迁宁都长胜，分校并入
	1946		208	106	314	1022		1390	24	1414	1月，学校迁入南昌望城岗
	1947		217	53	270	1292		1137		1137	共有文、法、理、工、农5个学院18个系
	1948		330		330	1622		1081		1081	1944—1949年共毕业本科生1570人，专科生312人
	1049		260		260	1882		799		799	8月学校改名，校本部迁青山湖校区，在校学生数不含4所并入的专科学校学生数
南昌大学	1950		382	46	428	2310		941	487	1428	在校人数和毕业人数均不包括八一革大干部班学员
	1951		81	316	397	2707		1292	557	1849	1949—1953年，学校频繁调整，在校人数变化极大
	1952		160	120	280	2987		1197	11431	2628	1953年3月3日统计，全校有本科生976人，专科生1344人
	1953		353	412	765	3752			891	891	1950—1953年共毕业本科生976人，专科生894人

学校名称	年份	毕业生人数				历年毕业累计数	在校学生人数				备注
		研究生	本科生	专科生	合计		研究生	本科生	专科生	合计	
江西师范学院	1954			350	350	4102		117	964	1081	1953 年 11 月学校改名,师范部转入 356 人,新招 535 人
	1955			510	510	4612		315	688	1039	1954 年,化学、生物、历史改系;1955 年数学、中文改系
	1956			427	427	5039		1106	647	1753	物理科改系
	1957			243	243	5282		1375	654	2029	
	1958		83	317	400	5682		1689	613	2302	艺术科改系,增设地理系
	1959		316		316	5998		2396	263	2659	增设外文系
	1960		609	39	648	6646		2437	405	2842	增设政教系
	1961		377	93	470	7116		2485	294	2779	
	1962		675	176	851	7967		2061	178	2239	增设体育系,政教系停办,生物系划归江西大学
	1963		619	28	637	8614		1950	154	2104	地理系停办
	1964		674		674	9288		1966	167	2133	
	1965		626	74	700	9988		1660	144	1804	9 月,学校在靖安县城开办分院,分院人数已计入
	1966		493		493	10481					10 月,分院撤回校本部。"文革",全校未招生
	1967		428		428	10909					66 届 1967 年 12 月毕业,"文革",全校未招生
	1968		532		532	11441					67、68、69 共三届 1969 年 11 月离校,"文革",全校未招生
	1969		311		311	11752					学校改名,迁井冈山沟边,未招生
井冈山大学	1970								218	218	招收一年制学员班
	1971			218	218	11970			824	824	招收工农兵学员
	1972								884	884	招收工农兵学员

续表

学校名称	年份	毕业生人数				历年毕业累计数	在校学生人数				备注
		研究生	本科生	专科生	合计		研究生	本科生	专科生	合计	
江西师范学院	1973			824	824	12794			419	419	招收工农兵学员
	1974			60	60	12854			857	857	招收工农兵学员
	1975			40	40	12894			1315	1315	招收工农兵学员
	1976			315	315	13209			1509	1509	招收工农兵学员
	1977			448	448	13657		460	1175	1635	"文革"后第一届高考本专科生入校（1978年初入校）
	1978			528	528	14185	19	986	977	1982	复办政教系、地理系
	1979			369	369	14554	25	1534	727	2286	增设教育系
江西师范大学	1980			112	112	14666	25	2183	465	2673	
	1981	19	452	139	610	15276	12	2960	220	3192	"文革"后第一届本科毕业（1982年初离校）
	1982	6	498	99	603	15879	10	2826	121	2957	1954—1983年共毕业本科生7238人，专科生5530人，研究生27人
	1983	2	545	121	668	16547	20	3048	60	3128	学校改名
	1984	3	641		644	17191	36	2982	120	3138	
	1985	4	799	59	862	18053	66	3308	60	3434	增设计算机科学系，艺术系分为音乐、美术两系
	1986	10	826	59	985	18948	80	3463	79	3622	增设教育传播系
	1987	21	793	48	862	19810	98	3618	153	3869	
	1988	34	803	64	901	20711	107	3864	161	4132	
	1989	24	884	315	1225	21936	106	3974	671	4752	
	1990	42	937	85	1064	23000	84	4159	937	5180	
	1991	42	970	295	1307	24307	63	4130	1030	5223	
	1992	19	1053	413	1485	25792	65	4155	1106	5326	
	1993	23	993	342	1358	27150	69	4035	1741	5845	
	1994	20	1126	439	1585	28735	82	4059	1987	6128	各二级教学单位开始由系组建为学院

学校名称	年份	毕业生人数				历年毕业累计数	在校学生人数				备注
		研究生	本科生	专科生	合计		研究生	本科生	专科生	合计	
江西师范大学	1995	22	1033	898	1953	30688	102	4232	1822	6156	组建商学院
	1996	27	1108	695	1830	32518	131	4467	1706	6304	
	1997	33	919	565	1517	34035	172	5046	1562	6780	
	1998	40	1153	418	1611	35646	222	5492	1417	7131	
	1999	57	1163	616	1836	37482	267	7100	1048	8415	
	2000	76	1217	422	1715	39197	339	11339	2182	13860	
	2001	90	1894	190	2174	41371	456	14300	3852	18605	组建科学技术学院（独立学院）
	2002	99	2226	738	3063	44434	604	19065	5640	25309	
	2003	168	3559	322	3881	48483	825	17795	1900	20520	江西金融职工大学并入，组建财政金融学院高职学院
	2004	207	4266	1554	6027	54510	1127	19103	3435	23665	
	2005	246	5170	405	5821	60331	1570	20912	1358	23840	
	2006	361	4419	962	5742	66073	2002	23390	6300	31692	
	2007	517	4440	2323	7280	73353	2221	25353	4916	32490	
	2008	690	5492	2609	8791	82144	2449	26716	3168	32333	
	2009	752	6152	1434	8318	90462	2841	28206	2453	33500	在高职学院基础上，组建初等教育学院
	2010	702	6683	920	8305	98767	3258	28372	4323	35950	
	2011	903	6551	646	8100	106867	3853	28722	708	33283	
	2012	1000	6872	1141	9013	115880	3941	29460	4462	37863	
	2013	1307	7383	94	8784	124664	3901	29306	247	33454	
	2014	1171	7475	97	8743	133407	4120	28814	148	33082	
	2015	1336	7011	100	8447	141854	4248	28683	50	32981	
	2016	1342	7018	50	8410	150264	4391	28533		32924	
	2017	1678	7362		9040	159304	4559	28102		32661	
	2018	1218	6719		7937	167241	5481	27870		33351	
	2019	1637	6870		8507	175748	5734	27875		33609	

IV 江西师范大学 1983—1988 年多种形式办学情况一览表

项目／年份	招生人数				毕业生人数					在校在籍人数							备注
	二年制干部专修班	二年本科思政班	本、专科函授	校外大专班	二年制本科专科修科班	二年本科思政班	本、专科函授	高教自学考试	小计	二年制干部部班	二年本科思政班	本、专科函授	助教进修班	其他进修培养班	校外大专班	合计	
1983														328		328	
1984			2647				192		192			2647	30	1037		3714	函授毕业 192 人，由吉安师专代授，学校发毕业证
1985	151	29	690							151	29	3337	29	1124		4670	
1986	37	14	968					860	860	188	43	4305	95	826		5457	
1987	40		1353	150	149	28	2044	1050	3271	77	14	3302	35	717	150	4295	校外大专班设在新余、鹰潭两市
1988		（54）	1414	200	37	14	238	1643	1932	40	（54）	4454	（27）	693	200	5468	在校人数中，40 人为历史文博班，54 人为作家班
合计	228	97	7072	350	186	42	2474	3553	6255	456	140	18045	216	4725	350	23932	在校人数中，27 人为中美硕士班

V 江西师范大学
1989—2019 年函授、夜大生员情况一览表

年份	毕业生人数			累计毕业生人数	在校生人数		
	本科	专科	合计		本科	专科	合计
1989	512	644	1156	7411	2720	1541	4261
1990	992	615	1607	9018	2432	1059	3491
1991	575	544	1119	10137	2423	677	3100
1992	866	339	1205	11342	2214	534	2748
1993	837	155	992	12334	1983	626	2609
1994	582	143	725	13059	2132	1038	3170
1995	738	123	861	13920	1887	1471	3358
1996	623	500	1123	15043	1753	1687	3440
1997	623	879	1502	16545	1708	1439	3147
1998	547	408	955	17500	1819	1431	3250
1999	609	528	1137	18637	2233	1769	4002
2000	556	598	1154	19791	3298	2036	5334
2001	589	418	1007	20798	6682	2404	9086
2002	1147	570	1717	22515	7627	3421	11048
2003	2150	599	2749	25264	8146	4346	12492
2004	2150	599	2749	28013	5891	3256	9147
2005	3137	1442	4579	32592	6421	3408	9829
2006	334	349	683	33275	7327	4020	11347
2007	3279	1512	4791	38066	6633	3562	10195
2008	2570	1421	3991	42057	5811	4501	10312
2009	2252	1123	3375	45432	5581	4324	9905
2010	1830	1231	3061	48493	5569	4841	10410

续表

年份	毕业生人数			累计毕业生人数	在校生人数		
	本科	专科	合计		本科	专科	合计
2011	1830	1231	3061	51554	6802	5068	11870
2012	1524	1635	3159	54713	7086	6090	13176
2013	1822	1134	2956	57669	6741	7238	13979
2014	2043	1391	3434	61103	5802	8193	13995
2015	1887	1383	3270	64373	4849	7985	12834
2016	2183	2686	4869	69242	5897	10016	15413
2017	1097	1913	3010	72252	7552	7300	14852
2018	1642	2716	4358	76610	13803	14476	28279
2019	2090	4030	6120	82730	14450	11100	25550

VI　江西金融职工大学（江西银行学校）简史

一、学校概况

江西金融职工大学是在江西银行学校的基础上建立和发展起来的。

江西银行学校的前身是创建于 1949 年的中国人民银行江西省分行干部训练班，干训班的地点几经搬迁，先后设在南昌市墩子塘的同盟中学（1949）、豫章中学（1950）、新民中学（1951）、康王庙 14 号和中山路 34 号（1952）等。1951 年江西省人民银行干部训练班改为江西省银行干部学校，1957 年该校停办。1952 年中国人民银行江西省分行建立江西省初级银行学校，1953 年该学校并入中国人民银行江西省分行干部训练班。1964 年建立江西金融职业学校，学校开办时暂借于位于下沙窝的江西财贸学校校内，后搬迁到北京西路与南浔铁路交界处南面的原江西省农业银行办公的地方。"文化大革命"期间停办。

1973 年复校后命名为江西省银行学校。1978 年，经江西省人民政府批准，从当年参加普通高考的学生中招收了首届国际金融专业的大专班学员。1980 年，江西省银行学校更名为江西银行学校。1981 年，经中国人民银行批准成立江西省人民银行干部学校。1982年，经江西省人民政府批准、国家教育部备案，正式建立江西省人民银行职工大学。1982年，江西省人民银行职工中等专业学校成立。1983年，江西省人民银行在上饶市建立江西电视大学人民银行分校。1987年经江西省人民政府批准，江西省人民银行职工大学更名为江西金融职工大学，是全国四所中国人民银行总行管理的成人高等学校之一。1993年，中国人民银行发文批准江西金融职工大学为副厅级单位，内设机构为正处级。

学校校址有过几次搬迁，开始设立在北京西路与南浔铁路交界南面，"文化大革命"开始后不久停办，1973年复校于南昌西郊石岗，1981年迁至南昌市内青云谱岱山，方才结束奔波漂泊的历史，开始安定下来。青云谱校区紧邻"八大山人纪念馆"，占地面积82738平方米，建筑面积57168平方米，教学楼、办公楼、培训楼、图书馆、教学礼堂、田径运动场、学生宿舍、教职工宿舍、学生食堂一应俱全，且布局合理，环境优美。学校多次被江西省人民政府评为"文明单位"和"园林化单位"。

学校教职员工，在1973刚复校时不到10人，1974年招生前不到20人，到1975年仅有40人左右，1976年为50多人，1978年62人，1979年121人，1980年101人，到1982年达到215人，其中专职教师90多名；学生在校人数，刚复校时定为200人规模（招生100人、干部培训100人），在1974、1975、1976、1977年都保持在200~300人左右的规模。1979年增加到710人，1980年760人，到1982年，新招生的全日制中专生有400人、职工中专400人、干部专修班100人，加上还未毕业的200多人，1982年在校生数量达到1111人的规模。从此以后，一直到2003年，江西银行学校、江西金融职工大学的教职员工队伍和学生在校生数量，大体保持在1982年的水平上。

教师来源，刚复校时，一般都是从一线工作中选调上来的业务工作骨干，且这些业务骨干大多是江西省银行学校的前身，即"文化大革命"前中国人民银行江西省分行"银干班"培养的学员，也有一部分是解放初期大学毕业后分配到金融系统、有着丰富的理论知识和扎实的实践经验的银行干部。随着办学规模的扩大，开始从财经院校毕业的研究生和优秀本科毕业生中录用教师，还有一大批则是从江西省银行学校、江西银行学校的毕业生中留校，这批人留校后再送到行属本科院校（主要是西南财经大学、陕西财经学院、湖南财经学院等中国人民银行行属院校）和郑州大学、江西财经学院等高校进修后，回来再担任专业课的教学工作。

学校开设的专业，往往视江西省甚至是全国金融事业发展对人才的需求而定，开始设立的专业有农村金融、城市金融、保险、外汇、财务管理等专业，1984 年，中国人民银行专门单独行使中央银行职能后，为了满足其对金融管理人才方面的需求，学校开设了金融管理专业；不久后又开设了银行计算机应用、金融文秘、商务英语等专业；1993 年，为满足农村信用社合作社业务快速发展对信用合作人才的需要，学校开设了合作金融专业；其后，为满足证券行业快速发展对人才的需求，又开设了证券投资专业。

江西银行学院、江西金融职工大学的办学层次，除了本科（与其他行属本科院校合办）、专科、中专外，还有针对金融系统在职干部的不同层次和级别而开设的形式和内容多样的金融干部培训班，如 1981 年开始的行长岗位培训班，1989 年开始的专业证书班，等等。

1990 年，江西银行学校、江西金融职工大学与德国黑森州储蓄银行学校、法兰克福银行学校、得累斯顿银行培训中心结为友好学校。同年，江西银行学校被国家五部委联合授予"先进单位"，全国各银行学校获此殊荣的仅两所（另一所是山东枣庄银行学校）。在 1990 年，还编辑出版内部刊物《江西金融职工大学学报》，1998 年经国家新闻出版总署批准为正式出版刊物。

1992 年，江西电视大学上饶人民银行分校迁入南昌市湾里江西省人民银行干部学校，江西省人民银行干部学校只接收人行上饶电大的专业教师，行政人员则留在上饶，由当地人民银行的分支机构接收安排。1994 年，由江西省人民银行发文，江西省人民银行干部学校与江西金融职工大学、江西银行学校合署办公。

1994 年，在江西省人民银行系统内筹集了 200 万元的"江西金融职工大学教育奖励基金"。这笔基金由中国人民银行江西省地区中心支行（每行起捐在 5 万元以上）和县支行（每行起捐在 1 万元以上）捐助。

1997 年，根据国家教委的部署和要求，中国人民银行组织行属成人高校评估专家对江西金融职工大学办学条件、办学管理、教学质量、办学效益等 4 个方面进行综合评估，评估结果为优。1998 年，江西金融职工大学江西银行学校的金融学专业被教育部评为部级专业教学改革试点专业。

1998 年，中国人民银行实行大区行制，设立中国人民银行武汉分行，负责监督管理湖北省、湖南省和江西省三省的金融事务，撤销中国人民银行江西省分行，其对辖区内的管理职能，交由武汉分行承担。中国人民银行委托江西省人民银行对江西金融职工大学、江西银行学校的部分管理职能，也交由武汉分行管理。

1999 年，国务院颁发第 26 号文件，规定各个部委不再搞行业办学。江西金融职工大学、江西银行学校不再隶属于中国人民银行，交由江西省人民政府管理。2003 年 3 月 31 日，江西金融职工大学、江西银行学校成建制并入江西师范大学。江西师范大学整合江西金融职工大学、江西银行学校金融教学资源，组建成立财政金融学院。

二、办学情况

（一）银干班

1948 年 12 月 1 日，以华北银行为基础，合并北海银行、西北农民银行，在河北省石家庄市组建了中国人民银行，并发行人民币，成为中华人民共和国成立后的中央银行和法定本位币。1949 年 6 月 6 日，南昌市军事管制委员会在现中山路人民银行南昌市分行所在地挂牌成立，随即，中国人民银行江西分行成立，并于 6 月 30 日发行了一套临时流通券。为了适应解放之后的江西经济和社会的发展需要，迫切需要一大批政治好、作风正、会干事且能干事的干部队伍，基于此，中共江西省委决定，创办江西八一革命大学（下简称"八一革大"），用抗大式的短期政治训练班方式，招收青年知识分子和社会青年，经过培训后，充实到干部队伍中去，时任中共江西省委书记陈正人亲自兼任"八一革大"校长。在此背景下，中国人民银行江西省分行干部训练班于 1949 年 10 月创建。

中国人民银行江西省分行银行干部训练班（以下简称为"银干班"），是在接收并筛选上饶县财会职业学校 200 余名师生员工的基础上创办的，学员于 1949 年 9 月报到，10 月开始培训，12 月毕业，这批培训的学员有 160 多人，结业后全部分配到全省各地开展农村金融工作。银干班的班主任老师是孙宪章，授课老师是当时中国人民银行江西省分行各科室领导，讲授的内容为基础银行业务知识，银干班设在墩子塘同盟中学。紧接着在同盟中学又举办了第二期银干班，向社会招收青年 357 人；1950 年举办第三期银干班，学习 3 个月，结业后分配到银行工作。同年 9 月，又向社会招收青年学生 100 人，在原豫章中学举办第四期银干班。1951 年 1—9 月，中国人民银行江西省分行继续面向社会招收青年学生，分别举办第五期、第六期银干班。第五期学员 150 人，设银行会计 1 个队，业务 2 个队，交通银行 1 个队。第六期学员 334 人，共分为四个队，分别为农村业务队、农村会计队（班主任为章斯义），交通银行队（班主任为邓正清），私人业务队（班主任为蔡厚峰），结业后，除交通银行队学员全部交由交通银行分配工作外，其他学员则分配到全省人民银行工作。

1951 年 11 月，经中国人民银行中南区行批准，在原新民中学校址上正式成立中国人民银行江西省分行干部训练班，同时举办第七期银干班，招收学员 50 名。同年，江西省人民银行干部训练班改为江西省银行干部学校，以训练县支行股长、基层营业所主任为主，同时还举办各种短训班，培训干部职工 370 人。

1952 年 10 月，中国人民银行江西省分行建立江西省初级银行学校。校舍分为两部，分设在南昌市中山路 34 号和康王庙 14 号，由省人民银行行长王眉征兼任校长，共有教职员工 40 人。创办当年设有 5 个班，学员共 484 人，其中 4 个班为培训在职员工，计业务班，学员 70 人；私人业务外勤班，学员 57 人；农村金融业务班，学员 70 人；营业所主任班，学员 169 人。另一个班为新生班，主要从社会上招收青年学生 118 人，学制一年，称之为年制班。江西省初级银行学校的名称，从 1953 年 8 月起，改称为"中国人民银行江西省分行干部训练班"，社会招生相应停止，与江西省银行干部学校一起共同承担银行干部职工培训。

1953 年，中国人民银行江西省分行干部训练班培训 696 人。1957 年 7 月，江西省银行干部学校停办。1958 年 7 月，江西省银行干部学校（包括干训班）撤销并入江西财经专科学校，只负责培训银行股级干部。1957 年至 1962 年，江西省人民银行委托江西省财经专科学校培训干部共 400 人。

1960 年 4 月，中共江西省委同意江西省人民银行和江西省财政厅合办江西省财政金融学校，校址设在进贤县，面向社会招生 800 人，轮训 200 人。银行部分设农村金融、信贷计划、储蓄 3 个专业，学校教职员工定编为 112 人。1963 年 5 月，江西省人民银行临时设立（恢复）银行干部训练班，派人事监察处的干部赖福伦负责新一轮的干部培训日常管理工作，信贷处派了涂义德（后来担任了中国工商银行江西省分行总经济师一职）负责教学业务上的管理，干训班设在中山路省人民银行招待所内，这一轮干训班共招收学员 80 多名（全省每县一人），当年一月开班，四月结束。紧接着第二期也在 1963 年上半年开始，这期叫会计部长轮训班，赖福伦依然负责行政事务上的管理，业务上的管理则由会计处派来的傅藻生（后来担任了中国人民银行江西省分行总会计师）负责，学员依然是 80 多人，来自全省各县。

之前，中国人民银行江西省分行干部训练班的组织工作由江西省人民银行人事监察处负责，教学工作由相应的业务处室负责；从 1963 年开办了两期干部培训班后，干训班的组织、教学等日常具体工作日渐独立，有了自己独立的牌子，有了自己的公章。即从 1963 年下半年开始，干训班的工作开始正规化、长期化和组织化。1963 年下半年，还面向社会招收了 100 名高中毕业生进行培训，为期一年，1964 年毕业（后来这批人在 70 年代都补发了江西省银行学校的毕业证书）。同时，1963 年，中国农业银行恢复营业，迫切需要培训干部，当年下半年，由胡德政负责招收了两个干训班，分别是农业银行班，50 人；人民银行班，50 人。

到 1964 年 2 月止，恢复后的"干训班"先后培训 5 期，学员 384 人，即中央、省属驻厂信贷员班 64 人，会计股长班 80 人，出纳班 80 人，计划统计班 80 人，国营农业信贷班 80 人。1964 年 1 月，为适应农村金融事业发展的需要，江西省农业银行根据省教育厅的安排，招收一年制的会计、统计、农金 3 个专业班，共计 300 人。1964 年 8 月，中共江西省委根据江西省人民银行、江西省农业银行的建议，同意成立江西省金融职业学校，校址设在江西省财贸学校内，实行一块牌子、两套人马。学校设人行、农行两班，学制两年，面向社会招收初中毕业生，到 1965 年，共计招生 160 人。1966 年，干部培训工作停止。

（二）江西金融职业学校

基于全省经济情况日渐恢复，银行需要大量熟练员工的实际，如上所述，1964 年 8 月，中共江西省委根据江西省人民银行、江西省农业银行的建议，同意成立江西省金融职业学校，校址设在江西省财贸学校内，中国人民银行江西省分行干部训练班也一同迁入，实行一块牌子，两套人马。

江西金融职业学校面向社会招收了两个班，分为人民银行班和农业银行班，招收学员 160 人。这两个班的教学和管理分别由江西省人民银行和江西省农业银行管理，人民银行班由赖福伦等人负责日常管理，农业银行班的日常管理由孙济国等人负责，孙济国和徐孝成、彭省明、汪平安 4 人还住在江西金融职业学校里面，真正是住校教学、以班为家。专业教学全由银行委派教师来讲授。学生大部分是初中毕业生，也有一部分是高中毕业生，学制两年．这批学生就在下沙窝学习，直到 1965 年。由于金融系统人手紧张，个别学生还不等毕业，即被人民银行和农业银行要走。

借用别校的教学和生活场地总不是长久之计。60 年代中期，随着中国农业银行并入中国人民银行，中国人民银行江西省分行把江西省农业银行正在做的办公场地划拨给江西金融职业学校，作为其招生办学的校园。1965 年，江西金融职业学校、中国人民银行江西省分行银行干部训练班搬迁到北京西路（当时叫四交路）与南浔铁路交界处南面的江西省农业银行办公地址（如今的航空大厦一带），里面有两栋宿舍，一座食堂，还有一栋尚未完工的办公大楼。学校搬进来后，即把这栋办公大楼改造成教学大楼，里面有教室、会议室和教师办公室。江西金融职业学校的校牌终于在属于自己的校园上挂起来了，当时学校的负责人是吴丹枫（由江西省人民银行临时指令，未正式任命）。

江西金融职业学校在 1965 年招生 100 人，分为两个班，一个农村金融班（一班），一个人民银行班（二班）。此时，人民银行班和农村金融班由上年的分开办班转变为合在一起办班，银干班也同时面向银行招收学员开班培训，基本上是向每县招一人，由于有的县人手紧张实在派不出人来，这批银干班只有 50 来人。除了理论教学外，学生到银行的实践时间特别多，因而毕业后不久就成为银行业务的行家里手。分别来自 64 级和 65 级两批银干班的徐云香和钱保生两名学员，后来分别担任江西省银监局局长和江西省人民银行行长。

1966 年，爆发了"文化大革命"。与其他学校一样，江西金融职业学校停止招生。受"文化大革命"影响，1964 年进校，本该 1966 年毕业的学生在当年并没有分配下去，直到 1967 年才分配工作，这批人大多到了人民银行；1965 年进校，本该 1967 年毕业分配的，也到 1968 年才分配出去，由于要执行当时分配工作必须实行的"三个面向"的方针，这批人有的分到了工厂，有的分到了建设兵团，只有一小部分学院才被分配到了人民银行。

1968 年暑假分配工作结束后，由于早已停止招生，学校已经没有了学生。为了落实"五七"指示精神，几十名学校教职员工被动员下放，接受贫下中农再教育。1968 年 10 月，江西金融职业学校、银干班的几十名教职员工，与中国人民银行江西省分行干部一起，被下放到江西省崇义县。赖福伦等大部分下放在崇义，而孙济国等人则被下放到了上饶弋阳县的曙光垦殖场。

中国人民银行江西省分行干部训练班、江西省银行干部学校、江西金融职业学校，特别是中国人民银行江西省分行干部训练班，对"文化大革命"前的江西金融教育事业作出了巨大的贡献。甚至，正是 17 年"银干班"的培训工作，为"文化大革命"之后江西省金融业的拨乱反正和继续发展，培养并储备了一大批人才。从新中国成立初到"文化大革命"之前，乃至到"文化大革命"后的 1983 年，中国人民银行"一身二任"，既承担着制定货币政策、发行货币并负责管理货币流通等中央银行职能，又担负着吸收公众存款、发放工商信贷等具体的商业银行的业务。当时的中国人民银行江西省分行干部训练班、江西省银行干部学校、江西金融职业学校承担了大量的金融干部培训工作，所培训的干部成为金融系统的骨干力量。后来，江西省银行学校复校后，从全省各行署和县市调上来的专业教师，如姜玮璋、刘祥儿、徐良民、万茂发、戴谦、许道宁、樊步霞、傅爱梅、王慧黄、罗学成、朱新义、陈瑞祥等等，都是原来银干班培养出来的学员。还有一大批学员，后来成为 20 世纪 80 年代和 90 年代江西金融系统的领导，除前面所说的原中国人民银行江西省分行行长、武汉分行副行长、湖北省银监局局长钱保生、江西省银监局局长徐云香外，还有中国人民银行江西省分行纪委书记朱忠贤等人。而在银干班和江西金融职业学校当教员的朱赟平，则在后来担任了江西省人民政府副省长。

如上所述，"文化大革命"开始后，学校停办。

（三）江西省银行学校

"文化大革命"开始后的前几年，运动频繁，给我国经济生活和社会秩序造成了巨大的破坏。从 1972 年开始，经济又有所恢复，各行各业都迫切需要一批业务骨干。根据国务院国发〔1973〕81 号文件精神和江西省革委赣发〔1973〕29 号文件精神，1973 年，江西省的部分中等专业学校开始恢复招生培养人才。但此时的各所中专学校原来位于市区内的校园，在"文化大革命"开始后即被别人占领，正是所谓的"和尚（教职工）走了、经（书）烧了、庙（校园）被人占了"。江西省金融职业学校的情况，即是如此。"文化大革命"前夕好不容易才有的一个较为正式的校园（原江西省农业银行办公地），已经被别的单位占领（20 世纪 90 年代，江西金融职工大学曾经与这家单位对簿公堂，试图要回原本属于自己的校园，未果），被当时的省委领导程世清安排到南昌远郊的石岗复校。

1973 年 9 月，中国人民银行江西省分行根据江西省革委赣发［1973］29 号文件决定，江西省银行学校复校，校址确定在南昌西郊的石岗镇，学校工作人员于 9 月 1 日进驻石岗，开始学校的筹建工作。校舍为江西省革委分配的洪都针织厂，总的房间有车间 5 栋，锅炉房、配电间计 5900 多平方米，将这些车间改、修建成教室、办公室、宿舍、厨房、浴室。具体为，将第一栋车间改成办公室 806 平方米，第二栋车间改成教室 806 平方米，第三栋车间改成单人宿舍 806 平方米，第四栋车间改成职工宿舍 806 平方米，第五栋车间改成饭厅、浴室 806 平方米，增建走廊（把教室、宿舍和厨房连接起来）224 平方米，改建维修费用共计 106194.05 元。

从 1973 年到 1978 年，由孙宪章一直负责江西省银行学校的实际工作。协助孙宪章工作的有孙济国、朱爱忠、胡德政、赖福伦、金传文、熊建华等。1975年 2 月，经中国人民银行江西省分行批复同意，江西省银行学校成立临时党支部，孙宪章、孙济国、胡德政、熊建华为临时党支部成员，金传文为团总支书记。临时党支部成员具体分工情况是，书是孙宪章，副书记兼宣教委员孙济国，保卫委员胡德政，组织委员熊建华，青年委员金传文。

从江西省革委赣发（1973）29 号文件颁发以来，江西省银行学校是江西省内为数不多的几所执行最好、复校最快的中等专业学校之一。复校后，开设什么样的专业，安排什么样的课程，开始时大家都没有底。1974 年上半年，江西省银行学校派出了孙济国、肖庆裳，朱爱忠一行 3 人到上海、北京、天津等地调研。3 人中，孙济国是教学管理上的负责人，肖庆裳系江西金融系统中财务会计方面的专家，朱爱忠此前担任宜春地区银行的信贷科长，他们拿到了上海银行干部培训用的教材，向天津财经学院的教学管理学习取经，在北京了解一些政策和业务发展方面的信息，最终确定了江西省银行学校招生后，分综合基础（如政治经济学、货币银行学等）、农村金融、城市金融三大块教学的方案。

在以后的具体办学中，专业设置和课程安排还是有所调整。根据 1973 年 9月 25 日记录的"关于银校培训计划的初步意见"，学校的办学规模为：1974 年招生 100 名，在职干部轮训 100 名；1975 年招生 100 名，在职干部轮训 100 名；在校学生数每年保持在 300 人次。学制为普通班（招生）暂定 2 年，进修班（干部轮训）为 3—6 个月。专业设置情况，共有计划统计、会计出纳、信贷、农村金融 4 个专业。

课程安排及时间，普通班：一是文化课，语文（包括写作常识）、数学（包括珠算），时间为一到一个半学期；二是专业基础课，内容有银行统计、会计出纳、信贷、农村金融等有关专业基础知识，时间安排为一个半学期到两个学期；三是政治课（包括政治经济学），政治和体育课贯穿于整个教学环节之中；四是劳动、社会调查和实习，时间安排为半个学期到一个学期。进修班：按照"政治挂帅、理论联系实际、学以致用"原则，首先安排政治课，其次学习本行业务、总结交流工作经验、研究政策业务中的有关问题；以专题和自学为主，兼之以辅导讨论等形式。

学校于 1974 年下半年正式招收第一届学生 99 人，其中男 55 人，女 44 人，共开设会计原理和工商信贷两个专业，学制两年。开设的课程有政治经济学（授课教师为孙济国、谢贤金）、珠算（郑耀祖）、银行会计（肖庆裳、郑耀祖）、农村金融（罗春明）、工商信贷（章宗涛）、工业会计（欧阳烈）和体育（周华美）。首届学生因开学延迟，实际教学时间为一年半（1975 年 2 月至 1976 年 7 月），计 78 周，实际教学时间 59 周，其中学工、学农、学军 6 周，到基层行、所实习 12 周，机动时间 1 周，在校学习专业和文化时间 40 周。

1975 年招收 100 名学生，其中男 52 人，女 48 人，开设综合专业共两个班，学生从 1975 年 10 月 23 日进校到 1977 年 10 月 26 日毕业。第一学期从 1975 年 10 月 23 日到 1976 年 1 月在校学习；第二学期从 1976 年 3 月到 5 月到东乡县实习，5 月到 7 月在校上课；第三学期从 1976 年 9 月到 11 月上课，11 月到 1977 年 1 月在南昌县等县支行实习；第四学期从 1977 年 6 月到 7 月实习，其他时间上课。76 级招收学生 100 名，其中男生 51 人，女生 49 人，开设综合专业两个班。77 级招收学生 102 名，其中男生 71 人，女生 31 人，开设综合专业两个班。

（四）江西省银行学校大专班

1978 年，是恢复高考后的第 2 年，各行各业在"文革"结束后，百废待兴，迫切需要大批受过高等教育的专业人才。基于此，江西省政府要求，凡是当年参加高考且分数在 320 分以上的，都要录取到大专或以上学校，但江西省的高校数量有限，场地紧张，师资紧缺，无法满足这么多大学生入校学习的需求。在此情况下，江西省政府遴选出几所在当时办学条件较好，特别是师资力量较强的中等专业学校，开设大专班，以录取分数在 320 分以上的考生。江西省银行学校在此背景下，于 1978 年从当年参加高考的上线考生中，录取了 100 名方向为国际金融专业的大专生。

江西省银行学校虽然开始了独立招收专科学生，但当时的石岗校园条件，比其他兄弟中专学校稍好。车间改成的教室上课尚可，而同样由车间改成的宿舍，在冬天雨雪下得稍大些的时候，雨水会从屋顶的瓦片中漏下来掉到被子上。在师资力量上，专业课由这几年陆续从江西省金融系统中选调上来的理论水平和业务能力都较优秀的教师担任。而文化基础老师则力量不足。

有鉴于此，中国人民银行江西省分行行领导与江西师范学院领导协商，这批大专生的文化基础课由江西师范学院的教师负责讲授，专业课还是由江西省银行学校的教师负责。当时江西师范学院房子紧张，由江西省人民银行全额拨款，在江西师范学院建设一栋"银干楼"，供 78 级大专班学员入住，78 级大专班是国际金融专业，进校后，先在石岗校区学习一年，1880 年 2 月，大专班搬进江西师范学院学习，开始入住在老美术楼。1980 年 4 月，"银干楼"完工后，大专班学员全部搬进并入住"银干楼"，并在此完成学业，直到 1981 年年底毕业，才离开"银干楼"。

大专班的班主任开始是王建强老师（王老师后来担任了江西省国际信托投资公司副总经理，后调到江西省人民银行任助理巡视员），后来是贾子年老师：贾老师中途外出进修后，由孙济国老师接任。孙济国老师在 1980 年开学后，与学生一同入住"银干楼"，除了全程负责日常事务的管理外，重点还要负责与江西师范学院在教师选派上的沟通和协调，同时还要负责与江西省人民银行在业务指导上的联系。

大专班的课程，除了由江西银行学校教师讲授专业课外，还聘请了 20 多位校外老师讲授文化基础课和专业基础课，先后有来自江西师范学院、江西财经学院、江西大学、中国人民银行上海市分行和中国银行青岛分行等兄弟单位的老师和专家，来给大专班授课。

这届大专班学员毕业后，大多成了金融系统的高级管理人员，在中国银行全国 30 多个省级分行里，有江西、浙江、广西、湖北、重庆等十多个省级分行的行长、副行长毕业于这届大专班。后来先后担任中国人民银行江西省分行人事处处长、江西金融职工大学校长、江西师范大学副校长的曹达忠，也是从这届大专班毕业的。

（五）江西银行学校

1980年4月，根据中国人民银行总行（80）银科字第31号"关于各省、市、自治区银行学校名称的通知"精神，经报中国人民银行江西省人民银行同意，将"江西省银行学校"更名为"江西银行学校"，自9月1日起启用"江西银行学校"新印章。

更名缘由，起因于1979年中国人民银行北京总行召开的庐山会议。会议确定在全国各省均建立银行学校，即"一省一校"，全国所有的原先由各省人民银行创办的银行学校，统一划归总行管理并作为总行的附属单位，办学经费由总行统一单独列支。具体安排为：招生计划由总行决定并下达到各省，教学计划由总行负责统一制订、教材编写由总行统一组织，人事和行政管理由总行委托各省人民银行管理。

自此，江西省银行学校改名为江西银行学校。

1982年7月，江西银行学校由新建县石岗镇迁往南昌市青云谱岱山八大山人纪念馆旁边。

搬迁缘由，是因为在石岗办学时，由于校区狭小，难以满足办学规模日益扩大的要求。同时，石岗离南昌市区太远，用水用电不方便。1978年12月9日，中国人民银行江西省分行为此特地发文（赣银政〔1978〕362号）向江西省革委会请示，大致内容是，江西省银行学校现有200人的规模已经满足不了全省金融事业迅速发展对人才的需求，拟扩大1200人规模。石岗校区吃水问题困难，今年天旱，因缺水已停课三四个月，同时石岗一带也无地方可以扩建，拟在市区建一新校区，期望搬迁到新校区后，在师资和数学质量上，能在一定程度上得到市区各高校力量的帮助。

但文件报到省革委后，迟迟未有动静。究其原因，是因为1973年后复校的中等专业学校，由于原先设在市区内的校区被别的单位占了，与江西省银行学校一样，大多都复校于离市区较远的地方。一旦江西省银行学校搬进了市区，怕其他学校也会以同样的理由要求搬迁，这是当时省里的财力难以负担的。

学校得以最终建设新校区，还是与学校的改名及其后的一系列变化有关。江西省银行学校改名为江西银行学校后，学校已经隶属于中国人民银行北京总行，办学经费不再由江西省人民银行负责，而是由总行拨款。而当时在总行教育司负责经费划拨的副司长钱纪昌，原先是中国人民银行江西省分行的副行长，了解江西银行学校设在离南昌市几十公里的之外的石岗等诸多情况，深知由于地理位置偏远，工作环境艰苦，给学校的师生员工的教学和生活带来的极大不方便。就说，江西银行学校还是设在石岗，我就不拨款，如果能搬迁进南昌市市区，我就拨款。当时江西省人民银行行长林振福一听，立即就找到省长方志纯。方志纯一听，就说，总行给钱，地方办事，好啊！当即同意江西省人民银行和江西银行学校选择并建设新校园的请示，并责成有关部门大力配合，选好新校址后要尽快开工建设，争取早日搬迁。

新校园的选址颇费了一番精力。开始想搬进北京西路与南浔路交界南面的原江西省金融职业学校的校园，但多次与已经占据在校园里的单位协商未果。后来考察了江西财经学院边上，但用电和取水相当不便；又在江西大学周边一带考察过，但不忍心占用大量上好的农田和菜地；也考察了瀛上与红角洲一带，但又离火葬场太近。最后选择了青云谱区辖下石马大队边上的一块地。这里毗邻八大山人纪念馆，极具文化底蕴；且离市区不远，特别安静，是个办学读书的好地方。便定址于此，共征用土地108亩。

征用这块地的背后，还有一段故事。108亩地中有75亩是当时江西省军区独立师的军事用地，征用这块地颇费周章。先由江西省人民银行行长林振福找到省长方志纯，再由方志纯向时任中央军委副主任的杨尚昆打报告，经杨尚昆批准，江西银行学校才顺利地征用到这块地。除了江西省军区的地外，还有33亩地是附近石马大队梅村的，为了征用这33亩地，江西省人民银行将居住在土地上的30人招进金融系统就业，其中省内各家银行接收20人，江西银行学校接收10人。

1984年起，随着教学环境的不断改善，师资力量不断加强，江西银行学校在校学生规模和教职员工数量相应扩大，到1989年年末，在校学生898人，教职员工235人，开设金融管理、城市金融、农村金融、银行电子计算机应用4个专业。到1990年末，有教师109名，其中具有高级职称的有17人，中级职称的51人。从1973年复校到1990年末，累计培养输送金融专业人才5719人，其中担任地、市分行（中心支行）行长或处长的有21人，担任县支行行长或科长的有223人，担任营业所主任或股长的有377人。

（六）江西金融职工大学

1981年，江西银行学校单独招生的首届大专生毕业，分配到各家银行后，用人单位普遍叫好，纷纷反映这届大专生理论水平好，业务能力强，综合素质高，纷纷向学校要求再分配一批这样高素质的学生到银行去。加上此时学校已经从办学条件较差的石岗，整体搬迁到了青云谱岱山新校园，这里的教室、学生宿舍、食堂、图书馆、教师宿舍等都已经建成且有了一定的规模，办学条件较好。基于此，中国人民银行江西省分行拟在江西银行学校现有的师资力量和办学条件上，成立一所专门面向金融系统招生的成人高等院校，以培养并提高全省金融从业人员的理论水平和业务素质。江西省人民银行特地就此事向江西省人民政府打报告。1982 年，经江西省人民政府批准、国家教育部备案，正式建立江西省人民银行职工大学。

江西省人民银行职工大学成立后，采用了单位推荐和学校组织入学考试相结合的原则，在 1982 年面向全省金融系统录取 120 多名学员。单位推荐的标准是政治条件好、业务能力强且还是银行重要岗位上的骨干力量或担任了一定的职务。但学员入学后，经过一年多的学习，有一半多觉得学习压力太大且难度高，自我感觉难以顺利完学业，要求结束学习提前返回工作岗位。最后留下来并顺利完成 3 年学习任务的，才 50 名学员，毕业后领到了专科文凭。这批学员毕业后，一部分回到了原单位，也有一部分被重新分配并进入了省一级金融机构，如今大多已经成了全省各家金融机构的骨干力量和领导干部。比如，江西省工商银行中第一位取得研究员职称的肖小和，就是江西金融职工大学首届毕业生，现在是中国工商银行上海营业部副总经理。

1984 年，为了学习并借鉴行属兄弟院校的办学经验，当时专门负责大专教学管理工作的孙济国带队到湖南、四川和湖北的财经学院调查，学习如何管理并组织学生实习、论文写作、论文答辩。此后，行属高校之间密切交流与相互学习的风气日盛。

从 1982 年开始，江西金融职工大学完成首届招生后，直到 2003 年并入江西师范大学，每年都保持着 100 人以上的招生数量。

1982 年，还成立了江西省人民银行职工中等专业学校，与江西银行学校、江西省人民银行职工大学共用一个校园。从此，人民银行"三块牌子，一套人马"的办学格局，就在青云谱岱山形成了。1882 年的学生在校数量为 111 人，以后一直到 2003 年并入江西师范大学的 20 多年间，在校生规模基本不变。

1987 年经江西省人民政府批准，江西省人民银行职工大学更名为江西金融职工大学，属中国人民银行总行管理的成人高等学校，开始面向全国金融系统招生。

1989年，根据中国人民银行银发〔1989〕27号文件，中国人民银行江西省分行赣银教字〔1989〕5号文件，江西金融职工大学试办高等教育专业证书班，目的是让那些没有达到大专毕业文化程度的银行业务骨干，通过脱产学习一段时间（一年），取得相当于大专水平的专业证书。1989年，江西金融职工大学即在全省金融业务骨干中录取55名专业证书班学员，这批人大多是人民银行基层行的领导，也有地市分行的科级干部，1990年毕业后，有不少人还被提拔当了地市一级人民银行的行长。1990年招收专业证书班学员46人，专业证书班一直办到1995年，1995年还招收了专业证书班学员37人。

为了提高并交流教职工的理论知识和专业思想，1990年，经江西省新闻出版部门批准，开始编辑出版《江西金融职工大学校报》，为内部刊物，批准文号为赣内刊字第01—069号，面向江西省金融系统和兄弟院校发行和交流。1998年经国家新闻出版总署批准为正式出版刊物，国内统一刊号为CN36-5040/F，面向全国公开发行。2010年，经国家新闻出版总署批准，《江西金融职工大学学报》更名为《金融教育研究》，新编国内统一连续出版物刊号为：CN36-1312/F。

1993年，中国人民银行发文批准江西金融职工大学为副厅级单位，内设机构为正处级。1994年11月中国人民银行江西省分行批复江西金融职工大学内部机构设置，同意学校设12个系、处、室，32个科、室。

（七）招生情况与培训工作

从1973年复校来，江西（省）银行学校开始走上蓬勃发展势头，普通中专入学人数，呈逐年增加趋势。1974年、1975年、1976年、1977年的招生情况前已介绍。78级除了从普通高考中招收大专生外，同时还招收中专生，当年共招中专生153人，其中入学前是高中毕业的53人，编入78级一班，学制两年，入学前学历是初中毕业的100人，分别编入78级二班、78级三班，学制三年，当年10月19日报到入学。到了79级，招收学生356名，其中男生295人，女生97人，共开设7个教学班，有计划统计（79级一班）、工商信贷（79级二、三班）、银行会计（79级四、五班）和保险（79级六、七班）4个专业。

80级招生人数为412人，其中城市金融专业153人，农村金融专业102人，保险专业102人，外汇专业54人。81级招生210人，其中城市金融107人，农村金融人数 53 人，保险专业 50 人。82 级招生人数 361 人，其中城市金融 155 人，农村金融专业 103 人，保险专业 103 人。83 级招生 355 人，其中城市金融专业 151 人，农村金融专业 102 人，保险专业 102 人。84 级招生 350 多人，分 7 个班，每班 50 人左右，其中一、二、三班为城市金融专业，四、五两班为农村金融专业，六七两班为保险专业。80 年代中期，根据当时金融发展的需要，增设了金融管理、信用合作、银行计算机应用等专业。而保险专业，则因南昌保险学校成立，在 1987 年后，即停止了招生。此后，从 1985 年、1986 年、1987 年、1988 年、1989 年，直到 90 年代中后期，普通中专基本上每年招生数量都在 350 人左右。如 1989 年即招了 400 多人，共有 8 个班。1998 年，普通中专招生数量是 300 人。值得一提的是，办学形式也开始多样化，如 1993 年，即与江西省农业银行干部学校联合，招了信用合作方向的委托培养生 100 余名，1994 年，又与江西省工商银行干部学校合作，招了 40 名委培生。

除了江西银行学校从高考中录取的统招生外，江西省人民银行职工中等专业学校在 1982 年开始从金融系统的在职干部中招收职工中专。1982 年招生情况是，向江西省内的每一个地区招一个班，由学校组织入学考试，再按成绩从高到低录取，当年共招收职工中专 417 人，分为 8 个队（班），每个地区（行署）一个队（班），小些的地区由几个地区合招一个队（班）。职工中专刚开始招生，就招了 400 多人，针对职工中专的特点，课程如何开设，教学怎样管理，专业如何设置，为了解决这些问题，中国人民银行江西省分行副行长兼江西银行学校校长韩风林亲自带队，成员有孙济国、刘彰、彭志强（时任省人民银行教育处处长），到职工教育在当时进行得最好的东北一带实地调研取经，先后走访了哈尔滨、长春、沈阳等地。因而可以说，在江西省人民银行职工中专学校的教学和管理工作中，学习并借鉴了东北地区大量的经验和做法。

由于在校生规模一下扩大到一千多人，师资力量顿时紧张，由中国人民银行江西省分行提出，每个地区都要借调出两位既有理论水平又有实践经验的银行干部到学校来协助教学工作，两人的分工是一人负责带班，一人负责业务教学。当时九江队（班）带班的是刘福妹，两年后刘福妹也拿到了毕业证书，后来还担任了中国工商银行江西省分行副行长。1983 年招收职工中专 107 人，设两个班；1984 年招收职工中专 193 人，设 4 个班；1985 年招收职工中专 101 人，设两个班；上述班级全部为城市金融专业。职工中专的招生形势和招生规模，从 80 年代到 90 年代，一直保持着平稳的势头。如 1998 年职工中专招生规模是 500 人，其中脱产学习 200 人，函授生 300 人：1999 年职工中专招生人数是 400 人。

办学层次，除了上面从普通高考中招生的专科班、中专班，从成人高考中招生的脱产学习的大专班、中专班，函授学习的大专班和中专班外，还有与中国人民银行行属本科院校合作办学的本科班。江西金融职工大学从 20 世纪 90 年代开始，先后与湖南财经学院、陕西财经学院、西南财经大学联合办学的形式，办了不少本科班。

江西银行学校、江西金融职工大学还根据行业特点，承担了大量的金融干部培训工作。如在 1981 年，学校承办了时间都为半年的四个培训班，分别为行长培训班（97 人）、会计股长培训班（98 人）、信贷计划干部培训班（80 人）、基层干部培训班（43 人）。1981 年 12 月，中国人民银行同意建立江西省银行干部学校，江西省人民银行随即制定教育规划，不断充实师资力量，使培训工作日益经常化、正规化和制度化，仅仅到 1984 年年末，共培训干部就达16823 名，大大提高了银行干部的业务素质。1982 年 7 月，江西省人民银行决定，江西银行学校搬迁往青云谱新校址后，原石岗镇校址作为全省银行职工教育主要基地，专门举办两年制脱产职工中专部，由江西银行学校统一领导和管理，同时在全省各个地区人民银行开办职工业余中专班，学制 3 年，并作为江西银行学校中专部组成部分。1994 年年初，国务院作出了关于金融体制改革的决定，随即在江西银行学校、江西金融职工大学校内展开了一个培训银行干部的高潮，当年江西金融职工大学先后开设了五期"全省各县人民银行行长学习金融体制改革培训班"。在 1994 年还举办了全国各省市分行教育统计人员培训班。可见，当时的江西金融职工大学除了从成人高考中招收金融系统的学员进行学历教育外，还有另一个重要职能，即是为江西金融系统培训各类干部，且培训任务相当繁重。

他山之石，可以攻玉。为了学习借鉴发达国家在金融教育、特别是金融培训方面的先进经验，1990 年，江西银行学校、江西金融职工大学还与德国黑森州储蓄银行学校、法兰克福银行学校、得累斯顿银行培训中心结为友好学校，并派出了以当时中国人民银行江西省分行分管教育的王之政副行长为团长、教育厅分管外事工作的周兴发为副团长，当时学校的领导和教师钟声仲、宿忠库、胡国卿、岳忠宪为成员的友好访问团到 3 所友好学校进行实地考察和访问，学习并借鉴了德国在金融教育和员工培训方面的先进理念。上述几所与江西银行学校、江西金融职工大学结为友好学校的德国金融院校，在 2009 年还访问了江西师范大学财政金融学院。

三、办学特色

（一）认真与用心

事无巨细，一把手都要亲自抓，这是学校的办学特色之一。由此也形成了学校自上而下都重视动手能力、学以致用的校园文化氛围。从领导层来讲，学校自复校后一直到 90 年代初期，1000 多名师生员工的吃喝拉撒睡和生老病死退，没有一件不放在一把手心上的。

根据中共江西省委组织部文件（赣组〔1983〕78 号）精神："经研究同意，江西银行学校设立党的基层委员会"。1983 年 10 月，先后在江西省人民银行担任过信贷处、储蓄处、监察处处长或负责人的宿忠库，受江西省人民银行行长林振福之托，到江西金融职工大学、江西银行学校工作，建立党委，并担任党委书记，这是学校自建校以来，第一次建立了党委。首届党委经过差额选举产生了 5 位党委员，宿忠库（书记）、邓广金（副校长）、刘德谷（副校长）、孙济国（教务处长）、胡德政（总务处长）。

江西金融职工大学、江西银行学校培养的学生，毕业后绝大多数都会分配到金融系统工作，以后天天都要与钞票打交道，必须具有高尚的人格和精湛的技术、认真做事和用心成事的敬业精神。不管是大事小事，校党委、校行政等党政一班人都亲力亲为的习惯，"世界上怕就怕认真二字，更怕用心二字，认真做事可以把事情做对，用心做事则能把事情做好。"正因为如此，全校上下就有了一股风清气正、用心做事的氛围，这恰恰就营造了一个良好的环境，于无声处起到了影响人和熏陶人的作用。也正因为如此，毕业于江西金融职工大学、江西银行学校的学生，无论是其道德品格还是业务能力，都得到了全省和全国各个金融单位的认可和称赞。

（二）教学与实践

经常到全省和全国的金融工作一线去调查研究，倾听用人单位对学校毕业生的评介与意见，了解教学中存在的问题，并借以总结办学经验和进一步提升办学水平，做到教与学、学与用的相互结合和共同提高，教学与实践的结合，是江西银行学校和江西金融职工大学办学的又一特色。如前所述，1973年复校、1982年江西省人民银行职工大学和职工中专建立后，为了搞好教学和管理工作，学校都派出了相应人马外出考察调研，把调研情况与自身实际情况相结合后，再制订出切实可行的方案。

除了向兄弟省市、兄弟单位学习外，向实践学习，向一线取经，是学校办学的又重要特色。1982年9月到12月，历时近3个月，学校领导率队到江西的抚州、吉安、赣州3个地区的27个县市支行，进行深入而广泛的调查，之所以选择这3个地区做样本，是因为从1973年复校、1974年招生以来，截至1982年，分配到全省各行、司、处的历届毕业生有1212人，而分到抚州、吉安、赣州三地的就有418人，占全省的34.4%。其中64级（在复校之前，即"文革"前）12人，74级36人，75级34人，76级31人，77级35人，78级43人，79级147人，80级71人，大专班11人。这些人的分配情况是：人民银行295人，农业银行79人，中国银行9人，保险公司35人。调查组既到了历届毕业生分配得人比较多的大县，也到了只有1至2名毕业生的山区小县。调查的内容包括：学生思想政治表现，各行、司、处和毕业生本人对学校在专业设置、课程设置、课时安排、教学内容、教学质量、实习和分配等方面的意见和建议。调查组广泛接触了各地市县人民银行、农业银行、中国银行、保险公司等用人单位的领导和历届毕业生，先后召开了63次座谈会，参加人数达427人。

学生在毕业之前，学校都要把他们送到不同的金融单位去实习，学习各项业务技能。在中国人民银行的统一安排和协调下，学校的实习基地遍布全国各地，除了江西省内所有金融机构外，还包括江苏省的南京、无锡、镇江、常州、苏州等地的金融机构，还有湖南、福建、广东等省的人民银行、工商银行等，都先后接纳过江西金融职工大学的实习生。在江苏镇江实习的同学还为当地金融机构在发放企改贷款时提出了一些建设性的意见，所写的实习报告多次被当地金融机构作为合理化建议被采纳。江西金融职工大学1986届毕业生邱志敏由于在实习和毕业工作后的出色表现，1990年10月被赣州地区的行政公署任命为政策咨询委员会财贸委员。

（三）学校与行业

江西银行学校、江西金融职工大学自创办以来，一直都保持着与行业紧密的联系，教学工作面向实践、面向一线，具体体现在以下几个方面。

一是体现在所开设的课程上。学校本看一切从服务金融、服务实践的需要出发，开设的课程完全视金融事业发展的实际需要而定。以 79 级为例，除了语文、英语、习字、体育、哲学、中共党史、书法、政治经济学、国际司法知识等公共课外，还有会计原理、统计原理、货币银行学、财政基础知识、计算技术、工业财务会计、商业财务会计、工商信贷、企业经济活动分析、银行会计、转账结算、人民储蓄、农村金融、货币流通与计划管理、发行出纳、工商企业管理、行政事业会计、农村金融概论、农村财会与分析、社队财会与分析、农业信贷与拨款、信用合作、农业经济与管理、保险统计、保险会计、保险概论、保险业务、财产保险等专业课，基本上覆盖了当时金融事业中所有的业务领域。而担当上述专业课教学任务的教师，由全省金融系统中的翘楚云集而成，这批老师既有实践又有理论。

二是体现在学校承担的大量培训任务上。从解放初期的"银干班"算起，可以说，没有学校承担的大量培训工作，就没有江西省金融系统今天这样高素质的干部队伍。正是通过各种各样的培训学习形式，大大提升了江西省甚至是全国金融系统的干部素质和业务能力。除了上面所列举的 1981 年和 1994 年的培训工作外，在 90 年代还开办了各种各样的金融干部培训班，培训的层次和培训的范围都在原来的基础上有较大的提高和扩大。计有全国金融系统保卫处处长培训班、保卫科科长培训班、军队干部退伍安置到金融系统的保卫干事金融业务培训班；为江西省人民银行承办了两期高等专业证书教学班，计有学员 100 名，这批人大多成了中国人民银行江西地市和县区两级支行行长；举办了"闽、浙、赣"三省计划科科长岗位培训班，共有 37 名三省人民银行的计划科长在此受训；举办了两期中国人民银行江西省分行县支行行长培训班，培训行长 100 名；举办了5 期中国人民银行武汉分行（湘鄂赣三省）县支行行长培训班，培训近 300 名县支行行长；另外，还开办了中国人民银行秘书、档案管理岗位干部培训班、城市信用社岗位干部培训班、中国工商银行微机系统管理员岗位培训班，等等；共培训了各级各类不同层次的金融管理干部和专业技术人员 5000 余名。

甚至，江西银行学校，江西省金融职工大学并到江西师范大学，并被组建成财政金融学院以后，还为国家开发银行江西省分行、中信银行南昌分行、兴业银行南昌分行、南昌银行、赣州银行、洪都农村合作银行、江西省农村信用社省联社等金融机构，培训了大量的员工。特别是江西省农村信用社省联社，财政金融学院在成立后的短短几年间，就先后为其培训了近 6000 名员工。

本着"金融助教育、教育兴金融"的宗旨，1994 年 4 月至 6 月，由江西省人民银行、第一期到第五期县支行行长学习金融体制改革培训班共同发出倡议，在全省金融系统筹措资金成立"江西金融职工大学教育奖励基金"。这次倡议得到了全省各地、市、县人民银行的热烈响应，县一级人民银行起捐资金都在 1 万元以上，地市一级人民银行起捐资金都在 5 万元以上，到年底，即募集到了 200 多万元的教育奖励基金，用于奖励一心扑在金融教育上的教职员工。

三是体现在学校培养的学生的去向上。"打得一手好算盘，点得一手好钞票，做得一手好账簿"，针对银行的"三铁"要求，学校也相应地加强了对学生的"三好"要求。正是因为学生在校期间就练得了一手过硬的本领，所培养的学生，也就成了金融行业的"抢手"人才。学校培养的学生毕业后，绝大部分都分配到了中国人民银行、中国工商银行、中国银行、中国人民建设银行（现改名为中国建设银行）、中国农业银行、中国人民保险公司、农村信用合作社等金融机构，并先后成为业务骨干和管理人员。总之，江西银行学校、江西金融职工大学先后为全国 22 个省、市、自治区的金融系统培养了 15000 多名大中专毕业生。这批新鲜血液的及时输送，大大提高了江西省、甚至是全国金融系统的干部队伍的业务能力和综合素质，造就了大批金融管理人才和业务骨干，其中不少学员在后来成为金融系统的中高级管理人员。

四是体现在学校教师与金融系统干部的交流上。学校教师和金融干部之间经常交流，交叉任职，这还是学校的办学特色之一。

正是由于与金融业之间的紧密协作关系，办学水平也得到了主管单位的充分肯定。1997 年，根据国家教委的部署和要求，中国人民银行教育司组织行属成人高校评估专家，于当年 4 月对行属 4 所成人高校进行评估。各位专家在对江西金融职工大学办学条件、办学管理、教学质量、办学效益等 4 个方面综合考评后，一致考评的结果是：江西金融职工大学为优良等级。

四、发展情况

（一）并入江西师范大学

1999 年国务院颁发了第 26 号文件，规定各个部委原则上不再搞行业办学。江西金融职工大学、江西银行学校原本隶属于中国人民银行，是行属院校，正好属于交接到地方政府之列的院校。

江西银行学校与江西师范大学原本就有着密切的合作关系。1978年江西银行学校招生首届国际金融专业的大专班时，就是与当时的江西师范学院合作办学，共同培养这届大学生的。从合作的成效来看，是相当不错的，目前这届毕业生大多成了江西省乃至全国各家金融单位的高层管理者。江西师范大学青山湖校区中的"银干楼"，即是这段历史的见证。

时任江西金融职工大学、江西银行学校校长的曹达忠，即与江西师范大学副校长邹道文积极接触，共商学校发展大计。江西银行学校、江西金融职工大学有着悠久的行业办学经验，对金融业这一块，积累了宝贵的办学经验和干部培养资源，但面对激烈的市场竞争，办学平台难以在短时期内得到提高，也就难以吸引高层次人才，不利于学校的长远发展；江西师范大学，是以师范教育为首的一所省内著名大学，面对正在快速发展的经济和社会，学校面临着一个如何转型的问题，即由师范教学为主的大学向一个综合性、有特色、高水平的教学研究型的大学转型的问题。尽管江西师范大学的学科不少，但是还不够，还缺少为江西培养财政金融人才的财政金融专业。因而，如果两校合并，江西师范大学就可以整合江西银行学校、江西金融职工大学的资源，组建财政金融学院，做到优势互补，全面发展，共同提高。

领导有了这样的意图，还必须征得两校广大教职工的同意。为此，江西金融职工大学、江西银行学校面向全校所有教职工发放了学校发展意见征求表，结果，有96.4%的教职工赞同与江西师范大学合并；而师大这边，同意并入江西金融职工大学、江西银行学校的教职工也达到90%。

很快，自1999年国务院第26号文件发布后，经过近4年的思考和选择，江西金融职工大学、江西银行学校与江西师范大学的并校工作就进入了快车道，江西省人民政府办公厅、省教育厅、省计委、省财政厅、省人事厅等一系列相关部门，都非常支持，仅仅3个月，就顺利通过了各个审批环节。于2003年3月31日，江西金融职工大学、江西银行学校就正式并入江西师范大学。

在当时两校合并的大会上，时任江西师范大学党委书记、校长的游海推心置腹地表态说："为了把这件好事办好，让广大群众满意，我代表师大党政给大家交个底，让大家放心。一是从现在起，我们都是师大的教职工，师大教职工所有的待遇，大家理所当然地享受，跟校本部一视同仁；二是凡协议所签订的内容及政府有关文件规定学校坚决执行，协议和文件上没有的，只要有利于广大教职工利益，有利于学校平稳过渡，学校也要努力做到，对金融职大教职工包括离退休尽量照顾，高看一眼，厚爱一分。我想至少有"五个不变"：即一是工资待遇不变，二是干部职级不变，三是教师职称不变，四是职工住房不变，五是离退休待遇不变，尤其是在涉及大家的收入和待遇方面，要就高不就低。"

（二）组建财政金融学院

江西金融职工大学、江西银行学校并入江西师范大学后，除了一部分教职工分配到江西师范大学的其他学院或处室外，大部分金融、经济专业的教职工都分到了新组建的财政金融学院。原江西金融职工大学、江西银行学校校长、江西师范大学副校长曹达忠兼任财政金融学院首任党委书记。经过 6 年多的发展，学院现有教授、副教授 39 人，其中博士 14 人、硕士 33 人，并聘请了 30 多位著名的校内外专家、学者为客座教授；学院设有经济系、金融系、财务管理系和继续教育中心；经济学、金融学、财务管理、会计学（注册会计师方向）等 4 个本科专业；还和国际教育学院合作办学，计有三个国际教育本科专业：国际金融、国际会计、财务管理。同时设有江西经济研究中心、制度经济研究所、非公有制经济发展研究中心、金融研究所等学术研究机构；现有产业经济学、经济史两个硕士点。

合并后，学院现有本科层次的学生 2384 人（其中，国际教育学生 769 人），统招研究生 89 人，已经毕业的学生有 885 人。同时依靠现有师资，秉承江西金融职工大学、江西银行学校一贯面向金融实践、服务实践的传统，积极为金融机构培训一线员工，已经先后为农村信用联社培训员工近 6000 人，为南昌银行培训员工 230 人，兴业银行 50 人，国家开发银行南昌分行 30 余人等，并赢得了各家金融机构良好的口碑和较高的社会评价。

同时，自学院成立以来，在金融学、产业经济学、区域经济学、西方经济学、制度经济学、财务管理、经济史等领域的教学、科研成果突出。教学方面，屡获学校各项教学大奖、教学名师奖、"三育人"教学奖，王雪冬、熊智明奖教奖，等等。科研方面，学院共发表相关科研论文共计 512 篇，其中在《经济研究》、《管理世界》、《经济管理》、《中国工业经济》、《经济学动态》、《中国农村经济》、《光明日报（理论版）》、《金融研究》、《经济社会体制比较》等一类学术期刊上发表论文 24 篇，《中国土地科学》、《中国流通经济》、《求实》、《江西社会科学》、《上海经济研究》、《商业经济与管理》、《调研世界》、《经济问题》等二类学术期刊上发表论文 53 篇，在《金融与经济》、《武汉金融》等其他各类核心期刊发表论文 400 多篇；出版学术专著 11 部，出版教材 20 余部；已获批准科研项目共 151 项，其中国家社科基金项目、全国教育科学规划项目、教育部人文社科项目等国家级课题 15 项，江西省社科规划项目、江西省教育科学规划项目、江西省软科学项目等省级项目 48 项，江西省高校人文社科项目、各类横向课题、校级课题等其他项目 88 项。

2003 年、2005 年学院先后成功承办"首届江西发展论坛"和"第二届江西发展论坛"，来自国务院发展研究中心、中国社会科学院、北京大学、北京师范大学、中国人民大学、复旦大学、浙江大学、首都经贸大学、西安交通大学、厦门大学、西南财经大学等处的近百名专家学者，共聚洪城，就江西的经济发展献言献策，"江西发展论坛"已经成为江西区域经济发展的一个重要智力品牌。2006 年 10 月，学院再次成功地承办了"江西实施生态经济发展战略高层论坛"，请来了当时全国人民代表大会副委员长许嘉璐作主题演讲。

自合并以来，短短的 6 年间，除了上述成就外，原有的教职工无论是就个人的职称上，还是职务上都有一个较大的变化。先后有 20 多人等评上了教授、副教授职称，有多人荣获了"三育人"方面的优秀教学和管理工作者方面的称号，有朱清贞、熊华强等人荣获了"江西师范大学十大教学名师"的光荣称号，还有不少人在学历上得到了较大的提升，多人获得了博士学位，有 10 多位老师被聘为硕士生导师；在管理工作岗位上，先后有 10 多人走上了正处或提拔上了副处级管理岗位。

江西师范大学财政金融学院正是原江西金融职工大学、江西银行学校生命的延伸，是其办学层次得以提高的一个更高更大平台的具体体现。

五、学校领导

江西（省）银行学校、江西金融职工大学历任领导：

（注：先后在解放初期干训班、1973 年复校以后的江西省银行学校实际负责的孙宪章，1964 年负责江西省金融职业学校工作的吴丹枫，因没有中国人民银行江西省分行的正式任命，而未列入下表）。

党委书记	任职期
宿忠库	1983—1992
彭良圣	1992—2003

党委副书记	任职期
邓广金（兼）	1984—1986
胡国乡（兼）	1986—1993
万长武（专职）	1990—1993
钟声仲（兼）	1993—1996
曹达忠（兼）	1997—2003

校长	任职期
韩凤林	1980—1981
谢光宇	1981—1982
邓广金	1984—1986
胡国卿	1986—1993
钟声仲	1993—1996
曹达忠	1997—2003

副校长	任职期
贾子年	1979—1983
沈鸿兴	1979—1983
朱建华	1979—1983
项金阶	1982—1983
刘德谷	1983—1984
邓广金	1983—1984
胡国卿	1984—1986
赖福伦	1984—1997

副校长	任职期
罗学成	1984—1993
杨鸿飞	1984—1990
林欣中	1986—1990
万长武	1987—1990
邱运楷	1990—1999
颜跃荣	1990—1992
袁伯禄	1990—1992
岳忠宪	1990—2003
刘　彰	1994—2003

原版后记

江西师范大学创办于 1940 年，是一所历史悠久的高等师范学府，为省属重点大学。半个世纪以来，她经历了国立中正大学、国立南昌大学、江西师范学院、江西师范大学等 4 个历史时期。其历程是曲折而丰富的。

历史经验是一份珍贵的遗产。校党委遵照原教育部 1984 年 8 月发出的《关于编写校史的通知》成立校史编写组，着手校史的编写工作。通过编写校史，系统地保存和研究学校建校以来半个世纪的校史资料，总结其办学的成败得失、经验教训，把握高等师范教育规律，提高教学质量，更好地培养人才。为把江西师范大学办成全省师范教育中心和教育科学研究中心，有着十分重要的意义。

在编写工程中，我们遵循历史唯物主义观点，在史料翔实的基础上，以教学、科研为主线，对学校发展历程及重要事件，力求反映规律、体现特点、客观全面；对人物功过、历史是非、结局得失，皆寓于历史史实之中。5 年来，先后四易其稿，在第一稿（1985 年 9 月）、第二稿（1986 年 6 月）、第三稿（1988 年 2 月打印稿）完成后，校党委决定将校史下限由 1984 年延伸到 1988 年底。我们于 1989 年 7 月完成第四稿。1990 年 1 月，校党委决定由副校长帅焕文负责，组成校史审稿组。是年 6 月，校史终审定稿。

《校史》编写组由王长里、郑守华、彭友德、沈世豪、颜长青组成。王长里、郑守华为正、副组长，赖淮靖为顾问。撰写分工如下：第一章：彭友德；第二、三章：沈世豪；第四章：颜长青；第五章：王长里；第六章：郑守华；第七章：彭友德（其中 1983 年 11 月至 1984 年 12 月初稿由郑守华撰写）。王长里负责编写的组织工作以及全书的修改和统稿。审稿分工如下：第一、二、三章：欧阳侃；第四、五章：赖淮靖；第六、七章：李树源。审稿者与编写者共同协商，再次修改。李树源再次审阅全部书稿。本书附表制作、照片编排由彭友德、曾青云编写了近20万字的学校大事记资料，并承担了编写组事务性工作，张晓芜曾参加一些资料收集工作。

本书在编写过程中，我们得到了学校历届老领导和省内外老校友的关心和帮助。本书编写起步于上届党委书记郑光荣、校长李树源的倡导和支持。之后，得到现任校级领导许多具体的指导和帮助。整个撰写工作，始终在校党委、校行政直接领导下进行的。不少教职员工为校史提供了许多资料和修改意见。在收集和整理资料中，我们还得到了省档案馆、省图书馆和校图书馆、档案室的具体支持和协助。在本书付梓之际，学校筹办人之一、全国人大常委会副委员长、著名社会活动家雷洁琼教授为本书作序并题写了书名。这部校史凝聚了学校师生员工的校友们的心血和智慧。在此，我们谨向为本书提供指导、支持和帮助的单位、领导和同志们表示诚挚的谢意！

由于学校半个世纪以来的历史文献卷帙浩繁，而部分历史时期的档案又残缺不全，给编写工作带来一定的困难。编写组成员多系兼职，精力和水平有限，编写工作难以一气呵成，故本书粗疏舛误之处在所难免，恳切希望得到读者、校友的补充、匡正和指教，待修改补充后，再正式出版。

《江西师范大学校史》编写组

1990 年 7 月

五十周年校庆前夕

再版后记

2000 年 10 月 31 日，是江西师范大学建校 60 周年喜庆之日。60 年间，江西师范大学走过了艰难曲折的发展历程，从无到有，从小到大，从弱到强，成为声誉日隆的省属重点大学。为了总结经验，存史资治，学校决定修订并续写校史，付梓正式出版。

学校原有校史系内部印刷，始写于 1984 年，定稿于 1990 年。上限为中正大学的创办，下限到 1988 年底。全书分为上、下两篇，共 7 章。上篇包括中正大学、南昌大学两个历史时期；下篇包括江西师院、井冈山大学、江西师大三个历史时期。

修订和增写校史的原则是：淡化政治运动，突出教学、科研主线，匡谬勘误，充实内容。在结构上，把上、下两篇合二为一；在内容上，增写第八章，下限由 1988 年延至 2000 年。第七章与第八章的分界年限定在 1992 年，以邓小平同志发表南方谈话，神州大地掀起新一轮思想解放和改革开放的高潮为分水岭。

修订和增写工作由校庆 60 周年筹备委员会办公室秘书处负责，具体分工如下：第一章：彭友德；第二、三章：欧阳侃；第四章：颜长青；第五、六章：王长里；第七章：彭友德；第八章：汪荣有、陶家柳；颜长青负责修改、增写的组织工作和全书的统稿。照片由校综合档案室提供。

修订和增写工作从 1999 年 6 月份开始，历时一年有余。这项工作是在现任党委书记熊大成、校长李贤瑜的直接领导下进行的。熊大成书记、李贤瑜校长对修订和增写提出了明确、具体的指导性意见，并在百忙之中抽暇对全书作了审阅。其他现任校领导也审阅了全书并提出了许多宝贵的修改意见。

本书在修改、增写和出版过程中，还得到全校有关职能部门、院系、教职工和江西高校出版社的大力支持和帮助，在此一并表示衷心的感谢。

由于水平所限，加之参与修订和增写的人员均系兼职，且时间仓促，修改和增写之后，本书肯定还存有疏漏和谬误之处，敬希得到读者的理解和谅解。

江西师范大学校庆60周年

筹备委员会办公室秘书处

2000年9月

重修后记

  七十年前筚路蓝缕，七十春秋栉风沐雨。今年 10 月 31 日，是江西师范大学办学 70 周年纪念日。在 70 周年校庆来临之际，学校决定对校史进行一次重修续写，以总结办学得失，存史资政。学校高度重视这项工作，成立了校史重修工作领导小组，由校党委书记、校长傅修延任组长，副校长赵明、校长助理熊大冶任副组长。同时，还成立了校史编写组，由王恺任编写组组长，陶家柳任副组长，承担书稿编写和组织工作。

  历史上，学校先后编写过两部校史。1990 年版为内部印刷，编写时间长达 6 年；2000 年版校史在 1990 版基础上作了修订，分为上下两篇共 7 章。今次在重修续写新版校史过程中，编写人员坚持以历史唯物主义为指导，坚持秉笔直书的史学传统，按照"实事求是、存真求实"要求，以档案文件为基本材料，结合当时一些报刊材料、学校文物、学术界研究成果和一些当事人的回忆，努力做到全面、客观、准确反映学校 70 年发展的历史脉络。同时，也遵循"详近略远"的史学表述方法，一是对国立中正大学、南昌大学和江西师范学院时期的史实，作了进一步梳理和厘定，并作了一些规律性的探索和提炼；对江西师范大学时期，尤其是进入新世纪以来的学校历史，作了一定的归纳和初步的总结，力求使得新修的校史，按照学校党委和傅修延同志的要求，突出学校发展中育人的优良传统，体现"持中秉正、静思笃行"的校训精神、全面、真实、准确地反映学校 70 年来所取得的成就。在成书过程中，学校有关领导予以悉心指导和帮助，多次召集会议推进工作，确定编修体例，审定提物和文稿，有的还亲自动手修改了有关章节内容。在初稿修改期间，学校校史重修工作领导小组召集了专家座谈会，邀请部分各方面有代表性的同志，对初稿和校史编修工作，提出了十分中肯的意见和建设，这些意见和建议，大多都为编写组所采纳。

本书各章撰写者为：第一章：陶家柳、胡剑云、谢宏维；第二章：沈雪华、万森林；第三、四、五章：曹泽华，刘亚律、傅溶；第六章：王恺、冯昊；第七章：伍复康、胡弢、郭亮亮。附录：李似鸿。最后，由王恺、颜长青、陶家柳对全部书稿作了阅改、定稿工作。本书照片等由学校档案馆提供，部分照片摄影为董江洪。附录表格由陶家柳、刘君杰统计整理。王燕萍、张震雄、刘君杰、熊霜等承担了部分编务工作。

在编写过程中，我们得到了人民出版社、江西省档案馆的热忱帮助，得到学校各学院、各部门及部分教工和校友的大力支持。在此，谨向有关单位和人员表示衷心感谢！

鉴于此次校史重修续写的时间较短，加之编写组成员水平有限，目前定稿的校史中一定还有许多疏漏谬误，欢迎广大读者不吝赐教，以便下次再版时予以纠正。

《江西师范大学校史》编写组

2010 年 9 月

续修后记

进入新世纪第二个十年，学校各项事业加速发展，综合实力显著提升，在国内最具影响的三大大学排行榜中均创下了历史最好排名成绩。为了总结经验，存史资治，学校决定对 2010 版《校史》进行续修，增写"追梦前行"篇客观反映 70 周年校庆以来十年间的办学成就，同时对原校史中的个别内容进行勘误和补充。

学校对校史续修工作十分重视，专门成立了以校党委书记黄恩华、校长梅国平为主任，党委副书记张艳国和副校长姚弋霞、项国雄任副主任的校史续修工作编委会，同时成立由陶家柳任组长，王红任副组长的校史续修编写组，具体承担校史续修工作。

新增"追梦前行"篇各节的撰写者为：第一、二节：毛明斌；第三节：邓亮；第四、五节：张建中；第六节：肖玮萍；第七节：王红；第八节：吕建星。陶家柳对全书进行了审定。本书照片由校档案馆提供。附录表格由陶家柳、刘君杰统计整理。孔国伟协助承担了部分辅助性工作。

在校史续修过程中，得到了江西人民出版社的大力支持和学校各相关单位的热情帮助，续修新增章节相关单位认真审阅了所涉相关内容。在此，谨向有关单位和人员表示衷心感谢！

鉴于本次校史续修时间相对仓促，并受到了新冠肺炎疫情等影响，加之编写组成员水平有限，肯定还存在许多疏漏谬误之处，欢迎广大读者批评指正，以便下次再版重修时修正完善。

《江西师范大学校史》续修编写组

2020 年 8 月